金凤年鉴

2022

《金凤年鉴》编纂委员会　编

方志出版社
Publishing House of Local Records

图书在版编目（CIP）数据

金风年鉴. 2022 /《金风年鉴》编纂委员会编.--
北京：方志出版社，2022.12
ISBN 978-7-5144-5470-3

Ⅰ. ①金… Ⅱ. ①金… Ⅲ. ①区(城市)—银川—
2022—年鉴 Ⅳ. ①Z524.34

中国版本图书馆 CIP 数据核字(2022)第 245213 号

责任编辑:刘方圆
责任校对:刘玉霞
责任印制:梅中英
出 版 者:方志出版社
地　　址: 北京市朝阳区潘家园东里 9 号(国家方志馆 4 层)
邮　　编: 100021
网　　址: http://www.zgfzcb.cn
发　　行:方志出版社图书营销中心(010-67110500)
印　　刷:宁夏文之杰印刷科技有限公司
开　　本:889 毫米 × 1194 毫米　1/16
印　　张:26
字　　数:796 千字
版　　次:2022 年 12 月第 1 版
印　　次:2022 年 12 月第 1 次印刷
定　　价:298.00 元

《金凤年鉴(2022)》编纂委员会

《金凤年鉴(2022)》编辑部

《金凤年鉴(2022)》各单位撰稿人名单

（排名不分先后）

马国虎	谢媛媛	麦文笛	蔡建军	张文娟	王韵迪	王　明	李宁泽
马　媛	徐　微	马惠民	徐　佳	杨晓芳	段佳慧	李　娜	司玉婷
文小燕	李　梅	杜文源	李　阳	石　贤	徐文博	陈　颖	郜灵珠
马　阳	殷萌萌	沈　辉	王　萌	任思扬	苏　燕	盛婉婷	杨万明
金晓明	崔　静	马义飞	白娟红	许　琳	马丽娟	余小红	王　峤
尤凤娥	沈海利	刘子瞳	丁丽娟	汪　娟	王　艳	陆宏翔	刘文婷
陈　倩	兰小虎	刘艳艳	张静宜	陈思凡	马佳琪	张丽丽	谈　泓
宋　扬	郭建伟	韩　晗	蔡　露	罗　艺	袁　旭	王　荣	李　喆
禹　霞	何　丽	秦亚杰	虎　宁	王　媛	魏志颍	张婷婷	金　帝
郝　科	何帅霏	李浩斌	徐　柳	马　凡	王　聪	王　媛	

编辑说明

一、《金凤年鉴》以马克思列宁主义、毛泽东思想、邓小平理论、“三个代表”重要思想、科学发展观、习近平新时代中国特色社会主义思想为指导，坚持辩证唯物主义和历史唯物主义的立场、观点和方法，实事求是地记述金凤区自然、政治、经济、文化、社会等方面情况，是年度资料性文献。《金凤年鉴》首卷于 2007 年出版，每年出版一卷，《金凤年鉴(2022)》为第十卷。

二、《金凤年鉴(2022)》所收录的资料上限起自 2021 年 1 月 1 日，下限止于 2021 年 12 月 31 日。为了较完整地保存和积累地方文献资料，对一些史实作了简要的上溯。

三、《金凤年鉴(2022)》采用分类编辑法，主体内容分为类目、分目、条目三个层次，条目为基本记述单元，使用叙述性语体文撰写。少数条目下设子目，条目标题采用黑体字并加【 】表示。全书设专文、大事记、区情综览、中国共产党金凤区委员会、金凤区人民代表大会、金凤区人民政府、中国人民政治协商会议银川市金凤区委员会、纪委监委、民主党派与工商联、群众团体、法治、军事、综合经济管理、农业和农村经济、商业贸易与经济技术合作、园区建设、住房城乡建设与交通管理、自然资源与生态环境、科技教育、文化·体育·旅游、卫生健康、社会管理、镇·街道、人物·荣誉、附录。

四、《金凤年鉴(2022)》大部分资料由金凤区直各部门、各单位、各镇(街道)及自治区、银川市驻金凤区有关单位提供，《金凤年鉴(2022)》编辑部撰写了部分稿件并统纂全书。因统计时间、口径不同等原因，个别数据在不同稿件中可能不尽一致，敬请读者采用时引起注意。所有数据，均以金凤区统计局资料为准。

五、《金凤年鉴(2022)》大事记采用编年体记述法，按月日依次记述，每日大事较多者，用“△”表示；配有检索系统，文前有目录，正文后附主索引，全书所有资料可通过目录、书眉、索引查阅。

阅海湖初冬景色,冰映湖城(2021 年摄)

阅海湿地公园(杨红选　2021 年摄)

宝湖公园十月秋色

2021 年 9 月 24 日，中国共产党银川市金凤区第四次代表大会第一次全体会议开幕

2021 年 9 月 25 日，中国共产党银川市金凤区第四届委员会第一次全体会议表决通过金凤区第四届纪律检查委员会第一次全体会议选举结果

2021 年 11 月 20 日，银川市金凤区第五届人民代表大会第一次会议召开

2021 年 11 月 18 日，政协银川市金凤区第五届委员会第一次会议召开

2021年6月15日，金凤区召开民主党派基层组织换届工作会议

2021年9月10日，金凤区党委理论学习中心组(扩大)第11次学习会召开

2021 年 5 月 28 日，金凤区召开党委（党组）书记集体谈心谈话会暨县乡领导班子换届工作动员会

2021 年 4 月 26 日，金凤区在六盘山干部学院举办党委理论学习中心组研讨会暨党史学习教育研学班

2021年8月19日，金凤区召开严肃换届纪律工作调研座谈会

2021年1月6日，金凤区召开政府工作报告、"十四五"规划纲要征求意见座谈会

2021年8月2日，金凤区委书记赵会勇参加所在党委办公室党支部党史学习教育专题组织生活会

2021年11月17日，金凤区委常委会召开"深化作风建设"专题民主生活会

2021 年 12 月 31 日，中国共产党银川市金凤区第四届委员会第二次全体会议召开

2021 年 4 月 29 日，金凤区召开党的建设领导小组第二次会议

2021 年 3 月 22 日，银川市反腐倡廉主题宣讲团在金凤区开展“正风肃纪反腐扬清　凝心聚力奋进新征程”主题宣讲

2021 年，金凤区委荣获“2021 年度人民网网上群众工作民心汇聚单位”称号

2021 年 7 月 7 日，金凤区召开紧急信息报送工作专题会

2021 年 3 月 22 日，金凤区组织县处级领导干部赴宁夏自治区廉政警示教育基地参观学习

① 2021年12月7日，金凤区贺兰山中路街道办事处成立揭牌仪式在阅海湾中央商务区管委会举行

② 2021年6月9日，金凤区乡村振兴局正式揭牌成立

2021年1月8日，金凤区举行模范机关授牌仪式，会上，为金凤区纪委监委、党委办公室等20家“让党中央放心　让人民群众满意”模范机关进行命名授牌

党建阵地

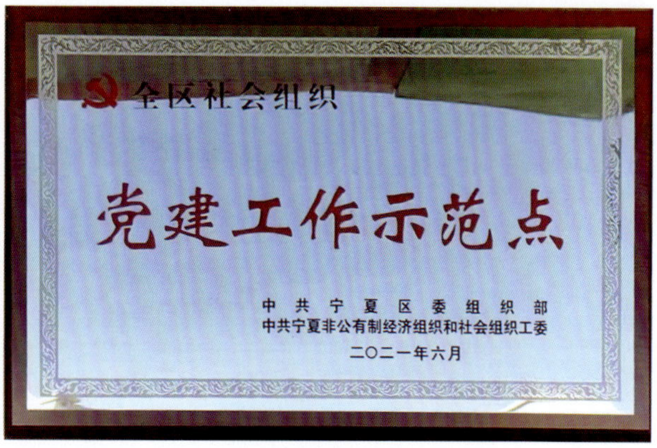

2021 年 6 月，金凤区委组织部获评全区社会组织党建工作示范点

2021 年 6 月 30 日，金凤区召开优秀共产党员、优秀党务工作者和先进基层党组织表彰大会

2021 年 6 月 30 日，长城中路街道宝湖天下社区党委等 30 个基层党组织被授予“金凤区先进基层党组织”荣誉称号

2021 年 6 月 30 日，12 名少先队员代表向老党员献花，敬队礼

2021 年 6 月 30 日，金凤区委召开庆祝建党 100 周年座谈会

2021 年 4 月 24 日，2021 年金凤区第三届全民读书节启动

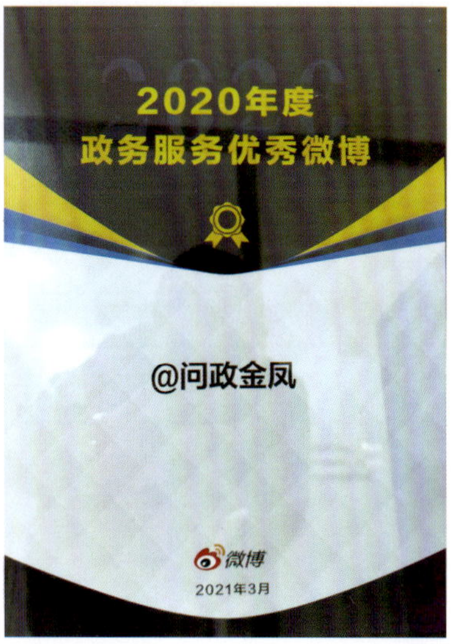

2021 年 3 月，"问政金凤"获得 2020 年度政务服务优秀微博证

2021 年 7 月 7 日，金凤区政法英模事迹巡回报告会在金凤区中心礼堂召开，金凤区各单位党员干部、政法民警代表等 200 多人参加了首场宣讲

2021 年 5 月 24 日，金凤区召开“传承党的百年光辉史基因　铸牢中华民族共同体意识”宣讲报告会

2021 年 10 月 15 日，“青春建功心向党　社区共建显担当”暨校地共建学习型社区主题党日活动在金凤区新时代文明实践中心举办

2021 年 6 月 1 日，金凤区“四办”党支部联合召开“传承党的百年光辉史基因、铸牢中华民族共同体意识”专题研讨会

① 2021年1月26日，金凤区人武部党委扩大会议暨党管武装工作述职会议召开

② 2021年7月28日，金凤区举行应急演练

③ 2021年4月2日，金凤区党委书记、政法队伍教育整顿领导小组组长赵会勇以《牢记初心使命，弘扬优良传统，全力锻造忠诚干净担当的政法铁军》为题，为辖区政法民警作专题党课辅导报告

2021 年 3 月 8 日，金凤区组织女干部开展插花活动

2021 年 10 月 16 日，金凤区团委在金凤区丰登镇利思生态产业园举办“缘定军旅·情定金凤”青年交友联谊活动

2021 年 10 月 9 日，金凤区首家“助残爱心驿站”挂牌启动运营

2021 年 7 月 7 日，金凤区总工会结合党史学习教育，在金凤区第二十七小学项目工地正式启动 2021 年“送清凉”慰问活动

2021 年 7 月 7 日，金凤区总工会慰问辖区项目工地建设者、快递员、外卖员、环卫工人以及卫生系统、税务系统的一线职工 2100 余人

2021 年 3 月 19 日，金凤区召开党史学习教育动员大会

2021 年 4 月 7 日，自治区、银川市党史学习教育巡回指导组调研金凤区党史学习教育工作

2021 年 3 月 22 日，金凤区举行区史馆暨区委党史学习教育读书班开班仪式

2021 年 3 月 22 日，金凤区县处级领导参观金凤区区史馆

2021 年 4 月 15 日，金凤区开展县处级领导党史学习教育大调研工作

2021 年 4 月 16 日，金凤区举行党史学习教育大调研暨基层治理工作“互观互检”推进会

2021 年 4 月 30 日，金凤区区长张涛（左三）调研金凤区安全生产工作

2021 年 5 月 7 日，金凤区政协在井冈山举办委员履职能力提升培训班

2021 年 3 月 25 日，北京中路街道举办“感悟思想伟力　凝聚奋进力量”党史知识竞赛

2021 年 3 月 25 日，金凤区财政局党委组织党员参观宁夏工委纪念馆暨党史教育基地

2021 年 6 月 4 日，金凤区综合执法局与中国移动金凤分公司联合举办“忆党史、铭党恩、强党性”红歌赛

2021 年 7 月 9 日，银川市法院系统观摩金凤区党史学习教育阵地

2021 年 5 月 20 日，金凤区"学党史、知党情、跟党走"党史知识竞赛暨第二届"学习强国"达人挑战赛举行

2021 年 6 月 23 日，"唱支山歌给党听·丝路银川·魅力金凤 2021"第三届中国·银川黄河合唱节在阅海湾中央商务区水上公园中心广场闭幕

2021 年 6 月 30 日，丰登镇举行"两优一先"表彰大会暨庆祝中国共产党成立 100 周年文艺会演，图为丰登镇党委班子成员诗朗诵

2021 年 7 月 1 日，阅海欢乐岛开展庆祝中国共产党成立 100 周年文艺演出活动

2021 年 6 月，金凤区上海西路街道悦海新天地社区举办“歌颂辉煌一百年 昂首奋进新时代”文艺演出

① 2021 年 6 月，金凤区黄河东路街道举办庆祝中国共产党成立 100 周年文艺演出

② 2021 年 6 月 15 日，北京中路街道在宁夏广播电视台演播大厅举办“奋斗百年路 启航新征程”红歌合唱比赛。图为北京中路街道金凤合唱队表演音乐党课《绣红旗》《红梅赞》。

③ 2021 年 8 月 4 日，金凤区开展“永远跟党走·文化进军营”活动

2021年4月13日，金凤区邀请自治区党委党史宣讲团成员、宁夏大学马克思主义学院院长、教授范映渊为300余名党员干部作专题辅导

2021年9月26日，锦绣苑社区邻里中心揭幕仪式举行

2021年8月26日，金凤区公安分局举行“践行重要训词精神·做党和人民忠诚卫士”主题系列活动

2021年10月9日，金凤区首家依托社区“邻里中心”建设的“筑梦工坊”正式启用

2021年12月31日，金凤区召开经济工作会议

2021年9月17日，金凤区企业家座谈会召开

2021 年 3 月 5 日,金凤区 2021 年一季度第一批次项目集中开工,正式吹响“春季大会战”冲锋号

2021 年 3 月 5 日,银川市一季度第一批次项目集团开工推进会金凤区分会场在阅海湾中央商务区举行

2021 年 10 月 13 日,金凤区举行“汇商阅海 共叙发展”主题商业沙龙

2021 年,闽宁大厦项目外景

2021 年 12 月 31 日，金凤区重点招商引资项目签约仪式举行

金凤区北京华联悦海新天地商圈

2021 年夏，枫林晚市

2021 年，建发大阅城外景

①
②
③ ④

① 2021 年,春耕

② 2021 年夏,金凤区小麦机收现场

③ 2021 年，利思品质极佳的酿酒葡萄

④ 2021 年,和顺新吊瓜丰收

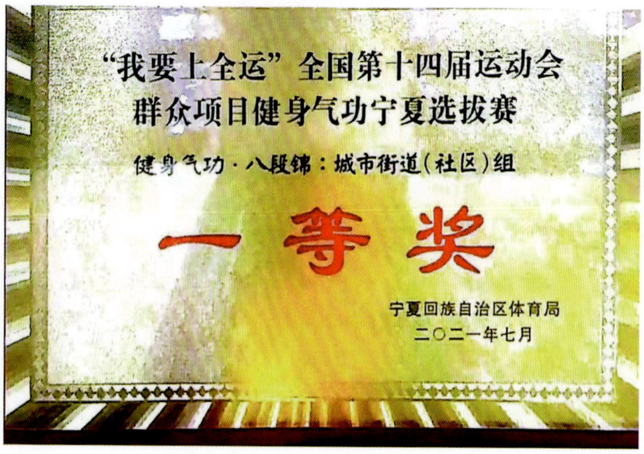
"我要上全运"全国第十四届运动会
群众项目健身气功宁夏选拔赛
健身气功·八段锦：城市街道（社区）组
一等奖
宁夏回族自治区体育局
二〇二一年七月

① 2021 年 12 月 24 日，银川市冬季嘉年华活动在阅海滑雪场启动

② 2021 年冬，阅海滑雪场开展青少年滑雪培训

③ 2021 年冬，少年儿童在金凤区阅海水上公园滑冰

④ 2021 年 7 月，"健身气功·八段锦：城市街道（社区）组"获"我要上全运"全国第十四届运动会群众项目健身气功宁夏选拔赛一等奖

2021 年 7 月 10 日，金凤区首届“乡村振兴杯”足球联赛启动仪式举行

2021 年 10 月 13 日，金凤区“美丽乡村·文化大集”暨第二届农民广场健身舞大赛在良田镇广场举行

2021 年 9 月 10 日，金凤区召开第 37 个教师节庆祝大会

2021 年 9 月 10 日，金凤区 395 名教师因师德师风、教学技能等方面表现优异被通报表扬

2021 年 5 月 30 日，金凤区未成年人保护工作宣传月启动仪式举行

2021 年 6 月 10 日，金凤区实施百万移民致富提升行动暨乡村振兴推进会召开

①

②

③

① 2021年6月18日，金凤区区长张涛（左四）调研金凤区教育项目

② 2021年，金凤区打造学校周边残疾人就业创业基地

③ 2021年5月28日，金凤区湖畔家园社区启动家校社共育家庭建设试点工作

2021 年 9 月 16 日，金凤区开展政务服务系统礼仪培训

2021 年 9 月 28 日至 29 日，金凤区医保局对辖区定点医疗机构进行现场督导

2021 年 3 月 18 日，金凤区疾病预防控制中心开展学生近视等常见病健康教育

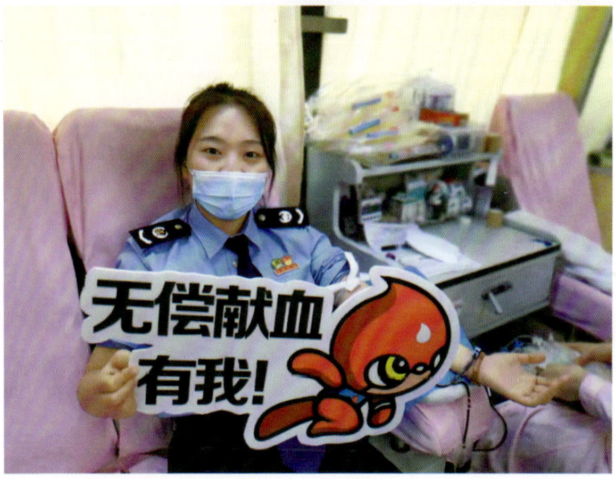

2021 年 9 月 30 日，金凤区市场监督管理局党员干部参加义务献血

2021年3月12日，金凤区召开全国文明城市建设工作推进会

2021年3月12日，金凤区自然资源局发放全民义务植树知识问答、森林防火、资源保护法律法规等宣传材料

2021年10月15日，金凤区县处级领导干部作为文明志愿者在街头捡垃圾

2021年，金凤区打造共享单车示范街区

2021 年 3 月 3 日，金凤区举办 2021 年春风行动现场招聘会，图为良田专场

2021 年 7 月 2 日，金凤区科技局组织开展“民情体验日”活动，党员以科技特派员身份，现场进行葡萄条、枣树修剪

2021 年 6 月 22 日，金凤区档案馆与金凤区人力资源和社会保障局、金凤区卫生健康局联合举办消防应急演练活动，图为消防安全知识讲座现场

2021 年 8 月 22 日，金凤区消防大队在中阿云上博览会现场执勤

2021年10月15日，金凤区2021年人大议案意见建议和政协提案办理工作推进会召开

2021年12月21日，新任命的国家机关工作人员按照程序参加宪法宣誓仪式

2021年，满城卫士工作站

2021 年 12 月 17 日，宁夏万国房地产开发有限公司重整项目正式签约

2021 年 3 月 17 日，金凤区人民法院邀请西夏区司法局、金凤区税务局、金凤区文体局、金凤区民政局、金凤区土地整理中心 5 个机关单位、60 余名干部参观法院，旁听庭审，提出意见、建议

2021 年，金凤区检察院联合辖区烟草局、教育局、市场监管局，开展电子烟市场专项联合整治，切实保护未成年人免受电子烟侵害

2021 年 9 月 29 日，金凤区检察院召开公开听证会

2021 年 10 月 12 日，金凤区公安局金凤区分局在长城中路派出所举办“政府开放日”活动

2021 年 4 月 3 日，金凤区开展全区房地产市场秩序专项执法检查行动

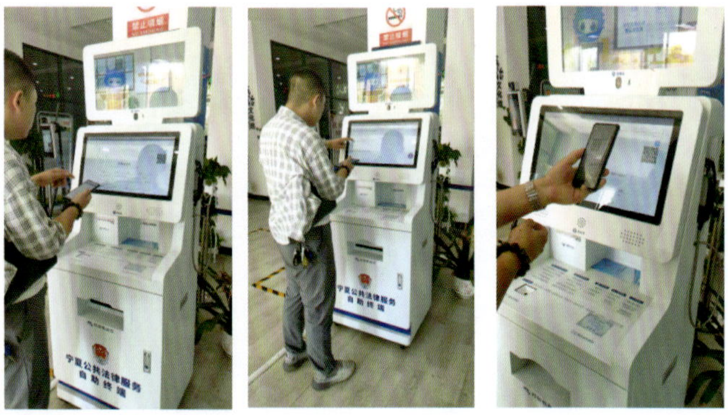

2021 年，金凤区司法局实现公共法律服务便民化

◀ 2021 年 9 月 8 日，禁毒网红进校园暨银川市金凤区禁毒宣传“十百千”工程启动仪式在银川市唐徕回民中学宝湖校区正式拉开序幕

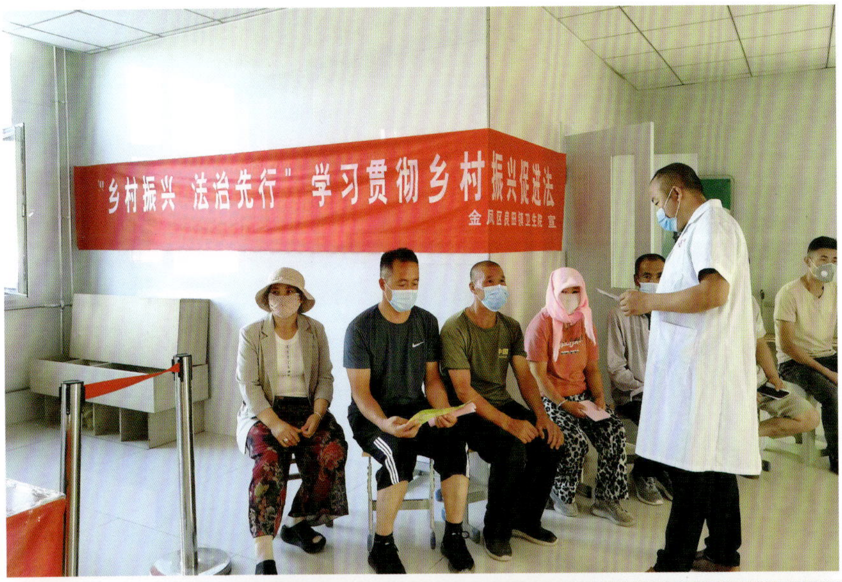

2021 年 6 月 1 日，良田镇卫生院开展《中华人民共和国乡村振兴促进法》宣传活动

2021 年 6 月 9 日，金凤区在国际档案日召开线上专题讲座培训会

2021 年 12 月 2 日，黄河东路街道通福家园社区妇联组织辖区群众在世贸倾城小区广场开展以“弘扬宪法精神 树立宪法权威”为主题的国家宪法日宣传活动

2021 年 8 月 27 日，金凤区召开新冠肺炎疫情防控工作领导指挥部会议

2021 年 1 月 1 日，金凤区委书记李全才(左三)在锦绣苑小区调研疫情常态化防控、实战化部署工作

2021 年 11 月 13 日，金凤区举行第二批支援核酸检测工作医护人员欢送仪式

2021 年，金凤区成立新冠肺炎疫情防控工作领导指挥部

2021 年 10 月 27 日，金凤区组织干部职工协助医护人员完成核酸检测

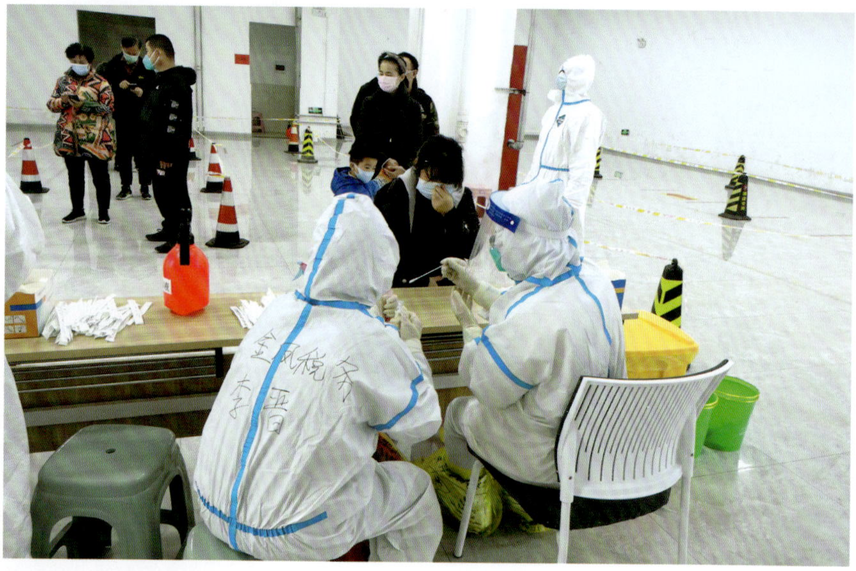

青年志愿者在送货

金凤区各机关战疫灯火

2021年8月3日，检察长讲党课

2021年5月19日，金凤公安分局部署开展“一线体验日”活动，图为金凤公安分局政委孙林（右）入编上海西路派出所在调度所内接处警

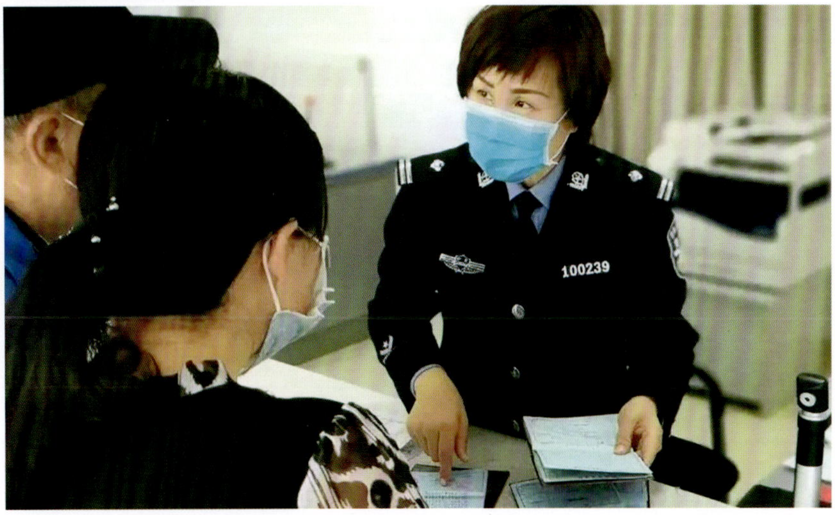

2021年4月1日，公安分局委托邮政速递公司将身份证邮寄到辖区各派出所，解决群众急用证的问题，使身份证办理时限由过去的10个工作日缩减为4个工作日

2021 年 9 月 1 日，金凤区第五届人民代表大会代表第八十五选区（通福社区选区）中心会场

2021 年 11 月 2 日，金凤法院利用在线视频推进疫情期间调解工作有序运转

2021 年 9 月 23 日，金凤区司法局在良田镇园子村开展庆祝中国农民丰收节法治宣传活动

2021 年 12 月 29 日，金凤区综合执法局开展案件互评工作

2021 年 9 月 28 日，金凤区卫生健康局组织辖区医疗机构召开医疗废弃物和医疗污水专项整治例会

2021 年 10 月 26 日，银川金融控股集团有限公司、银川市产业基金管理有限公司向金凤区政府捐赠价值 30.6 万元的防疫物资

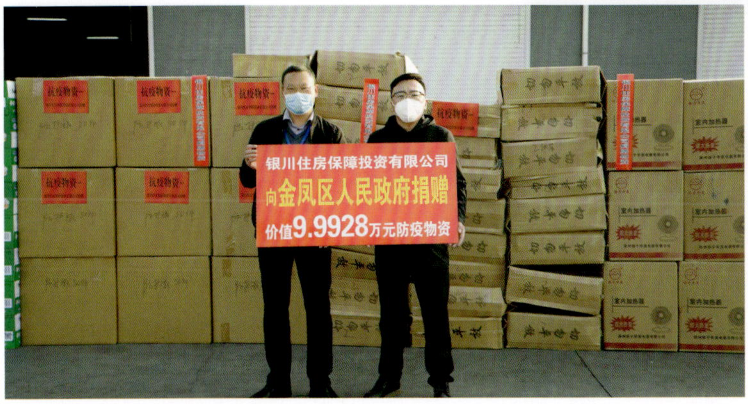

2021 年 10 月 28 日，银川市住房保障投资有限公司向金凤区捐赠价值 9.9928 万元的防疫物资

2021年1月22日，丰登镇机关党支部党员志愿者积极投入疫情防控工作

2021年5月21日，全国献血达人、银川市抗疫模范马玉明（右二）向金凤区档案馆捐赠书法作品

2021年11月9日，金凤区审计局下沉社区做好疫情防控值守小区解封工作

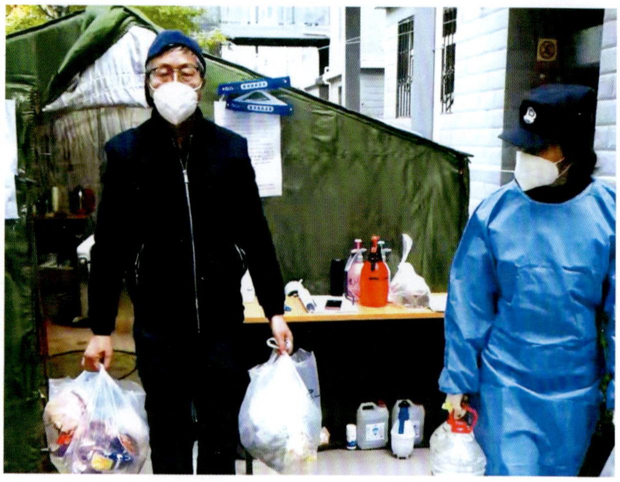

2021年10月25日，金凤区统计局党员干部下沉包抓社区为封控小区居民送物资

2021年11月6日，民警在保伏桥社区做疫情防控工作

2021年12月16日，金凤区召开退役军人事务局2021年度退役军人疫情防控表彰大会

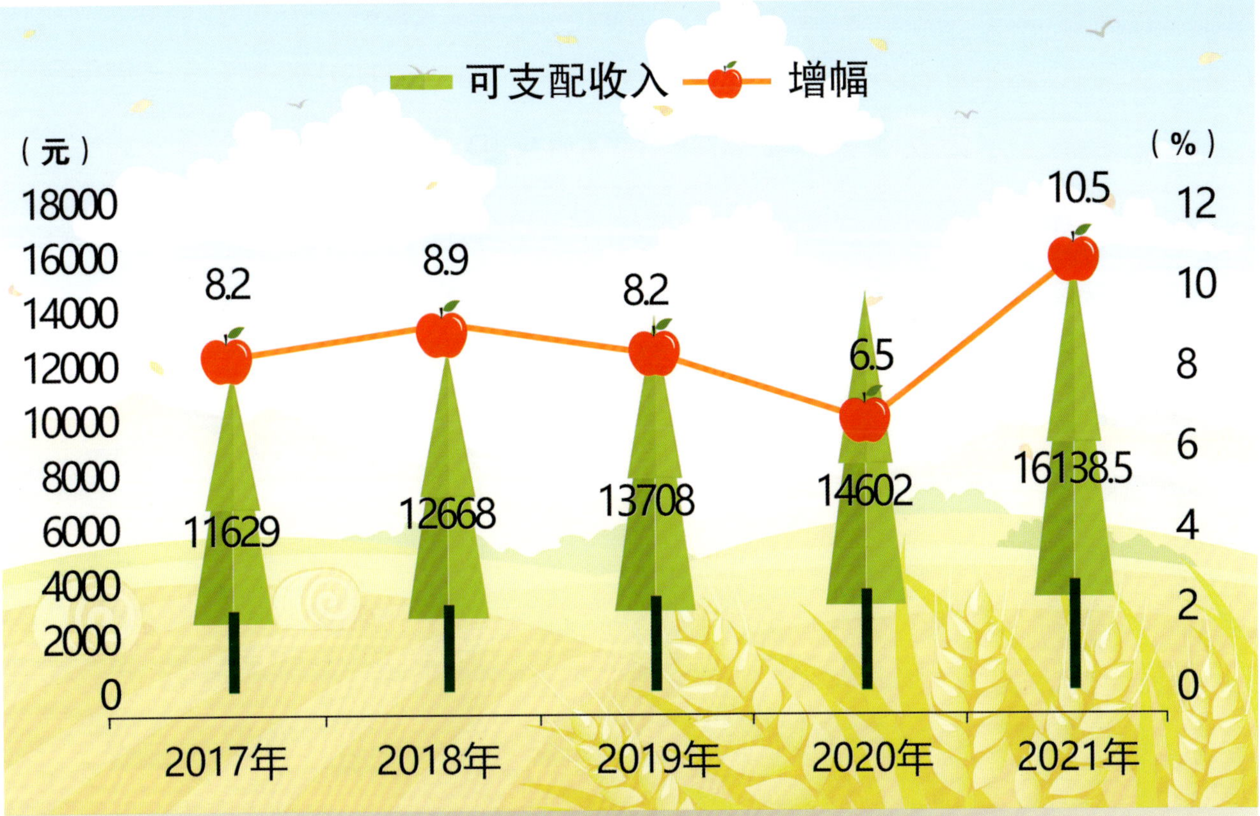

2017—2021年金凤区农村居民可支配收入及增速示意图

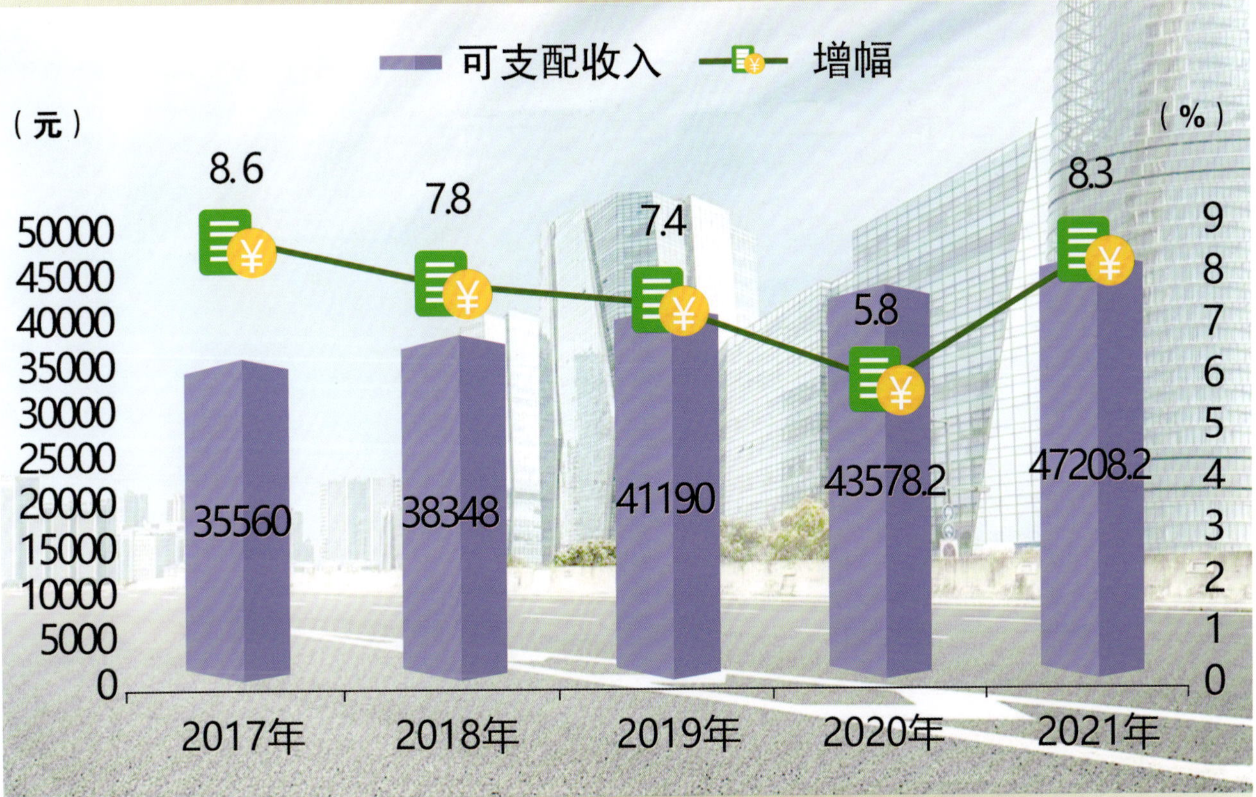

2017—2021年金凤区城镇居民可支配收入及增速示意图

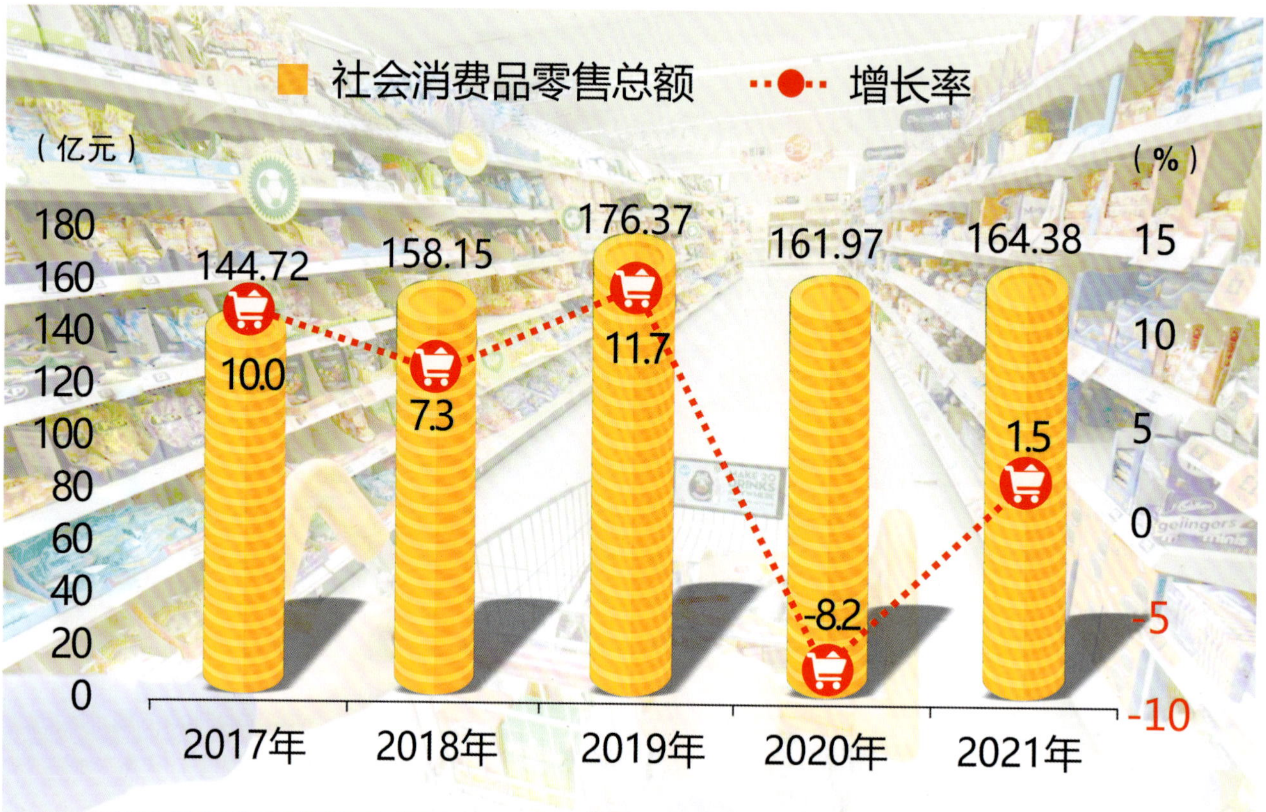

2017—2021年金凤区社会消费品零售总额及增速示意图

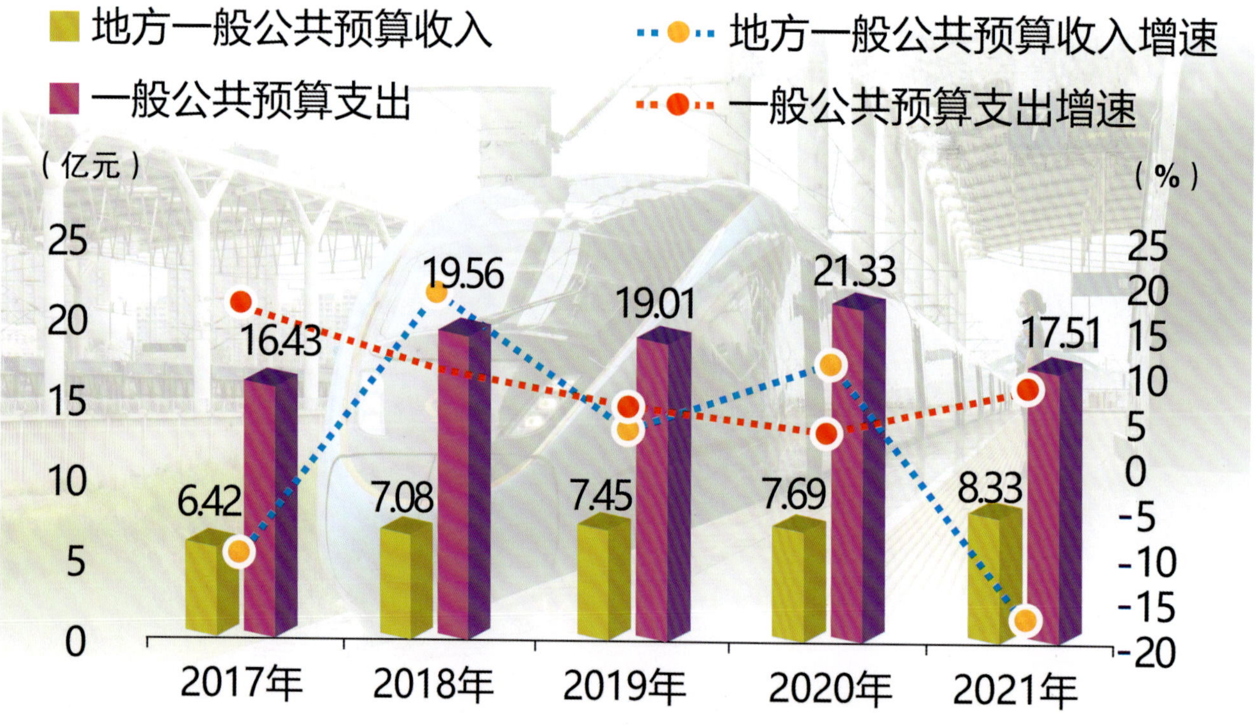

2017—2021年金凤区地方一般公共预算收支及增速示意图

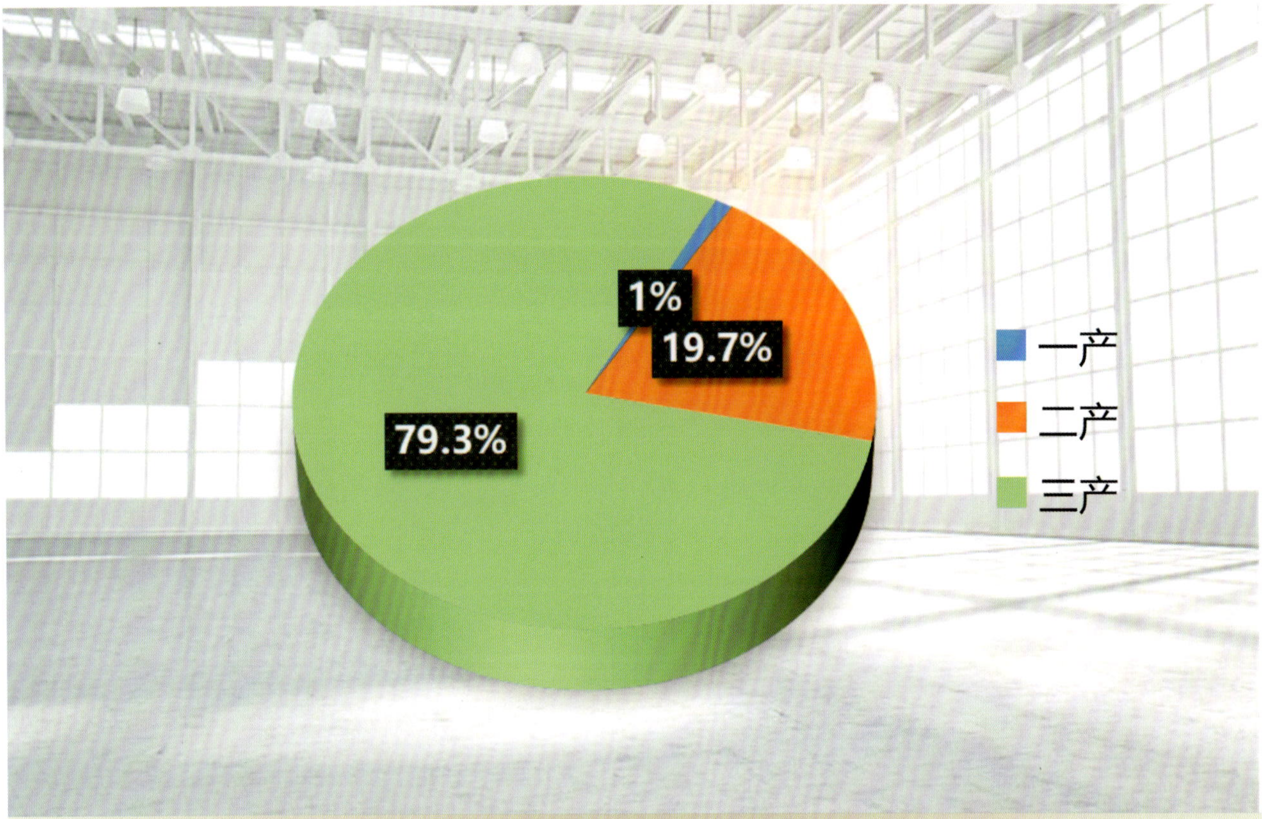

2021年金凤区三次产业结构占比图

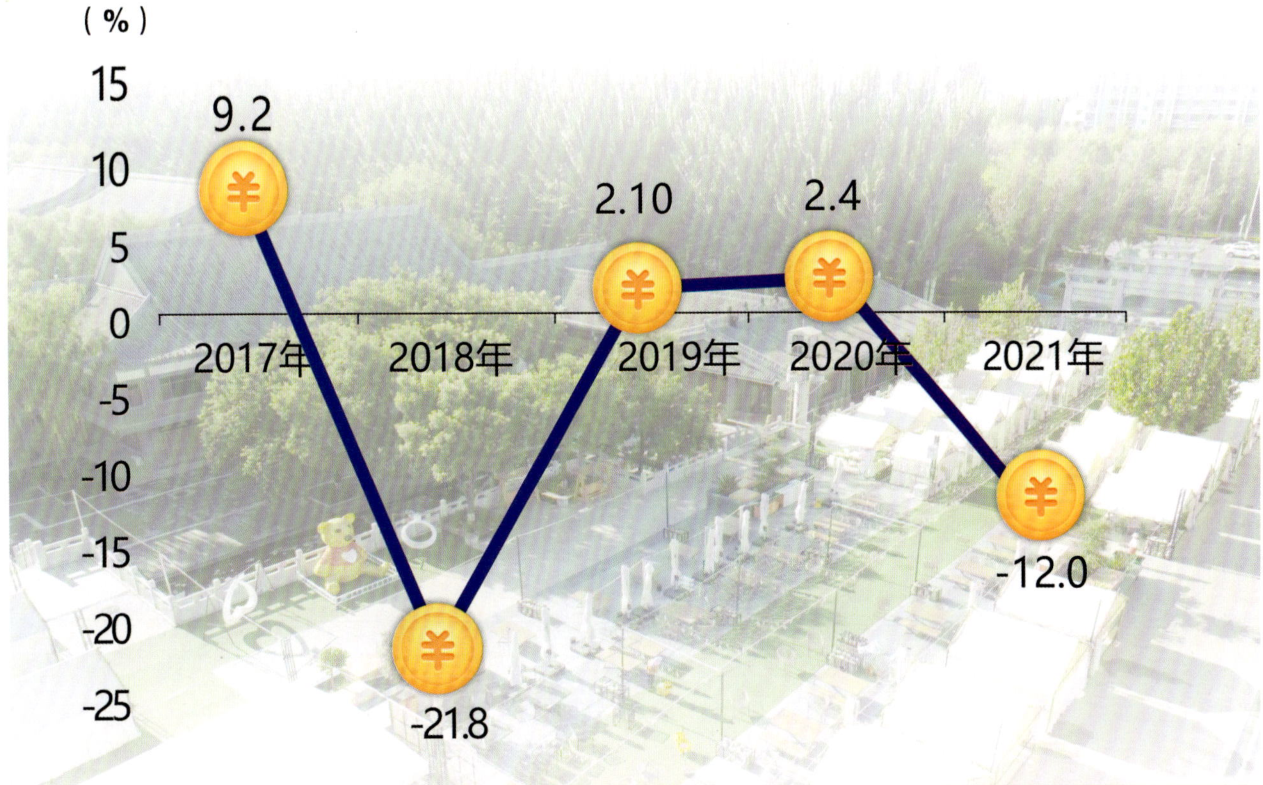

2017—2021年金凤区固定资产投资增速示意图

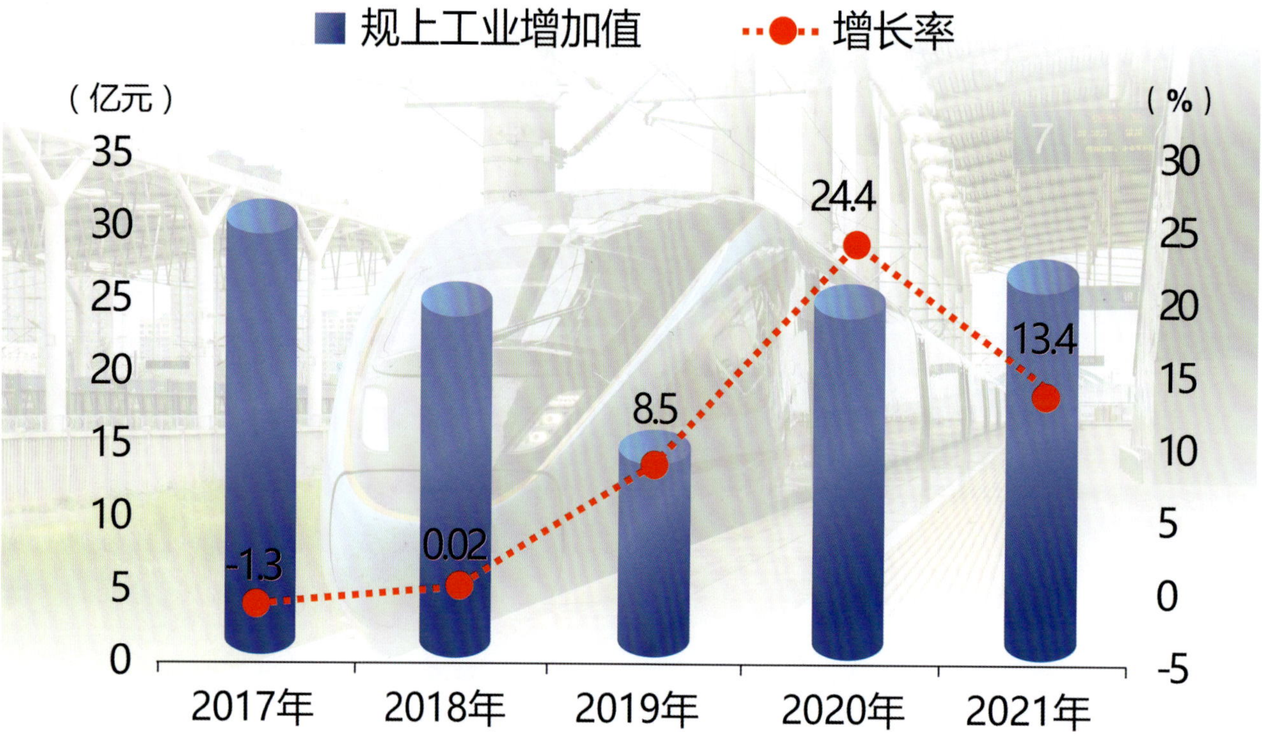

2017—2021年金凤区规模以上工业增加值及增速示意图

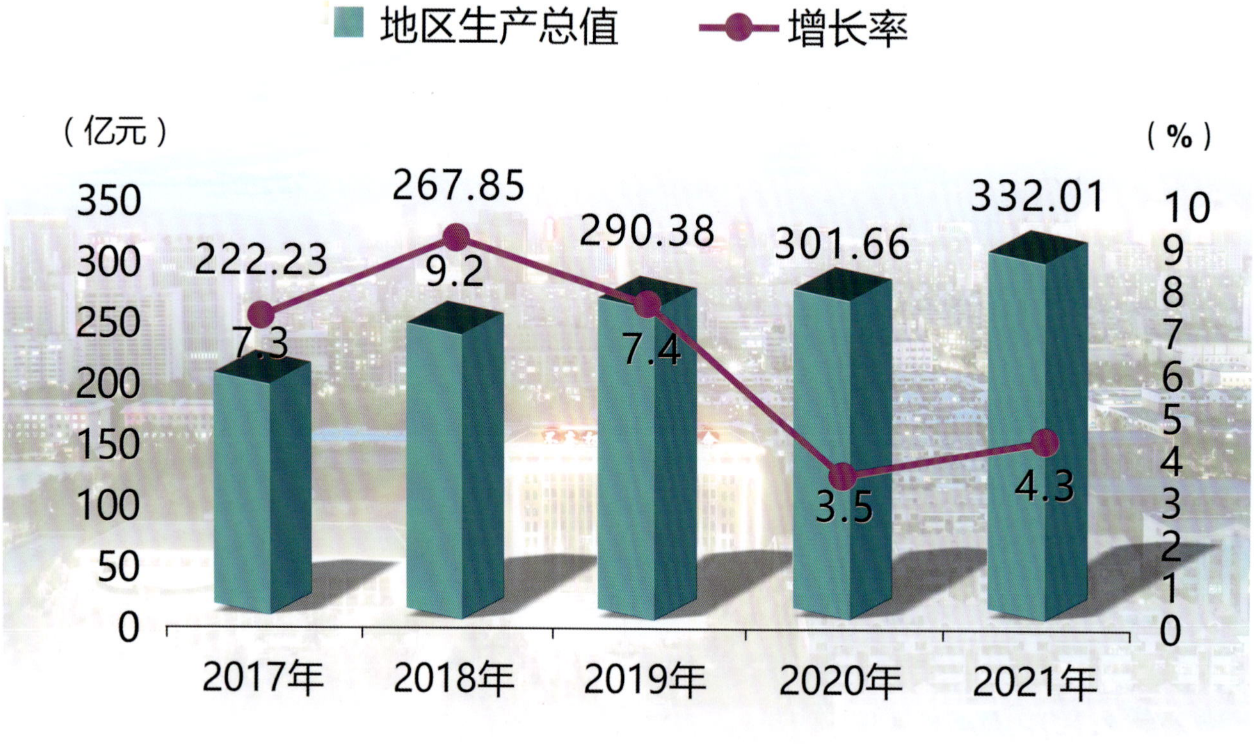

2017—2021年金凤区地区生产总值及增速示意图

金凤区行政区划图

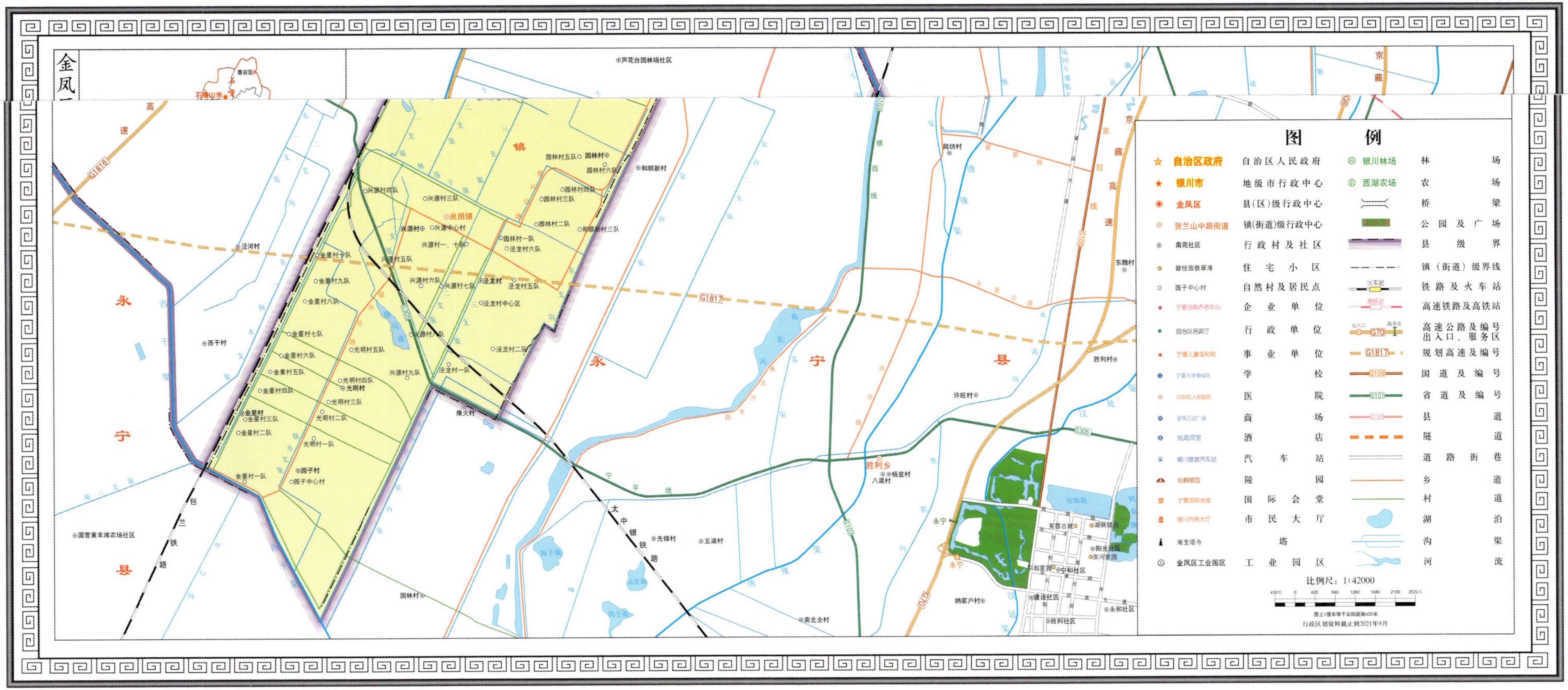

银川市金凤区民政局　宁夏多闻科技股份有限公司　编制　审图号：宁S［2021］第034号　2021年11月印刷

目 录

金凤区人民政府

中国人民政治协商会议银川市金凤区委员会

卫生健康

综述

医药卫生体制改革

公共卫生

妇幼保健

人口发展

健康金凤建设

疾病预防与控制

卫生监督

社会管理

人力资源和社会保障

附 录

附 录

CONTENTS

JINFENG DISTRICT PEOPLE'S GOVERNMENT

YINCHUAN JINFENG DISTRICT COMMITTEE OF THE CHINESE PEOPLE'S POLITICAL CONSULTATIVE CONFERENCE

JINFENG DISTRICT COMMISSION FOR DISCIPLINE INSPECTION AND COMMISSION OF SUPERVISION

DEMOCRATIC PARTIES AND THE FEDERATION OF INDUSTRY AND COMMERCE

MASS ORGANIZATIONS

RULE OF LAW

MILITARY WORK

COMPREHENSIVE ECONOMIC MANAGEMENT

AGRICULTURE AND RURAL ECONOMY

COMMERCIAL TRADE & ECONOMIC AND TECHNICAL COOPERATION

INDUSTRIAL PARK CONSTRUCTION

URBAN & RURAL HOUSING CONSTRUCTION AND TRAFFIC MANAGEMENT

NATURAL RESOURCES AND ECOLOGICAL ENVIRONMENT

SCIENCE AND TECHNOLOGY & EDUCATION

CULTUREAND SPORTS & TOURISM

HEALTH CARE

SOCIAL ADMINISTRATION

THE TOWNS AND SUBDISTRICTS IN JINFENG DISTRICT

PERSONS OF THE YEAR & THE LISTS OF HONORS

APPENDICES

INDEX

金凤区党史学习教育工作综述

金凤区参加党史学习教育部门(单位)共55个，其中县处级班子6个，科级班子49个，基层党组织554个，党员20194名。党史学习教育启动以来，金凤区深入学习贯彻习近平总书记重要讲话精神，精准对标自治区党委、银川市委安排部署，紧扣“四个突出”(学好党史明初心、悟好思想强本领、办好实事聚民心、开好新局促发展)，抓好十个关键动作(抓好示范引领学、专题研讨学、分级分类学、载体创新学，抓好思想引领、政治引领、文化引领，抓好集中专项行动、大调研大走访行动、主题实践行动)，以勇当现代化建设五个排头兵(勇当高质量发展、深化改革、生态建设、民生改善、从严治党排头兵)为工作抓手，把党史学习教育与推动经济发展、改善民生福祉紧密结合，坚持贯通融合全面推进，学习教育取得良好效果。

2021年4月15日，金凤区开展县处级领导党史学习教育大调研工作

一、基本做法及成效

(一)强化组织领导，高位高效推进落实。金凤区委、区政府将党史学习教育作为首要政治任务认真谋划部署、高位高效推进落实，成立了由区委书记任组长的领导小组，下设办公室，组建4个工作小组，成立县处级领导任组长的4个指导组。区委常委会传达党史学习教育相关内容8次，召开领导小组会议7次，召开学习贯彻习近平总书记“七一”重要讲话精神宣讲培训会、指导组工作会等各类会议30余场次。制定印发《金凤区党史学习教育实施工作方案》《关于开展“我为群众办实事”实践活动工作方案》等指导性文件26个。各指导组深入村(社区)、机

2021年6月11日，金凤区召开区委理论学习中心组第6次学习暨党史学习教育第4次专题研讨会

关、企业等开展指导500余次，全覆盖、全过程指导把关。党史学习教育工作获得好评，截至目前，中央、自治区、银川市主流媒体刊发金凤区学习教育稿件316条，其中中央级媒体33条，自治区级媒体153条。金凤区《把握“一个基点”立足“五个维度”在学习党的百年光辉史中坚定前进方向》被中宣部评为“优秀理论宣讲报告”。

（二）强化安排部署，全面全域学习党史。准确把握中央、区、市安排部署，坚持大众化学习、分众化传播，分层分级分类开展学习，推动党史学习教育全覆盖。总体安排“统”学。下发《每周党史学习教育工作重点任务告知单》35期，围绕重点学习指定材料、系统学习重要参考材料等要求，配备党史学习读本2000余套1万余本，编辑印发党史知识“口袋书”5000余册。以上率下“领”学。区委常委会和四套班子领导带头作表率，认真学习贯彻习近平总书记在党史学习教育动员大会讲话精神等，带头开展读书班，专题交流研讨8次，现场教学4次，理论学习中心组学习14次。丰富载体“实”学。全覆盖开展专题读书班554期，创新以“研读学史半小时、自学业务半小时、观看视频半小时”为主要内容的“三个半小时”学习形式，推动党史学习与业务工作有效衔接。先后邀请自治区党校、宣讲团老师为辖区科级及以上党员干部300余名作专题辅导7次。整合宣讲资源，组建宣讲团94个，吸纳专业宣讲老师、道德模范、致富能人等211人建成宣讲“人才库”开展微党课、微宣讲550余场。走进六盘山、白芨滩等开展红色教育168场次。统筹资源“深”学。拓展“初心之路”微展馆等群众“家门口”等领域的党史学习阵地10个，广泛组织开展身边典型示范学等学习活动350余场次。累计开展各类学习活动近千场次。将辖区四级文明实践矩阵转化为党史学习阵地，运用“线上+线下”宣讲手段，建成78个点位的理论宣讲视频系统，打造“回顾宁夏党史”等48节有针对性、常态化、规范化的精品课程。创新“融媒+党史”学习模式，邀请“塞上金秋”宣讲团成员走进直播间，讲述党史故事，吸引线上线下党员群众观看。

（三）强化引领带动，落实落细感悟思想。深入学习习近平新时代中国特色社会主义思想，做到学思践悟、知行合一。思想引领到位。广泛组织开展“学习新思想、践行新理念”“学习新思想、同心话小康”“学习新思想、担当作表率”“学习新思想、共建新家园”“学习新思想、凝聚正能量”五大主题宣讲活动300余场次。开展“金牌书记”访谈、“庆祝建党100周年——金凤党旗红”等系列庆祝活动。以支部为基本单元组织开展“向党送祝福，感恩新时代”主题党日活动。在金凤电子快报新媒体平台开设“以史为鉴 开创未来”专题栏目，报道党员群众学习反响，发布内容近150期。揭牌金凤区区史馆，打造市民免费阅读、学习、交流、接受党史学习教育的平台。政治引领到位。扎实开展“传承党的百年光辉史基因，铸牢中华民族共同体意识”主题教育活动，认真学习贯彻书记陈润儿专题党课报告精神，召开专题宣讲报告会，充分发挥新时代文明实践站（所）作用，分层次、领域举办培训班、专题辅导，扎实开展马克思主义“五观”教育大宣讲活动。创新开展“中华民族一家亲”“社区邻里节”等民族联谊活动。把民族团结教育纳入校园教育、公民道德教育等，实地打造提升满春公园、满城金街、阅海湾商务区团结路等辖区民族团结示范点。文化引领到位。举办金凤区庆祝建党100周年群众性主题宣传教育活动暨2021年“文化金凤·四季欢歌”广场惠民演出启动仪式，发布“百年初心”主题展览等10项贯穿全年的庆祝活动。在社区城乡举办邻居节，开展“传统文化进校园”“百名青年党（团）员红歌快闪”等活动30余场次，举办第三届

2021年3月22日，银川市金凤区区委书记赵会勇与自治区地方志办公室副主任张明鹏（右）为金凤区史馆揭牌

“文化金凤、书香生活”全民读书节活动，以金凤区图书馆为龙头，6 个街道图书馆分馆、16 座金凤悦书房为枢纽，39 个图书流通点为基础的三级公共阅读推广体系，打通了群众图书借阅的“最后一公里”。

（四）强化调查走访，见行见效办理实事。着力解决群众面临的难事、基层面临的难题、发展面临的难点，集中力量开展“我为群众办实事”实践活动，增强群众的获得感、幸福感、安全感。深入实际察民情。率先部署开展大调研大走访行动，各部门（单位）确定调研课题 139 个。各级党员干部积极行动，走村入户记录民情日志，召开民营企业、新媒体等座谈会

2021 年 5 月 12 日，金凤区召开民营企业座谈会

10 场，收集各类社情民意 900 余条。充分发挥基层党组织和党员作用，党员干部变身“排查员”“宣传员”“快递员”“服务员”“保洁员”开展志愿服务，为身边群众办实事好事。拿出实招顺民意。紧盯办实事的目标、解难题的重点、惠民生的任务，列出“办实事”清单，细化为三批 99 个“我为群众办实事”项目任务，逐项制定办理措施，明确具体项目内容、完成时间、责任单位，并向社会进行公布，定期对项目实施情况进行督办，确保“办实事”过程扎实、成效明显。截至目前，三批“我为群众办实事”全部办结。聚焦难点出实招。聚焦群众的“急难愁盼”问题，解决了 12 年未解决的长兴花园 B 区 190 户 405 套房产证办证问题；完成尹家渠街（北京路—祥安巷）项目提升改造，成为网红“打卡地”；贴合周边群众实际生活需求，改善良田渠（黄河路—北京路）段生态环境治理项目，合理规划配置健身步道、健身器材、公共卫生间等公共设施，打造集游览观赏、游憩娱乐、休闲健身功能于一体的立体绿色通道，不断增强人民群众绿色获得感、生态幸福感。

（五）强化发展举措，聚心聚力开创新局。认真落实“一高三化”要求，突出开好新局促发展。抓项目，按下高质量发展“快进键”。围绕区市九大产业开展项目对接，突出辖区现代服务业、数字经济、品牌农业、总部经济和文化旅游五大优势产业，谋划“十四五”项目 583 个，总投资 2304 亿元。2021 年实施项目 98 个，同比增加 10 个，年度计划投资 215 亿元，重点项目开工率达到 10%，良田渠二期等生态项目、三十六中等民生项目、凤凰街等基建

领航大厦项目

项目加快实施。完成固定资产投资 62.26 亿元，投资规模继续保持全区第一。促产业，打出乡村振兴“组合拳”。大力促进一、二、三产业融合发展，出台 16 条品牌农业发展扶持政策，精心打造丰登镇利思产业园等一、二、三产业融合发展示范园区，前三季度实现乡村休闲旅游产业收入 1133 万元。同时加大农村环境整治，深化农业农村改革，健全村两委班子组织体系，全面巩固脱贫攻坚成果同乡村振兴有效衔接。惠民生，夯实基层保障“幸福网”。全面落实稳就业、保就业政策措施，以“城乡就业体系建设”和“城乡相对贫困”群体帮扶为切入点，紧盯高校毕业生、困难就业人员、返乡农民工三类人群就业，健全创业帮扶机制举办线上线下招聘会 19 场次，实现城镇新增就业 7295 人，农村劳动力转移就业 7690 人，培育创业实体 762 个，城镇登记失业率为 3.79%；先后投入资金 10 亿余元，新建扩建学校、幼儿园 15 所，新增教学班

264个、学位11970个。投入资金6017万元，为中小学幼儿园配置课桌椅、触控一体机、饮水机等配套教学设备。投入2700万元用于中小学校信息化建设，实现数字化校园全覆盖，获批自治区“互联网+教育”示范区；推进“互联网+医疗健康”县域医共体平台建设，基层医疗机构远程门诊平台实现全覆盖，居民电子健康档案建档率92%。促进优质医疗资源下沉，2个镇卫生院、29家社区卫生服务机构分别与自治区、银川市二级以上医疗机构签订医联体协作协议。普及健康知识和健康理念，健康教育工作覆盖率达100%。

二、特色亮点

（一）宣传党史载体“新”。“红色之旅”激励人心。通过挖掘整理脱贫攻坚、基层治理等工作中涌现出的具有典型代表的基层党组织、红色阵地等，制定6条党史学习教育体验教学线路，体验移民搬迁史和村情史，学习基层综合治理经验，感悟家风家训，感受生态文明建设成果。“红色之音”声声入心。创新板凳会街头巷尾学党史、口袋书随时随地读党史、收音机送学上门听党史、打快板喜闻乐见说党史等学习形式。组建“送学小分队”，发放红色收音机200余台。通过“广播e站”宣传党史知识，让党员群众纳凉闲聊之际就能听党史、学党史。“红色之展”深入人心。开展“今昔对比看变化　知史感恩共产党”系列展览，以图文并茂的形式展现金凤区建区以来经济社会各领域取得的巨大变化，使广大党员潜移默化学习党的光辉历程，知史爱党，知史爱国。

2021年10月14日，银啤苑社区开展“板凳会”街头巷角说党史活动

（二）走访民情方式“新”。创造性提出并开展“民情体验日”活动，200余名科级及以上党员领导干部聚焦体验办事流程促优化，选择企业、群众关注度高、涉及面广的审批事项，为企业办事人员和群众提供全流程面对面审批服务，从中发现流程不优、运转不畅等问题；聚焦体验服务对象转作风，以服务对象身份体验办事所需材料、跑路次数是否合理优化，咨询引导、服务指南是否简明易懂，监管检查、管理手段等是否公正规范、科学适度、体现人性化；聚焦体验一线岗位帮减负，开展社区工作者、环卫工人、网格员等角色互换体验，实地体验工作环境、工作状态、工作待遇等；聚焦体验政策执行抓落实，了解掌握政策文件是否符合基层实际、是否易于操作执行、是否满足群众对美好生活的期待。各级党员领导干部开展体验活动223次，发现群众关心关切的问题141个，提出解决措施75个。

（三）为民服务机制“新”。通过召开“我为群众办实事”三方协商议事会、居民议事会等解决民生领域重点工作和群众“急难愁盼”突出问题，采取一般问题定期协调解决、重点问题集中解决、难点问题联动解决的工作机制，加强统筹协调，推动实事项目落实落地，全力解决群众的操心事、烦心事、揪心事。新建了典农河小微公园、良田镇园林村小微广场，完成元宝湖湿地一期环境整治项目、良田渠生态环境治理项目、新昌路步行道路提升工程、金星村人居环境整治提升工程等事项，以务实举措推动解决群众“急难愁盼”问题，切实增强了辖区群众的获得感、幸福感、安全感。

三、经验启示

（一）以理论学习助推政治素质提升。习近平总书记指出“历史是最好的教科书”“中国革命历史是最好的营养剂”。党史学习教育开展以来，通过组织全体党员原原本本学习习近平总书记重要讲话精神和四本必学教材，深入开展专题研讨，举办系列活动等，有力推动了党内政治理论学习转变，坚定了理想信念，锤炼了忠诚干净担当的政治品格，让各级党员干部增强“四个意识”、坚定“四个自信”、做到“两个维护”。

（二）以感悟思想助推干部素养提高。指导思想是一个政党的精神旗帜。金凤区结合党史学习教育，认真读原著、学原文、悟原理，把感性认识上升为理性认识，只有把党史学习教育、理论思考同观照现实、推动工作结合起来，才能深化对问题的理解和对实践的感悟，在理论联系实际过程中寻找解决问题的办法措施，提高政治觉悟、增强使命意识、强化责任担当，鼓足奋进新征程的精气神。

（三）以为民服务助推干群关系改善。通过党史学习教育开展以来，各级党组织坚持把回应群众关切作为“第一目标”，把解决群众诉求作为“第一动力”，从细处着眼、小处着手、实处着力，有效推动了99项“我为群众办实事”项目落实。以“民情体验日”等活动形式，深入农村、社区、窗口单位等一线听诉求、找差距、寻办法。只有切身转变角色进行民情体验，才能帮助党员干部，在实践中汲取党史滋养，筑牢初心使命、强化担当作为，让干部同群众的关系更加紧密、感情更加紧密、距离更加紧密。

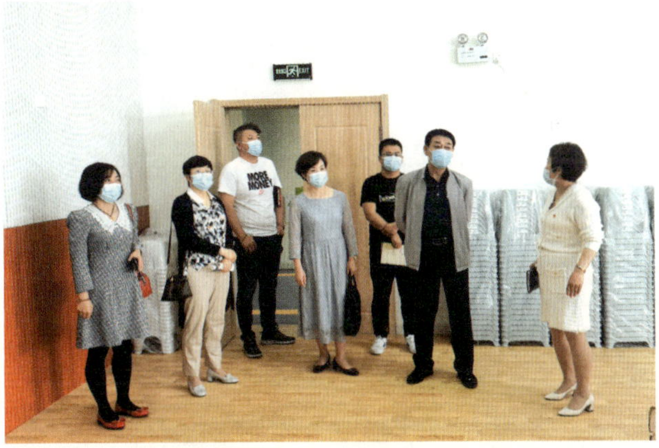

2021年5月19日，金凤区财政局在民情体验日调研民转公幼儿园运营管理情况

四、问题不足

在党史学习教育取得一些成效的同时，也发现还存在一些问题。一是学习热情有待提高。部分党组织到后期产生“松懈心理”“厌战情绪”，组织党员学习力度有所减弱。二是责任落实还需加强。由于岗位调整，一些新任领导干部对本单位、本系统、本行业党史学习教育开展情况不熟悉，履行责任不够到位，指导不够有力。三是督促指导有待加强。由于年末工作事务较多，加上疫情防控、“两会”等工作，各指导组对党史学习教育指导工作投入精力不足。

五、下一步打算

（一）进一步加强学习，提高理论素养。坚持把习近平新时代中国特色社会主义思想作为根本指引，持之以恒加强学习，通过理论学习中心组学习、专题研讨会、读书班等方式，统筹推进集体学习与个人自学，让党员干部进一步夯实为民服务意识。

（二）进一步压实作风，办好民生实事。从细、从小、从实入手，把民生实事任务细化为一个个具体项目、一项项实际举措，精准聚焦、精准施策，抓实、抓好、抓出成绩，真正为群众解烦解忧，把群众满不满意、高不高兴、答不答应作为办好民生实事的检验标准，让每一件民生实事都经得起检验。

（三）进一步优化政策，建立长效机制。坚持问题导向、目标导向、结果导向相统一，丰富拓展办实事的载体和内涵，从民意表达、深化联系群众、拓展服务共建、健全投入保障等方面建章立制。

（金凤区委党史学习教育领导小组办公室）

砥砺奋进铸忠诚　勇担使命护平安

回首过去一年，金凤区政法系统和全体政法干警在区委坚强领导下，坚持以习近平新时代中国特色社会主义思想为指导，深入学习贯彻习近平法治思想，聚焦“七大提升行动”，“十项重点任务”，奋力推进政法工作高质量发展，政治社会大局持续保持安全稳定，平安金凤、法治金凤建设取得新成效，执法司法公信力和人民群众满意度不断提升，在疫情防控、风险防范、安保维稳等战场上，“政法蓝”的身影总是冲锋在前，打赢了一场又一场硬仗，有力完成了战疫情、防风险、保安全、护稳定、促发展的工作任务，人民群众获得感幸福感安全感持续增强，金凤区平安建设工作获评平安宁夏建设优秀县区。

坚持党管政法不动摇，始终保持正确前进方向

旗帜鲜明地加强党对政法工作的绝对领导。2021年，金凤区政法系统严格落实重大事项请示报告制度，政法各单位向党委、党委政法委请示报告73次。建立健全委员述职、政治督察、执法监督、纪律作风督查巡查等125项制度机制，开展政治轮训、政治督察、队伍建设巡查、肃清流毒专项行动等活动，压紧压实“党管政法”责任，政法机关党领导政法工作的制度化水平进一步提升。

深化政法领域改革。法院完善审判人员权责清单，深入推进民事诉讼程序繁简分流改革，全面推进“智审、智服、智管、智执”。检察院全面深化以审判为中心的刑事诉讼制度改革，建立完善对公安机关立案、侦查信息定期查询、重点查询及信息互享常态化机制。公安机关加强和改进派出所工作，推动7名派出所所长、83名社区民警兼任镇（街道）

2021年12月1日，金凤区召开“七五”普法工作总结会暨“八五”普法启动会

党工委副书记、村（社区）党组织副书记，实现“网格”“警格”深度融合。

坚持固本强基创品牌，助推平安建设提档升级

坚持和发展新时代“枫桥经验”，打造县区社会治理综合调处中心，镇街设置副科级事业单位综治中心，按照“三合一”（综治中心、社区警务室、网格化工作室）标准打造71个村（社区）综治中心，夯实平安建设基础阵地。成立扫黑除恶常态化工作机构，制定常态化及重点行业领域整治方案，持续高压严打各类刑事犯罪活动，八类刑事案件同比下降20.1%，“两抢”案件破案率达100%，推广注册“金钟罩”和“国家反诈中心”App48.8万人，有效预警劝阻电信诈骗1万余起。

坚持法治引领强保障，护航经济社会高质量发展

圆满完成“七五”普法工作任务，高标准启动“八五”普法，组织开展习近平法治思想专题培训，领导干部法治思维和法治能力进一步增强。组织“法润金凤　普法春风行动”等法治宣传活动650场，选派31名政法干警担任中小学校法治副校长。城市综合执法智慧监管项目近日被列为全区法治政府建设示范项目。

深化市域社会治理现代化试点，严格“五方责任”落实，突出“五治协同”优势，紧盯“五类风险”防范化解。严格落实重大矛盾研判报送、日常矛盾备案等机制，排查各类矛盾纠纷2986件，化解2929件，化解率达98.1%。推进法治乡村和社区示范建设，健全人民调解“四张网”，建设22处法治教育阵地，打造金凤区公共法律服务中心、7个镇（街道）公共法律服务工作站、72个村（社区）公共法律服务工作室、115个人民调解委员会，在全区率先实现基层法律服务全覆盖。

坚持从严治警强队伍，巩固深化教育整顿成果

扎实推进政法队伍教育整顿。突出“四项任务”聚焦“三个环节”，做到“五项教育”贯穿始终，“顽瘴痼疾”根治彻底，政法机关政治生态进一步优化、纪律作风进一步好转、素质能力进一步增强、执法司法公信力进一步提升。政法各单位开展政治轮训18次，举办英模报告会14场，“补钙强基”效果明显。从严开展查纠整改，动态清零线索524件，80名政法干警主动说明问题。深入整治顽瘴痼疾。推进“1+5+12”顽瘴痼疾整治，成立12个整治专班，共排查“6+4+2”顽瘴痼疾“基础病”217条，核实认定212条，“N”项“地方病”顽疾问题45条，核实认定26条，均已全部整改，对核实认定的干警处理408人次，其中四种形态处理391人次。以党史学习教育为引领，开展“我为群众办实事”实践活动，78项“为民办实事”事项全部落地办结。

2021年4月2日，金凤区召开政法队伍教育整顿会议

坚持履职尽责冲在前，关键时刻展现政法担当

坚决贯彻落实总体国家安全观，将维护政治安全作为第一政治责任，以中国共产党成立100周年安保维稳工作为主线，深入实施“反制”“铸墙”“净土”“攻心”四大工程，健全完善情报、指挥、处置、舆论引导一体化工作机制，对11个领域72项重大风险逐一明确防范化解措施，有力有效维护了政治安

金凤公安抗击疫情

全和辖区社会大局稳定。全年辖区未发生因矛盾化解不力引发的群体性事件、50人以上群体性越级访、3人以上“民转刑”案件及个人极端案事件。

面对新冠肺炎疫情常态化防控工作，织牢“三联三控”防控网（紧密连接数据核查、防疫站点、网格力量，严控入境信息筛查、行程闭环监测、防疫卡口管控），全力做好3100余名境外、返银人员动态管控。“10·17”疫情发生后，全体政法民警闻令而动，分别在涉疫社区封控、人员样本转运等工作中展现政法担当。以政法民警为主力军的转运隔离专班高效运转，24小时不间断集中转运隔离工作，共转入和解除“三类人员”4600余人次，严密高效地完成了疫情防控转运工作。

人民群众对美好生活的向往，是政法队伍前进的不竭动力。服务保障高质量发展更加有力、平安建设机制不断完善、市域社会治理试点加快推进、法治金凤建设体系逐步健全，建设更高水平平安金凤、法治金凤的目标激励着金凤区政法机关和广大政法干警踔厉奋发、笃行不怠，奋力谱写新时代政法工作高质量发展新篇章。

（金凤区委政法委）

金凤区政府办公楼夜景

金凤法院：打造“全区有位置、银川走在前”的现代化核心强院

2021年，金凤区人民法院坚持以习近平新时代中国特色社会主义思想为指导，全面践行习近平法治思想，深入学习贯彻全区、全市法院院长会议精神，紧紧围绕“努力让人民群众在每一个司法案件中感受到公平正义”的目标，紧扣“守初心、担使命、创佳绩”工作主题，全年共受理各类案件31820件，同比上升30.22%，其中新收案件30130件，同比上升43.17%，审执结26904件，同比上升18.29%，结案率84.55%。法官人均收、结案数分别达到707件和598件，分别达到全区法院法官平均数的2.6倍和2.3倍。

一是抓关键少数，推进头雁引领示范。坚持以高标准贯彻落实院庭长办案制度，院庭长结案数、院领导结案数稳居全区法院之首。院庭长收案12729件，占收案40.00%，办结10952件，占结案数的40.71%，院庭长人均收结案与全区法院法官的平均数持平。

二是抓诉前调解，推进“诉源治理”赋能。落实自治区高级法院院长沙闻麟“5·22”调研精神，大力推进诉前调解工作，现有特邀调解组织21个，调解员157名，居全区第一，诉前委派案件10988件，成功调解5354件，相当于为每名民事法官减负153件，降低民事案件增长率36.81个百分点。道交平台委派调解406件，调解成功145件，为交通事故巡回法庭法官人均减负72件。

三是抓繁简分流，推进案件质效向好。构建起覆盖刑事、民事、执行全领域的繁简分流工作机制，刑事案件速裁及简易程序案件占比68.88%，民事案件简易程序适用率74.73%，平均结案天数分别缩短10天和4天。引入“易判智慧执行管理系统”，执行案件系统全流程平均操作用时从20分钟减少到3分钟，解决了80%以上的常规事务性工作，执行“3+1”核心指标、执行到位标的、首执案件关键指标等稳居基层法院前列。

四是抓培训调研，推进干警能力提升。开展分层分类覆盖全员的司法能力培训，组织干警参加上级法院、政法院校培训40余人次；召开各类专业法官会议70余次，参与法官867人次，着力提升法官整体办案水平；组织新进干警和司法辅助人员岗位技能培训4批130余人次，举办覆盖全员的岗位练兵5批350余人次，激励年轻干警锤炼业务能力。

五是抓教育整顿，推进司法作风转变。以深化五项教育为抓手，以整治顽瘴痼疾为着力点，全面深入推进政法队伍教育整顿，共核实认定“6+4+2+2”顽瘴痼疾169条，处理165人次，以推进长效常治为目标，新建制度十大类43个，不断提升法院管理水平。

六是抓普法宣传，推进法治氛围形成。利用重要时间节点，深入开展“法官八进”活动和法院开放日活动20余次；落实新闻媒体普法制度，通过各平台发布以案普法释法信息310篇；向相关单位发出司法建议9份，进一步规范有关主体行为；通过法院楼宇文化长廊建设，营造法院内部浓厚的法治氛围。

（银川市金凤区人民法院政治部 蔡 露）

群策群力打赢新冠肺炎疫情防控战

2021年以来，金凤区深入贯彻落实自治区、银川市新冠肺炎疫情防控工作安排部署，坚持“外防输入、内防感染”总基调，坚持“人、物、技”同防，坚持防控和备战两手抓。健全组织体系，压实“四方责任”，落实“五有三严”，妥善处置突发疫情，确保辖区经济社会有序运行。

一、新冠肺炎疫情防控工作推进情况

（一）聚焦组织领导，压实责任。

一是优化平战结合的应急指挥体系。对标对表国务院联防联控机制《关于进一步加强新冠肺炎防控工作的通知》要求。建好建强平战结合防控指挥体系，完善工作方案和运行机制，将常态化精准防控和局部应急处置相结合，在指挥部工作组基础上，动态增设工作专班，主要领导两周一次、分管领导每周一次研究疫情防控工作，严格落实日报告、零报告制度，力戒思想松懈、责任悬空，持续加强完善疫情常态化防控措施，确保疫情发生后，第一时间就位，应急机制快速启动，做到指令清晰、系统有序、条块畅达、执行有力，应急处置科学规范、坚决果断，确保一遇疫情输入，以最有效措施、最短时间、最小代价扑灭燃点，精准解决疫情处置第一线问题。二是优化完善联防联控机制。继续巩固好全域网格化管理机制和“一格、三班、三级、五册”工作体系。持续推动政府主导、社会组织和民众共同行动、分工协作、风险共担的工作机制，畅通基层医疗卫生机构与基层管理部门（包括街道、社区、乡镇、村组）之间的协同联动，在基层建立多元化、多主体协同运行的防疫应急管理模式，卫生健康部门发挥指导作用，基层医疗卫生机构充分发挥专业优势，以疫情防控专业问题解决为核心，实现疫情应急过程中不同类型行动主体之间的协同，疫情发生后做到各司其职，形成一个集聚社区和街道与职能部门以及疾病防控机构的联动机制，在第一时间对疾病流行和蔓延进行控制。

2021年8月27日，金凤区召开新冠肺炎疫情防控工作指挥部会议

（二）聚焦重点人群，精准施策。

一是主动摸排。落实“外防输入、内防扩散”防控策略，全面加强对境外返银和国内中高风险地区来银人员的管控。严把入口关，优化火车站卡口配置，将抽调人员分为三组，24小时岗位值守，设置总值班岗，二维码查验岗，身份证、车票、行程卡查验岗、重点地区人员信息登记岗四个关键岗位，确保卡口核查工作万无一失。坚持落实返银人员信息报告交换制度，做到全程闭环管理，全程信息追踪、全程健康监测，精准管控，精准落实。二是精准管控。按照属地管理原则，充分发挥“网格化”管理的兜底作用，全面启动疫情普查机制，网格员上门入户，扎实做好境外人员、中高风险地区人员等重点人群摸底排查、信息登记和日常健康监测工作。

（三）聚焦重点场所，科学防控。

一是管好重点场所。严格落实区市关于常态化疫情防控的最新要求，针对性加强对农贸市场、水产市场、超市、餐饮门店等检查指导，重点对各类生鲜、冷冻肉品、水产品进行溯源检查，加大对进口冷链食品监督管控力度，监督涉及进口冷链食品的冷库、食品生产经营单位严格落实“宁冷链”赋码要求，严格落实“三集中”(集中查验、集中采样、集中消毒)、“三专区”(进口冷链食品实行专用通道进货、专区存放、专区售卖)制度。坚持学校封闭式管理,强化医疗机构预检分诊,用好“快、捷通道”机制,及时掌握政策标准,严格规范操作流程。加强对农贸(集)市场、海鲜市场、超市商场、餐饮门店(老饭桌)、影院等场所疫情防控、消杀通风等的指导工作,严格落实测温验码、卫生整治、通风消毒、健康监测等措施,制定《金凤区常态化监测方案》,压实各部门责任,组织相关部门每隔一日开展一次冷链食品、货物、环境核酸检测,加大各类生鲜、冷冻肉品、水产品溯源检查、核酸检测,按照要求暂停有关海鲜进口、销售,2021年累计采集重点环境样本2626份、重点人群标本2819份、采集冷链食品样本1182份,结果均为阴性。二是管好重点环节。辖区乡镇卫生院、村卫生室、社区卫生服务中心(站)、诊所、门诊部等基层医疗卫生机构均严格落实首诊报告负责制,对发热患者进行登记,引导发热原因不明的患者到发热门诊进一步检查治疗,做到2小时内完成网络直报,第一时间发出预警信息。三是管好重点活动。对辖区各类重大活动进行风险评估并完善防控预案,严格考试活动疫情防控,加强重大活动统筹安排,有效降低聚集性风险。2021年累计审批回复各类活动60余起。

(四)聚焦健康教育,全民参与。

一是抓实政策宣传。采取发放宣传单、张贴公告、大喇叭循环播报、悬挂标语等“土”办法和推送抖音视频、电子屏滚动播放、制作防控漫画等“新”形式相结合的方式,大力宣传疫情防控科普知识,引导群众理性科学防控。将“非必要不出行,返乡提前报备,出行加强个人防护”等内容作为宣传重点,大力倡导在外人员留在当地过年。累计张贴公告、海报8万余张,悬挂条幅1万余条,发放各类宣传资料10万余份。录制制作疫情防控短视频、微视频20余部,受益群众达5万余人次。二是广泛开展爱卫行动。持续组织开展爱国卫生运动,全方位、多形式开展疫情防控和健康科普宣传工作,引导群众正确防控,倡导群众培养文明卫生习惯和健康生活方式,有效提升群众的防范意识和自我保护能力。三是强化日常管理。按照国家最新颁布的新冠肺炎疫情期间重点场所和单位卫生防护指南等规范要求,严格落实测体温、查健康码、戴口罩、保持社交距离等常态化防控措施,加强对卫生间、电梯间、门把手等高频接触的公共场所日常通风与消毒。

(五)聚焦应急保障,提升能力。

一是强化物资储备。加大财政资金投入,完善卫生应急物资专项储备制度,建立健全储备体系,科学调整物资储备的品类、规模、结构,储备不少于30天左右的个人防护、卫生消杀、应急救助等物资的采购。同时与国药集团(宁夏)医疗器械有限公司签订《新冠疫情防控物资代储采购合同》,与部分超市签订《疫点供应协议》,确保物资储备到位。二是加强业务能力培训。组建公安、公卫、工信人员组成流调队伍4支,建立24小时疫情防控应急流调值班制度,每个流调组至少包括3名流调人员、2名公安人员和2名采样人员,其中2名流调人员赶赴现场开展流调,1名流调人员留守单位,提前收集核心信息上报,2名采样人员赶赴现场开展采样送检复核工作。加强专业培训,由疾病预防控制中心统一调度,发生突发疫情“2小时到现场,4小时初步完成流调判断,24小时内完成现场流调和密接信息排查并上报病例流调报告,72小时内完成所有密接者流调和次密信息排查,追踪和判定病例的密切接触者和次密切接触者,精准推送信息管控”。举办3期培训班分批次对290余名基层医疗机构工作人员进行流行病学调查、核酸采样、样本转运等业务知识培训,切实提升了辖区流调、采样、样本转运队伍的规范性和专业

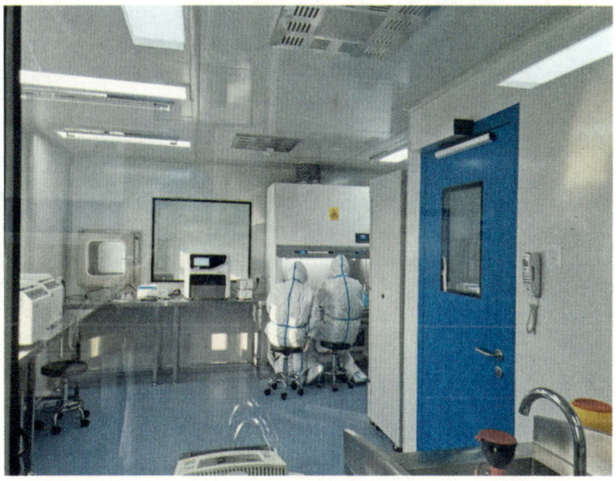

金凤区首家新冠病毒核酸检测PCR实验室

性。组织新冠肺炎聚集性疫情处置视频培训会，切实增强全体干部应对疫情处置能力，培训人员400余人次。三是不断加强基础建设。为有序推进新冠疫情防控工作，将短板填平补齐，借助公共卫生体系建设项目，投入资金近300万元，加强实验室硬件设施建设，建立总面积103平方米的银川市县区级疾控系统首家新冠病毒核酸检测实验室，配置了全自动核酸扩增分析仪、核酸提取仪等高端进口检验检测设备，并取得了新冠病毒核酸检测资质；完成辖区6家社区卫生服务中心发热哨点诊室改造，完成两镇卫生院发热门诊建设，采购备齐发热门诊设施设备，投入使用后接诊发热病人735人次。

（六）聚焦新冠疫苗接种，构筑免疫屏障。

一是压实责任。制订印发《金凤区新冠病毒疫苗接种工作实施方案》《金凤区18岁以上人群新冠病毒疫苗接种方案》《金凤区15—17岁人群新冠病毒疫苗接种方案》《金凤区12—14岁人群新冠病毒疫苗接种方案》《金凤区3—11岁人群新冠病毒疫苗接种方案》《金凤区加强针新冠病毒疫苗接种工作实施方案》6份方案，成立新冠病毒疫苗接种领导小组，按照条块结合、属地管理为主的工作思路，细化任务分工，压实四方责任。将辖区按照村、社区布局划分83个网格，科学测算接种能力，将接种任务精准分解到各接种点位，定岗定人定责到位。二是合理设置接种点位。根据辖区人口分布，本着方便群众的原则，共设置接种点位20个（方舱接种点1家、常规门诊16家、临时接种点3家）和流动接种车2辆，采取“临时接种点＋常规接种门诊＋上门接种”的服务方式，分类施策、优化服务，满足居民接种需求。截至2021年12月31日，累计接种新冠病毒疫苗1115058剂次。其中，第一剂次接种530553人（3—11岁儿童第一剂次累计接种71791人）；第二剂次507492人（3—11岁儿童第二剂次累计接种48526人）；第三剂次77013人。

（七）聚焦突发疫情，紧急高效处理。

一是强化监测预警。严格落实“逢阳必报、逢阳即报、接报即查”，严格依法依规按时实行“日报告、零报告”。“10·17”疫情发生后第一时间成立由区委、区政府主要领导负总责，分管领导任组长，政府副区长任副组长，相关部门、镇街负责人为成员的森林半岛小区疫情防控专班，对发生病例的小区采取临时封控措施，切实把病毒扩散传播风险降到最低，最大程度保障了城市正常运行和安全。二是坚持精准防控。按照金凤区行政区划，综合研判风险等级、居民分布、保障半径等因素，将辖区两镇、五街道下辖的63个社区、20个行政村划分为37个防控单元，由党政主要负责人担任辖区总网格长，下沉全部县处级干部37名担任防控单元网格长，一线指挥调度、统筹网格管理，落实防控措施，通过网格单元内“四个第一时间”联动（第一时间联动发现、第一时间联动流调，第一时间联动筛查，第一时间联动管控），切实把责任压实在网格。联动应急状态下指挥体系运行和网格化管理，在指挥部综合协调组、设卡防控组等11个工作组的基础上，动态增设了紧急医疗、转运隔离、核酸检测等10个工作专班。综合研判疫情发展形势，成立疫情防控工作组，24小时值班响应值守。优化提升检测综合协调、卫健系统协调、现场处置协调、后台协同协调、督查指导协调5项应急指挥能力，做到了

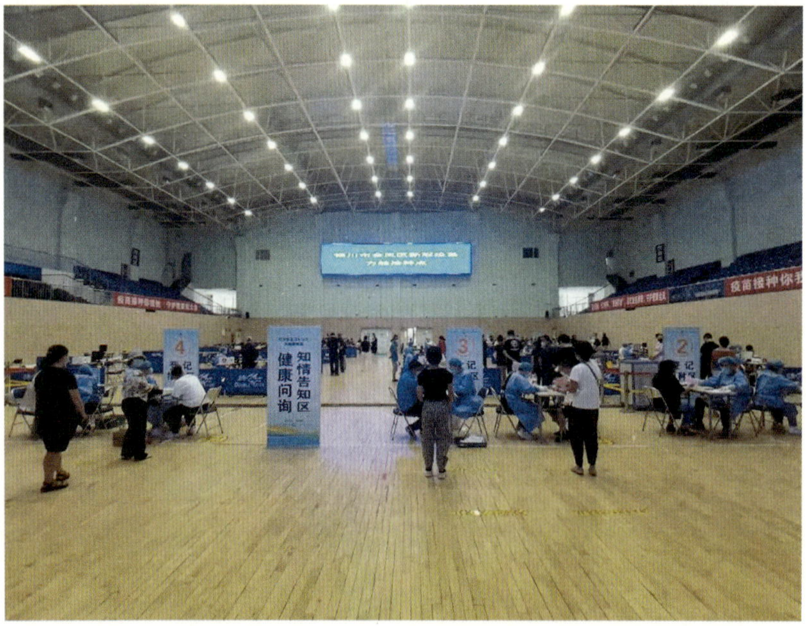

金凤区启用占地1462平方米的方舱接种点

各司其职、各负其责，联防联控、齐抓共管。

2021 年 10 月 20 日，金凤区财政局干部在 CCpark 商务中心执勤

二、努力方向

一是加强人才储备。采取“四个一批”措施迅速改变基层医疗卫生机构人才匮乏的现状，通过选送培训、定点委培、“千名医师下基层”等形式，培养公共卫生、全科医生、中医等紧缺型人才，为基层输送新鲜血液，提高基层医疗卫生健康机构专业素质和服务水平。二是储备三支应急队伍。优先保障疫情防控“软件”投入，储备“信息核查管控队伍、核酸采样队伍、紧急医疗队伍三支应急队伍”，改变密接次密接人员未有效闭环监管问题。三是加强应急专业培训。疾控专业部门制订培训计划，建立常态化培训机制，对辖区各部门、单位、街道、乡镇负责人开展常态化培训，各负责人员掌握后对所管辖的工作人员开展培训，同时督促工作人员加强疫情防控知识在岗学习，定时通过开展应急演练，学习掌握，同时增强疫情防控知识学习的主观能动性，加强人员配置的不断优化，促进人员综合素质不断提高。

（许　琳）

大事记

※ 1月 ※

6日 金凤区区长赵会勇主持召开《政府工作报告》《“十四五”规划纲要》征求意见座谈会。与会人员围绕辖区经济社会高质量发展、乡村振兴、民生保障等方面和教育事业、医疗卫生、垃圾分类等热点问题提出诸多宝贵意见建议。

△金凤区区长赵会勇主持召开金凤区政府党组第63次会议。会议传达学习了中央经济工作会议精神和自治区党委经济工作会议精神，研究了贯彻落实意见；传达学习了银川市第十四届委员会第十一次全体会议和经济工作会议精神，研究了贯彻落实意见；会议传达学习了中央农村工作会议精神，研究了贯彻落实意见。

△浙江湖南商会会长黄勇一行到银川阅海湾中央商务区，就拟开发建设的商业酒店项目进行考察选址。银川市委统战部副部长、工商联党组书记郑宏梅，银川市投促局相关人员，阅海湾中央商务区分管副主任张涛，阅海湾投资促进部，国土规划部相关领导陪同考察。

7日 金凤区委常委主持召开第三届委员会召开第七次全体会议。全会听取和讨论了李全才受区委常委会委托作的工作报告，审议通过了《中共银川市金凤区委员会关于制定国民经济和社会发展第十四个五年规划和二〇三五年远景目标的建议》。

8日 金凤区在宁夏全区率先召开2020年度模范机关命名暨直属机关工委党组织书记抓党建述职评议会。金凤区纪委监委、党委办公室等20家单位获评“让党中央放心、让人民群众满意”模范机关。

11日 金凤区召开2020年度党组织书记抓基层党建述职述廉评议考核会，来自各镇（街道）党（工）委、阅海湾中央商务区党工委、公安分局党委及和区直机关工委的10名书记就抓党建工作分别从基层党组织建设、意识形态责任制落实、党风廉政建设、巡视巡察问题整改等方面，采用了PPT的形式进行了现场述职，其他6名党（工）委作了书面述职，接受党组织书记代表、党员代表等现场提问、点评和测评打分。

14日 金凤区第四届人民代表大会第五次会议举行第二次全体会议，听取人大常委会、法院、检察院工作报告。

△金凤区委常委会召开党史学习教育专题民主生活会，紧扣深入学习贯彻习近平新时代中国特色社会主义思想和中共十九届六中全会精神主线，聚焦大力弘扬伟大建党精神主题，围绕深刻领悟“两个确立”的重要意义等五个方面，全面盘点收获，深入检视问题，深刻剖析根源，认真开展批评和自我批评。

15日 金凤区正式公布2021年承诺为民办十件实事内容。十件实事涵盖就业、教育、助老助残、居住条件改善等领域。

21日 阿里巴巴跨境电商本地化服务中心区域总经理陈乾一行赴阅海湾中央商务区就阿里巴巴跨境电商（宁夏）服务中心拟落户阅海湾中央商务区

项目落地事宜与商务区进行深度对接洽谈。

25日 《银川市金凤区志(2001—2018)》专家评审会在金凤区教育局三楼政协会议室召开。与会各专家依次对区志评审稿进行评审，并提交书面评审意见。经过综合评议,与会专家同意《银川市金凤区志(2001—2018)》通过评审。

29日 金凤区满城北街街道立交桥社区党委对新华联商圈7家首批“共产党员示范店”进行揭牌,鼓励、引导新华联商圈店铺文明经营、合法经营。

1月 中华全国妇女联合会印发《全国妇联关于表彰第十二届五好家庭暨家庭工作先进集体、先进个人的决定》，长城中路街道鲁银社区党委书记、居委会主任、妇联主席钱超获评全国家庭工作先进个人,金凤区良田镇植物园村李文华家庭、金凤区阅海万家花蕾家庭获评2020年“全国最美家庭”。

※ 2月 ※

2日 金凤区举办《金凤区年鉴》编纂业务培训班,使参会人员熟悉年鉴编纂的基本知识,掌握基本方法和工作流程,推进《金凤年鉴(2021)》保质按期完成编辑出版。

△金凤区在率先完成村(社区)党组织换届选举工作的基础上，于1月29日至2月2日圆满完成20个村民委员会换届选举工作,共产生新一届村民委员会委员(含主任、副主任)100人。

6日 金凤区63个社区顺利完成居委会换届选举工作,此次换届有62个社区实现党组织书记和居委会主任“一肩挑”,一批“遵纪守法、公道正派、作风民主、群众拥护、治理和服务能力强”的优秀人才充实到社区“两委”班子队伍。

8日 金凤区组织的2021年文化科技卫生“三下乡”暨“同心抗疫·金牛送福”文化旅游体育迎新春“云”上系列活动,以文化、科技、卫生、旅游、体育为主题的8项丰富多彩的新春主题活动通过线上的形式吸引了85万人次的城乡群众关注,近万人参与各项活动的打卡。

19日 金凤区良田镇召开2021年村(居)重点工作谋划部署座谈会,会上,各村(居)党支部书记围绕推动乡村振兴战略实施和打造良田镇八村一居(八个村一个社区)各具特色的现代乡村图景,如何盘活乡村资源、打造产业兴旺的美丽乡村等问题展开讨论,镇领导班子参与讨论并提出意见建议。

26日 金凤区政协党组书记、主席张学东主持召开2021年第1次党组(扩大)会议。会议传达学习习近平总书记在党史学习教育动员大会上的讲话精神、金凤区党委2021年第6次常委会会议精神,研究确定金凤区政协2021年重点提案及办理资金分配,审议通过《金凤区政协2021年主要工作安排》,安排部署了下一步工作。

2月 赵会勇任金凤区委书记。

※ 3月 ※

5日 金凤区举行2021年“3·5”学雷锋月新时代文明实践志愿服务项目启动会暨创建全国文明城市常态化工作安排会。

△金凤区召开推进基层整合审批服务执法力量改革动员会。会议传达学习银川市推进基层整合审批服务执法力量改革领导小组第二次会议精神,安排部署改革工作重点任务。

△金凤区一季度第一批次64个总投资580亿元的项目集中开工,项目建设冲锋号正式吹响。

6日 良田镇组织召开乡村振兴重点工作“春季大会战”动员会暨2021年度党风廉政建设大会，对新发展阶段全镇农业农村工作进行再动员、再部署、再强调,精心谋划启动乡村振兴各项重点工作。

△金凤区委书记赵会勇主持召开阅海湾中央商务区建设招商工作专题会，听取商务区工作总体汇报。结合贯彻落实区市党委全会、银川市“两会”精神和当前经济社会发展形势，与管委会班子成员进行了座谈交流,并对园区下一步发展方向提出具体要求。

8日 金凤区召开党史学习教育动员大会,金凤区全体在职县处级领导、区委各部委，区直各相关部门、单位，部分市属派出机构主要负责人、区委党史学习教育领导小组办公室及各工作组成员，区委党史学习教育指导组各组组长、成员参会。银川市委党史学习教育第二巡回指导组到会指导，区委书记赵会勇讲话。

12 日　金凤区自然资源局在银川市宝湖公园开展“全民植树四十载，美丽中国谱新篇”宣传活动，辖区 13 家单位 80 余人参加活动。

16 日　阅海湾中央商务区召开 2020 年度总结表彰暨 2021 年工作部署会议，表彰 2020 年度各项工作中做出突出贡献的先进集体和先进个人，签订 2021 年目标任务书。

17 日　金凤区新兵入伍欢送大会在人武部举行，集中为即将走入军营的新兵送行。

△金凤区围绕“三个一”工作方法多措并举出实招，推进 2021 年度老旧小区改造项目工作。2021 年，金凤区计划对中强小区、金穗苑、电大家属院等 20 个老旧小区进行改造，涉及 75 栋楼 19.95 万平方米，惠及居民 2812 户。

19 日　金凤区委党史学习教育领导小组召开第一次会议，区委党史学习教育领导小组全体成员、党史学习教育指导组全体成员、各镇（街道）书记参会，区委书记赵会勇讲话。

22 日　金凤区区史馆、方志馆揭牌仪式在金凤区档案馆、地方志编纂研究室举行，金凤区委书记赵会勇、自治区地方志办公室副主任张明鹏、银川市地方志办公室副主任蔡一楠参加揭牌仪式。

24 日　金凤区北京中路街道锦绣苑社区新时代文明实践站与辖区康美口腔医院、世英开锁、碧水蓝天服务站等单位志愿服务队伍结对共建，举行“公益集市”志愿服务现场签约仪式。

25 日　金凤区召开党史学习教育宣讲动员备课会（培训会），各部门（单位）党史学习教育分管领导，各镇（街道）党史学习教育分管领导及具体工作人员参会。

26 日　金凤区召开党史学习教育中央宣讲团宣讲报告会。中央宣讲团成员、中国人民大学马克思主义学院教授杨凤城作党史专题宣讲报告。金凤区在职县处级领导、各镇、街道及区委各部委、区直各部门、单位主要负责人参会。

29 日　金凤区人民政府召开第九次全体（扩大）会议暨廉政工作会议。会议传达学习全国、自治区、银川市“两会”精神，中央、自治区、银川市、金凤区纪委全会精神和自治区、银川市政府全体（扩大）会议精神；通报政府系统 2020 年廉政工作情况，集中观看《欲望的囚徒》反腐警示片；安排部署政府系统 2021 年各项工作和廉政工作。

3 月 29 日至 4 月 1 日　金凤区委书记赵会勇赴深圳、广州，结合金凤区产业定位重点就总部经济、文旅项目开展招商，银川阅海湾中央商务区管委会副主任张涛随同参加。

29 日　银川市金凤区燕然路(彩云街—李银路)道路给排水和工程银川市金凤区十七路（梧桐街—李银路）道路和给排水工程已进入初步设计审批公示阶段，建设内容包括新建道路及配套工程。

一季度，金凤区城镇新增就业 1338 人，城镇失业人员再就业 1022 人，城镇就业困难人员实现就业 93 人，农村劳动力转移就业 1208 人，实现工资性收入 424.75 万元。

※　4 月　※

1 日　副区长刘学礼主持召开金凤区人民政府第 72 次常务会议。会议传达学习了全国、自治区、银川市“两会”精神，全国脱贫攻坚总结表彰大会精神和国务院《行政事业性国有资产管理条例》；会议审议了《第五届金凤飞舞·城市乐活会方案》《金凤区国控公司组建人力资源服务有限公司方案》，研究了金凤区（康居）安置区地下车库管理有关事宜；会议还研究了其他事项。

5 日　金凤区长城中路街道宝湖社区联合银川市暖阳爱心志愿服务中心在宝湖公园开展“悦书房里学党史，宝湖公园添绿植”志愿服务活动，辖区共青团员、未成年人、学生家长等参加活动。

9 日　金凤区总工会联合长城中路街道党工委

在金宇名庭社区举行金凤区“司机之家”、职工之家、“八大群体职工服务站”、“户外劳动者服务（法律援助）站”揭牌仪式，辖区出租车司机、外卖员、环卫工人等“八大群体”代表、爱心志愿签约单位代表以及金凤区全体工会干部近300人参加了揭牌仪式。2021年，金凤区总工会计划升级打造职工之家46家，升级打造“会站家”一体化示范点12家，为更好地服务大局、服务企业、服务职工提供了条件和保障。

13日　自治区党史学习教育宣讲团成员、宁夏大学马克思主义学院院长、教授范映渊到金凤区作专题辅导报告。金凤区全体在职县处级领导、各镇、街道，各部门、单位科级领导干部，阅海湾中央商务区管委会中层以上领导干部参会。

14日　《银川市金凤区国民经济和社会发展第十四个五年规划和2035年远景目标纲要》（简称《纲要》）正式印发公布，《纲要》立足新发展阶段、贯彻新发展理念、构建新发展格局，为高质量推动金凤区“十四五”时期经济社会发展擘画了宏伟蓝图。共包括9篇17章62节，总结了金凤区“十三五”时期发展成就，提出了金凤区“十四五”期间的发展目标、战略定位、空间布局及主要任务，并对2035年远景进行了展望。

17日　金凤区举行了农村职业化党务工作者招聘笔试，本次考试吸引了65名关注党建、热爱党建的党员，平均年龄30.08岁，其中6名研究生。

20日　金凤区组织参加全区“传承党的百年光辉史基因　铸牢中华民族共同体意识”主题教育活动工作部署会议，区委党史学习教育领导小组全体成员、区委党史学习教育指导组全体成员、各部门（单位）、各镇（街道）主要负责人参会。

22日　由金凤区总工会、北京中路街道党工委主办，北京中路街道工会承办的“传承红色基因，牢记初心使命”金凤区职工红色经典诵读大赛，在新百CCpark商圈工会职工之家开赛。经过层层选拔，来自辖区的26组优秀职工选手进入决赛，就此拉开了金凤区职工庆祝中国共产党成立100周年系列活动的序幕。

23日　银川市金凤区举行“全民招商引资月”项目集中入园暨政府与银行战略合作协议签约仪式，与31家区内外企业达成共识，与7家银行达成战略合作意向。入园协议中，电子信息产业类型项目达25个。金凤区实行一对一项目服务责任制，一季度实施招商引资项目43个，完成招商引资到位资金8.2亿元，同比增长259%。

25—26日　金凤区在六盘山干部学院组织开展党委理论学习中心组学习研讨会暨党史学习教育研学班，研学期间，全体县处级领导集中学习了习近平总书记在福建考察时的重要讲话精神、习近平总书记在十九届中央纪委五次全会的重要讲话精神，观看了《中共党史专题讲座》视频，聆听“长征和长征精神”专题讲座，在六盘山长征纪念馆开展现场教学，重温入党誓词，深刻感悟“不到长城非好汉”的革命精神，并围绕“更加自觉地把政治责任扛起来”主题进行交流研讨。同时，结合开展党史学习教育大调研大走访活动，前往固原市隆德县清泉村、李士村观摩农村人居环境整治工作开展情况，学习经验做法。

30日　银川市金凤区2021年消费促进月暨第五届“金凤飞舞·城市乐活会”在新华联购物中心启动。活动围绕“开通消费专线引流客源、培育典型示范引领消费、举办节庆活动吸引热点、发展文商旅融合释放活力”四大板块，发布“十项主题活动”；金凤区五大商业综合体、五条特色街区、100家网红打卡点代表签订引客入金凤“消费专线”优惠承诺书。

※　5月　※

1日　由金凤区委、金凤区政府主办，金凤区文化旅游体育广电局、金凤区农业农村和水务局、金凤区商务和经济合作局及丰登镇人民政府承办，宁夏利思农业科技发展有限公司协办的“美丽良田·五谷丰登”2021年银川市金凤区第三届乡村文化旅游节活动（第一站）在丰登镇润丰村利思·田园蜜语农业生态产业园开幕。

△由金凤区文化旅游体育广电局投资建设的多功能文体广场落地枫林湾小镇，举办落成揭牌仪式。枫林湾小镇多功能文体广场是金凤区文化旅游体育

体广电局为民办实事倾力打造的文体广场之一，争取自治区体育彩票公益金 50 万元，场地总占地面积达 600 平方米，是集体育比赛、群众健身、文化展示、文艺表演等于一体的综合性场地。

1—5 日 金凤区六大商圈商场、超市及特色街区实现销售收入 1.27 亿元、客流近 162 万人次，较 2020 年同期分别增长 53%、64%，较 2019 年同期分别增长 0.9%、13%。

6 日 金凤区委书记、区委党史学习教育领导小组组长赵会勇到枫林湾小镇、双渠小区旧、综合执法局和西湖社区等地调研督导辖区党史学习教育开展情况。区委常委、宣传部部长李银海，区委常委、组织部部长邵中宏及相关单位负责人参加调研。

8 日 金凤区人才办、金凤区就业创业和人才服务中心等部门联合，在新华联购物中心广场举办金凤区 2021 年人才工作宣传月民营企业专场招聘会。此次招聘会吸引了区内近 90 家科技、能源、制造、营销等多个行业及领域的优秀企业参会，现场发布职位 2000 多个，求职者达 2000 人，达成就业意向 115 人，为各类人才提供了一次良好的就业择业机会。

10 日 为确保金凤区各级各部门在政府投资项目建设管理全过程、全链条依法依规有序高效推动，切实发挥政府投资撬动杠杆作用，刺激带动经济社会高质量发展，金凤区于近日出台《金凤区政府投资项目建设管理细则(试行)》。

11 日 金凤区委书记、党史学习教育领导小组组长赵会勇主持召开金凤区委党史学习教育领导小组第二次会议。会议传达学习中央及区市党委党史学习教育有关会议精神，研究审议《“我为群众办实事”实践活动工作方案》等文件，听取金凤区党史学习教育整体进展情况汇报，有关部门(单位)进行交流发言。

18 日 金凤区地方志编纂研究室在银川市第十三中学开展“5·18”地方志工作宣传日暨志鉴成果进校园活动。向银川市第十三中学赠送《金凤年鉴》《银川年鉴》《宁夏史志》《乾隆银川小志》《档案博览》等各级各类志书、年鉴、文史资料及地情资料类图书 30 余册。同时为在场学生分享“全国地方志系统先进工作者”吴志宏先进事迹。

19 日 金凤区召开“传承党的百年光辉史基因 铸牢中华民族共同体意识” 主题教育宣讲动员备课会，学习传达自治区党委书记陈润儿专题党课报告精神，全面动员部署辖区主题教育宣讲工作。区委常委、宣传部部长李银海出席动员备课会，安排部署有关工作。

△金凤区 130 余个党组织共计 3500 余名参赛选手参加金凤区举办的“学党史、知党情、跟党走”党史知识竞赛决赛暨第二届“学习强国”达人挑战赛，共有 8 支代表队 24 名选手进入决赛，阅海实业集团党委代表队获得冠军。

△第 11 个“世界家庭医生日”，金凤区卫健局开展形式多样的主题宣传服务活动。截至当日，金凤区共有医疗机构 33 家，其中乡镇卫生院 2 家，社区卫生服务中心 7 家，共组成“一位医生、一位护士、一位公卫人员”为核心的“家庭医生式签约服务团队”77 支，签约常住人口 16 万余人次，建立健康档案 32 万余份，管理高血压患者 23008 人、糖尿病患者 8484 人，规范管理率达 97%。

24 日 金凤区邀请自治区党委讲师团宋丽萍围绕“传承党的百年光辉史基因 铸牢中华民族共同体意识”作辅导报告。金凤区各镇(街道)、各部门(单位)科级领导干部共 200 余人聆听报告。

△自治区党委常委、银川市委书记、市委党史学习教育领导小组组长张柱围绕“从百年党史中汲取智慧和力量，奋力谱写建设先行区和继续建设美丽新宁夏的银川篇章”主题，以视频的形式为全市领导干部讲授专题党课，金凤区设分会场。金凤区在职副处级以上领导，区委、人大、政府、政协办公室主任，各镇(街道)主要负责人参加。

25 日 金凤区举办脱贫攻坚档案整理归档工作业务培训班，围绕“脱贫攻坚文件材料归档范围和整理规范”主题，从脱贫攻坚档案制定的背景、面临的问题、整理办法和档案整理工作中需要注意的问题几个方面进行培训，推进脱贫攻坚档案移交归档。

27 日 为了在更高层面、更新模式、更大平台上谋求发展，金凤区牵手银川经济技术开发区，加强各方面沟通协作并形成长效机制，以更优的思路推进区域联动发展，以更强的合力保障区域联动发展，合力打造“银川高质量发展中部支点区域”的标杆示范区。

28日 为进一步提升家庭建设指导制度化、规范化水平，推动辖区家庭建设工作高质量发展，促进全区青少年儿童健康成长和全面发展，金凤区正式启动家校社共育家庭建设试点工作。

5月 中国老年人体协下发《关于公布第四批全国老年气排球之乡的通知》，金凤区荣获“全国老年气排球之乡”称号。

※ 6月 ※

4日 金凤区统计局、金凤区第七次全国人口普查领导小组办公室发布《银川市金凤区第七次全国人口普查公报（第一号）》文件，公布截至2020年11月1日零时金凤区人口的基本情况。

△作为金凤区打造的特色街区之一，未来城多彩街区举办开街仪式。今后该街区将提档升级，打造特色文化街区，为消费者营造良好的消费环境。

7日 自治区党委党史学习教育第一巡回指导组、银川市委党史学习教育第二巡回指导组到金凤区调研党史学习教育工作。金凤区委书记、区委党史学习教育领导小组组长赵会勇，区委常委、组织部部长邵中宏，区委常委、统战部部长王芳参加调研。

9日 金凤区乡村振兴局正式揭牌成立，标志着金凤区圆满完成脱贫攻坚历史使命，开启巩固拓展脱贫攻坚成果、接续乡村振兴新征程。

△金凤区档案馆在金凤区人力资源和社会保障局五楼设分会场，集中组织各部门、单位及各镇、街道负责档案工作的人员及档案馆全体人员共60余人认真观看学习“6·9”国际档案日线上专题讲座。

10日 金凤区长城中路街道举行“光荣在党50年”纪念章颁发仪式，金凤区党委常委、政法委书记陈伟龙现场为俞正华、于继珍、刘宝臣等40名党龄达到50年的党员代表颁发“光荣在党50年”纪念章。

17日 金凤区举办“回眸百年风华　汇聚奋进力量”党史学习教育演讲比赛决赛。

△金凤区“洁美家园　你我同行”暨社区小区改造美化专项行动启动仪式在黄河东路街道砖渠新村小区举行。

18日 金凤区“6·18”“购在金凤·云享生活”全民电商节在金凤万达广场开幕。

△第二届“引凤创梦”青年创新创业博览会在阅海湾商务区喜来登酒店举行。活动现场对20余家各领域代表性企业的创新成果进行展示，并以数字经济平台如何赋能企业为主题，邀请多名资深企业家、投资人交流数字经济企业转型升级路径、新时代企业增长战略等方面的经验，为各领域人才知识交流共享搭建平台。

△金凤区委书记赵会勇上门慰问92岁高龄74年党龄的老党员孙常兴，并为其颁发“光荣在党50年”纪念章。金凤区人大常委会主任陈邢妍，金凤区委副书记、金凤区代区长张涛，金凤区政协主席张学东也分别走访慰问了部分“光荣在党50年”老党员，并为老党员上门颁发纪念章。

22日 金凤区政协召开四届28次常委会会议，专题协商“推进全面依法治区”。

23日 金凤区举办的“唱支山歌给党听·丝路银川·魅力金凤2021第三届中国·银川黄河合唱节暨金凤区庆祝中国共产党成立100周年群众合唱系列活动”颁奖仪式暨城市展演在银川阅海湾水上公园举行。

△“中国科协海智计划工作基地”在阅海湾中央商务区正式揭牌，是全国获批的首个中国科协海智计划工作基地。

24日 由金凤区主办，银川阅海湾中央商务区管委会、银川市商务局承办的“阅海湾跨境电商产业园、阿里巴巴国际站本地渠道商（宁夏）跨境电商服务中心、金凤区知识产权保护中心、数字人才基地揭牌仪式”、“臻情起航　全球梦想”跨境电商峰会在阅海湾喜来登酒店召开。自治区商务厅、银川市政府、金凤区委、区政府及市县相关单位负责人，专家学者、媒体代表，区内外公司等近200人出席活动。

25日 金凤区委老干部局和上海西路街道阅

海万家社区联合举办“颂光辉历程　赞辉煌成就　助追赶超越”庆祝中国共产党成立100周年文艺会演。金凤区部分离退休干部党员、老年大学学员代表等500余人参加。

△由金凤区总工会、金凤区文明办主办，上海西路街道党工委、上海西路街道工会承办的“奋斗百年路　启航新征程”职工文化雅集活动，在金凤区悦海新天地商业广场举办。这是金凤区总工会在辖区职工群众中广泛开展的庆祝中国共产党成立100周年系列活动之一。

29日　金凤区委书记、区委党史学习教育领导小组组长赵会勇作党史学习教育专题党课报告，强调要从党的百年光辉历史中汲取红色基因，汇聚实现高质量发展的合力，走好新时代长征路，践行初心使命，以先行区建设的新成效庆祝中国共产党成立100周年。

30日　金凤区举行优秀共产党员、优秀党务工作者和先进基层党组织表彰大会。金凤区委书记赵会勇出席会议并讲话。

△金凤区委召开庆祝中国共产党成立100周年座谈会。金凤区委书记赵会勇出席会议并讲话。

※　7月　※

2日　金凤区委召开理论学习中心组（扩大）第7次学习研讨会暨党史学习教育领导小组第四次会议，区委书记、党史学习教育领导小组组长赵会勇主持会议并讲话。

△中共金凤区第三届委员会第八次全体会议召开，会议审议通过《关于召开中国共产党银川市金凤区第四次代表大会的决议（草案）》。

3日　金凤区代区长张涛主持召开金凤区2021年上半年经济工作调度会议，听取上半年经济运行及主要经济指标、重点项目完成情况汇报，总结经验，分析研判经济形势，查摆问题，查找差距，研究部署下一步工作。

7日　金凤区总工会结合党史学习教育，在金凤区第二十七小学项目工地正式启动2021年“送清凉”慰问活动，此次涵盖辖区项目工地建设者、快递员、外卖员、环卫工人以及卫生系统、税务系统的一线职工2100余人。

10日　2021年宁夏休闲农业系列活动第五届银川农业嘉年华暨金凤区首届“乡村振兴杯”足球联赛启动仪式在金凤区丰登镇利思·润丰生态园举行。

16日　由中国个体劳动者协会主办，银川阅海湾中央商务区管委会、宁夏正丰集团承办的中国个体劳动者协会会长工作会议在银川召开。百度集团、天山实业、长江医药、上海宝松重型机械、广东省桥胜集团等40余家来自全国各地的中国个协会员企业家代表参加会议。自治区市场监督管理厅、银川市政府、金凤区政府、阅海湾中央商务区管委会及银川市各园区相关负责人参加活动。

22日　金凤区工商联（民间商会）召开第四次代表大会，完成金凤区工商联换届工作。

28日　金凤区代区长张涛、政协主席张学东、金凤区委副书记邵中宏及相关部门负责人先后到驻地部队等开展走访慰问，向部队官兵致以节日的问候和诚挚的感谢。

△金凤区全体在职县处级领导干部、区委各部委、区直各部门、单位、各人民团体主要负责人及各镇、街道党政主要负责人到武警宁夏总队机动支队开展2021年“八一”军事日活动，接受国防教育，学习优良作风，共同庆祝中国人民解放军建军94周年。

※　8月　※

4日　金凤区召开学习贯彻习近平总书记“七一”重要讲话精神宣讲培训会暨党史学习教育推进会，认真学习习近平总书记“七一”重要讲话精神，部署辖区党史学习教育和宣讲工作。区委常委、宣传部部长、党史学习教育领导小组办公室主任王芳出席会议。

10 日　为更好倾听民声、汇聚民智、体现民意，加快推动经济社会高质量发展，即日起至 8 月 27 日，金凤区面向社会广泛开展“我为金凤发展献良策”活动，为金凤发展出点子、谋思路。

20 日　金凤区委书记、区委全面依法治区委员会主任赵会勇主持召开金凤区委全面依法治区委员会第三次会议，强调要深入学习贯彻习近平法治思想，全面落实中央和区市党委决策部署，为建设黄河流域生态保护和高质量发展先行区提供坚强的法治保障。

△金凤区携手兴庆区、西夏区，与山东省德州市宁津县等 16 个省 46 个县区经前期协商，正式签订政务服务省际联盟“跨省通办”合作协议，将为涉企、涉个体、涉及合作社、涉食品经营等 81 项行政审批事项提供“异地受理、属地审批、全程网办、就近取证”点单式、个性化等、形式的“跨省通办”政务服务。

25 日　金凤区惠企便企服务平台项目推进会在银川阅海湾中央商务区召开。金凤区惠企便企服务平台依托金凤区企业智慧服务中心建设运营，是金凤区企业智慧服务中心开拓创新服务的重要举措。平台以企业政策服务和办事需求为中心，以便捷、高效、开放、安全为原则，针对企业的不同类型、所属行业、需求特点等提供个性化、主动化、智能化政策查询和办事服务，打造“惠企政策一键直达、便企服务一站即办”的服务通道，帮助企业协调解决发展当中遇到的困难和问题，为企业发展营造良好环境。

28 日　金凤区长城中路街道花样年华社区举办了以“用心陪伴·静待花开”为主题的家庭教育讲座，邀请花样年华幼儿园园长柴欣琪主讲，现场 50 多名家长认真听取了讲座。

30 日　金凤区领导干部学习贯彻习近平总书记“七一”重要讲话精神专题研讨班开班，开班式邀请自治区党校党史党建教研部副教授姜晓芸作专题辅导。金凤区全体县处级领导干部及各镇街道、各部门(单位)科级领导干部参加专题辅导。

※　9 月　※

1 日　通过区、镇两级人大代表换届选举投票，选举产生了金凤区人大代表 229 名、两镇人大代表 126 名。

△2021年全区“民族团结进步月”线上启动仪式在银川举行，对全区“民族团结进步月”活动进行安排部署。

2 日　自治区党委党史学习教育第一巡回指导组、银川市委党史学习教育第二巡回指导组到金凤区调研指导党史学习教育工作。指导组一行深入金凤区清水湾社区、金家巷社区，通过现场调研、查阅资料、交流讨论的方式，重点对学习贯彻习近平总书记“七一”重要讲话精神、召开专题组织生活会、开展“传承党的百年光辉史基因、铸牢中华民族共同体意识”主题教育活动等情况进行现场指导。

3 日　经过 8 天的培训，由金凤区总工会举办的首届西式面点师(初级)培训班在通福社区“八大群体”职工驿站服务中心结束，来自金凤区就业困难、失业及有创业需求的 50 名学员参加了培训。

5 日　金凤区正式启动 2021 年文明创建“亮形象、展业绩、争先进”专项行动，今后金凤区各文明创建集体将把参与本次专项行动作为展现自身创建形象、打造创建特色品牌、提升创建工作质量的契机，抓在平常、融入经常、做在日常，持之以恒，抓出成效，进一步巩固提升文明创建成果，推动金凤区精神文明建设工作水平再上新台阶。

6 日　金凤区以“百年再出发，迈向高水平科技自立自强”为主题，开展线上科普知识竞答活动，进一步在全社会倡导科学方法、普及科学知识。

10 日　金凤区召开第 37 个教师节庆祝大会。

△为全面提高基础教育质量，持续推进基础教育现代化，立足金凤区实际情况，金凤区制定了《金凤区基础教育质量提升行动实施方案》，2021—2025 年为正式实施阶段，力争到 2025 年，金凤区全面建成自治区教育高质量发展示范区，学前教育普及普

惠水平和义务教育优质均衡水平显著提高，适应德智体美劳育人要求的学生全面发展体系建立健全，人民满意的教育工作格局基本形成。

14日 金凤区面向广大青年朋友们招募志愿者，为全国文明城市创建贡献青春力量。

16日 金凤区人武部举行2021年下半年入伍新兵欢送大会。金凤区委书记、人武部领导和各镇（街道）武装部部长、入伍青年及家属等200余人参加欢送会。

17日 金凤区委书记赵会勇就党史学习教育“我为群众办实事”项目落实情况开展专题调研。

△金凤区黄河东路街道湖畔嘉苑社区荣获全国依法治理创建活动先进单位称号，金凤区综合执法局、满城北街街道办事处荣获全国“七五”普法工作先进单位（集体）称号。

18日 中共银川市金凤区第三届委员会第九次全体会议召开。会议决定2021年9月24—25日召开中国共产党银川市金凤区第四次代表大会；审议通过《在中国共产党银川市金凤区第四次代表大会上的报告》《在金凤区第三届纪律检查委员会在金凤区第四次代表大会上的工作报告》。

21日 金凤区部署开展“奋战100天冲刺四季度”行动，坚持“掐尖”“盯紧”两措并举，同时间赛跑、以实干开路、靠攻坚闯关，奋力向各项重点工作发起冲刺，确保高质量高标准完成全年目标任务。

22日 银川市金凤区北京中路街道锦绣苑社区邻里中心正式揭牌启用。据介绍，这是金凤区践行“以人民为中心”理念，打造共建共治共享社区治理格局的一次有益尝试，将为社区居民提供集休闲娱乐、沟通交流、化解矛盾、参与社区事务等功能于一体的创新平台。

23日 以“庆丰收　感党恩　建乡村　促振兴”为主题的“中国农民丰收节”活动在金凤区良田镇园子村正式启动。

24日 中国共产党银川市金凤区第四次代表大会开幕。区委书记赵会勇代表中共银川市金凤区第三届委员会向大会作题为《担当赶考重任　书写时代答卷　在美丽新宁夏建设的火热实践中笃定前进》的报告。

25日 中国共产党银川市金凤区召开第四届委员会第一次全体会议。全会表决通过中国共产党银川市金凤区第四届纪律检查委员会第一次全体会议选举结果。

27日 金凤区评定优化4条场景化改造示范街区，分别是建发大阅城中街·不夜城、新华联购物中心“嗨森集巷”文化集市、银川城投文化城园区河畔·景观夜市、中海生活汇，这些集商业、休闲、娱乐于一体的场景化改造示范街区，极大地满足了消费者吃、住、行、游、购、娱的多元化需求，成为不少年轻人的网红打卡地。

28日 金凤区委统战部（民族宗教事务局）对民族团结进步工作开展互观互检互评，并以此为契机，进一步推进民族团结进步工作，形成全员参与、全域覆盖的良好局面，让民族团结进步之花在金凤区绚丽绽放。

9月 中央网信办等八部门联合印发通知，银川市金凤区荣获“国家智能社会治理实验基地”称号。

※　10月　※

8日 金凤区召开《银川市金凤区志（2001—2018）》终审会议。自治区地方志办公室、银川市地方志办公室相关领导及专家参加评审，同意《银川市金凤区志（2001—2018）》通过终审。会议还表决通过《银川市金凤区志（2001—2018）》编委会名单。

12日 金凤区委党史学习教育领导小组第六次会议召开，区委书记、党史学习教育领导小组组长赵会勇主持会议并讲话。会议传达学习中央党史学习教育领导小组《关于深入推进“我为群众办实事”实践活动的通知》精神、自治区“我为群众办实事”实践活动推进会和银川市委党史学习教育领导小组第三次会议精神，安排部署下一步工作。

△为进一步整顿和规范金凤区房地产市场秩序，贯彻“房子是用来住的，不是用来炒的”理念。银

川市市场监督管理局金凤区分局上海西路市场监管所于近日深入辖区房地产经营企业及房地产经纪机构进行专项整治。

12—13日　金凤区各社区举办义诊、趣味运动会、拍婚纱照、插花等丰富多彩的敬老、爱老活动，弘扬了中华民族尊老、敬老、爱老、助老的传统美德，使老人们感受到街道社区大家庭的温暖。

24日　金凤区召开应对新冠肺炎疫情工作领导小组会议，学习贯彻中央及区、市疫情防控工作会议精神，传达落实自治区党委书记陈润儿在银川市调研疫情防控工作指示精神，听取辖区疫情防控和大范围核酸检测工作有关情况，研究部署当前疫情防控工作。金凤区委书记、金凤区应对新冠肺炎疫情工作领导小组组长赵会勇主持会议并讲话。

27日　银川市新一轮扩大范围核酸检测正式开始，不少市民发现身边多了一个“移动超市”。这是金凤区为减少集聚引发疫情的风险，方便居民在社区就近购物，增强保供应的机动能力，与新百连超联合推行的“移动超市”进小区活动。

※　11月　※

3日　银川市金凤区充分发挥党员的先锋模范带头作用，坚持“一盘棋”、防控“一张网”、落实“一条心”，7000名党员带头坚守在疫情防控一线，筑牢疫情防控战斗堡垒。

4日　金凤区召开领导干部大会，全面落实自治区党委、银川市委关于疫情防控的各项安排部署和指挥部工作指令，号召全体领导干部和广大党员坚决执行指挥部命令，压紧压实各级各部门战时责任体系，政治上担当起来，思想上紧张起来，精神上振奋起来，坚定信心、严防死守，坚决打赢疫情防控遭遇战持久战。

6日　金凤区委书记、金凤区新冠肺炎疫情防控工作指挥部总指挥赵会勇主持召开金凤区新冠肺炎疫情防控工作领导小组暨网格长第二次会议，传达学习银川市疫情防控工作要求，解读封控区域解封流程，调度疫情防控网格化管理，通报有关情况。

9日　丰登镇5个首批封控点位，达到解除封闭管理标准，在经历17天封控期后解封。

16日　金凤区建发大阅城被自治区文化和旅游厅和自治区发展改革委共同认定为宁夏首批自治区级旅游休闲街区。

18日　根据自治区党委、政府的决策部署，按照自治区疫情防控指挥部的综合研判，各级各类学校在严格落实《新型冠状病毒肺炎防控方案（第八版）》《高等学校、中小学校和托幼机构新冠肺炎疫情防控技术方案（第四版）》要求的前提下，有序、分批恢复正常教育教学。

19日　中国人民政治协商会议银川市金凤区第五届委员会第一次会议开幕。

20日　金凤区政府召开建筑工地领域重点企业根治欠薪约谈会。金凤区人社、信访、公安、住建等八部门参加，对辖区排摸出具有欠薪隐患的13处建筑工地项目建设单位和施工单位的40名负责人进行集体约谈。

△银川市金凤区第五届人民代表大会第一次会议公布，2021年金凤区10件为民办实事项目全部办结。

△张涛当选为金凤区人民政府区长。

21日　金凤区召开第五届人民代表大会第一次会议举行第二次全体会议，听取和审议金凤区人大常委会工作报告、人民法院工作报告、人民检察院工作报告，表决通过大会选举办法。

22日　金凤区正式公布2022年承诺为民办十件实事内容。十件实事涵盖教育、便民服务、文化惠民等领域。

26日　为进一步巩固疫情防控成果，尽早建立起校园免疫屏障，银川市全面开展3—11岁人群新冠病毒疫苗接种工作。

※ 12月 ※

2日　金凤区召开“七五”普法总结暨“八五”普法启动大会，学习宣传贯彻习近平法治思想和银川市第十五次党代会精神，安排部署有关工作。

3日　金凤区委书记、区委生态环境保护领导小组组长赵会勇主持召开金凤区生态环境保护领导小组会议暨中央生态环境保护督察工作动员会，传达学习中央第四生态环境保护督察组督察宁夏动员会精神和银川市有关工作要求，安排部署贯彻落实工作。

4日　在第36个国际志愿者日来临之际，银川市金凤区开展“礼遇”志愿者活动，黄河东路街道为辖区长期坚持新时代文明实践志愿服务工作的志愿者、爱心企业和各级各类下沉干部、结对单位发放感谢信。

7日　银川市金凤区贺兰山中路街道办事处成立揭牌仪式在阅海湾中央商务区管委会举行。区委书记赵会勇、人大常委会主任陈邢妍、政协主席胡志刚为贺兰山中路街道党工委、办事处揭牌。

13日　金凤区公安分局满城北街派出所与未来城多彩街区联合创建“反诈示范街区”。

12—15日　金凤区政府正式启动第五届“金凤飞舞·城市乐活会”冬季促消费系列活动，并发放政府消费券，金凤区五大商业综合体实现合计销售额4080.5万元，客流38万人次，分别环比增长7.3%和8.2%，同比增长5.2%和4.7%，有效调动了市民的消费情绪，提振了商贸、餐饮企业的经营信心。

24日　“助力冬奥·冬游银川”2021年银川市冰雪嘉年华启动仪式在金凤区阅海滑雪场举行。活动采取主会场与分会场错时启动，线下开幕结合线上直播的形式，在宁夏稻渔空间生态观光园、鸣翠湖国家湿地公园、西夏风情园、贺兰山漫葡小镇等地设置分会场进行同步启动。

△金凤区委书记、区乡村振兴工作领导小组组长赵会勇分别主持召开乡村振兴工作领导小组会议和巩固拓展脱贫攻坚成果同乡村振兴有效衔接工作推进会，通报2021年度乡村振兴和农村人居环境整治等工作开展情况，听取有关部门单位工作汇报，安排部署有关工作。

△金凤区第一批用水权证正式颁发，标志着金凤区“用水权”改革进入了新阶段，各项用水指标更加明确，用水权更加有章可循，有据可依。

29日　金凤区召开党史学习教育评估座谈会，听取各方面反映的评价和意见建议，全面客观评估金凤区党史学习教育开展情况和效果。各指导组组长、有关部门负责人、基层党组织书记、部分非公企业党组织负责人以及“两代表一委员”和部分普通党员共25人参加会议，区委常委、副区长马小龙主持并讲话。

30日　银川市金凤区获评国家慢性病综合防控示范区。

（区委办公室、区政府办公室、区档案馆）

区情综览

金凤区概貌

【地理位置】 金凤区是宁夏回族自治区首府银川市的辖区之一，地处银川市中心，地理坐标为北纬38° 25'—38° 38'、东经106° 06'—106° 08'，东以唐徕渠为界，与兴庆区毗邻，西至包兰铁路，与西夏区相连，南接永宁县，北邻贺兰县，是银川市城市发展规划的行政中心、文化中心、商贸中心、高科技产业园集聚区、最佳环境居住区和塞上湖城自然景观区。同时，被列为国家内陆型经济试验区核心区。

【自然环境】 金凤区地处银川平原中部，呈西高东低，南高北低态势，由西南向东北缓慢倾斜，地势平坦，土地和水资源丰富，平均海拔高度1100米，属中温带大陆型气候。主要气候特点是：四季分明、冬长夏短、昼夜温差大、干旱少雨、蒸发量大。辖区内水系发达，通过唐徕渠、西干渠引黄河灌溉水量达18亿立方米；景观水道纵贯南北，华雁湖、典农河、阅海（西湖）、七子连湖等星罗棋布，湖泊湿地总面积达6.78万亩，形成了江南水乡、塞上湖域靓丽的旅游风景线。

【自然资源】 金凤区矿产资源有煤炭、赤铁矿、熔剂石灰岩、熔剂白云岩、熔剂硅石、磷块岩、水泥石灰岩、辉绿岩等。森林总面积2341.5公顷（面图层2093.85公顷、线图层247.65公顷），森林覆盖率8.66%。其中，乔木2044.48公顷，灌木49.37公顷，其他655.45公顷。湖泊湿地面积2.2万亩，占总面积的4.6%。土壤类型分为九大类，28个亚类、48个土属及500多个土种或变种。天然林面积2.67万公顷，森林覆盖率22.8%。林种主要有云杉、油松、山杨等乔木，还有山榆、山杏等灌木。此外，有野生药用植物40多种，国家保护的珍稀动物有獐子、马鹿、蓝马鸡、青羊、狐狸等32种。

森林公园

【历史沿革】 2002年11月1日金凤区成立。保留原郊区的良田乡、银新乡、兴源乡和芦花乡的部分村队，新划入贺兰县的丰登乡和永宁县望远镇高桥村部分队，以及原新城区的东街办事处、铁东街办事处。2003年8月，金凤区撤乡建镇，撤销良田乡、银新乡、兴源乡、丰登乡，将良田乡的部分村与兴源乡合并，成立良田镇，将芦花乡的部分村队并入丰登乡，成立丰登镇，同时成立长城中路、上海西路、北京中路三个街道办事处，形成了辖两镇、五个街道办事处的格局。2008年7月26日，东街街道正式更名为满城北街街道，铁东街道正式更名为黄河东路街道。同时将丰登镇的平伏桥村划归满城北街街道管辖，将良田镇的砖渠村、魏家桥村和盈南村划归黄河东路街道管辖，将良田镇的五里台村、高桥村划归长城中路街道管辖。2021年9月7日，经宁夏回族自治区人民政府第99次常务会议研究：同意在金凤区设立贺兰山中路街道，街道办事处驻址为银川阅海湾中央商务区管委会二楼（宁安北街140号）。截至2021年末，金凤区形成了辖2镇：丰登镇、良田镇，6个街道：上海西路街道、北京中路街道、黄河东路街道、长城中路街道、满城北街街道、贺兰山中路街道的格局。

【行政区划】 金凤区于2002年11月1日成立，总面积353平方公里。现辖丰登镇、良田镇2个镇和上海西路、北京中路、黄河东路、长城中路、满城北街、贺兰山中路6个街道。至2021年底，辖区共有64个社区、20个行政村。

经济发展

【经济实力】 2021年，金凤区完成地区生产总值332亿元，同比增长4.3%。全社会固定资产投资180.6亿元，同比下降12.0%，居沿黄市辖区第五，增速低于全年目标18.0个百分点，本级（含商务区）完成固定资产投资161.12亿元，同比增长5.3%，占全口径投资比重达89.2%；实现规模以上工业增加值27.94亿元，同比增长13.4%，居沿黄市辖区第四，增速分别高于国家、区、市平均水平3.8个、5.4个、4.8个百分点；完成地方一般公共预算收入8.3亿元，同比增长8.4%，居沿黄市辖区第五；实现社会消费品零售总额164.38亿元，同比增长1.5%；城乡居民人均可支配收入分别达到47208.2元和16138.5元，同比增长8.3%、10.5%。

【农业与农村经济】 2021年，金凤区农林牧渔业总产值6.95亿元，比上年增长3%。全年农业种植面积4393.33公顷，其中粮食种植面积2126.67公顷，粮食总产量13043吨，比上年增长2.4%；蔬菜及食用菌播种面积2286.67公顷，产量119655吨，分别比上年增长4.3%、4.1%；猪牛羊禽肉总产量1460吨，禽蛋产量1084吨，奶产量23608吨。设施农业、拱棚蔬菜瓜果等经济作物播种面积1753.33公顷，露地瓜菜种植面积513.33公顷，蔬菜瓜果总产量10.6万吨。建设农业生态示范推广点1个，建立秸秆存储加工点2个。建成永久性设施农业园27个，农民专业合作社61家，培育农业龙头企业15家，家庭农场33家，认证"两品一标"（绿色食品、有机农产品和农产品地理标志）农产品35个。开展农村土地承包经营权确权登记工作，完成土地确权面积2128.3公顷，确权农户5102户，签订合同5027份，颁发土地经营权证书4288份，领证率85%，农村土地流转面积2165.93公顷，涉及农户4961户。制订山林权确权登记方案，开展水流确权工作，在全区率先完成排污许可证发放登记任务。在良田镇、丰登镇拓展"龙头企业+专业合作社+农户"合作模式，带动移民群众发展设施农业2800户，有400户建档立卡户经营设施温棚种植，利益联结带动338户，实现入园贫困户年均增收2万元。

园林村温棚

【高质量发展】 2021年，围绕区市九大产业开展项目对接，突出辖区现代服务业、数字经济、品牌农业、总部经济和文化旅游五大优势产业，谋划"十四五"项目583个，总投资2304亿元。2021年实施项目98个，同比增加10个，年度计划投资215亿元，重点项目开工率达到100%，良田渠二期等生态项目、三十六中、盈南四期安置区等民生项目、凤凰街等基建项目加快实施。顺亿资产大厦、水利研发大厦等总部经济项目加快实施，第三产业投资同比增长4.9%，民间投资达145.3亿元，同比增长4.9%，占总投资比重达85.2%。新增规上工业企业7家，与7家银行达成战略合作意向，实施招商引资项目64个，到位资金108.89亿元，同比增长12.3%。举办2021年消费促进月暨第五届“金凤飞舞·城市乐活会”，改造场景化示范街区3条，开通“引客入金凤消费专线”，举办全民电商节，开展金凤“特色小店”“十佳商超”“冬季促消销售达人”评选等活动，擦亮“购物在金凤、消费在金凤、活力在金凤”的城市名片。奋力推进阅海湾中央商务区“三园一区”建设，成功引进落地华为宁夏总部、中外运敦豪国际航空快件银川分公司等项目，新注册企业2110家；新入驻企业73家；完成全口径税收9亿元，同比增长15%；主营业务收入360亿元，同比增长20%。吸引注册入驻猎头咨询、劳务派遣等25家人力资源机构，举办金凤区第二届“引凤创梦”青年创新创业博览会。阅海湾跨境电商产业园揭牌运营，入驻跨境电商企业31家，数字产业园累计入驻数字经济企业达100余家。培育壮大小巨人机床、小牛自动化、威力减速器等先进制造业企业。强化“小升规”后备企业扶持，2021年认定高新技术企业14家，备案自治区科技型中小企业109家，认定自治区科技企业18家。辖区规模以上工业企业增至44家。全社会研发经费投入强度达到1.97%。

【工业经济】 2021年，金凤区加快企业纳规入库，不断壮大辖区规模以上工业企业队伍，打造工业企业发展梯队。引导企业积极申报和争取各类示范项目，鼓励企业加大技改投入，不断增强企业核心竞争力和发展后劲。支持企业建设智能工厂、数字化车间，不断提升传统企业数字化、网络化、智能化水平。加快推动传统产业转型升级，推进先进制造业和现代服务业融合发展。加快扶持培育“小升规”后备企业，全年新增规模以上工业企业7家，辖区规模以上工业企业增至44家，有研发活动的工业企业占比57%。以小巨人机床、小牛自动化、威力传动等为代表的装备制造企业产销两旺，发展势头迅猛。小牛自动化划片串焊一体机产能居全国第一，小巨人机床智能化柔性生产单元实现72个小时无人生产，制造业占规模以上工业增加值比重提高至70%左右。2021年，规模以上工业增加值同比增长13.4%。

银川顺亿资产大厦项目

宁夏小巨人机床有限公司轴承制造车间

【现代服务业】 2021年，金凤区品牌化运营“金凤飞舞·城市乐活会”，打造悦海新天地风情街、新百CCpark特色街区、银川文化城·凤凰里“嗨”街、隆基第八大街、宝湖文旅观光街区、未来城多彩街区、湖畔嘉苑“满城金街”、民生花园绿色餐饮特色街区等12条特色商业街，引入品牌首店48家。打造正源街与北京路、银川火车站、阅海万家、环阅海湖、森林公园、环七子连湖“六大商圈”，销售额超百亿元。第三产业投资占比97.6%，投资额比上年增长4.1%，占全区投资比重的86.1%，对经济增长贡献率超过70%。累计吸引大数据、网络安全等百余家企业，实现主营业务收入6.6亿元。80%以上政务服务事项“网上办”，打造全区首个行政审批“零收费区”，新增市场主体4.1万户，占全市增量的30%以上。设立全区首家企业智慧服务中心，出台“服务业十一条”“优化营商环境二十条”，召开民营企业座谈会，采取减税降费措施，全年减税降费 1.8 亿元。

【招商引资】 2021 年，金凤区商务经合局始终坚持把招商引资作为“优结构、促转型、提质效”的主引擎和主抓手，深入研究“一带一路”倡议规划，紧抓时代发展契机，拓宽招商领域，创新招商思路，加快新产业新业态引进，着力打造产业升级示范区。全年共实施招商引资项目 62 个（新建 38 个、续建 24 个），完成到位资金 100.48 亿元，其中固定资产投资类项目完成投资 62.26 亿元，金融项目 31.99 元，注册资本金项目完成 6.23 亿元；九大产业中电子信息类完成 1.58 亿元。新签约招商引资项目 131 个，其中阅海湾商务区签约项目 114 个。顺亿大厦项目裙楼建设至地上 5 层，主楼建设至地上 3 层；绿地中心项目地上主体施工基本完成；大世界商务广场二期主体建设完成，开始对外招商。以阅海湾商务区为招商平台进行现代服务业企业洽谈对接，新签约招商引资项目 125 个，其中重资产 1 个，宁夏海越置业有限公司投建的商业办公项目；轻资产 127 个企业，代表企业有东方雨虹、阿里巴巴国际站、华为等；新开工招商引资项目 4 个，金地自在宸项目、中房花语轩项目、中海地产商住项目、北控民生语竹苑项目，并已完成土地招拍挂手续。

2021 年 12 月 31 日，华为技术有限公司宁夏代表处揭牌暨金凤区重点招商引资项目集中签约仪式在阅海湾中央商务区举行

【城乡建设】 2021 年，金凤区新建城市小微公园 5 个，新增城市绿化面积 4.7 公顷（70.5 亩），城市“三绿”（绿化覆盖率、绿地率、人均公共绿地面积）指标分别提升至 42.23%、43.46%和 20.57 平方米，城市绿化位居全市首位。实施尹家渠街功能提升，完成抗震房改造及拆除 459 户，实施老旧小区改造 20 万平方米，改善近万名群众住房条件。城镇化率 82%，率先实现建城区 5G 网络全覆盖，入选首批国家智能社会治理城市管理特色试验基地，城市综合执法智慧监管获评“自治区法治政府建设示范项目”。拆危拆违 169 处，清理农村“六边”（路边、地边、沟边、村边、田边、林边）、“六堆”（粪堆、草堆、柴堆、土堆、煤堆、垃圾堆）问题 72 处，打造和丰村、金星村 2 个农村人居环境示范村，光明村、泾龙村 2 个农村人居环境提升村，农村自来水入户率 97%，农村生活污水处理率、卫生厕所普及率居全区首位，获评“全国村庄清洁行动示范县”“自治区农村人居环境整治示范县”。

【深化改革】 2021 年，金凤区加快推进“四权改革”，基本完成确权工作，在全区率先完成排污许可发证登记任务，土地经营权证书颁证率达 85%。出台优化营商环境 50 项措施，64%以上的事项进驻实体大厅，36%的事项实现“不见面”审批。“一门集中、一网通办”全面推行，梳理减少审批证明材料 273 项、“承诺件”转“即办件”事项 123 项，实行告知承诺事项 105 项、压缩办理时间 2522 个工作日，压减时限达 73.53%；梳理压减流程 213 项，减幅达 28.51%。311 个行政审批事项实现全流程网办，110 项政务服务实现“跨省通办”。全年新增减税降费

2021 年 12 月 24 日，银川市用水权确权颁证暨用水权改革工作推进会召开

1.81 亿元。全年新增市场主体 1.7 万户，同比增长 63.15%，占全市增量的 36%，非公有制经济占地区生产总值比重超过 50%。

【项目建设】 建发悠阅城位于银川市金凤区正源南街与凤仪路交会处东南角，紧邻 4600 亩湖泊公园湿地——七子连湖板块，此项目由银川建发集团股份有限公司建设。项目总投资 20 亿元，项目建筑面积共 20 万平方米，规划建设 13 万平方米的购物中心，5 万平方米的商业外街(含 2 万平方米精装公寓)，2 万平方米的主题商业街，规划停车位 2000 个。购物中心高 6 层，地上 4 层、地下 2 层，规划 40%零售业态、60%体验业态。建发悠阅城秉持“悠闲生活，阅享银川”的商业理念，为银川带来前所未有的商业体验。周边交通便捷，坐拥城市主干道、高速、机场、高铁，带来人流、物流、产业的高密度集聚。建发悠阅城周边配套完善，有学校 68 所，医院 4 家，城市生态公园 3 个，湿地公园 1 个，商务写字楼 69 栋，是银川重点建设的城市商务区、百万级中央居住区，拥有庞大的消费驱动力。计划 2023 年投入运营，引入宁夏首店 60 个，创造就业岗位近万个，是银川第六代城市商业综合体，填补城南商业空白，项目投入运营后，除吸引宁夏自治区内客群外，预计辐射陕西、甘肃、内蒙古等 300 公里范围内省市及地区约 2000 万人。2021 年 6 月，宁夏支一中服科技有限公司由阿里巴巴集团 ICBU 事业群中西部大区认定授权成为阿里巴巴国际站跨境电商宁夏的本地运营服务中心，位于阅海湾商务区力德财富大厦裙楼 5 楼，占地面积约 2000 平方米，主要业务为中小企业提供外贸全链路一站式解决方案，包含公司注册、资质办理、人才招聘、人才培育、网站基建、网站运营、流量推广、报关、报检、物流、退税、支付等相关服务。阿里巴巴(宁夏)跨境电商服务中心落户园区后，将标志着商务区在集聚跨境电商产业链资源，引领跨境电商行业发展方面向前迈出重要一步。金凤区将依托阿里巴巴线上线下平台和全球资源优势，在聚集数字产业要素、加速数字人才培养、做好全产业链建设等方面加强政企深度合作，紧跟发展大势和产业定位，瞄准新产业、新业态，通过陆续打造的数字经济产业园、科技服务产业园、人力资本产业园等“园中园”，为经济增长潜力和动力不断赋能。顺亿资产大厦项目位于银川丝路经济园位置，用地面积约 30.75 亩，由一栋 11 层、一栋 5 层办公楼组成，总建筑面积 6.58 万平方米，其中地上建筑面积 5.12 万平方米，地下建筑面积 1.46 万平方米，概算总投资约 5 亿元。项目建成后用于金融企业不良资产批量转让业务；资产管理、资产投资；企业资产的重组、并购；财富管理、私募股权投资及咨询；投资管理咨询服务；企业管理咨询；财务、投资、法律及风险管理咨询；金融信息咨询等。银川顺亿资产大厦的建成必将在区域经济结构调整与转型升级、化解金融风险和降低企业财务杠杆率等方面发挥积极作用。预计 2023 年 5 月交付使用，将作为顺亿资产有限公司西北区总部，吸收上下游企业进驻宁夏市场。金凤区以打造互联网数字经济示范园区、产城融合示范园区、总部经济示范园区等“六个示范园区”为抓手，该项目建设将补齐区内产城融合发展短板，为高质量发展注入强劲动力。

2021 年 12 月 22 日，建发悠阅城主体封顶仪式举行

【水利工程】 2021 年，金凤区强化不达标水体及入黄排水沟治理，辖区全面消除了辖区地表水区控、市控断面劣 V 类水体(剔除地质本底因素)。典农河(小西湖亲水大街桥)为二类水质；宝湖、阅海湖为三类水质；交界断面：典农河(金凤区—兴庆区)、桑园沟(金凤区—永宁县)为三类水质、四二干沟(金凤区—贺兰县)为四类水质、典农河(金凤区—贺兰县交界)为四类水质。开展河湖环境整治，

依据划定河湖管理范围，持续常态化开展河湖“清四乱”行动，组织对2018年至2020年河湖“四乱”问题整治情况进行“回头看”，整改完成水利部督查暗访河湖管理方面8个问题；整改销号本级自查典农河、阅海湖等河湖，乱建、乱堆、乱占问题23个。推进河湖管理范围成果复核及岸线保护利用规划编制，委托第三方完成了辖区31个河湖管理范围成果复核，完成埋设界桩741个。投资284.565万元，实施良田镇给排水一体化工程智慧信息化平台建设，城市污水处理率达98%以上，农村污水处理率达95%以上，农村生活垃圾得到治理的村庄比例达到95%以上。持续推进城镇集中式饮用水水源地环境保护专项行动，完成兴源、园林水厂农村“千吨万人”水源地保护区规范化建设并进行验收。加强农业农村面源和畜禽养殖污染防治，化肥农药利用率达到40.2%；畜禽粪污综合利用率达95%以上、规模养殖场粪污处理设施装备配套率100%。推进农村河湖面貌改善，深入开展农村人居环境整治，有序推进“两治理、一改造”，农村卫生厕所普及率达97%以上。完成了辖区内工业企业(城市管网外网、内网)及规模化养殖用水权确权调查工作，确立了80家用水企业，其中年取水量达5万立方米以上重点用水企业8家，1万—5万立方米内工业企业15家，1万立方米以下用水企业57家。完成了15家规模化畜禽养殖调查，针对用水企业、规模化养殖户的生产种类、生产量、年度用水量、三年平均用水量数据等情况建立台账。共颁发宁夏小巨人机床有限公司等用水企业用水权证3家，其他用水单位正在抓紧编制用水合理性分析及水资源论证报告，完成后将进行确权发证。初步完成了良田镇38064.31亩、丰登镇26925.05亩、黄河东路8303.74亩、满城北街3906.35亩17个行政村及阅海集团4685.02亩、银川林场33787.02亩共115672.1亩的农业灌溉面积的核定。积极与西干渠管理处、唐徕渠管理处进行对接，收集整理了19个干渠直开口的耕地面积、种植结构和灌溉水量数据，分析测算出了新的水价，编制完成了《银川市金凤区农业水价综合改革实施方案》《银川市金凤区农业水价综合改革水价测算成果报告》，制定《银川市金凤区农业水价综合改革执行方案》，现执行水价自流灌区为0.067元/立方米，扬水灌区0.142元/立方米。制定完成了《金凤区农业水价综合改革节水奖励实施办法》《金凤区农业水价综合改革精准补贴实施办法》，于2022年1月1日执行。对唐徕渠、西干渠两条干渠的19个干渠直开口进行确权。

2021年，典农河森林公园段整治活动

【生态环境】 2021年，金凤区优良天气比例达PM2.5、PM10平均浓度分别为25微克/立方米、59微克/立方米，均达到考核要求。环境空气质量指数（AQI）优良率83.1%，城市空气质量优良天数(实况)309天，占总天数的83.2%。区域噪声平均值53.1分贝，交通干线噪声平均值65.9分贝。城市饮用水源水质达标率80%，位列银川市各县(市、区)第一。地表水无污染，辖区四二干沟(金凤区—贺兰县)、典农河(金凤区—贺兰县，阅海闸以北1000米)均为Ⅳ类水质，典农河南绕城高速公路旁、贺兰山路与唐徕渠交接处均为二类水质，断面指标均达

2021年，金凤区亲水大街典农河两岸

到或优于自治区考核要求。城市建成区黑臭水体实现动态清零，畜禽粪污染资源化利用率97%以上，完成燃气锅炉改造31台136.3蒸吨，“散乱污”企业实现动态清零，河湖考核断面水质稳定达到Ⅳ类以上。实施重点行业厂区绿化亮化工程，制定工业企业有序用电清单，单位工业增加值能耗降幅位列全市第一名。

社会事业

【人口与计划生育】 2021年，金凤区总人口66万人，出生人口5476人，人口出生率为9.70‰；死亡1054人，死亡率为1.92‰；自然增长率为7.78‰；出生政策符合率为99.85%，出生婴儿性别比为107.81。2021年金凤区特别扶助对象512人(伤残家庭291人、死亡家庭221人)，发放特别扶助金421.68万元；“少生快富”工程项目户提前奖扶对象累计122人，发放提前奖励扶助金共计14.64万元；独生子女2673户3379人，发放独生子女保健费95.46万元；农村计划生育家庭奖励扶助41人，发放资金4.92万元；计生失独家庭一次性抚慰金22户37人，发放38万元。资金发放率均为100%。金凤区计划生育特殊家庭就医“绿色通道”正常开通，银川市第二人民医院为金凤区计划生育特殊家庭成员提供优先便利医疗服务的协议医院，计划生育特殊家庭均享受到优先挂号、优先就诊、优先化验、优先检查、优先取药、优先住院等便利医疗服务。

【科教文体】 2021年，金凤区培育国家和自治区级高新亿元技术企业59家，工程技术研究中心15个，新备案科技型中小企业51家。成立金凤区知识产权中心，全年万人发明专利拥有量15.87件。金凤区所属中小学33所，其中初中4所，九年一贯制学校1所，小学28所；在校学生37745人，其中小学33572人，中学4173人。在职教师1350人(含特岗教师25人，临聘教师601名)。各类幼儿园118所，在园幼儿30073名，新(改)扩建中小学、幼儿园15所，增加学位1.4万个。举办“农民丰收节”“黄河合唱节”等活动，建成金凤“悦书房”8座，提档升级综合文化服务中心3个，建成文体健身广场3个、社区多功能运动场2个，基本形成覆盖城乡“15分钟健身圈”。在良田镇培育植物园村“草莓小镇”、泾龙村“百果园”、园子村三产融合园等12家乡村休闲旅游产业园，在丰登镇润丰村打造利思·甜园蜜语扶贫产业园。加大“吃住行游购娱”消费功能宣传推介，制作发放《金凤区美丽乡村旅游攻略》《文化金凤　书香生活——公共文化场馆》《住在金凤——星级酒店》《畅游金凤——景区景点、公园绿地》等精美手绘地图共计8000余份，发布了金凤研学游、美丽乡村游等5条旅游特色精品线路，吸引游客近20万人。广泛开展宣传营销，带动了辖区内的住宿、购物、娱乐、餐饮等业态联动发展。开展了第三届乡村旅游节、金凤区庆祝中国共产党成立100周年专场音乐会、第三届全民读书节、乡间骑行、徒步行、亲子研学等系列活动。新建建发枫林湾小镇、砖渠新村、丰瑞景苑3个文体健身广场，建成中海国际社区、建发枫林湾小镇2个社区多功能运动场，在良田渠小微公园、盈南家园等地安装健身路径20套，在典农河北京中路至上海西路两侧沿线新增健身步道1.5公里。完成清水湾社区、通福社区、光明村3个基层综合文化服务中心改造提升，投入运行金凤区回民一小、第十七小学、第十五幼儿园、第三幼儿园、九中南校区、福通社区、临阅家园社区、银新苑北社区8处“悦书房”。银川市文化艺术博览中心、幻太奇海洋公园、毓秀体育健康主题公园、金凤悦书房、六大商业综合体陆续建成。持

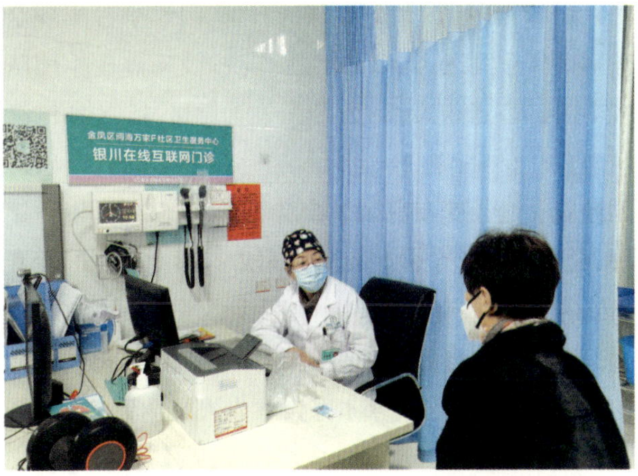

阅海万家F社区卫生服务中心远程门诊

续擦亮“一核四化四型”文明实践品牌，强化资源整合利用，组成“善行金凤”志愿服务联盟，启动志愿服务赋能计划，发布“1+50+N”新时代文明实践志愿服务项目，精神文明建设持续走向深入。

金凤区悦书房有声空间

【医疗卫生】 2021年，金凤区有各级各类医疗卫生机构304家，其中宁夏回族自治区人民医院、宁夏医科大学总医院心脑血管病医院、自治区眼科医院、银川市妇幼保健院阅海分院为三级公立医院，宁夏回族自治区妇幼保健院、宁夏工人疗养院、宁夏民康医院、宁夏安康医院、宁夏康复医院、银川市第二人民医院、银川市口腔医院为二级公立医院，宁夏康元泽润医院、宁夏普赫肾病医院、宁夏祥安医院、宁夏思迈尔口腔医院、宁夏秦杨中医医院、宁夏康源肛肠医院为二级民营医院，银川上医堂中医医院、银川爱康博大医院、银川华安医院、银川明慈眼科医院为一级民营医院；公共卫生服务机构7家，基层乡镇卫生院、社区(村)、社会诊疗所等273家。实施“互联网+医疗健康”服务，基层医疗机构远程门诊平台实现全覆盖。推行“家庭病床”试点工作，77支家庭医生团队线上签约服务群众18万余人，为辖区45名乡村医生发放生活补助110余万元。落实基本药物专项补助政策，申购率、使用率、回款率均为100%。累计接种新冠病毒疫苗约111.5万剂次，核酸检测110万份，摸排管控外来人员8036人，循环转运3500人次。在健康宁夏和健康银川建设考核中，金凤区获考核一等奖。城乡居民基本医保参保人数达到18.77万人，缴费任务完成率111.07%，居区(市)第一。其中，建档立卡户人员4503人，缴费任务完成率100%；核定零缴费3637人；办理新生儿参保缴费6954人；特殊人群和困难群体14396人。收入医疗救助资金453万元，城乡医疗救助总支出723.33万元(银川市财政社保专户统筹)。其中，医疗救助住院支出556.5万元，救助1644人次（其中重特大疾病支出74.71万元，救助254人次)；门诊救助支出20.88万元，救助4674人次，深度医疗救助支出54.92万元。上级拨入居民医保基金支出540万元，居民住院统筹支出265.75万元，门诊统筹支出235.29万元，门诊大病支出1万元，医保退费1万元。将基本医保、大病保险、商业保险、医疗救助、政府兜底等“四保障一兜底”政策有效捆绑，落实建档立卡贫困人口动态医保待遇。2021年金凤区建档立卡贫困户住院333人次，总费用361.66万元，基本医保167.18万元，大病保险30.37万元，大病财政26.11万元，医疗救助63.67万元，扶贫保2.03万元，政府兜底42.95万元，个人自付比例8.11%。妥善处置新冠肺炎疫情，明确“一格、三班、三级、五册”工作体系，坚决执行和完善区委领导下“党政牵头、全体动员、群防群控”的有力工作格局。投入320万元建成全区首家市辖区级新冠病毒核酸

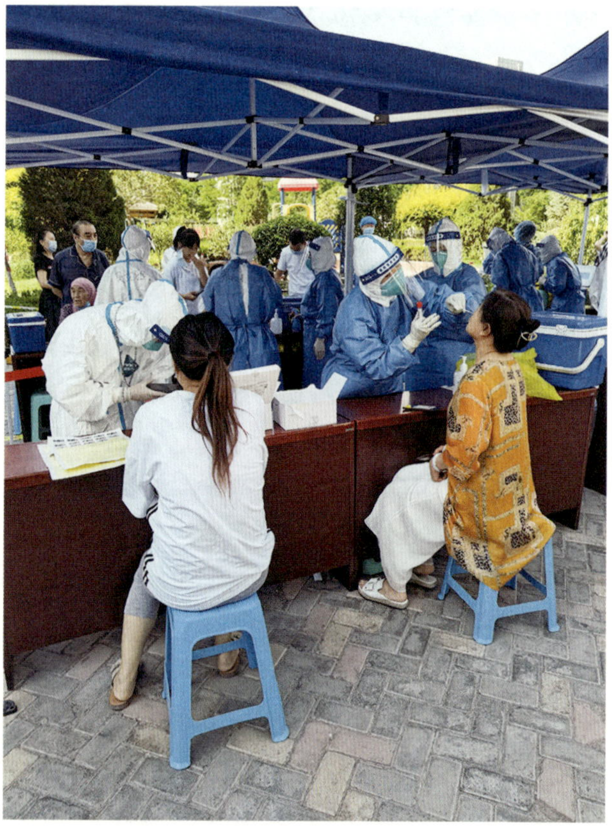

全员核酸检测

检测实验室；按照“平战结合”的原则投入120万元完成集中隔离点改造；投入191万元购置设备设施以提升疾控中心实验室综合能力，完成辖区6家社区卫生服务中心发热哨点诊室改造，完成两镇卫生院发热门诊建设，采购备齐发热门诊设施设备，投入使用后接诊712人次发热病人。累计接种新冠病毒疫苗1009286剂次。其中，第一剂次接种526167人（3—11岁儿童第一剂次累计接种68803人），第二剂次459105人，第三剂次24014人。

【社会保障】 2021年，城乡居民基本养老保险应参保18968人，实际参保19931人，任务完成率105%，其中领取待遇4037人。通过“政务服务”网上系统办理社保业务11988件。其中，办理居民养老参保登记359人，居民退休待遇领取331人，居民丧葬费补贴385人，职工丧葬费补贴770人，特殊人员身份认定29人，高拍仪养老待遇资格认证10114人。以被征地农民养老保险工作为着眼点、落脚点和突破口，全力贯彻落实好文件精神。参加被征地农民养老保险15104人，其中领取待遇5964人。共审核上报被征地农民参保资料407人。严格按照社保卡操作程序规范使用，大力推广使用电子社保卡，提高电子社保卡在其他领域的使用率，为持卡人提供快捷方便服务。为辖区居民现场办理社会保障补卡制卡13993张。其中，初次免费申领社会保障卡7859张；制卡作废52张；补卡4943张；办理残疾人社保卡1139张，实现了即办即取。通过人社网上服务大厅共受理审核劳动关系113506件，办理退休业务465人。办理档案托管业务1551人，办理合同招收备案2065件，办理合同解除备案1139件。严格按照《中华人民共和国劳动法》《中华人民共和国劳动合同法》等相关法律法规，维护企业劳动者的合法权益。金凤区坚决贯彻党委政府社会保险扶贫决策部署，通过“强组织、强数据、强宣传、强落实”等举措，不断夯实贫困群众社会保障兜底工作。金凤区有易致贫返贫三类监测人员491人；脱贫户4249人，脱贫不享受政策6人；现有特困人员304人；一级重残1056人、二级重残2724人；三、四级精神视力智力残疾702人；城镇低保1542人；农村低保767人；以上法定人群都做到了应保尽保、应代尽代、应发尽发工作，实现了参保人群、政府代缴补贴、养老待遇发放“3个100%”。

【就业创业】 2021年，金凤区新增就业7295人，完成目标任务6300人的115.8%；城镇失业人员再就业5464人，完成目标任务3700人的147.7%；城镇就业困难人员就业957人，完成目标任务520人的184%；农村劳动力转移就业7690人，完成目标任务5500人的139.8%，工资性收入1.22亿元，完成目标任务1亿元的122%；重点群体职业技能培训1528人，完成目标任务500人的305.6%；企业职工岗位技能培训、以工代训培训4319人，完成目标任务2000人的216%；“两后生”职业技能培训23人，完成目标任务20人的115%；创业培训300人，完成目标任务270人的111%；培育创业实体762个，完成目标任务560个的136%；创造新岗位1488个，完成目标任务1150个的129%；创业带动就业2429人，完成目标任务2350人的103%；发放创业担保贷款82人1702万元，完成目标任务1500万元的113.5%；铁杆庄稼保投保4952人，完成目标任务4400人的112.5%；离校未就业高校毕业生就业率91.6%，城镇登记失业率为3.79%。安置公益性岗位219人。城镇失业人员实名制管理100%，城镇新增就业实名制管理100%，高校毕业生就业实名制管理100%。

2021年1月11日，金凤区2021年形象设计师高级培训班结业

【公共服务】 2021年，金凤区公共财政民生支出占比超过80%。投入资金10亿余元，新建扩建学校、幼儿园15所（其中幼儿园5所），新增教学班264个、学位11970个。全面巩固学前教育“5080”成果，

学前三年毛入园率为104.41%，其中公办园从2所增至65所，普惠性幼儿园从34所突破至105所。开展“五项管理”督查及“回头看”行动，推行课后服务“5+2”模式，中小学课后托管服务覆盖率100%，“五项管理”“双减”工作有效落实。选调招聘教师340名，推进“区管校聘”人事制度改革，完成第三轮125名校长教师轮岗交流。深入推进“三名工作室”和“1125”教师人才培养工程，新命名20名金凤名师，以“一师一优课，一课一名师”“推进课堂教学变革”等工作为抓手，推进“说学教育”课堂改革，荣获国家基础教育成果二等奖。“一师一优课 一课一名师”获得部级优课139节，连续4年部级优课数、教师数的占比均位列自治区第一。实施“体育艺术2+1项目”工程，共建成国家级足球特色学校12所、篮球特色学校6所、冰雪特色学校3所、中小学中华优秀文化艺术传承学校3所，各级各类文明校园24所，成功申报全国足球特色项目试点县。新建社区日间照料中心3个(海珀蓝轩、七子连湖、金星村)，老年活动中心1个(财政厅家属院)，老年饭桌2个，新建老年大学4家，实施困难老年人居家适老化改造项目，形成日趋成熟的康复理疗、老年大学、老年饭桌等养老服务功能品牌。面向移民群众等重点群体开展职业技能培训31期1528人。举办线上线下招聘会19场次，实现城镇新增就业7295人，农村劳动力转移就业7690人，培育创业实体762个，城镇登记失业率为3.79%。持续推进“健康细胞”创建，累计评选健康家庭695户，培育建设健康场所175个，居民电子健康档案建档率89.35%，居民健康素养水平达22.1%，健康教育工作覆盖率达100%。

【社会治理】 2021年，金凤区紧紧围绕建党百年安保维稳主题主线，抓好基层“1+6”政策体系落实，拓展“一核三联五治五化”模式，推动国家智能社会治理城市管理实验基地建设，构建了“54个社区党委+296个居民小区党支部+1225个楼栋联合党小组+1340个党员中心户”的社区治理纵向链条，建成6个社区邻里中心(驿站)，163个数字小区。认真落实各项维护社会和谐稳定举措，妥善处置化解不稳定案事件159起，实现119批次重大安保任务“零差错”，社会风险防控“零失误”，全年破获刑事案件1548起，抓获犯罪嫌疑人1371人，同比分别上升6.3%和53.7%，“命案”“两抢”案件破案率100%；“国家反诈中心”App、“金钟罩”50余万人，占辖区总人口的85.9%，成功预警劝阻电信诈骗21459次，破获案件723起，冻结资金2193万元，止付3952万元。智慧城市综合指挥中心实现主要区域24小时视频监管全覆盖。综合执法局全年办理案件788起，办结率100%，罚没款共计4164930.24元。开展矛盾纠纷化解排查7429次，化解矛盾纠纷994件，解答群众法律咨询1000余起，继续扩大法律援助覆盖面，办理援助案件1134件，其中民事案件302件、刑事案件832件；共办结案件949件，挽回经济损失716.21万元。办结各类欠薪投诉案件2970件，受理劳动争议案件1200余件，涉及劳动者885人，涉及金额824.7万元，调解成功率达68%，时效内结案率93%。全年未发生较大及以上生产安全事故，安全生产形势总体平稳。推进安全生产专项整治三年行动，建立问题隐患和制度措施“两个清单”，累计排查企业4670余家次，排查问题隐患2300余条，下发责令整改指令书635份，整改隐患2194条。启动城市微更新、微改造、微提升行动，实施中强小区等20个19.95万平方米老旧小区改造，美化背街小巷145条，改造特色街区1条。完成“智慧消防”云平台建设，安装火灾探测报警器500个，为20家中小学校、幼儿园安装物联网远程监控设施。

【法治建设】 2021年，金凤区组织平安金凤建设协调小组各成员单位顺利完成了建党100周年、“两节”“两会”、中阿博览会等重要时期重要节点安保维稳工作。全年先后召开安保维稳会议3次，对11个领域72项重大风险隐患制定防范化解措施。加强了辖区重点商圈“四联三防”机制建设，深入推进“铁桶工程”，先后组织开展督查工作16次。组织63家成员单位广泛开展矛盾纠纷排查化解专项行动，严格落实重大矛盾研判报送、日常矛盾备案等机制，辖区未发生因矛盾化解不力引发的群体性事件、50人以上群体性越级访、3人以上“民转刑”案件及个人极端案事件。金凤区三级综治中心及各单位共排查各类矛盾纠纷429435件,已化解429160件,化解率为99.94%。制定了《金凤区矛盾纠纷排查化解专项行动实施方案》,矛盾纠纷排查化解专项行动期间共上报矛盾668件,并已全部化解。以治安防控体系建设和“雪亮工程”建设为契机,将“天眼”触角延伸至城乡接合部、小街小巷,视频巡查与街面巡逻相互补充,完善覆盖所有路段、复杂场所、公共场所、内部单位、重点要害部位的视频监控系统,最大限度拓展技防设施辐射范围。金凤区重点地区、小区已安装高清智能视频监控探头。制定印发《2021年度金凤区平安创建活动方案》,组织教育、卫健、发改、住建交通、市场监管、各镇(街道)等43家平安建设协调小组成员单位开展广泛的平安创建活动。在辖区学校“定校、定人、定岗、定时”开展“护学岗”工作,实现辖区中小学、幼儿园162所学校“护学岗”覆盖率达100%。辖区共发动各单位申报平安镇(街道)7个,平安村(组)申报单位6个,平安医院、平安企业、平安学校等申报单位共计24个。全年辖区未发生学校、医院等群体性事件,无爆炸、纵火、毒气、绑架、劫持人质、投放危险物质的刑事案件,未发生校园恶性案(事)件以及涉医务人员恶性案(事)件。金凤区护路办努力构建铁路护路基层自治模式,夯实平安铁路基础,创新推动铁路沿线网格化覆盖,与沿线村、居民签订《金凤区铁路沿线居民爱路护路承诺书》,印制发放了《致铁路沿线广大家长、中小学生的一封信》,充分挖掘村(居)民公约软约束力,加强普及爱路护路常识,促进爱路护路文化形成。将辖区48公里普速铁路分为3个二级双段长管段,进一步厘清管理责任。成立沿线环境综合治理“双段长”工作领导小组,对沿线各类环境隐患开展拉网式排查整治,排查隐患60处,处置险情12起,处理5人。政法各单位共受理涉法涉诉信访案件325件,化解316件。在律师参与化解和代理涉法涉诉信访案件工作中,共受理案件862件,参与律师222人次,劝导息诉息访数413件,代理案件3件。受理并认定王科见义勇为救助落水儿童事迹1件,王科被评为“见义勇为”先进个人,奖励奖金1万元。先后对家庭生活困难的见义勇为先进分子李发章、柳彦军各发放慰问金5万元。组织平安金凤建设协调小组各成员单位开展见义勇为先进人物宣传学习活动80场次,持续营造弘扬正气的浓厚氛围。金凤区委政法委(金凤区司法救助领导小组办公室)严格开展司法救助工作,确保救助资金合法合规发放到位,共受理司法救助案件9件,发放司法救助金29.28万元。成立扫黑除恶常态化工作机构,制定常态化及重点行业领域整治方案,摸排线索20件,倒查重点案件(线索)12件,发放“三书一函”12份。持续高压严打各类刑事犯罪活动,八类案件实现下降,“两抢”案件破案率100%,推广注册“金钟罩”和“国家反诈中心”App48.8万人,有效预警劝阻电信诈骗1万余起。组织公安、市场监督、综合执法、街道等单位通过集中排查、常态摸排等形式共排查大阅城、悦海新天地、银川火车站等重要区域116次,共摸排治安问题线索79条,查处违法行为人10案21人,整治率100%。

2021年1月29日,金凤区司法局开展未成年人社区矫正对象心理团体辅导活动

【乡村振兴】 2021年,严格落实“四个不摘”要求,建立健全防返贫动态监测帮扶机制及“四查四补”常态化机制,坚决防止出现致贫返贫风险。新识别

纳入"三类人员"监测帮扶对象44户175人,"一户一策"制订帮扶方案。深入开展"四查四补"大排查,排查梳理各类问题112条,整改完成109条。深入开展2013—2020年扶贫资金及"十三五"易地搬迁项目资产清查登记工作,初步建立县、乡、村三级资产台账,确权进度100%。出台16条品牌农业发展扶持政策,精心打造丰登镇利思产业园、金星村扶贫产业园等一、二、三产业融合发展示范园区,前三季度实现乡村休闲旅游产业收入1133万元。实施良田镇光明村工厂化育苗中心二期、金星村设施温棚园区等19个农业发展项目,完成5个农业物联网示范点建设,新增设施农业面积705亩,建设高标准农田0.36万亩。深入开展"五清一绿一改",拆危拆违169处,清理农村"六边""六堆"问题72处,打造农村人居环境示范村2个(良田镇金星村、丰登镇和丰村)、提升村4个,农村自来水入户率达97%,农村生活污水处理率、卫生厕所普及率居全自治区首位,获评"全国村庄清洁行动示范县""自治区农村人居环境整治示范县"。

润丰村人居环境

（金凤区政府办）

中国共产党金凤区委员会

综　述

【概况】 2021年，金凤区区委坚持以习近平新时代中国特色社会主义思想为指导，全面贯彻中共十九大和十九届二中、三中、四中、五中、六中全会精神及习近平总书记视察宁夏重要讲话精神，坚决落实党中央和自治区、银川市决策部署，团结带领辖区广大党员干部弘扬伟大建党精神，推动黄河流域生态保护和高质量发展先行区示范市核心区及“四个示范”城区建设，开展“学党史、悟思想、办实事、开新局”活动和“中国共产党成立100周年”系列庆祝活动，评选表彰“两优一先”基层组织和党员，颁发“光荣在党50年”纪念章1215枚。夯实农村党建基础，7个村集体经济收入突破100万元。全面铺开“导师帮带制”，

2021年6月30日，区委书记赵会勇向“光荣在党50年”的老党员代表颁发纪念章

培养致富带头人128名、村级后备干部77人。全面压减一般性支出，按期完成2021年偿债任务。建立政府债券一体化管理平台，开展专项整治工作，专项金融风险排查7次。

【经济发展】 2021年，金凤区地区生产总值达332亿元，同比增长4.3%，产业的结构为1.0：19.7：79.3，规模保持全自治区前四。突出现代服务业、数字经济、品牌农业、总部经济和文化旅游五大优势产业，谋划“十四五”项目583个，总投资2304亿元。已实施项目98个，年度计划投资215亿元，重点项目开工率达到100%。良田渠二期等生态项目、三十六中、盈南四期安置区等民生项目、凤凰街等基建项目加快实施。本级（含商务区）完成固定资产投资161.12亿元，同比增长5.3%，占全口径投资比重达89.2%。建发悠阅城等重点产业项目加快建设，顺亿资产大厦、水利研发大厦等总部经济项目加快实施。新增规上工业企业7家，开展产业招商，储备培华路商业综合体、环阅海旅游度假区等招商项目，与7家银行达成战略合作意向，华为宁夏总部等一批优质企业入驻。招商引资到位资金突破100亿元。“六大商圈”错位竞争、抱团发展，引进新消费业态首店60余家，新增市场主体1.7万户，社会消费品零售总额总量164.38亿元，同比增长1.5%。改造场景化示范街区3条，发布5条特色乡村旅游线路，吸引游客20余万人。开展全民电商节，举办金凤“特色小店”“十佳商超”“冬季促销销售达人”评选等活动。围绕总部经济、金融贸易、数字经济、全域旅游、商贸物流

产业定位，推进数字经济产业园、科技服务产业园、人力资本产业园、金融产业集聚区“三园一区”建设，新注册企业2110家，新入驻企业73家，全口径税收9亿元，同比增长15%，主营业务收入360亿元，同比增长20%，第三产业对经济增长贡献率达98.7%。举办第二届“引凤创梦”青年创新创业博览会，发展电子商务、数字娱乐、在线教育、远程医疗等新业态，拓展数字经济发展空间。阅海湾跨境电商产业园揭牌运营，入驻跨境电商企业31家，累计入驻数字经济企业达100余家。引导扶持龙头骨干企业发展壮大，培育壮大小巨人机床、小牛自动化、威力减速器等先进制造业企业，认定高新技术企业14家，备案自治区科技型中小企业109家，认定自治区科技企业18家。实现规模以上工业增加值27.94亿元，同比增长13.4%，“三新”产业产值超过70亿元。促进一、二、三产融合发展，出台16条品牌农业发展扶持政策，打造丰登镇利思产业园、金星村扶贫产业园产业融合发展示范园区，实现前三季度乡村休闲旅游产业收入1133万元。实施良田镇光明村工厂化育苗中心二期、金星村设施温棚园区等19个农业发展项目，完成5个农业物联网示范点建设，新增设施农业面积705亩，建设高标准农田0.36万亩，良田镇成功申报国家级产业强镇。

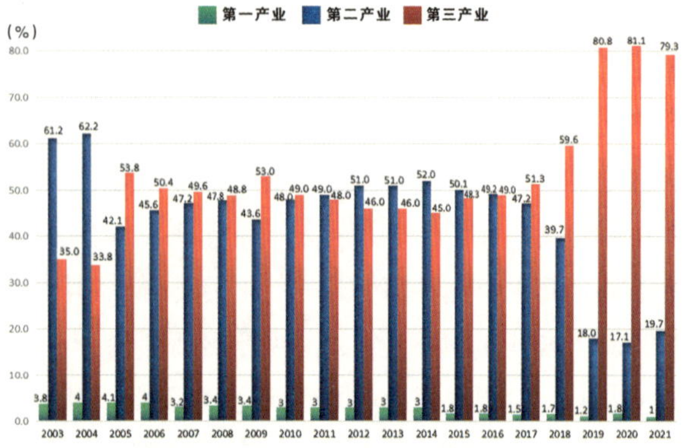

图2　2003—2021年金凤区三次产业增加值占地区生产总值比重

【生态环境治理】 2021年，金凤区实施典农河润丰段、良田渠城市段综合治理项目，完成南郊水源地和贺兰水源地整治，新建4个农村污水处理站和3个城市污水处理厂，功能区水质100%达标，河湖考核断面水质达到4类以上。新增小微公园5处、绿化面积4.7万平方米，绿化造林2680亩。推进大气污染“四尘同治”、水体污染“五水共治”、土壤污染“六废联治”，完成南郊水源地和贺兰水源地整治。全年环境空气质量优良天数309天，空气优良比例84.4%。创建农村生活垃圾分类和资源化利用自治区级三级示范县，实现城乡环卫一体化管理。设立垃圾分类兑换超市24个、新增垃圾分类房88个、安装智能垃圾分类柜120套、打造垃圾分类示范小区245个。农村改厕7212户，卫生厕所普及率达97%，获评“全国村庄清洁行动先进县”“自治区农村人居环境整治示范县”。

2021年，金凤区政府区长张涛带队实地督导金凤区地表水环境情况

【民生事业】 2021年，金凤区推进移民致富提升行动，面向移民群众等重点群体开展职业技能培训31期。及时发放“雨露计划”、外出务工交通补贴、种苗补贴、“阳光助残”补贴等扶持资金。紧盯高校毕业生、困难就业人员、返乡农民工三类人群就业，举办线上线下招聘会19场次，实现城镇新增就业7295人，农村劳动力转移就业7690人，培育创业实体762个，城镇登记失业率控制在4.5%以内，实现城乡居民人均可支配收入47208.2元、16138.5元，同比分别增长8.3%和10.5%，城镇居民收入绝对值居全自治区第一。推进基础教育质量提升行动，投入资金10亿余元新建、扩建中小学、幼儿园15所，新增教学班264个、学位11970个。学前三年毛入园率达到104.41%。投入资金6017万元推进学校标准化建设，投入2700万元用于中小学校信息化建设，实现数字化校园全覆盖，获批自治区“互联网+教育”示

范区。实施教师素养提升工程，新命名20名金凤名师，选调补充教师340名，完成第三轮125名校长教师轮岗交流。推进县域医共体平台建设，基层医疗机构远程门诊平台实现全覆盖，居民电子健康档案建档率89.35%。2个镇卫生院、31家社区卫生服务机构分别与自治区、银川市二级以上医疗机构签订医联体协作协议。普及健康知识和健康理念，巩固无烟环境建设成果，辖区党政机关事业单位、医疗卫生机构、中小学校“无烟单位”创建覆盖率、创建率均达100%。成立金凤区戒烟干预服务中心，累计评选健康家庭695户，培育建设健康场所175个。

【基层治理】 2021年，金凤区建立政务服务事项标准化管理清单，与21个省(自治区)88个县(市、区)签订“跨省通办”协议，减少审批证明材料105项、“承诺件”转“即办件”事项27项，实行告知承诺事项105项、压缩办理时间2522个工作日。印发《金凤区深入推进和完善镇(街道)基层审批服务便民化改革实施方案》《金凤区镇(街道)政务服务事项清单》，镇(街道)承接可办事项达49项。组成“善行金凤”志愿服务联盟，启动志愿服务赋能计划，发布“1+50+N”新时代文明实践志愿服务项目。认真贯彻中央民族工作会议和自治区党委十二届十三次全会精神，以铸牢中华民族共同体意识为主线，研究出台《创建全国民族团结进步示范区实施方案》《民族团结进步创建工作五年规划》，打造民族团结进步示范教育基地2家、主题公园2处，巩固深化“三化”等宗教领域问题整治成果，全面推行宗教活动场所规范化管理。设立贺兰山中路街道，实施北京中路街道、黄河东路街道、长城中路街道区划调整。深化“一核三联五治五化”党建引领社区治理模式，构建“54个社区党委+296个居民小区党支部+1225个楼栋联合党小组+1340个党员中心户”的社区治理纵向链条，建成6个社区邻里中心(驿站)，打造基层民主协商样板，社区治理单元更趋精细化。建成163个数字小区。巩固双拥共建成果，全面提升退役军人服务保障能力。拓展网格功能，织密区、镇(街道)、村(社区)三级公共法律服务网，在全自治区率先实现基层法律服务全覆盖。推进安全生产专项整治三年行动，建立问题隐患和制度措施“两个清单”，累计排查企业4670余家次，排查问题隐患2300余条，下发责令整改指令书635余份，整改隐患2194条。启动城市微更新、微改造、微提升行动，实施中强小区等20个19.95万平方米老旧小区改造，美化背街小巷145条，改造特色街区1条。完成“智慧消防”云平台建设，安装火灾探测报警器500个，为20家中小学校、幼儿园安装物联网远程监控设施。

【党的建设】 2021年，金凤区实施习近平新时代中国特色社会主义思想铸魂工程，开展专家、教授专题辅导7次，举办读书班554期，开展理论宣讲500场次，微党课、微宣讲550余场，受教育7万余人次。拓展党史学习阵地10个，推出党史学习教育体验教学线路6条，现场教育党员群众3000余名。开展中国共产党成立100周年系列庆祝活动，进行“两优一先”评选表彰工作，颁发“光荣在党50年”纪念章1215枚。开展“我为群众办实事”实践活动，完成办实事项目99个。修订完善《金凤区党委(党组)落实意识形态工作责任制实施细则》等规范性文件4个，深入开展“大排查、大起底、大检视”。统筹推进其他领域党建工作，深化“让党中央放心、让人民群众满意”模范机关创建活动，健全完善离退休干部党工委工作机制，实施非公企业和社会组织党建“五强五促”行动，推进“小个专微”党组织组建攻坚行动，成立“楼宇党建红色服务联盟”，非公企业和社会组织党组织覆盖率分别达85.05%和82.89%。抓实党员教育管理，推行流动党员“五好”教育管理方式，建立22个流动党员管理服务站、72个流动党员服务岗。持续加强党风廉政建设，开展“四个提醒”谈话21人次，开展群众身边腐败和不正之风专项整治，公布3批次14项专项整治成果。开展重点领域突出问题专项治理，立案62件，党政纪处分58人。制定出台《加强对“一把手”和领导班子监督实施细则(试行)》等3个文件，联合开展2轮市县一体化联动巡察，完成对48个党组织的政治巡察，开展所有被巡察单位整改情况“回头看”，营造了良好的干事创业政治生态。

【干部培养】 2021年，金凤区实施干部治理能力提升工程、优秀年轻干部培养工程，研究确定优秀年轻干部培养对象78名。坚持“五个优先”，调整提拔科级领导干部13批次380人次，科级干部队伍平均年龄降至43岁，35岁以下科级领导干部占比达25.6%，大学以上学历科级干部占比达95.2%。完成乡镇领导班子换届，乡镇班子成员平均年龄下降1.5岁。

2021年4月27日，金凤区委组织部组织新提拔干部参加任前党史知识测试

【巩固脱贫成果】 2021年，金凤区建立防返贫动态监测帮扶机制及“四查四补”常态化机制，坚决防止出现致贫返贫风险。新识别纳入“三类人员”监测帮扶对象44户175人，“一户一策”制定帮扶方案。开展“四查四补”大排查，梳理各类问题112条，整改完成109条。开展2013—2020年扶贫资金及“十三五”时期易地搬迁项目资产清查登记，建立县、乡、村三级资产台账，完成确权工作。

【疫情防控】 2021年，金凤区投入320万元建成全区首家市辖区级新冠病毒核酸检测实验室，完成丰登镇卫生院集中隔离点改造和辖区6家社区卫生服务中心发热哨点诊室改造。落实“四早”要求，逐一排查中风险地区及重点地区来金人员，坚决守住火车站等重要卡口，常态化落实商场、农贸市场、宾馆等重点场所疫情防控措施。开展新冠疫苗接种，累计接种1115058人次。妥善有效处置疫情，优化调整11个工作组10个工作专班，建立完善“网格长＋小区长＋点位长”三级网格化包抓机制，形成由33名县处级领导干部+64名社区书记+249名科级干部+596名网格员组成的四级网格体系，成立58个临时党支部、85个临时党小组，85支党员先锋队、突击队、志愿服务队，设立401个党员先锋岗，1690名党员志愿者、2881名在职党员投身防控一线，开展三轮近200万人次大范围核酸检测。

2021年10月23日，满城北街核酸采样点

重要会议

【金凤区第四次党代会】 2021年9月24日，中国共产党银川市金凤区第四次代表大会开幕。应到代表223人，实到代表217人，符合有关规定。金凤区委书记赵会勇代表中共银川市金凤区第三届委员会向大会作题为《担当赶考重任　书写时代答卷　在美丽新宁夏建设的火热实践中笃定前进》的报告。

2021年9月24日，中国共产党银川市金凤区第四次代表大会第五次主席团会议召开

【区委三届七次全会】 2021年1月7日，金凤区委常委会主持召开金凤区第三届委员会第七次全体会议。全会听取和讨论了区委书记李全才受区委常委会委托作的工作报告，审议通过《中共银川市金凤区委员会关于制定国民经济和社会发展第十四个五年规划和二〇三五年远景目标的建议》。区委书记李全才就《建议（讨论稿）》向全会作说明。

【区委三届八次全会】 2021年7月2日，金凤区委常委会主持召开中共银川市金凤区第三届委员会第八次全体会议。出席全会的区委委员26名。会议审议通过《关于召开中国共产党银川市金凤区第四次代表大会的决议（草案）》，传达学习习近平总书记在庆祝中国共产党成立100周年大会上的重要讲话精神。区委书记赵会勇出席会议并讲话。

【区委三届九次全会】 2021年9月18日，金凤区委常委会主持召开中共银川市金凤区第三届委员会第九次全体会议。区委书记赵会勇出席会议并讲话。会议决定，2021年9月23—25日召开中国共产党银川市金凤区第四次代表大会；审议通过《在中国共产党银川市金凤区第四次代表大会上的报告》《在金凤区第三届纪律检查委员会在金凤区第四次代表大会上的工作报告》；确定金凤区出席银川市第十五次党代会代表候选人预备人选。

【第1次常委会会议】 2021年1月6日，区委书记李全才在金凤区会议中心二楼党政会议室主持召开。会议听取金凤区委三届七次全体会议筹备情况汇报，审议《金凤区委三届七次全会工作报告（送审稿）》《中共银川市金凤区委员会关于制定国民经济和社会发展第十四个五年规划和二〇三五年远景目标的建议（送审稿）》《金凤区委常委会2020年度选人用人工作情况报告（送审稿）》《金凤区党委2020年意识形态工作情况报告（送审稿）》。会议研究审议关于调整金凤区纪律检查委员会委员有关事宜。会议研究审议了关于中共银川市金凤区第三届委员会委员辞职有关事宜。会议研究审议金凤区直属机关党组织2020年度星级评定暨模范机关创建命名有关事宜。会议研究审议关于推荐全国脱贫攻坚先进集体和先进个人有关事宜。

【第3次常委会会议】 2021年1月8日，区委书记李全才在金凤区会议中心二楼党政会议室主持召开。会议传达学习自治区推进基层整合审批服务执法力量改革会议精神，安排部署相关工作。会议听取金凤区“两会”筹备情况汇报，审议《2020年金凤区人大常委会工作报告（送审稿）》《2020年金凤区人民政府工作报告（送审稿）》《金凤区2020年国民经济和社会发展计划执行情况与2021年国民经济和社会发展计划（送审稿）》《2020年金凤区财政预算执行情况与2021年财政预算（送审稿）》《2020年金凤区人民法院工作报告（送审稿）》《2020年金凤区人民检察院工作报告（送审稿）》《2020年金凤区政协工作报告（送审稿）》。

【第4次常委会会议】 2021年1月26日，区委书记李全才在金凤区会议中心二楼党政会议室主持召开。会议研究审议《金凤区推进基层整合审批服务执法力量改革实施方案》《金凤区推进基层整合审批服务执法力量改革工作方案》《党委（党组）意识形态工作责任制实施细则》《党委（党组）落实意识形态工作责任制正面清单和负面清单（试行）》《金凤区业主大会、业主委员会组织管理办法（试行）》《金凤区2021年春节慰问活动方案》《金凤区政府投资项目建设管理细则（试行）》。会议传达学习中央全面依法治国工作会议和中央政法工作会议精神，安排部署相关了工作。会议传达学习平安中国建设工作会议、平安宁夏建设工作会议和平安银川建设工作会议精神，安排部署相关工作。会议传达学习新修订的《中国共产党地方党组织选举工作条例》，安排部署相关工作。会议研究审议了金凤区委常委班子民主生活会有关事宜。会议听取了金凤区科级领导班子和科级领导干部考核工作情况汇报，安排部署相关工作。

【第5次常委会会议】 2021年2月8日，区委书记赵会勇在金凤区会议中心二楼党政会议室主持召开。会议传达学习了十九届中央纪委五次全会和自治区纪委十二届五次全会精神，听取了金凤区纪委三届六次全体会议筹备情况汇报，研究审议了《金凤区纪委三届六次全会工作报告（送审稿）》。会议传达学习了全国和全区宣传部长会议精神，安排部署了相关工作。会议传达学习了全国和全区组织部长会议精神，安排部署了相关工作。会议传达学习了中央办公厅《关于认真做好市县乡领导班子换届工作的通知》精神，听取了金凤区村（社区）换届选举工作汇报，安排部署了相关工作。会议传达学习了《中国共产党党员权利保障条例》，安排部署了相关工作。会议传达学习了自治区"两会"精神，安排部署了相关工作。会议传达学习了自治区党委农村工作会议精神，安排部署了相关工作。会议听取了金凤区宗教领域重点工作汇报，安排部署了相关工作。

【第6次常委会会议】 2021年2月24日，区委书记赵会勇在金凤区会议中心二楼党政会议室主持召开。会议传达学习了市委常委会会议（扩大）会议及第7次市委常委会会议精神，研究审议《金凤区春季大会战暨近期工作任务重点项目重要活动及责任清单》，安排部署了近期工作。会议研究审议《金凤区县处级领导同志包抓村（社区）工作实施方案》。会议研究审议了关于建立县处级领导联系包抓重点特色产业工作机制的有关事宜。会议传达学习《中国共产党统一战线工作条例》，安排部署了相关工作。会议传达学习了全区工程建设政府采购等重点领域突出问题专项治理工作动员部署会议精神，研究审议《关于开展工程建设政府采购等重点领域突出问题专项治理工作实施方案（送审稿）》。会议听取了金凤区党委巡察机构2020年度巡察工作综合区情况汇报，安排部署了相关工作。会议听取了重点项目储备和推进情况汇报，安排部署了相关工作。会议传达学习了银川市委关于春节期间市辖区禁放烟花爆竹督查暗访情况通报（观看视频短片），通报了金凤区督查情况，有关街道做检查。

【第7次常委会会议】 2021年3月5日，区委书记赵会勇在金凤区会议中心二楼党政会议室主持召开。会议通报了2021年第6次常委会会议安排事项落实及项目开复工情况。会议传达学习了中央、自治区及银川市党史学习教育动员大会精神，研究审议了《金凤区开展党史学习教育的实施方案》，安排部署了相关工作。会议传达学习了中央及区市政法队伍教育整顿动员部署会议精神，研究审议了《金凤区政法队伍教育整顿实施方案》，安排部署了相关工作。会议传达学习了银川市"两会"精神，安排部署了相关工作。会议通报了金凤区三届六次纪委全会会风会纪有关情况。会议研究审议了《关于在金凤区党史教育中开展"奋进新时代、担当新使命、展现新作为"学习实践活动的方案（送审稿）》《关于开展金凤区"廉洁从政警示教育月"活动方案（送审稿）》。会议研究调整补充了金凤区公安分局党委班子成员有关事宜。

【第8次常委会会议】 2021年3月16日，区委书记赵会勇在金凤区会议中心二楼党政会议室主持召开。会议学习了《领导干部干预司法活动、插手具体案件处理的记录、通报和责任追究规定》。会议通报了2021年第7次常委会会议安排事项落实情况。会议传达学习了全国"两会"精神、全国脱贫攻坚总结表彰大会精神、《中共中央办公厅关于印发〈关于加强巡视巡察上下联动的意见〉的通知》精神、中共中央办公厅国务院办公厅《关于常态化开展扫黑除恶专项斗争成果的意见》精神、中央文明委第四次会议、全国文明办主任会议、自治区文明委2021年第一次全体会议及银川市文明委2021年第一次全体会议精神、自治区党委书记陈润儿在自治区党委常委会会议上研究部署教育整顿工作精神及雷东生在全区政法队伍教育整顿工作领导小组第一次会议上的讲话精神、全国和全区保密工作会议精神，安排部署了相关工作。会议传达学习了银川市市委书记张柱调研金凤区时讲话精神，安排部署了相关工作。会议研究调整了金凤区直属机关工委、离退休干部工委、非公经济组织和社会组织工委组成人员及职责。会议研究审议了关于金凤区遴选农村职业化党务工作者的有关事宜。会议研究审议了金凤区2020年道德模范暨最美金凤人表彰有关事宜。会议研究审议了

《金凤区庆祝中国共产党成立100周年活动方案》。会议研究审议了金凤区2021年自治区级扶持壮大村集体经济项目有关事宜。

【第9次常委会会议】 2021年4月2日，区委书记赵会勇在金凤区会议中心二楼党政会议室主持召开。会议通报了2021年第8次常委会会议安排事项落实情况。会议研究审议了《中共银川市金凤区委员会常务委员会工作规则》。会议通报了2020年度自治区平安建设考核结果，听取了平安金凤建设工作情况汇报，安排部署了相关工作。会议传达学习了自治区关于市县乡领导班子换届工作会议精神，安排部署了相关工作。会议研究审议了金凤区各镇街机构改革方案。会议研究审议了金凤区2020年度基层党组织评星定级考核验收结果有关事宜。

【第10次常委会会议】 2021年4月12日，区委书记赵会勇在金凤区会议中心二楼党政会议室主持召开。会议传达学习了《中国共产党组织处理规定(试行)》。会议通报了2021年第9次常委会会议议定事项落实情况，县处级领导包联项目和企业及包抓重点特色产业、基层联系点情况。会议传达学习了习近平总书记在福建考察时的讲话精神、中央财经委员会第九次会议精神、全国扫黑除恶专项斗争总结表彰大会精神、自治区党委常委会会议暨自治区党的建设领导小组会议精神、银川市委党史学习教育领导小组第一次会议暨市委常委会党史学习教育第一次集体研讨会精神。会议研究审议了《2021年金凤区全面从严治党党风廉政建设和反腐败工作主要任务分工方案》。会议研究审议了"两优一先"推荐对象有关事宜。会议通报了2020年度自治区效能目标管理考核结果，安排部署相关工作。

【第11次常委会会议】 2021年4月29日，区委书记赵会勇在金凤区会议中心二楼党政会议室主持召开。会议传达学习了《中共中央关于加强对"一把手"和领导班子监督的意见》。会议通报了2021年第10次常委会会议议定事项落实情况。会议传达学习了习近平总书记对深化东西部协作和定点帮扶、打击治理电信网络诈骗犯罪、职业教育、革命文物工作、在清华大学考察时的重要指示精神，在庆祝中国共产党成立95周年大会上的重要讲话精神，自治区建设黄河流域生态保护和高质量发展先行区第四次推进会、脱贫攻坚总结表彰大会精神。会议传达学习了自治区当前经济形势分析通报会精神，听取了一季度经济工作情况汇报，安排部署了相关工作。会议传达学习了自治区实施百万移民致富提升行动工作会议精神，安排部署了相关工作。会议听取了近期疫情防控工作情况汇报，安排部署了节假日期间相关工作。会议听取了金凤区国家卫生城市复审工作情况汇报，安排部署了相关工作。会议研究审议了《金凤区国控公司组建人力资源服务有限公司方案》《中共银川市金凤区委员会关于废止、宣布失效和修改部分党内规范性文件的决定》《金凤区党委(党组)意识形态工作责任制考核办法》《金凤区2021年"扫黄打非"行动总体方案》《关于王生银违法案的审理情况的报告》。会议传达学习了《中共银川市委办公室关于认真做好2021年县乡领导班子换届工作的通知》精神，研究审议了《金凤区2021年乡镇领导班子换届工作实施方案》，听取了乡镇党员代表大会筹备情况汇报。

【第12次常委会会议】 2021年5月12日，区委书记赵会勇在金凤区会议中心二楼党政会议室主持召开。会议传达学习了《中华人民共和国公职人员政务处分法》。会议通报了2021年第11次常委会会议议定事项落实情况。会议传达学习了中共中央政治局会议精神及习近平总书记在中共中央政治局第二十九次集体学习、领导人气候峰会、博鳌亚洲论坛2021年年会开幕式、广西考察重要讲话精神，赵乐际在广西、杨晓渡在宁夏调研时的讲话精神，自治区党委书记陈润儿在吴忠市调研时的讲话精神，自治区《严肃换届纪律加强换届风气监督工作方案》精神，银川市政法队伍教育整顿领导小组第三次会议暨第四次推进会精神。会议传达学习了传达学习银川市一季度经济运行和项目建设现场会精神，安排部署了相关工作。会议研究审议了两镇召开党员代表大会的请示。会议研究审议了增补金凤区司法局党组成员有关事宜。会议安排部署了节假日期间有关工作。

【第13次常委会会议】 2021年5月26日，赵会勇在金凤区会议中心二楼党政会议室主持召开。会议传达学习了《宁夏回族自治区加强作风建设八条禁令》。会议通报了2021年第12次常委会会议议定事项落实情况。会议传达学习了习近平总书记在推进南水北调后续工程高质量发展座谈会、全球健康峰会上的重要讲话精神，全国巡视工作会议暨十九届中央第七轮巡视动员部署会、中央全面深化改革委员会第十九次会议精神，汪洋主席在宁夏调研时的讲话精神，书记陈润儿在全区贯彻落实推动实现碳达峰碳中和目标会议上的讲话精神，自治区常委会会议暨应对新冠肺炎疫情工作领导小组第17次会议精神，自治区党委书记陈润儿和银川市委书记张柱专题党课报告精神。会议传达学习了自治区和银川市统一战线领导小组2021年第1次会议精神，安排部署了相关工作。会议通报了自治区文明办对银川市全国文明城市创建工作调研督导情况，传达了银川市委常委会关于文明城市创建工作要求，观看了相关视频短片，听取了金凤区文明城市创建常态化工作开展情况，安排部署了相关工作。会议研究审议了《银川市金凤区贯彻落实自治区党委第一生态环境保护督察组督察反馈意见整改方案》《金凤区强化移民后续扶持实施移民致富提升行动实施方案》《金凤区关于巩固脱贫攻坚成果同乡村振兴有效衔接实施意见》《金凤区2021年事业单位公开招聘实施方案》《金凤区信访工作考核方案》《金凤区党委书记、副书记、常委工作分工调整方案》。会议传达学习了《关于夯实农村基层党组织战斗堡垒防范和整治“村霸”问题的意见》精神，安排部署了相关工作。会议传达学习了全国新时代文明实践中心建设试点工作电视电话会议精神，安排部署了相关工作。会议听取了组织部关于金凤区党代表大会筹备工作情况的汇报。

【第14次常委会会议】 2021年6月4日，区委书记赵会勇在金凤区会议中心二楼党政会议室主持召开。会议研究审议了《中共银川市金凤区人大常委会党组关于做好区镇人民代表大会换届选举工作的意见》。

【第17次常委会会议】 2021年6月11日，区委书记赵会勇在金凤区会议中心二楼党政会议室主持召开。会议传达学习了《自然资源部关于支持宁夏建设黄河流域生态保护和高质量发展先行区意见的函》。通报了2021年第13次常委会会议议定事项落实情况及“民情体验日”开展情况。传达学习了中共中央政治局会议精神及习近平总书记在中共中央政治局第三十次集体学习、习近平总书记重要文章《用好红色资源，传承好红色基因，把红色江山世世代代传下去》精神，中央第四督导组与全区政法队伍教育整顿领导小组对接交流会、闽宁协作第二十五次联席会议、自治区党委常委会会议暨自治区总河长第5次会议、自治区党史学习教育交流研讨会、自治区“四大提升行动”部署推进会议、全区扫黑除恶专项斗争总结表彰大会精神，市委应对疫情工作领导小组第18次会议精神。传达了学习银川市开展深化全国文明城市建设现场观摩会精神，安排部署了相关工作。研究审议了《金凤区农村网格化服务管理工作实施方案（审议稿）》《成立中国共产党银川市金凤区应急管理局委员会、撤销中国共产党银川市金凤区应急管理局党组有关事宜》《金凤区各民主党派基层组织换届方案》《金凤区区镇人民代表大会换届选举工作实施方案（草案）》。会议传达学习了中共中央办公厅《党委（党组）网络意识形态工作责任制实施细则》精神，安排部署了相关工作。

【第18次常委会（扩大）会议】 2021年6月24日，区委书记赵会勇在金凤区会议中心二楼党政会议室主持召开。会议通报了2021年第6次常委会以来会议议定事项落实情况。会议传达学习了习近平总书记在青海考察时、在中国科学院第二十次院士大会、中国工程院第十五次院士大会、中国科协第十次全国代表大会上的重要讲话精神，在《求是》发表的重要文章《学好“四史”，永葆初心、永担使命》《以史为镜、以史明志，知史爱党、知史爱国》精神；自治区党委理论学习中心组学习会精神，书记陈润儿在《人民日报》发表的署名文章《牢记嘱托，砥砺奋进继续建设美丽新宁夏》精神；市委常委会党史学习教育第四次学习研讨暨市委理论学习中心组学习会精神。会议传达学习了习近平总书记对湖北十堰市张湾区艳湖社区集贸市场燃气爆炸事故作出的重要指示精神，安排部署了相关工作。会议传达学习了全市2021年第1次总河长会议精神，通报了区市河长制考核情况，听取了金凤区第二季度河长制落实情况汇报，安排部署相关工作。会议听取了自治区党委第一生态环境保护督察组督察反馈问题整改情况汇报，安排部署了相关工作。会议听取了金凤区政法队伍教育整顿工作情况汇报。会议研究审议了金凤区庆祝中国共产党成立100周年有关活动方案。会议研究审议了《金凤区第四次党代会筹备工作方案》《关于召开中国共产党银川市金凤区第四次代表大会的决议（草案）》。会议研究审议了表彰优秀共产党员、优秀党务工作者和先进基层党组织有关事宜。会议研究审议了金凤区丰登镇、良田镇领导班子换届人事安排建议方案。

【第19次常委会（扩大）会议】 2021年7月2日，区委书记赵会勇在金凤区会议中心二楼党政会议室主持召开。会议传达学习了习近平总书记在中共中央政治局第三十一次集体学习、庆祝中国共产党成立100周年大会、“七一勋章”颁授仪式、参观“‘不忘初心、牢记使命’中国共产党历史展览”时的重要讲话精神，自治区党委书记陈润儿在全区优秀共产党员、优秀党务工作者和先进基层党组织表彰大会、“光荣在党50年”座谈会上的讲话精神，自治区常委（扩大）会议精神，张柱在优秀共产党员、优秀党务工作者和先进基层党组织表彰大会上的讲话精神，王晓涛、陈伟龙、王芳、黄学忠、周坤围绕“学习‘七一’讲话、感悟思想伟力”进行了交流发言。会议传达学习了《中国共产党组织工作条例》。会议通报了2021年第18次常委会会议议定事项落实情况。会议传达学习了自治区《关于认真做好“两高”项目整改工作的紧急通知》精神，安排部署了相关工作。会议研究审议了《关于加快推进学前教育高质量发展的实施意见（送审稿）》《金凤区“金凤悦邻里”社区邻里中心建设实施方案（送审稿）》。会议研究审议了金凤区人民代表大会代表选举选区划分方案。

2021年7月2日，金凤区党委第19次常委会（扩大）会议传达学习习近平总书记在庆祝中国共产党成立100周年大会上的讲话精神

【第21次常委会会议】 2021年7月15日，区委书记赵会勇在金凤区会议中心二楼党政会议室主持召开。会议研究审议了《金凤区工商联换届实施方案》。会议研究审议了《金凤区城乡居民收入提升行动实施方案（送审稿）》《金凤区全民健康水平提升行动实施方案（送审稿）》《金凤区基础教育质量提升行动实施方案（送审稿）》《金凤区落实中央第七巡视指导督导组反馈意见整改方案》《金凤区第五届人民代表大会代表名额分配方案（送审稿）》《金凤区丰登镇和良田镇出席中共银川市金凤区第四次代表大会代表候选人预备人选审查报告》。会议通报了党史学习教育有关工作情况。

【第24次常委会会议】 2021年7月27日，区委书记赵会勇在金凤区会议中心二楼党政会议室主持召开。会议通报了辖区疫情防控有关情况，安排部署了相关工作。会议传达学习了《宁夏回族自治区促进民族团结进步工作条例》。会议通报了2021年第19、20次常委会会议议定事项落实情况。会议传达学习了习近平总书记对防汛救灾工作作出的重要指示、在中国共产党与世界政党领导人峰会上的重要讲话、在《求是》发表的重要文章精神，中央深改委第20次会议精神，黄坤明在宁夏调研时的讲话精神。会议研究审议了《金凤区2021年“八一”建军节活动实施方案(送审稿)》《关于金凤区老旧小区综合整治改造项目建设模式有关事宜的请示》。会议听取了金凤区2021年上半年新时代文明实践、移风易俗“过筛子”及未成年人思想道德建设工作第三方测评情况汇报。会议研究审议了金凤区2020年度绩效考核结果。

【第26次常委会会议】 2021年8月5日，区委书记赵会勇在金凤区会议中心二楼党政会议室主持召开。会议传达学习了全国疫情防控工作电视电话会议和《关于认真做好当前新冠疫情防控工作的紧急通知》精神，安排部署相关工作。会议传达学习全区领导干部学习贯彻习近平总书记“七一”重要讲话精神专题研讨班精神。会议研究审议了《金凤区城乡就业保障体系实施意见(送审稿)》《关于进一步加强城乡低收入群体救助保障工作方案(送审稿)》《金凤区加强品牌农业建设实施方案(送审稿)》。会议研究审议了推荐“最美公务员”人选有关事宜。

【第27次常委会(扩大)会议】 2021年8月20日，区委书记赵会勇在金凤区会议中心二楼党政会议室主持召开。会议传达学习了《中华人民共和国乡村振兴促进法》，传达学习了自治区深入实施“四大提升行动”、全面促进乡村振兴工作会议精神，安排部署相关工作。会议通报了2021年第24、26次常委会会议议定事项落实情况。会议传达学习了习近平总书记在西藏考察时、在十九届中共中央政治局第三十二次集体学习时、在党外人士座谈会上的重要讲话精神以及在《求是》发表的重要文章《总结党的历史经验　加强党的政治建设》精神，7月30日中共中央政治局会议精神，自治区党委第12轮巡视动员部署会精神。会议听取了上半年意识形态工作进展情况汇报，研究审议了《金凤区意识形态领域防止出现政治性风险问题监测预警审核制度》《出席中共银川市金凤区第四次代表大会代表候选人预备人选审查报告》《金凤区第五届人民代表大会初步候选人名单》。会议研究审议了金凤区第四届党委委员、候补委员、纪委委员初步人选建议名单。会议观看了《黄河流域生态环境警示教育片》。

【第28次常委会会议】 2021年8月23日，区委书记赵会勇在金凤区会议中心二楼党政会议室主持召开。会议研究审议了金凤区第五届人民代表大会代表正式候选人人选有关事宜。

【第29次常委会(扩大)会议】 2021年8月31日，区委书记赵会勇在金凤区会议中心三楼视频会议室主持召开。会议传达学习了自治区推进黄河流域生态保护和高质量发展先行区建设第五次推进会精神。会议研究审议了金凤区《加强对“一把手”和领导班子监督实施细则(试行)》《“一把手”和领导班子开展党内谈话实施细则(试行)》《“一把手”述责述廉实施细则(试行)》。会议听取了部分党组、党工委书记2021年上半年述责述职述廉述法述审汇报。

【第30次常委会会议】 2021年9月5日，区委书记赵会勇在金凤区会议中心二楼党政会议室主持召开。会议研究审议了《金凤区2021年民族团结进步月活动实施方案》。会议研究审议了《金凤区第37个教师节庆祝大会方案》《金凤区全面推开排查整顿农村发展党员违规违纪问题工作实施方案(审议稿)》。会议研究审议了关于金凤区领导班子换届人事安排有关事宜。

【第31次常委会会议】 2021年9月13日，区委书记赵会勇在金凤区会议中心二楼党政会议室主持召开。会议通报了2021年第27、29、30次常委会议定事项落实情况。会议集体学习了习近平法治思想，传达学习了习近平总书记在河北承德考察时、在中央全面深化改革委员会第二十一次会议、中央民族工作会议、中央财经委员会第十次会议上的重要讲话精神，8月31日中央政治局会议精神，书记陈润儿在银川市领导干部大会上的讲话精神，书记张雨浦在市级领导班子换届期间集体谈心谈话会上的讲话精神，中共银川市委十四届十二次全会精神。会议传达学习了中央纪委国家监委、中央组织部、中央统战部、中央政法委、最高人民法院、最高人民检察院《关于进一步推进受贿行贿一起查的意见》。会议传达学习了《中共中央关于加强新时代检察机关法律监督工作的意见》。会议传达学习了自治区党委常委会会议暨生态环境保护督察工作领导小组会议精神，听取生态环境工作情况汇报，安排部署相关工作。会议传达学习了银川市信访工作联席会议精神，听取了2021年1—8月信访情况汇报，安排部署了相关工作。会议研究审议了《关于在党史学习教育中认真学习贯彻习近平总书记重要讲话精神推动学史力行的实施措施》《金凤区教师素质提升工程实施方案（送审稿）》《关于在全区公民中开展第八个五年法治宣传教育的实施意见（送审稿）》。会议听取了落实市委第十三轮巡察反馈问题整改情况汇报。会议研究审议了出席中共银川市金凤区第四次代表大会代表候选人正式人选审查报告。会议研究审议了关于金凤区出席中国共产党银川市第十五次代表大会代表候选人初步人选建议名单。

【第32次常委会会议】 2021年9月18日，区委书记赵会勇在金凤区会议中心二楼党政会议室主持召开。会议安排部署了近期重点工作任务。会议听取了中国共产党银川市金凤区第四次代表大会筹备情况汇报。会议研究审议了《中国共产党银川市金凤区第四次代表大会会议经费申请的报告》《金凤区第四次党代会大会主席团、秘书长、副秘书长、各代表团正副团长等建议名单》《金凤区第四届党委委员、候补委员、纪委委员预备人选名单》《金凤区出席银川市第十五次党代会代表候选人预备人选建议名单》《金凤区党费收缴使用和管理情况的报告》《金凤区第四次党代会代表资格审查情况报告》《在中国共产党银川市金凤区第四次代表大会上的报告》《金凤区第三届纪律检查委员会在金凤区第四次代表大会上的工作报告》。

【第33次常委会会议】 2021年9月28日，区委书记赵会勇在金凤区会议中心二楼党政会议室主持召开。会议通报了2021年第31次常委会议定事项落实情况。会议集体学习了习近平法治思想，传达学习了习近平总书记在陕西榆林考察时、在中央党校中青班开班式、在金砖国家领导人第十三次会晤上的重要讲话精神及在《求是》发表的重要文章精神，中共中央书记处书记、中央统战部部长尤权在宁夏调研时的讲话精神，书记陈润儿在灵武市调研时的讲话精神。会议传达学习了自治区纪委开展违规吃喝隐形变异问题专项整治工作推进会议精神及银川市纪委《关于对三起违反中央八项规定精神典型案例的通报》。会议研究审议了《中国共产党银川市金凤区第四次代表大会精神宣传工作方案》《金凤区创建全国民族团结进步示范区实施方案》《金凤区民族团结进步创建工作五年规划》。

【四届党委第2次常委会会议】 2021年10月12日，区委书记赵会勇在金凤区会议中心二楼党政会议室主持召开。会议通报了四届党委2021年第1次常委会会议议定事项落实情况。会议集体学习了习近平法治思想，传达学习了习近平总书记在纪念辛亥革命110周年大会、在中央人才工作会议、在中央政治局第三十三次集体学习时的重要讲话精神以及在《求是》发表的重要文章精神，陈润儿书记在自治区党委常委会“坚持以案促改、深化作风建设”专题民主生活会上的讲话精神。会议传达学习了《关于杨晓渡对做好“一把手”和领导班子监督工作的讲话》。会议传达学习了自治区党委十二届十三次全会精神。会议传达学习了《宁夏回族自治区重大决策社会稳定风险评估实施办法》。会议研究审议了《金凤区共青团基层组织改革试点实施方案》《金凤区中医药传承创新发展实施方案》《金凤区党委常委会“深化作风建设”专题民主生活会方案》。会议研究审议了筹备成立贺兰山中路街道有关事宜。会议听取了党史学习教育进展和“我为群众办实事”实践活动开展情况。

【四届党委第3次常委会会议】 2021年10月24日，区委书记赵会勇在金凤区会议中心二楼党政会议室主持召开。会议研究审议了关于推荐银川市党委委员、候补委员、纪委委员有关事宜。

【四届党委第4次常委会会议】 2021年10月26日，区委书记赵会勇在金凤区会议中心二楼党政会议室主持召开。会议研究审议了《关于召开金凤区第五届人民代表大会第一次会议的请示》《关于召开中国人民政治协商会议银川市金凤区第五届委员会第一次会议的请示》。

【四届党委第5次常委会会议】 2021年11月6日，赵会勇在金凤区会议中心二楼党政会议室主持召开。会议传达学习了《中国共产党领导国家安全工作条例》。会议通报了四届党委2021年第2次常委会会议定事项落实情况。会议集体学习了习近平法治思想，传达学习习近平总书记在中央政治局第三十四次集体学习时，在深入推动黄河流域生态保护和高质量发展座谈会、中央人大工作会议、中华人民共和国恢复联合国合法席位50周年纪念会议、《生物多样性公约》第十五次缔约方大会领导人峰会、第二届联合国全球可持续交通大会上以及在参观国家“十三五”科技创新成就展时的重要讲话精神。会议传达学习了自治区深入实施“四大提升行动”全面促进乡村振兴工作现场会精神，安排部署相关工作。会议听取第三季度经济运行情况汇报和2022年项目谋划工作情况汇报，安排部署第四季度经济工作及相关工作。会议研究审议了金凤区出席银川市第十六届人民代表大会代表候选人建议人选。

【四届党委第7次常委会会议】 2021年11月17日，赵会勇在金凤区会议中心二楼党政会议室主持召开。会议传达学习了中共十九届六中全会精神及区市党委常委会相关要求。会议传达学习了《中共中央组织部关于四川省自贡市自流井区严重违反换届纪律问题的通报》、自治区党委书记陈润儿在做好市级班子换届工作确保换届工作风清气正电视电话会议上的讲话精神、银川市委书记张雨浦在银川市市县乡领导班子换届工作领导小组会议上的讲话精神，研究了贯彻落实意见。会议听取了金凤区五届人民代表大会第一次会议筹备工作情况，研究审议了人大常委会工作报告。会议研究审议了《政府工作报告》《关于金凤区2021年国民经济和社会发展计划执行情况暨2022年国民经济和社会发展计划（草案）的报告》《关于金凤区2021年财政预算执行情况和2022年财政预算（草案）的报告》《关于银川市金凤区2021年生态环境状况和生态环境保护目标完成情况的报告》《关于金凤区第四届人民代表大会第五次会议代表议案和意见建议办理情况的报告》。听取了2021年为民办实事办理情况和2022年为民办实事征集情况。会议听取了中国人民政治协商会议银川市金凤区第五届委员会第一次会议筹备工作情况，研究审议了政协常委会工作报告，安排部署了“两会”筹备工作。会议研究审议了金凤区人民法院工作报告、金凤区人民检察院工作报告。会议研究审议了金凤区第五届人民代表大会常务委员会主任、副主任、委员，金凤区政府区长、副区长，金凤区监察委员会主任，金凤区人民法院院长，金凤区人民检察院检察长候选人建议人选名单，以及金凤区第五届人民代表大会法制委员会、财政经济委员会组成人员建议人选名单。会议研究审议了政协金凤区第五届委员会主席、副主席、常委、秘书长候选人建议人选名单。会议研究审议了金凤区2021年绩效考核方案。

【四届党委第8次常委会会议】 2021年11月18日，区委书记赵会勇在金凤区会议中心二楼党政会议室主持召开。会议传达学习了银川市委书记张雨浦调研金凤区讲话精神。会议安排部署了近期安全生产工作。

【四届党委第9次常委会会议】 2021年11月25日，区委书记赵会勇在金凤区会议中心二楼党政会议室主持召开。会议集体学习了《防范和处置非法集资条例》。会议通报了四届党委2021年第5次、第7次常委会议定事项落实情况。会议传达学习了习近平总书记在第三次“一带一路”建设座谈会、亚太经合组织第二十八次领导人非正式会议、中华人民共和国恢复联合国合法席位50周年纪念会议、第四届中国国际进口博览会开幕式上、在出席二十国集团领导人第十六次峰会第一阶段会议时的重要讲话精神、在《求是》发表的重要文章精神、致仰韶文化发现和中国现代考古学诞生100周年、新华社建社90周年的贺信精神。会议传达学习了中央宣传部和自治区党委宣传部拓展新时代文明实践中心建设工作电视电话会议精神。会议传达学习了银川市委第十四届十三次全会精神。会议传达学习了自治区深入推动黄河流域生态保护和高质量发展暨先行区建设第六次推进会视频会议精神。会议传达学习了中央民族工作会议精神。会议听取了金凤区2021年食品安全暨创建“食品药品安全区”工作报告。会议研究审议了关于成立中国共产党银川市金凤区贺兰山中路街道工作委员会事宜。会议研究审议了区委各常委职责分工有关事宜。

【四届党委第10次常委会会议】 2021年12月3日，区委书记赵会勇在金凤区会议中心二楼党政会议室主持召开。会议集体学习了《中华人民共和国审计法》。会议通报了四届党委2021年第8次、第9次常委会会议定事项落实情况。会议传达学习了习近平总书记在中央全面深化改革委员会第二十二次会议、中央军委人才工作会议、中国 东盟建立对话关系30周年纪念峰会、中非合作论坛第八届部长级会议开幕式上的重要讲话精神以及在《求是》发表的重要文章精神、“声援巴勒斯坦人民国际日” 纪念大会的贺信精神。会议传达学习了宁夏回族自治区党委十二届十四次全会精神。会议传达学习了中国共产党银川市第十五次代表大会及十五届一次全会精神。会议传达学习了粮食安全相关工作。

【四届党委第11次常委会会议】 2021年12月14日，区委书记赵会勇在金凤区会议中心二楼党政会议室主持召开。会议集体学习了《中华人民共和国环境保护法》。会议传达学习了中央政治局会议精神，习近平总书记在党外人士座谈会、中共中央政治局第三十五次集体学习时的重要讲话精神、致中国人民对外广播事业创建80周年的贺信精神、向“2021从都国际论坛”开幕式、中国—拉共体论坛第三届部长会议发表的致辞精神，中央第四生态环境保护督察组督察宁夏回族自治区动员会议精神。会议传达学习了全国及全区疫情防控工作电视电话会议精神。会议听取了中央环保督察组转办件办理情况汇报，安排部署了相关工作。会议听取了耕地保护和卫片执法情况汇报，安排部署了相关工作。

【四届党委第12次常委会会议】 2021年12月20日，区委书记赵会勇在金凤区会议中心二楼党政会议室主持召开。会议集体学习了《中华人民共和国统计法》。会议通报了四届党委2021年第10次、第11次常委会会议定事项落实情况。会议传达学习了习近平总书记在中央全面深化改革委员会第二十三次会议、中国文联十一大、中国作协十大开幕式上的重要讲话精神、在《求是》发表的重要文章精神、致2021·南南人权论坛的贺信精神，书记陈润儿在全区奶产业高质量发展现场会上的讲话精神。会议传达学习了《关于加强和改进新时代市县政协工作的意见》文件精神。会议研究审议了银川市金凤区国家智能社会治理实验基地建设实施方案和智慧金凤平台三期建设方案。

【四届党委第13次常委会会议】 2021年12月24日，区委书记赵会勇在金凤区会议中心二楼党政会议室主持召开。会议集体学习了《保障农民工工资支付条例》。会议传达学习了习近平总书记对党内法规工作、老干部工作的重要指示精神，致厦门经济特区建设40周年的贺信精神。会议传达学习了中央及区市经济工作会议精神。会议研究审议了《金凤区第三次妇女代表大会代表名额分配意见和代表产生办法》《银川市金凤区行政复议体制改革实施方案》《金凤区关于改革和加强公安派出所工作实施方案》《金凤区违规违纪发展党员问题认定标准和处理办法（试行）》。

【四届党委第14次常委会会议】 2021年12月30日，区委书记赵会勇在金凤区会议中心二楼党政会议室主持召开。会议集体学习了《中华人民共和国土地管理法》。会议传达学习了习近平总书记在中共中央政治局专题民主生活会上的重要讲话精神，对党史学习教育、“三农” 工作的重要指示精神，致中国国家话剧院的艺术家的回信精神。会议传达学习了银川市“两会”精神，张雨浦参加金凤区代表团时的讲话精神。会议听取了中共银川市金凤区第四届委员会第二次全体会议筹备情况汇报。会议研究审议了《金凤区关于以铸牢中华民族共同体意识为主线推进新时代党的民族工作高质量发展的实施方案(送审稿)》《金凤区党委常委会2022年度学法计划》。

【四届党委2021年第15次常委会会议】 2021年12月31日，区委书记赵会勇在金凤区会议中心二楼党政会议室主持召开。会议听取了金凤区四届党委第二次全体会议各讨论组关于审议讨论《金凤区关于以铸牢中华民族共同体意识为主线推进新时代党的民族工作高质量发展的实施方案(审议稿)》《中国共产党银川市金凤区第四届委员会第二次全体会议决议(草案)》的汇报。

组织工作

【思想理论武装】 2021年，金凤区委组织部把学习贯彻习近平新时代中国特色社会主义思想作为全区党员干部教育培训的“必修课”，结合党史学习教育，把习近平新时代中国特色社会主义思想和中共十九大精神纳入干部培训主体班次必学内容，开展多形式、分层次、全覆盖的学习培训，推动习近平新时代中国特色社会主义思想和中共十九大精神在金凤区落地生根。全年举办基层党组织书记、党务骨干和基层党员干部等各类培训班39期，建立“组工业务大讲堂”，宣讲460场次，3万余人参加。

2021年12月27日，金凤区召开党的十九届六中全会精神专题党课

【发挥党员先锋模范作用】 2021年，金凤区在疫情防控工作中充分释放组织动能，发挥党员先锋模范作用，成立临时党支部58个、临时党小组85个，组建党员先锋队、突击队、志愿服务队85支，设立党员先锋岗401个，招募党员志愿者1690名，126个单位2881名党员干部、57名预备党员、15名发展对象、117名入党积极分子投身疫情防控，拨付党费169万元慰问一线人员，为一线人员购买人身意外保险。

【党史学习教育】 2021年，金凤区委组织部制定《在金凤区党史学习教育中开展“奋进新时代、担当新使命、展现新作为”学习实践活动方案》和《金凤区县处级领导及党员领导干部包抓基层联系点工作方案》，紧盯“我为群众办实事”目标要求，全面推行“三个一线”机制，组织450余名在职党员开展“双报到双服务”，通过“民情体验日”“网格大走访”等方式，引导党员干部深入基层一线访民情、办实事、惠民生、聚民心，帮助包抓联系点协调解决各类问题80余个。

【庆祝中国共产党成立100周年系列活动】 2021年，金凤区印发《关于做好庆祝建党100周年自治区、银川市、金凤区优秀共产党员、优秀党务工作者和先进基层党组织推荐工作的通知》，共表彰优秀共产党员50人、优秀党务工作者20人、先进基层党组织30个。切实做好“光荣在党50年”纪念章颁发工作。制定《金凤区“光荣在党50年”纪念章颁发工作

2021年6月23日，金凤区县处级领导与机关干部参加庆祝中国共产党成立100周年合唱

方案》(银金党办发〔2021〕22 号),为 1215 名老党员颁发纪念章。深入开展“七一”前走访慰问工作。制定下发《金凤区“七一”走访慰问工作方案》,走访慰问党员生活困难党员、中华人民共和国成立前老党员和离退休老党员、获得党内功勋荣誉表彰的党员、烈士遗属和因公牺牲党员 492 人,发放慰问金 50.9 万元。

【干部教育培训】 2021 年,金凤区委组织部大力实施干部治理能力提升工程,制定印发《金凤区 2021 年干部教育培训计划》,扎实开展习近平新时代中国特色社会主义思想和中共十九届五中全会精神集中轮训,率先在全区启动党史学习教育专题培训,270 余名在职县处级、科级领导干部以及选调生参加培训。

【干部选拔任用】 2021 年,金凤区委组织部制定印发《金凤区关于进一步激励广大干部担当作为的十一项具体措施》《金凤区科级领导班子和领导干部考核办法》,坚持“五个优先”提拔使用干部,结合实际,调整提拔科级领导干部 115 批次 339 人次,其中提拔使用“85 后”干部 40 人,“90 后”干部 21 人。在乡镇领导班子换届方面,共选举产生新一届党委委员 19 名,其中“85 后”5 名。

【县区领导班子换届】 2021 年,中国共产党银川市金凤区第四次代表大会顺利召开,选举产生了中国共产党银川市金凤区第四届委员会共 45 人,其中委员 35 人,候补委员 10 人;妇女干部 12 名,占 26.7%;少数民族干部 9 名,占 20%;大学以上文化程度的 41 名,占 91.1%,其中研究生学历 16 名,占 35.6%;博士学位 1 名;平均年龄 43.9 岁。

【干部储备】 2021 年,金凤区委组织部突出日常考核、分类考核、精准考核,将考核结果与提拔任用、职级晋升、岗位调整挂钩,推动能上能下、促进担当作为。大力实施“优秀年轻干部培养工程”,采取深入基层一线了解、各部门单位民主推荐等方式,对全区 40 岁以下年轻干部开展深入摸底,分类建立年轻副科级干部培养对象名单和年轻正科级干部储备对象名单,研究确定优秀年轻干部培养对象 78 名。

【干部监督管理】 2021 年,金凤区委组织部严格执行干部因私出国(境)有关规定,先后更新 76 名干部备案信息。结合县乡换届认真开展干部监督工作,先后 3 次组织观看严肃换届纪律教育警示专题片,签订《严肃换届纪律承诺书》,制作下发《严肃换届纪律提醒卡》、“十严禁”宣传折扇等各类换届纪律宣传品 2000 余份,在金凤电子快报、金凤微党建等平台推送严肃换届纪律内容 30 余条,开通电话、信件、网络等多类型受理平台,拓宽监督渠道,实时监测换届风气舆情动态。换届以来,金凤区未收到违反换届纪律问题的举报。

2021 年 1 月 4 日,金凤区新任村(社区)党组织书记集体谈话

【选人用人】 2021 年,金凤区共招录选调生 5 名、公务员 7 名。按照《公务员调任规定》,分别从银川市、金凤区事业单位等调任 4 名符合条件、专业能力较强的干部到重要岗位任职。着力优化干部队伍结构,激发公务员队伍活力,按照程序从外市县选调 21 名优秀年轻公务员。

【城市党建】 2021 年,金凤区委组织部构建“54 个社区党委 +296 个居民小区党支部 +1225 个楼栋联合党小组 +1340 个党员中心户”的社区治理纵向链条。出台《金凤区城市居民小区党支部管理办法》,为小区党支部规范化建设提供基本遵循。探索推行“基层组织 + 业主委员会 + 物业公司”三方联管工作机制,持续深化社区共建议事联席会议、“一书三单”

"街道吹哨、部门报到"三项机制，初步构建起"红色业委会—红色物业—红色新兴经济组织"多元共治体系。启动数字小区试点改革，深化"1+X+N"社区警务模式，在全区率先实现基层法律服务全覆盖。

2021年3月1日，金凤区新任村(社区)干部培训班开展党建联席会议情景模拟教学

【农村党建】 2021年，金凤区委组织部大力实施"三大三强"行动和"两个带头人"工程，扎实开展"一抓两整"示范县乡创建行动，培养致富带头人128名，培养储备村级后备干部77人，高标准、高质量完成20个村和63个社区"两委"班子选配工作。确定118名帮带导师和63名帮带对象进行帮带结对，扎实开展导师帮带工作；积极推行农村网格化服务管理工作。持续发展壮大村级集体经济，盘活闲置资源，提升集体经济薄弱村，创响一批"土字号""乡字号"特色品牌，推动全区有产业发展能力和发展意愿的低收入户与合作社绑定发展，7个村集体经济收入突破100万元。

【其他领域党建】 2021年，金凤区委组织部大力实施非公企业和社会组织党建"五强五促"行动，深入推进"小个专微"党组织组建攻坚行动，探索"商圈+社区"治理新模式，成立"楼宇党建红色服务联盟"，新建党组织20个，选派党建工作指导员134人，覆盖企业409家，非公企业和社会组织党组织覆盖率分别达到85.05%和82.89%。扎实开展"让党中央放心、让人民群众满意"模范机关创建活动。健全完善离退休干部党工委工作机制，制定印发《金凤区离退休干部党工委联系会议制度》。

【党员教育管理】 2021年，金凤区委组织部作为自治区3个试点单位之一，抓实流动党员管理，建立22个流动党员管理服务站，设立72个流动党员服务岗，探索总结出流动党员"五好"教育管理经验。深入开展"学习身边榜样"活动，制作15余期"最美社区书记风采展""庆祝中国共产党成立100周年系列党课"等反映辖区"两优一先"事迹的专题片。加大党员关爱关怀力度，发放关爱资金57.6万元。督促指导各基层党组织严把发展党员质量关、程序关，全年共发展党员210名。

【产业人才引育】 2021年，金凤区坚持引育并举，将人才工作纳入金凤区推动高质量发展总体规划，召开金凤区第二届"引凤创梦"青年创新创业博览会，帮助企业获得更多人才优惠政策和金融支持。制定印发《金凤区关于加快急需紧缺人才引育助推产业发展的实施意见》，建设具有金凤特色的产业人才集聚高地，促进人才和产业链深度融合，宁夏塞上葡萄酒文化旅游产业有限公司与宁夏大学等葡萄酒专业院校签署人才引进协议，培养专业侍酒师40余人，专业实习生40余人。

【人才政策资源整合】 2021年，金凤区发放高精尖缺人才生活补贴137.2万元，安排14名D类以上高精尖缺人才进行年度体检，兑现人才体检经费7.1万元。结合中国共产党成立100周年，开展各领域人

2021年4月28日，金凤区召开人才工作小组会议

才党史学习教育，组建金凤区党史教育“青年讲师团”,33名青年讲师集中进机关、进商圈、进基层宣讲30余次，受众达1200余人，引导金凤人才学党史、悟思想、办实事、开新局。

【农村实用人才培养】 2021年,金凤区聚焦乡村振兴战略,进一步强化农村实用人才队伍建设,举办农村实用人才培训5场次,培育经营管理型、技能服务型农村实用人才120人。选派23名优秀科技人员成立农技推广队伍下沉基层进行技术指导，常态化开展乡村规划、技术咨询、土专家培育等科技帮扶活动,推广先进农业技术8项,累计培训农技人员和新型农业经营体120人次。结合良田镇标准化温棚园区建设,开办育苗“田间学校”,培育60名技术型蔬菜嫁接能手。

【专技人才队伍建设】 2021年,金凤区继续做好教育、卫生等大型行业系统专业技术人才培养工作,培育“金凤名师”20名,各级骨干教师284名,聘用公费师范生35名。为金凤区基层卫生院订单式招聘医学院毕业学生1名,通过开展基层医务人员培训,采取理论课程与现场实训等方式为500余名专业技术人员开展技术指导,提高基层医护人员能力。参加自治区全科医生转岗培训6名,骨干全科医师2名,临床业务骨干1名,骨干乡村医生3名。通过开展网络信息技术、营销、财务专业技能、社工技能等主题沙龙和培训活动为基层各项专业技能人才提供学习平台,企业职工岗位技能培训、以工代训培训4319人、重点群体技能培训1528人、“两后生”技能培训23人、高技能人才培训400人。

【自身建设】 2021年,金凤区委组织部先后组织开展各类学习研讨活动30余次。每两周开展一次“组工业务大讲堂”活动,以学促知、以知促行。建立信息撰写情况周通报制度，要求每人每周至少撰写高质量工作信息1篇，全面提升信息宣传工作水平。被《人民日报》《中国组织人事报》等中央级媒体刊载信息32篇,被《宁夏日报》等省级媒体刊载信息79篇。着力做好脱贫攻坚后评估工作，先后组织部机关干部深入帮扶联系群众10余次。

（张文娟）

宣传工作

【概况】 2021年,金凤区宣传思想文化工作坚持以习近平新时代中国特色社会主义思想为指导，深入贯彻落实习近平总书记关于宣传思想工作的重要论述和习近平总书记视察宁夏重要讲话精神，认真学习贯彻中共十九届六中全会精神，以庆祝中国共产党成立100周年为主线,突出抓好党史学习教育,深入实施宣传思想文化工作“十大工程”,坚持稳中求进、守正创新,为金凤区“1447”发展总体思路提供坚强思想保证和强大精神力量。深入开展“讲政治、担使命、守纪律”教育活动,加强思想政治建设,持续深化“三个全面”专项行动,结合党史学习教育,部机关每周四下午进行集中学习,开展研讨交流6次。开展“流程再造、质量提升”加强年活动,修订完善宣传部工作制度10余项。7月22日,中央政治局委员黄坤明调研金凤区新时代文明实践中心和党史学习教育工作,现场给予充分肯定。

【理论宣讲】 2021年,金凤区委宣传部实施习近平新时代中国特色社会主义思想铸魂工程，持续深入学习习近平总书记在党史学习教育动员大会和在庆祝中国共产党成立100周年大会上的重要讲话精神,跟进学习习近平总书记在中央民族工作会议、中央人才工作会议、纪念辛亥革命110周年大会上的重要讲话精神和在西藏、河北承德、陕西榆林等地考察时的重要指示精神，突出抓好中共十九届六中全会精神宣传宣讲。建立“一函三单”学习机制,让学习融入日常、学在经常。组织开展党委(党组)中心组学习质量提升年活动,区委中心组专题研讨7次,处级领导到基层讲党课40余场次。开展“学习新思想、践行新理念”“学习新思想、同心话小康”等“五大主题”宣讲活动300余场次,创新开展“1+X”理论宣讲日活动,理论宣讲走向常态化、制度化。

【党史学习教育】 2021年，金凤区委举办读书班554期，走进六盘山、白芨滩等开展红色教育168场次，开展各类专题研讨会290余场次，组织身边典型示范学等学习活动350余场次，开展交流研讨600余场次。拓展“初心之路”微展馆等群众“家门口”党史学习阵地10个，发布6条23个点位党史学习体验路线，举办“今昔对比看变化、知史感恩共产党”图片展等群众性主题教育活动19场次。部署开展大调研大走访行动，各部门(单位)确定调研课题139个，收集各类社情民意900余条。创新“民情体验日”工作载体，200余名科级以上干部变身网格员、环卫工、办事员开展体验活动，发现解决问题141个。实施三批99个办实事项目，逐项明确具体内容、惠及人数、完成时限和责任单位，面向社会公示办理结果。广泛开展庆祝中国共产党成立100周年系列活动，举办“唱支山歌给党听”黄河合唱节、“回眸百年风华 汇聚奋进力量”演讲比赛、党史知识竞赛等群众性主题宣传教育38场次。举办红歌“快闪”、读书分享会等社会性宣传活动10余场次，在辖区所有小区门口安装庆祝中国共产党成立100周年标识1000余块，打造主题景观小品20余处，营造浓厚的庆祝中国共产党成立100周年氛围。开展“百年恰是风华正茂”融媒传播活动、“金牌书记”访谈活动、“金凤党旗红”等系列庆祝活动，广泛开展“向党送祝福，感恩新时代”主题党日活动，激发群众爱党爱国热情。

【媒体宣传】 2021年，金凤区委宣传部围绕“产业、环境、乡风、治理、增收、民生”六大主题，宣传重点工作的举措成效。推出“高质量发展的金凤”“金凤小康之路融媒体新闻行动”等系列报道，组织开展“决胜全面建成小康社会、决战脱贫攻坚”成就宣传。围绕疫情防控、重点工程、党史学习教育、高质量发展等主题，收集辖区新闻线索1500余条。各级各类媒体共报道金凤区新闻3131条，其中中央级媒体298条、自治区级媒体1344条。开通运行“今日头条”新媒体账号，定期发布新闻，发挥金凤电子快报等自媒体作用，累计发布信息2500条、短视频300余个，阅读达20万余人次，累计阅读量1万人次，转发转载1万余人次。

2021年3月15日，金凤区党史学习教育领导小组办公室召开指导组成员会议

【精神文明建设】 2021年，金凤区委宣传部不断深化新时代文明实践，制定金凤区新时代文明实践所(站)考核细则，打造1个中心，1个分中心，7个所，83个站、40个实践基地的新时代文明实践矩阵。启动志愿服务赋能计划，成立“德润城乡 善行金凤”志愿服务联盟，成立金凤区新时代文明实践志愿服务指导中心，建立“1+50+N”志愿服务发布认领机制，孵化培育项目826个。不断巩固文明城市创建成果，形成了社区“5有9定10规范+N”、门前三包“四定三防一考核”、背街小巷“1234”工作法等特色做法，打造了未来城“多彩街区”等一批典型示范点位。成功打造满城金街、福州北街、阅福路、新华西路、贸易巷、枕水巷、宁安大街等9个共享单车示范街区。申报、复验自治区级文明单位7个，文明村镇4个，文明校园1个；复验、申报银川市级文明单位12个，文明村镇1个，文明校园3个；复验、申报金凤区级文明单位73个、文明村镇9个、文明校园14个。辖区文明村镇占比达80%以上。持续深化移风易俗工作，开展第五届移风易俗集体婚礼，对镇、村两级全覆盖开展移风易俗工作考评。认真做好未成年人思想道德建设工作，深化“扣好人生第一粒扣子”主题教育实践活动，在青少年中广泛开展“四史”宣传教育。2名少年获得自治区“新时代好少年”荣誉称号；良田镇妇联主席张望梅获得中国好人榜“中国好人”荣誉称号。

2021 年 10 月 12 日，金凤区良田镇第五届集体婚礼举行

【意识形态工作】 2021 年，金凤区委修订完善《金凤区党委（党组）落实意识形态工作责任制实施细则》《金凤区党委（党组）意识形态工作责任制考核办法》等制度性文件 4 个，建立意识形态工作责任制落实情况“三联单”督查机制，开展督查 2 次。强化意识形态领域风险防范化解，每季度召开意识形态领域重大风险分析研判会。开展意识形态工作责任制落实情况“大排查、大起底、大检视”，梳理问题 8 条，并切实加以整改。加强意识形态阵地建设管理，开展出版物印刷经营年审工作，审核发放印刷企业经营许可证 31 个、出版物经营许可证 56 个，审批各类报告会、讲座等 16 场次。实施“清源、固边、净网、护苗、秋风”专项行动，扎实开展“扫黄打非”工作。

【网络治理】 2021 年，金凤区委宣传部加强互联网风险预警及引导处置，3 月，得到中宣部通报表扬。开展“线上问需求　线下办实事”行动，组织干部以普通网民身份跟踪检视网络问政成效，督促解决网络诉求 1650 件。备案行业领域微博、抖音、今日头条等新媒体账号 112 个，督促清理“僵尸类”新媒体账号 12 个。

【文化文艺】 2021 年，金凤区以满足人民日益增长的精神文化需求为目标，完成广场演出、送戏下乡 300 场次，举办“消费扶贫大集”“冰雪嘉年华”等大型群众性文体活动，打造城乡群众的精神家园。新建 8 处金凤悦书房、3 处示范性基层公共综合文化服务中心、6 处非遗传承体验室。创作现代眉户剧《墙界》在全区巡演，舞蹈《山笑水笑人欢笑》获得全区风采奖和优秀编导奖。开展金凤区第三届乡村文化旅游节系列活动，发放金凤区手绘地图 2000 余份，发布了研学游、美丽乡村游等 5 条旅游特色精品线路。

（王韵迪）

统战工作

【民族团结进步创建】 2021 年，金凤区全面学习贯彻落实中央民族工作会议和自治区党委十二届十三次会议精神，制定《中央民族工作会议和自治区党委十二届十三次全会精神宣传工作方案》，以金凤区四届二次全会审议通过《关于以铸牢中华民族共同体意识为主线推进新时代党的民族工作高质量发展的实施方案》，切实抓好会议精神贯彻落实。扎实开展宣传教育，结合庆祝中国共产党成立 100 周年，开展“讲好民族团结故事·唱响中国共产党好”主题活动，举办“传承党的百年光辉史基因，铸牢中华民族共同体意识”教育宣讲活动 211 余次，覆盖 4.7 万人；组织开展普法讲座 245 场次，覆盖 5.7 万人；开展“铸牢中华民族共同体意识”进校园活动，以主题班会为载体，通过国旗下演讲、民族团结田径运动会、讲好民族团结故事等形式让活动走进班级，走进校园；开展“铸牢中华民族共同体意识，我要怎么做”专题研讨 60 余次；开展线上民族团结知识答题 4 万余人参与；征集民族团结故事 190 余篇。举办“互联网 + 民族团结”宣传活动，各类新闻媒体报道民族团结有关信息 144 篇，其中自治区级 34 篇、银川市级 31 篇、金凤区级 79 篇。推进民族团结进步创建工作，打造金凤区区史馆、初心之路微展馆“铸牢中华民族共同体意识教育基地”2 家；打造满春公园、毓秀题公园民族团结进步主题公园 2 处；打造提升上海西路街道等示范单位 5 家；开展“最美庭院”评选活动 14 次评选最美庭院70户。争取自治区少数民族发展项目资金80万元、银川市少数民族发展资金项74万元，着力推进民族团结进步事业发展，促进各族群众生产生活条件有力改善，获得感幸福感不断增强。举办清真食品管理专题培训班1期，办理清真食品准营证638本，实地检查生产清真食品企业、个体工商户314家。

2021年4月7日，金凤区邀请银川市民委参加培训

【宗教工作】 2021年，金凤区落实中央和自治区、银川市委关于宗教工作的决策部署，切实维护宗教领域和谐稳定。制定《知党史 感党恩 听党话 跟党走——金凤区宗教界庆祝中国共产党成立100周年系列主题活动实施方案》，举办宗教界人士党史学习教育暨宗教场所恢复开放后讲好“第一课”培训班、“学法用法守法”主题培训班、“传承党的百年光辉史基因、铸牢中华民族共同体意识”专题培训班5场次，举办宗教界“铸牢中华民族共同体意识”主题演讲比赛1场次，让宗教界人士和广大信教群众重温中国共产党的光辉历程，传承革命精神，增强宗教界凝聚力，激励宗教界人士继承和发扬爱党爱国爱社会主义精神，厚植爱国主义情怀，提升宗教界同心同向、正信正行，为新时代全面建设社会主义现代化国家不懈奋斗。制定《金凤区关于进一步规范宗教活动场所管理实施方案》，指导宗教活动场所全面落实“四个统一，三个全面”规范化管理，推进宗教活动场所建立民主监督委员会，推行财务审计、第三方代理记账公开选聘教职人员等，新城清真寺、阅海清真寺接待各级观摩30余次。

2021年6月28日，民盟金凤区总支联合宝湖社区开展共唱红歌庆祝中国共产党成立100周年活动

（王　明）

政策研究

【概况】 2021年，金凤区区委政研室梳理编印《金凤区2021年度创新亮点工作汇编》，向自治区、银川市报送创新亮点工作99项、获奖工作49项，呈报《金凤区关于“双减”专项治理工作的调研报告》《金凤区总部经济发展情况调研报告》等典型经验及调研报告30余篇。8月，任命李娟为政研室主任、党委办公室副主任（兼）。9月，经金凤区委编委2021年第3次会议研究决定，核减政研室1名副科级领导职数，核减后，政研室科级领导职数为1正1副，高山雨为政研室副主任。

【调查研究】 2021年，金凤区区委政研室有序推进联合调研工作，积极配合自治区全面深化改革调研小组开展“四权”改革、农村承包地确权、机构改革、人才工作和城市党建工作等30个方面调研，分析研判存在的问题，针对性提出下一步工作重点，确保进一步激发创新发展新动能。配合银川市委督查室开展“四权”改革示范点工作调研，详细了解金凤区“四权”改革工作开展情况、分析研判存在的问题，提出意见建议。聚焦金凤数字发展，结合金凤区实际，起草数字变革先行区实施方案，牵头开展数字变革先行区的调研。同时,结合党史学习教育大调研大走访行动,围绕“办好实事惠民生、创新治理保平安、推动发展增福祉”等重点任务开展调查研究,撰写《抓实全面深化改革促进经济社会高质量发展》《金凤区深入实施四大提升行动全面促进乡村振兴》调研报告2篇。

2021年12月17日,金凤区举办排污权交易协议签约仪式

【深化改革】 2021年,金凤区区委政研室调整优化金凤区全面深化改革委员会及改革专项小组设置,制定《金凤区重要改革方案制定工作细则》等4个规范性文件,进一步明确区委深改委、专项改革小组、改革办的机构设置、职责任务和工作制度。研究制定金凤区改革方案,先后梳理明确33个领域271项改革任务。针对自治区督查调研反馈的问题,结合金凤区实际,制定《金凤区“改革攻坚年”实施方案》,确定3个层面43项改革攻坚任务,集中力量对一批推进缓慢的改革任务、制约金凤区发展的改革事项进行攻坚。同时,为推动金凤区“四权”改革进展,成立了由区委主要领导任组长的“四权”改革工作领导小组,设立用水权、土地权、排污权、山林权4个改革工作专项小组和1个工作专班。出台《金凤区用水权、土地权、排污权、山林权“四权”改革实施方案》,明确重点任务、责任单位及完成时限,梳理制定“四权”改革年度目标任务台账,确保改革顺利启动、打开局面、落地见效。强化改革成效评估总结,实时收集挖掘金凤区改革亮点工作及经验,编报《金凤改革动态》172期,收集各类改革经验案例29篇,整理改革创新亮点工作96项,收集整理各类改革文件34项,印制《金凤区2021年度全面深化改革文件汇编》《金凤区2021年度全面深化改革经验材料汇编》《金凤区2021年度全面深化改革加分项材料汇编》《金凤区2021年度全面深化改革党委抓改革材料汇编》4本材料报送区市改革办,确保各项改革任务落到实处。

【督查工作】 2021年,金凤区区委政研室坚持以督查考评促改革落地见效,探索推行专项督查和全面督查相结合,日常督查和定期督查相结合,重点督查和常规督查相结合,明察和暗访相结合的督查督办方式。建立《督办事项议定清单》,开展调研督查46次,先后下发督查督办通知单239期,形成督查专报78篇。按照区委安排,制定县处级领导干部包抓责任制,定期对包抓情况进行督查,确保工作同频、落实到位。按月梳理整理重点工作重点任务清单和“四争”工作争取情况,全面掌握各项工作进展进度。紧盯“四大提升”工作落实,积极与相关单位对接完成情况,汇总工作任务分工台账。紧紧围绕区委重点工作和领导关注的大事、群众关切的难事、改革发展稳定工作中的要事,针对重点领域和重点项目开展“我为群众办实事”、“为民办十件实事”、金凤区老旧小区改造、“四大提升行动”、疫情防控等专项督查25次,切实发挥政研室职能,为解决存在的问题提出意见建议,积极推动金凤发展精准发力、精心实施、精准落实。

2021年11月25日,金凤区区委书记、区委全面深化改革委员会主任赵会勇主持召开金凤区党委全面深化改革委员会第五次会议

【绩效考核】 2021年,金凤区区委政研室根据年终绩效考核方案,细化完善金凤区考核打分系统,认真梳理金凤区2021年自治区效能目标考核各项指标完成情况和对接情况,整理2021年度各部门(单位)工作亮点和获奖情况,严格按照区市绩效考

核安排，填报区市考核系统，有序完成金凤区绩效考核工作。

【重要会议】 2021年4月12日，金凤区区委书记、区委全面深化改革委员会主任赵会勇主持召开了金凤区党委全面深化改革委员会第三次(扩大)会议。会议传达学习了中央全面深化改革委员会第十七次、十八次，自治区党委全面深化改革委员会第十一次、十二次、十三次和银川市党委全面深化改革委员会第六次会议精神。审议通过《金凤区进一步深化“综合窗口”改革实施方案》《金凤区开展“一业一证”改革落实方案》《金凤区落实“就医一件事”集成服务改革工作推进方案》《金凤区全面推行证明事项告知承诺制实施方案》《金凤区深化“商事制度”改革优化营商环境工作方案》《金凤区深入推进和完善镇（街道）基层审批服务工作改革的实施方案》《金凤区政务服务标准化工作实施方案》。6月10日，金凤区区委书记、区委全面深化改革委员会主任赵会勇主持召开了金凤区推进“四权”改革动员部署会议。会议听取了相关部门工作汇报，并对金凤区“四权”改革工作进行了具体安排部署。8月5日，金凤区区委书记、区委全面深化改革委员会主任赵会勇主持召开了金凤区区委全面深化改革委员会第四次会议。会议传达学习了中央全面深化改革委员会第十九次、二十次，自治区建设黄河流域生态保护和高质量发展先行区第四次推进会和银川市党委全面深化改革委员会第七次会议精神。审议通过《金凤区落实水资源“四定”原则深化用水权改革实施方案》《金凤区排污权有偿使用和交易改革实施方案》《金凤区关于深入推进土地权改革完善土地要素市场化配置的实施方案》《金凤区深入推进山林权改革加快植绿增绿护绿步伐的实施方案》。11月25日，金凤区区委书记、区委全面深化改革委员会主任赵会勇主持召开了金凤区党委全面深化改革委员会第五次会议。会议传达学习了习近平总书记在中央政治局第三十三次集体学习时的重要讲话、中央全面深化改革委员会第二十一次会议，自治区党委全面深化改革委员会第十四次和银川市党委全面深化改革委员会第八次会议精神。审议通过《关于调整优化金凤区委全面深化改革委员会改革专项小组的建议方案》《金凤区重要改革方案制定工作细则（试行）》《金凤区重要改革任务推动落实工作细则（试行）》《金凤区委全面深化改革委员会专项小组工作细则（试行）》《金凤区委全面深化改革委员会办公室工作细则（试行）》《金凤区农业水价综合改革执行方案（试行）》《金凤区农业水价综合改革精准补贴实施办法（试行）》《金凤区农业水价综合改革节水奖励实施办法（试行）》《金凤区全面推行林长制实施方案》《金凤区计划生育协会改革实施方案》。

（马　媛）

机构编制

【基层审批服务执法力量改革】 2021年，金凤区成立了以区委书记为组长的推进基层整合审批服务执法力量改革工作领导小组，下设综合事项改革组等6个专项工作组。明确了各专项工作组责任领导、牵头单位、工作任务，要求按照预定的时间节点推进改革工作。制定印发了金凤区镇(街)机构改革方案(银金党办发〔2021〕25号)。组织区直有关部门按照重点任务分工，密切对接自治区、银川市相关厅局，细化实化政策措施，制定具体推进计划，明确时间表、路线图。先后三次对推进基层整合审批服务执法力量改革工作的督察，指导相关单位对存

2021年5月7日，自治区委编办主任周万生调研综合执法局综合行政执法体制改革工作

在问题进行整改，完成改革工作。2021 年推进基层整合审批服务执法力量改革工作参加了全国交流；自治区党委书记、常委分别做了专题批示；自治区党委依法治区办将其列入推进落实“法治为民办实事”项目。

【综合行政执法改革】 2021 年，金凤区委编办制定《金凤区综合执法局人员下沉工作方案》，按照金凤区综合执法局现有人员编制及数量，将 85%的执法人员下沉镇街，下沉人员已在镇、街道综合执法办公室开展综合执法工作。建立金凤区综合执法局与各镇、办事处和金凤区住房城乡建设和交通局等单位的配合协作机制，保障了综合行政执法改革的顺利进行。

【机构编制资源优化配置】 2021 年，金凤区委编办按照要求规范机构设置，将金凤区智慧城市综合指挥中心更名为金凤区智慧城市运营中心，由金凤区应急管理局所属副科级事业单位调整为金凤区政府直属正科级公益一类事业单位。金凤区扶贫和农业综合开发服务中心更名为“金凤区乡村振兴服务中心”，挂“金凤区农业综合开发服务中心”牌子。银川市金凤区司法局加挂“银川市金凤区社区矫正管理局”牌子。科学合理使用编制。加大教育编制保障，为丰登镇第三幼儿园等 18 所新建、改建公办幼儿园分配定额补助事业编制 18 名。设立了银川市金凤区金星幼儿园等 5 所公办幼儿园。积极争取自治区教师周转池编制 340 名，用于保障基础教育。采取“减上补下”为金凤区各镇、街道增加了 27 名事业编制。

【事业单位法人管理】 2021 年，金凤区委编办对金凤区上年度注册登记的 111 家事业单位法人进行年度报告公示工作，在提交事业单位法人年度报告公示过程中，因超期未办理撤销手续，冻结了 2 家；截至 3 月 11 日，金凤区事业单位法人年度报告公示，应参与申报年度报告法人事业单位 109 家，实际申报年度报告事业单位 109 家，年度报告合格的事业单位 109 家，合格率 100%。

【权力清单动态调整】 2021 年，金凤区委编办对金凤区公布的金凤区权力清单需进行动态调整，经仔细核对，新增行政职权事项 4 项，取消行政职权事项 17 项，删除行政职权事项 88 项；部门间划转行政职权事项 7 项。调整后，金凤区 20 家政府部门(单位)保留行政职权事项 1878 项。

【机构编制核查】 2021 年，金凤区委编办组织开展了第二次机构编制核查工作，核清金凤区机构编制资源的数量、结构、分布等实际配置情况，包括机构批复和实际设置情况、编制核定及实有人员情况、领导职数核定及配备情况、实名制数据等。

【党组织建设】 2021 年，金凤区委编办组织召开党员大会 7 次，讲党课 4 次，开展集中学习 43 次，专题研讨 12 次，撰写心得体会文章 70 篇，组织理论考试 2 次。认真开展党史学习教育，积极组织党员学习党章，《中国共产党第十九届中央委员会第六次全体会议公报》等重要文件精神，利用自学、集中学习、党史读书班、专题党课、网络学习、“学习强国”等多种形式，认真学习“四史”。组织党员干部分别参观了永宁县委党校、宁夏博物馆、盐池革命烈士纪念馆等，发扬红色传统、传承红色基因。“七一”期间，开展重温一次“入党誓词”、集中安排一堂专题党课、在职党员到社区参与一次志愿服务等活动，进一步坚定党员的理想信念，教育引导党员干部自觉筑牢信仰之基、补足精神之钙，增强党员的党性观念。坚决扛起政治责任、践行初心使命，疫情期间编办除 1 人借调到金凤区数据专班外，其他 7 人全部下沉社区开展执勤工作。金凤区委督查组对被巡察单位开展督查“回头看”，并移交了巡察整改督查“回头看”反馈清单，对于巡察组反馈清单和要求，结合党史学习教育和本单位实际，针对清单中 3 个方面 5 个问题进行了认真整改。

（马惠民）

网络安全管理

【概况】 2021年，金凤区委网信办制定印发《关于学习贯彻〈党委（党组）网络意识形态工作责任制实施细则〉的通知》，不断压实各级党委（党组、党工委）网络意识形态工作责任。2021年1月，“@问政金凤”被评为“2020年度全国政务服务优秀微博”；舆情信息工作成绩良好，3月获得中宣部表扬。

【党的建设】 2021年，金凤区委网信办组织参加区市网信系统综合业务、网络安全实战应急演练等培训班6次，高质量开展党史学习教育，围绕“凝心学史明初心，真抓实干强使命”等主题开展主题党日活动11次，将《互联网信息服务管理办法》等行业法律法规纳入学习内容，累计开展集中学习32次。积极对接银川市委第十四轮巡察组，密切配合做好巡察及巡察整改工作，巡察反馈问题已全部整改落实。持续抓好互联网企业党建工作，建立“两联五建四送一评选”互联网企业党组织制度，联合搜狐宁夏等3家互联网企业开展主题党日活动。实地走访调研互联网企业发展情况，为互联网企业购置党建图书、党章等物品，充实企业流动党员服务点阵地建设，不断提升互联网企业党建工作质量。

【网络意识形态工作】 2021年，金凤区委网信办围绕政治、经济、民族宗教、社会民生等重点领域开展网络舆情风险研判，提前防范处置倾向性、苗头性风险。妥善做好重大活动和重要时间节点的网络安全保障工作，在“七一”、中共十九届六中全会等重要节点期间，启动应急响应值守工作机制，保证24小时在岗值班。加大民生类舆情转办督办力度，2021年通过“@问政金凤”微博矩阵办结网民诉求1675件，办结1669件，办结率99.6%，1月“@问政金凤”被评为“2020年度全国政务服务优秀微博”。

【网络宣传】 2021年，金凤区委网信办依托“@问政金凤”微博矩阵，围绕“庆祝中国共产党成立100周年”“聚焦宁夏九大重点产业”“网络中国节”等80个主题推送正能量图文、海报、短视频等新媒体作品160余个，累计浏览量180万余次，推动党的创新理论“飞入寻常百姓家”。引导60个部门单位微博、微信公众号、网站加挂“百年征程波澜壮阔百年初心历久弥坚”等宣传标语，大力营造庆祝中国共产党成立100周年浓厚氛围。积极推选中国青年好网民、巾帼好网民故事，1个好网民故事入选全国第二届“百个巾帼好网民故事”。疫情防控期间，开展“晒晒我的隔离生活”短视频创作征集活动，在抖音、微信视频号征集短视频作品460余个，抖音话题播放量35万余次，凝聚起共克时艰的精神力量。广泛开展网络安全宣传周活动，组织网络安全主题演讲、“网络安全知多少”挑战赛、“个人信息保护”集中宣传等活动40余场，发放折页海报、购物袋等宣传物料7000余份，进一步提升公众网络法治和网络安全意识。

2021年9月2日，金凤区召开“融媒聚力·为金凤发展献良策”新媒体座谈会

【网络综合治理】 2021年，金凤区委网信办围绕“新媒体内容建设及落实案件办理流转签批制度”调研党务政务新媒体运营管理情况，不断优化完善运营管理机制。对金凤区属地备案网站、“两微一端”等网络信息服务平台（账号）开展登记备案，备案行业领域微博、抖音、今日头条等新媒体账号112个。严格落实信息发布“三审三校”制度，对个别出现涉政类信息错误的单位，及时予以通报并督

促改正，不断提升金凤区新媒体平台规范化管理水平。落实《网络信息内容生态治理规定》，深入推进“清朗”“净网”“扫黄打非”等网络专项行动，向金凤区“扫黄打非”办公室移交涉黄线索 4 条。做好“指尖上的形式主义”专项整治，督促清理“僵尸类”“空壳类”移动互联网应用程序、工作群组 83 个。加强日常网上巡查举报处置工作力度，联合公安分局处置“马某在抖音发布虚假摆拍疫情隔离视频”等违法违规信息 7 条，督促“美团外卖”“饿了么”等企业整改删除网络信息 119 条，坚决维护网络意识形态安全。

2021 年 6 月 10 日，金凤区委召开意识形态工作领导小组暨网络安全和信息化委员会第三次会议

【网络安全防护】 2021 年，金凤区委网信办贯彻落实《金凤区党委（党组）网络安全工作责任制实施细则》，压实各责任单位网络安全责任，强化对重点网站、信息系统的网络安全巡查，做好网络信息产品及技术服务风险评估，完成 8 家单位 13 个网络信息产品备案工作。政府信息中心机房配置防火、防静电、防尘、防盗等安全设施，配备网络行为管理网关和防火墙（所有设备均为国产），使机房达到了专用机房的建设标准为切实提高网络信息安全防御能力，委托第三方公司对 48 家部门单位计算机数量、操作系统及软件正版化等网络安全工作情况进行摸底调查。加强网络安全事件处置，完善现有工作流程和标准，扎实做好日常巡检工作，认真做好政府网络维护、线路排查、信息保障等工作，全年巡检中心机房和节点机房 260 余次，维护终端、网站后台 120 余次，累计查处病毒单位 12 家，删除暗链及不当信息 1800 余条。制定印发《金凤区网络安全事件应急预案》，规范网络安全事件应急处置程序，组织智慧城市运营中心、金凤区政府网站等平台参加自治区、银川市网络安全攻防演练，对金凤党建网、阅海湾商务区网站进行网络安全检查，指导教育局、农业农村和水务局及时整改网络安全隐患，不断提高网络安全防护和应急处置能力。坚决落实区市安可替代工作要求，全力以赴做好工程规划和建设实施，按期高质量完成 456 台终端替换、数据迁移、后期运维保障工作，完成 PC 端接入自治区协同办公系统，移动端接入自治区移动办公系统，金凤区各部门单位在职在编人员实现国产终端替代全覆盖，逐步实现了较为全面的、安全可靠的办公环境。深入推进“护网”专项行动，建立完善依法管网与技术管网相结合的监管模式，紧盯党政机关、企事业单位等重要信息系统和重点网站，常态化开展系统检查和渗透测试，严防境外黑客攻击、窃密、篡改，严防数据滥用和失泄密问题发生，实现立体防范、动态防御、精准防护。积极组织开展网络安全自查，定期将银川市网络安全信息通报中心相关漏洞预警通报转发各涉网部门单位，督促各部门单位开展自查并进行漏洞修复，保障网络安全。

【5G 网络建设】 2021 年，金凤区人民政府与中国移动宁夏公司分公司签订“5G+”战略合作协议，不断推进“自治区数字化变革示范区”建设。全力推进 5G 基站和数据机房建设，全力保障各运营商完成 620 座 5G 基站和 46 处 5G 新型数据机房建设任务，妥善处置 5G 基站站址建设、电转接公网等问题 72 处，完成 36 座金凤区沿高铁线基站建设任务，有力确保 1599 万元建设资金落地见效。

【技防设备安装】 2021 年，金凤区委网信办坚决有效做好“10·17”突发疫情处置工作，疫情防控取得阶段性胜利。疫情期间，持续做好技防设备安装、使用、拆除、回收等各环节管理力度，累计安装居家隔离智能监控设备 3000 余个，安装普通报警器及电磁门吸（智能报警器）6200 个，不断提高技防监测效率。

（徐　微）

档案管理

【概况】 金凤区区委办公室(档案局)履行金凤区档案行政职能,主要负责对本行政区域内档案事业实行统筹规划,组织协调,统一制度,执法监督和业务指导工作。截至2021年底,档案局局长由金凤区党委办公室副主任兼任。金凤区档案馆隶属金凤区党委办公室下的二级事业单位,履行本行政区域内档案的收集、保管和开发利用工作,同时承担着金凤区的地方志编研工作。档案馆核定编制4名,实有人员8名,其中正式在岗在编人员4名,公益性岗位人员2名,聘用人员2名。全年共计开展档案工作调研2次,开展档案安全督导检查1次,开展疫情档案归集整理指导检查1次,组织社区连心共建党支部参观档案馆活动2次。全年开展脱贫攻坚、疫情防控、信息化等档案业务培训3期,共计培训人员200余人次。

【档案收集】 2021年,金凤区档案馆先后接收了上海西路街道办事处、黄河东路街道办事处等部门的文书档案111盒4144件,接收2014—2020年度精准扶贫档案2565盒15450件,接收2020年度疫情防控档案73盒1287件,征集珍贵照片50幅、省级以上荣誉奖牌6个、图书资料30册。新接收档案全部编目上架,得到安全保管。

【档案保管】 2021年6月中旬,金凤区档案馆邀请由金凤区区委办公室(档案局)及辖区公安、消防、应急管理等部门组成的检查组对档案馆进行安全检查,对检查出来的问题研究制订了整改方案并立即整改。由档案馆牵头,与金凤区人力资源和社会保障局、金凤区卫生健康局以及机关物业公司联合举办了2期消防安全知识讲座和演练活动,时刻绷紧消防安全的弦。加强档案馆日常巡防工作,定期对库房内电器、线路、监控设备、消防控制系统等运行情况进行自查,并针对自查出来的安全隐患及时整改,进一步把档案的安全保管落到实处。进一步推进无烟机关的创建工作。在办公区域、电梯、卫生间等场所摆放禁烟标志,达到绝对禁烟的目标。

2021年6月15日,金凤区档案局、档案馆组织召开疫情防控档案收集整理协调会

【档案开发利用】 2021年,金凤区档案馆共接待查档利用者320人次,查阅利用档案600件。为查阅者在编史修志、工龄计算、退休手续审批等提供了相关档案证明。

2022年3月3日,金凤区档案馆馆长赵东霞(左)在库房调阅档案

【信息化建设】 2021年,金凤区档案馆承办了金凤区档案业务信创应用系统培训班1期。对新接收的文书档案进行了数字化处理,全年共数字化处理纸质档案352891页15450件,进一步抓好软硬件设施建设,继续推进档案异地查询和馆际共享工作。

【档案划控鉴定】 2021年,金凤区档案馆对馆藏满25年的档案进行划控鉴定,对原银川郊区党委、政府、组织部等16个单位的档案进行划控鉴定,形成

2021 年 9 月 28 日，金凤区 85 名档案业务信创应用系统培训班学员正在电脑前实操演练

开放档案目录 21708 条，并向自治区档案馆上报了开放档案信息。为全区 27 家综合档案馆档案信息资源馆际共享打下基础。

（蔡建军）

老干部工作

【概况】 金凤区老干部服务中心是金凤区委组织部所属副科级事业单位，核定副科级领导职数 1 名，全额事业编制 3 名。2021 年，金凤区老干部服务中心共有离休干部 1 人，县处级退休干部 36 人。内设 2 个办事机构：老干部局办公室和关心下一代工作委员会办公室。2021 年，荣获银川市“学党史、感党恩、跟党走”知识竞赛三等奖。

2021 年 4 月 7 日，老干部局组织离退休干部参观区史馆

【落实老干部政治待遇】 2021 年，金凤区老干部服务中心定期向离退休干部通报区委、区政府重要决策和老干部工作开展情况。1 月 26 日，举办召开离退休干部“迎新春”座谈会，金凤区四套班子领导与二十余位离退休干部代表齐畅谈发展，金凤区委常委、组织部部长张才主持会议并通报银川市、金凤区党代会、“两会”召开情况，以及金凤区新一届班子选举情况。金凤区党委副书记、区长张涛通报金凤区 2021 年经济社会发展情况，并诚恳希望老干部继续发挥优势作用，为实现“金凤跨越”、全面建成小康社会做出新的贡献。离退休干部代表何敬才、杨强对过去一年辖区取得的成绩给予高度评价。金凤区委书记赵会勇作总结讲话，对广大老干部长期以来为金凤区经济社会各项事业发展做出的贡献给予了充分肯定。

【提升老干部荣誉感】 2021 年，为庆祝中国共产党成立 100 周年，金凤区离退休干部党工委举行“光荣在党 50 年”纪念章颁发仪式，为 13 名离退休干部党员颁发“光荣在党 50 年”纪念章。围绕“我看建党百年新成就”组织老干部参观宁夏邮政博物馆、金凤区良田镇金星村农村人居环境整治成果，召开老干部座谈会，广泛听取老干部对中国共产党成立 100 周年取得伟大成就的心声，引导广大老干部积极贡献智慧。在金凤区机关事业单位、各镇（街）推选出 3 名优秀离退休干部党员，将其事迹进行展播，形成见贤思齐、争做先锋的良好氛围。

【老干部例会阅文参会制度】 2021 年，金凤区老干部服务中心为每位老干部征订了《宁夏日报》《健康时报》《银川晚报》等 4 种报纸杂志，同时为老干部活动中心读书阅报室征订党报党刊、生活杂志，方便老干部自学。坚持每月一次集中学习活动，组织离退休干部学习、阅读文件，把习近平新时代中国特色社会主义思想、习近平总书记视察宁夏重要讲话精神及中共十九届六中全会精神纳入离退休干部党组织、老年大学学习教育培训的重要内容，并及时通报区委政府对重大决策部署及重要会议精神，使老干部及时了解党和国家的方针政策，了解区、市及金凤区经济社会的发展情况。选派部分离退休干部列席金凤区人民代表大会、政协会议。

【老干部外出参观考察】 2021年，金凤区老干部服务中心为巩固拓展党史学习教育成果，推进党史学习教育常态化长效化，使老干部们更加深入地了解宁夏近年来的发展变化，先后4次组织200余人到永宁县闽宁镇、良田镇金星村、丰登镇润丰村利思“田园蜜语”园区等地参观考察学习。

2021年，老干部局组织离退休干部参观满城北街初心微展馆

【落实老干部生活待遇】 2021年，金凤区老干部服务中心遇到老干部生病住院、生活困难、去世等情况必走访慰问，全年共走访慰问离退休干部56人(次)，真正把党的关怀落到了实处。积极为老党员“送学上门”共计10余人次，努力做到让所有党员“不漏学”；花费9.3万余元为36名离退休干部征订报纸杂志、进行健康体检、赠送收音机等，为老干部提供精神食粮，使老干部政治理论学习常态化。

【党组织建设】 2021年，金凤区离退休干部党工委书记由组织部常务副部长、老干部局局长兼任，未配备专职副书记，党工委委员由宣传部、教育局等9个部门(单位)相关分管领导担任，实行席位制，根据各成员单位职能明确工作职责，定期研究解决重大问题。加强离退休干部党组织建设，要求符合单独建立党支部、党小组条件的单位，做到应建尽建。成立离退休干部党支部4个，有党员123人；“三缘型”党支部12个，有党员505人。通过离退休干部信息平台、家访、电话联系等行之有效的方法进行统计，截至12月，金凤区共有离退休干部1111人。结合党史学习教育，组织离退休干部参观金凤区区史馆、闽宁镇镇史馆；举办离退休干部党史学习教育专题讲座3次，参加银川市、金凤区党史学习教育知识竞赛，并取得集体三等奖和个人三等奖；集中收看全国离退休干部网上专题报告会5场，持续推动党史学习教育学深走实、不断取得实效。同时，为10名行动不便的老党员送去《论中国共产党历史》等党史学习资料，努力做到让所有党员“不漏学”。调整填补支部委员空缺，将一批组织能力强、民主作风好、具有奉献精神的离退休党员干部选拔充实到了书记岗位上，进一步增强了金凤区离退休干部党支部班子的整体战斗力。

【“银耀金凤”志愿服务】 2021年，金凤区老干部服务中心充分发挥好离退休干部的政治、经验、威望优势。金凤区离退休干部志愿服务分队依托社区党群活动服务站、新时代文明实践站等建立志愿服务活动站点，在政策理论宣讲、助力文明城市创建和邻里纠纷调解等方面常态化开展了46场特色志愿服务活动。如鲁银社区“乐活”志愿服务分队每月定期开展爱心助农、普法宣传、便民服务等活动，不仅满足了辖区居民的实际需求，还传播了公益服务的种子。

【金凤区老年大学】 2021年，金凤区老年大学总校和社区分校共有12所，开设专业137个，193个教学班级，共有在校学员7220名。年初，金凤区老干部服务中心按照各分校招收学员人数、开设课程等要素，为湖畔嘉苑、阅海万家社区等老年大学社区分校划拨办学经费共计9万元。

(高　萍)

关心下一代工作委员会

【概况】 金凤区区直系统关工委1个，名誉主任由金凤区区委常委、组织部部长担任，主任由人大常委会原主任李安成担任，副主任由老干部局局长和离退休干部担任，成员由宣传、教育、团委、镇街等18个单位党组织书记组成。金凤区关心下一代工作委员会议事协调机构实行席位补缺制，如成员单位部分负责人变动，关工组织及时调整成员，保持关工组织常态更新，班子成员职责分工明确，抓好任务落实。在金凤区关工委的领导下，各成员单位和基层关心下一代工作委员会(小组)形成自上而下健全的组织网络。金凤区下辖2个镇、5个街、24个村、46个社区、29所中小学建立了关工委组织，实现组织网络全覆盖，将通过健全工作机制，夯实管理基础，以持之以恒钉钉子精神抓实抓细各项工作落实。

【爱国主义教育】 2021年，金凤区关心下一代工作委员会充分发挥离退休党员干部优势作用，整合老干部人力资源，精心遴选6名优秀骨干组成“银龄先锋、益动金凤”“五老”宣讲团队，深入辖区中小学开展“五老”进校园国旗下讲话活动，进一步弘扬优良传统，传播理想信念，增强学生的使命感、责任感。“五老”进校园国旗下讲话活动共举办了2期，涉及6所学校，受益师生1.2万余名。

【捐资助学】 2021年，金凤区关心下一代工作委员会联合教育局组织开展了“倾情助学，爱育英才”捐资助学活动，对确定的20所中小学174名学生全部以资金资助的形式实施“困境儿童牵手行动”项目，其中，中学生54名，每人1000元，小学生120名，每人500元，帮助困难家庭学生完成学业，用爱心助力困境青少年健康成长。

金凤区人民代表大会

综　述

【概况】 2021年，金凤区人大常委会召开金凤区第四届人民代表大会第五次会议和金凤区第五届人民代表大会第一次会议，金凤区第五届人民代表大会第一次会议选举常务委员会主任1名、副主任4名，人大常委会委员28名。选举金凤区人大财政经济委员会和法制委员会及两个专门委员会主任委员1名、副主任委员1名、委员3名。金凤区人大常委会工作机构设办公室、内务司法工作委员会、财政经济工作委员会、教育科学文化卫生工作委员会、人事选举代表联络工作委员会。在各街道设立人大街道工作委员会，是人大常委会派驻街道的常设工作机构，设主任1名、副主任1名、委员3名，协助金凤区人大常委会保证宪法、法律、法规、上级和本级人民代表大会及其常务委员会决议、决定在本辖区的遵守和执行；负责组织人大代表对街道办事处进行法律监督和工作监督，协助政府推行工作，参与和支持街道各项工作。2021年，金凤区四届人大五次会议提出的5件议案全部办结，105件意见建议，办结63件，办结率60%。金凤区人大常委会共依法任命国家机关工作人员56名，全年共依法开展视察5次、执法检查1次、专题调研4次、检查2次。2021年，金凤区人民代表大会及其常务委员会共召开人民代表大会2次，常委会会议9次，主任会议21次。听取和审议"一府一委两院"专项工作报告12项，先后作出决议、决定32项，审议意见11项，全面完成了金凤区四届人大五次会议确定的各项工作任务。

【代表构成】 2021年，金凤区五届人大代表227名。其中，中共党员代表187人，占代表总数的82.38%；妇女代表87人，占代表总数的38.33%；少数民族代表60人，占代表总数的26.43%；工人代表6人，占代表总数的2.64%；农民代表22人，占代表总数的9.69%；民主党派代表9人，占代表总数的3.96%；无党派代表31人，占代表总数的13.65%；宗教界代表2人，占代表总数的0.88%；大学以上学历代表141人，占代表总数的62.11%；大专及高职学历代表67人，占代表总数的29.51%；中专、职高及高中学历代表13人，占代表总数的5.72%；初中以下学历代表6人，占代表总数的2.64%。

【信访工作】 2021年，金凤区人大常委会共接待和依法办理群众来信来访4件次。对受理的重要信访件和自治区、银川市人大常委会转办的涉法、涉诉信访件进行跟踪督办，解决了一些关系群众切身利益的问题，维护了人民群众的合法权益。

【人大代表工作】 2021年，金凤区人大常委会坚持采取线上线下学习相结合的方式，组织代表参加各级各类学习培训，共培训代表400余人次。加强新一届人大代表的学习培训，举办五届人大代表初任培训班，进一步增强当好人大代表的光荣感、责任感和使命感。组织代表参加人大“三查（察）”活动、列席人大常委会会议、旁听法院案件庭审200余人次，为代表订阅报纸杂志，拓展了代表知情知政渠道。开展“基层治理　人大代表在行动”主题活动，各级人大代表深入社区、贴近群众，开展志愿服务、参与社区工作、督促治理难点问题，实现了代表主题活动重心下移、深度融合。深化“互联网+代表履职”，推动代表联系选民常态化、制度化，让代表充分了解社情民意，为辖区经济社会发展建言献策。认真办理代表议案建议，坚持常委会领导牵头督办机制，开展议案办理情况专项检查和满意度测评，督促各承办部门严格落实办理责任，一批促进经济社会发展、保障和改善民生的议案建议得到有效落实。

2021年3月22日，金凤区县处级领导参观金凤区区史馆

【代表议案和意见建议办理】 2021年，金凤区人大常委会把督办代表议案建议，作为服务改革发展、回应群众关切的重要举措，着力在“提得好、交得准、办得成”上下功夫，制定代表建议办理工作评价办法，坚持常委会领导牵头、责任委室跟踪督办机制，开展议案办理情况专项检查和满意度测评，推动办理工作从答复型向落实型转变。四届人大五次会议提出的5件议案全部办结，105件意见建议，办结63件，办结率60%，经过努力，老旧小区维修改造、日间照料中心建设等一批民生问题得到解决。

【人事任免】 2021年，金凤区人大常委会共依法任命国家机关工作人员56名，其中人大常委会委室主任2名，政府代理区长1名、副区长5名、组成部门负责人38名，监委代理主任1名、副主任4名、委员1名，法院代理院长1名，检察院代理检察长1名、副检察长1名、干部1名。先后依法免去33名国家机关工作人员的职务。5月10日，金凤区四届人大常委会第三十四次会议任命张涛为金凤区副区长、代理区长，接受赵会勇辞去金凤区区长职务，免去樊莲再金凤区副区长职务；任命哈毅蓉为金凤区人民检察院检察员。2021年8月17日，金凤区四届人大常委会第三十六次会议接受王辉辞去金凤区人大常委会副主任职务；任命马小龙、余磊、杨成凤、王占东为金凤区副区长，任命张军为金凤区财政局局长、国资委办公室主任，任命曹燕红为金凤区信访局局长，任命祁世荣为金凤区综合执法局局长，任命南峰为金凤区退役军人事务局局长，任命张肖飞为金凤区统计局局长，免去章玉明、李智金凤区区长职务，免去陈警保金凤区人民政府办公室主任职务，免去于建华金凤区财政局局长、国资委办公室主任职务，免去胡金华金凤区信访局局长职务，免去祁世荣金凤区退役军人事务局局长职务，免去王玫金凤区综合执法局局长职务，免去王子军金凤区统计局局长职务；任命任元启为金凤区监察委员会副主任、代理主任，接受段树东辞去金凤区监察委员会主任职务，免去袁旭金凤区监察委员会副主任职务；任命黑晓虎为金凤区人民法院代理院长，接受田贵东辞去金凤区人民法院院长、审判委员会委员、审判员职务；任命王建勇为金凤区人民检察院检察员、检委会委员、副检察长、代理检察长，接受马俊峰辞去金凤区人民检察院检察长、监察委员会委员、检察员职务。2021年9月18日，金凤区四届人大常委会第三十七次会议任命马泉林为金凤区人大常委会内司委主任，任命章建军为金凤区人大常委会教科文卫委主任，免去孙建华金凤区人大常委会教科文卫委主任职务，免去孙岩龙金凤区人大常委会内司委主任职务；任命杨涛为金凤区人民政府办公室主任，任命马小忠为金凤区文化旅游体育广电局局长，任命谢韶华为金凤区卫生健康局局长，任命胡雅文为金凤区审批服务管理局局长，任命李淑娟为金凤区医疗保障局局长，免去章建军金凤区文化旅游体育广电局局长职务，免去汪生平金凤区卫生健康局局长职务，免去徐方远金凤区审批服务管理局局长职务，免去谢韶华金凤区医疗保障局局长职务。10 月 26 日，金凤区四届人大常委会第三十八次会议接受杨惠军辞去金凤区人大常委会副主任职务；任命徐方远为金凤区发展和改革局局长，任命贺兴瑜为金凤区司法局局长，任命韩阳为金凤区人力资源和社会保障局局长，任命王小梅为金凤区农业农村和水务局局长，任命李昕洋为金凤区商务和经济技术合作局局长，任命刘钰为金凤区综合执法局局长，免去潘太升金凤区发展和改革局局长职务，免去贺兴瑜农业农村和水务局局长职务，免去王小梅金凤区商务和经济技术合作局局长职务，免去闫江金凤区司法局局长职务，免去杨国林金凤区人力资源和社会保障局局长职务，免去祁世荣金凤区综合执法局局长职务；任命祁世荣、保学琴为金凤区监察委员会副主任，任命杨泽中为金凤区监察委员会委员，免去闫广金凤区监察委员会副主任职务，免去保学琴、白文敏、田学东金凤区监察委员会委员职务。11 月 18 日，金凤区四届人大常委会第三十九次会议免去李建民金凤区人民法院审判委员会专职委员、执行局局长职务，免去马桂香金凤区人民法院行政审判庭庭长职务；任命万小平为金凤区监察委员会委员。12 月 21 日，金凤区五届人大常委会第一次会议任命杨涛为金凤区人民政府办公室主任，任命徐方远为金凤区发展和改革局局长，任命王永志为金凤区教育局局长，任命何鹏为金凤区科技局局长，任命杨丽娟为金凤区民政局局长，任命贺兴瑜为金凤区司法局局长，任命张军为金凤区财政局局长，任命韩阳为金凤区人力资源和社会保障局局长，任命郭震为金凤区自然资源局局长，任命李季平为金凤区住房城乡建设和交通局局长，任命王小梅为金凤区农业农村和水务局局长，任命李昕洋为金凤区商务和经济技术合作局局长，任命马小忠为金凤区文化旅游体育广电局局长，任命谢韶华为金凤区卫生健康局局长，任命南峰为金凤区退役军人事务局局长，任命鲍永祥为金凤区应急管理局局长，任命邵磊为金凤区审计局局长，任命张肖飞为金凤区统计局局长，任命刘钰为金凤区综合执法局局长，任命曹燕红为金凤区信访局局长，任命胡雅文为金凤区审批服务管理局局长，任命李淑娟为金凤区医疗保障局局长。

【区、镇两级人大代表选举】 2021 年，按照区市党委和金凤区委的统一部署，把坚持党的领导、充分发扬民主、严格依法办事贯穿于人大换届选举全过程，建立党委主导、人大主抓、镇街主体、部门主动的组织联动机制，科学谋划、周密部署、精心组织，9 月 1 日统一选举日，依法选举产生金凤区第五区人大代表 227 名，两镇新一届人民代表 126 名。

重要会议

【四届人大五次会议】 2021 年 1 月 13—15 日，在银川凯悦嘉轩酒店召开。会议应出席代表 168 名，实出席 158 名。金凤区部分退休的老干部，政协金凤区第四届委员会全体委员以及不是人大代表的在职县处级领导，部分区直机关、单位、直属机构、企事业单位负责人列席会议。会议听取和审议了金凤区区长赵会勇作的《金凤区政府工作报告》、副区长高亮作的《关于金凤区第四届人民代表大会第四次会议代表议案和意见建议办理情况的报告》、人大常委会主任陈邢妍作的《金凤区人大常委会工作报告》、法院院长田贵东作的《金凤区人民法院工作报告》、检察院代理检察长马俊峰作的《金凤区人民检察院工作报告》；会议审议了《金凤区国民经济和社会发展第十四个五年规划和二〇三五年远景目标纲要（草案）》《金凤区 2020 年国民经济和社会发展计划执行情况与 2021 年国民经济和社会发展计划草案报告》《金凤区 2020 年财政预算执行情况与 2021 年财政预算草案报告》《金凤区 2020 年生态环境状况和生态环境保护目标完成情况报告》，并就上述报告作出了相应决议。会议期间收到代表提出的议案、意见建议 110 件。经审查，大会决定立议案 5 件，代表意见建议 105 件。会议选举陈立东为金凤区第四届人民代表大会常务委员会委员，马俊峰为金凤区人民检察院检察长。

【四届人大常委会第三十二次会议】 2021年1月8日，金凤区人大常委会主任陈邢妍主持召开。副主任陈飚、宋敏达、杨惠军、王辉及委员共27人出席会议。会议听取和审议了金凤区政府《关于四届人大四次会议代表议案和代表意见建议办理情况的报告》和《关于承诺为民办十件实事完成情况的报告》，并分别进行了满意度测评；听取了金凤区第四届人民代表大会第五次会议筹备工作情况的汇报；审议通过了《金凤区人大常委会代表资格审查委员会关于金凤区第四届人民代表大会第五次会议代表变动和补选代表资格审查情况的报告》《金凤区人大常委会工作报告（审议稿）》《金凤区第四届人民代表大会第五次会议选举和表决办法（草案）》和会议议程、日程（草案）、各项名单（草案）、规定（草案），并决定提交四届五次人民代表大会审议。最后，会议作出了金凤区人大常委会关于召开金凤区第四届人民代表大会第五次会议的决定。

【四届人大常委会第三十三次会议】 2021年3月9日，金凤区人大常委会主任陈邢妍主持召开。副主任宋敏达、杨惠军、王辉及委员共27人出席会议。会议书面传达了自治区、银川市人民代表大会会议精神，审议通过了《金凤区人大常委会2021年工作要点（草案）》，听取了两镇人大主席团2020年工作总结及2021年工作计划通报、五个街道人大工委2020年工作总结及2021年工作计划汇报。

【四届人大常委会第三十四次会议】 2021年5月10日，金凤区人大常委会主任陈邢妍主持召开。副主任陈飚、宋敏达、杨惠军、王辉及委员共27人出席会议。会议听取和审议了金凤区政府《关于社区治理工作情况报告》《关于法治政府建设情况报告》，并分别进行了满意度测评。会议还通过了人事任免议案。

【四届人大常委会第三十五次会议】 2021年6月22日，金凤区人大常委会主任陈邢妍主持召开。副主任陈飚、宋敏达、杨惠军、王辉及委员共30人出席会议。会议听取和审议了金凤区政府《关于金凤区中小学学校建设情况的报告》《关于重点项目建设情况的报告》，金凤区法院《关于民事审判工作情况的报告》，并分别进行了满意度测评；审议通过了金凤区人大常委会《关于区镇人民代表大会换届选举时间的决定（草案）》《关于各镇人民代表大会代表名额的决定（草案）》《关于成立金凤区选举委员会及办公室的决定（草案）》《关于成立镇选举委员会街道选举工作领导小组的决定（草案）》等议案和《金凤区区镇人民代表大会换届选举工作实施方案（草案）》。

【四届人大常委会第三十六次会议】 2021年8月17日，金凤区人大常委会主任陈邢妍主持召开。副主任陈飚、宋敏达、杨惠军及委员共30人出席会议。会议听取和审议了金凤区政府《关于金凤区2021年上半年国民经济和社会发展计划执行情况的报告》《关于2020年金凤区本级财政决算草案和2021年上半年预算执行情况的报告》《关于2020年度金凤区本级财政预算执行和其他财政收支的审计情况及审计查出问题整改情况的工作报告》《关于2020年度金凤区本级国有资产管理情况的综合报告》，金凤区检察院《关于适用认罪认罚从宽制度工作情况的报告》，并分别进行了满意度测评；审议通过了金凤区人大常委会《关于批准2020年本级财政决算的决议（草案）》。会议还通过了人事任免议案。

【四届人大常委会第三十七次会议】 2021年9月18日，金凤区人大常委会主任陈邢妍主持召开。副主任陈飚、宋敏达、杨惠军及委员共28人出席会议。会议听取和审议了金凤区政府《关于“七五”普法决议执行情况的报告》，表决通过了金凤区人大常委会《关于深入开展第八个五年法治宣传教育的决议（草案）》、第四届人民代表大会常务委员会代表资格审查委员会《关于金凤区第五届人民代表大会代表资格的审查报告（草案）》、关于接受许金军辞去银川市第十五届人民代表大会代表职务的议案，听取了选

2021年5月25日，金凤区人大常委会组织委员视察金凤区2021年重点项目建设情况

举委员会部分组成人员辞去职务的报告。会议还通过了人事任免议案。会议决定，银川市金凤区第四届人民代表大会第五次会议于2022年1月13—15日在银川凯悦嘉轩酒店召开。

【四届人大常委会第三十八次会议】 2021年10月26日，金凤区人大常委会主任陈邢妍主持召开。副主任陈飚、宋敏达及委员共22人出席会议。会议作出了关于召开金凤区第五届人民代表大会第一次会议时间的决定，并通过了人事任免议案。

【四届人大常委会第三十九次会议】 2021年11月18日，金凤区人大常委会主任陈邢妍主持召开。副主任陈飚、宋敏达及委员共27人出席会议。会议听取和审议金凤区政府《关于四届人大五次会议议案和代表意见建议办理情况的报告》《关于承诺为民办十件实事办理情况的报告》，并进行了满意度测评，听取了《金凤区第五届人民代表大会第一次会议筹备工作情况的报告》，审议了《金凤区人民代表大会常务委员会工作报告(审议稿)》，讨论了《金凤区第五届人民代表大会第一次会议选举和表决办法(草案)》，审议通过了《金凤区人大常委会关于召开金凤区第五届人民代表大会第一次会议的决定（草案)》《关于确认两名金凤区第五届人大代表资格当选无效的决定(草案)》，审议通过了人事任免议案。

【五届人大常委会第一次会议】 2021年12月21日，金凤区人大常委会主任陈邢妍主持召开。副主任李文陈、唐晓棠、潘太升、张艺博及委员共27人出席会议。会议听取了金凤区人大常委会执法检查组《关于〈中华人民共和国土地管理法〉贯彻执行情况的报告》，表决通过了关于接受陈进贤辞去出席银川市第十六届人民代表大会代表职务的议案、关于补选出席银川市第十六届人民代表大会代表的议案。会议还通过了杨涛等22人的人事任职议案，新任命的国家机关工作人员按照程序进行了宪法宣誓仪式。

【五届人大一次会议】 2021年11月20—22日，在银川凯悦嘉轩酒店召开。会议应出席代表227名，实出席221名。政协金凤区第五届委员会全体委员以及不是人大代表的在职县处级领导列席会议。会议听取和审议了金凤区代理区长张涛作的《金凤区政府工作报告》、副区长高亮作的《关于金凤区第四届人民代表大会第五次会议代表议案和意见建议办理情况的报告》、人大常委会主任陈邢妍作的《金凤区人大常委会工作报告》、法院代理院长黑晓虎作的《金凤区人民法院工作报告》、检察院代理检察长王建勇作的《金凤区人民检察院工作报告》；会议审查了《金凤区2021年国民经济和社会发展计划执行情况与2022年国民经济和社会发展计划草案报告》《金凤区2021年财政预算执行情况与2022年财政预算草案报告》《金凤区2021年生态环境状况和生态环境保护目标完成情况报告》；并就上述报告作出了相应决议。会

2021年12月21日，金凤区召开五届人大常委会第一次会议

议期间收到代表提出的议案、意见建议117件。经审查，大会决定立议案5件，代表意见建议112件。会议选举陈邢妍为金凤区第五届人民代表大会常务委员会主任，李文陈、唐晓棠、潘太升、张艺博为金凤区第五届人民代表大会常务委员会副主任，丁雪松、马五宝、马克、马丽、马泉林、马彩琴、王金燕、王耀武、刘涛、关丽荣、纪菲菲、李兴华、李学仁、李想、杨晓梅、杨晗、杨婷婷、张学兵、陈立东、周新文、赵耐香、徐隽芳、高向东、高慧、唐亚楠、章建军、窦丽英、潘晗为金凤区第五届人民代表大会常务委员会委员，张涛为金凤区区长，高亮、马小龙、王占东、韩廷锋、余磊、杨成凤为金凤区副区长，黑晓虎为银川市金凤区人民法院院长，王建勇为银川市金凤区人民检察院检察长。会议还选举了金凤区第五届人民代表大会法制工作委员会、财政经济工作委员会组成人员，金凤区出席银川市第十六届人民代表大会代表。

执法检查与视察调研

【社区治理工作视察】 2021年4月8日，金凤区人大常委会视察组实地视察了长城花园社区红色物业，枫林湾社区治理数字平台建设，湖畔嘉苑社区老年饭桌、老年人日间照料中心和老年大学，银啤苑社区板凳会微展馆等。通过现场视察、听取汇报等方式，详细了解了社区建设和治理工作现状和存在的问题。在随后的座谈会上，视察组听取了金凤区政府社区治理工作汇报。视察组对政府社区治理工作取得的成绩给予充分肯定，同时，视察组指出，要发挥党建引领作用，充分调动辖区党建工作人员积极性，发挥党组织战斗堡垒作用，确保相关工作落实到位；要处理好政府管理与群众自治的关系，厘清社区权责界线，提高社区服务水平；要加强物业管理监管，创新方式方法，推动物业服务水平提升；要推广运用金凤区社区治理数字平台，加大培训力度，以点带面，真正实现社区信息共享，提高社区智慧化管理水平，缓解社区工作人员压力，提高服务效率；要制定相关政策，逐步提高社区工作人员福利待遇，充分调动基层工作积极性，保持人才队伍相对稳定。

2021年4月14日，金凤区人大常委会督察组对常态化创城工作情况开展督查

【法治政府建设视察】 2021年5月6日，金凤区人大常委会视察组先后到黄河东路街道湖畔嘉苑社区、金凤区企业智慧服务中心、丰登镇西新村、金凤区公共法律服务中心等地，实地察看了金凤区法治政府建设工作开展情况。通过现场观摩、听取情况介绍等形式，基本了解了金凤区法治政府建设工作情况。在随后召开的座谈会上，视察组听取了金凤区政府关于法治政府建设工作情况的汇报。视察组人员对金凤区法治政府建设工作情况进行了深入交流座谈，并对取得的成绩给予充分肯定。同时，视察组对金凤区法治政府建设过程中存在的问题也提出了意见建议：要加强组织领导，强化法规知识运用，增强领导干部的依法行政思维意识，健全依法行政监督机制体系，落实考核制度，不断将金凤区法治政府建设推向纵深发展；要加大法规学习宣传教育工作力度，丰富学习宣传教育方式方法，拓宽学习宣传渠道，牢固树立法律至上原则，不断提升干部队伍依法行政的法律素质和依法行政能力，增强法规宣传效果；要健全行政执法改革体制机制，贯彻落实行政执法“三项制度”标准，加强执法队伍建设，增强依法行政意识，严格规范公正执法，提高依法行政本领；要进一步完善依法行政体系建设，全面贯彻《重大行政决策程序暂行条例》，落实依法行政责任清单制度，深化综合执法监管改革和“互联网＋监管”改革，营

造公平公正、竞争有序的法治化营商环境，努力打造职能科学、权责法定、执法严明、公正公开、廉洁高效、守法诚信的法治政府。

【重点项目建设视察】 2021年5月25日，金凤区人大常委会视察组先后视察了宁夏水利研发大厦、老旧小区（明园小区）改造、良田农贸市场、宁安文化园、金凤区第二十七小学5个重点项目现场，深入了解项目进展情况、投资情况、资金到位情况，以及项目责任单位在项目实施过程中遇到的难点问题。随后召开座谈会，听取了金凤区副区长章玉明对金凤区2021年以来本级及园区第一批重点项目建设情况的汇报，阅海湾商务区副书记安茂连对园区项目建设情况和下一步招商引资措施的汇报。发展和改革局、国控公司等相关部门负责人分别围绕重点项目的推进情况、建设过程中政策扶持、行政审批、资金来源等方面存在的问题发言，针对突出问题提出了解决办法。视察组对金凤区重点项目建设起步早、推进快、措施硬、效果好，抓项目的良好态势给予充分肯定。视察组指出，项目建设是经济工作的“生命线”，是推动经济高质量发展的重要引擎。各相关部门要紧盯年初确定的重点项目，强化责任担当，加强统筹协调，明确时间节点，全力破解各方面的制约因素，全力以赴加快项目推进力度；要紧扣“十四五”规划和2035年远景目标重大战略实施，立足本土特色资源，充分发挥区位优势，着眼战略性新兴产业培育，切实提升项目谋划、招商引资精准度；要加强服务对接工作，积极帮助企业解决实际困难，齐心协力共同推进项目建设；要充分发挥人大职能作用，紧盯项目开工、营商环境等关键点强化监督，推动重点项目建设，为金凤区经济社会高质量发展贡献人大力量。

【中小学学校建设视察】 2021年5月27日，金凤区人大常委会视察组先后前往良田小学、金凤区第十六小学，现场听取学校负责人汇报，实地查看学校规划布局、校舍建设和教育教学设备配置情况。在随后召开的座谈会上，视察组听取金凤区副区长韩廷锋对中小学校建设情况的工作汇报。视察组对金凤区政府不断完善教育基础设施建设，加快实施教育配套建设项目，着力推动教育优质化发展取得的工作成效予以肯定，并指出了金凤区学校建设存在的不足。学校建设速度赶不上人口增长速度，造成教育承载力不足；学校建设资金短缺问题突出；教师编制短缺，临聘教师数量多，师资力量不足，造成教师队伍稳定性不高；教育用地规划布局科学性、前瞻性还需提高；部分学校仍有安全隐患，如地面未做防滑处理、转角未安装防撞设施。针对存在的问题，视察组建议：要持续加大教育投入，满足优质均衡教育需求；要将教育教学工作与互联网等软硬件设施的运用深度融合，在发挥设备优势的同时，提高教育质量；要多方面筹措建设资金，积极争取项目资金，引导企业、社会资本支持教育项目建设；要积极争取编制，充实在编教师力量，保障临聘教师待遇；要科学合理规划教育用地布局，将住房建设和学校布局统筹考虑、一体推进；要高度重视学校建设质量，充分考虑学生安全，确保消防设施完善、应急通道安全畅通、抗震等级符合要求，对可能出现安全隐患的方面及时排查，及时整改。

【法院民事审判工作调研】 2021年5月28日，金凤区人大常委会主任陈邢妍带领常委会各副主任、各委室主任，法制委员会委员和部分人大代表先后查看了法院诉讼服务中心、家事审判庭、家事纠纷化解中心、人民调解中心、家事调解工作室、心理疏导工作室等地，实地调研金凤区法院民事案件相关工作开展情况。调研组人员对金凤区法院在民事审判工作中能够紧紧围绕“努力让人民群众在每一个司法案件中感受到公平正义”目标、充分发挥民事审判职能作用、妥善化解各类民事纠纷、有力服务和保障金凤区经济社会健康发展等方面做出的积极贡献和取得的成效予以充分肯定。同时，调研组对金凤区法院在民事审判工作中存在的一些问题也提出了意见建议：要加强组织领导，增强法治思维意识，树立审慎、文明、规范的执法办案理念，发挥民事审判职能作用，坚持公正司法，创新诉前调解方式，积极化解矛盾纠纷，着力提升民事案件审判质量，努力构建和谐社会；要加强年轻法警队伍建设，增强法规学习培训力度，深化法规知识运用，牢固树立以人为本理念，增强服务意识，聚焦人民群众司法新期盼，依法履行审判职责，打造作风过硬的民事审判队伍，为公平正义做出新贡献；要加强对基层司法调解人员的培训指导力度，积极采取以案释法、以案说理、双向互动交流的形式培训指导基层调解组织和人员，把矛盾纠纷化解在基层，提升有限司法资源利用率，为平安金凤作出积极贡献。

2021年5月28日，金凤区人大常委会主任陈邢妍（右三）一行22人到金凤区人民法院调研2018年以来法院民事审判工作情况

【检察院认罪认罚从宽制度落实情况调研】 2021年7月16日，金凤区人大常委会副主任陈飚带领人大调研组一行实地参观了金凤区检察院远程认罪认罚控辩协商提审室、认罪认罚会见室、认罪认罚（非羁押）控辩协商室，通过现场观摩、听取情况介绍、座谈交流、工作汇报等形式，基本了解了金凤区检察院适用认罪认罚从宽制度工作开展情况。调研组人员认为，金凤区检察院在适用认罪认罚从宽制度工作中能够认真贯彻落实宽严相济刑事司法政策，着力推进认罪认罚从宽制度的全面适用，充分发挥检察职能作用、全面推动刑事案件简繁分离，减缓社会矛盾，提升认罪认罚案件办理质效，为金凤区稳定和谐发展作出了积极贡献。同时，调研组对金凤区检察院适用认罪认罚从宽制度工作提出了意见建议：要坚决贯彻落实习近平法治思想，认真学习贯彻最高人民检察院《关于适用认罪认罚从宽制度的指导意见》《人民检察院办理认罪认罚案件监督管理办法》等文件精神，提高认识，统一思想，熟练掌握相关规定和要求，迅速转变办案思维与办案习惯，为依法高效办理相关案件打下坚实基础，全面提升办案质效；要严格依法适用认罪认罚从宽制度，对符合认罪认罚从宽制度适用范围和条件的，都应按照有关规定依法进行办理；要加强沟通，形成合力。特别是要加强与监察委、公安、法院、司法等部门的协作，形成工作合力，提高办案质效；要建立健全辩护律师帮助机制，为检察机关适用认罪认罚从宽制度提供强有力的法治保障和支持。

【国有资产管理工作调研】 2021年8月2日，金凤区人大常委会主任陈邢妍带领常委会各位副主任、部分人大常委会委员、人大代表，财政经济委员会委员先后来到综合执法局无人机中队、毓秀公园、良田渠、福通安置区、金凤实验小学等地，通过听取汇报、实地调研等方式，详细了解国有资产使用、管理、处置制度建设等方面的具体情况。调研组召开了座谈会，金凤区副区长高亮代表区政府对金凤区国有资产管理综合情况进行了汇报。调研组成员从逐步完善国有资产管理体系、强化队伍建设、促进资产更好发挥效益等方面提出了意见建议。调研组指出，2019年以来，金凤区在行政事业单位资产、国有企业资产、国有自然资源资产方面加强了监管，出台了相关制度，推动了资产管理规范化、制度化，取得扎实成效。同时，也存在一些问题。下一步，政府要明确监管重点，规范国有资产监管，构建从“入口”到“出口”全过程的资产管理体系；要加强培训学习，持续深化对国有资产管理工作重要性的认识；要提高国有资产使用效率和进一步规范资产配置、使用和处置等各环节的管理措施，尽快盘活闲置资产，使其发挥经济效益，持续推动金凤区国有资产管理工作再上新台阶。

【代表议案建议和区政府承诺为民办10件实事办理情况视察】 2021年9月27日，金凤区人大常委会视察组先后实地查看了部分代表意见建议和区政府承诺为民办10件实事的办理情况，视察结束之后召开了座谈会，听取了政府关于金凤区四届人大五次会议议案、代表意见建议和政府承诺为民办10件实事办理情况的汇报以及住建交通局、民政局、教育局、国控公司、农业农村和水务局5个单位关于办理代表意见建议的主要做法和取得成效的汇报。视察组认为，政府重视代表议案、意见建议和政府承诺为民办10件实事办理工作，工作措施有力、取得效果显著，切实解决了一些群众关心的热点、难点问题。同时，视察组就进一步做好代表议案、意见建议和政府承诺为民办10件实事办理工作提出了一些意见和建议：相关部门、单位在下派、办理会议议案和代表意见建议时，要严格规范流程，办前、办中、办后全过程均要与人联委和代表沟通，及时反馈办理情况，听取意见建议；各承办单位对当前暂无法办结的代表意见建议要与代表进行沟通，将阻碍办理进度的原因及时告知代表，回应代表关切；对于正在办理中的意见建议和十件实事，各承办单位要进一步提高认识，抢抓时间，在保证质量的前提下，确保项目如期顺利完成，提高群众满意度；各承办单位要认真总结会议议案、代表意见建议和10件实事的办理经验，创新工作方法，细化工作措施，更好地完成下一年办理工作。

【生态环境状况和生态环境保护工作检查】 2021年9月29日，金凤区人大常委会副主任杨惠军带队，部分人大常委会委员、人大代表实地查看了金凤区宝湖公园、典农河金凤区段、污水治理、良田镇煤改气、煤改电工作以及“散乱污”企业污染治理工作，详细了解金凤区生态环境状况和生态环境保护工作开展情况。检查组召开座谈会，听取了金凤区政府关于金凤区生态环境状况和生态保护工作总体情况报告，生态环境局、自然资源局、农业农村和水务局关于加强生态环境保护和自然资源管理工作专项汇报。检查组认为，金凤区政府在生态文明建设方面能够以习近平生态文明思想为指导，牢固树立“绿水青山就是金山银山”的理念，结合习近平总书记视察宁夏重要讲话精神，认真落实区市党委政府关于生态环境保护工作决策部署要求，强化组织领导，明确目标任务，强化定期督查通报，确保了各项任务保质保量完成。空气环境质量、水环境质量、土壤环境质量等重点指标稳定向好。同时，金凤区生态环境保护工作还存在一些短板和弱项。主要表现在：空气质量形势依旧严峻；精准治污能力不足；企业主体责任落实不够。对此区政府要高度重视，采取有效措施切实加以解决。持续打好“蓝天”保卫战、“碧水”攻坚战和“净土”防御战。严格落实河(湖)长制，持续开展重点流域综合治理和水源地保护工作。为继续建设经济繁荣、民族团结、环境优美、人民富裕的美丽新宁夏打下坚实基础。

【《中华人民共和国土地管理法》执法检查】 2021年12月9日，金凤区人大常委会执法检查组先后到银川林场、良田镇金星村、园子村进行实地检查，现场听取了点位工作情况介绍，并召开座谈会听取了金凤区政府关于《中华人民共和国土地管理法》贯彻实施情况的工作汇报。检查组认为，金凤区政府能够严格贯彻执行《中华人民共和国土地管理法》，始终坚持“合理利用土地，切实保护耕地，促进社会经济的可持续发展”工作理念，着力加强机制建设、普法宣传、执法检查、违法治理等工作，不断推进国土资源规划、管理、保护及合理利用，有效促进了全区经济社会高质量发展，为全面推进乡村振兴和高质量发展提供规范用地保障。检查组在肯定成绩的同时，指出存在的问题：《中华人民共和国土

2021年12月9日，金凤区人大常委会组织人员执法检查《中华人民共和国土地管理法》贯彻实施情况

地管理法》宣传教育还不够深入，方法不多，形式单一；土地监督管理责任落实有待加强，违法用地现象时有发生；土地合理利用成效还有待进一步提高。针对存在的问题，执法检查组建议：要加大对《中华人民共和国土地管理法》的宣传教育力度。采取贴近实际、贴近生活、贴近大众的原则，以群众喜闻乐见的形式，以案说法，教育群众，提高社会各界和广大居民依法保护自然资源的意识和能力，形成依法保护和利用土地资源的良好氛围，促进社会经济的可持续发展。要加强土地监督管理，强化区、镇（街）、村（居）监督管理责任，健全完善长效管护机制，强化行政执法队伍能力建设，注重部门配合协调，持续加大对违法占用土地整治力度，促进合理有效利用土地，提升政府土地管理法治化水平。要结合乡村振兴工程，进一步优化土地利用总体规划，区、镇人民政府要调动农民群众积极性，发挥农民主体作用，继续组织对田、路、沟、渠、村庄综合整治，改善农业生产条件和生态环境，提高耕地质量，提升土地资源合理利用成效，切实形成土地保护工作的规范化法治化。

2021年12月9日，金凤区人大执法检查组召开座谈会，听取金凤区政府关于《中华人民共和国土地管理法》贯彻实施情况的工作汇报

（杜文源）

金凤区人民政府

综 述

【概况】 2021年，金凤区完成地区生产总值332亿元，同比增长4.3%；全社会固定资产投资180.6亿元，同比下降12%，居沿黄市辖区第5位，增速低于全年目标18个百分点，本级（含商务区）完成固定资产投资161.12亿元，同比增长5.3%，占全口径投资比重达89.2%； 实现规模以上工业增加值27.94亿元，同比增长13.4%，居沿黄市辖区第4位，增速高于国家、区、市平均水平3.8个、5.4个、4.8个百分点；完成地方一般公共预算收入8.3亿元，同比增长8.4%，居沿黄市辖区第5位；实现社会消费品零售总额164.38亿元，同比增长1.5%；城乡居民人均可支配收入分别达到47208.2元和16138.5元，同比增长8.3%和10.5%。环境空气质量指数（AQI）优良率为83.2%，约300天，位列银川市各县（市、区）第一。

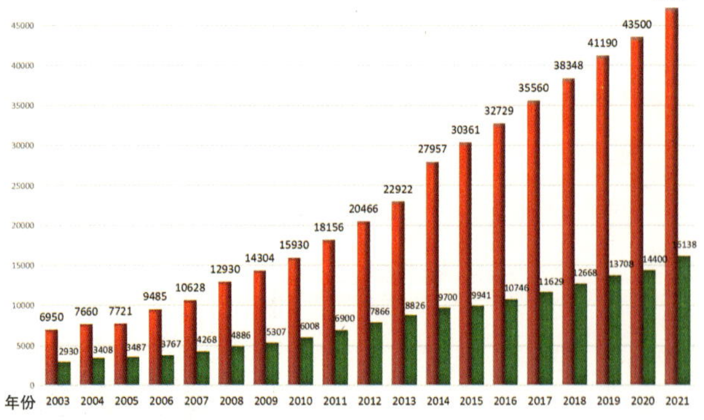

图3　2003—2021年居民人均可支配收入

【高质量发展】 2021年，金凤区政府围绕区市九大产业开展项目对接，突出辖区现代服务业、数字经济、品牌农业、总部经济和文化旅游五大优势产业，谋划“十四五”项目583个，总投资2304亿元。全年实施项目98个，同比增加10个，年度计划投资215亿元，重点项目开工率达到100%，良田渠二期等生态项目、第三十六中学、盈南四期安置区等民生项目、凤凰街等基建项目加快实施。顺亿资产大厦、水利研发大厦等总部经济项目加快实施，第三产业投资同比增长4.9%。民间投资达145.3亿元，增长4.9%，占总投资比例达85.2%。新增规上工业企业7家， 与7家银行达成战略合作意向，实施招商引资项目64个， 到位资金108.89亿元，同比增长12.3%。成功举办2021年消费促进月暨第五届“金凤飞舞·城市乐活会”，改造场景化示范街区3个，开通“引客入金凤消费专线”，举办全民电商节，开展金凤“特色小店”“十佳商超”“冬季促消销售达人”评选等活动，擦亮“购物在金凤、消费在金凤、活力在金凤”的城市名片。奋力推进阅海湾中央商务区“三园一区”建设，成功引进落地华为宁夏总部、中外运敦豪国际航空快件银川分公司等项目，新注册企业2110家；新入驻企业73家；完成全口径税收9亿元，同比增长15%；主营业务收入360亿元，同比增长20%。吸引注册入驻猎头咨询、劳务派遣等25家人力资源机构，举办金凤区第二届“引凤创梦”青年创新创业博览会。阅海湾跨境电商产业园揭牌运营，入驻跨境电商企业31家，数字产业园累计入驻数字经济企业达100余家。培育壮大小巨人机床、小牛自动化、威力减速器等先进制造业企业。强化“小升规”后备企业扶持，2021年认定高新技术企业14家，备案自治区科技型中小企业109家，认定自治区科技企业18家。辖区规模以上工业企业增至44家。全社会研发经费投入强度达到1.97%。

2021年6月18日，金凤区第二届“引凤创梦”青年创新创业博览会暨数字经济青年创新创业共享服务平台启动仪式举行

【深化改革】 2021年，金凤区加快推进“四权改革”，基本完成水流确权工作，在全区率先完成排污许可发证登记任务，土地经营权证书颁证率达85%。出台优化营商环境50项措施，64%以上的事项进驻实体大厅，36%的事项实现“不见面”审批。“一门集中、一网通办”全面推行，梳理减少审批证明材料273项、“承诺件”转“即办件”事项123项，实行告知承诺事项105项、压缩办理时间2522个工作日，压减时限达73.53%；梳理压减流程213项，减幅达28.51%。311个行政审批事项实现全流程网办，110项政务服务实现“跨省通办”。全年新增减税降费1.81亿元。全年新增市场主体1.7万户，同比增长63.15%，占全市增量的36%，非公经济占地区生产总值比例超过50%。

【乡村振兴】 2021年，金凤区严格落实“四个不摘”要求，建立健全防返贫动态监测帮扶机制及“四查四补”常态化机制，坚决防止出现致贫返贫风险。新识别纳入“三类人员”监测帮扶对象44户175人，“一户一策”制订帮扶方案。深入开展“四查四补”大排查，排查梳理各类问题112条，整改完成109条。深入开展2013—2020年扶贫资金及“十三五”时期易地搬迁项目资产清查登记，初步建立县、乡、村三级资产台账，确权进度100%。出台16条品牌农业发

2021年5月1日，“畅游美丽乡村”表演

展扶持政策，精心打造丰登镇利思产业园、金星村扶贫产业园等一、二、三产业融合发展示范园区，前三季度实现乡村休闲旅游产业收入1133万元。实施良田镇光明村工厂化育苗中心二期、金星村设施温棚园区等19个农业发展项目，完成5个农业物联网示范点建设，新增设施农业面积705亩，建设高标准农田建设0.36万亩。深入开展“五清一绿一改”，拆危拆违169处，清理农村“六边”“六堆”问题72处，打造农村人居环境示范村2个(良田镇金星村、丰登镇和丰村)、提升村4个，农村自来水入户率达97%，农村生活污水处理率、卫生厕所普及率居全区首位，

2021年3月9日，卫生死角清理

获评“全国村庄清洁行动示范县”“自治区农村人居环境整治示范县”。

【生态环境保护】 2021年，金凤区坚持每周开展1次油烟污染集中整治行动，“散乱污”企业实现动态清零。全面落实建筑工地扬尘管控“6个100%”，完成燃气锅炉低氮改造31台136.6蒸吨。金凤区细颗粒物（PM2.5）、可吸入颗粒物（PM10）平均浓度分别为25微克/立方米、59微克/立方米（目标值为PM10、PM2.5年均浓度分别控制在69微克/立方米以下、33微克/立方米以下），均达到考核要求。环境空气质量指数（AQI）优良率为83.2%，约300天，位列银川市各县（市、区）第一。水环境各项指标均达到国家、自治区考核要求严格落实河（湖）长制，四二干沟（金凤区—贺兰县）、典农河（金凤区—贺兰县，阅海闸以北1000米）均为Ⅳ类水质，典农河（西夏区—金凤区，南绕城高速公路旁）、典农河（金凤区—兴庆区，贺兰山路与唐徕渠交接处）均为Ⅲ类水质，典农河（亲水大街桥断面）为Ⅱ类水质，均达到考核要求。土壤人居环境安全情况总体平稳，未发生因耕地土壤污染导致农产品出现质量问题或污染地块再开发利用不当造成不良社会影响的事件。建成投用典农河、阅海湖水质自动站，实现了金凤区大气、地表水监测全部实现信息化。3处千吨万人水源地保护区规范化建设工作如期完工，辖区水源地与取水无关的设施应拆尽拆，同时全部完成规范化建设。新增城市绿化面积4.7公顷，城市“三绿”指标分别提升至42.23%、43.46%和20.57平方米，位居全市首位。城市建成区黑臭水体保持动态清零。

【城乡建设】 2021年，金凤区实施20个20.32万平方米老旧小区改造，累计完成投资1.3亿元，坚持里子面子并重、建设管理并举，坚持在一线问计于民，“一楼一策”研究改造方案，力争做到“应改尽改、一步到位”，先后被新华社、中国建设报、学习强国等多家媒体报道30余次，自治区住建厅将工作经验上报住建部。完成丰登安置区四期三、四标段16万平方米1636套安置房屋建设，盈南安置区四期完成主体工程和外墙保温工程，安装工程和装饰装修工程已完成40%。完成538户危房改造（C级加固翻建及拆除479户，D级改造、拆除及翻建43户，置换16户）。投入521.71万元实施了尹家渠街特色街区改造，进一步优化了道路出行环境，全力推进良田镇金星村、园子村高质量美丽宜居村庄建设项目，新改建道路13.3千米、整治沟渠1千米。加快农村安全饮水及污水改造，投入284.565万元建成良田镇给排水一体化工程智慧信息化平台，实现人饮用水安全保障、污水处理稳定。

【公共服务】 2021年，公共财政民生支出占比超过80%。投入资金10亿余元，新建扩建学校、幼儿园15所（其中幼儿园5所），新增教学班264个、学位11970个。全面巩固学前教育“5080”成果，学前三年毛入园率超额104.41%，其中公办园从2所增至65所，普惠性幼儿园从34所突破至105所。开展“五项管理”（作业、睡眠、手机、读物、体质）督查及“回头看”行动，推行课后服务“5+2”模式（学校每周5天都要开展课后服务，每天至少开展2小时），中小学课后托管服务覆盖率100%，“双减”（有效减轻义务教育

银川市金凤区第九幼儿园外景

阶段学生过重作业负担和校外培训负担）工作有效落实。选调招聘教师340名，推进“区管校聘”人事制度改革，完成第三轮125名校长教师轮岗交流。深入推进“三名工作室”（名教师工作室、名校长工作室、名班主任工作室）和“1125”教师人才培养工程，新命名20名金凤名师，以“一师一优课　一课一名师”“推进课堂教学变革”等工作为抓手，推进“说学教育”课堂改革，荣获国家基础教育成果二等奖。“一师一优课　一课一名师”获评部级优课139节，连续4年部级优课数、教师数的占比均位列自治区第一。实施“体育艺术2+1项目”工程，共建成国家级足球特色学校12所、篮球特色学校6所、冰雪特色学校3所、中小学中华优秀文化艺术传承学校3所，各级各类文明校园24所，成功申报全国足球特色项目试点县。新建社区日间照料中心3个（海珀蓝轩、七子连湖、金星村），老年活动中心1个（财政厅家属院），老饭桌2个，新建老年大学4家，实施困难老年人居家适老化改造项目，形成日趋成熟的康复理疗、老年大学、老年饭桌等养老服务功能品牌。面向移民群众等重点群体开展职业技能培训31期1528人。举办线上线下招聘会19场次，实现城镇新增就业7295人，农村劳动力转移就业7690人，培育创业实体762个，城镇登记失业率为3.79%。持续推进“健康细胞”创建，累计评选健康家庭695户，培育建设健康场所175个，居民电子健康档案建档率89.35%，居民健康素养水平达22.1%，健康教育工作覆盖率达100%。

【社会治理】　2021年，金凤区构建了“54个社区党委+296个居民小区党支部+1225个楼栋联合党小组+1340个党员中心户”的社区治理纵向链条，建成6个社区邻里中心（驿站），163个数字小区。认真落实各项维护社会和谐稳定举措，妥善处置化解不稳定案事件159起，实现119批次重大安保任务“零差错”，社会风险防控“零失误”，全年破获刑事案件1548起，抓获犯罪嫌疑1371人，同比分别上升6.3%和53.7%，“命案”和“两抢”案件破案率100%；“国家反诈中心”APP、“金钟罩”50余万人，占辖区总人口的85.9%，成功预警劝阻电信诈骗21459次，破获案件723起，冻结资金2193万元、止付3952万元。智慧城市综合指挥中心实现主要区域24小时视频监管全覆盖，3.2万处公共场所视频监控为市民安全保驾护航。综合执法局全年办理案件788起，办结率100%，罚没款共计4164930.24元。开展矛盾纠纷化解排查7429余次，化解矛盾纠纷994余件，解答群众法律咨询1000余起，继续扩大法律援助覆盖面，办理援助案件1134件，其中民事案件302件，刑事案件832件；共办结案件949件，挽回经济损失716.21万元。办结各类欠薪投诉案件2970件，受理劳动争议案件1200余件，涉及劳动者885人，涉及金额824.7万元，调解成功率达68%，时效内结案率93%。全年未发生较大及以上生产安全事故，安全生产形势总体平稳。

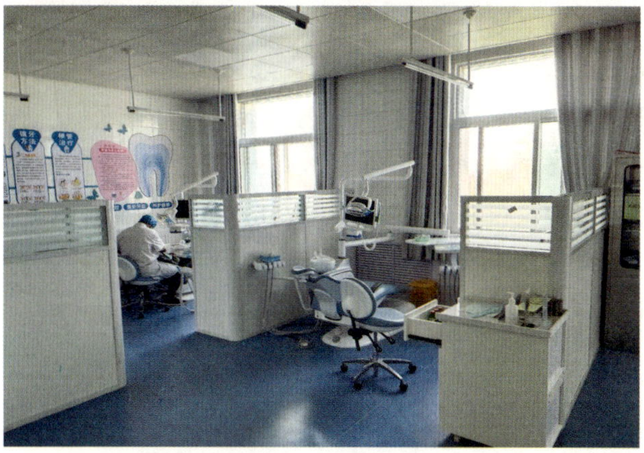

改造后的丰登镇卫生院口腔科

【文体事业】　2021年，金凤区加大“吃住行游购娱”消费功能宣传推介，制作发放《金凤区美丽乡村旅游攻略》《文化金凤　书香生活——公共文化场馆》《住在金凤——星级酒店》《畅游金凤——景区景点、公园绿地》等精美手绘地图共计8000余份，发布了金凤研学游、美丽乡村游等5条旅游特色精品线路，吸引游客近20万人次。广泛开展宣传营销，带动了辖区内的住宿、购物、娱乐、餐饮等业态联动发展。开展了第三届乡村旅游节、金凤区庆祝中国共产党成立100周年专场音乐会、第三届全民读书节、乡间骑行、徒步行、亲子研学等系列活动。新建建发枫林湾小镇、砖渠新村、丰瑞景苑3个文体健身广场，建成中海国际社区、建发枫林湾小镇2个社区多功能运动场，在良田渠小微公园、盈南家园等地安装健身路径20套，在典农河北京中路至上海西路两侧沿线新增健身步道1.5公里。完成清水湾社区、通福社区、光明村3个基层综合文化服务中心改造提升，投入运行金凤区回民一小、第十七小学、第十五幼儿园、第三幼儿园、九中南校区、福通社区、临阅家园社区、银新苑北社区8处“悦书房”。银川市文化艺术博览中心、幻太奇海洋公园、毓秀体育健康主题公园、金凤悦书房、六大商业综合体的陆续建成。持续擦亮“一核四化四型”文明实践品牌，强化资源整合利用，组成“善行金凤”志愿服务联盟，启动志愿服务赋能计划，发布“1+50+N”新时代文明实践志愿服务项目，精神文明建设持续走向深入。

重要会议

【金凤区政府第70次常务会议】 2021年1月6日，金凤区区长赵会勇主持召开金凤区政府第70次常务会议。会议审议了《银川市金凤区国民经济和社会发展第十四个五年规划纲要》《政府工作报告》《关于金凤区2020年国民经济和社会发展计划执行情况暨2021年国民经济和社会发展计划(草案)的报告》《关于金凤区2020年财政预算执行情况和2021年财政预算（草案）的报告》《关于银川市金凤区2020年生态环境状况和生态环境保护目标完成情况的报告》《关于金凤区第四届人民代表大会第四次会议代表议案和意见建议办理情况的报告》，听取2020年为民办实事办理情况和2021年为民办实事征集情况。

【金凤区政府第71次常务会议】 2021年1月25日，金凤区区长赵会勇主持召开金凤区政府第71次常务会议。会议传达学习了习近平总书记在十九届中央纪委五次全会、党史学习教育动员大会、全国脱贫攻坚总结表彰大会、中央全面深化改革委员会第十八次会议上的重要讲话精神，学习了全国、自治区、银川市“两会”精神，学习了银川市人民政府第七次全体(扩大)会议暨政府系统党史学习教育动员会精神，研究了贯彻落实意见。

【金凤区政府第72次常务会议】 2021年4月1日，金凤区副区长刘学礼主持召开金凤区政府第72次常务会议。会议传达学习了全国、自治区、银川市“两会”精神，全国脱贫攻坚总结表彰大会精神和国务院《行政事业性国有资产管理条例》；会议审议了《第五届金凤飞舞·城市乐活会方案》《金凤区国控公司组建人力资源服务有限公司方案》，研究了金凤区(康居)安置区地下车库管理有关事宜；会议还研究了其他事项。

【金凤区政府第73次常务会议】 2021年5月20日，金凤区代区长张涛主持召开金凤区政府第73次常务会议。会议学习了《中华人民共和国未成年人保护法》，审议了《银川市金凤区贯彻落实自治区党委第一生态环境保护督察组督察反馈意见整改方案》《关于进一步强化作风建设优化营商环境的实施意见》《金凤区强化移民后续扶持实施移民致富提升行动实施方案》《金凤区关于巩固脱贫攻坚成果同乡村振兴有效衔接实施意见》《金凤区财政资金支出审批管理办法(试行)》《金凤区镇街购买服务指导目录清单》，研究了金凤区财政全额供款单位职业年金部分实账管理有关事宜、银川市委巡察组转办退役军人信访问题事宜、原市委党校阶梯教室危楼加固事宜。会议还研究了其他事项。

【金凤区政府第74次常务会议】 2021年6月12日，金凤区代区长张涛主持召开金凤区政府第74次常务会议。会议学习了《习近平谈治国理政》节选内容、《中华人民共和国乡村振兴促进法》，听取自治区党委第一生态环境保护督察组督察反馈问题整改情况的汇报，审议了《金凤区落实水资源“四定”原则深化用水权改革实施方案（2021—2025年）》《金凤区深入推进林权改革加快植绿增绿护绿步伐的实施方案》《金凤区土地权改革总体工作实施方案》《金凤区排污权有偿使用和交易改革实施方案》《金凤区创建自治区双拥模范县(区)工作实施方案》，研究了金凤区乡镇级及以下集中式饮用水水源地（暨千吨万人水源地）保护区规范化建设资金有关事宜、金凤区土地征收成片开发范围复核有关事宜、宁夏阅海实业集团有限公司工资总额核准有关事宜、金凤区公安分局增加辅警有关事宜。会议还研究了其他事项。

【金凤区政府第 75 次常务会议】 2021 年 6 月 28 日，金凤区代区长张涛主持召开金凤区政府第 75 次常务会议。会议学习了《习近平谈治国理政》节选内容、习近平总书记在《求是》发表的重要文章《学好“四史”，永葆初心、永担使命》《以史为镜、以史明志，知史爱党、知史爱国》精神、自治区党委理论学习中心组学习会精神、自治区党委书记陈润儿在《人民日报》发表的署名文章《牢记嘱托，砥砺奋进，继续建设美丽新宁夏》精神、市委常委会党史学习教育第四次学习研讨暨市委理论学习中心组学习会精神、自治区常委会相关会议精神、《自治区关于做好庆祝中国共产党成立 100 周年安全稳定有关工作的通知》精神；传达学习了自治区党委相关专题会议精神、市委常委会会议精神以及《自治区关于全面开展清查违规建设楼堂馆所有关工作的紧急通知》精神；学习了《中华人民共和国数据安全法》；会议审议了《金凤区城乡居民收入提升行动实施方案》《金凤区全民健康水平提升行动实施方案》《金凤区基础教育质量提升行动实施方案》《关于加快推进学前教育高质量发展的实施意见》《金凤区乡村治理、社区治理工作奖励方案》《金凤区“金凤悦邻里”社区邻里中心建设实施方案》《金凤区雨天防内涝应急预案》《金凤区 “互联网 + 督查”建设方案》，研究了追加金凤区农村村监会成员工作补贴经费预算事宜、尹家渠街、雪绒巷、祥安巷等特色街区改造有关事宜。会议还研究了其他事项。

【金凤区政府第 76 次常务会议】 2021 年 7 月 13 日，金凤区代区长张涛主持召开金凤区政府第 76 次常务会议。会议传达学习了李克强总理关于促进粮食生产稳定发展提高粮食安全保障能力的讲话精神、《关于坚决遏制“两高”项目盲目发展的通知》精神，审议了《关于进一步规范金凤区政府系统事业单位选人进人及临聘人员管理的通知》《金凤区 2021 年“八一”建军节活动实施方案》，研究了金凤区老旧小区综合整治改造项目建设模式有关事宜、金凤区 2022 年老旧小区改造计划有关事宜、良田镇兴源村安置区营业房屋返还安置有关事宜、确认王科见义勇为行为事宜。

【金凤区政府第 77 次常务会议】 2021 年 8 月 2 日，金凤区代区长张涛主持召开金凤区政府第 77 次常务会议。会议审议了《金凤区城乡就业保障体系实施意见》《金凤区加强品牌农业建设实施方案》《关于进一步加强城乡贫困人群救助保障工作方案（试行）》，会议还研究了其他事项。

【金凤区政府第 78 次常务会议】 2021 年 8 月 24 日，受张涛代区长委托，金凤区副区长高亮主持召开金凤区政府第 78 次常务会议。会议集体学习了《中华人民共和国土地管理法实施条例》，传达学习了中央财经委员会第十次会议精神，研究了贯彻落实意见；会议听取了近期生态环境保护工作汇报，研究了良田回民中学地下消防水泵房建设有关事宜、成立金凤区金星幼儿园等机构有关事宜、老旧小区户内供水、排水管线及窗户改造有关事宜、良田镇辖区水域技术安全防范设施设备安装有关事宜、金凤区贺兰山中路街道办事处办公驻地有关事宜、金凤区机关食堂劳务托管和食材配送有关事宜。

【金凤区政府第 79 次常务会议】 2021 年 9 月 12 日，金凤区代区长张涛主持召开金凤区政府第 79 次常务会议。会议学习了《习近平谈治国理政》；传达学习了习近平总书记在中央民族工作会议和在中央党校（国家行政学院）中青年干部培训班开班式上的重要讲话精神、中央全面深化改革委员会第二十一次会议精神、国务院常务会议精神、中共中央办公厅国务院办公厅《关于建立健全审计查出问题整改长效机制的意见》、自治区党委书记陈润儿在银川市领导干部大会上的讲话精神、银川市委十四届十二次全会精神；会议学习了《宁夏回族自治区促进民族团结进步工作条例》；研究了银川市拨付金凤区深化全国文明城市建设工作奖励经费及金凤区配套经费分配有关事宜；审议了《金凤区疫情防控卡点封闭管理工作方案》《金凤区共享单车停放秩序管理办法》《金凤区夜市暨占道经营管理办法》《关于“七五”法治宣传教育决议执行情况的报告》《关于在全区公民中开展第八个五年法治宣传教育的实施意见》《关于深入开展第八个五年法治宣传教育的决议》《金凤区2020年招商引资奖励资金使用方案》《金凤区教师素质提升工程实施方案》《义务教育课后服务实施方案》《金凤区第37个教师节庆祝大会方案》《金凤区知识产权保护中心建设方案》；研究了综合执法局临聘协管员待遇补贴相关事宜、农村人居环境整治资金拨付有关事宜、良田镇“多规合一”实用性村庄规划编制项目经费有关事宜。会议还研究了其他事项。

【金凤区政府第80次常务会议】 2021年9月29日，金凤区代区长张涛主持召开金凤区政府第80次常务会议。会议审议了《金凤区中医药传承创新发展实施方案》《金凤区计划生育协会改革实施方案》《金凤区关于紧密型医联体建设工作实施意见》《金凤区乡镇卫生院基层服务能力提升实施方案》《金凤区残疾人托养中心运营方案》。研究了自然灾害综合风险普查相关事宜、移交良田镇村庄污水管网维护运营职能相关事宜、丰登镇原老街道房屋拆迁安置补偿问题相关事宜、正源街西侧土地专项债券收储（唐徕回中北校区）建设项目及老看守所周边棚户区改造项目（三十二中）征收拆迁相关事宜、关于追加网信工作经费相关事宜、《金凤区城市更新专项规划》编制经费相关事宜。会议还研究了其他事项。

【金凤区政府第81次常务会议】 2021年10月16日，金凤区代区长张涛主持召开金凤区政府第81次常务会议。会议传达学习了赵旭辉市长在金凤区农村人居环境整治提升工作专报上的批示精神并研究贯彻落实意见；会议审议了《政府工作报告》《关于金凤区2021年国民经济和社会发展计划执行情况暨2022年国民经济和社会发展计划（草案）的报告》《关于金凤区2021年财政预算执行情况和2022年财政预算（草案）的报告》《关于银川市金凤区2021年生态环境状况和生态环境保护目标完成情况的报告》《关于金凤区第四届人民代表大会第五次会议代表议案和意见建议办理情况的报告》，听取2021年为民办实事办理情况和2022年为民办实事征集情况；会议审议了《金凤区庆祝银川市第十六个环卫工人节活动方案》。

【金凤区政府第82次常务会议】 2021年11月8日，金凤区代区长张涛主持召开金凤区政府第82次常务会议。会议学习了《中国共产党领导国家安全工作条例》；会议传达学习了自治区深入实施“四大提升行动”全面促进乡村振兴工作现场会精神，审议了《金凤区保障农村三类人员、城市困难人员、环卫工人温暖过冬方案》《政府工作报告》《关于金凤区第四届人民代表大会第五次会议代表议案和意见建议办理情况的报告》，研究了“10·17”突发疫情处置工作经费有关事宜、金凤区公安分局综合业务大厅建设项目经费有关事宜、追加金凤区全民健身中心取暖费及入网费有关事宜、聘请劳动保障监察辅助人员及工作经费有关事宜、追加消防救援大队2021年度津贴补助有关事宜、银川市桃园活力颐养中心项目已回购基金股权质押有关事宜、金凤区南部郊野公园二期建设项目报审有关事宜、金凤区智慧城市运营中心互联网专线费用及网格员智能终端流量费用有关事宜。人大常委会副主任陈飚、政协副主席丁桂荣、纪委常委万小平列席了会议。

【五届人民政府第1次常务会议】 2021年11月25日，金凤区区长张涛主持召开五届人民政府第1次常务会议。会议传达学习了《中华人民共和国安全生产法》；传达学习了《防范和处置非法集资条例》《公平竞争审查制度实施细则》；听取了金凤区食品药品安全管理工作汇报、健康金凤建设情况汇报；审议了《智慧金凤社会治理综合平台第三期建设方案》；研究了金凤区渣土垃圾运输可视化监管系统、综合执法局执法检查站项目建设事宜；研究了银川市交警分局金凤区交警一、二大队增加辅警事宜；研究了银新公路PPP项目整改有关事宜、金凤区2019—2020

年政策安置退役士兵“两险”缴纳事宜、上海西路街道失地农民5平方米营业房或20平方米公寓安置项目核查有关事宜；审议了《金凤区政府消费券发放暨第五届“金凤飞舞·城市乐活会”冬季促销费系列活动方案》。

【五届人民政府第2次常务会议】 2021年12月17日，金凤区区长张涛主持召开五届人民政府第2次常务会议。会议学习了《习近平谈治国理政》《中华人民共和国环境保护法》《中共中央、国务院关于深入打好污染防治攻坚战的意见》；会议传达学习了中央经济工作会议精神，通报了近期疫情防控形势，听取了巩固拓展脱贫攻坚自治区后评估反馈问题整改情况汇报，审议了《银川市金凤区行政复议体制改革实施方案》《金凤区关于改革和加强公安派出所工作实施方案》《金凤区国家智能社会治理实验基地（城市管理领域）建设实施方案》《金凤区丰登镇润丰村一宗集体经营性建设用地使用权出让方案》；研究了政府购买社会救助入户核查员服务相关事宜；会议还研究了其他事项。

【政府第九次全体（扩大）会议暨廉政工作会议】 2021年3月29日，金凤区委常委、金凤区副区长刘学礼主持召开金凤区人民政府第九次全体（扩大）会议暨廉政工作会议。会议传达学习了中央、区、市、金凤区纪委全会精神，全国、自治区、银川市“两会”精神和自治区、市政府全体(扩大)会议精神，通报政府系统2020年廉政工作情况，对政府系统全年各项工作和廉政工作进行安排部署。

（李　阳）

政务服务

【概况】 2021年，金凤区审批服务管理局以“少跑腿、不见面、马上办、网上办”为目标，聚焦深化“放管服”改革、优化营商环境建设，以“三个引领区”建设为抓手，为辖区经济社会高质量发展提供更加市场化、法治化、国际化、便利化的营商环境。累计办理事项23.6万件(含公共服务事项)，日均新增市场主体70户。自2019年自治区开展优化营商环境监测评价以来连续两年位列前茅；先后有2项工作经验在《人民日报》登载，在区市级媒体宣传报道60余次。

金凤区审批服务管理局导办台细心为每一位群众服务

【“放管服”改革】 2021年，金凤区审批服务管理局先后推动落实《金凤区全面推行证明事项告知承诺制实施方案》《金凤区开展“一业一证”改革落实方案》9个方案，健全完善政策保障体系，推动“一次办、就近办、网上办”政务服务体系建设。推进事项管理、流程标准化，对155项承办事项梳理压减材料273项；法定时限3430天、承诺时限908天，压缩时限2522天，达73.53%，压减流程213项，达28.51%。

【简化办理流程】 2021年，金凤区审批服务管理局组织开展“三个凡是”(凡是无法律法规规章依据的材料一律取消，凡是同一部门内前一审批环节已提交的材料下一环节无须提交，凡是能通过网络共享共用的材料不得要求重复提交)减证便民专项行动，2021年减少证明材料105项。进一步精简审批环节，缩短审批时间，提高办事效率，对能够“即报即办”的事项实行窗口“即办”，实现群众办事“一次上门、一次办结”，2021年“承诺件”转“即办件”事项27项，压缩办理时间564个工作日。对可以取消审批的涉企经营许可事项，有效实施行业监管，维护公共利益的，由审批改为备案，并进一步简化备案要素，实现当场办结、只跑一次，2021 年审批改备案事项 3 项。对确需保留的涉企经营许可事项，企业就符合经营许可条件作出承诺，实行告知承诺，2021 年实行告知承诺事项 105 项。

【跨省通办】 2021 年，金凤区审批服务管理局优化设置“跨省通办”等综合窗口 2 个，加强同相关业务部门、其他县区相关业务部门沟通协调，目前与 21 个省（自治区）88 个县（市、区）签订“跨省通办”协议，可办事项涵盖涉企、涉个体、涉医疗卫生、涉食品经营、涉劳务中介等 81 项高频事项（相关信息在人民日报客户端宁夏频道、《宁夏日报》等报道），顺利推进“跨省通办”常态化。

2021 年 8 月 20 日，银川市金凤区与山东省德州市宁津县等 16 个省 46 个县、区经前期协商，正式签订政务服务省际联盟“跨省通办”合作协议

【规范基层政务服务】 2021 年，金凤区审批服务管理局及时印发《金凤区深入推进和完善镇（街道）基层审批服务便民化改革实施方案》，扎实推进镇（街道）民生服务中心规范化建设工作，各镇街民生服务中心各专业窗口全部设置为“综合窗口”，2021 年已完成 7 个镇（街道）民生服务中心和 80 个村（社区）民生服务代办点标准化建设，镇（街道）承接可办事项达 120 余项。

【优化营商环境】 2021 年，金凤区审批服务管理局先后印发《金凤区深化“商事制度”改革优化营商环境工作方案》等 9 个方案，通过政策释放出“放管服”改革的决心和群众办事的便利，为优化营商环境搭建了基本政策骨架和结构，明确了进一步放宽商事登记注册条件限制等，进一步方便群众能办事、办成事。制定出台《金凤区政府投资项目建设管理细则（试行）》，确保全过程、全链条依法依规有序高效推动，切实发挥政府投资撬动杠杆作用。共计受理投资建设项目审批及社会投资备案项目 677 个，投资金额约 878.01 亿元。建立完善县处级干部牵头、部门负责人、业务专干包联企业“团队代办”制度，采取点对点上门、键对键沟通等保姆式服务；完善人才政策奖励兑现机制，建立完善党委联系人才专家制度；建立政策兑现窗口，加大减费减税政策落实，切实为企业发展减负增效，累计享受惠企政策达 7000 余家。成立宁夏第一支区（县）公司电缆专业运维队伍，打造“电缆全科医生”运维品牌，高质量完成 2021 年全国“两会”、中国共产党成立 100 周年等重要保电任务。建成 2 条基于 5G 通信的配网差动保护装置安装与调试，实现配网线路故障快速隔离与恢复送电。探索打造“金凤电力小哥”供电服务品牌新模式。全年报修工单数量环比下降 37.23%，投诉环比下降 71.43%。

【企业智慧服务】 2021 年，金凤区审批服务管理局立足企业需求，优化整合政府、企业资源，推出全自治区首个企业智慧服务中心，开启智慧政务服务“ETC”金凤样板模式，推动“园区的事园区办”。该中心日均办件量在 100 件以上，办理时限压缩 70%。建立“首席服务官制”“首办责任制”“全程辅助办”，全面启动“全能型店小二”“全科型医生”育才工程，助力提升业务技能、服务意识，并根据性格特点、业务特长，因人施岗、因岗派人，对服务意识、服务态度差的及时调整。进一步优化设置四大功能区、八项业务窗口、24 小时自助服务区，制定完善权力清单、流程清单、资料清单、办理时限清单，配备自助审批机、智能机器人，开通“百度”综合窗口，依托政务审批系统，形成线上线下无死角政务服务工作机制。建立群众评价机制，完善“好差评”工作，并加大“好差评”数据的实际引用，对不达标的实行通报批评、扣发绩效、调整岗位、开除等惩戒措施，不断提供优质政务服务。同时，为各镇（街道）、村（社区）统一配备“好差评”设备，以“好差评”实现全覆盖监督。全年，评价率98.67%，满意度100%。

（汪　娟）

信　访

【概况】 2021年，金凤区信访局全面落实中央和自治区、市党委重大决策部署，全力防范化解各类风险隐患，牢牢把握工作主动权，为实现“十四五”规划良好开局发挥了积极作用。获得2020年全市信访工作目标管理考核二等奖。化解“三大战役”拆迁户孙某兰上访十多年的信访积案，被中国新闻网、《银川晚报》、《银川日报》等新闻媒体报道。

【来访办理】 2021年，金凤区信访局登记、办理信访事项1396件，受理1113件（批）次，同比上升13.6%，其中234件作交办处理、818件作转送处理、17件直接回复（意见建议类）、正在办理44件（批）次；不予受理209件（批）次，同比下降11%；不再受理74件（批）次，同比下降13%。信访事项及时受理率中，信访部门、责任单位均为100%，按期办结率95.44%，把各类信访事项化解做实，确保“案结事了”。

2021年11月17日，金凤区召开2021年第六次信访联席会议暨突出信访问题专项治理集体约谈会议

【矛盾纠纷排查】 2021年，金凤区信访局健全常态化矛盾纠纷排查化解机制，研究制定了《金凤区信访工作绩效考评方案（试行）》《成立金凤区镇（街道）信访工作联席会议方案》等方案，推进乡镇(街道)信访工作联席会议机制建设，着力推动解决房地产、劳动社保、教育等重点领域、群体方面的信访突出矛盾。安排县处级领导接访41批53人次，未发生大规模聚集、涉访个人极端行为和因信访问题引发的负面炒作情况。

【重点领域专项治理】 2021年，金凤区信访局对房地产延期交房、房屋不动产证办理问题进行聚力攻坚，坚持打好“减存量、遏增量”组合拳，重点化解了省级领导包案1件，市级领导包案2件。通过“任务均衡、整合力量、交叉推进”的原则，办结全国政法系统教育整顿中央第四督导组信访件7批54件，办结率100%。

【上级交办事项】 2021年，金凤区信访局聚焦国家、自治区信访局交办重复信访事项，按照“三到位一处理”要求，结合党史学习教育“我为群众办实事”实践活动，积极开展“大走访大调研”活动，确保“一周一督查、二周一调度、一月一通报”落实落地。第一批交办62件已全部报结，第二批交办17件已办结5件，完成目标任务。

【复查复核】 2021年，金凤区信访局坚持按照查程序、查实体、查过程、查成因、查责任的“五查”模式，盯紧“审查关”。共收到复查申请40件，其中不予受理21件、办理19件，召开信访听证会、协调会16次，到乡镇（街道）走访调查23人次。

【基层党建】 2021年，金凤区信访局把党史学习教育作为重要政治任务，在落实规定动作的基础上创新开展内容丰富、形式多样的学习活动，通过演讲比赛、党史知识竞赛、红歌合唱比赛等方式，点燃“红色引擎”。先后开展主题党日活动11次，组织“铸牢中华民族共同体意识”应知应会、中共十九届六中全会时政等测试问答，做到学史明理。深入推进“连心党支部”“在职党员到社区报到”等联系服务群众工作，充分发扬为群众办实事的责任担当意识。在职党员到社区报到参加防疫执勤、入户调查、环境卫生整治、文明志愿等活动59批235人次，开展“一对一”帮扶工作，坚持每月走访1次，严格落实上级对帮扶工作的政策要求。

（丁丽娟）

地方志工作

【概况】 2020年7月17日，经金凤区编制委员会批准，金凤区地方志编纂研究室正式成立，与档案馆合署办公，一套人员两块牌子，为了正常开展地方志编研工作，经金凤区党委、政府主要领导同意，档案馆长期聘用地方志编纂人员2名。2021年3月22日，金凤区方志馆正式挂牌运行。主持编纂了《银川市金凤区大事记（2001—2020）》，配合金凤区民政局完成《金凤区地名志》编纂任务。年内，在由中国地方志指导小组、中国地方志学会组织开展的第八届全国地方志优秀成果（年鉴类）评审中，《金凤年鉴（2020）》荣获三等奖。在2021年度银川市地方志工作考核中，金凤区地方志编纂研究室荣获一等奖。金凤区区委书记赵会勇、金凤区区长张涛对地方志编纂研究室取得的成绩给予了充分肯定并分别作出批示。

【《金凤年鉴（2021）》】 2021年，金凤区地方志编纂研究室把《金凤年鉴》编写当作重点工作做。1月，正式启动《金凤年鉴（2021）》编纂工作，区委办公室、政府办公室共同印发《金凤年鉴（2021）资料征集通知》。2月，分期分批对60家承编单位进行业务培训。年鉴初稿形成并经总纂合成后，又通过金凤区纪检、组织、宣传、保密、宗教等有关部门的审核，最终交由宁夏人民出版社审核。《金凤年鉴（2021）》共390页，近50万字。11月，《金凤年鉴（2021）》通过出版社审核，并且进行彩色印刷，2022年初正式公开出版。

2021年1月25日，《银川市金凤区志（2001—2018）》专家评审会召开

【《金凤年鉴（2020）》获奖】 2021年7月，中国地方志指导小组组织开展了第八届全国地方志优秀成果（年鉴类）评审工作，《金凤年鉴（2020）》作为公开出版的地方年鉴，参与此次评审，经银川市、自治区地方志办公室层层推荐评审，并报中国地方志指导小组、中国地方志学会组织评审，被评为第八届全国地方志优秀成果（年鉴类）县级综合三等年鉴。

【《银川市金凤区志（2001—2018）》】 2021年，《银川市金凤区志（2001—2018）》编纂工作取得重大进展，全年召开了志书专家评审会3次，最终经金凤区人民政府和银川市地方志研究室、自治区地方志办公室批复同意《银川市金凤区志（2001—2018）》公开出版。志书分上下两册，由凡例、序言、概述、大事记、专志、人物、附录、索引、修志始末组成，设30编、127章、414节，约170万字，前置图照139幅。截至年底，志书已交宁夏人民出版社进行最终审核，预计2022年初正式公开出版发行。

【方志馆建设】 2021年3月，地方志编纂研究室依托金凤区区史馆陈列展厅建成的方志馆，正式投入运行。方志馆建筑面积141平方米，方志馆集保管、收集、阅览、编纂、研究、咨询、展示、交流于一体，主要展示党史、区志、年鉴，内刊、公报、地图、拓片、文史资料、纪录片等内容，为读者提供系统、翔实、权威的地情信息。自3月开馆以来，共接待社会各界参观者2000余人。

【“方志金凤”微信公众号】 2021 年 1 月，地方志编纂研究室创办“方志金凤”微信公众号，先后刊发地方志文章 10 余篇，受到读者广泛好评，其中《饮风咽沙　不畏艰难　不负人民　勇做金凤区扶贫开发工作路上领头人》，阅读量达 1636 人次，28 人次点赞，受到辖区读者广泛好评。此文同时载入《宁夏史志》2021 年第 5 期。

【地方志宣传】 2021 年 5 月 18 日，地方志编纂研究室利用金凤电子快讯微信平台、微信公众号、办公楼电子屏以及悬挂横幅、制作宣传展板等形式开展宣传工作，使社会各界进一步了解地方志编研和开发利用的重要意义和作用，为推动地方志工作打下社会基础。开展志鉴成果进校园活动，向银川十三中捐赠《宁夏史志》《银川小志》《金凤年鉴(2020)》等书籍 30 余本。向 200 名学校师生作了题为《深入学习吴志宏先进事迹做一名不负人民的共产党员》的报告。校长杨永恒将吴志宏的先进事迹在校讯通转发，在校园掀起学习吴志宏先进事迹热潮。利用新闻媒体开展地方志宣传工作，全年在新消息日报、银川晚报、金凤电子快讯刊发新闻、信息 8 篇。全年在《宁夏史志》刊登文章 4 篇，在宁夏方志网刊发信息 1 篇。

（蔡建军）

2021 年 5 月 18 日，金凤区在银川第十三中学召开学习宣传吴志宏同志先进事迹分享会

中国人民政治协商会议银川市金凤区委员会

综　述

【组织机构】 2021年，政协银川市金凤区第五届委员第一次会议闭幕后，委员会由主席（党组书记）、党组副书记、副主席、秘书长、常务委员组成。政协金凤区委员会工作机构有办公室、经济委员会、教科文卫体委员会、提案和委员联络委员会（社会治理委员会）。政协委员会由20个界别210人组成，其中中国共产党13人，无党派人士4人，工商联19人，共青团6人，工会6人，妇联8人，教育10人，文化体育14人，科技科协11人，医药卫生7人，农林13人，经济32人，宗教界7人，民革9人，民盟9人，民建10人，民进9人，农工党6人，九三学社7人，特邀10人。

【理论学习】 2021年，金凤区政协集中学习了中共十九届六中全会精神、习近平总书记在党史学习教育动员大会上的重要讲话精神和“七一”重要讲话精神，学习了《中国共产党简史》、习近平《论中国共产党历史》、《毛泽东邓小平江泽民胡锦涛关于中国共产党历史论述摘编》、《中国共产党统一战线工作条例》、马克思主义“五观”以及自治区和市主要领导重要讲话精神、区市重要会议精神、金凤区第四次党代会精神等，开展党史学习教育专题讨论，认真撰写心得体会。落实习近平总书记关于读书学习的重要论述，打造政协机关委员书屋，以“四史”为重点读书主题，举办读书分享会，加强书香政协建设。通过学习切实增强“四个意识”、坚定“四个自信”、做到“两个维护”，用党的创新理论武装头脑推动工作，不断提升工作能力和水平。

12月3日，金凤区政协党组十九届六中全会精神学习研讨会召开

【履行职能】 2021年，金凤区政协围绕2021年度协商计划和工作重点，认真组织开展各项专题调研、视察和各类协商工作。全年共组织开展了调研5次、视察3次，召开“有事好商量”三方协商议事会3次，开展政协委员按界别联系社会组织活动2次，打造委员会客室1个，指导各镇、街政协三级委员联络小组开展活动。将四届五次全会上收集并立案的提案54件（包括10件重点提案）全部转交政府进行办理，及时跟进了解办理情况，对拟确定的重点提案和提案办理情况进行视察。利用委员进驻智慧城市运营中心和镇、街政协三级委员联络小组等平台，

广泛收集群众反映的热点难点问题，经审查后作为社情民意及时上报自治区、银川市政协和金凤区各相关部门。制定了《关于强化政协委员责任担当的实施意见》《关于加强和促进人民政协凝聚共识工作的实施意见》《协商工作规则》3项制度。政协金凤区五届一次全会期间，全体委员、政协各参加单位共提交提案185件，经审查立案44件（包括10件重点提案）。

2021年8月26日，金凤区政协组织部分委员对四届五次全会确定的10件重点提案办理工作进行视察

【党的建设】 2021年，金凤区政协党组认真落实“三会一课”制度，开展好每月主题党日活动。强化党员学习培训，组织学习党章党纪，结合党史学习教育，开展好革命传统教育和“民情体验日”活动。加强支部组织建设，按照《中国共产党章程》规定，及时补选了机关支部委员。召开各专委会功能型党支部2020年度组织生活会，发挥党员委员模范带头作用，促进党建和履职共同提升。开展好换届工作，按照《中国共产党统一战线工作条例》《中国人民政治协商会议章程》规定和《市县换届政协委员协商提名工作座谈会会议纪要》要求，结合辖区人口、经济规模，经过各单位提名推荐和各部门联审、面谈，确定了政协金凤区五届委员会委员共210名，在政协金凤区五届一次全会上选举产生了新一届常务委员会（包括主席1名、副主席3名、秘书长1名、常委30名），做到真正把代表性强、议政水平高、群众认可、德才兼备的社会各界优秀人士吸收到政协队伍中来，确保政协委员队伍的先进性和代表性。按照区委和政协党组安排，发挥党员先锋模范作用，积极参加新冠肺炎疫情防控工作；联系社区参加整改创建全国文明城市志愿服务活动、文明交通志愿服务活动和每月“爱国卫生日”活动等。

【委员培训】 2021年5月7—11日，金凤区政协组织全体政协常委、部分政协委员和机关干部到革命圣地井冈山。结合党史学习教育开展委员履职能力提升培训，参训人员先后聆听了《井冈山斗争与井冈山精神》《学习贯彻习近平总书记关于加强和改进人民政协工作的重要思想》《复兴之路——中国共产党辉煌的一百年》三场专题讲座，并到井冈山革命博物馆、黄洋界保卫战旧址、湘赣边界一大旧址和八角楼、龙江书院和小井红军医院旧址参观；在井冈山烈士陵园和小井红军烈士墓悼念革命先烈；在“井冈山红色故事讲坛”中聆听曾志、王佐、甘祖昌等革命先辈后代讲述英雄事迹。机关干部和委员们被红军战士们英勇顽强的革命意志和不惧牺牲的英雄壮举所深深感动，进一步坚定了理想信念，实现了思想的洗礼和升华，达到了学习党史、牢固思想、提升能力、履职尽责的目的。

2021年5月7日，金凤区政协在井冈山举办委员履职能力提升培训班

【视察督办重点提案】 2021年8月26日，金凤区政协组织部分委员对四届五次全会确定的10件重点提案办理工作进行视察，并召开督办协商会议。金凤区副区长高亮陪同视察。视察组实地察看了上海西路街道清水湾社区银税花园活动室升级改造项

目、满城北街街道平伏桥村文艺团队配备演出道具情况、黄河东路街道荣锦苑社区银新K1线铁路两侧硬化工程、金凤区第五小学教学楼窗户改造工程、长城中路街道五里水乡社区阵地建设项目5件重点提案，详细听取了相关街道、社区、学校和金凤区文体旅游广电局、住房城乡建设和交通局等承办部门提案办理情况介绍。在随后召开的提案办理“面对面”督办协商会上，高亮副区长作了《关于2021年政协提案办理情况的通报》，部分委员发言。委员们充分肯定了金凤区政府及各承办单位的提案办理工作，并提出意见建议。

【参加疫情防控】 2021年，银川市发生新冠肺炎疫情以来，金凤区政协党组按照区委安排部署，迅速落实各项防控工作。领导班子成员及时到各包抓村（社区）督导疫情防控和核酸检测采样等工作，协调解决物资配送等问题；机关干部按照要求下沉至包联社区开展隔离封控、人员登记等工作，日夜值守在疫情防控一线。多名政协委员在疫情发生后，第一时间主动报名参加志愿服务，按照社区分配，协助封控区域工作人员开展秩序维护、人员登记、防疫消杀、运送快递等工作，主动为社区捐款捐物，并提交反映疫情防控相关社情民意文章6篇。

重要会议

【四届五次会议】 2021年1月11—14日，政协银川市金凤区第四届委员会第五次会议在银川市大阅城凯悦嘉轩酒店举行。应出席会议委员169人，实到145人。特邀金凤区在职县级领导和原政协领导，各镇、街道，各部门、单位主要负责人列席。政协党组副书记李文陈主持召开各专委会功能型党支部2020年度组织生活会。政协副主席丁桂荣主持了开幕大会，大会审议通过了政协金凤区第四届委员会第五次会议议程，听取政协金凤区第四届委员会常务委员会工作报告和关于提案工作情况的报告。全体委员列席四届人大五次会议第一次、第二次大会，听取了政府工作报告及其他报告。会议期间，党委、政府主要领导参加了委员分组讨论，听取意见建议，同委员面对面交流。召开了政协金凤区四届26次常委会。政协主席张学东主持闭幕大会，对优秀政协委员和优秀提案委员进行了表彰，审议通过了政协金凤区四届五次会议决议、关于提案审查情况的报告，2021年度协商计划，金凤区党委书记李全才作重要讲话。

【五届一次会议】 2021年11月18—21日，政协银川市金凤区第五届委员会第一次会议在银川市大阅城凯悦嘉轩酒店举行。应出席会议委员210人，实到170人。邀请金凤区在职县级领导出席开幕、闭幕大会。政协主席张学东主持预备会议，金凤区党委常委、统战部部长黄学忠作了关于政协银川市金凤区第五届委员会委员产生情况的说明。签订了换届纪律承诺书。政协副主席丁桂荣主持开幕大会，会议听取了政协银川市金凤区第四届委员会常务委员会工作报告和提案工作情况的报告。全体委员列席金凤区五届人大第一次、第二次全体会议，听取政府工作报告和其他报告。委员按照界别进行分组讨论。会议选举产生了政协金凤区第五届委员会常务委员会，胡志刚当选为政协金凤区第五届委员会主席，李岐、杨永清、贺佩当选为副主席，郭震当选为秘书长，马永亮等30人当选为常务委员。闭幕大会通过了政协金凤区五届一次会议决议、关于提案审查情况的报告、2022年协商计划，金凤区党委书记赵会勇作重要讲话，胡志刚主席致闭幕词。

【四届第26次常委会会议】 2021年1月14日，四届第26次常委会会议在银川市大阅城凯悦嘉轩酒店召开，应出席人数27人，实到人数26人，各专委会主任列席。会议由金凤区政协党组书记、主席张学东主持，会上听取了各小组讨论情况的汇报，审议通过了《政协金凤区四届五次会议决议（草案）》《政协金凤区四届五次会议提案审查委员会关于提案审查情况的报告（草案）》《金凤区政协2021年度协商计划（草案）》。

【四届第 27 次常委会会议】 2021 年 3 月 31 日,四届第 27 次常委会会议在闽宁镇培训中心召开,应出席人数 27 人,实到人数 21 人,各专委会主任列席。会议由金凤区政协党组书记、主席张学东主持,传达学习了习近平总书记在党史学习教育动员大会上的重要讲话精神及自治区、银川市、金凤区党史学习教育动员大会精神,十三届全国人大四次会议、全国政协十三届四次会议精神,自治区十二届人大四次会议、自治区政协十一届四次会议精神,银川市十五届人大五次会议、银川市政协十三届五次会议精神;审议通过了《关于强化政协委员责任担当的实施意见》《关于加强和促进人民政协凝聚共识工作的实施意见》;对在政协委员中开展党史学习教育工作进行了安排部署。

【四届第 28 次常委会会议】 2021 年 6 月 22 日,四届第 28 次常委会会议在金凤区政府 2 号楼三楼政协会议室召开,应出席人数 27 人,实到人数 20 人,各专委会主任列席。会议由金凤区政协党组书记、主席张学东主持,传达学习了习近平总书记在南阳市主持召开推进南水北调后续工程高质量发展座谈会上的讲话精神,在中国科学院第二十次院士大会、中国工程院第十五次院士大会、中国科协第十次全国代表大会上的讲话精神,学习《中国共产党统一战线工作条例》《中国人民政治协商会议全国委员会协商工作规则》和全国政协主席汪洋在宁夏调研时的讲话精神。金凤区党委统战部副部长、宗教局局长马小忠为全体常委作理论宣讲,部分政协常委围绕“传承党的百年光辉史基因,铸牢中华民族共同体意识”主题进行研讨交流;围绕“推进全面依法治区”开展专题协商议政;研究审议了人事事项。

【四届第 29 次常委会会议】 2021 年 9 月 27 日,四届第 29 次常委会会议在金凤区政府 2 号楼三楼政协会议室召开,应出席人数 26 人,实到人数 18 人,政协党组成员杨永清、各专委会主任列席。会议由金凤区政协党组书记、主席张学东主持,传达学习了习近平总书记在中央民族工作会议上的重要讲话精神、在中央财经委员会第十次会议上的重要讲话精神以及全国地方政协提案工作经验交流座谈会上的精神;围绕“银川阅海湾中央商务区发展数字经济打造数字经济产业园情况”开展了专题协商议政;研究审议了《政协金凤区委员会协商工作规则》、人事事项。

【四届第 30 次常委会会议】 2021 年 10 月 19 日,四届第 30 次常委会会议在金凤区政府 2 号楼三楼政协会议室召开,应出席人数 26 人,实到人数 19 人,政协党组副书记胡志刚、党组成员杨永清、副主席候选人贺佩、党组副书记王玫以及各专委会主任列席。会议由金凤区政协党组书记、主席张学东主持,传达学习了习近平总书记在纪念辛亥革命 110 周年大会上的重要讲话精神、在中央人才工作会议上的重要讲话精神,中国共产党宁夏回族自治区第十二届委员会第十三次全体会议精神传达提纲;协商通过政协银川市金凤区第五届委员会委员名额、界别设置和建议名单,政协银川市金凤区第五届委员会常委协商提名名单,政协银川市金凤区第五届委员会第一次会议议程和日程安排等内容,通过了政协银川市金凤区第四届委员会常务委员会工作报告、政协银川市金凤区第四届委员会常务委员会关于提案工作情况的报告、金凤区政协 2022 年度协商计划。

【五届第 1 次常委会会议】 2021 年 11 月 21 日,五届第 1 次常委会会议在银川市大阅城凯悦嘉轩酒店召开,应出席人数 35 人,实到人数 29 人。会议由金凤区政协主席胡志刚主持,会上审议通过了《政协银川市金凤区第五届委员会第 1 次会议决议(草案)》《政协银川市金凤区第五届委员会第 1 次会议关于提案审查情况的报告(草案)》《金凤区政协 2022 年度协商计划(草案)》。

重要活动

【调研拟确定的重点提案】 2021 年 2 月 24 日,金凤区政协主席组织开展 2021 年拟确定的重点提案前期调研活动。金凤区教育局及良田镇、长城中路街道、上海西路街道、黄河东路街道、满城北街街道等相关单位负责人随同调研。调研组一行先后到上海西路街道清水湾社区银税花园活动室、金凤四小乒乓球馆、长城中路街道五里水乡社区等地实地察看，详细听取相关单位负责人对具体情况的介绍，了解提案办理思路构想、落实可行性以及资金预算等情况，并深入交流探讨，提出有针对性的意见建议。

【党风廉政建设专题会议】 2021年3月10日，金凤区政协党组召开党风廉政建设专题会议，学习传达张柱在市委2021年第7次常委会(扩大)会议上的讲话和银川市纪委十四届六次全会、金凤区纪委三届六次全会精神，安排部署党风廉政建设工作。政协党组书记和各党组成员、各委(室)主任、副主任以及政协机关党支部书记分层签订党风廉政建设责任书。

【党史学习教育专题研讨会】 2021年3月30日，政协机关召开党史学习教育专题研讨会。金凤区政协党组书记、主席张学东主持会议，政协党组成员、各委(室)负责人和机关全体党员干部参加研讨会。会上集中学习了《习近平新时代中国特色社会主义思想学习问答》人间正道开新篇；政协县处级干部李文陈、丁桂荣和科级干部郭震、李凤军围绕"感悟思想伟力，增强用党的创新理论武装全党的政治自觉、思想自觉"主题进行研讨发言。

【调研辖区数字社区试点工作】 2021年4月21日，金凤区政协组织部分委员围绕"提升金凤区数字社区治理水平"开展调研。调研组先后深入上海西路街道枕水花园小区、阅海万家D区、满城北街街道新海家园二区、满春园社区，现场听取了社区工作人员关于推进数字小区建设工作的介绍，并与社区干部和平台管理人员进行了交流。在金凤区智慧城市运营中心的座谈会上组织委员集中学习了中共党史，部分委员分享了学习体会，针对数字社区运营情况，就提升数字社区治理水平提出建议。

【经济界别联系社会组织活动】 2021年4月27日，金凤区政协组织部分经济界别委员与银川市金凤区阅海湾企业家联合会、广东商会、江苏商会、上海商会及部分企业负责人开展联系活动，以"紧抓开局良好形势，促进发展献良策"为主题，通过实地观摩、听取企业运营项目需求情况、共享经营理念和管理经验，进行互观互学，并通报了金凤区2021年第一季度经济运行情况，解读了《关于支持民营企业加快改革发展与转型升级的实施方案》和《宁夏九大重点产业高质量发展实施方案》等政策措施，社会组织和企业负责人从加快项目报批效率、销售广告宣传设置、优化营商环境等方面提出了意见建议，政协委员认真听取了意见建议，并通过多种方式反馈给相关部门，推动问题解决。

【"有事好商量"三方协商议事会】 2021年5月17日，金凤区政协组织部分委员对湖畔嘉苑小区、鲁银·城市公元小区、金地花园小区、颐和城府小区停车难问题中所涉及的地下车库租售难、小区主干道权属争议、车辆乱停放、小区出口道路破损等具体问题开展现场调研，随后召开"有事好商量"三方协商议事会，对有关问题进行协商解决。7月23日，金凤区政协组织部分委员同相关部门汇聚阅海湾中央商务区，就"增加阅海湾社区内体育健身设施建设"问题，开展"有事好商量"三方协商议事。阅海湾中央商务区管委会、上海西路街道办事处、阅海湾社区负责人分别就相关情况作了介绍，文化体育旅游广电局负责人解答了有关问题，部分政协委员作了发言。通过协商，达成了在阅海湾社区内安装健身路径、建设多功能篮球场和未成年人活动场地等共识。7月27日，金凤区政协组织部分委员、辖区六大商圈负责人与金凤区商务和经济技术合作局、综合执法局、审批服务管理局、黄河东路街道等部门，对商圈外摆促销实行柔性管理机制进行"有事好商量"三方协商议事。参会人员首先到新百连超城市春天店、万达金街和建发大阅城中街进行实地考察，随后召开三方协商议事会。会上，金凤区商务和经济技术合作局通报了商圈外摆促销需求情况，并提出实行柔性管理建议；各大商圈负责人从提升商圈人气，营造消费氛围和实行外摆促销，扩大经济恢复成果的必要性等方面提出意见建议；政协委员提出对商圈外摆促销因地制宜、细化业态、区别对待进行审批，分时段、分地段实行柔性管理等建议，相关部门进行了回应和答复。会后政协将协商结果报金凤区党委。

【调研“推进全面依法治区”工作】 2021年6月2日，金凤区政协组织部分委员深入黄河东路街道银啤苑社区、金凤区综合执法局，围绕“推进全面依法治区”工作开展调研。调研组一行在黄河东路街道银啤苑社区参观了“板凳会”展馆，听取社区工作人员讲解，详细了解银啤苑社区多年来通过“板凳会”开展“民主议事”，解决群众各类诉求及矛盾所取得的经验和成效；在金凤区综合执法局听取了各相关部门行政执法工作汇报。委员们通过交流互动，加深了对政府部门行政执法工作职责的了解，对相关部门的工作给予充分肯定，同时也针对存在的不足给出了建设性建议。

【视察良田镇万亩现代农业产业园】 2021年6月3日，金凤区政协组织部分委员，对良田镇万亩现代农业产业园重点项目扩面提标建设情况进行视察。委员们先后深入良田镇兴源村、光明村、金星村，实地察看了兴源村温棚产业园区，光明村高标准智能化育苗中心，金星村扶贫产业园，听取了相关工作汇报及项目点种植运营情况汇报，召开了座谈会。委员们围绕良田镇万亩现代农业产业园重点项目扩面提标建设情况取得效果及存在问题提出了意见建议。

【农林界别联系社会组织活动】 2021年6月16日，金凤区政协组织部分农林界别委员包括银川新华百货连锁超市有限公司、新华联商业管理有限公司、欧美思商业广场等5家金凤区商业联盟协会会员单位负责人等20余人在良田镇开展活动。活动中，委员及会员单位负责人先后到光明村高标准智能化育苗中心，园子村扶贫产业园，金星村扶贫产业园，通过实地察看走访，了解良田镇农产品的种植销售情况，随后召开座谈交流会。座谈会以“金凤区农产品农超对接中存在的问题及未来发展建议”为主题，参会人员围绕主题提出意见建议。

【学习习近平总书记在庆祝中国共产党成立100周年大会上的讲话精神】 2021年7月5日，金凤区政协召开党组（扩大）会议，传达学习习近平总书记在庆祝中国共产党成立100周年大会上的重要讲话精神和习近平总书记在“七一勋章”颁授仪式上的重要讲话精神，并研究学习贯彻措施。党组成员和各委（室）负责人围绕“认真学习贯彻习近平总书记在庆祝中国共产党成立100周年大会上的重要讲话精神”主题开展了专题研讨。

【视察阅海湾打造省级旅游度假区创建工作】 2021年7月23日，金凤区政协组织部分委员，对阅海湾打造省级旅游度假区创建工作进行了视察，金凤区文化体育旅游广电局负责人陪同调研，副区长杨成凤参加了座谈讨论。委员们先后到览山公园、花博园、喜来登酒店实地观摩察看了阅海湾打造省级旅游度假区创建工作情况，随后进行座谈讨论。委员们充分肯定金凤区在阅海湾打造省级旅游度假区创建工作中的成绩，并针对存在问题提出了意见建议。

2021年9月2日，金凤区政协组织部分政协委员到银川阅海湾中央商务区调研数字经济产业园建设和数字经济发展情况

【三级委员联络小组工作座谈会】 2021年8月20日，金凤区政协组织召开政协三级委员联络小组工作座谈会，政协领导班子成员、各委（室）负责人和各镇街政协三级委员联络小组召集人等参加会议。会上，各镇街政协三级委员联络小组召集人汇报了联

络小组成立以来工作开展情况、取得成效、存在问题及工作意见建议，并围绕推进政协三级委员联络小组工作开展及如何更好发挥联络小组作用进行沟通交流。

【调研数字经济产业园建设和数字经济发展情况】 2021年9月2日，金凤区政协组织部分委员到银川阅海湾中央商务区调研数字经济产业园建设和数字经济发展情况。金凤区商务和经济技术合作局、科技局负责人参加调研。调研组走进阅海湾中央商务区数字经济产业园，听取了数字经济发展情况介绍，走访了园区5家企业，与企业负责人交流，进一步掌握相关企业经营状况，并召开了座谈会。阅海湾中央商务区管委会副主任张涛通报了园区数字经济产业发展情况。政协委员立足行业优势，与园区8家数字经济企业负责人深度交流讨论，为进一步促进金凤区数字经济产业发展提出了意见建议。

【专题民主生活会】 2021年11月26日，金凤区政协党组召开"深化作风建设"专题民主生活会。在认真学习《中国共产党章程》《中国共产党纪律处分条例》《中共中央政治局贯彻落实中央八项规定的实施细则》《习近平总书记关于作风建设的重要论述》《宁夏回族自治区加强作风建设八条禁令》等文件精神基础上，班子成员之间开展了谈心谈话，认真查摆了存在问题，撰写了个人对照检查材料。会上，班子成员按照要求、紧扣主题，进行了剖析发言，金凤区纪委常委李颖第对本次民主生活会召开情况作出点评。

【学习中共十九届六中全会精神研讨会】 2021年12月3日，金凤区政协党组理论学习中心组召开中共十九届六中全会精神(扩大)学习研讨会。围绕学习贯彻中共十九届六中全会精神，县处级干部李岐、杨永清和科级干部李凤军、王子军进行交流研讨。会议对金凤区政协学习贯彻中共十九届六中全会精神进行了安排部署。

【自治区政协副主席郑震调研金凤区政协工作】 2021年12月10日，自治区政协副主席郑震到金凤区政协调研指导工作，与新一届领导班子成员和各专委会主任座谈交流。郑震听取了金凤区政协换届情况和下一步工作思路汇报，详细了解政协金凤区第五届委员会委员构成情况、领导班子情况以及对自治区政协在工作帮带方面的意见建议，对今后的工作提出了要求，并宣讲了中共十九届六中全会精神。

专门委员会工作

【提案和委员联络委员会(社会治理委员会)】 主要工作：政协金凤区四届五次会议期间，委员及政协各参加单位共提出提案118件，经审查立案54件，确定重点提案10件；政协金凤区五届一次会议期间，委员及政协各参加单位共提出提案185件，经审查立案44件，委员建议54件，确定重点提案10件。政协金凤区委员会及时将提案转呈至金凤区政府，转交至各承办单位办理，对超出金凤区权辖的以社情民意方式上报自治区、银川市。提案和委员联络委员会组织部分委员对政协金凤区四届五次全会重点提案办理工作进行了视察督办，提出办理建议，撰写了《政协金凤区2021年重点提案视察报告》；围绕"提升金凤区数字社区治理水平"对辖区数字社区试点工作进行调研，撰写上报了《关于提升金凤区数字社区治理水平的调研报告》；围绕金凤区"推进全面依法治区"工作开展调研，撰写上报了《关于推进全面依法行政 强化严格执法的协商报告》；围绕"停车难"主题组织开展"有事好商量"三方协商议事会；组织党员委员开展了功能型党支部活动。

【经济委员会】 开展功能型党支部活动；组织部分经济界别委员与金凤区阅海湾企业家联合会、广东商会、江苏商会、上海商会及部分企业负责人开展以"紧抓开局良好形势，促进发展献良策"为主题的活动，共同商讨促进金凤区经济社会发展措施；围绕“对商圈外摆促销实行柔性化管理”主题组织开展“有事好商量”三方协商议事会，到金凤万达、建发大阅城、新百连锁超市等实地察看，听取六大商圈负责人意见建议，建议拟定《金凤区商圈外摆促销柔性管理办法》，撰写上报了协商情况报告；组织部分相关行业政协委员调研银川阅海湾中央商务区数字经济产业园建设和数字经济发展情况，与园区相关企业和有关部门座谈交流，撰写上报了《关于银川阅海湾中央商务区数字经济发展情况的调研报告》。

【教科文卫体委员会】 组织部分委员对金凤区良田镇万亩现代农业产业园重点项目扩面提标建设情况进行视察，通过实地走访，听取汇报了解情况，召开座谈会提出意见建议，并撰写了《关于良田万亩现代农业产业园重点项目扩面提标建设情况视察报告》；组织部分农林界别委员与金凤区商业联盟协会在良田镇开展“金凤区农产品在农超对接中存在的问题及未来发展建议”主题活动，先后前往光明村高标准智能化育苗中心、园子村扶贫产业园、金星村扶贫产业园实地察看走访，并召开座谈会，提出意见建议；组织部分政协委员对阅海湾打造省级旅游度假区创建工作进行视察并开展座谈，对有关问题提出意见建议；围绕“阅海湾社区体育健身设施建设”主题开展“有事好商量”三方协商议事会，提出安装健身路径、建设多功能篮球场和未成年人活动场所等建议。组织开展功能型党支部活动。

（张静宜）

纪委监委

综　述

【概况】 2021年，金凤区纪委监委制定印发《2021年金凤区全面从严治党党风廉政建设和反腐败主要任务分工》、"一岗双责"工作手册，与各部门、单位"一把手"签订党风廉政建设责任书，并指导各级党组织建立完善全面从严治党"三个清单"，推行基层党组织负责人述责述职述廉述法述审"五述"制度。协助区委制定《加强对"一把手"和领导班子监督实施细则（试行）》等3个文件，突出政治监督、做实日常监督，形成"一把手"带动"一班人"、"一班人"监督"一把手"的责任落实体系和监督格局。围绕"一把手"履职情况，积极组织开展党风廉政建设大督查3次，反馈并督促整改问题23个。

【正风肃纪】 2021年，金凤区纪委监委扎实开展违规吃喝隐形变异问题专项整治，出动检查人员95人次，开展专项监督检查69次。深入开展作风建设专项监督检查，查处违反会风会纪、值班纪律问题32个，诫勉谈话1人，责令作出书面检查25人，书面通报单位2个。持续强化公务用车监督，通过筛选公务加油卡数据，精准发现异常问题56条。积极组织开展党风廉政建设大督查3次，反馈并督促整改问题23个，下发《纪律检查建议书》《监察建议书》24份，谈话提醒21人次，出具廉政意见复函123份3633人次。

2月25日，金凤区召开纪委三届六次全体会议

【查办案件】 2021年，金凤区纪委监委受理信访举报167件次，处置问题线索146件，初核143件，谈话函询3件；了结问题线索106件，立案62件，给予党纪政务处分58人，移送检察机关审查起诉2人；准确运用监督执纪"四种形态"处理179人次，其中第一种至第四种形态分别占67%、16.2%、8.9%、7.8%，实现了"惩治极少数"向"管住大多数"转变。深入开展工程建设政府采购等重点领域专项治理，整改问题327个，受理问题线索13件，问责处理2人。深入开展"清风校园"专项活动，发现问题16个，党纪政务处分2人。扎实开展"廉洁从政警示教育月"活动，开展廉政教育活动120余场次。紧盯村级"小微权力"监督，先行试点在高桥村开展村集体"三资"提级监督。探索完善"纪检监察工作室+信息员"工作模式，发现上报问题437个，转为问题线索20个，给予党纪处分10人。

【政治巡视巡察整改】 2021年,金凤区纪委监委配合开展2轮市县一体化联动巡察,完成一届任期内48个单位巡察全覆盖任务。严格执行《巡视巡察整改督查督办工作实施办法(试行)》,做细做实“后半篇文章”,对三年来所有被巡察单位整改情况督查“回头看”,发现整改不到位、不彻底问题56个,新问题87个,约谈党组织1个,给予诫勉谈话1人。围绕市委第十二轮、第十三轮及第十四轮反馈的11个单位党组织117个问题,督促被巡察单位制定整改措施430条,建立完善制度118项,整改问题101个,整改率86.3%,追缴违纪违规资金10.3万元,挽回损失77.64万元。开展涉粮问题专项巡察,发现并反馈6个方面的问题。

【政治监督】 2021年,金凤区纪委监委坚持“党中央重大决策部署到哪里,监督检查就跟进到哪里”,紧盯金凤区第四次党代会、经济工作会议等精神落实,聚焦习近平总书记视察宁夏重要讲话和指示批示精神贯彻落实情况、黄河流域生态保护和高质量发展先行区建设等重大事项,精准开展监督检查,发现并推动整改问题55个,查处落实工作不力问题4个,责令作出书面检查4人。协助区委制定《加强对“一把手”和领导班子监督实施细则(试行)》等3个文件,突出政治监督、做实日常监督,形成“一把手”带动“一班人”,“一班人”监督“一把手”的责任落实体系和监督格局。坚决扛起疫情防控政治责任,组织开展监督检查130余次,发现解决问题171个,对落实疫情防控措施不严不实的26名领导干部给予组织处理。围绕换届选举工作,综合运用“驻点+巡回督查”机制全流程跟进监督,办理涉及违反换届纪律的问题线索9件。

2021年4月27日,金凤区召开新任职干部任前集体谈话会

【日常监督检查】 2021年,金凤区纪委监委扎实开展违规吃喝隐形变异问题专项整治,出动检查人员95人次,开展专项监督检查69次。深入开展作风建设专项监督检查,查处违反会风会纪、值班纪律问题32个,诫勉谈话1人,责令作出书面检查25人,书面通报单位2个。持续强化公务用车监督,通过筛选公务加油卡数据,精准发现异常问题56条。积极组织开展党风廉政建设大督查3次,反馈并督促整改问题23个,下发《纪律检查建议书》《监察建议书》24份,谈话提醒21人次,出具廉政意见复函123份3633人次。

【专项整治】 2021年,金凤区纪委监委扎实开展群众身边腐败和不正之风专项整治,检查医疗卫生机构167家,校外培训机构181家,住宅小区425个,生态环境企业400余个,抽查银川市“12345”便民服务热线转办案件29件,先后公布3批次14项专项整治成果,对1起骗取集体资金典型案例进行公开通报,查处群众身边不正之风和腐败问题6起6人。扎实开展过渡期专项监督,坚持纪检监察干部包抓“三类人员”机制,精准监督13个重点职能部门和3个涉农镇街履职情况,跟踪监督28个重点项目和财政衔接资金使用情况,加强对惠民惠农财政补贴资金“一卡通”使用管理情况监督,保障乡村振兴战略稳步推进。聚焦政法队伍教育整顿,排查干警本人或亲属经商办企业信息51人137条,认定违规1人1条。聚焦窗口单位服务情况,探索建立“体验式”监督模式,坚决纠治“窗口腐败”问题。

【党史学习教育】 2021年,金凤区纪委监委编制《金凤区纪委监委党史学习教育资料汇编》,先后开展集中学习55次,专题研讨18次。组织开展专题党课、党史宣讲、参观党史展馆、观看红色电影等系列活动,做到学史明理、学史增信、学史崇德、学史力行。结合“我为群众办实事”实践活动,实地走访建档立卡贫困户，收集解决关系群众切身利益的问题3个。认真学习贯彻中共十九届六中全会精神，深刻认识党百年奋斗重大成就和历史经验，准确把握习近平总书记原创性的治国理政新理念新思路新战略，结合纪检监察工作实际全面落实自我革命实践要求，忠诚拥护“两个确立”、增强“四个意识”、坚定“四个自信”、做到“两个维护”。

2021年8月5日，金凤区纪委监委干部参观区史馆

【队伍建设】 2021年，金凤区纪委监委全面落实习近平总书记和党中央关于加强纪检监察干部队伍建设的要求，坚持不懈强化理论武装，毫不松懈加强自身建设，成功创建第一批“让党中央放心、让人民满意”模范机关。坚持内部学习和外派培训相结合，举办金凤区纪检监察系统干部综合业务能力提升培训班，组织培训纪检监察干部68名，选派30名干部参加上级纪委培训，不断提升业务能力和专业化水平。坚持严管严治，制定《谈心谈话制度》《家访工作方案》，及时掌握了解纪检监察干部思想、工作情况。健全内控机制，制定谈话室管理等制度9项，修订完善考勤管理等制度10项。扎实开展“案件质量提升年”活动，加强案件评查，不断提升纪检监察工作规范化法治化水平。

（马国虎）

巡察工作

【压实主体责任】 2021年，金凤区委将巡察工作纳入年度工作要点，与党建和党风廉政建设同部署、同推进、同落实，第一时间听取每轮巡察反馈意见和问题整改情况，会商研究解决重大问题。全年常委会会议研究部署巡察工作4次，听取巡察工作情况综合汇报4次，解决了黄河东路街道湖畔嘉苑停车难，满城北街街道临阅家园、海珀兰轩等社区缺少服务群众阵地等一批群众关心关注的热点问题。区委书记切实履行第一责任人职责，亲自点题，对四年来市县一体化巡察整改情况安排部署督查“回头看”，针对财务和资产管理不规范问题安排了新一轮国有资产清理清查专项工作。

【督查“回头看”】 4月中旬，纪委监委、组织部、巡察办抽调16人(次)对市委第十一轮、第十二轮及县处级领导包抓巡察反馈问题整改情况进行全面检查，对住建和交通局、农业农村和水务局等5家单位进行重点检查，现场向被巡察单位移交问题清单17个，要求限期整改，并在金凤区党的建设领导小组会议上进行通报。6月底，以“看旧察新”为监督重点，对四年来所有被巡察单位整改情况进行一次为期2个月的督查“回头看”，共发现整改不到位、不彻底问题56个，新问题87个，移交问题线索1个，对履行整改主体责任不到位的教育局党工委进行约谈。

【涉粮问题专项巡察】 2021年，巡察办认真贯彻落实自治区党委工作部署，选任长期参加自治区、银川市巡视巡察工作的人员担任专项巡察组组长，以监督贯彻落实粮食安全属地管理责任为重点，扎实开展涉粮问题专项巡察工作，通过听取汇报、开展个别谈话、查阅文件资料及实地走访调研等方式，共发现问题6个，已形成报告初稿。

【夯实整改责任】 2021年，巡察办坚持第一时间通过“书办会”向区委主要领导及被巡察单位分管领导反馈巡察发现问题，压实共性问题整改责任，督促落实“一岗双责”。区委巡察工作领导小组全面领导巡察机构履职尽责，积极协调县处级分管领导及有关单位(部门)定期听取整改情况汇报，与各被巡察单位党组织签订《巡察反馈问题整改承诺书》，严明“一把手”第一责任人职责。

【督查督办】 2021 年，纪委监委、组织部认真落实《巡视巡察整改督查督办工作实施办法（试行）》，推动督查督办工作常态化、规范化开展。围绕市委第十二轮、第十三轮及第十四轮反馈的 11 个单位党组织 117 个问题，督促被巡察单位制定整改措施 430 条，建立完善制度 118 项，现已整改完成 101 个问题，整改率为 86.3%，共追缴违纪违规资金 10.3 万元，挽回损失 77.642 万元。移交纪委监委的 8 个问题线索现已全部办结，约谈 38 人次，问责 11 人，下发监察建议 1 份。移交区委组织部的 95 个问题已列为被巡察单位阶段性党建工作要点整改并长期坚持。

【健全工作制度】 2021 年，制定《巡察整改公开办法》《金凤区党委巡察工作领导小组听取巡察工作中期汇报办法》《关于规范巡察期间立行立改工作的办法》《巡察抽调干部工作鉴定管理办法》《金凤区党委巡察组工作规则》等制度，使巡察工作全过程、各环节均有章可循、有序运行。

【巡察队伍建设】 2021 年，制定《金凤区党委巡察机构政治理论和业务知识学习制度》《选派巡察干部到同级纪检监察室跟班学习和纪检监察室主任担任巡察组顾问办法（试行）》。完善《金凤区委巡察人才库管理办法》，建立并实行巡察“人才库”动态管理工作机制，将优秀年轻后备干部纳入库中，入库共 95 人，其中人才库 80 人，组长库 15 人。组织全体巡察机构工作人员赴平罗、青铜峡、中宁党委巡察办交流学习，切实学到细节、掌握要点、找准关键，为接下来的工作开拓思路，积累经验。组织巡察干部参加银川市培训 3 次，2 人以干代训被抽调到银川市巡察组半年，队伍整体能力得到进一步提升。

（谢媛媛）

2021 年 12 月 23 日，金凤区委巡察工作领导小组听取 2021 年巡察工作情况

民主党派和工商联

民革金凤区支部委员会

【概况】 2021年,民革金凤区支部共有党员35人,新入党积极分子1人,主要来自政府机关、学校、国有企业、法律等各阶层,其中男性23人、女性12人,大专以上学历31人,党员担任银川市人大代表1人,政协委员3人,金凤区人大代表1人,政协委员8人,银川市政协常委1人,金凤区政协常委2人,荣获2021年思想宣传工作先进集体称号。

【思想建设】 2021年,民革金凤区支部多形式组织党员学习贯彻落实各级会议精神,举办专题学习活动9次、线上学习6次,线下学习3次;积极组织党员参加自治区、银川市、金凤区委统战部组织的各类

2021年7月1日,民革金凤区支部以“奋进新时代,诗文颂党恩”为主题,组织开展诗歌朗诵活动

培训13场次31人次;参加各级线上线下研讨学习7场次52人次,撰写心得体会30余篇。通过组织开展集体诗文朗诵、观看爱国电影《长津湖》、拍摄《民革党员为民服务不迟疑》短视频等宣传方式,庆祝中国共产党成立100周年,感受伟大的抗美援朝精神的丰富内涵和时代价值,引导民革党员进一步学史明理、学史增信、学史崇德、学史力行,不断展现民革良好的参政党形象,其中短视频《民革党员为民服务不迟疑》被民革中央评为三等奖。

【组织建设】 2021年,民革金凤区支部班子内部按照“集体领导、民主集中、个别酝酿、会议决定”的民主程序,成功组织召开第五次党员大会,选举产生新一届委员会及民革银川市第八次代表大会代表;积极培育发展党员,年度转正党员1名,积极培育党员1名,召开民主生活会1次,支部扩大会议6次,成功通过民革达标支部验收。支部委员王静、陈思凡在2021年度的民革银川市委会的考核中分别被评为思想宣传工作先进工作个人、参政议政先进工作个人。

【参政议政】 2021年,民革金凤区支部组织支部党员积极参加政协银川市第十四届委员会第一次会议,政协金凤区第四届委员会第五次会议、政协金凤区第五届委员会第一次等会议,先后提交《关于大力发展休闲观光农业的建议》《关于促进农民增收的提案》等提案作为大会发言,会议期间立案6件,转社情民意信息18件。党员围绕民生、教育等社会热点

问题撰写社情民意33篇，其中被《华兴时报》刊登1篇，“学习强国”和《宁夏日报》刊发1篇，自治区政协采用4篇，民革区委会采用3篇，立案1篇，银川市政协采用9篇，民革市委会采用19篇。

【社会服务】 2021年，民革金凤区支部积极开展新冠肺炎疫情防控，支部主委李淑娟、副主委张龙主动下沉社区，承担疫情防控的夜班执勤看守、社区核酸检测采样点执勤、配送物资等工作。支部委员孙旭以及党员陆生奇、王伶俐等作为教育工作者，通过在线答疑、直播讲解等方式确保教学质量，党员王伶俐所录课程被教育厅评为二等奖；民革党员郑子斌带头捐款捐物，为凝聚抗疫力量发挥作用。支部委员陈思凡，认真撰写报送了加强银川市商场地下车库防疫、抓紧新增隔离酒店等社情民意信息数篇，部分社情民意信息也已得到银川市商务局等单位的办理答复，为遏制疫情扩散贡献了民革智慧。疫情防控期间支部全员所撰写的社情民意被自治区政协采用2篇，银川市政协采用4篇。

（陈思凡）

民盟金凤区总支委员会

【概况】 2021年，民盟金凤区总支委员会共有盟员43人，下设3个支部，男性21人，女性22人。盟员平均年龄51岁，在职人员占72%，中高级职称占70%。有金凤区政协委员6人，常委1人，银川市政协委员1人。

【思想建设】 2021年，民盟金凤二区总支进一步加大学习培训力度，根据要求制定盟员学习培训计划，全面加强政治学习，提高政治修养。组织盟员学习认真贯彻中共十九届中央委员会历次全会精神、各级统战工作会议精神、民盟盟章盟史等内容。利用微信群，及时转发各级党组织、盟组织会议学习内容，利用微信平台，组织开展大学习大讨论活动。组织全体盟员100%在“学习强国”平台上学习，定期打卡晾晒学习成果，对重点学习内容，要求班子成员撰写学习心得，年内共撰写33篇。

【组织建设】 2021年，民盟金凤二区总支严格按照发展程序，充分听取考察对象所在单位党组织和群众的意见，做到成熟一个发展一个，宁缺毋滥。努力吸纳政治素质好、作风正派、学有专长、富有朝气的中青年同志加入组织，2021年培养积极分子1人。

【参政议政】 2021年，民盟金凤二区总支广泛调查研究，了解基层群众的工作与生活。要求各支部从服务大局、谋大事、议大计的要求出发，围绕规划的方案实施开展调查研究，使建言献策更具有全局性、前瞻性和可操作性。根据盟员工作特点，2021年的调研课题为《关于金凤区乡镇卫生院发展现状调研》，已完成并作为大会交流发言提交金凤区政协全体会议审议，两级委员共提案10件。

【社会服务】 2021年6月27日，民盟金凤二区总支与社区居民开展“唱红歌　感党恩　跟党走”主题活动，通过歌唱表达对祖国的美好祝福。制作庆祝中国共产党成立100周年MV，展示了近年来民盟与社区携手发展，及辖区居民的美好生活，MV被金凤电子快报、民盟宁夏等微信公众号转发，为庆祝活动增添欢乐的气氛。9月17日，围绕“喜迎中秋·情暖邻里”的主题，组织盟员，选送节目与社区居民同台表演，与社区居民共庆中秋佳节。活动中间穿插了健康知识、文明城市知识问答活动，通过活动提高居民的文明健康素养。为居民提供免费理发、按摩、医疗义诊、家电维修等志愿服务项目。

【盟员风采】 2021年，民盟金凤二区总支盟员谢韶华、翟志强被民盟宁夏区委会授予抗击疫情“先进个人”称号，民盟金凤总支被民盟宁夏区委会、银川市委会评为思想政治宣传工作、社会服务工作先进基层组织等奖励。副主委翟志强在北大核心期刊《回族研究》上发表文章1篇，被评为金凤区2021年黄河流域生态保护和高质量发展先行区先进个人；委员崔澎虎的创业项目被评为自治区宣传部重点文艺项目奖励扶持项目、自治区级优秀大学生创业项目，获得第十一届宁夏青年创新创业大赛青创新锐奖、最佳创意奖，崔澎虎个人获评银川市团委、丽景街银虹社区疫情防控优秀志愿者。

（马佳琪）

民建金凤区总支委员会

【概况】 2021年，中国民主建国会银川市金凤区总支委员会有会员55人，平均年龄45.7岁。年内发展会员3人，平均年龄39.6岁。其中，教育界7人，律师界8人，其他界别40人，有大专及以上学历者55人，占会员总数100%，中高级职称25人，占45%，会员担任金凤区政协委员8人(其中政协常委1人、委员7人)。

【思想建设】 2021年，民建金凤二区总支坚持把学习贯彻习近平新时代中国特色社会主义思想，中共十九大及历次全会精神及中共中央总书记习近平“七一”重要讲话精神作为首要政治任务，组织骨干会员多次参加民建宁夏区委会、银川市委会及金凤区委统战部组织的各类理论学习，认真学习了中共党史、民建会史及“七一”重要讲话精神，结合庆祝中国共产党成立100周年，开展了中共党史学习教育体验教学及红色经典诵读活动，组织班子成员向民建市委会学党史主题征文投稿7篇，4篇被选用，在

2021年7月1日，民建金凤区总支组织开展“忆百年历史·看今昔巨变”党史学习教育体验教学暨红色经典诵读分享活动

银川民建公众号推送，全年共向民建市委会报送信息13篇，被采用13篇。

【组织建设】 2021年6月15日，民建金凤二区总支顺利完成民建金凤总支换届选举工作，选举出民建银川市金凤区总支第二届委员会委员7名，从委员中选举出主委1名，副主委3名。换届后，新一届领导班子成员坚持民主集中制原则，制定了主委、副主委、委员工作职责分工，班子成员各司其职、相互配合完成党派各项工作。按照市委会的要求和会员标准，积极发展新会员，吸纳优秀人才进入民建组织，提升组织活力。2021年，通过区市民建考察加入金凤总支的有3名新会员。按照市委统战部有关文件要求，总支委分别向市委统战部和金凤区委统战部推荐了8名符合条件的民主党派代表人士。

【参政议政】 2021年，民建金凤二区总支会员中的政协委员在政协银川市金凤区第五届委员会第一次会议上，围绕金凤区经济建设和社会发展的热点、难点问题，认真参政议政、建言献策。潘婷、张丽丽、王雁、曹杨等会员提交《关于加快推进银川市婴幼儿托育工作的提案》《关于加强废弃树木回收再利用管理的提案》《关于加强对“外卖小哥”管理的提案》等政协提案共7条，总支主委在大会开幕式上代表金凤总支做了《关于进一步优化悦书房服务功能的建议》的发言，为提升金凤悦书房运行效能，优化服务功能提出了贴近实际、务实可行的建议，得到了领导的好评。围绕金凤区委、区政府中心工作，积极开展调研工作，撰写调研报告，结合区情、选准题目、注重效果，完成《金凤区乡村旅游发展情况的调研》《关于优化悦书房服务功能的建议》两篇调研报告。在金凤区委统战部的帮助指导下《关于优化悦书房服务功能的建议》顺利参加政协会议发言。王新伟、武刚、何然等会员全年反映社情民意共7条。

【社会服务】 2021年，民建金凤二区总支组织会员投身到新冠肺炎疫情防控一线进行值守，并组织捐款3500元购买防疫物资慰问一线抗疫工作者。入会发展对象的企业方维(宁夏)文化体育产业发展有限

公司，为丰登镇捐赠3000元抗疫物资。马惠丽、吕峰、肖涛等12位会员获评民建市委会疫情防控先进个人。民建金凤总支邀请自治区级非遗传承人，为来自新丰村、新联村近30位妇女开展公益性传统手工技能培训，充实乡村妇女的业余文化生活，为后续深入学习传统手工就业技能打下基础。

（张丽丽）

民进金凤区总支委员会

【概况】 2021年，民进金凤区总支委员会有会员44人，年内新发展会员2人，平均年龄46.9岁。其中，教育界26人，其他界别18人；有大专及以上学历者41人，占会员总数的93.2%；中高级职称23人，占52.3%。会员中担任银川市政协委员2人（常务委员1人）；金凤区政协委员6人。

【思想建设】 2021年，民进金凤区总支以习近平新时代中国特色社会主义思想和中共十九大精神为指导，团结带领广大会员，积极参加庆祝中国共产党成立100周年活动。开展观看感想交流活动，20余名会员结合学党史心得和工作实际分享心得体会，更加坚定了自觉接受中国共产党领导的决心。开展中共党史学习教育，组织学习线上党史微课、电子学习材料等30余篇，组织10余名骨干会员参加民进自治区委会、银川市委会、金凤区委统战部组织的各类培训班、学习会、座谈会、调研考察，“七一”前夕组织20余名会员集中观看红色电影《1921》，安排书画特长的会员参加庆祝建党100周年书画展。

【组织建设】 2021年，民进金凤区总支圆满完成换届选举，选举产生的新一届支部班子，主委章玉明，副主委谢甜、哈易汝，委员唐静、谈泓、仇丽娜、刘念梓。民进金凤区总支获“庆祝民进宁夏区委成立40周年先进集体”荣誉称号，会员章玉明获民进中央全国抗疫先进个人荣誉称号，黄镇、哈易汝、姚凤荣、唐静、马月仙等8名获14项国家级、自治区级、银川市级荣誉。发展新会员2名。

【参政议政】 2021年，民进金凤区总支围绕区委统战部选题，聚焦“双减”政策落实开展年度重点调研，撰写《关于加强义务教育阶段课后服务建设的建议》调研报告，并作为2021年的政协会议发言。全年共组织调研3次，撰写调研报告2篇，在政协金凤区委员会五届一次会议期间提交了5篇提案，以民进组织名义提交并立案《提高义务教育阶段课后延时服务质量的提案》1篇，哈易汝提出的《良田小学天然气管道增装项目提案》被列为重点提案。鼓励会员参与“我为金凤发展献良策”活动，聚焦民生热点撰写社情民意信息，提出了针对性、前瞻性的意见建议5条，内容涉及城市建设、道路交通、中小学思政教育等多个领域。

【社会服务】 2021年10月，民进金凤区总支第一时间向全体会员发出倡议书，倡议会员主动服从新冠肺炎疫情防控有关规定、做好个人防护措施、做细日常检测管理、积极参与志愿服务、积极响应物资捐赠、做到不信谣不传谣。线上组织开展“一方有难、八方支援”爱心募捐活动，积极动员爱心会员捐款帮助社区做好防疫工作，筹集资金7200元全部购买防护服、N95口罩、手套、面罩、75%酒精消毒液等防疫物资，将筹措物资捐赠至新苑社区、新绣苑社区和唐徕社区，帮助缓解社区物资短缺的燃眉之急。

（谈　泓）

农工党金凤区总支委员会

【概况】 2021年，农工党金凤区总支委员会下设金凤支部和银川市第二人民医院支部两个支部委员会，有党员33人，其中二级主 任科员1人，四级主任科员3人，高级职称16人，中级职称7人。党员中银川市政协委员1人，金凤区人大代表1人，金凤区政协委员4人，政协常委1人。

【思想建设】 2021年，农工党金凤区总支委员会共组织6名党员参加两期“同心大讲堂”理论学习班，组织3名党员参加市委会组织的参政议政培训班，组织1名党员参加区委会组织的“学党史、守初心、强信念”思想建设专题培训班，组织全体党员参加了农工党中央、银川市统战部、市委会在线上开展的十九届六中全会精神解读。多次召开座谈会并参加研讨会，全面学习了习近平新时代中国特色社会主义思想，中国共产党党史、统一战线史、农工党党史，十九届五中、六中全会精神，习近平总书记“七一”重要讲话、在党外人士座谈会上的讲话、在中央民族工作会议上的讲话精神，以及《农工民主党纪律处分办法（试行）》《中国农工民主党基层组织工作条例》等文件。举办了主题为“唱支歌儿给党听”的庆祝中国共产党成立100周年唱红歌颂党恩活动，组织党员观看红色电影《革命者》和《长津湖》。

【组织建设】 2021年，农工党金凤区总支委员会认真贯彻落实换届工作部署要求，严肃换届纪律。紧抓规定程序开展人选酝酿、民主测评、民主推荐、人选考察等一系列工作，精心组织实施好各项工作，高标准、高质量地完成换届的各项任务。通过换届选举，进一步提升了组织建设的整体水平，选优配强了新一届总支领导班子，并明确总支主委、委员职责分工。

【参政议政】 2021年，农工党金凤区总支委员会共向市委会和金凤区政协上报提案13篇，分别是《关于提升公园管理水平和服务能力的建议》《关于开具增值税专用发票便捷办理业务的建议》《建议拆除搬迁重建凤凰碑》《建议建设红色文化街区、打造红色文旅小镇》《基层行政执法面临的困境及建议》《对健身行业加强监管的建议》《关于完善封控社区的核酸采样工作流程的建议》《关于警惕过度使用消毒剂产生危害的建议》《关于治理“僵尸车”占用临时停车位的建议》《关于对不配合核酸采集人员实施自费核酸检测的建议》《关于加大对一次性医用防护用品检查的建议》《关于连通银川市金凤区阅武巷与贺兰县桃李街、兴庆区天平街的建议》《加强疫情防控期间医护人员培训的建议》。其中，《关于连通银川市金凤区阅武巷与贺兰县桃李街、兴庆区天平街的建议》和《关于开具增值税专用发票便捷办理业务的建议》两篇提案作为市委会的集体提案被市政协立案。选取了城市公园的调研主题，深入自然资源管理局、国控公司等行业主管单位开展全面调研，结合调研获取的信息资料，完成了《关于提升公园管理水平和服务能力的建议》的调研报告，并形成较有质量的大会发言材料。

【社会服务】 2021年，农工党金凤区总支委员会党员张邦升应邀前往金凤七彩艺术学校（宁夏慧思源）面向学生家长举办“慢性病防治与心理健康”科普讲座，在金凤区银啤苑社区面向居民举办“慢性病防治与药学服务规范化”讲座，党员沈迁、赵光宇到西夏区兴泾镇开展为民办实事义诊活动，免费检测幽门螺杆菌90人次。和银川市第二医院支部组织党员向银川市“爱心屋”捐献衣服和书籍2次。组织3名党员参加市委会开展的海宝公园健步行活动。总支党员积极投身疫情防控阻击战一线，二医院支部党员在发热门诊、临时急救中心、集中隔离点工作，参加大规模核酸检测，金凤支部党员在各小区参加核酸检测、隔离点防控等。党员潘晓勇捐物总价值1555元，为疫情防控工作提供了支持和帮助。

（宋　扬）

九三学社金凤区基层委员会

【概况】 2021年，九三学社金凤区基层委员会有社员36人，下设3个支社，男性20人，女性16人，社员平均年龄50岁，博士、硕士研究生6人，占比16.6%，在职人员占75%，高级职称占71%。

【思想建设】 2021年，九三学社金凤区基层委员会组织社员通过“学习强国”App、“社员之家”App及自学等方式，深入学习贯彻中共十九届六中全会和习近平总书记系列讲话精神，积极主动学习自治区党委第十二届十四次会议、银川市十五次党代会及金凤区“两会”精神，通过微信群组织社员学习中共中央总书记习近平在庆祝中国共产党成立100周年大会上的重要讲话精神，切实按照“四新三好”要求加强自身建设，进一步提升组织“五种”能力。结合党史学习教育，开展“铭记百年历史，传承红色基因”庆祝中国共产党成立100周年活动一次，进一步增强了社员祖国悠久文化历史自豪感和对今日幸福生活来之不易的珍惜感。举办“学党史、谈感悟”座谈会一次，不断引领社员们增强对中国共产党的政治认同、思想认同、理论认同、情感认同。组织社员参加金凤区政协、统战部组织的学党史读书分享会等活动，2名社员积极申报金凤区委统战部理论研究课题。

【组织建设】 2021年，九三学社金凤区基层委员会采取线上、线下相结合的方式，对班子成员分工、资金使用等重大问题经过集体讨论决定。田华、王丽群被市委会评为2021年社区工作先进个人，胡雅文被市委会评为宣传工作先进个人。制定《九三学社银川市金凤区五届委员会班子成员职责分工》，确定了参政议政、组织、宣传学习、社会服务和财务管理四个具体工作岗位，要求班子成员按照岗位分工各司其职，提高整体工作质量和效率。制订《九三学社银川市金凤区委员会2021年换届工作方案》。6月15日，选举产生了新一届领导班子。组织学习《社中央监督委员会社员违纪违法典型案例通报》《关于加强廉洁从政从业教育的通知》，健全完善社内监督管理规章制度，营造遵章守法的良好氛围。7名社员被选为政协金凤区五届委员会委员，2名社员被推荐为银川市政协委员，社员贺艳宁、张学军被市委会评为2021年优秀社员。

【参政议政】 2021年，九三学社金凤区基层委员会先后提交了《关于警惕中小学教育内卷化的建议》《关于我区加快研究育儿补贴发放等问题的建议》《关于进一步加强学前教育师资管理的建议》等社情民意30篇，多篇被自治区政协、银川市政协采纳。认真选题，坚持问题导向开展专题调研活动，通过集体讨论和征求社员意见等方式，确定2021年专题调研题目为《关于推进金凤区0—3岁婴幼儿照护服务高质量发展的建议》，通过前期深入调研和数据分析，已于10月提交金凤区委统战部，并以此为基础撰写政协会议发言材料，在政协金凤区五届一次会议上进行发言。社员田连升提出的《关于提升群体性核酸检测服务水平的建议》《关于大力推进我区绿色建筑高质量发展的建议》分别被自治区政协采纳，并快速落地实施；社员郭建伟被九三学社中央评为2018—2020年反映参政议政先进个人；社员张学军的科研项目被自治区人民政府授予科学技术进步三等奖；金凤区委员会被市委会评为2021年参政议政先进集体；2名社员被区委会评为2021年参政议政先进个人，5名社员被市委会评为2021年参政议政先进个人。

【社会服务】 2021年6月26日，九三学社金凤区基层委员会组织开展“铭记百年历史，传承红色基因”主题活动，参观了宁夏博物馆，进一步凝聚起广大社员团结奋斗、同心筑梦的信息和决心。9月25日，联合金凤区红十字会开展以“心系公益暖夕阳 爱心捐赠敬老院”活动，到金凤区综合福利中心看望50多位老人，并送了生活用品。疫情防控期间，贺艳宁、李岳诚、郭建伟、温淑萍、田连升等社员分别战斗在疫情防控一线；社员金鑫协助银川市测绘院为卫健委免费开发疫情防控监控系统，并为紫馨苑社区送去矿泉水、奶茶、方便面等防疫物资，社员田华主动配合社区开展志愿服务并为社区志愿者购买方便面、牛奶等生活物资。金凤区委员会被市委会评为2021年疫情防控先进集体，5名社员被评为疫情防控先进个人。

（郭建伟）

金凤区工商业联合会

【概况】 2021年，金凤区工商联共有会员749人，执委会员79人。组织会员企业学习中国共产党党史，举办党史学习教育专题讲座、学习教育大调研暨会员企业“互观互学”观摩交流座谈会,“讲好中国故事 传承红色基因”专题阅读分享会。宣传贯彻中共十九届六中全会精神,印制十九届六中全会学习资料。结合“我为群众办实事”项目,建立园区民营企业投诉和服务中心,设立投诉意见箱,公开投诉电话,收集各类建议7条;组织56家企业开展座谈会2次;走访调研60余家会员,针对存在的问题,梳理“政企直通车专报”3件,解决问题3件。组织带领企业参加“援企稳岗政策进民企、促和谐、助发展”暨“法律三进”宣讲活动,帮助银川阅海湾企业家联合会开设惠企政策解读兑现窗口,通过微信公众号“项目政策信息网”发布惠企政策,为企业发放优惠政策学习资料口袋书,制定《关于进一步推进镇、街道基层商会规范化建设的实施方案》,建立完善基层商会规范化创建工作。引导企业积极履行社会责任。组织执委企业分别与丰登镇润丰村、良田镇和顺新村、泾龙村等村结对帮扶,助力乡村振兴;新冠肺炎疫情防控期间,组织22家会员企业捐款捐物40余万元,开展志愿服务百余次,凝聚抗疫战斗合力。圆满完成金凤区工商联第四届换届工作。2020—2021年,被评全国“五好”县级工商联。

【理想信念教育】 2021年,金凤区工商联采用学习会和进企业宣讲等形式,深入学习宣传贯彻中共十九届六中全会精神,学习自治区党委十二届会议精神、银川市第十五次党代会精神、金凤区第四次党代会精神,组织召开专题学习会2次。开展理想信念

2021年6月25日,金凤区工商联党组书记赴阅海湾商务区上《传承党的百年光辉史基因铸牢中华民族共同体意识》主题党课

教育点进园区,进企业,进商圈企业宣讲40余次。打造大阅城党群活动服务中心、利思生态农庄园示范点2家,扶持培育阅海湾企业家联合会,强化对非公经济人士的思想政治引领工作。

【走访调研企业】 2021年,金凤区工商联班子到宁夏谷道信息网络技术有限公司、宁夏太平机械租赁有限公司、安徽商会、内蒙古商会、浙江诸暨商会等60余家会员企业进行调研,了解运行情况和存在的问题,梳理“政企直通车专报”3件,解决问题3件。落实自治区、银川市下发的各类民营企业现状调查问卷工作,完成30家企业问卷调查。

3月下旬,金凤区工商联协同商务局先后走访辖区驻宁安徽商会、内蒙古商会、浙江诸暨商会

【企业政策服务】 2021年,金凤区工商联组织会员企业参加学习贯彻全国“两会”精神暨银川市“凤城民企大讲堂”,送政策进园区专场服务活动,印制500册惠企政策口袋书;组织宁夏伊品生物科技股份有限公司、宁夏同兴达机械设备有限公司等会员企业参加2021年“春风行动”专场招聘会;组织8家企业代表参加“援企稳岗政策进民企、促和谐、助发展”暨“法律三进”宣讲活动;联合金凤区劳动保障监察大队举办20余家企业代表参加的“援企稳岗政策进民企、促和谐、助发展”政策解读会;帮助阅海湾企业家联合会开设惠企政策解读兑现窗口,为45家辖区企业提供一对一上门解读咨询与指导服务,委托阅海湾企业家联合会通过微信公众号“项目政策信息网”发布惠企政策,关注人数达714人,共发布1150条惠企政策项目信息,并推送240余家企业,让更多的企业及初创企业知晓窗口服务内容及流

程，实现多渠道、多层面的解读。

【社会服务】 2021年，金凤区工商联组织56家企业参加座谈会2次，加强政企、企业之间沟通，搭建政企对接服务平台。动员和引导会员企业积极履行社会责任，落实全国工商联“万企兴万村”活动，组织执委企业分别与丰登镇润丰村、良田镇和顺新村、泾龙村等村结对帮扶。工商联积极参与抗击新冠肺炎疫情，引领企业带头捐款捐物，以金凤区电子快报微信公众号等网络平台，主动宣传企业疫情期间优秀事迹，激发企业积极性，带动辖区内更多企业投身于疫情防控工作，辖区22家会员企业捐款捐物40余万元，志愿服务百余次。开展文明城市创建工作，分区域开展文明志愿服务活动，对小区外围、商业街区及绿化带的烟头、塑料袋等生活垃圾进行清洁。

2021年12月，金凤区工商联考察企业

【金凤区工商联第四届执委会换届】 2021年7月22日，2021年，金凤区工商联根据《中国工商业联合会章程》和银川市工商联换届工作会议精神，组织召开换届大会，选举产生了金凤区工商联第四届执委会主席、副主席11名、会长1名、副会长7名、秘书长1名、委员79名，健全领导班子成员。

（文小燕）

群众团体

金凤区总工会

【概述】 2021年，金凤区总工会坚持习近平新时代中国特色社会主义思想，认真贯彻落实自治区总工会、银川市总工会和金凤区委的决策部署，持续深化工会改革，建设与经济社会发展相适应的工会组织体系、与职工需求相适应的职工思想文化阵地、与职工美好生活向往相适应的工会维权服务机制、与产业迭代升级相适应的高素质职工队伍，提出了“工会主导、社会参与、共建共享、务实高效”的“会、站、家”一体化工作思路，把建家建站工作有机结合，充分利用党群服务中心、社区、商圈、楼宇等有限资源，与各相关部门联合，实现阵地共建、资源共享，构建由区域性职工之家、移动式职工之家、户外劳动者之家、司机之家、“一条街”职工之家、商圈楼宇职工之家、非公企业“职工之家”服务体系，立足本区实际，形成“上下贯通、纵横联动”工作体系，截至年底，金凤区有各类职工之家96家，其中全国模范职工之家（小家）5家，自治区模范职工之家（小家）9家，银川市先进职工之家27家，金凤区合格职工之家55家，金宇名庭、宁安社区职工之家建设被自治区总工会作为全区职工之家建设亮点接受全区工会系统观摩。上海西路“户外劳动者之家”荣获全国最美户外劳动者之家称号；金凤区总工会工作在2021年区总、市总工会考核中都荣获一等次。

【建功立业】 2021年，金凤区总工会开展了“六比一创”“十佳五小成果”评选、劳模（技能人才）创新工作室等建功立业活动。同时，开展养老护理、班组长管理、葡萄酒品鉴和技能竞赛11场次，受益职工1400人。职工经济技术创新活动共评选出“十佳五小”成果13余项，打造（劳模）高技能人才创新工作室3家。

【劳模管理】 2021年，金凤区总工会举办“中国梦　劳动美—永远跟党走　奋进新征程”劳模事迹宣讲暨慰问一线职工活动，用劳模精神激励广大职工汲取榜样力量，立足岗位，扎实贡献。在金凤区移民安置点—丰登镇“利思田园蜜语”打造劳模宣传长廊，让广大职工群众领略劳模风采、感受劳模精神。“两节”期间分别慰问辖区三级劳动模范、凤城工匠、金牌工人、“五一”劳动奖章等48人，并发放慰问金4.5

自治区劳模：宁夏利思农业科技发展有限公司总经理李学仁

万元；组织14名劳动模范、“五一”劳动奖章、金牌工人等先模参加口腔健康体检普惠服务；宣传2021年三级劳模生活困难补助金和特殊困难帮扶金政策，上报吴静梅、张学河两名劳模申报劳模生活困难补助金和特殊困难帮扶金；“五一”劳动节期间，慰问10名劳模，发放价值1000元的物品。

【职工维权】 2021年，金凤区总工会依托金凤区困难职工帮扶中心建立职工维权（调解）中心，辐射带动乡镇街道建立职工维权（调解）工作站，聘请律师开展调解工作，形成“一体化”工会法律维权工作模式。利用“法院+工会”劳动争议诉调对接中心，着力构建金凤区劳动争议多元化解机制。共接待职工来访来电73件，开展“法律进企业”“法律进工地”“民法典走进职工”等普法宣传活动近百场次，共为46名工资受侵害的职工提供法律援助，涉及金额32余万元，维护了职工（农民工）的权益。

【送温暖活动】 2021年，金凤区总工会累计救助困难职工2309余人（次），发放慰问金38.01余万元，大病救助困难职工2人，发放救助金0.43万元，实现了在档困难职工救助全覆盖。开展“夏送清凉”慰问活动，慰问重点建设项目工地一线建设者500余名，慰问包括快递、外卖、环卫工人等在八大群体职工、卫生系统、税务系统一线职工1500余人，送去12万元慰问品。2021年在“10·17”新冠肺炎疫情发生后，发挥工会组织的桥梁纽带作用，筹措70余万元疫情防控专项资金，集中重点慰问金凤区卫生健康局医务人员、金凤区辖区的83个村（居）的一线疫情防控工作人员，把党和政府及工会组织的关怀送到战“疫”参战职工的心坎上。

2021年7月8日，慰问重点项目一线建设者

【厂务公开】 2021年，金凤区制定下发《关于开展“深化民主管理进民企·创建‘双优’示范点”活动的通知》，通过各基层工会干部与民营企业结对联系、分类指导、精准施策、完善规章制度等多种措施，实现50人以上民营企业建工会，以达到“一知三建四规范”目标。金凤辖区实行厂务公开的单位为459个，覆盖职工37813人，建制率达100%。建立集体协商互联网工作平台，充分发挥“互联网+”集体协商工作，利用金凤区电子快报、金凤区总工会微信公众号启动集体协商“春季要约”，发布《春季要约提示函》，推行工资集体协商“11333”工作法，推进金凤区集体协商工作的全面落实。

【党史学习教育】 2021年，金凤区总工会通过集中学习、交流研讨、以线上+线下的模式开展党史知识竞答、党史宣讲活动，以“学习党史践使命　传递职工正能量”“建功十四五　奋进新时代”“寄语润红心　峥嵘砺壮志”等为主题的五个篇章的职工党史学习、劳模宣讲、红色经典诵读、故事演说、书画摄影等丰富多彩的活动16场次，以庆祝中国共产党成立100周年为主题，把党史学习教育贯穿其中，通过形式多

2021年4月22日，由金凤区总工会、北京中路街道党工委主办，北京中路街道工会承办的“传承红色基因　牢记初心使命”金凤区职工红色经典诵读大赛，在新百CCPark商圈工会职工之家开赛

样、职工喜闻乐见、能够落地见效的活动方式，举办职工红色经典读书、诵读活动、职工故事演说、职工运动会、摄影绘画比赛、文化雅集等共计46场次，参与职工人数2620人。

【女职工工作】 2021年，金凤区各基层工会女职工组织围绕"情系女职工·法在你身边"活动主题，利用多种形式，广泛开展女职工维权行动，举办女职工权益保护法律法规知识竞赛活动、"情系女职工 法在你身边"专题讲座等活动5场次，受益女职工550余人。开展以"健康生活·愉快工作"为主题的"绚丽生活·舞动唇彩"手工制作活动、你好，李焕英——讲述我与妈妈的故事分享会活动、"红歌唱响·勇攀高峰"户外一日游活动、"创意无限·创造奇迹"手工艺制作活动、"享美食·促和谐" 巧媳妇线上花样厨艺大赛、"完美蜕变·靓丽人生"女性形象提升活动等，参与女职工500余人，利用普法宣传日活动组织对女职工合法权益和特殊权益的法律法规及有关政策规定进行广泛宣传，发放各类法律法规宣传彩页1000余份。完善"一函两书"工作机制，共签订女职工专项集体合同440份，签订率达100%。广泛宣传"安康保"具体实施办法，引导企业为女职工补充医疗保险，"安康保"参保人数达121人，女职工的健康权益得到有效维护。"大阅城党群活动服务中心爱心托管班""居安家园社区爱心托管班""金宇名庭社区七彩爱心托管班" 评获自治区级爱心托管班，"新百CC-Park爱心母婴室""通福家园社区爱心妈咪小屋"获评银川市"爱心妈咪小屋"。

【职工之家建设】 2021年，金凤区总工会推行"工会+"的建设管理模式，依托环卫基地、商圈、街道社区、爱心企业等单位，充分利用现有社会资源建立起定位清晰、各具特色的"职工之家"。以社区党群服务中心为依托，整合社会资源。依托建发大阅城商圈党群活动服务中心建设以基层党组织、群团组织活动为支撑，商圈、街道、社区、企业为合力的联动服务模式，创新开展符合新业态、新组织、新群体需求的职工活动。长城中路宁安社区职工之家创建"五心"(润心、爱心、悦心、安心、暖心)之家职工服务品牌，探索建立6S工作法，针对一些特殊群体的需求，专门设立爱心服务站。长城中路金宇名庭社区职工之家，依托党群活动中心，建设"户外劳动者之家""司机之家""八大群体服务站""爱心助餐点" 为一体的服务阵地，设立一站十五室，是服务型"职工之家"、学习型培训中心、职工参与管理中心、娱乐活动中心、生活互助中心。创新性建设楼宇职工之家：依托悦海新天地党群活动中心，最早建设全区首家楼宇职工之家，后再建发大阅城、悦海新天地、金凤万达、新华联、CCPark、盈华商厦等六大商圈建成职工之家，组织开展形式多样、内容丰富的各类活动，服务企业服务职工。

2021年12月30日，长城中路街道工会在做好疫情防控的前提下，组织辖区建会单位职工、新就业形态劳动者近200人，在宝湖公园开展"迎新年 展风采"一线职工健步行活动

【职工公益课培训】 2021年，金凤区总工会成立金凤区职工公益课培训中心及满城北街职工教育(公益课)培训基地(简称"一中心一基地")，"一中心一基地"基础设施设备完善，饮水、如厕、更衣、热饭、便民措施一应俱全，还配有先进的教学设备，开设课程涉及舞蹈、瑜伽、书法、健身操、非洲鼓、模特走秀、电钢琴、网球、乒乓球、手机视频制作等。通过购买服务的形式，聘请专业知名老师授课，可满足各类学员培训。运行半年，培训310个课时，培训人数787人，使用经费87938元。

【工会服务与技能培训】 2021年，金凤区总工会认真落实关于产业工人改革的实施意见，针对金凤区第三产业占比 79.3%的实际，以新就业服务劳动者、汽修产业、六大商圈服务人员作为突破口，整合设施资源，创新服务方式。依托社区党群服务中心、政府闲暇临街空房打造 8 家新就业形态劳动者服务站、1 家汽修产业工人实训基地、6 家商圈工会服务阵地，旨在为三产服务业职工加入工会、学习教育、权益维护、文化娱乐等提供多元化服务，按月开展服务活动。截至年底，金凤区总工会新就业形态群体共有 68 家，会员 577 人；以汽修产业为突破口，在金凤区长城中路汽修产业职工之家（产业工人实训基地），举办四届汽修行业职工技能大赛，建立行业内激励制度，推动汽修企业建立健全职工技术创新和工作能绩的奖励办法和奖励标准，调动汽修行业职工参与生产经营的积极性和主动性；以金牌工人——黄坤泉创新工作室为依托，成立汽修产业工人实训基地，开展“名师带徒”和师徒“传、帮、带”的活动，培养了一批技能人才。采取“1+3+1”组织模式，实现点、线、面结合整体推进工作格局，打破属地概念，建立以单独建会企业为“点”、行业工会联合会、楼宇社区为“线”、商圈工会联合会为“面”的新型工会组织结构。通过开展“金牌厨师”厨艺大赛、服装导购员大赛、“多彩非遗·魅力传承”职工技能大赛、餐饮行业服务技能大赛、前台接待员服务技能竞赛等形式，有效地推进服务职工工作，

2021 年 4 月 14 日，由黄河东路街道工会主办、中建二局第二建筑工程有限公司天汇里项目承办的“建功十四五·奋进新征程”“六比一创”劳动竞赛在金凤区世茂倾城碧桂园项目部举办

切实增强职工的获得感、幸福感。此项工作作为全区产业工人队伍建设改革工作现场推进会观摩学习，在全区工会系统推广。

（徐　佳）

共青团金凤区委员会

【概况】 2021 年，金凤区团委聚焦共青团改革任务，认真履行引领凝聚青年、组织动员青年、联系服务青年的职责，不断增强共青团的政治性、先进性、群众性，推动全区共青团工作迈上新台阶，团结带领广大团员青年为推动黄河流域生态保护和高质量发展先行区贡献青春力量。截至年底，全区有共青团员 9313 人，团组织 298 个，其中团委 6 个，团工委 7 个，团总支 1 个，团支部 267 个，毕业生团组织 7 个，乡镇街道团委 7 个，学校领域共有团支部 52 个。

【政治建设】 2021 年，金凤区团委召开第四届委员会第五次全体（扩大）会议，总结 2020 年全区共青团取得的成绩和存在的不足，分析新形势、新任务，并部署安排 2021 年工作。强化镇街团组织力量，选配镇街领导班子成员兼任团（工）委书记，83 个村（社区）团支部完成换届，新任团组织书记进“两委”比例 100%。完善机关团委专兼挂班子配备，任命 2 名挂职副书记，1 名兼职副书记，充实基层团组织队伍。持续加强村（社区）青年之家覆盖率，在全区 83 个村（社区）打造青年之家，联合教育局印发《金凤区中学团校建设方案》，在辖区 4 所中学成立中学团校，规范入团程序和具体标准，进一步优化团员规模结构，严格团员发展程序，规范团员档案管理，强化组织生活制度。结合党史学习教育，将金凤区 33 名选调生纳入讲师团，组建金凤区“青年讲师团”队伍，开展“五四”青年节闽宁镇研学、老党员为共青团员讲党史等活动 20 余场次，参与青年 1000 余人次。

【思想政治引领】 2021 年，金凤区团委始终坚持以

青少年思想政治为抓手，以习近平新时代中国特色社会主义思想教育引导、激励感召青年，肩负使命职责。举办“学党史·强信念·跟党走”基层团、队干部培训班，加强基层团组织、少先队组织建设，提升团干部、大队辅导员的业务能力和综合素质；举办“传承红色基因点亮星星火炬”金凤区少先队辅导员风采大赛，增强辖区少先队辅导员政治素养和履职能力。深化“青年大学习”行动，动员各级团组织参学“青年大学习”网上主题团课4万余人次。组织各级团组织开展“童心向党　致敬百年”“扣好人生第一粒扣子”“传承红色基因·赓续红色血脉”“讲好红色故事·争做时代新人”“红星闪闪心向党”等系列活动300余场次，教育引导广大青少年听党话、跟党走。开展“五四”青年节闽宁镇研学、老党员为共青团员讲党史等活动20余场次，参与青年1000余人次。制订“童心向党致敬百年”系列活动方案，利用辖区红色资源，发布每月活动主题共10期，举办各类党史学习教育实践活动180余场。开展“青春向党　奋斗强国”主题团队日活动50余场，参学青年学习网上主题团课4万余人次。

2021年3月31日，共青团银川市金凤区委四届五次全体(扩大)会议在金凤区政府大楼二楼中心礼堂召开

【疫情防控攻坚战】　2021年，金凤区团委积极开展新冠肺炎疫情工作，总计招募青年志愿者1400余人，累计上岗1150余人，建立台账629条，累计购买保险630人，日均在岗志愿者300人，累计服务时长15万小时，筹集各类慰问物资共计4万元，联系辖区两镇五街道组建志愿者服务队7支，成立青年突击队55支，成立线上疫情防控志愿者工作组5个。通过新媒体平台发布疫情防控相关信息40余条，报道一线感人故事50余篇，发放倡议书1万余份，悬挂横幅200余条。

2021年，金凤区团委联系辖区两镇五街道成立青年突击队55支

【基层社会治理】　2021年，金凤区团委将通福家园社区作为第一批“社区青春行动”试点社区，选派1名西部计划志愿者担任社区团支部专职副书记负责试点改革各项工作，聘请宁夏职业技术学院在校优秀大学生为社区团支部兼职副书记，为社区青少年工作开展提供广阔思路。与宁夏职业技术学院开展互补合作，开创校地共建新模式，社区为学院提供志愿服务平台和实践基地，学院提供人力、专业技术支持，通过摸底居民的需求形成订单，派单给宁夏职业技术学院志愿服务组，服务组安排学生授课。截至年底，共开展“我为群众办实事”活动7次，激发社区基层综合治理活力。

【团组织建设】　2021年，金凤区团委严格规范入团标准，规范团员发展流程，开展团员档案规范化核查、违规发展团员年度核查工作。规范团属阵地建设，整合良田镇兜底保障中心资源，打造良田镇青少年活动中心，设悦识空间、悦读空间、悦动空间、悦享空间4个功能室，为青少年提供培训学习、校外实践、体育锻炼等的素质教育阵地。成立上海西路街道清水湾社区校外少工委，不断拓展少先队校外实践活动项目和载体，整合学校社区育人资源、聘请校外辅导员，开展丰富生动的政治引领和思想启蒙实践活动，校外少工委共举办“扣好人生第一粒扣子——党的光辉照我心”“垃圾分类小先锋、少先队员在行动”“学习长征精神、传承红色基因”等寓教于乐活动17场次，覆盖人数达900余人。紧密结合金凤区区位优势，聚焦悦海新天地、大阅城等青年活跃区域实施党建带团建，采取多种形式不断挖掘成熟建团资源，带动有团员的未建团企业不断向团组织靠拢，2021年金凤区非公团组织建团47家。

【少先队改革】 2021年，金凤区团委落实少先队改革任务清单，成立教育团工委。推动少工委建设，成立中小学少工委36个，少先队辅导员配备全覆盖。落实少先队员分批入队，举办规范性入队仪式，夯实少先队基层组织建设。深入开展社会主义核心价值观教育，开展“请党放心　强国有我”第72周年建队日活动，开展“铭记历史　强国有我”“从小学先锋长大做先锋”主题队日活动，“童心向党　传承红色基因”“学党史、颂党恩、跟党走，争做时代好少年”主题教育系列活动等80余次，参与少先队员4000余人次。

【公益助学帮扶项目】 2021年，金凤区团委深化“希望工程”品牌，“希望工程·圆梦行动”筹资社会资金7万元，争取区、市项目6个，共计资助困难应届毕业生58人；举办“希望书桌”发放仪式，为辖区10名困难家庭学子提供书桌、台灯等学习用具；开展“微心愿”认领活动，动员多家社会组织、企业、个人筹集物资和善款，共帮助120余名困难家庭学生和青年完成微心愿，捐助总额达2万元；开展“青春护苗·成长课堂”公益项目，为5个社区的百余名城市家庭困难学龄前儿童提供免费学前教育衔接课程。

【志愿服务活动】 2021年，金凤区团委吸纳整合34支青年志愿服务队伍和11名青年志愿者代表指导成立金凤区青年志愿者协会，在新时代文明实践、乡村振兴、文明城市创建等方面发挥青年志愿者生力军作用。广泛发动团员青年参与“学雷锋”志愿服务活动，通过“青春力量+N”主题志愿服务模式，组织各类志愿服务80余场次，参与志愿者4000余人次；通过招募大学生志愿者，组织开展“暖冬行动”活动，组织志愿者在车站、售票网点，帮助不熟悉手机客户端购票、自动售票机购票的旅客办理购票取票业务。以校地共建为载体，联合宁夏大学新华学院、宁夏职业技术学院开展大学生文明创城活动，组织文明交通志愿者在重点路段维护交通秩序。参加志愿者共计800余人次，服务时长超过3000小时；以“绿色环保，文明交通，共创文明家园”为主线，拍摄7部公益短视频，助力精神文明城市创建，加强文明城市引导宣传。

【“七彩假期”活动】 2021年暑假期间，金凤区各级团组织共招募青年志愿者773人，志愿服务团队30个，在辖区各村社区广泛开展“七彩假期”系列活动，活动包含青少年假期学业辅导、心理健康辅导、参观航天科普展、主题绘画创城志愿服务活动等，覆盖辖区青少年5000余人，志愿服务总时长超过980小时。

【服务青年就业创业】 2021年，金凤区团委联合金凤区就业创业中心、人才办开展金凤区第二届“引凤创梦”青年创新创业博览会，共邀请辖区企业家代表、高精尖人才、数字经济领域专家等100人参与，为青年创业者搭建资源共享、协同发展的服务平台；收集发布就业招聘信息、就业创业政策解读等信息6期，助力青年就业创业成立全区首家“金凤悦邻里”——青年驿站，为到金凤区创新创业、求职就业的高校毕业生及青年人才提供免费住宿场所，为金凤区高质量发展汇聚青春才智。

【服务青年相亲联谊】 2021年，金凤区团委将相亲活动作为联系青年的重要载体，关注单身青年婚恋交友的实际需求，联合西夏区、兴庆区举办“圆梦百年·青春有约”青年联谊线上活动，共计服务青年180余人。举办“缘在军旅·情在金凤”军营专场青年联谊线下活动，服务青年200余人。

（段佳慧）

金凤区妇女联合会

【概况】 2021年，金凤区妇联立足新时代妇联组织“引领、服务、联系”的职责使命，紧紧围绕“党建带妇建，妇建服务党建”的工作思路，创建“让党中央放心，让人民群众满意”模范机关，找准“党政所急、妇女所需、妇联所能”的三维结合点，以习近平新时代中国特色社会主义思想为指导，深入学习贯彻中共十九届六中全会精神，学党史、悟思想、办实事、开新局，全面提升妇联组织力。3月，顺利迎接了区妇儿工委办的终期评估验收。4月，联合统计局召开监测统计培训会议，监测了上年的统计数据，开展金凤区新一轮妇女儿童发展规划（2021—2030）的制定工作。

【党史学习教育】 2021年，金凤区妇联成立党史学习教育领导小组，制定《金凤区妇联关于开展党史学习教育的实施工作方案》《金凤区妇联“我为妇女群众办实事”实践活动实施方案》《金凤区妇联开展“奋进新时代、担当新使命、展现新作为”学习实践活动方案》，明确开展党史学习教育的总体要求、目标任务、学习内容、时间范围、措施方法、具体要求、工作安排等。制定《2021年妇联支部学习计划》，开展党史学习教育专题学习，通过领导带头学、支部集中学、个人自觉学、创新形式学，对集中学习四史等重要参考材料进行全面详细的安排。组织党员干部开展研讨交流，分享学习心得，开展批评和自我批评，开展党员学习51次，举办党史学习教育读书班7期，开展研讨学习交流12次，支部书记讲党课2次，领导干部开展“民情体验”活动3次，把学习研讨的认识成果转化为推动妇联工作的根本动力，切实推进妇联各项工作任务完成。在妇联微信公众号上设置《党史百年天天读》《讲巾帼故事》专栏，每日推送党史学习教育知识，并及时发布各基层妇联组织开展的党史学习教育动态，引领广大妇女群众学党史、感党恩。

【妇女就业创业】 2021年，金凤区妇联从资金和服务入手，多形式、多渠道地为妇女就业创业搭建平台。为69位妇女发放小额担保贴息贷款559万元。2月初，在良田镇举办了保育员（初级）职业技能培训班，以及手工制作和假睫毛制作培训班，为农村妇女搭建创业就业平台。良田镇第二幼儿园和植物园幼儿园的负责人分别和部分学员代表进行了现场签约，即时解决了部分培训学员的就业问题。争取农村实施“双培双带”项目资金10万元，2021年“双培双带”项目培育2名基层妇联主席，帮助农村妇女工作者提高创业发展增收致富能力和带动基层妇联工作能力，妇联走访调研“双培双带”申请项目，助力基层妇联主席能力提升。帮助企业申请“母亲循环发展资金”70万元，为两个企业带动妇女发展致富提供资金支持。

12月27日，金凤区妇联联合就业创业与人才服务中心与银川东耀培训中心在黄河东路街道通福家园社区，免费为辖区无业及失业妇女提供保育师技能培训

【寻找最美家庭】 2021年，金凤区妇联持续开展寻找“最美家庭”“最美庭院”活动，将浓郁的家国情怀传承贯穿寻找全过程，通过寻找最美家庭展示出来；联合文明办、农业农村和水务局召开了“文明家庭”“最美家庭”“最美庭院”表彰大会，其中金凤区“文明家庭”9户、“最美家庭”33户、“抗疫最美家庭”7户、家庭工作先进个人15人；全国“文明家庭”1户、“最美家庭”1户，自治区级“最美家庭”5户，“五

好家庭”4户。

【家庭教育】 2021年，金凤区妇联持续开展寻找“最美家庭”“最美庭院”的品牌创建活动，与未成年人教育相结合，不断优化家庭教育服务站的管理运行，开展多种家庭教育讲座活动，并将家庭教育工作与融媒体中心协作开展，与新时代文明实践活动结合开展。教育局联合妇联举办家庭教育讲师专场培训5场，将党史学习内容融入其中，让党史学习教育走进学校、走进社区、走进家庭，鼓励儿童感恩党、感恩生活、热爱生命，引导儿童用党的实践创造和历史经验启迪智慧、砥砺品格，成长为能够担当民族复兴大任的时代新人。邀请银川市心理咨询师协会副会长张巧遇、宁夏大学教授毛凤玲两位讲师为金凤区各级妇联主席、执委、检察院、法院女职工以及各部门、单位女性工作人员近200人做了一场女性心理健康知识暨礼仪培训讲座。5月底至6月初，邀请全国家庭教育专家团著名讲师、宁夏家庭教育特聘专家汤发良老师在湖畔嘉苑社区，金凤区第六、第七幼儿园，湖畔二十一小开展教育讲座10场。与两个网络公司联合举办家庭教育讲座6次，开创家庭教育新思路。制作了老年大学和融媒体一楼的家风宣传展板，大力宣传好家风。4月底，自治区妇联、银川市妇联、金凤区妇联、金凤区教育局、金凤区黄河东路街道、宁夏尚德家风家教建设指导中心、湖畔嘉苑周边中小学及幼儿园负责人在湖畔嘉苑社区共同参加金凤区“家—校—社”家庭教育工作实施座谈会，探索实施“家—校—社”共建家庭教育的新模式。5月底，金凤区委、区政府在黄河东路街道湖畔嘉苑社区举办金凤区家校社共育家庭建设指导试点工作启动仪式。金凤区已经开展了家庭教育活动397次，受益1万余人。

2021年5月9日，金凤区举办妇女权益保障法讲座

【维护妇女儿童合法权益】 2021年，金凤区妇联继续联系女律师事务所开展妇女维权救助工作，开展女律师化解纠纷体制，与公、检、法、司部门联系，促进妇女维权工作更顺畅。为了更好地维护妇女儿童的权益，维护社会公平正义，促进社会和谐稳定，妇联时刻守好“12338”妇女维权热线，做好妇女娘家人。开展信访工作，接待群众来电来访68件，并及时协调解决，办结率达到98%。建立入户走访，关爱帮扶，协调联动机制，大走访、大排查每月汇报。

2021年11月30日，金凤妇联流动妇女之家开展以“生命至上 终结艾滋 健康平等”为主题的宣传活动

【农村人居环境整治】 2021年，金凤区妇联利用元旦、春节分别在良田镇、丰登镇召开“巾帼共建美丽家园清洁卫生集中整治冬季行动暨创建美丽庭院”部署会，以“家家户户搞清洁，干干净净迎新春”为主题，对“卫生集中整治冬季行动及创建美丽庭院”工作进行部署和安排，对重点任务及工作要求进行了详细说明，要求各村、居妇联组织积极行动起来，动员广大农村妇女以居室和庭院为主阵地，以创建“美丽庭院”为抓手，坚持疫情防控常态化，围绕家庭主战场，充分发挥广大妇女和家庭成员以及“巾帼志愿者”的作用，开展环境卫生整治，努力做到清洁卫生居室美、整洁有序庭院美、干净清爽厨厕美、花木茂盛绿化美、文明健康生活美，坚决杜

绝脏乱差的现象出现。制订美丽庭院创建2021年工作方案，按照“居室美、厨厕美、庭院美、家风美、村庄美”的五美标准开展两轮美丽庭院创建的检查督导，继续寻找“最美家庭”“美丽庭院”促移风易俗。开展“美丽庭院”三次督查，评选镇级“美丽庭院”791户，12月中旬，对两镇推荐的500户金凤区“美丽庭院”进行挂牌，并向银川市推荐市级“美丽庭院”100户。

【社会救济】 2021年4月，金凤区妇联为减轻“两癌”妇女的经济负担，进一步提高妇女健康保障水平，在实施救助“两癌”贫困母亲项目基础上，金凤区积极响应自治区妇联联合中国人寿保险股份有限公司宁夏分公司在全区开展推进关爱妇女“爱妮保”保险项目。5月，救助16名贫困“妇科癌症”患病妇女及8名贫困单亲母亲，发放救助金共计26.66万元；9月，为25名贫困“妇科癌症”患病妇女，发放救助金34.2万元。累计救助49名贫困“妇科癌症”患病妇女及贫困单亲母亲，共计发放救助金60.86万元。6月初，在第71个国际儿童节来临之际，良田镇良田小学的全体师生齐聚在学校多功能厅，共同参与由自治区妇联、银川市妇联主办，金凤区妇联、良田镇政府和中国人寿保险股份有限公司宁夏分公司共同承办的“2021年‘春蕾计划——佑未来　护成长’女童关爱行动”——礼包发放暨基地学校揭牌仪式。6月中旬，金凤区23名贫困单亲母亲在银川市兴庆区政府三楼会堂参加由北京市“红十字”基金会·正心基金、银川市妇联主办，兴庆区妇联承办，金凤区妇联及银川市其他县区妇联协办的“学党史　办实事　银川市妇联‘正心基金·爱心妈妈’项目资助金发放活动”。

【基层组织建设】 2021年2月，金凤区妇联组织召开村、社区妇联组织换届工作培训会，并指导每个镇、街开展换届工作，金凤区20个行政村，63个社区已全面完成妇联换届，新配备村(社区)妇联主席83名，执委1251名，常委342名，兼职副主席235名，金凤区基层妇联组织换届工作如期完成。促进村、社区“两委”换届，在村、社区“两委”换届中，与组织部、民政局联系，促进了村主任“一把手”中女性人数占比10%，村“两委”中女性人数占40%，有力促进村换届中妇女人数达标。3月，召开二届十次执委会议，会上替补、增补金凤区妇联二届执行委员会委员、常务委员会委员，选举金凤区妇联副主席，报告了2020年妇联工作，安排部署2021年工作。8月，开展镇、街妇联组织换届，12月，开展金凤区妇联换届筹备工作；基层妇联换届后，金凤区组织基层妇联主席、执委150余人开展了妇联干部工作培训，通过为期一天半的5场次的培训，对提高妇联干部履职能力有极大的提升作用。申请自治区、银川市妇联7个组织能力提升项目，促妇联组织能力不断上台阶；在做好妇联换届工作的同时，大力开展妇女工作的宣传。全年发妇联信息95期，党建信息74篇，通过公众号宣传妇女工作507篇，被宁夏日报客户端采用1篇，《新消息报》采用1篇，《银川日报》采用1篇，金凤区电子快报微信客户端采用13篇。其中，《银川日报》刊登的《金凤区妇联办好实事　做妇女群众可依赖的“娘家人”》分别被宁夏新闻网、全国党媒信息公共平台转载；《新消息报》刊登的《宁夏首家家校社共育家庭建设指导服务站落户银川市金凤区》被人民日报客户端转载。

（杨晓芳）

金凤区科学技术协会

【概况】 2021年12月底，金凤区委编委会议研究决定，将金凤区科技馆更名为金凤区巡察信息中心，隶属关系由金凤区科协调整为金凤区委巡察办，人员及编制随科技馆整体划转。金凤区共有镇(街道)科协组织7个，兼(挂)职主席、副主席共27名。其中：辖区中、小学校校长10名、医院(卫生院)院长7名、农技站站长2名。中国科协的“社区科普馆流动运营试点项目”2家、打造基层科普阵地11处、农技协6家、企业科协13家。

【实施《全民科学素质行动计划纲要》】 2021年，金凤区科协制定《金凤区全民科学素质行动计划纲要（2021—2035）方案》《金凤区全域科普工作实施意见》及《金凤区落实宁夏回族自治区人民政府中国科协全面战略合作协议任务分工方案》，引领动员全民科学素质纲要实施工作办公室成员单位开展全领域科普工作。以“科技活动周”“科普日”“三下乡”“科普七进”等系列活动为抓手，组织各成员单位开展各类科普宣传活动。

【基础建设】 2021年，金凤区科协积极组织申报自治区、银川市科协2021年科普项目及基层科普行动计划项目，争取2021年度各级各类科普项目7个，获批专项资金28.3万元。严格专项资金管理，注重品牌建设，在长城花园、临阅家园、通福社区等11个社区，打造完善“党建引领、科普惠民”以及“科普+”“+科普”基层科普阵地，已经成为基层科普宣传的主阵地。

【服务科技工作者】 2021年，金凤区科协梳理总结5名辖区优秀科技工作者的典型材料，联合银川市科协、腾讯新闻、金凤区融媒体中心深入采访报道，陆续在《银川日报》、银川科普网、头条新闻、金凤电子快报等媒体进行宣传。全国科技工作者日、全国科普日期间，自治区、银川市、金凤区科协领导，到宁夏小牛自动化设备有限公司、金凤区黄河东路街道通福社区悦邻里中心社区科普馆开展慰问。以“青年科技奖”“科技人才托举工程”“宁夏最美科技人”评选等为载体，积极举荐金凤区优秀科技人才参与国家和自治区的科技奖项评选。共推荐宁夏康亚药业股份有限公司王慧宇，银川中科元昊科技有限公司周承静、马丽娅共3名企业一线科技工作者为2021年自治区青年人才托举工程培养对象人选。

【社区科普馆运营】 2021年，金凤区科协承担实施了中国科协“2021年社区科普馆流动运营试点示范项目”，分别在黄河东路街道和北京中路街道的两个邻里中心，完成“身边的安全”“创新工坊”两个主题鲜明的社区科普馆建设，在其他三个街道邻里中心建成科普微展馆，开展了丰富多样的科普活动，形成自主品牌和金凤特色，深受居民欢迎。10月13日，中国科协专职副主席、书记处书记孟庆海、中国科协科普部副部长廖红一行，来到黄河东路街道通福社区邻里中心社区科普馆，调研“三长”（农技站站长、中学校长和卫生院院长）深入党群服务中心，提升社区科普能力、智慧助老及科普宣传员队伍建设，对金凤区科普工作给予高度肯定。10月22日，全国社区科普馆流动运营专题研讨会在安徽召开，金凤区科协受邀代表宁夏作经验交流发言（因疫情原因，采取视频发言的方式参会）。

2021年7月23日，科普知识志愿活动

【科协组织建设】 2021年，金凤区科协指导帮助镇（街）科协加强组织建设，广泛吸纳基层“三长”进入科协组织体系，兼任基层科协主席、副主席职务。充分发挥“三长”人员专业技术强和群众基础好的优势作用，带动医疗、教育、农业、科技等各领域资源向基层一线倾斜，为基层群众提供形式多样、内容丰富的科技类公共服务，提升公民科学素质，助力乡村振兴取得显著成果。2021年，金凤区基层“三长”工作，被自治区科协评选为县级科协基层组织典型案例，丰登镇科协副主席丁雪松被评选为“三长”典型案例。

【农业科技志愿服务品牌】 2021年，金凤区科协围绕金凤区农村经济发展的重点产业，开展精准科技推广和科普服务，采取面对面示范、实地演示操作、田间学校等形式，举办农业种植养殖技术培训5期，受益群众300余人。全国科普日活动期间，配合“2021年福建院士专家宁夏行”活动，组织本地“土专家、田秀才”、基层科协“三长”人员，深入种植养殖企业，开展饲养管理技术、病虫害预防知识等内容的指导培训，提升农民群众通过实用技术增产增收的技能，助力农村全面发展和乡村振兴。金凤区推荐的农技协两个单项工作入选中国农技协“2021年选树农技协十佳行动”获奖项目，宁夏全区只有2人获此荣誉，均在金凤区，分别是宁夏银川市金凤区和顺康源食用菌种植协会会长张亚东被评为全国十佳乡土科技人才，良田镇畜牧兽医工作站站长、镇科协兼职副主席马伟林被评为全国十佳科技服务志愿者。

【科普活动】 2021年，金凤区科协充分发挥科普大篷车“科普轻骑兵”优势，全年累计开展大篷车宣传活动63次，行程涉及辖区2个镇5个街道，实现所有村居社区全覆盖，发放科普宣传品4万余份。组织中、小学校师生，积极参加区市科协组织举办的各类青少年科普活动，仅机器人竞赛、创意编程与智能设计、科普剧制作等青少年科普品牌活动，就有1200余名师生踊跃报名参加，辐射带动1万余名社会公众广泛参与。据宁夏科协11月底统计排名，金凤区“科普中国”注册人数9351人，居宁夏全区第2位。科普信息员王文龙（黄河东路街道科普专干）荣膺全国“科普中国”应用推广先进个人称号（个人科普中国积分居全国第41位）。

9月15日，金凤区科协在通福社区开展2021年全国科普日活动

【新冠知识应急科普】 2021年，金凤区辖区“10·17”新冠肺炎疫情发生后，金凤区科协及时制定应急方案，下发倡议书，协助区委宣传部、文明办编印新冠病毒科普知识宣传手册及宣传图片10万份下发各镇（街道）村居社区；联合区委宣传部、融媒体中心等单位启动辖区各部门、单位LED大屏、科普电子屏300余个，以图片、视频形式发布新型冠状病毒防控科普知识；利用“金凤电子快报”等新媒体平台全天候发布疫情防控权威科普信息、防疫健康常识，累计分享传播防疫科普文章50余篇次，浏览量突破10万人次。

（李　娜）

金凤区残疾人联合会

【概况】 2021年，金凤区残联聚焦残疾人康复、教育、扶贫、就业等重点业务，新建“爱心接力·循环使用”辅具服务站点16个，运营残疾人辅具中心、托养中心，打造创业就业基地、助残爱心驿站，帮扶就业创业残疾人126人。实施精准康复包、社区精神康复、辅具适配等项目，近3000人得到各类康复服务。落实“两项补贴”，开展居家托养、日间照护、寄宿托养服务，为6397名残疾人购买意外伤害保险，全面实现残疾人兜底保障，全年新办残疾人证732个，以昂扬姿态全力开启“十四五”发展新征程。金凤区残联获评自治区残联2021年度市、县（区）残联业务绩效考评优秀等次（全区第六名）。

【残疾人帮扶】 2021年，金凤区残联为150户困难重度残疾人家庭进行无障碍改造，改造内容包括：厨房低位灶台、卫生间坐便椅、扶手、高差处理、淋浴椅、防滑地胶、燃气泄漏报警器、可视闪光门铃及燃气报警等。按照“一户一案、一户一设计”的方案，9月底全面完成154户困难残疾人家庭个性化无障碍改造项目。免费发放各类辅助器具1103件。2月，金凤区残疾人辅具中心启动运行，服务网络覆盖7个镇（街道）、83个村（社区），同时可实现“爱心接力·

循环使用”公益项目、残疾人辅助性就业、无障碍生活体验、残疾人互助交流、残疾人政策宣传、个性化辅具精准适配六大功能。为残疾人及有需求的市民提供免费辅具借用370次，回收33件，免费维修25件，实现残疾人辅助器具适配个性化、精准化。4月8日，中国残联党组成员、副理事长张伟一行赴金凤区辅具服务中心调研，对金凤区辅具服务工作给予充分肯定。争取金凤区财政支持，加快残疾人托养中心主体建设工程的报备验收，积极推进装修工程的招投标和施工，推进办公、服务设施的购买配置和建设工程项目验收工作。9月，制定《金凤区残疾人托养中心运营方案》提交金凤区政府常委会会议审议通过，同时招标运营机构、招募托养对象，11月底托养中心正式进入试运营。

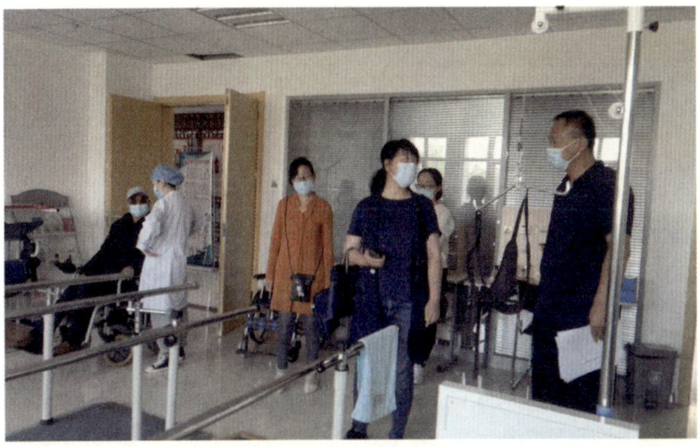

2021年9月1日，银川市对金凤区5家市级残疾人基层康复站建设运行情况进行考核，并对2021年新申报的2家市级残疾人康复站进行验收

【基本康复服务】 2021年，金凤区残联与17家残疾儿童康复救助机构签订服务协议，转接279名残疾儿童到定点机构进行康复训练，做到应转尽转。实施“爱心接力·循环使用”辅具免费借用项目，新建16个“爱心接力·循环使用”公益项目服务点，投放辅助器具316件，回收辅助器具33件，维修25件，为有需求的544名市民提供了免费借用服务。实施“重塑未来”矫治手术救助项目，为4名符合条件的困难重度肢体残疾人开展免费手术和康复治疗。开展假肢矫形器适配项目，为19名残疾人提供假肢矫形器适配服务。完成精神残疾患者服药救助117人次，补贴药费7.43万元；住院救助7人，发放补贴资金1.5万元。继续以政府购买形式委托宁夏鼎晟爱社会工作推进中心为60名精神残疾人开展“一对一”社区精神康复服务。通过调查服药情况、入户探访、心理咨询、团体心理沙盘游戏、团体绘画心理疗法、政策咨询、关爱慰问等方式促进精神残疾人社会融合。

【精准康复服务】 2021年，金凤区残联实施个性化精准康复服务包项目，确定宁夏工人医院、良田镇卫生院、丰登镇卫生院、黄河东路卫生服务中心、黄河东路双渠口社区卫生服务中心、碧水蓝天社区卫生服务中心和阅海万家F社区卫生服务中心7家医疗机构为定点服务机构，服务内容包括肢体精准康复服务和中医理疗精准康复服务，服务包费用最高300元，残疾人可根据自身情况自主选择，免费享受个性化康复服务。全年共服务残疾人1100余人，其中上门服务400余人。

【残疾人基层康复站建设】 2021年，金凤区申报1个自治区级残疾人社区康复站、1个银川市级残疾人社区康复站，累计投入资金近45万元，为康复站购买康复设备及器材、开展残疾预防宣传、无障碍设施建设。金凤区长城中路社区卫生服务中心残疾人基层康复站、金凤区黄河东路双渠口社区卫生服务中心残疾人基层康复站被银川市残联认定为2021年“银川市残疾人基层康复站”。

【扶残助学】 2021年，金凤区残联依托自治区残联、银川市残联实施残疾人事业专项公益金助学项目，为15名残疾儿童提供学前教育资助1.5万元，

2021年6月3日，残疾评定医生上门为重度残疾人提供残疾评定服务

为11名大中专教育阶段残疾学生提供助学补贴3.5万元。

【就业创业】 2021年，金凤区残联通过落实“至少介绍三个工作岗位，至少服务三次”等措施，落实残疾人高校毕业生12人，9人实现就业，3人继续升学深造。落实培训就业实名制管理，新登记城镇就业77人，农村就业24人，组织农村实用技术培训、盲人生活技能、“中式面点”专项职业技能培训及推荐参加大数据培训4场，培训学员120人。协调争取金凤区第一回民小学、第二十小学校门口6间营业房的使用权，作为残疾人创业基地，用于经营打字复印、办公文具、学习用品、健康早餐、非遗文化传承、文创等项目，安置6名残疾人实现就业创业。打造“筑梦工坊”助残爱心驿站，依托银新苑北社区悦邻里中心建设综合性残疾人之家，实现残疾人技能培训、创业孵化、就业帮扶、盲人按摩、职业康复、辅具共享六大服务功能，就近就便吸纳20余名残疾人及残疾人亲友实现辅助性就业。为47户残疾人个体工商户发放养老保险补贴19.228万元，为43名灵活就业人员发放创业补贴8.6万元，为10名自主创业残疾人发放补贴8万元。审核残疾人就业企业277家，征收残保金8853407.9元，超比例安置残疾人17人。落实残疾人就业创业补贴政策，2021年新增残疾人就业104人。

2021年12月27日，金凤区残联举办残疾人“葫芦烙画”培训班

【创建规范化盲人按摩示范店】 2021年，金凤区推进盲人按摩机构规范化品牌化建设，实施“六统一”盲人按摩品牌创建活动，暨“统一品牌、统一内部管理、统一信息认证、统一服务标准、统一标识、统一监督管理”。金凤区打造金阳盲人按摩店、利而康盲人按摩店、安医盲人按摩店3家盲人按摩店为示范店，均获批医疗机构执业许可，纳入城镇职工医疗保险定点医疗机构，实现规范化品牌化经营。

【脱贫攻坚与乡村振兴】 2021年，金凤区残联走访15户17名残疾人监测对象，了解掌握情况，建立“一户一档”、动态管理、重点监测、重点帮扶制度，防止已脱贫残疾人户返贫。对残联帮扶的7户帮扶对象进行入户走访、慰问，核对政策帮扶情况，规范填写《帮扶手册》，宣传养老保险、医疗保险各类政策，做到应享尽享。实施“阳光助残小康计划”项目，扶持57户贫困残疾人家庭从事特色种植养殖及家庭手工业，每户一次性给予补助4000元。为17名农村灵活就业人员发放就业补贴3.4万元，为5名农村残疾人个体工商户发放养老保险补贴2万元。开展深度贫困残疾人救助工作，为441名农村重度残疾困难人口发放救助金。

【社会保障】 2021年，金凤区累计投入38.382万元，按照每人每年60元投保标准，为6397名具有金凤区户籍的0—80周岁的持证残疾人购买意外伤害保险，全年理赔98人次，赔付金额44.9万余元。全年享受困难残疾人生活补贴2657人，享受重度残疾人护理补贴3617人。以政府购买服务形式为586名智力、精神、重度肢体残疾人及伴有智力、精神或肢体一、二级的重度残疾人提供生活照料、维修、医疗保健、精神慰藉及文化娱乐等居家托养服务。为宁安社区、五里湖畔社区45名行动不便且家庭无照护能力的贫困重度残疾人提供送餐、家政等社区日间照料服务。临时救助困难残疾人2人，发放救助金3000元。

【维权工作】 2021年，金凤区残联受理智慧金凤“12345”热线、问政金凤微博有关残疾人教育、就业、权益保障等投诉咨询案件共计41件，受理率和答复率均为100%，全年未发生集体上访事件。为7名残疾人发放了残疾人机动轮椅车燃油补贴1820元。为

154 户重度贫困残疾人实施家庭无障碍改造项目，成立了无障碍环境督导队，对辖区公共停车场、商场、文化体育场所无障碍环境建设进行督导。

【文化体育】 2021 年 2 月，金凤区残联开展“爱心助残暖新春 感恩回馈社区情”迎新春，写春联送祝福活动，为社区居民和残疾人朋友书写春联送福字 50 余份。5 月 11 日，与金凤区图书馆共同举办“共享阳光，爱心助盲”阅读分享交流文化助盲活动，图书馆职工与 10 名盲人朋友共享书香，开展盲文书籍借阅、盲杖体验活动。端午节期间，组织 20 余名残疾人专职委员和协会会员参加“浓情端午”主题党日活动。7 月 27 日，为庆祝中国共产党成立 100 周年，助力全国第十一届残运会暨第八届特奥会和北京 2022 年冬残奥会，推进残疾人积极参与体育健身活动，金凤区残联联合社区健身示范点长城中路街道长城花园社区共同举办“我心向党、喜迎冬奥、助力残运、欢乐健身”主题残疾人健身周系列活动，辖区肢体、智力残疾人及亲友、社区助残志愿者 50 余人欢聚一堂，共同体验趣味健身活动。组织 11 名残疾人参加银川市书画摄影作品展，5 名残疾人获奖。2021 年，申报通福、金宇名庭、西湖、银川林场 4 个社区为残疾人文化进社区单位，拨付项目经费 4 万元。开展残疾人文化进家庭“五个一”活动，先后组织 100 名残疾人及家属开展了读一本书、看一次电影、游一次园、参观一次展览、参加一次文化活动。

2021 年 6 月 11 日，金凤区残联开展 2021 年残疾人文化进家庭“五个一”项目活动

【组织建设】 2021 年，金凤区残联督促各镇、街道及时根据干部变动情况调整残联理事长、副理事长，推进 83 个村(社区)残疾人协会建设，做到 100%全覆盖。自治区残联 2020 年 10 月下派的 2 名挂职副理事长（杨辉、季春光），于 2021 年 9 月底到期结束挂职。加强金凤区残疾人五大专门协会建设，完成 2021 年协会年检工作。积极争取金凤区政府先后为残联调整选配政策性安置人员 3 名，2021 年采取政府购买服务的方式，公开选聘镇（街道）残疾人专职委员 7 人，争取公益性岗位人员为村（社区）配备专职委员 61 人。落实资金保障，落实五个专门协会工作经费 2 万元；给 7 个镇（街道）拨付残联工作经费 35000 元；落实残疾人专职委员（联络员）岗位补贴 51800 元；落实政府购买专职委员工资待遇资金 364796 元。

（司玉婷）

红十字会

【概况】 根据金凤区编委会《关于设立银川市金凤区红十字会的通知》（银金编〔2020〕19 号），2020 年 9 月 14 日同意设立金凤区红十字会，列入群团机关，属副科级事业单位，由区委领导分管、政府领导联系。核定常务副会长 1 名(副科级)，全额事业编 3 名，现有工作人员 4 名。2020 年 11 月 27 日，金凤区委《关于王永志等同志职务任免的通知》（银金党干字〔2020〕38 号）文件，李梅任金凤区红十字会常务副会长。2020 年 12 月 1 日开始筹备工作，设立办公场所，办理机构代码证。经费纳入 2022 年财政预算，政府拨款 10 万元，采购办公设备，保证红十字会日常业务顺利开展。建立单位财务、固定资产、办公、考勤等会议制度和规章制度。向同级民政局提交资料申请办理募捐资格证，并在中国慈善网上进行登记备案。红十字会承担金凤区募捐工作职责，开设捐赠专户，与资金管理银行签订服务协议，设置捐款二维码，募捐工作全面启动。

【公益事业】 2021年，金凤区红十字会先后发出救援河南水灾和银川“10·17”疫情捐赠倡议书，社会爱心人士、爱心企(事)业、社会组织、个人捐赠款物价值602.0453万元，其中捐款427.2199万元，捐赠物资折合价值174.8254万元(含自治区红十字会调拨物资42.01万元)。金凤区红十字为参与捐赠的单位和个人颁发捐赠证书、爱心企业荣誉牌，将信息或视频在融媒体中心金凤电子快报(8篇)、《银川晚报》(2篇)、《新消息报》(8篇)、《宁夏日报》(2篇)等第一时间宣传报道。金凤区红十字会将接受的捐赠款物通过金凤电子快报和政府网站、微信等渠道向社会公布捐款捐物接收管理和使用情况，主动接受社会监督，让捐赠者放心，让社会公众放心，让受助者满意。

【社区红十字救护站】 2021年，金凤区红十字会向自治区红十字会申请项目资金1.5万元，在黄河东路街道工业集中区社区一楼打造红十字会救护站。在黄河东路金地花园社区成立基层红十字会组织，发展会员45人。还成立一支红十字雏鹰志愿服务队，有志愿者51人，主要参与社会公益、疫情防控、应急救护培训、参与捐款和关怀慰问困难老人等。2021年，获自治区红十字会通报表扬。

2021年10月27日，宁夏二泉环境科技有限公司捐赠价值12.4万元的防疫物资

【99公益日】 2021年，金凤区红十字会申报“九九公益日 关爱罕见病”项目，在金凤电子快报发出“九九公益日，我们一块捐”倡议书，通过金凤区政府、悦海新天地、新华联广场等宣传点，发动社区、居民、机关干部、红十字会会员及金凤区红十字雏鹰志愿服务队的小队员们组团一起捐款，共筹集款项6907.99元。

【应急救护品牌】 2021年，金凤区红十字会结合应急救护培训年活动，在大阅城凯越嘉轩酒店、金凤十一小学、工业集中区社区、联丰村等举办应急救护、暑期安全为内容的知识讲座，共7期296人。从教育、卫生院等选拔一批优秀的师资人员，参加自治区红十字会和中国红十字会总会的培训考核，取得应急救护师资培训证，培育一支稳定的师资队伍。以“关爱生命 救在身边”为主题，在亲水体育中心、卫生院和社区培训室，开展救护员及心肺复苏取证培训。邀请红十字应急救护师资讲解气道异物梗阻、心肺复苏和AED(体外自动除颤器)操作、创伤包扎等，共举办六期培训班，294人取得救护员及心肺复苏培训合格证。在阅海宾馆、悦海新天地、大阅城等公共场所安装5台AED急救设备。

2021年7月23下午，金凤区红十字会邀请了银川市应急救援服务协会会长高明禄为辖区青少年作应急救护知识讲座

【宣传活动】 2021年，金凤区红十字会以5月8日是世界红十字日，在三角公园、万达广场开展以“关爱生命 救在身边”为主题的宣传咨询活动，发放宣传袋75个，宣传人数近200人。与银川市红十字会开展“爱在一起 红十字在行动”宣传咨询活动，共发放知识折页500份，无纺布宣传袋300个，急救包600个。金凤区红十字会订阅200份相关应急救护知识的红十字报，组织社区、消防、学校、机关等开展应急救护知识答题活动，让“人人学急救，急救为人人”成为一种社会共识。

【走访慰问】 2021年，红十字会在疫情防控期间，采购方便面、面包、牛奶等价值2320元的食品，慰问金凤区卫健局一线防疫医疗人员。关爱敬老院老人，在中秋国庆期间开展“心系公益暖夕阳爱心捐赠敬老院”活动，给51名老人送上面包、牛奶、纸尿裤等价值4000元的生活用品，为老人理发，给医护人员开展应急救护知识培训。金凤区红十字会与宁夏沙湖月食品有限公司为金凤区1400名环卫工人送上爱心月饼1500盒。元旦春节前，金凤区红十字开展红十字博爱送万家活动，面向农村患大病的建档立卡户、重度残疾人、高龄老人进行走访慰问贫困户共161户597人，发放大米110袋、运动鞋86双、慰问箱20个，物资总价值19880元。

【无偿献血】 2021年，金凤区红十字会与金凤区精神文明办组织76名干部在金凤区万达广场爱心献血屋参与献血活动。3月8日，联合妇联、银川城投工会在和顺新村广场开展以“我奉献　我美丽”为主题的无偿献血公益宣传活动，驻村干部带头参加献血，现场发放100多份造血干细胞捐献、人体器官捐献宣传折页。庆祝第18个世界献血者日，联合宁夏四维金盾保安押运服务有限公司开展“伸出你我双手　捐献造血干细胞”及无偿献血公益活动，参与无偿献血活动的有70人，献血量达27200毫升，参与捐献造血干细胞的有6人。红十字工作人员向参与献血者宣传造血干细胞捐献知识，发放调料盒、小毛巾、急救包等小礼品，开展公益活动，旨在让更多的人参与红十字事业，弘扬“人道、博爱、奉献”精神。

（李　梅）

法 治

政法委及综治

【概况】 2021年，金凤区有政法职能部门5个，政法委有行政编制5人，在编在岗5人，工勤编1人。法院有中央政法编制127人，在编在岗干警110人，工勤编7人(在编4人，超编3人)，书记员统招60人，外聘78人，其中员额法官44人；检察院有内设机构8个，有政法专项编制50人，在编在岗48人，工勤编0人，书记员统招14人，外聘8人，其中员额检察官19人。公安分局有行政编制230人，民警230人，事业编15人，辅警462人，派出所8个。司法局有政法编制32人，在编在岗27人，工勤编1人，司法所8个。

2021年8月4日，金凤区党委政法委2021年第二次全体(扩大)会议

【国家安全】 2021年，金凤区召开国家安全委员会年度会议1次，国家安全专题会议2次，建立健全国家安全人民防线领导小组，组织开展风险排查4次，摸排风险61件，制定《金凤区防范化解重大风险任务分工及责任清单》，逐项制定化解措施，开展了“4·15”国家安全教育宣传活动。在良田镇植物园村投入14万元打造国家安全宣传示范一条街，在五里台社区投入81500元打造维护国家安全宣传广场，在金家巷社区投入3万元打造国家安全宣传教育长廊。

【安保维稳】 2021年，金凤区委政法委组织平安金凤建设协调小组各成员单位顺利完成了中国共产党成立100周年、“两节”、“两会”、中阿博览会等重要时期重要节点安保维稳工作。全年先后召开安保维稳会议3次，对11个领域72项重大风险隐患制定防范化解措施。加强了辖区重点商圈“四联三防”机制建设，深入推进“铁桶工程”，先后组织开展督查工作16次。组织63家成员单位广泛开展矛盾

2021年，加大执法保障，配备新装备

纠纷排查化解专项行动，严格落实重大矛盾研判报送、日常矛盾备案等机制。

【反邪教反渗透】 2021年，金凤区委政法委先后组织63家平安金凤建设协调小组，各成员单位、各专项组成员单位及相关单位结合“4·15”国家安全宣传教育日、“12·4” 国家宪法宣传日等重要节点开展反邪教宣传共计126场次，在微信公众号、微博等多媒体平台持续推送反邪教宣传教育文章100余篇，在辖区部分村(居)打造反邪教宣传长廊、反邪教宣传广场3处，持续营造人人崇尚科学，反对邪教的良好氛围。处置邪教组织非法聚会活动1起22人，全年辖区未发生邪教人员进京、规模性、个人极端聚集滋事等事件，未出现非法宗教活动或邪教人员聚集活动。

【平安金凤机制体制建设】 2021年，金凤区委政法委印发《关于加快推进社会治理现代化建设更高水平的平安金凤实施方案》《平安金凤建设领导责任制》《平安金凤建设奖惩办法》《2021年度平安金凤建设工作要点》《关于开展金凤区矛盾纠纷排查化解专项行动的方案》，明确责任分工，压紧压实责任，确保平安金凤建设工作有计划、有步骤开展。

【综治中心建设】 2021年，金凤区委政法委加强各镇(街道)综治人员力量建设，成立平安建设协调小组，综治中心均配备综治中心主任1名，2名以上工作人员，持续发挥矛盾排查化解、信息情报报送、组织协调宣传、线索研判处置等综治作用。建立并完善《金凤区智慧城市运营中心工作职责》《金凤区综治中心工作制度》《金凤区社会治理综合平台镇(街道)分中心职责》《镇(街道)综治中心工作机制》等规章制度。实现了智慧金凤综合指挥中心和金凤区综治中心双中心融合，中心整合对接了雪亮工程、智慧渣土、明厨亮灶、学校、商圈、市场等各类信息资源。打造网上、网下协调联动的公共法律服务平台，进一步完善综治中心公共法律服务硬件设备，为镇(街道)、村居配备相应智能终端。

【宣传与推广】 2021年，金凤区平安建设及教育整顿工作被《人民日报》、新华社等中央媒体宣传报道4次，中央政法媒体报道23次，被长安网、法治网等中央政法媒体网站及新媒体报道12次。先后向自治区和银川市报送全国政法优秀新闻作品、全国第六届平安中国“三微”比赛作品3篇。共结合政法队伍教育整顿、平安建设、市域社会治理等工作，发布信息539篇，开展“4·15”国家安全教育日、“12·4”宪法日等线上宣传活动12次。

【矛盾纠纷排查化解】 2021年，金凤区三级综治中心及各单位共排查各类矛盾纠纷429435件，已化解429160件，化解率为99.94%。制定了《金凤区矛盾纠纷排查化解专项行动实施方案》，矛盾纠纷排查化解专项行动期间共上报矛盾668件，并已全部化解。

【雪亮工程】 2021年，金凤区以治安防控体系建设和“雪亮工程”建设为契机，将“天眼”触角延伸至城乡接合部、小街小巷，视频巡查与街面巡逻相互补充，完善覆盖所有路段、复杂场所、公共场所、内部单位、重点要害部位的视频监控系统，最大限度拓展技防设施辐射范围。

【平安细胞创建】 2021年，金凤区制定印发《2021年度金凤区平安创建活动方案》，组织教育、卫健、发改、住建交通、市场监管、各镇(街道)等43家平安建设协调小组成员单位开展广泛的平安创建活动。在辖区学校“定校、定人、定岗、定时”开展“护学岗”工作，实现辖区中小学、幼儿园162所学校“护学岗”覆盖率达100%。医院监控探头达到4430个，其中数字高清探头2853个，模拟探头630个，监控保存时间超过30日，物防技防达标医院11家，设置警务室3家，监控系统与公安机关联网医院梳理2家，与公安机关共享数据医院2家。辖区共发动各单位申报平安镇(街道)7个，平安村(组)申报单位6个，平安医院、平安企业、平安学校等申报单位共计24个。全年辖区未发生学校、医院等群体性事件，无爆炸、纵火、毒气、绑架、劫持人质、投放危险物质的刑事案件发生，未发生校园恶性案(事)件以及涉医务人员恶性案(事)件。

2021 年 8 月 17 日，银川市金凤区满城北街街道紫阳社区与网格警开展防诈骗宣传

【政法队伍教育整顿】 2021 年,金凤区政法队伍教育整顿“三个环节”任务落实到位,做到“五项教育”贯穿始终,“顽瘴痼疾” 根治彻底, 总结提升巩固成效。组织政法各单位开展政治轮训 18 次,举办英模报告会 14 场,“补钙强基”效果明显。从严开展查纠整改, 核查线索 524 件,80 名政法干警主动说明问题。深入整治顽瘴痼疾。推进“1+5+12”顽瘴痼疾整治,成立 12 个整治专班,共排查“6+4+2”顽瘴痼疾“基础病”217 条,核实认定 212 条,“N”项“地方病”顽疾问题 45 条,核实认定 26 条,均已全部整改。建章立制长效常治,梳理形成本级 37 项制度建设任务清单,主动与自治区、市级组织、纪委等部门对接,建立源头治理制度 60 项,健全重点岗位廉政风险排查等机制 23 项,切实做到了用制度管人管事。

【铁路护路】 2021 年,金凤区护路办努力构建铁路护路基层自治模式,夯实平安铁路基础,创新推动铁路沿线网格化覆盖,与沿线村、居民签订《金凤区铁路沿线居民爱路护路承诺书》,印制发放《致铁路沿线广大家长、中小学生的一封信》,充分挖掘村(居)民公约软约束力,加强普及爱路护路常识,促进爱路护路文化形成。将辖区 48 公里普速铁路分为 3 个二级双段长管段,进一步厘清管理责任。成立沿线环境综合治理“双段长”工作领导小组,对沿线各类环境隐患开展拉网式排查整治,排查隐患 60 处,处置险情 12 起,处理 5 人。

【基层法学会】 2021 年, 金凤区法学会会员队伍由 171 人增长至 241 人,共有 106 名律师经审核加入法学会队伍中。法学会全年共邀请专家学者向机关干部做专题辅导 2 次,开展村(社区)“两委”班子成员、网格员法治讲座、法律知识培训 300 场次。组织协调各级党委(党组)开展学法活动 90 次。深入各机关、村(社区)、学校、商铺、市场、广场、文化活动现场等开展各类法律法规宣传 90 场次, 发放各类普法宣传资料 5000 份。从会员中选派 18 名熟悉中小学法治宣传教育的法律工作者充实到法治副校长队伍,辖区“法治副校长”在中小学校园实现全覆盖。

【涉法涉诉信访化解】 2021 年,金凤区信访形势总体稳定,区委政法委持续完善并按照辖区《涉法涉诉信访案件评查办法》,结合重复访、化解信访积案专项工作,细致开展化解工作,圆满完成重要时期工作任务。政法各单位共受理涉法涉诉信访案件 325 件,化解 316 件。在律师参与化解和代理涉法涉诉信访案件工作中, 共受理案件 862 件, 参与律师 222 人次,劝导息诉息访数 413 件,代理案件 3 件。

【见义勇为】 2021 年,金凤区委政法委受理并认定见义勇为事迹 1 件,为王科救助落水儿童,王科被评为“见义勇为”先进个人,奖励奖金 1 万元。先后对家庭生活困难的见义勇为先进分子李发章、柳彦军各发放慰问金 5 万元。组织平安金凤建设协调小组各成员单位开展见义勇为先进人物宣传学习活动 80 场次,持续营造弘扬正气的浓厚氛围。

【司法救助】 2021 年度,金凤区委政法委(金凤区司法救助领导小组办公室)严格开展司法救助工作,确保救助资金合法合规发放到位, 共受理司法救助案件 9 件,发放司法救助金 29.28 万元。

【市域社会治理】 2021 年度,金凤区将市域社会治理工作纳入“十四五”工作规划,成立市域社会治理领导小组等4个议事协调机构，建立区、镇(街道)、村(社区)三级平安建设协调机制。加强了智能化、数字化建设，智慧金凤社会治理综合平台获评国家智能社会治理实验基地，63个小区完成数字化改造，915座5G基站建成投用，实现对网格内各治安要素的全覆盖、立体化感知。启动智慧城市运营中心三期改造，建成城市大数据中心、应急物资管理系统、共享单车治理平台、"互联网+督查"指挥平台。加快数字小区智能化建设，完善"一标三实"等基础数据采集，提高基层智治能力。深化"五定一畅工作法"等议事决策制度，举行协商议事会583场次，解决老旧小区改造等问题686件。推进"社区、社会组织、社工"的"三社联动"工作模式，培育扶持邻里互助等社会组织566家。坚持和发展新时代"枫桥经验"，建立健全多元化纠纷化解机制，推动人民调解、行政调解、司法调解、仲裁调解衔接联动，协同推进纠纷化解。配备并发挥好村(社区)法律顾问作用，引导群众依法表达诉求、解决纠纷、维护权益。发挥协商会、庭院会、板凳会作用，打造基层民主协商样板。推动群防群治队伍全面覆盖城乡，强化矛盾排查、风险防控和应急处置能力。

【扫黑除恶】 2021年，金凤区委政法委成立扫黑除恶常态化工作机构，制订常态化及重点行业领域整治方案，摸排线索20件，倒查重点案件(线索)12件，发放"三书一函"12份。持续高压严打各类刑事犯罪活动，八类案件实现下降，"两抢"案件破案率100%，推广注册"金钟罩"和"国家反诈中心"App48.8万人，有效预警劝阻电信诈骗1万余起。

【重点行业及地区专项整治】 2021年，金凤区委政法委组织公安、市场监督、综合执法、街道等单位通过集中排查、常态摸排等形式共排查大阅城、悦海新天地、银川火车站等重要区域116次，共摸排治安问题线索79条，查处违法行为人10件21人，整治率100%。

【疫情防控】 2021年，金凤区委政法委在常态化疫情防控工作中，织牢"三联三控"防控网(紧密连接数据核查、防疫站点、网格力量，严控入境信息筛查、行程闭环监测、防疫卡口管控)，全力做好3100余名境外返银人员动态管控。"10·17"疫情发生后，全体党员干部闻令而动，分别在涉疫社区封控、人员样本转运等工作中展现政法担当。以政法干警为主力军的转运隔离专班高效运转，24小时不间断集中转运隔离工作，共转运和解除"三类人员"4600余人次，严密高效地完成了疫情防控转运工作。

法治政府建设

【概况】 2021年，金凤区发挥区委全面依法治区委员会总揽全局、协调各方的领导作用，定期召开金凤区依法治区及依法治区委员会办公会议、法治政府建设推进会等，全面部署推动依法治区工作，坚持将法治建设与改革、发展、稳定等工作同部署、同落实、同考核，督促各单位履行法治建设工作职责。8月20日，召开金凤区依法治区委员会第三次工作会议，审议通过《法治金凤建设规划(2021—2025年)》《金凤区法治社会建设实施方案(2021—2025年)》《金凤区党委全面依法治区委员会2021年工作要点》《关于调整银川市金凤区委全面依法治区委员会办公室及各协调小组组成人员的请示》等文件。每年第一季度，向本级党委、人大专题汇报法治政府建设工作情况，并向上级党委、政府报送法治政府建设报告。将依法治区工作纳入年终效能考核，2021年分值由之前的占5%提高到6%，依法治区办定期对各单位法治政府建设工作开展落实情况进行督察，对标依法治区各项工作要点，及法治政府建设示范创建各项指标体系，找短板，促整改。高位推进"八五"普法，积极争创法治政府示范区，2020年金凤区"城市综合执法智慧监管"获得自治区法治政府建设单项示范命名。2021年，开展3期法治政府专题讲座，全面加强依法行政队伍建设。

【人大政协监督】 2021年5月6日，金凤区人大常委会专题调研金凤区依法治区工作，并在金凤区第四届人大常委会第三十四次会议中听取并审议金凤区法治政府建设报告，提出了明确的意见并督促整改。6月2日，金凤区政协组织部分政协委员开展“推进全面依法治区”专题协商议政调研活动，并就加强行政执法、推进全面依法治区给出了具体的建议。

【依法全面履行政府职能】 2021年，金凤区先后印发《金凤区深化“商事制度”改革优化营商环境工作方案》《金凤区全面推行证明事项告知承诺制实施方案》《金凤区开展“一业一证”改革落实方案》《金凤区政府投资项目建设管理细则(试行)》等9个方案，为优化营商环境搭建了基本政策骨架和结构，全面推行减材料、减流程、减时限、减费用、优服务，推动“一业一证”，让更多事项“最多跑一次”，推进事项管理、流程标准化。聚焦企业和群众办事创业的痛点、难点、堵点，紧扣《优化营商环境条例》，率先出台《金凤区打造区域营商环境最优区推动民营经济高质量发展实施方案》系列惠企便企政策“大礼包”，加大“金凤20条”黄金政策落实，加大减费减税政策落实，切实为企业发展减负增效，累计减税降费17.2亿元。推进“互联网+政务服务”，推广“前台综合受理、后台分类审批、综合窗口出件”工作模式，实现“一窗一网通办”。立足企业需求，优化整合政府、企业资源，在阅海湾中央商务区成立了全区首个企业智慧服务中心，打造了业务办理、自助服务等四大功能区域，专设了行政审批、国际业务等八大职能窗口，开启智慧政务服务ETC金凤样板模式，推动“园区的事园区办”。该中心日均办件量在100件，办理时限压缩30%。持续推动政务服务“四减一优”建设，建立政务服务事项标准化管理清单，全面推行减材料、减流程、减时限、减费用、优服务，推动“一业一证”，推进事项管理、流程标准化，压缩时限2522天，达73.53%，压减材料273项，达23%，压减流程213项达28.51%。扎实推进镇街民生服务中心、村社区民生服务代办点规范化建设，积极协调下放更多事项，镇(街道)民生服务中心及站所承接可办事项达120余项(含公安派出所)，先后举办政务系统业务培训、礼仪培训4期5场次250余人。优化设置“跨省通办”等综合窗口，加强同相关业务部门、其他县区相关业务沟通协调，截至9月30日，已与16个省(自治区)47个县(市、区)签订“跨省通办”协议，正在与4个县(市、区)洽谈签订“跨省通办”协议，可办事项涵盖涉企、涉个体、涉医疗卫生、涉食品经营、涉劳务中介等81项高频事项，顺利推进“跨省通办”成为常态化。制定出台《金凤区政府投资项目建设管理细则(试行)》，确保金凤区各级各部门在政府投资项目建设管理全过程、全链条依法依规有序高效推动，切实发挥政府投资撬动杠杆作用，刺激带动金凤区经济社会高质量发展。2021年，共计受理投资建设项目审批及社会投资备案项目201余项，投资金额约321亿元。

【贯彻落实《重大行政决策程序暂行条例》】 2021年，金凤区制定《银川市金凤区人民政府关于贯彻执行〈重大行政决策程序暂行条例〉的实施意见》，明确重大行政决策标准、范围，程序、立卷归档及责任追究等内容，集体审议并公布金凤区政府本级重大行政决策目录。坚持决策、执行、管理、服务、结果五公开，为公众参与行政决策提供制度保障。建立专家咨询库，重大行政决策涉及社会公共利益和专业性较强的决策事项，组织相关领域专家、专业机构进行论证。对关于社会稳定、公共安全、环境和经济等方面的重大行政决策均进行风险评估。重大行政决策事项合法性审查100%，并依法接受本级人民代表大会及其常委会监督，形成人大代表、政协委员、群众代表及法律顾问常态化参与机制，保障政府决策科学化、民主化、法治化。

【政府法律顾问】 2021年，金凤区通过政府购买服务方式成立金凤区政府法律顾问团，实现政府及各部门、镇街法律顾问全覆盖，制定《金凤区人民政府法律顾问制度实施细则》。法律顾问全程列席政府常务会议、专题会议，为依法决策提供专业保障。2020年至今，审查各类合同文书352件、出具法律意见书32件，为政府各部门(单位)开展法治政府建设专题业务培训12次。

【规范性文件管理】 2021年，金凤区印发《规范性文件认定办法》《金凤区人民政府行政规范性文件“三统一”有效期制度实施方案》，公布《规范性文件制定主体及审核主体清单》，建立规范性文件审查清理长效机制并及时向社会公布清理结果。全面梳理十八大以来金凤区政府及各部门规范性文件及符合清理范围的红头文件，对100件提出清理意见，其中保留61件、废止33件、修改6件。

【规范行政执法】 2021年，金凤区推进执法力量下沉，在各镇、街道办事处成立综合执法办公室，进一步理顺行政执法体制机制，加快实现一支队伍管执法。编制金凤区行政执法赋权清单、行政执法流程图、行政执法文书汇编，规范执法行为，严格执法程序。规范行政执法主体，严格履行行政执法人员“持证上岗，亮证执法”制度，金凤区现在共有行政执法主体28个，通过培训、申领，金凤区现有持证行政执法人员184名。制定《金凤区推行行政执法“三项制度”工作方案》，完善各执法部门配套制度及流程图，以督导抓落实，围绕营造法治化营商环境、保护民营企业发展、全面推行行政执法“三项制度”等开展行政执法督查。抽调部分行政执法部门人员及政府法律顾问组成案卷评查组，对金凤区综合执法局、人力资源和社会保障局、卫生健康局、应急管理局已办结行政执法案卷1087件进行全面评查，通过以评促学、以评促改，进一步落实行政执法“三项制度”，规范行政执法行为。规范重大执法决定法制审核程序，各镇、街道成立案审委员会，严格执行重大案件法制审核制度，法制部门及法律顾问参与重大行政执法案件法制审核，严格落实重大执法决定及涉企检查向法制部门备案制度。根据行政许可、行政处罚“双公示”工作要求，全面落实执法信息公开，实现行政处罚信息公示工作常态化。建立科学、高效的行政执法与刑事司法相衔接工作机制，加强与检察机关的沟通协调，实现行政执法与刑事司法无缝对接。落实行政机关负责人出庭应诉制度，提高行政负责人出庭应诉率。

【“八五”普法】 2021年，金凤区建立普法责任清单制度，常态化开展“法律十进”活动。努力拓展法治文化外延，打造覆盖区、镇、村（社区）三级的法治文化阵地64个。以案说法，拍摄5部普法题材教育短片，录制拍摄10期疫情防控律师法治讲座和11期“金凤区民法典微课”，充分满足辖区群众对线上法治文化、法律知识的需求。

（李宁泽）

公 安

【概况】 金凤区公安分局辖区地处银川市三区两县的中心，东与兴庆区相望，西与西夏区接界，南至永宁县，北与贺兰县接壤；辖区面积353平方公里，有常住人口615409人（户籍人口479216人，流动人口136193人）。辖区共有2个镇、6个街道（新增贺兰山中路街道），64个社区、20个行政村，自治区党委、人大，银川市四套班子及国际交流中心、阅海湾中央商务区、银川火车站等均在金凤辖区内。分局下设纪检委、政治处、指挥中心（办公室）、警务保障室4个科室；法制、政保（原名国保大队）、治安、刑侦、经侦、缉毒、特警、网安8个职能大队；北京中路、长城中路、上海西路、满城北街、黄河东路、良田镇、丰登镇、火车站、贺兰山中路（原名阅海派出所）9个基层派出所。全局核定编制民警230人，事业编15人，辅警462人。2021年，分局“石榴籽”警务室创建和“警网融合”两项工作成为市局的试点项目，改

2021年7月1日，公安分局举行升国旗仪式，重温入党誓词

革和加强派出所工作、经侦"扫楼清街"行动分别得到银川市副市长吴琦东和自治区公安厅副厅长陈加先批示肯定。荣获全区扫黑除恶专项斗争先进集体，在自治区、市各类竞赛比武中斩获多个一等奖，绩效考核评分位列全市公安机关第一，49个集体和个人荣获表彰奖励。

【"反诈人民战争"专项行动】 2021年，金凤区公安分局健全完善电信网络诈骗案件打击和预防机制，全力守护好辖区人民群众的财产安全。深入政府部门、事业单位、社区、学校、工厂企业等五个重点领域，以开办讲座、举办活动、张贴海报、派发宣传单等形式，开展宣讲教育，促使防范电信网络诈骗知识深入人心，达到精准防骗效果。转变侦查模式，创新打击方式，坚持主动进攻，提升打击质效，既捣窝点又打链条，既打本地又打外地，既打电信网络诈骗又打灰色产业链，全力追赃挽损，做好资金返还工作，最大限度地减少群众经济损失。运用通信、互联网等大数据资源，完善各类数据模型，精准识别疑似线索，及时预警发现潜在受害群体，有效开展电话劝阻、上门劝阻等工作，最大限度减少群众上当受骗。2021年，推广注册"国家反诈中心"App、"金钟罩"小程序50余万人，占到辖区总人口的85.9%，破获电信诈骗案件723起，成功预警劝阻21459次，止付3952万元。

2021年5月26日，上海西路派出所开展"小手拉大手"反诈宣传进校园活动

【打击犯罪新格局】 2021年，金凤区公安分局围绕工作职能、专业优势、运行机制、工作流程"四个融合"，推行"刑侦、图侦、刑事技术"三位一体流水作战，形成数据手段高度集成、科技传统优势互补的合成侦查模式，建立多手段、多战法深度合成的打击犯罪新格局，实现"快侦、快破、快追赃"的工作目标。2021年，共破获刑事案件1548起，抓获犯罪嫌疑人1371人，同比分别上升6.3%和53.7%，"命案""两抢"案件破案率达到100%，百名民警接处警数、破获刑事案件数、抓获犯罪嫌疑人数名列全区第一。破获"12·8"督毒品案件，抓获犯罪嫌疑人38人，缴获毒品2.2千克。破获"5·25"故意杀人案，实现了辖区十年内命案破案100%。

【刑事案件查处】 2021年，金凤区公安分局共立刑事案件3827起，破案1548起，破案率为40.4%，较上年同期多立415起，上升12.2%，破案率下降2.3个百分点。破隐积协外案件47起，破案绝对数为1595起，较上年同期少破8起，下降0.5%。3827起刑事案件中：放火发2起破2起，杀人发4起破4起，伤害发8起破8起，强奸发21起破21起，抢劫发11起破11起，盗窃发997起破522起，抢夺发0起破0起，诈骗发2423起破822起，毒品犯罪发2起破1起，经济犯罪发96起破48起，其他发263起破109起。共立八大类刑事案件46起，破46起，破案率为100%，较上年同期少立12起，下降20.7%，破案率上升3.4个百分点。

【缉毒执法攻坚战】 2021年，金凤区公安分局以禁毒"融冰""净边2021"等清剿毒患专项行动为抓手，加强跨区域协作，加快推动情报线索转化为打击成果，会同重庆、四川两地公安机关破获"12·8"公安部部级毒品目标专案，批捕犯罪嫌疑人23人，缴获毒品冰毒22832.36克，成功打掉了一个长期从四川向重庆、宁夏等地贩卖毒品冰毒的犯罪网络团伙。全年，共破获毒品刑事案件3起，查获吸毒人员11人，其中收戒毒人员4人，收缴毒资3180元。开展新型毒品专项整治，紧密结合全区农村毒品问题治理，开展涉"安钠咖"等毒品问题专项整治行动，对货运司机开展"毒驾"联合执法检查及吸毒检测110余次，开展涉"安钠咖"等禁毒法律知识宣传40余次。积极应对新型毒品违法犯罪新形势，破获辖区首例贩卖"电子大麻烟"毒品案件，缴获含有合成大麻素电子烟20支，全力遏制新型毒品蔓延势头。

【毒品预防宣传】 2021年，金凤区公安分局深入开展毒品预防宣传教育。组织开展“禁毒流动课堂”“全民禁毒宣传月”各类大型宣传活动75次。积极利用秋季开学时机，在辖区中小学组织开展在校学生“五个一”各类禁毒专题教育活动11场次，在唐徕回民中学宝湖校区组织开展禁毒网红进校园暨金凤区禁毒宣传“十百千”工程启动仪式，聘请禁毒宣传网红4名，吸引现场学生和在线网友千余人观看。坚持把毒情重点整治与“无毒细胞”创建有机结合，持续巩固“无毒社区（村居）”创建成效。辖区共创建命名“一、二级无毒社区（村居）”19个，达到金凤区社区（村居）总数的22.22%，基层禁毒工作基础得到进一步夯实。加大金凤禁毒工作媒体宣传深度广度，开通金凤禁毒抖音账号，制作发布短小精悍、通俗易懂的金凤禁毒宣传短视频69部，粉丝数达到22.9万人，获赞达到47.6万人次，全方位、多角度打造金凤禁毒宣传精品。

【戒毒康复管控】 2021年，金凤区公安分局统筹加强禁毒基础设施建设，积极探索创新和科技引领禁毒管控效能，全面筹备银川文化城“智慧禁毒”毒情监测中心和社区戒毒康复中心前期方案设计和基础建设。持续巩固毒品预防教育阵地品牌效应，对凤凰公园禁毒主题公园、福州街禁毒宣传示范一条街、悦海新天地禁毒商业广场进行维修和改造，助推辖区禁毒宣传阵地提档升级。常态化开展“平安关爱”行动部署，充分运用宁夏吸毒人员社会化服务管理系统，强化吸毒人员全流程服务管理。金凤区社区戒毒执行率、社区康复执行率均稳步保持100%，辖区新滋生吸毒人员增幅为0.53%，社区戒毒康复执行巩固率达82.98%，吸毒人员三年戒断巩固率达到历年来最高值87.17%，最大限度提升戒毒康复实效。强化“逢疑必查”“逢嫌必检”措施，常抓重点吸毒群体和隐性吸毒人员排查，开展辖区在册吸毒人员毛发样本采集检测820人次、娱乐场所从业人员毛发样本采集检测195人次，有效遏制重点复杂场所涉毒治安突出问题和安全隐患。围绕“十镇百村”毒品问题专项治理，全面开展治理农村毒品问题工作，保障毒品问题治理补助经费6万元至金凤区纳入“十镇百村”治理范围的3个社区（村）、居，组织开展毒品问题专项治理实地督导检查和自查验收5次，持续巩固、长效提升毒品治理效能。

【源头管控排查】 2021年，金凤区公安分局通过常态化网上巡查、实地查看的方式，开展易制毒化学品巡查和督导检查，严格落实易制毒化学品及企业监管工作。金凤区公安禁毒部门共审批二、三类易制毒化学品购买备案证明631张，运输备案证明1张，累计检查易制毒化学品企事业单位277家（次），对11家企业下发限期整改通知书。稳步保持辖区易制毒管理情况清、底数明、信息准，有效防控辖区制毒物品流失和制毒活动发生。紧密结合建党百年大庆安保工作，全面筑牢易制毒化学品监管防线，扎实开展易制毒化学品管理工作督导检查和回头看，辖区在册入网涉及第二、第三类易制毒化学品及易制毒化学品企业103家，配备易制毒化学品专管民警1人，设企事业单位易制毒化学品专管员103人。辖区入网企业管控率稳步保持100%，日常监督检查率达到261.3%，易制毒化学品管理严谨有序，未发生流失脱管情况。紧密结合治理农村毒品问题工作，充分发挥社区警务优势，周密组织发动社区民警、网格警、禁毒专干开展“走千村入万户”禁种铲毒踏查70余次，开展禁种铲毒宣传120余次，持续巩固辖区毒品原植物“零种植、零产量”工作成效。

2021年10月12日，金凤区公安分局在长城中路派出所举办“政府开放日”活动

【公安派出所改革】 2021年，金凤区公安分局严格落实派出所改革总体思路，进一步调整警力结构，不断加密社区网格，夯实网格警工作机制，将辖区63个社区20个行政村精准划分为72个警务区、157个警务网格，配备社区民警68人，社区辅警157人，将社区警务中原有的“下社区”模式升级为深耕基层的“在社区”模式，实现人在社区走、力在社区聚、事在社区办，全面加强社区警务力量。在全市首先实现派出所不办刑事案件的硬任务，强化刑侦力量建设，让专业警种做强案件侦办，让社区民警回归基础防范，推动侦查办案更专业、打击防范更有力、办案质量大提升，实现发案全面下降，基层基础工作质效和防范效能双提升、双促进。推行分块处警、分时见警、分类调度、巡处结合“三分一结合”的接处警工作机制，建立“现场测评、电话回访、入户面访”三级评价机制，采取错峰就餐、警情前置处理等措施，有效提升接处警速度和效率。把警情见面回访作为网格警入户走访、服务群众的“敲门砖”，探索建立盗窃、电诈、邻里纠纷、信访投诉警情“四必访”，在回访过程中建立“三问百姓”抽样回访制度，即问社区民警有没有来走访过、对派出所满意不满意、在金凤有没有安全感，来检验工作成效。充分发挥社区警务室前置化调解矛盾纠纷、就近处置警情作用，社区民警协助处置矛盾纠纷等简单警情，并顺势开展矛盾纠纷调解等社区基础工作，同时建立矛盾纠纷跟踪制度。探索建立劳资纠纷调解站，住建局、劳动监察大队流动入驻，跟进解决劳资纠纷问题，将劳资纠纷排查化解前移；探索建立警司联调、警律联调工作机制，充分发动社会力量，把专业的事交由专业的人来干，提升矛盾纠纷化解质效。

【“365天×24小时”政务服务】 2021年，金凤区公安分局持续深化公安“放管服”改革、优化营商环境，进一步满足企业群众节假日办证需求，破解“上班没空办、下班没处办”等堵点痛点问题，着力构建“警爱民、民拥警、警民鱼水一家亲”的新时代和谐警民关系，优化便民服务措施，开展365天×24小时全天候不打烊服务，派出所民警全员学习户籍业务，建立“提前进岗、推迟下岗”的延时服务机制，缩减各项审批材料5项，证件办理时间由原来的7天缩短至2天；在各警务室(站)设置公安业务“代办点”，设立老年人、残疾人优先办理“绿色通道”，提供身份证、户口簿等证件邮寄服务，为孤寡老人、行动不便等无法到现场办理业务的群众提供“上门服务”等多项服务举措，切实做到为群众办实事、办好事，积极主动回应人民群众新期待，树立公安队伍新形象。

2021年5月15日，公安民警讲解365天×24小时受理办理制度

【“警格网格”深度融合】 2021年，金凤区公安分局聚焦“平安建设”主线，突出矛盾纠纷排查化解、风险防控、公共安全、公共服务等重点应用领域，码好盘子，打好底子，试点推动“警格+网格”深度融合，全面提升基层基础工作质态。确定“局部试点、梯次推开”差异化融合发展思路，选取黄河东路派出所为市级试点单位，同时选取满城北街派出所、贺兰山中路派出所为分局试点单位，分步推进“警格+网格”深度融合建设推进工作。强化“一室”建设。整合内勤、案管、户籍等职能，统一设置情报管理、指挥调度、数据应用等3个席位，全部落实专职人员，建立“三表一单”工作机制，即“盯警盯案表”汇总警情和未办结案件，交处警民警分析处置；“重点工作表”反映高发案区域，研判形成工作建议交社区民警核查；“执法规范表” 记录出警超过10分钟的警情和案件处置中存在的执法问题，交责任民警整改。“民警个人清单”记录民警工作质态，作为全员考核依据。规范“两队”建设。社区警务队按照标准配齐力量，8个派出所所长和党员社区民警全

部进入街道、社区(村)“两委”班子。综合执法队承担出警、巡逻及治安案件办理,并与社区警务队紧密配合,落实矛盾纠纷排查化解工作。实施警网融合。依托智慧金凤平台建设应用,研究解决网格化社会治理智能应用系统与社区民警工作平台数据跨网融通联动,实现数据实时共享、交换,避免重复劳动。深入推进雪亮技防工程建设,加快实现公共安全视频监控一体化,推进智慧小区建设,按照“留人脸、留车牌、留手机、留视频、留轨迹、留关系”工作要求,在城市小区出入口布建人脸识别门禁、车牌识别控制、智能传感器等感知设备,实现智能封闭管理。

【“扫楼清街”行动】 2021 年,金凤区公安分局始终坚持把防范涉众型经济犯罪风险隐患作为维护社会大局稳定、护航辖区经济发展的有力抓手,将金融风险隐患排查作为经侦工作的“头号工程”和首要任务,全面分析风险隐患、精心制订工作方案,结合社会治安防控体系建设工作,在研究分析辖区内经济犯罪发案规律、重点行业、重点区域等共性问题的基础上,组织专职民警、社区民警、网格警对辖区企业分批次、针对性开展“扫楼清街”全覆盖式摸排走访,以点带面,举一反三,直击病灶,实现辖区内各类风险隐患清仓见底。按照看执照、查人员,看台账、查电脑,看合同、查资金,看广告、查宣传“四看四查”方法,制定“一企一档”,同步开展风险评估、预警提示、分类管控、重点约谈、备案留查、矛盾纠纷化解等工作,签订企业《守法经营承诺书》,从源头上降低经济金融领域涉稳风险,切实护航经济社会高质量发展。共摸排走访了各类企业 1721 家,整理企业摸排档案 33 册,同时将走访登记情况录入“一标三实”系统和宁夏经侦基础信息采集 App。

【“石榴籽”警务室建设】 2021 年,金凤区公安分局金凤区颐和城府警务室被命名为全市首批“石榴籽”警务室之一。分局立足民族地区特色,围绕“塞上枫桥”警务品牌创建,推进“石榴籽”警务室建设,同时结合“我为群众办实事”“爱民拥警”等主题实践活动,在完善服务机制、提升服务品质上下功夫,切实解决少数民族群众的操心事、烦心事、揪心事,建起民族团结“连心桥”。通过警务前移,为少数民族提供便民服务,为矛盾纠纷化解设置“前哨”,搭建“石榴籽”联调机制,升级“石榴籽义警”立体联防格局。颐和城府警务室始终致力于各民族和谐共处,共建和谐发展的良好局面,以“五心”工作法为目标,构建“大数据 + 网格化 + 铁脚板”基层社会治理新格局,最大限度增加各民族同胞和谐因素,有效防范和化解婚恋、债务、邻里纠纷,提高长效智能管理预警机制,下沉基层做到“随时随地零距离”为群众提供高效便捷的便民服务,开展充满温情的民族团结工作。将社区、律师、妇联、物业、老党员、心理咨询等群体纳入联调机制,完善联调体制,细化和延伸调解模式的功能,把亮初心、访民意、知民情、解民忧、降警情作为工作准则,夯实社会和谐稳定基石,织密“警格+网格”双网工作制度,实现基础牢、不出事、治安好、摸底数的工作目标,扎实有效做好少数民族服务管理,营造民族团结良好氛围。

【治安案件查处】 2021 年,金凤区公安分局共立治安案件 8890 起,较上年同期(8296 起)多 594 起,上升 6.7%;结案 5345 起 9326 人,结案率 60%,结案较上年同期(4814 起)多 531 起,结案率上升 14 个百分点。其中,侵犯人身权利、财产权利 3979 起 7339 人,扰乱公共秩序 201 起 401 人,妨害公共安全 8 起 8 人,妨害社会管理秩序 396 起 745 人,违反消防法 653 起 663 人,违反出境入境管理法 7 起 7 人、违反网络安全法 1 起 1 人,违反计算机信息系统信息网络联网安全保护管理规定 5 起、单位 5 家,违反娱乐场所特殊行业管理规定 2 起 2 人,其他 59 起 99 人。

【人口统计】 2021 年,金凤区户籍人口 182273 户 479216 人,男 230338 人、女 248878 人,女比男多 18540 人。其中,城镇居民 421026 人,占全市总人口的 87.8%,出生 7027 人,死亡 777 人;迁入 52993 人,迁出 25173 人。

【人口变动分析】 2021年，金凤区人口较上年445146人相比增长34070人，其中出生入户7027人，迁入52993人；死亡注销777人，迁出25173人。总人口479216人，其中汉族为346915人，约占总人口的72%；回族120030人，约占总人口的25%；满族及其他少数民族共12271人，约占总人口的2.5%。总人口中汉族人口比上年增加26506人；回族人口比上年增加6699人；其他少数民族比上年增加865人。总人口479216人中，18岁以下人口129558人，同年龄段比2020年117277人增加12281人；18—34岁人口111814人，同年龄段比上年108343人增加3471人；35—59岁人口182799人，同年龄段比上年168030人增加14769人；60岁以上人口55045人，同年龄段比上年51496人增加3549人。35周岁以上年龄段人口的逐步递增，标志着金凤区人口结构正向着中老年的程度迈进。

（张婷婷）

交通管理

【概况】 2021年，金凤区交警一大队有民警35人、辅警70人，下设1个事故中队、1个行政办公室、1个违法处理大厅和3个巡逻中队。大队中期进行了领导班子调整，党支部领导班子5人，设大队长1名（支部书记）、教导员1名（支部副书记）、副大队长2名（支部组织委员和支部纪检委员）、支部宣传委员1名、中队长2名。主要负责东至唐徕渠、西至包兰铁路、南至黄河中路北侧、北与贺兰县交界，总面积共150.32平方公里的道路交通管理工作。2021年，大队被评为“全市优秀公安基层单位”。金凤区交警二大队有民警30人，辅警50人，下设1个事故中队、行政办公室、违法处理大厅和2个巡逻中队。大队支部领导班子5人，设大队长1名、教导员1名、副大队长2名、支部组织委员1名，中队长3名，主要负责东至唐徕渠、西至包兰铁路，南至南绕城高速，北至黄河中路，总面积共191平方公里的道路交通安全管理工作。

【酒驾专项治理】 2021年，金凤区交警一大队认真分析研判辖区酒驾、醉驾和事故多发的时间、区域等规律特点，有针对性地部署开展专项整治行动。科学布点、滚动检查，在节假日、重大会议安保等特殊时间节点上，有针对性地加大对万达、大阅城等市区商业圈以及党委、人大、阅海宾馆等政治中心周边道路的酒驾查处力度，全年共组织开展各类集中整治行动82次，出动警力682人次，查处酒驾68起，醉驾26起，并同步带动查处了其他交通违法行为600余起，大队持续严厉打击酒驾、醉驾交通违法行为不放松，近一年以来酒驾、醉驾违法行为查处量始终在自治区、银川市排名第一，全年共发生因酒驾、醉驾引发的道路交通事故111起（同比减少12起，下降9.8%），未发生一起因酒驾、醉驾引发的恶性交通事故，也未引发任何因酒驾、醉驾引起的负面舆情影响，有效打击震慑了酒驾、醉驾等严重交通违法行为。

【交通秩序整治】 2021年，金凤区交警一大队查处各类违法行为115689起（同比增加44870起，上升63.3%），其中违停47662起（同比增加17760起，上升59.39%），行人违法4046起（同比增加777起，上升23.77%），非机动车违法17334起（同比增加2012起，上升13.1%），机动车超员55起（同比减少37起，下降40.22%）。金凤区交警二大队共开具简易处罚决定书、强制措施凭证及违法通知书共计55376张，其中非机动车违法行为22706起、农村面包车超员182起、驾驶摩托车不戴头盔358起、乘车人不系安全带7972起、大型运输车违反禁令标志893起、机动车改装318起、超长超宽341起、无证驾驶98起、机动车不礼让斑马线、拖拉机载人87起、机动车冒黑烟263起、依托查稽布控查处未检验车辆2112起、查处酒驾醉驾500起。金凤区交警二大队共接警17302起，同比上年15213起增加2089起，上升12%。一般程序处理的事故90起，同比上年95起减少5起，下降11%。简易程序处理的事故6131起，同比上年4406起增加1725起，上升39%。死亡事故12起，死亡13人，较上年减少3人，同比下降18.75%。逃逸事故6起，破获6起。辖区分为5个网格区域，落实“四定”原则。

【交通隐患治理】 2021年，金凤区交警一大队全面开展事故安全隐患排查治理工作，分析车辆类型、事故多发时间段、路口、路段等事故发生规律，多次组织各中队深入辖区路段实地勘查，共排查事故多发隐患点8处，整改6处，需完善的标志、标线15处，已整改8处，优化交通信号灯7处，有效预防和减少了交通事故的发生。全年，大队共接处警22125起；办理简易程序事故7888起；事故四项指标稳中有降。金凤区交警二大队在辖区内有条件的位置施划泊位4000余个，有效解决群众停车难问题。全年开具违法停车告知书30575张，拖移机动车7471辆。与辖区相关职能部门协调共同对辖区道路进行规划及管理，排查正源街盈南巷口至保伏桥巷路段、宁安街与盈南巷路口、银兴路植物园路口等事故隐患点39处。

【交通警卫安保】 2021年，金凤区交警一大队圆满完成自治区、银川市两会（其他会议）等各类大型交通安保任务241批次，占全市大型交通安保任务的95%，非等级任务1083批次，共计投入警力4835人次。零误差完成了1处驻地、3处场馆、7条主线路的23批次交通安保任务。

【"两站两员"建设】 2021年，金凤区交警一大队改变以往固定的工作时间，结合丰登镇地区广大群众的出行时间，在乡村重点路段设置检查点，紧盯重点车辆，加大对面包车超员、货车、农用车违法载人、非机动车逆行等显性交通违法行为的教育劝导，全年共完成丰登镇行政村交通安全文明劝导登记9600余人次，切实发挥"两站两员"的宣传阵地作用。

【静态交通管控】 2021年，金凤区交警一大队辖区新增停车场12处，停车泊位3689个。完成施划残疾人标识174处374个，空地临时场地无条件施划8处，摸排并联系停车场责任方发现未经营拟注销停车场12处，城投公司名下白线改蓝线未经营停车场6处。开展专项整治期间发现并拆除地锁地桩2个，责令标线不清晰补划18处，现场口头通知整改停车场20余处，下发书面整改通知书共计90份并留档。大队全力拓展银川市静态交通管理平台覆盖面，对204家备案停车场进行摸排统计，其中共计梳理出181处安装智能停车系统的停车场，按照要求开展停车场数据接入工作，大队辖区总量181处，已注册量181处，已上线量162处，上线率90%，共新增上线量125处。

【交通安全宣传】 2021年，金凤区交警一大队共完成五进活动84余次，发布资讯590篇，被中央级媒体采稿13篇，开展交通安全讲座44次，发放宣传资料7200余份，受教育人数3000余人，社会面宣传100余次；新媒体联动信息回复、发布及报送600余条；建设宣传教育阵地2处。金凤区交警二大队在中央级媒体上稿15篇，区级131篇、市级22篇，进企业30次、进农村32次、进学校27次、主题宣传日活动11次、发放宣传材料1万余份，警营开放日2场次，张贴宣传画200张。3月，成立交通安全兼职宣传员，全年累计开展兼职宣传教育20场次，受教育3000余人次。6月，带领交警支队合唱团参加市局建党百年合唱比赛获得一等奖。11月，疫情期间辅警妥平夫妻坚守岗位收到强制休息令获得支队宣传科认可，同时被多家央视媒体、区级媒体采用。

【政法队伍教育整顿】 2021年，金凤区交警一大队支部书记带头履行第一责任，以上率下，夯实动员部署，全覆盖自查自纠，2021年度开展教育整顿各类集中学习119次、"云端视频"学习83次、"值班课堂"106次、晨练15次、教育整顿应知应会测试16次、警示教育专题会4次、开门纳谏3次、开展谈心谈话46人次、家访92人次。深入开展教育整顿"回头看"工作。

【党史学习教育】 2021年，金凤区交警一大队党支部扎实开展党史学习教育，创新"四个+"模式，打造"四个课堂"，推动党史学习教育走深走实、见行见效。全年共举办党史学习教育专题学习班126次、"领导干部带头学"专题学习班10次、开展各类专题研讨交流35次、支部书记上讲台讲党课6次、专题组织生活会2次。金凤区交警二大队组织民警参观雷锋纪念馆、白芨滩沙漠公园治沙展览馆，在“习近平植树点”重温入党誓词。组织收看“学政法英模、践初心使命”先进事迹宣讲会，学习优秀代表践行初心、执法为民的精神。组织民警撰写廉政“微感言”，举办“公安心向党，护航新征程”心得交流会，交流庆祝中国共产党成立100周年观后感。

【窗口服务】 2021年，金凤区交警二大队违法处理窗口结合“我为群众办实事”和“365天×24小时”受理办理制度工作要求，全年共处理简易程序处罚决定书50800份，处理一般程序违法1326起；指导群众通过自助机、交管“12123”办理业务6725次；补换证4117起，线下审车207辆，指导群众在交警“12123”审验驾证和车辆2000多起；特别是教育整顿期间，先后处理2018年1月至2021年5月无证驾驶未裁决案件200多起，并利用休息时间上门送达行政处罚决定书48份，邮寄送达法律文书200多件。

（何帅霏、李浩斌）

检　察

【概况】 2021年，金凤区人民检察院全面落实习近平法治思想和习近平总书记视察宁夏重要讲话精神，主动服务保障金凤区黄河流域生态保护和高质量发展先行区建设，各项检察工作取得新进展，获得全自治区、全市以上集体荣誉奖励2次，个人10次。

【政治建设】 2021年，金凤区人民检察院把深入学习贯彻中共十九大及十九届六中全会精神、习近平法治思想、习近平总书记“七一”重要讲话精神、习近平总书记对政法工作的重要批示精神和视察宁夏重要讲话精神作为重要政治任务，开展党组理论学习中心组学习13次，开展学习研讨8次，班子成员前往基层联系点讲党课6次，开展政治轮训6场450人，集中学习65次，举办英模事迹报告会2次，引导干警不断提高政治判断力、政治领悟力、政治执行力。认真贯彻落实中共中央《关于加强新时代检察机关法律监督工作的意见》，细化工作举措，主动向金凤区党委及上级检察机关汇报公益诉讼、认罪认罚从宽制度适用等重点工作开展、重大案件办理等情况，将党对检察工作的绝对领导落实到检察工作的方方面面。将意识形态工作纳入重点工作清单，签订党组意识形态工作责任书，专题听取和研究意识形态工作2次。扎实开展意识形态领域问题自查活动，全面排查新媒体平台、办公内网及办公办案中的风险点。组织全院干警签订《意识形态承诺书》《不信仰宗教承诺书》，多角度生动地开展意识形态思想教育。

2021年8月3日，金凤区检察院举行检察长讲党课活动

【助力平安建设】 2021年，金凤区人民检察院受理公安机关移送审查批捕案件231件288人，受理各类审查起诉案件664件735人，不捕129人，不起诉174人，监督公安机关立撤案68件93人，全力保障社会稳定。平等保护民营企业合法权益，审查起诉涉民营企业案件54件，会同公安机关开展涉民营企业“挂案”专项清理，履行服务保障民营经济、促进优化法治化营商环境的政治责任。

【参与社会治理】 2021年，金凤区人民检察院制发社会治理类检察建议43件，健全完善“12309”检察服务中心线上线下一体接访机制，办理各类控告申诉信访线索259件，司法救助案件12件13人，发放司法救助金19.08万元。充分发挥检察机关在推进认罪认罚从宽工作中的主导作用，助推国家治理体系和治理能力现代化建设，适用认罪认罚从宽制度607件656人。部署开展“群众来信件件有回复”回头看专项活动，对照5项22个问题制定自查清单，切实践行“民有所呼、我有所应”。

【疫情防控】 2021年，金凤区人民检察院联合金凤区公安机关、法院出台《关于严厉打击涉新冠肺炎疫情违法犯罪行为的通告》。严格按照金凤区疫情防控领导小组安排部署，检察长和党组成员分别担任网格长和小区长，承担两个社区和三个小区疫情防控指挥协调工作，组织干警下沉长城中路街道紫园社区、长城花园社区等地参与三轮疫情防控，累计下沉100天1040人次，承担小区35个点位测温封控等工作，有力配合党委、政府，完成了疫情防控工作任务。2名干警在承担金凤区疫情防控转运隔离专班工作期间，得到金凤区委政法委通报表扬。

【刑事检察】 2021年，金凤区人民检察院立案监督13件16人，撤案监督55件87人；发出纠正违法通知书9件；纠正漏捕漏诉15人；羁押必要性审查4人；自行补充侦查90件；纠正刑事执行活动违法11件；提出检察建议10件。建立健全刑事执行监督台账资料，常态化开展监督检查，建立社区矫正人员检察档案92人。扎实开展减刑、假释、暂予监外执行刑事执行专项监督，确保监督有实效有质量。

2021年3月10日，第一检察部获集体二等功合影（拍摄者 李金德）

【民事检察】 2021年，金凤区人民检察院制定《银川市金凤区检察院开展民事审判监督专项活动实施方案》《银川市金凤区检察院开展民事执行监督专项活动实施方案》，认真组织开展专项监督活动，民事提请抗诉案件1件；提出民事再审检察建议4件；提出民事审判违法检察建议40件；提出民事执行活动违法检察建议40件。安排部署为期三个月的协助农民工讨薪专项活动，受理支持起诉24件。各项核心业务指标持续向好，位居全区、全市前列。

【行政检察】 2021年，金凤区人民检察院把化解行政争议、解决群众合法诉求作为行政检察监督的落脚点，依法全面履行行政检察监督职责，成立“专办+专研”团队，加强与各行政机关的沟通协调，提出行政审判类检察建议17件；提出行政执行类检察建议20件；行政争议实质性化解6件，制发社会治理检察建议14件，行政检察保持强势发展。

【公益诉讼检察】 2021年，金凤区人民检察院扎实开展“公益诉讼守护美好生活”“保障农村食品安全”“飞线充电”“农贸市场、超市食品安全”“两品一械”领域、窨井盖隐患排查整治等专项行动，综合运用检察建议、公开听证、磋商等方式，保障人民群众“头顶上”“舌尖上”“脚底下”的安全。积极开展“回头看”，采取查阅卷宗材料、询问行政执法人员、回访周边群众、实地勘察等方式，跟踪监督诉前检察建议落实效果，达到“办理一案、教育一方、治理一片”的良好效果，办理行政公益诉讼案件72件，发出诉前检察建议67件，磋商1件。公益诉讼检察稳步推进，案件质效持续凸显。

【未成年人检察】 2021年，金凤区人民检察院办理涉未成年人刑事案件6件7人、民事支持起诉案件5件；制发社会综合治理类检察建议10件；监督公安机关撤案23件；开展法治进校园活动47场；开展分级预防观护帮教23人；组织“检爱同行，共护未来”主题检察开放日活动1次，联合金凤区烟草专卖局、市场监督局金凤分局、教育局集中开展电子烟市场专项联合整治，切实保护未成年人免受电子烟侵害，净化校园周边环境。

【队伍建设】 2021年，金凤区人民检察院把党史学习教育和政法队伍教育整顿作为重要政治任务和打造过硬检察队伍的重要举措，教育整顿期间，线索核结率100%，健全完善《中共银川市金凤区人民检察院党组工作规则》《金凤区人民检察院职工餐厅用餐管理制度》等各项机制21项，开展我为群众办实事31项370件。坚持“三会一课”、民主评议党员、组织生活会等党内基本制度，组织召开民主生活会3次，组织生活会3次，进一步夯实基层党建规范化建设，实现机关党建和业务建设双提升。严格执行“三个规定”，记录填报“三个规定”重大事项26条。坚持纪律教育常态化，及时通报典型案例，组织民警观看警示教育片，教育引导民警不越雷池、不踩红线，严守党的政治纪律和政治规矩，努力打造忠诚干净担当的检察铁军。持续加大检务督察工作力度，积极构建业务数据分析研判体系，实施检察长约谈制和“提示函”措施，切实提高业务数据分析质量和办案质效。

（罗　艺）

法　院

【概况】 2021年，金凤区法院有干警200余人，其中在编干警105人，内设综合办公室、政治部、刑事审判庭、速裁审判庭、民事审判第一庭、民事审判第二庭、民事审判第三庭、行政审判庭、执行局、立案庭、审判管理办公室、西湖人民法庭、良田人民法庭、司法警察大队共14个部门。全年共受理各类案件31820件，同比上升30.22%，其中新收案件30130件，同比上升43.17%，审执结26904件，同比上升18.29%，结案率84.55%（如以11月30日收案为基数测算，则结案率为92.27%），同比下降8.53个百分点。法定审限内结案率100%，民事一审服判息诉率90.37%，刑事案件结案率94.48%，行政案件结案率100%，法官人均收结案数分别达到707件和598件，分别达到全自治区法院法官平均数的2.6倍和2.3倍。在收结案数稳步提升的同时，一审服判息诉率、发回改判率、执行“3+1”核心指标等核心质效稳步提升。

2021年3月20日，金凤区法院干警们来到了庄严肃穆的将台堡红军会师纪念馆，在将台堡三军会师纪念碑前向革命烈士们敬献花篮，缅怀先烈

【领导办案】 2021年，金凤区法院坚持以高标准贯彻落实院庭长办案制度，院庭长结案数、院领导结案数稳居全自治区法院之首。院庭长收案12729件，占收案的40%，办结10952件，占结案数的40.71%，院庭长人均收结案与全区法院法官的平均数持平。

【诉前调解】 2021年，金凤区法院落实自治区高级法院院长沙闻麟“5·22”调研精神，大力推进诉前调解工作，有特邀调解组织21个，调解员157名，居全宁夏第一，诉前委派案件10988件，成功调解5354件，相当于为每名民事法官减负153件，降低民事案件增长率36.81个百分点。道交平台委派调解406件，调解成功145件，为交通事故巡回法庭法官人均减负72件。

【繁简分流】 2021年，金凤区法院构建起覆盖刑事、民事、执行全领域的繁简分流工作机制，刑事案件速裁及简易程序案件占比68.88%，民事案件简易程序适用率74.73%，平均结案天数分别缩短10天和4天。引入“易判智慧执行管理系统”，执行案件系统全流程平均操作用时从20分钟减少到3分钟，解决了80%以上的常规事务性工作，执行“3+1”核心指标、执行到位标的、首执案件关键指标等稳居基层法院前列。

【培训教育】 2021年，金凤区法院开展分层分类覆盖全员的司法能力培训，组织干警参加上级法院、政法院校培训 40 余人次；召开各类专业法官会议 70 余次，参与法官 867 人次，着力提升法官整体办案水平；组织新进干警和司法辅助人员岗位技能培训 4 批 130 余人次，举办覆盖全员的岗位练兵 5 批 350 余人次，激励年轻干警锤炼业务能力。以深化五项教育为抓手，以整治顽瘴痼疾为着力点，全面深入推进政法队伍教育整顿，共核实认定“6+4+2+2”顽瘴痼疾 169 条，处理 165 人次，以推进长效常治为目标，新建制度十大类 43 个，不断提升法院管理水平。

2021 年 3 月 10 日，银川市金凤区法院召开党史学习教育动员大会，全面落实党中央、区市党委和金凤区委党史学习教育动员大会精神，安排部署金凤区党史学习教育工作

【普法宣传】 2021 年，金凤区法院利用重要时间节点，深入开展“法官八进”活动和法院开放日活动 20 余次；落实新闻媒体普法制度，通过各平台发布以案普法释法信息 310 篇；向相关单位发出司法建议 9 份，进一步规范有关主体行为；通过法院楼宇文化长廊建设，营造法院内部浓厚的法治氛围。

（蔡　露）

司法行政

【概况】 金凤区司法局内设 5 个科室（包括综合办公室、财务室、法制办、守法普法协调办公室、人民参与和促进法治办公室）、公共法律服务中心和社区矫正局。2021 年，核定政法专项编制 36 人，科级领导职数 11 名（含局长 1 名，副局长 2 名，司法所所长 8 名），实有在编 33 人，地方事业编制 1 人，共计 34 人。其中 30 周岁及以下 11 人，31—40 周岁 12 人，40 周岁以上 11 人，45 周岁以下中青年占比 70%；少数民族 12 人，汉族 22 人，少数民族占比 35%；硕士研究生 4 人，大学 26 人，高学历占比 88%；获得法律职业资格证书 5 人，占比 14%。司法局下设 8 个司法所，为司法局派出机构，实行以司法局为主，镇人民政府（街道办事处）与司法局双重领导的管理体制。2021 年，金凤区司法局领导班子在区委、区政府的领导下，紧紧围绕区委、区政府中心工作，全面履行司法行政职能，压实“两个责任”，强化监督检查，推动党建、党风廉政建设、意识形态等工作落到实处，司法行政工作取得全面进步与发展。2021 年，金凤区“七五”普法工作均高标准通过验收，宋扬、党莎获评自治区党委、政府表彰“七五”普法先进个人；上海西路司法所被司法厅命名为“标准化司法所”。

2021 年 8 月 26 日，金凤区司法局党支部与连心党支部植物园村党支部联合开展捐资助学活动暨“青年学党史，奋斗正青春”党建共建联学活动

【新成立贺兰山中路司法所】 2021 年，金凤区司法局根据金凤区区域划分，新成立贺兰山中路司法所，人员编制从司法局原有编制中调拨 2 名在编干部，开展辖区人民调解、社区矫正、安置帮教、普法宣传、法律服务等工作。

【政法队伍教育整顿】 2021 年，金凤区司法局严格按照党中央、自治区党委、市委和金凤区委关于开展第一批政法队伍教育整顿工作要求开展整顿工作。在自治区第一驻点指导组的精心指导下，在金凤区教整办的坚强领导下，聚力抓好“学习教育、查纠整改、总结提升”三个环节，着力突出“铸牢政治忠诚、清除害群之马、整治顽瘴痼疾、弘扬英模精神”四项目标任务，健全组织，压实责任，浓厚氛围，不断推动教育整顿走深走实。累计召开领导小组及办公室会议50余次，召开各类座谈会、恳谈会7次，征集各方意见建议7类13条，制定各类制度34项。

【创新“双课堂”教学】 2021年，金凤区司法局积极探索局机关“四点半”课堂+各司法所“小微课堂”，高效推进政法队伍教育整顿学习教育与党史学习教育。解决高频次集中学习造成服务群众不便的同时，避免辖区司法所工作人员将学习时间浪费在来回路上。为确保学习质效，局党组书记为局“四点半”课堂第一责任人，各司法所所长为“小微课堂”的第一责任人，负责将“双课堂”制度坚持好、组织好、形成特色。同时选优选好内容。“四点半”课堂学习内容涵盖各级会议精神、教育整顿应知应会知识、党史国史、习近平法治思想、《习近平关于全面依法治国论述摘编》、《论中国共产党历史》等方方面面，“小微课堂”“参考局机关”“四点半课堂”内容，并加入党史天天读、党史小故事等内容。2021年，共开展“双课堂”学习120余次。

【党史学习教育】 2021年，金凤区司法局严格按照《关于在金凤区开展党史学习教育的实施方案》(银金党发〔2021〕4号)要求，扎实推进党史学习教育各项工作走深走实，充分引导全体党员干部深刻认识党史学习教育的重大意义，努力做到“学史明理、学史增信、学史崇德、学史力行”，全年累计开展各类学习100余次，推出“我为群众办实事”项目4个。扎实推进“一村(居)一法律顾问”项目，截至6月底，已全面完成83个村(社区)法律顾问全覆盖工作，切实打通法律服务“最后一公里”，为群众提供优质贴心、方便快捷的法律咨询服务，做实法治宣传教育、做细矛盾纠纷化解、做优法律服务。“法润金凤　普法春风”法律十进项目，2021年3月1日起至6月30日，组织7个司法所充分利用“三八”妇女节、“3·15”维权日、“安全生产月”等节日、法治宣传节点开展“法润金凤　普法春风行动”，大力宣传《中华人民共和国宪法》《中华人民共和国民法典》等法律法规。压实普法责任，开展线上微课普法项目，为进一步压实普法责任，满足常态化疫情防控特殊时期普法宣传工作需要，金凤区司法局作为区委全面依法治区委员会守法普法协调小组办事机构，组织法院、市场监管分局、民政局等24家司法、执法、管理服务单位，立足主责主业、群众生产生活涉法问题，开展线上微课普法活动，以图文并茂、声像兼备的形式通过金凤电子快报向辖区社会大众进行推送。完善公共法律服务智能平台项目，进一步完善公共法律服务硬件设备，为镇街道、村居配备智能终端一体机23台，可视频智能电话81台，实现了与金凤区公共法律服务中心值班律师视频连线在线服务。

2021年9月17日，金凤区司法局北京中路司法所开展“美好生活·民法典相伴”主题普法宣传活动

【捐资助学】 2021年，金凤区司法局党支部与连心党支部植物园村党支部联合开展捐资助学活动暨“青年学党史，奋斗正青春”党建共建联学活动。植物园村党支部书记李君带头学习习近平总书记在庆祝中国共产党成立100周年大会上的讲话精神，司法局党组成员、副局长吴月华在会上号召年轻党员及即将步入大学的青年：要时刻牢记党的嘱托，传承红色基因，做新时代的青春奋斗者。学习结束，由党组成员、副局长吴月华、王静，植物园村党支部书记李君为新入学大学生送上开学祝福，为他们分发了每人500元助学金，并号召同学们心怀感恩，以更优异

的学习成绩回报善举、回馈家乡、回馈社会。

【“八五”普法】 2021 年，金凤区司法局启动《关于在全区公民中开展第八个五年法治宣传教育的实施意见（草案）》（以下简称《实施意见（草案）》）和《关于深入开展第八个五年法治宣传教育的决议（草案）》（以下简称《决议（草案）》）起草工作，在听取各部门和社会各界意见基础上，起草了《实施意见（草案）》《决议（草案）》初稿。6 月，中央、自治区关于“八五”普法的决议及实施方案先后出台，金凤区司法局与银川市司法局、金凤区人大内务司法委多次进行沟通，根据上级规划、决议内容，结合金凤区实际情况，对《实施意见（草案）》《决议（草案）》作了修改完善，形成了征求意见稿，通过书面及线上向全区各普法责任单位及社会大众征求意见，最终形成《实施意见（送审稿）》《决议（送审稿）》，经过政府专题会、政府常务会议、区委常委会及人大常委会会议研究审议。9 月 18 日，金凤区第四届人大常委会第 37 次会议审议通过《关于深入开展第八个五年法治宣传教育的决议》，10 月 8 日，金凤区党委、政府联合印发《关于在全区公民中开展第八个五年法治宣传教育的实施意见（2021—2025 年）》。12 月 2 日，区委书记赵会勇主持召开金凤区“七五”普法工作总结暨“八五”普法启动大会，金凤区 57 家普法责任单位主要负责人参会。

【规范性文件清理】 2021 年，金凤区司法局据自治区、银川市关于全面清理行政规范性文件工作统一部署，制定《中共银川市金凤区委全面依法治区委员会关于印发〈关于全面集中清理行政规范性文件的工作方案〉的通知》，明确领导责任，落实清理任务，对中共十八大以来金凤区政府及各部门规范性文件及符合清理范围的红头文件进行了全面梳理，对其中 100 件提出清理意见，保留 60 件，修改 6 件，废止 34 件。

【金凤区委全面依法治区委员会第三次会议】 8 月 20 日，金凤区委书记、区委全面依法治区委员会主任赵会勇主持召开金凤区委全面依法治区委员会第三次会议，强调要深入学习贯彻习近平法治思想，全面落实中央和区市党委决策部署，为建设黄河流域生态保护和高质量发展先行区提供坚强的法治保障。会议传达学习了中央全面依法治国工作会议、自治区党委全面依法治区委员会会议和全面依法治区工作会议、银川市委依法治市委员会第三次会议及有关文件精神，审议通过了《法治金凤建设规划（2021—2025 年）》《金凤区法治社会建设实施方案（2021—2025 年）》《金凤区党委全面依法治区委员会 2021 年工作要点》《关于调整银川市金凤区委全面依法治区委员会办公室及各协调小组组成人员的请示》。

【行政复议体制改革】 2021 年，金凤区结合自身实际，司法局牵头起草了实施方案（征求意见稿），经征求意见、集体讨论，审议印发了《银川市金凤区行政复议体制改革实施方案》。根据文件要求：除实行垂直领导的行政机关、税务和国家安全机关外，由金凤区人民政府统一行使行政复议职责，并以金凤区人民政府名义作出行政复议决定。金凤区人民政府统一管辖各镇、街道办事处、各部门、有关法律、法规授权的组织、受银川市人民政府委托管辖的开发区管委会为被申请人的行政复议案件，以及管辖金凤公安分局及其派出所、交警大队为被申请人的行政复议案件。改革后，银川市金凤区人民政府统一行使本级行政复议职责，成立行政复议与行政应诉办公室，银川市金凤区司法局依法办理本级人民政府行政复议事项。

【法律顾问】 2021 年，金凤区扩大乡镇法律顾问覆盖面，积极引导法律顾问参与重大执法决定法制审核，聘请法律顾问 20 名，切实发挥法制审核机构和法律顾问团的作用。法律顾问参与政府常务会议及政府专题会议 30 余次，办理咨询及审核类法律事务 80 余件。

【法律援助】 2021 年，金凤区降低门槛“强服务”，继续扩大法律援助覆盖面。金凤区公共法律服务中心受理援助案件 1134 件，其中民事案件 302 件，刑事案件 832 件；共办结案件 949 件，挽回经济损失

716.21万元。刑事案件辩护"全覆盖"。充分发挥律师在刑事案件中的作用，公共法律服务中心共指派审查起诉阶段393件，指派审判阶段271件，侦查阶段41件。

【社区矫正】 2021年，金凤区司法局在册社区矫正对象279人(其中缓刑273人，假释0人，暂予监外执行6人)，无脱管漏管再犯罪情况发生。将心理测评纳入入矫流程，积极开展心理矫治，利用每月入矫集中宣告活动之机组织社矫对象进行线上心理测评，同时积极开展心理辅导，共开展未成年社矫对象团体辅导2次，个案疏导(持续开展)1人，妇女社区矫正对象团体辅导4次，新入矫社区矫正对象开展心理测评100余人次。7月，金凤区司法局开通视频会见服务，积极开展监狱视频会见工作，累计预约视频会见140次，完成远程会见40次。

【矛盾纠纷排查】 2021年，金凤区司法局聚焦"矛盾排查全覆盖"，强化预知预警，努力将矛盾纠纷化解在基层、消解在萌芽。共开展矛盾纠纷化解排查7429余次，化解矛盾纠纷994余件，解答群众法律咨询1000余起，切实做到矛盾纠纷早发现、早报告、早控制、早解决。

【疫情防控】 2021年10月，新冠肺炎疫情突袭银川，金凤区司法局全体干部职工投身一线，各司法所协助所属辖区街道开展疫情防控工作并做好辖区疫情防控相关法治保障，局机关全部干部职工按照金凤区委部署，前往满城北街街道立交桥社区新华联广场小区开展疫情防控工作，对该小区封控楼栋进行24小时值守及物资运输保障。长城中路司法所、黄河东路司法所、上海西路司法所、满城北街司法所先后共有15名社区矫正对象参与疫情防控志愿服务，为被隔离居民运送生活物资，清理生活垃圾，在封控单元门前值守、协助社区开展核酸检测工作。另继上海西路社区矫正对象于某某向社区捐赠50箱拉面以来，上海西路司法所社区矫正对象张某向社区捐赠防护服、N95口罩、隔离面罩、橡胶手套等必备防疫物资，为防疫工作人员送去了安全屏障；黄河东路司法所社区矫正对象刘某向湖畔嘉苑社区捐赠40瓶酒精；长城中路司法所社区矫正对象朱某系某物流公司法人，疫情发生后第一时间以公司名义向宁夏红十字会捐款10万元用于抗击疫情，此后又多次向基层防疫部门捐赠物资；长城中路司法所社区矫正对象张某某多次向物资紧缺的社区及西夏区文化旅游体育广电总局捐赠防疫物资以及抗疫保暖物资。长城中路司法所钟某在宁夏发布血库告急公告后第一时间赶往献血点捐献血小板。

(马　阳)

军 事

武警宁夏总队

【政治建设】 2021年，武警宁夏总队坚持把学习贯彻习近平新时代中国特色社会主义思想和习近平强军思想作为长期战略任务，把读原著、学原文、悟原理作为基本途径，把提高政治判断力、政治领悟力、政治执行力作为重要目标，严密组织党委中心组带机关理论学习和警官轮训，常态开展理论服务走基层暨“双百”微课活动，持续推进党的创新理论大众化普及化。贯通落实全军和武警部队思想政治教育工作会、推进会精神，统筹抓好党史学习教育、开年教育、主题教育和经常性思想教育，开展庆祝中国共产党成立100周年系列文化活动和向新时代卫国戍边英雄群体学习活动，规范加强营区政治环境和书香军营建设，军地共建共享体系推进图书馆（站）建设经验在“嘉峪关会议”上介绍推广，总队机关图书馆被武警部队确定为建设参考样本，机动支队和中卫支队2名指导员参加武警部队优秀政治教员评比竞赛分获一等奖、三等奖。推进政治整训，加强政治能力训练，在部队上下鲜明立起讲政治、守规矩标尺和导向。坚持打好意识形态领域斗争主动仗，毫不放松抓好“四反”教育，注重做好热点敏感问题解疑释惑，突出防范错误思潮和有害信息渗透破坏，保证部队高度集中统一和纯洁巩固。常年挂钩13个帮扶村、重点共建11所学校，主动做好基础设施援建、精神文明建设和产业、党建、教育、医疗、文化帮扶等工作，助力推动13个帮扶村全部脱贫摘帽，衔接乡村振兴道路迈出坚实步伐。

【军事训练】 2021年，武警宁夏总队推进两处新建目标上勤，排查整治多处执勤隐患，规范组勤管勤、值班值勤运行管理，固定目标连续20年执勤无事故。全年保障中国共产党成立100周年庆祝活动、中国（宁夏）国际葡萄酒文化旅游博览会安保和等级警卫、押解押运等各类任务370余起。贯彻军委和武警部队军事训练工作会议精神，构建“六化”新型军事训练体系，突出经常性基础性训练、核心任务能力训练、整建制成体系训练、实案化针对性训练，上下联动组织两级首长机关集中训练，严密抓好演习、冬季野营拉练、极限训练、教练员集训、预备特战队员培训和新兵集中统训，开展“创纪录、当尖兵”群众性比武竞赛，举办军事体育运动会“擂台”邀请赛，推进训练实战一体化。组织教练员集训，探索训练理念、思路和路径转变，经验做法被《人民武警报》头版头条刊载。总队信息通联能力“五个指标”8次达到100%，作战数据连续4年综合评比成绩A+，机动支队被武警部队评为军事训练一级支队。

【党的建设】 2021年，武警宁夏总队认真学习贯彻系列党建法规，全面规范各级党组织设置运行，严格抓好团级以上党委班子考核评定、基层党组织考评鉴定、党委班子民主生活会和专题组织生活会，集中讲评支队级党委班子，评选表彰“两优一先”，部队党的建设更加严实。围绕履职用权、担当作为、生活待遇、廉洁治家等方面加强监督管理，召开党委全会讲评支队级单位党委班子和团以上干部履职尽责情况，严密组织团级以上党委班子考核评定，对责任落实不到位、单位发生违规违纪问题的进行公开批评教育，以责任到人推动工作落地。践行“两个交给”（党委把工作任务交给官兵能够放心托底，官兵把前途进步交给组织不用分心走神）、“两个决不允许”（决不允许上级对下级吃拿卡要，决不允许下级对上级跑找送要）承诺要求，推进警官职级、警衔、待遇级别套改。深化政治整训，从严抓好武警部队党委巡视巡察反馈问题整改，稳慎组织廉政审查、作风建设督查、问题线索核查，加大军事训练、比武演习、选晋招考、工程建设、物资采购等重要事项监督，严肃认真查处违规违纪问题，部队风气进一步纯正清朗。

【基层建设】 2021年，武警宁夏总队开展“密切官兵关系、杜绝打骂体罚”专项教育整治，开展挂钩帮建、当兵蹲连、“双争”活动、“勤训管教保”网上检查和向“反恐尖刀中队”学习活动，5个先进基层党组织、10名优秀共产党员和党务工作者受到表彰，1个基层党组织、1名警官受到武警部队表彰。坚持每年全覆盖组织理论、心理、法律、文化、卫生服务“五下基层”，常态运行“阳光姐姐”心理服务平台，总队、支队两级党委常委与多个支队级单位和基层大（中）队分别建立挂钩帮建责任制，两次组织团以上领导和机关干部深入基层当兵蹲连，开展摸底调研和精准指导，有效提升工作质量。开展问题专项整治，常态组织安全警示日、翻安全计时牌、暑期百日安全竞赛等群众性创安活动，成功处置1起手榴弹实投爆炸险情。举办军地青年交友联谊会和官兵集体婚礼、警官退役仪式，协调解决官兵子女入学入托，承诺基层“8件实事”全部落地。

【服务保障】 2021年，武警宁夏总队抓好经费、装备、医疗、住房、伙食等日常保障，开展6个行业领域专项整肃治理，攻坚克难理旧账、清存量，历史遗留问题治理整改率在武警部队3次通报中均排总队级单位第一名。严格预算审批执行，把经费和物资主要投向用于保障部队执勤处突、军事训练和人才、装备、信息化、基础设施等重点项目建设。常态抓好疫情防控，组织官兵、职工、文职和社聘人员完成疫苗接种，足量储备常态化和应急防疫物资，投入资金筹建核酸检测实验室；针对2021年宁夏先后3次发现确诊病例，疫情防控形势严峻客观实际，按照综合卫勤保障、应急医疗救援、专家小组抽组模式，及时编配医疗、防化、维稳、运输四类力量，与西宁市联勤保障中心、解放军942医院建立应急协作机制，有效展开防控行动，推进信息报送、核酸检测等工作，确保疫情“不输入、零感染”。总队连续5年被武警部队后勤部表彰为“后勤理论研究先进单位”，装备库室建设与管理经验做法被武警部队推广。

（李昊然）

人民武装部

【概况】 2021年，金凤区人武部党委坚持以习近平新时代中国特色社会主义思想和习近平强军思想为指导，聚焦党史学习教育专题，持续巩固深化“不忘初心、牢记使命”主题教育成果，高标准完成基干民兵整组任务。备战参加军区民兵教练员和专武干部比武竞赛，取得专武干部个人综合成绩第一名等奖项。严密组织民兵分队年度军事训练，不断提升遂行任务能力。组织退役军人民兵担负疫情防控执勤任务，为打赢疫情防控阻击战做出积极贡献，被宁夏军区表彰为“安全管理暨疫情防控工作先进单位”。率

2021年7月28日，金凤区民兵应急连参加银川市抗震救灾演练

先完成兵役登记，圆满完成年度征兵任务。积极助力脱贫攻坚同乡村振兴有效衔接，助力推进丰登镇润丰村乡村振兴。协调召开区委议军会，解决后备力量建设及军人子女入学问题，积极协调退役军人事务局为官兵送立功喜报。牵头协调驻军和民兵，积极参加文明城市、民族团结创建，积极助力银川市实现全国双拥模范城“十连冠”。

【召开党委扩大会议】 2021年1月26日，金凤区人武部组织召开党委扩大会议暨党管武装工作述职会议，全面分析总结2020年度国防动员和后备力量建设形势，研究制定推进2021年度工作的措施，表彰满城北街街道武装部为“先进基层武装部”、银川市政建设集团有限公司等5个单位为“先进民兵单位”、黄河东路街道党工委书记王娟为“党管武装好书记”、长城中路街道武装部长李凯为“优秀专武干部”、民兵应急连战士王俊杰等25人为“优秀民兵”。

2021年1月26日，金凤区人武部党委扩大会议暨党管武装工作述职会议召开

【党史学习教育】 2021年，金凤区人武部采取集中学习、个人自学、为民兵应急连授课、党课辅导等方式落实党史学习教育学习内容。召开专题组织生活会，深入查摆学习不足之处并及时纠改，开展党史学习教育理论考试，检验学习成果。组织全员集中收看庆祝中国共产党成立100周年大会直播以及“七一勋章”颁授仪式，聆听军委主席习近平重要讲话，感怀百年征程，感受伟大成就。及时完善荣誉室建设，打造营区精品党史军史文化长廊，宣讲展示党史、军史、革命精神和新型武器装备，援建丰登镇润丰村小学党史军史文化长廊。组织集中收看中国共产党十九届六中全会新闻发布会，及时跟进学习全会精神，制订并全面完成“我为群众办实事”计划，持续巩固党史学习教育成果。党史学习教育情况相关报道，在《人民日报》、新华网、《光明日报》等媒体刊稿14篇。

【党委理论学习中心组学习】 2021年，金凤区人武部党委狠抓理论学习，推动思想政治建设。制订2021年党委理论学习中心组带机关学习计划，全年落实党委理论学习中心组学习36次，及时跟进学习习近平主席最新讲话，突出党史学习教育主题，不断提高理论素养和全面素质。

【主题党日活动】 3月19日，金凤区人武部组织开展以“学习两会精神、凝聚意志力量，高标准推进年度工作任务落实”为主题的党日活动，传达学习十三届全国人大四次会议精神、习近平主席在出席解放军和武警部队代表团全体会议时的重要讲话精神和《2021年国务院政府工作报告》，围绕“学习贯彻习近平主席重要讲话精神，在不断提高政治‘三力’中推进年度各项工作走深走实”讨论交流。6月30日，人武部全体人员走出营区，深化党史学习教育成果，来到联系帮扶的丰登镇润丰村走访调研，与润丰村党支部联建联创，重温入党誓词，召开座谈会，确定助力乡村振兴帮扶措施。7月2日，组织开展“坚决听党话、永远跟党走”主题党日活动，学习习近平主席在庆祝中国共产党成立100周年大会和“七一勋章”颁授仪式上的重要讲话，围绕“学习习近平主席‘七一’重要讲话，感悟思想伟力”作交流讨论。9月27日，围绕“弘扬优良传统、整顿作风纪律”活动进行讨论辨析。12月17日，围绕“深入学习中共十九届六中全会精神和习近平主席重要讲话”，交流体会认识，统一思想。

【国防动员潜力统计调查】 2021年4—6月，金凤区人武部统筹国动委各专业办公室有力推进潜力调查，全面掌握重点潜力要素和行业目标信息七大类136项3000余条潜力数据。组织退役军人预备役登记，及时更新完善《退役军人军事信息管理系统》，上报各类潜力数据。

【基层建设】 2021年,金凤区人武部认真贯彻《省军区系统战备、训练、工作、生活秩序规范》,坚持以战领建,结合实际规范秩序,配套完善软硬件设施,完成人武部"四个秩序"规范化建设。依据市区两级《基层武装部规范化建设实施方案》,拍摄制作《金凤区基层武装部规范化建设纪实片》,相互学习借鉴,提升武装阵地建设水平,7个镇(街道)武装部规范化建设全部达标。满城北街基层武装部建设成为全区样板,5月24日接受宁夏军区组织新任职基层武装部长现场观摩。

【比武竞赛】 2021年4—5月,金凤区人武部选派3名民兵教练员参加宁夏军区集训,谭启俊取得竞赛性考核室内理论教学第一名;选派夏天、苏建红、余灏参加宁夏军区新任职基层武装部长集训,竞赛性考核成绩包揽个人奖项的四分之一、居22个县区之首;9月24—26日,选派基层专武干部、民兵教练员、基干民兵参加银川警备区"精武—2021"比武竞赛,获团体总分第二名和民兵教练员团体第一名。

【兵役征集】 2021年,金凤区人武部率先完成兵役登记,登记率100%。大力开展征兵宣传,制作发放《征兵宣传手册》2万册,在各镇、街道显著位置张贴征兵公告600余张,悬挂征兵宣传横幅200余条,向大学应届毕业生发送征兵宣传短信,并打电话精准动员。组织专武干部、医务人员、公安民警进行征兵体检、政治考核业务培训。开展廉洁征兵教育,聘请廉洁征兵监督员,逐人签订廉洁征兵责任书。严把体检、政考、役前教育等关口,确实把身体素质好、思想过硬、政治历史清楚的合格兵员输送到部队。

【疫情防控】 2021年10月中下旬,银川新冠疫情多点散发,人武部严密组织营区封闭管理,加强在外人员联系教育,有效防控疫情。11月3日,参加银川警备区疫情防控遭遇战持续动员行动,深化运用退役军人帮扶成果,从10月20日开始,先后组织动员退役军人民兵在新华联瑞景酒店等15个隔离酒店和森林半岛小区担负执勤任务。

【双拥工作】 2021年,金凤区人武部积极助力脱贫攻坚同乡村振兴有效衔接,认真学习贯彻中央推进乡村振兴战略部署,跟踪深化丰登镇润丰村脱贫出列成果,投入10万元,从党建、产业、教育、医疗4个方面,助力推进丰登镇润丰村乡村振兴。着力深化双拥共建,会同退役军人事务局等部门,积极协调解决军人子女入学问题,上门为官兵送立功喜报,联合金凤区政府有关部门和驻军单位举办了"缘定军旅·情定金凤"适龄青年婚恋交友活动,解决驻地部队青年官兵"婚恋难"问题。合力认真细致做好退役军人工作,牵头协调驻军和组织民兵积极参加文明城市和民族团结创建活动。组织开展国防教育,邀请军事科学院研究员为金凤区科以上干部作国防形势报告,组织130名党政机关干部开展"军事日"活动,安排老兵为民兵和社区居民讲党史军史,营造全社会关心支持国防建设浓厚氛围。

【国防教育】 2021年,组织130名党政机关干部开展"军事日"活动,7月29日,邀请军事科学院研究员以"党领导人民军队中的几个重大问题"为主题,为金凤区科以上干部作国防形势报告。9月1日,结合助力脱贫攻坚同乡村振兴有效衔接,深入对接帮扶学校丰登镇润丰神华爱心小学,讲授党史军史和国防知识。3月和9月,结合征兵工作,积极协调金凤区委宣传部和地方媒体,利用金凤区辖区内公共电子屏幕滚动播放征兵宣传片,通过金凤电子快报等微信公众号平台宣讲征兵政策,提高适龄青年入伍积极性,增强全民国防观念。

(韩 晗)

综合经济管理

宏观管理

【主要指标完成情况】 2021年，金凤区坚持将加快服务业发展作为调整优化经济结构，转变经济增长方式的重要举措，采取有力措施促进市场消费，大力发展新兴服务业，不断优化三次产业结构，推动一、二、三产融合发展，持续加快产业优质高效发展，全年经济平稳健康发展，实现了“十四五”规划良好开局。2021年，实现地区生产总值332亿元，同比增长4.3%，每平方公里产出近亿元，经济密度稳居全区之首，综合实力迈入全区县域经济第一梯队。三次产业比例为1.0∶19.7∶79.3，服务业已成为带动辖区经济增长的核心动能。累计完成全社会固定资产投资1280亿元，投资规模居全区首位；实现规模以上工业增加值27.94亿元，同比增长13.4%，居沿黄市辖区第四；实现社会消费品零售总额164.38亿元，同比增长1.5%，居沿黄市辖区第七；完成地方一般公共预算收入8.3亿元，同比增长8.4%，居沿黄市辖区第五，增速高于全年目标3.9个百分点；完成城镇居民人均可支配收入47208.2元，同比增长8.3%，居沿黄市辖区第一，绝对值保持全区第一；完成农村居民人均可支配收入16138.5元，同比增长10.5%，居沿黄市辖区第四。

【服务业】 2021年，金凤区总部经济、金融保险、文化旅游等现代服务业繁荣发展，数字经济产业园扩能提质，累计吸引大数据、网络安全等百余家企业，实现主营业务收入6.6亿元，CBD金融中心、保险大厦等特色楼宇经济亩均效益达5亿元。全年新增A级景区3个、规模以上服务业企业10家、限上批零住餐企业18家，新增市场主体近1.7万户，企业存活率达96.61%。2021年，完成第三产业增加值263.37亿元，同比增长5.3%，第三产业占地区生产总值比重达到79.3%，成为经济增长核心动能。

【新型工业】 2021年，金凤区依托银川经开区，加快工业数字化、智能化转型，引导扶持现有龙头骨干企业不断发展壮大，推进工业产业向中高端迈进。加快扶持培育“小升规”后备企业，全年新增规上工业企业7家，辖区规模以上工业企业增至44家，有研发活动的工业企业占比57%。以小巨人机床、小牛自动化、威力传动等为代表的装备制造企业产销两旺，发展势头迅猛。小牛自动化划片串焊一体机产能居全国第一，小巨人机床智能化柔性生产单元实现72个小时无人生产，制造业占规上工业增加值比重提高至70%左右。2021年，完成第二产业增加值65.28亿元，同比增长0.1%。

金凤区规模以上工业企业名单一览表

表 1

管辖区	序号	企业名称
金凤区管辖企业(13 家)	1	宁夏晨辉砼业有限公司
	2	宁夏华巍砼业有限公司
	3	宁夏普迈特商品混凝土有限公司
	4	宁夏仝力砼业有限公司
	5	银川恒源兴银砼业有限公司
	6	银川三建混凝土工程有限公司
	7	达力(银川)污水处理有限公司
	8	宁夏塞北雪面粉有限公司
	9	宁夏华电供热有限公司
	10	宁夏电投热力有限公司
	11	宁夏银仪电力工程有限公司
	12	银川保绿特生物技术有限公司
	13	国电电力宁夏新能源开发有限公司
经济技术开发区管辖企业(31 家)	1	银川伊百盛生物科技有限公司
	2	康地饲料(银川)有限公司
	3	宁夏广玉面粉有限公司
	4	宁夏夏盛实业集团有限公司
	5	宁夏沃福百瑞枸杞产业股份有限公司
	6	宁夏报业传媒印刷有限公司
	7	宁夏银报智能印刷科技有限公司
	8	宁夏赛马科进混凝土有限公司
	9	宁夏华洋砼业有限公司
	10	银川市威尔信商品混凝土工程有限公司
	11	宁夏小牛自动化设备有限公司
	12	宁夏马连富电力科技有限公司
	13	宁夏昀启昕机械再制造有限公司
	14	银川威力传动技术股份有限公司
	15	宁夏机械研究院股份有限公司
	16	宁夏小巨人机床有限公司
	17	银川贝尔利科技有限公司
	18	银川贝尔利科技开发有限公司
	19	银川中轴智造小镇科技发展有限公司

续表 1

管辖区	序号	企业名称
经济技术开发区管辖企业(31 家)	20	金石机器人银川有限公司
	21	宁夏启元国药有限公司
	22	宁夏康亚药业股份有限公司
	23	上海华源药业(宁夏)沙赛制药有限公司
	24	宁夏汇川服装有限公司
	25	银川东方气力运输设备有限公司
	26	宁夏电通信息产业有限公司
	27	宁夏西部热电有限公司
	28	宁夏青龙塑料管材有限公司
	29	宁夏固得金属结构有限公司
	30	银川市宁丰制氧厂
	31	华盛龙科技环保有限公司

【都市农业】 2021 年，金凤区打造丰登镇利思·田园蜜语、良田镇园子村观光农业、金星村扶贫产业园等一、二、三产业融合发展示范园区，良田镇成功申报国家级产业强镇。提升农业造血功能，新培育农民专业合作社 8 家、家庭农场 3 家。持续加强高标准农田建设，粮食总产量达到 1.74 万吨。建成设施农业园区 27 个、设施温棚 4300 栋，新增设施农业面积 705 亩。2021 年，完成第一产业增加值 3.36 亿元，同比增长 3.1%。

2021 年 3 月 5 日，金凤区教育、民生、基础设施、安居保障、生态环境治理、经济发展等重点建设项目开工

【项目建设】 2021 年，金凤区着力实施 98 个重点项目建设，15 个年度教育项目顺利推进，20 万平方米老旧小区完成改造，建设安置区 17 万平方米，4 个小微公园建成交付，尹家渠街改造等项目提升城市更新体验。顺亿大厦、水利研发大厦等总部项目加快建设，建发悠阅城全面封顶。投资规模继续稳居全区第一，对自治区、银川市投资贡献率保持在 10%和 30%左右，第三产业投资占比达 97.6%，民间投资增长 4.1%。教育、环境改善等民生项目完成投资 5.8 亿元，同比增长 65.7%。

【改革开放】 2021 年，金凤区加快推进“四权改革”，制定山林权确权登记方案，基本完成水流确权工作，在全区率先完成排污许可发证登记任务，土地经营权证书颁证率达 85%。出台优化营商环境 50 项措施，64%以上的事项进驻实体大厅，36%的事项实现“不见面”审批。预算绩效管理全面实施，财政资金配置效率进一步提升。组建招商专班对接长三角、珠三角等地开展产业招商，储备培华路商业综合体、北京启迪冰雪馆、海伦堡商业地产等重资产项目，华为宁夏总部、中外运敦豪(DHL)等一批优质企业接续入驻，完成招商引资到位资金 100 亿元目标任务。

【社会事业】 2021年,金凤区实施新(改)扩建中小学、幼儿园15所,增加学位1.4万个。完成自治区学前教育普及普惠发展评估首轮验收。构建医联体协作模式,推进分级诊疗制度,深入实施"互联网+医疗健康"服务,基层医疗机构远程门诊平台实现全覆盖。"一老一小"保障服务持续强化,建成3个社区日间照料中心、5个老年人助餐点,每千名老人拥有机构养老床位数达52张。"农民丰收节""黄河合唱节"接续举办,建成金凤"悦书房"16座,提档升级综合文化服务中心3个,建成文体健身广场3个、社区多功能运动场2个,基本形成覆盖城乡的"15分钟健身圈"。

【消费市场】 2021年,金凤区深入落实促消费八大行动,引导"六大商圈"错位竞争、抱团发展,积极应对输入型疫情影响,完善消费场所常态化疫情防控措施,促进节假日消费需求释放。组织开展消费季、品牌节、网购节等系列促消费活动,启动第五届"金凤飞舞·城市乐活会"冬季促消费系列活动,推出十大主题活动、商圈和五条特色乡村旅游线路。环绕金凤区六大商圈、五条特色街区及100家网红打卡点,开通"引客入金凤消费专线"。发放2000万元政府消费券助力经济复苏、激发消费活力。依托建发大阅城中街、万达金街、阅海湾水上公园等成熟夜经济,鼓励夜间延时经营。2021年,全区消费品市场活动丰富、消费活跃、热点突出、供应充足、价格平稳,"六大商圈"日均客流近11.5万人次,同比增长33%。实现社会消费品零售总额164.38亿元,同比增长1.5%。

【粮食安全】 2021年,金凤区不断加强本区粮食和物资储备行业安全生产和日常监督管理工作,印发《冬春火灾防范及安全生产隐患治理工作方案》,加强金凤区粮食和物资储备行业安全生产和日常监督管理工作,累计开展粮油安全普查、安全生产专项检查、粮食流通统计检查、秋季粮油安全检查、秋粮收购监督检查等专项监督检查15次。合理对照金凤区人口布局规划,按规定要求新增8个网点,现辖区应急供应网点共计21个,确保了突发情况下辖区应急供应能够保障有力。全力做好疫情防控保障,加强商超和供应网点粮油库存监测,保障疫情期间粮油市场供应充足、价格稳定。扎实开展"粮食科技活动周"和"食品安全宣传周"的宣传活动,精心组织开展"爱粮节粮"宣传活动4场次,发放宣传册及物品800余件。

【信用体系建设】 2021年,金凤区制定印发《关于金凤区开展失信约束措施清理规范工作的通知》《关于开展金凤区社会信用体系建设工作调研的通知》《关于全面建立信用承诺制度的通知》等文件,进一步健全联合奖惩制度,不断加强抓好政府、商务、司法、医疗卫生等重点领域信用建设,加强重点领域失信问题专项治理工作。持续推进行政许可和行政处罚等信用信息公示工作。截至2021年底,金凤区公示失信被执行人信息6083人(自然人)、法人1888家,限制高消费、限乘、限制出境7797人(次),促使5000余名被执行人主动履行了义务。上报重大劳动保障违法行为案件3次共7个案件,公布行政处罚信息7起。

【"十四五"规划的编制】 2021年3月23日,金凤区政府召开金凤区"十四五"规划项目启动会,正式启动《金凤区国民经济和社会发展第十四个五年规划和二〇三五年远景目标纲要》编制工作。9月初,规划初稿形成后,党委、政府主要领导多次专题部署,研究了"十四五"时期的发展指导思想、基本要求、目标任务和重大举措。其间,又通过网上公开征集,组织召开各类别座谈会,广泛征求各部门、单位,各行业重点企业、专家学者、代表、委员以及县处级领导意见建议,多次修改后形成了审议稿。2021年1月13日,规划经第四届人民代表大会第五次会议审议通过。2021年3月8日,规划正式印发。纲要主要分三大部分九个篇章。

(石　贤)

财　政

【概况】 2021年,金凤区一般公共预算收入完成

83327万元，同比增长8.36%。其中，税收完成64829万元，同比增长12.54%；非税完成18498万元，同比下降4.12%。超额完成年初确定增长4.5%的目标任务，居市辖三区第一。2021年，一般公共预算支出175058万元，其中民生保障类支出143178万元，占81.79%。全年安排教育支出39176万元，有效推动义务教育均衡化和学前教育普惠化。社会保障和就业支出24932万元，全面落实困难群体救助兜底政策和复退军人安置政策，积极开展就业创业工作。共安排资金12881万元，保障城乡居民基本医疗保险、基本公共卫生服务等项目，不断提升医疗服务水平和质量。金凤区财政局先后获得自治区文明单位称号和金凤区2021年度四争工作优秀奖。

2021年，金凤区财政局荣获黄河流域生态保护和高质量发展先行区建设年度“四争”工作优秀奖

【党的基层组织建设】 2021年，金凤区财政局准确把握党史学习教育的总要求，及时召开党史学习教育动员部署会议，传达学习有关会议精神，精心制定党史学习教育学习计划，坚持每周固定集中学习与自学相结合，开展专题读书班一期，组织集中学习30次、专题研讨12次，观看《党史故事100讲》《初心铸就辉煌》等各类党史专题教育片30余次、开展党史知识测试两次。定期开展党员干部政治理论学习，制定印发《2021年金凤区财政党组理论学习中心组学习安排》等文件，通过“三会一课”“支部主题党日”、党组理论学习中心组学习等加强党员干部学习教育，强化理论武装。定期召开党员大会、支委会、规范组织生活，制定印发《金凤区财政局党支部2021年党建工作计划》《金凤区财政局党支部工作职责及支部委员职责分工》，进一步提高全体党员干部政治素质。认真开展“奋进新时代、担当新使命、展现新作为”学习实践活动，不断提升机关党建质量和水平。组织干部职工积极配合七子连湖社区做好疫情防控工作，结合“民情体验日”开展“当一天社区工作者”活动，通过亲身体验的方式，实地走访社区居民，为民排忧解难。

【财政收支】 2021年，金凤区财政局科学分解收入任务，明确责任目标。对收入变化异常的税种，及时跟进核实，提出应对措施，促进税收收入逐期完成。加强重点税源企业监控，对房地产和建筑业重点企业和新开工项目采取全程监控，及时跟踪企业纳税情况，确保及时清缴入库，有效防止税款流失。坚持责任与激励机制并重，联合税务部门充分发挥综合治税作用，建立综合治税工作考核制度，充分调动部门参与综合治税的积极性，聚集合力实现税源控管，堵塞“跑冒滴漏”。坚持深挖非税收入潜力，确保应缴的非税收入及时、足额入库，切实做到应收尽收。逐步完善预算绩效一体化管理机制。修改完善《金凤区部门整体支出绩效评价暂行办法》，出台《金凤区项目支出绩效评价管理暂行办法》，不断发挥预算绩效管理在预算执行过程中的积极作用。2021年，金凤区一般公共预算收入完成8.33亿元，同比增长8.36%，超额完成年初确定增长4.5%的目标任务。

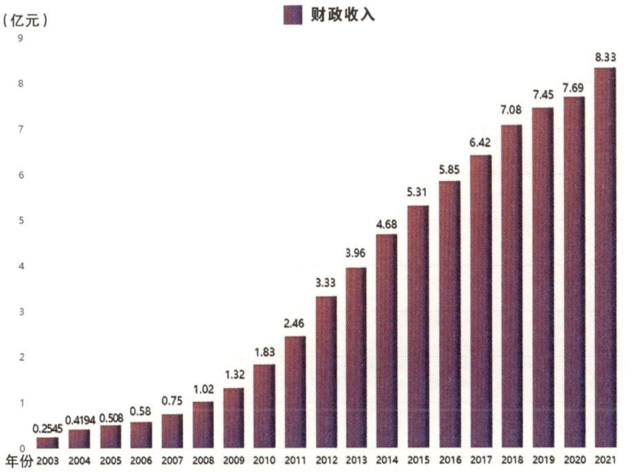

图4 2003—2021年财政收入

【保障民生事业】 2021年，金凤区财政局安排教育支出39176万元，有效推动义务教育均衡化和学前

教育普惠化。社会保障和就业支出24932万元，全面落实困难群体救助兜底政策和复退军人安置政策，积极开展就业创业工作。共安排资金12881万元，保障城乡居民基本医疗保险、基本公共卫生服务等项目，不断提高医疗服务水平和质量。

【农村事业发展】 2021年，金凤区积极争取财政衔接乡村振兴资金4298.4万元，为乡村振兴做好资金保障；争取农村综合改革项目资金1035万元，用于发展壮大村集体经济、整村推进、农村公益事业财政奖补项目；持续推进农业保险政策落实，2021年完成投保成年奶牛4543头，能繁母猪210头，日光温室966亩等，保费规模达275.5万元，切实增强农业抗风险能力。

【政府采购】 2021年，金凤区财政局共计审批各类政府采购项目363个（含网上直购、网上竞价项目299个）涉及采购预算资金约19561.21万元，采购成交金额17926.47万元，累计节约资金1634.74万元，资金节约率8.36%。及时公开采购信息，按照工作要求全面公开采购项目公告、采购文件、采购项目预算金额、采购结果、采购合同等信息，提高政府采购透明度。投诉渠道公开化，在政府采购工作中将质疑、投诉的内容纳入政府采购公开范畴，建立电话、电子邮箱等多种渠道投诉途径，公开单位通信地址及投诉电话，及时接受各类政府采购投诉和举报。严格履行监管职责。2021年，金凤区共受理政府采购项目质疑投诉4起，涉及采购项目预算资金445.2万元，都采用公开招标方式进行采购。其中，投诉事项成立1起，涉及采购资金222.6万元；投诉人撤诉3起，均已办结。政府采购专家库及信息发布统计。2021年金凤区通过专家库随机抽取专家进行评审，共抽取专家项目数量64项，抽取专家人次302次，专家参评人次302次。政府采购信息公告数量64条，中标、成交结果公告数量64条。进一步规范各代理机构政府采购执业行为，提高政府采购代理业务操作规范化、程序化、公开透明化，努力营造公平、公正、公开的营商环境。

【国有资产管理】 2021年，金凤区财政局持续推进国有资产管理工作，以强化事前监督为抓手，规范资产配置行为，健全采购预算体系和资产配置标准体系，同时进一步加强资产信息公开力度，接受社会和群众的监督。深入推进国有资产信息化管理，对达到报废年限的资产严格审核把关，实地进行资产核实，凡符合报废条件且证明材料充分的，按照程序批复核销。明确资产监管部门、管理部门和使用部门三个责任主体的职责和权限，严格履行资产处置报批程序，严禁未经批准擅自处置或未按审批权限处置国有资产。

【金融管理】 2021年，金凤区财政局配合自治区金融局、证监局等部门进行专项金融风险排查7次，对辖区基金公司、涉金融业务的非法金融机构进行风险排查，并将存在问题的企业及时反馈至自治区、银川市金融局。加强金凤区防范非法金融活动宣传工作，联合黄河银行黄河路支行积极开展非法集资及金融领域电信诈骗宣传活动，深入商业广场、银行营业网点等地开展防范和打击非法集资宣传教育、防范电信诈骗等活动4场，参与单位22家，发放宣传册5000余份，宣传品2000余份，进一步提高社会公众风险意识和识辨能力，保护广大人民群众合法权益。

【财政监督检查】 2021年，金凤区财政局加强日常财政监督管理，树立财政“大监督”理念，把财政监督作为财政管理的必要环节和组成部分，通盘考虑，统筹安排，形成财政监督与财政管理紧密融合，实现对

2021年9月16日，金凤区财政局（金融工作局）对金凤区小额贷款公司开展专项检查

财政资金运行全过程的动态监控。切实推进地方预决算公开工作，建立健全公开透明的财政预算管理体制。2021年，从预决算公开的及时性、真实性等五个方面对金凤区预算单位2021年预算公开及2020年决算公开情况进行专项检查，确保金凤区所有单位预决算统一通过政府门户网站上设立预决算公开平台上进行公开。

【基建审核】 2021年，金凤区财政局按照年初政府投资项目计划，围绕脱贫攻坚项目建设、老旧小区改造工程、中小学校舍改造工程、为民服务和发展专项资金等215个基础设施建设项目进行审核，核减工程造价累计9627.1万元，平均核减率达10.42%。通过审核，进一步促进政府投资建设项目完善建设程序，规范项目管理，切实提高政府投资绩效。

（殷萌萌）

税　务

【概况】 2021年，金凤区税务局持续优化5C评价模型，按季对重点任务指标进行分析，按年发布征管质量报告，构建"分析评价—过程管控—执行落实"的征管质量闭环管控流程。不断推进三项制度落实、提高执法质效。通过开展线上"八五"普法微课堂、法宣在线考试、庭审观摩、集中培训等方式，提升干部职工学法、守法、用法的自觉性，并通过国家宪法日、"宪法宣传周"活动，多形式、多角度地提升了纳税人对税法的遵从度。累计组织各项收入85.1亿元，减税降费金额达26755万元，有效缓解了企业资金压力，带动主体经济发展在全市税务系统绩效考核位列第一，金凤区税务局第一税务分局荣获全国青年文明号、全区税务系统三八红旗集体等先进集体。

【网络办税】 2021年，金凤区税务局通过各种渠道推送"全程网上办"清单，引导使用电子税务局、宁夏税务App、自助终端等进行税费办理，已有200余项业务可通过电子税务局办理，30余项涉税费事项可通过"宁夏税务"办理，截至2021年底，网上申报率高达99.95%。

【队伍建设】 2021年，金凤区税务局始终把队伍建设作为推动税收事业发展的根本依托，针对人才相对匮乏的矛盾，开展了股级干部选拔，选优配强中层以上干部。并严格考评管理，抓实数据填报、"两测"工作。强化考评结果运用，切实发挥数字人事对干部队伍建设的积极作用。通过开展"岗位大练兵、业务大比武""请进来、送出去""以老带新"等措施强化学习交流，提高理论和专业素养。涌现了"全国税务系统精神文明建设先进工作者"张国强、"2021年疫情防控优秀青年"李博夫等具有代表性的骨干力量。

【党史学习教育】 2021年，金凤区税务局实现党史学习教育全覆盖，共开展党委理论学习中心组学习12次、党委会"第一议题"学习40次、青年理论学习12次、跨支部交流共建10次、专题研讨10次，撰写心得感悟162篇，推送学习任务350余次，获领导表扬性批示2次，发放"光荣在党50年"纪念章2人次，同时，结合"学雷锋月"、"五四"青年节等节庆，组织党员及全员青年干部下沉结对社区2个，积极开展无偿献血、政策宣传等活动8项次，依托青年理论学习小组适时举办读书班、分享会，通过开展九旬老党员为青年干部讲党史、线上朗诵、录制主题微视频等系列活动共计41人次，组织红色观影134人次。

2021年3月5日，金凤区税务局组织党员干部重温入党誓词

将学习成果转化为"办实事"实践活动，组织开展"三八"助脱贫、爱心捐款、交通值岗等志愿服务活动。在疫情形势严峻时期，第一时间组织全局党员干部参加疫情防控志愿服务先后进驻6个社区，录制发布志愿服务视频3条，累计参加抗疫人数共176人次，充实一线防疫力量。2021年，荣获国家级荣誉1个、自治区级荣誉9个、市县级荣誉11个、"马丽劳模创新工作室"新称号1个。

【组织收入】 2021年，金凤区税务局累计组织各项收入85.1亿元，其中税收收入61.5亿元，同比增长41.2%，完成目标任务47亿元的130.9%；中央级组织收入32.5亿元，同比增长49.1%，地方级组织收入29.0亿元，同比增长33.3%，完成调整后目标任务28.4亿元的102.1%，其中金凤区级完成4.8亿元，较去年同期增收7128万元，同比增长17.3%，完成年度计划4.3亿元的112.3%。2021年社保费入库16.1亿元，同比增长56.6%，增收5.8亿元；其他收入入库3.4亿元，同比增长173.8%，增收2.2亿元；非税收入入库4.1亿元，同比增长149.3%，增收2.5亿元。

【减税降费】 2021年，金凤区税务局减税降费金额达26755万元，其中减税22694万元，降费4061万元。为83户制造业中小微企业办理"减、退、缓"税费604万元，34户企业享受研发费用加计扣除金额1464万元，减免税额366万元，有效缓解了企业资金压力，带动主体经济发展。

【马丽工作室】 2021年12月8日，"马丽工作室"被自治区总工会命名为"马丽劳模创新工作室"。作为全区首个"税务工作室"，"马丽工作室"凭借着"零延时响应纳税人需求"的工作速度，"线上线下、凝聚合力"的服务机制，在纳税人群体和社会各界赢得了一致好评，形成了12条可推广复制的经验做法，在持续优化线下纳税服务、落实国家减税降费政策、服务疫情防控等方面发挥了以点带面的重要作用。开启了为纳税人提供预约服务，对确有需要的纳税人缴费人，根据其个性化需求，深入企业开展一对一政策和业务辅导，实现服务模式由"上门找服务"向"服务送上门"转变，由无差别服务向个性化、精细化服务转变。

2021年4月1日，金凤区税务局为纳税人进行税务宣传及纳税辅导

【纳税服务】 2021年，金凤区税务局实现进厅分流快速预审，全程跟进业务办理，日均辅导纳税人600人次，前台叫号量降低约30%，有效节省纳税人时间。开展"套餐式服务"一次办结。以专人负责、定期巡查方式，保障自助办税点为纳税人提供"全天候不掉线"服务，在银川市民大厅C5商事大厅进驻2个税务窗口，联合行政审批服务局提供企业开办一站式服务，实现从税务信息确认到领用发票一次性办结。为助力小微企业解决融资难题，解小微企业燃眉之急，持续深化"银税互动"合作机制，助力32户企业贷款2580.5万元。取得政务服务好评率100%，"非常满意率"由年中的96.8%提升至99.17%的成绩。

2021年9月18日，金凤区税务局开展"秒表练兵"活动，强化干部职工业务能力

【核实基础信息】 2021年，金凤区税务局结合满意度调查工作对本局管户基础信息进行清洗，对特定范围的4500户企业的三类人员信息逐户核实、及时修正，初步达到了一定的效果，核实信息2701户，5172人次，其中信息完全正确1900户，占比70%，信息错误的801户，已通过现场修改、引导自行办理的方式修正624户。对非正常户占比居高的情况进行分析，通过清分、筛选将4935户符合“非正常户注销”条件的“钉子户”非正常户转为注销状态，将非正常户占比降至7.49%，相比上年降低58.82%。

（郝　科）

国有资产投资控股

【概况】 银川市金凤区国有资产投资控股有限公司（以下简称“金凤区国控公司”）注册经营范围为国家授权范围内的房地产开发、国有资产运营，兼营国内外贸易、房地产租赁、交通运输、商业批发零售等。注册资金19158万元，其中宁夏海阅资本运营有限公司出资16158万元，占注册资本的84.34%，中国农发重点建设基金有限公司出资3000万元，占注册资本的15.66%。公司设立董事会、监事会。董事会由5人组成。公司现设5个部门，分别为：党政综合办公室、财务风控部、工程部、投资发展部、资产管理运营部。现有职工33名，其中政府任命3人，政策性安置非在编人员4人，公益性岗位2人，社聘人员24人。

2021年7月1日，金凤区国有控股公司党支部组织党员参观区史馆

【国有资产经营管理】 2021年，金凤区国控公司共上缴出租收益和处置收益794.5万元；盘活安置区地下车库，与地下车库所在安置区物业公司签订《金凤区（康居）安置区地下车库租赁合同》，每年增加租赁收入约80万元；合理利用安置区外围停车场资源，解决安置区周边群众停车难的同时实现国有资产的增值目标，已办理高桥、盈南三期一区和二区3个安置区外围停车场的合法经营手续，预计每年实现收益50万元。

【安置区项目建设】 2021年，金凤区国控公司负责的安置区项目有2处，其中丰登安置区四期三、四标段共17栋住宅楼，于2021年8月底完成1636套16万平方米的安置房建设任务，累计完成投资4.8亿元；盈南安置区四期于2020年3月开工建设，截至11月底冬季停工前，11栋住宅楼已全部封顶，进入装饰装修和安装阶段，累计完成投资3.53亿元。

【教育项目建设】 2021年，金凤区国控公司新建、续建的（本级）教育项目共16所，其中光明村幼儿园、金星村幼儿园、第八幼儿园、第九幼儿园、第十五幼儿园、第十五小学（九小南校区）、第十七小学、第二十四小学（局部）、第二十六小学（局部）、银川市第三十六中学（局部）10处教育项目于2021年8月底建成投用，共计交付教学班237个，提供学位9810个，累计完成投资合计4.86亿元；续建的金凤区第一回民小学改扩建项目、金凤区第四小学综合楼也已于2021年底建成；金凤区第二十七小学、第三十小学和高桥家园第一幼儿园项目主体分别于2021年8月、2020年9月、2021年9月封顶，2021年11月底冬季停工前三个项目已进入砌体和装饰装修工程施工阶段；五里湖畔幼儿园已开始办理各项前期手续。

【安置区不动产登记】 2021年，金凤区国控公司协调银川市不动产登记事务中心完成了福通安置区二期C区、银丰安置区三期二区、盈南安置区三期二区、高桥安置区一标段、平伏桥安置区三期共5个项目5608套，55万平方米安置房的不动产首次登记工作，并分别于1月、5月、9月、11月移交金凤区土地整理中心，由其配合群众办理后续手续。同时，金凤区国控公司还配合银川市住建局、质监站完成了金凤区第三幼儿园及银丰安置区一期（金安家园）31#、32#、48#、49#四栋楼的竣工验收。丰登安置区三期一区的不动产首次登记工作也已进入收尾阶段。

【融资情况】 2021年，金凤区国控公司累计争取各类资金2.1亿元。其中，向银川市财政局争取盈南安置区四期项目调剂国库资金3832万元，争取存量房回购及安置项目本息补贴资金2689.6万元；向金凤区财政局争取丰登安置区四期及丰登安置区三期棚改建设基金补贴资金4077.02万元，争取发放农发行丰登安置区四期项目贷款资金1.05亿元。

【子公司发展成效显著】 截至2021年底，金凤区国控公司现有下属子公司3家，分别是银川凤洁物业服务有限公司（以下简称“凤洁物业公司”）、银川凤洁园林绿化工程有限公司（以下简称“凤洁园林绿化公司”）、银川市金凤区凤源人力资源服务有限公司（以下简称“凤源人力资源公司”）。2021年，凤洁物业公司在接管了毓秀公园、宝湖公园、满春园、四季园4个公园的基础上，接管了紫馨苑、盈南家园二期、典农河环卫等30个项目的物业服务，总面积1383万平方米。2021凤洁园林绿化公司新接收了宝湖公园生态修复综合整治工程施工六标段、毓秀公园绿化提升项目、凤翔街、兴燕路等10个片区50万平方米的绿化养护工作，养护范围涉及金凤区2个镇、5个街道，总养护面积达到5700亩。新组建的混合制凤源人力资源公司已完成劳务派遣220余人，正在拓展为金凤区企业事业单位临聘人员提供劳务派遣业务。针对2021年“10·17”新冠疫情处置工作，先后累计派遣1100余名安保人员至各隔离点加强疫情防控力量。

（兰小虎）

市场监督管理

【概况】 金凤区市场监督管理局管辖区面积364平方公里，下设6个市场监管所，分别为长城中路、上海西路、北京中路、黄河东路、满城北街、良田镇市场监督管理所。得益于辖区营商环境不断优化，全区市场主体已累计达到7.58万户，2021年新增企业6661户，同比增长20.6%；辖区餐饮单位共计2962家，其中托幼机构80家，学校食堂96家，养老机构5家；药品、器械经营使用单位839家，其中药品和医疗器械批发企业123家，零售企业436家，医院诊所等使用单位280家；特种设备1.55万台（套），其中电梯1.28万部，大型游乐设施23套，压力管道47千米；辖区另有农贸市场3家；清洁煤加工配送中心1家，检验检测机构84家。全局有干部职工共123人，行政编制75人，事业编制18人，工勤人员8人，控编1人，聘用人员11人，公岗8人，盐业下派干部2人。其中分局机关在编在岗干部职工平均年龄45岁，监管所在编在岗干部职工平均年龄46岁。有党支部8个，党员89人，其中离退休党员16人。

【疫情防控】 2021年，金凤区市场监督管理局对辖区餐饮单位、恒源万福冷库、金凤海鲜市场等涉及进口冷链食品的经营单位进行了排查，督促指导辖区涉及进口冷链食品的食品生产经营单位加强索证索票、及时注册备案“宁冷链”、严格落实“三集中、三专区”要求。对餐饮单位疫情防控措施落实情况进行监督检查4725户次；对辖区439家药店实行全覆盖监督检查，对药店存在的无消毒记录、未对消费者进行测温验码、未要求购买发烧咳嗽药的消费者进行扫码登记等突出问题进行整改，均已整改到位。检查农贸市场、两镇集市305家次，现场组织商户进行约谈整改17次，市场开办方对入场商户不佩戴或不规范佩戴口罩等疫情防控要求落实不到位行为进行现场告诫1000余次。对餐饮、药店、市场从业人员接种新冠疫苗情况进行逐户摸排，全年摸排从业人员接种新冠疫苗数据2万余条;对餐饮单位、市场等重点场所从业人员进行接种疫苗动员，动员143名市民群众在金凤区接种点进行接种。

【“10·17”疫情防控】 2021年10月17日晚7点，金凤区市场监督管理局接到艾某某核酸阳性通知后,立即组织人员赶往亲水宴会中心,与公安、疾控中心等部门联合开展防控工作，对艾某某就餐的亲水宴会厅、森林半岛顶牛拉面馆、南京包子铺予以关停。按照银川市18日疫情防控公告要求,第一时间协调公安、教育、文旅等行业主管部门,监督酒吧、网吧、KTV等密闭重点场所暂停营业。累计关停各类密闭重点经营场所962家。10月22日,辖区商超、集贸市场、果蔬店等果蔬销售单位出现“抢购潮”后,金凤区分局立即组织监管力量对各大农贸市场、超市、果蔬店在售蔬菜价格进行实时监测,密切关注线上线下米、面、油、肉、禽、蛋、奶菜等重要民生商品价格波动,严厉打击囤积居奇、哄抬物价、低标高结、未明码标价等违法行为，对天天鲜菜篮子枕水花园店涉嫌低标高结、丽园店未明码标价行为立案查处,约谈辖区果蔬店代表，向辖区1000余家商场超市、蔬菜直销店等各类市场主体下发《价格行为提醒告诫书》,对24家未明码标价果蔬店现场处罚(罚款0.72万元)，办结群众涉及肉蛋禽蔬菜水果价格投诉99起。组织辖区439家药店签订《药品零售连锁公司和零售药店疫情防控承诺书》,对暂停销售“四类”(退热、止咳、抗生素、抗病毒)药品、实行分隔式销售药品进行明确，监督药店负责人对从业人员开展全覆盖培训,确保从业人员知晓就近发热门诊、知晓停售“四类”药品、知晓疫情防控要求。累计检查药店890家次，对6家药店未明码标价当场处罚0.36万元，监督未按通知暂停销售“四类”药品的14家药店停业整改。

【市场监管执法工作】 2021年,金凤区市场监督管理局共结案225件,同比增长41%,应收罚没款457万元,同比增长57%。其中,对宁企信知识产权咨询有限公司代理恶意注册商标违法行为进行查处,并对当事人及企业负责人予以4.65万元的行政处罚，为金凤区此类案件的首张罚单；对宁夏亘元房地产公司、宁夏高利博策房地产销售公司虚假宣传行为分别予以罚款76万元、76.3万元，对陕西再会广告文化传播有限公司第一分公司发布违法广告行为予以2.75万元罚款,督促宁夏银川龙马房地产开发有限公司积极退还业主购房款85.84万元等案件的办理,对规范金凤区乃至银川市房地产商经营行为,推动金凤区房地产市场健康发展起到了积极推动作用；对1家转供电企业对部分终端电力用户未及时按照国家政策调整电价，将政策红利传导给终端电力用户的行为进行立案查处,处以罚款2.3万元,责令退款1.17万元的处罚,确保用电降价红利及时足额传导到终端用户；对2家校外教育培训机构违规行为进行立案查处，对1家幼儿园违规收费行为进行立案查处,责令退款1.33万元,处以罚款2.25万元,对市局移交涉嫌违规收费的案件线索进行核查,责令退还教育不合理收费73.15万元，对宁夏开元学校、银川外国语学校违规收费行为分别责令退款21.47万元、41.68万元，分别予以罚款20万元、41.68万元的系列案件,扎实推动了“双减”政策在金凤区落地见效。

【食品安全检查】 2021年，金凤区市场监督管理局联合辖区多部门组成检查组，共检查中小学、托幼机构食堂300余家次、检查学校周边食品经营单位700余家次，对辖区96家学校食堂进行了全面检查,检查校园周边餐饮单位192户次、食品流通单位477户次、下架临过期食品151袋(包),对发现的食品安全隐患,第一时间督促经营单位进行整改。在元宵食品排查整治工作中,以集贸市场、大中型超市等元宵(汤圆)经营单位为重点场所开展检查,监督销售自制散装元宵经营单位标明保存期限和条件,共检查相关经营单位31户次;在农村食品专项整治工作中,检查食品经营户75户次、餐饮户45户次、校园食堂11户次,发现过期食品36种、下架过期食品88袋(包)、整改餐饮单位问题隐患25处，对8家存在销售过期食品的经营户进行立案处理、取缔无证灌装白酒的黑作坊1家。在“放心食品超市自我承诺活动”工作中，组织辖区19家

500平方米以上从事食品销售的大中型食品超市公开向社会承诺；包装饮用水专项检查中，对“银川市富氏工贸有限公司”“宁夏贺之兰饮品有限公司”等两家获证饮用水生产企业进行全覆盖专项抽检5批次，全面提高包装饮用水质量安全。在重大会议、活动保障工作中，圆满完成了第五届中阿博览会、自治区银川市“两会”、中国共产党成立100周年文艺演出等28次重大活动、会议食品安全保障，监督检查涉会宾馆酒店399户次、周边及内部食品小商店253户次、审核食材供应商资质2户。

2021年2月22日，金凤区市场监督管理局进行食品安全检查

【“阳光药店”创建】 2021年，金凤区市场监督管理局辖区436家药店纳入率达到99.6%，建成率按计划时间到达目标要求，已达到87.6%。为营造北京冬奥会等体育赛事良好环境，对辖区280家经营企业进行了摸底，对经营含兴奋剂药品的企业要求按照规定要求经营。在各项专项整治行动中，先后开展药品网络销售违法违规行为、药品流通环节专项检查、疫苗集中专项检查、中秋国庆期间药械化监管、国家集中采购医疗器械经营单位专项检查等多项工作，共检查药品零售企业401家次，药品使用单位58家次，疫苗接种单位46家，医疗器械经营使用单位56家，化妆品经营使用单位36家，收到82家中药饮片经营单位的自查报告。在辖区医疗器械经营单位及使用单位专项检查和医疗机构乱象治理工作中，共检查一次性植(介)入医疗器械诊疗活动的各级医疗机构13家，一次性植(介)入医疗器械的经营企业23家，对辖区12家集中带量采购中选医疗器械经营企业及2家医疗机构进行检查，严格落实医疗器械经营使用环节质量安全主体责任。对辖区26家医疗美容机构全覆盖检查，其中与金凤区卫健局联合检查3家，针对药品、医疗器械质量方面存在违法违规行为的医疗美容机构，共立案3起。在安钠咖等毒品问题专项整治行动中，累计检查药店185家，医疗机构52家，未发现有销售安钠咖等毒品的情况，同时对药店医院工作人员及消费者进行禁毒知识宣传，严防安钠咖等咖啡因药品流失或滥用。在化妆品监管工作中，检查化妆品经营使用单位129家次，对辖区儿童化妆品经营使用单位、化妆品批发市场开展全面摸底调查，建立健全档案。

【特种设备安全监管】 2021年，金凤区市场监督管理局先后开展了“两节”、“两会”、“五一”、全国政务服务工作交流研讨会、第五届中阿博览会、首届中国(宁夏)国际葡萄酒文化旅游博览会、“十一”、中国共产党银川市第十五次代表大会等(会)节前特种设备安全专项保障工作，实现了保障区域特种设备零事故、零故障的“双零”目标。6月13日，湖北十堰爆炸事故发生以后，分局组织执法力量对辖区22家气瓶充装单位进行拉网式检查，对5家未严格落实主体责任的气瓶充装单位立案处罚，罚没款11万元。开展2021年全区电梯维保企业和维保质量监督抽查。共抽查金凤区在用电梯120余台，对2家未按安全技术规范要求维护保养电梯的维保单位立案调查。金凤区辖区内被评为D级的电梯维保单位数量比上年下降了83%。及时组织开展电梯鼓式制动器安全隐患专项排查治理工作，督促辖区电梯使用、维保单位共排查使用鼓式制动器电梯数量为2662台，有效保障人民群众安心乘梯。

【工业产品质量安全监管】 2021年，金凤区市场监督管理局加强清洁煤配送中心日常巡查检查和煤质监管，严厉打击生产销售不合格煤炭行为，抽检煤炭15批次，其中8批次全部合格，7批次正在检验中；

开展成品油质量监督抽查，抽检汽柴油20批次全部合格。加强重点区域内重点产品的质量安全监管，共抽检产品104批次，其中农资产品3批次、纤维制品8批次、小家电10批次、儿童学生和老年用品24批次、建筑装饰装修材料6批次、消防产品2批次、配电箱2批次、卫生巾7批次、电动自行车19批次、塑料袋3批次、电取暖器6批次、棉衣棉被3批次、燃气热水器8批次、车用润滑油6批次。开展工业产品生产许可证获证企业巡查检查，根据年初制订的检查计划，对辖区内3家工业产品生产许可证获证企业进行巡查检查，完成率100%。

【计量认证监管】 2021年，金凤区市场监督管理局针对重点节庆、重点场所计量器具开展专项检查6次，检查相关经营户110余户次、计量器具590台（件），没收不合格计量器具6台，有力杜绝计量器具“带病”上岗。联合自治区计质院开展集贸市场计量器具免费检定活动，对辖区11家早市、集贸市场的1300余台秤进行免费强制检定，确保量值准确。开展定量包装商品净含量计量监督专项抽查，抽查枸杞、火锅底料、面粉、月饼共16批次。开展能效水效标识专项检查，对辖区16家能效水效产品销售市场主体进行摸底排查和“双随机”检查，对1家违反《能源效率标识管理办法》的企业立案调查。对辖区1家认证机构、5家体系认证获证组织、4家强制性产品认证获证组织进行检查，进一步规范认证活动，有力维护认证市场秩序。对辖区2家粮食销售企业及1家粮食储备单位，在用计量器具61台进行检查，建立涉粮企业在用计量器具台账。强化企业主体责任，规范涉粮计量行为。重点检查煤炭经营中使用的磅秤等计量器具是否准确，计量器具是否贴有检定合格标志，是否仍在检定周期内等，进一步督促企业依法依规使用计量器具。

【标准化监管】 2021年，金凤区市场监督管理局开展第二批自治区级服务业标准化试点中期评估，对6家试点单位进行现场检查指导，确保试点项目按期完成、取得实效。开展第三批自治区级服务业标准化试点项目和第二批国家级消费品标准化试点项目申报工作，向市局提交14家企业试点项目申报材料，在全市各县（区）中名列首位。开展2021年度市场类标准自我声明“双随机、一公开”监督检查，对辖区2家企业进行现场检查，主要检查企业在“企业标准信息公共服务平台”自我声明公开的企业标准、“全国团体标准信息平台”自我声明公开的团体标准是否低于强制性国家标准的相关技术要求，是否做到技术上先进、经济上合理，标准编号和名称是否符合规定，标准功能指标和性能指标是否公开，引导市场主体遵循市场规律，制定、实施先进标准，实现产品质量提升。

【市场主体年报】 2021年，金凤区市场监督管理局利用各重大节日在商业综合体、人员相对聚集的场所发放宣传册，进行现场咨询，利用市场电子显示屏、各种媒体、发送短信、印发宣传单的多种形式进行广泛宣传，并在各监管所设立专门的咨询服务窗口，指定专人负责，进行咨询解答，使广大经营主体对年报工作重要性有一个更为明确的认识。各监管所按照网定格、格定责、责定人的市场巡查机制，根据本辖区各类经营主体的任务总量，层层分解到每位片管人员身上，制订了详细的工作计划和工作方案，稳步推进。截至6月30日，分局应参加2020年度年报企业27521户，已完成年报的企业25347户，年报率为92.10%。

【双随机、一公开】 2021年，金凤区市场监督管理局联合金凤区辖区内共计11个单位完成了19项抽查计划，涉及企业年度报告、中小学及幼儿园疫情防控、医疗机构、危险化学品经营单位、实名制登记上网、旅店业实名登记、二手车交易、兽药管理、犬只准养等23项抽查事项清单，抽查市场主体225个开展企业、个体工商户及农民专业合作社年报信息双随机抽查，共计抽查1566户，已经完成了年报“双随机、一公开”抽查工作的核查。完成文物市场规范管理、拍卖市场规范管理、野生动物保护规范管理、2021年电子商务经营规范管理双随机定向抽查38户。开展广告“双随机、一公开”抽查34户、专利真实性“双随机、一公开”抽查18户、商标代理行为“双随机、一公开”抽查31户、商标使用行为“双随机、一公开”抽查84户。开展托幼机构食堂“双随机、一公开”抽查5户，食品生产环节质量安全“双随机、一公开”抽查1户的检查。完成辖区内27商场超市、7家社区蔬菜直销店及标准化菜市场、3家行业协会商会、4家非电网直供电明码标价及收费行为开展“双随机、一公开”检查工作。开展质量和计量“双随机、一公开”抽查11户，以上抽查结果已全部通过国家企业信用信息公示系统向社会公示。

【企业失信监管惩戒】 2021年，金凤区市场监督管理局将2020年度未按期公示年报的企业列入经营异常名录，其中企业2958户，个体26783户；按照自治区市场监管厅、银川市市场监管局关于对投资类企业的清理核查要求、空壳企业清理工作、电信诈骗企业核查和日常投诉举报情况对企业核查，根据核查情况，列入异常名录企业115户，年报“双随机”抽查通过登记地址无法查询的市场主体列入异常名录179户。已办理移出异常名录企业586户。对2018年、2019年连续两年未年报的“僵尸企业”进行清理核查，分别于4月13日、6月5日在自治区市场监督管理厅网站发布1248家企业的拟吊销公告，后经六个辖区监管所再次核查，最终确认符合吊销条件企业886家，6月21日、8月23日在自治区市场监督管理厅网站发布吊销公告，除去年报补报的企业，最终吊销企业784家企业。充分利用“两法衔接”信息平台，加强与检察机关信息沟通。通过企业信息公示系统和信用宁夏网站等“互联网+”等平台将行政处罚信息及时向社会公开。已查办的185件，行政处罚案件已全部在“信用中国（宁夏银川）”官网、国家企业信用信息公示系统、“互联网+”、两法衔接等平台进行公示。

【知识产权保护】 2021年，金凤区市场监督管理局先后完成服务业品牌化建设第二、第三阶段考核工作、知识产权补助专项资金发放工作，分别调研检查企业8家次、43家次，对接完成资金拨付工作120万元、92万元。分上下半年两次组织辖区枸杞生产流通企业（个体工商户）进行培训，进一步提高了企业（个体工商户）在枸杞标准化及分级分类、地理标志申请、使用等方面的知识与技能。严厉打击销售侵犯知识产权行为。全年共立案查处商标、特殊标志等知识产权类案件30余起，没收所有涉案的侵权产品，并依法对当事人进行行政处罚。积极推进专利、商标“双随机、一公开”监管工作，依托国家企业信用信息公示系统（部门协同监管平台），开展2021年专利真实性检查、商标使用行为检查、商标代理行为检查“双随机”抽查任务，完成专利真实性检查17户、商标使用行为检查89户、商标代理检查31户，按照“谁检查、谁录入、谁公开”的要求，将抽查检查结果记于企业名下，通过公示系统进行公示，推进信息数据互通共享，实施联合惩戒，接受社会监督。

【广告监督】 2021年，金凤区市场监督管理局共及时反馈和处理上级下派广告线索60余条。开展药店广告“双随机、一公开”检查共34家次，对药品、医疗器械、保健食品广告进行实地检查。坚持定期、持续不断在辖区开展烟草专项整治活动、违法违规商业营销宣传整治活动，“护苗助老”虚假违法广告整治活动，非法集资广告等专项整治活动，针对未按规定发布广告、虚假广告、误导消费者等违法行为依法立案查处，切实净化广告市场环境，维护人民群众合法权益。根据工作安排，开展辖区房地产经营企业中介经纪机构专项整治实施措施，对房地产经营企业、中介经纪机构发布违法违规宣传折页、户外广告、互联

2021年3月10日，金凤区市场监督管理局开展广告监督

网广告等进行专项整治。

【物价监管与反不正当竞争执法】 2021年，金凤区市场监督管理局先后组织开展了房地产行业、教育、粮食、殡葬行业等重点领域的价格监管工作；加强节日期间市场价格行为监管；针对疫情，加大对防疫用品、肉蛋奶等生活必需品价格监管；对辖区农副产品平价商店、社区蔬菜直销店、标准化菜市场加大巡查力度，引导规范经营者的价格行为。开展打击传销整治聚集型传销违法犯罪“清零1号”“清零2号”“清零3号”专项行动，开展“保健品”市场专项整治行动，规范直销经营行为，遏制传销违法犯罪蔓延势头；组织开展公平竞争审查和反不正当竞争监管工作，对平台经济（美团、饿了）涉嫌不正当竞争行二选一等限制竞争行为进行了调查，对美团涉嫌垄断行为案件材料转区厅，由国家总局统一处理；上半年价竞岗位还抽调人员配合区厅开展治理涉企收费专项行动，查处2起不正当竞争案件，积极推动各项降费政策落到实处，及时查处各类违法违规行为，切实维护消费者权益，积极营造公平公正的市场营商环境。2021年，共查处价格违法及不正当竞争案件57件，下责令改正通知书4件。罚款149.33万元，没收0.37万元，责令退款75.9万元。

【“放心消费在银川”创建】 2021年，金凤区市场监督管理局着眼于节假日及特殊时间节点，及时查处民生领域投诉举报。同时开展宣传检查，通过微信工作群发布消费提示警示，引导消费者合理消费，理性维权，提醒广大经营者诚信经营，督促经营者落实明码标价。组织开展了“3·15”消费者权益日宣传活动、“迎新春送温暖、稳岗留工”专项行动等。全年累计分转各端口投诉、举报、咨询12477件。同时在处理投诉举报过程中，认真梳理相关信息，对涉及收集人脸识别信息、网络刷单、停车场不执行减免及医疗美容机构发布违法广告等10个案件线索移交执法办案机构。

（金 帝）

统 计

【统计法治宣传】 2021年，金凤区统计局加强镇街和部门领导干部对《中华人民共和国统计法》的学习，将统计法律法规作为领导干部法律培训内容之一。按照“八五”普法规划要求，进一步加强对基层统计人员和企业统计人员的宣传力度，全面开展《中华人民共和国统计法》《中华人民共和国统计法实施条例》及其相关统计法律法规的宣传学习，不断提高统计调查对象接受法定统计调查、履行统计义务的自觉性。

2021年12月20日，金凤区统计局党组织全体党员进行党史学习教育集中学习

【企业电子台账】 2021年，金凤区统计局根据国家统计局《关于全面推进企业电子统计台账工作的指导意见》，要求所有“四上”企业如实收集数据资料，整理统计资料。实现统计工作档案化管理，做到原始资料与统计台账一一对应，上报报表与台账一一对应，统计数据的来龙去脉必须清楚，统计工作的环节必须清晰，确保数出有据，做到准确、及时、连续、完整、清晰，保证统计数据质量。将统计台账是否建立作为统计法制检查的执法重点，促使基层统计人员明确统计台账建立的必要性和重要性，进一步提高了源头统计数据质量。

【统计人员培训】 2021年，金凤区统计局通过多种方式、分层次对全区统计人员开展统计业务培训，通过召开统计年报培训会等形式，对统计人员分批次开展统计业务专项培训及发放统计法制宣传资料，累计开展培训活动10余场次，近2000人参训，不断提高统计人员业务能力和水平。

2021年7月5日，金凤区统计局召开了劳动工资统计方法报表制度业务培训会

【统计数据核查】 2021年，金凤区统计局深入开展统计领域数据质量核查工作，坚持以"数字核查和指导工作"相结合的方式，加强对检查单位的业务指导和数据质量核查工作，对发现的问题进行纠正和指导，确保统计数据真实准确。2021年，完成数据核查78家，其中商贸18家、规模以上工业30家、从业人员劳动工资57家，规范统计工作行为，提升统计数据质量和工作效率。

【主要经济指标完成情况】 2021年，金凤区前三季度，社会消费品零售总额同比增长9.4%，虽然低于国家16.4%的增速，但是全区唯一增速高于9%的县区；城镇居民收入增长10.8%，绝对值保持全区第一，增速保持沿黄市辖区第一；农村居民收入增长11.9%，高于地区生产总值和城镇居民收入增速，居沿黄市辖区第二；规上工业增加值连续9个月保持20%以上增长，同比增长25.2%，居沿黄市辖区第二；固定资产投资虽然转负，全口径下降6%，但投资规模稳居全区第一，对区市投资贡献率保持在30%以上和11%左右；财政收入延续两位数增长态势，同比增长25.5%，居沿黄市辖区第四；地区生产总值增长7%，与年初目标持平。总的来看，7项主要经济指标除地区生产总值、固定资产投资2项指标外，其余5项指标均高于自治区平均增速；除地区生产总值外，其余6项指标均高于银川市平均增速。

【人口普查主要数据】 2020年11月1日零时，金凤区人口的基本情况：金凤区常住人口为643952人；金凤区常住人口与2010年第六次全国人口普查的282554人相比，增加361398人，增长127.90%，年平均增长率为8.59%；金凤区共有家庭户244007户，集体户11500户，家庭户人口为603272人，集体户人口为40680人；平均每个家庭户的人口为2.47人，比2010年第六次全国人口普查减少0.34人；金凤区常住人口中，汉族人口为487411人，占75.69%；各少数民族人口为156541人，占24.31%，其中回族人口为143992人，占22.36%。与2010年第六次全国人口普查相比，汉族人口增加280962人，增长136.09%；各少数民族人口增加80436人，增长105.69%，其中回族人口增加73164人，增长103.30%。

（尤凤娥）

审　计

【概况】 2021年，金凤区审计委员会办公室、审计局全年共实施审计项目17项，其中：年初计划内项目16项、政府临时安排专项核查1项。共出具审计报告15份，审计结果报告6份，审计决定书4份，审计专报3份，审核报告1份，审计意见1份。审计共涉及35个单位，查出问题69个，涉及违规及管理不规范资金18316.29万元，提出审计建议33条，为国家增收节支和挽回损失409.73万元，推动有关单位建立健全制度7项。2项审计项目获得自治区审计厅质量评比二等奖、三等奖。

【金凤区委审计委员会第三、四次会议】 2021年4月12日、8月23日，金凤区委审计委员会第三次、第四次会议及经责联席会议召开。会议书面传达了习近平总书记对审计工作作出的重要指示精神，全国、全区、全市审计工作会议和银川市审计委员会第五次会议及中共中央办公厅、国务院办公厅《党政主要领导干部和国有企事业单位主要领导人员经济责任审计规定》精神及《“十四五”宁夏审计工作发展规划》，审议并原则通过了《金凤区2021年审计项目计划（草案）》和《2020年度金凤区本级财政预算执行和其他财政支出暨审计查出问题整改情况的审计报告》。

【财政预算执行情况审计】 2021年，金凤区审计局以促进财政增收节支、盘活存量、提高绩效、防范风险为目标，运用审计大数据对一级预算执行实行全覆盖审计，对本级财政87个一级预算单位预算执行情况开展审计。在审计过程中，审计组通过全面检查和把握财政资金分配、管理、使用的总体情况，重点关注预算收支的真实性和完整性，存量资金和闲置资产盘活，项目招投标及比选程序的规范性，“三公经费”管理使用，个人所得税代扣代缴等情况。科学对财政资金的使用绩效进行评价，对存在的问题从机制、体制上找原因，提出有针对性的建议，进一步规范预算管理和监督，促进了财政支出结构优化。

【领导干部经济责任审计】 2021年，金凤区审计局切实抓好经济责任审计，促进领导干部依法用权、秉公用权、廉洁用权。经区委审计委员会、经责联席会议批准，按照年度审计计划安排及组织部委托，对5个单位、5名主要领导干部实施经济责任审计。已开展农业农村和水务局局长、综合执法局局长、农业综合开发服务中心主任3名领导干部经济责任审计，结合“两统筹”工作要求，同步实施农业农村和水务局局长自然资源资产离任审计。重点对单位主要领导干部贯彻党委、政府重大决策部署和重大政策落实情况、部门预算编制执行情况、内部财务监管制度落实情况、审计整改落实情况、廉洁自律情况、正版化软件、机构编制管理使用情况等方面进行审计，促进了被审计单位问题整改，防范化解管理风险。审计实施阶段已结束，审计报告代拟稿正在整理中。出具审计报告6份、审计结果报告6份、审计意见书1份、撰写审计专报2份，审计发现问题共47个，提出审计建议22条，查出管理不规范资金89723.45万元。有2个经济责任审计项目获评自治区审计厅2021年度表彰审计项目。

【重大政策措施落实情况跟踪审计】 2021年，金凤区审计局认真落实中央、区市经济高质量发展的决策部署，深入推进政策跟踪审计和“三促进”专项审计，密切关注拖欠民营企业和中小企业账款、减税降费等政策措施落实情况，促进“六稳”“六保”政策和措施落地见效。

【民生审计】 2021年，金凤区审计局着力积极推动各项保障惠企惠民政策有效落实落地，深入开展政策跟踪审计，先后审计了疫情防控专项资金和物资管理使用情况、农民工工资保证金收取情况、行政事业性收费情况和罚没收入情况、新增财政资金直达市县基层直接惠企利民情况、就业优先政策落实情况、老旧小区项目建设情况及专项资金管理使用情况共6个方面。重点关注民生资金和民生项目，助力推动保障和改善民生，先后实施了农业综合开发项目专项资金审计、城镇小区配套幼儿园专项审计调查、农业专项资金管理使用情况审计、网络安全和信息化建设专项审计，将为民服务发展专项资金管理使用情况纳入本级财政预算执行审计中予以延伸关注。

【审计问题整改落实】 2021年，金凤区审计局针对审计发现的问题，依法出具审计报告，要求有关部门予以纠正，完善整改台账，坚持将审计发现问题的整改落实作为提高审计质量的重要突破口来抓，认真贯彻落实《关于建立健全审计查出问题整改长效机制》，积极推动审计发现问题的整改落实。每个审计项目实施结束后，针对审计发现的问题，依法出具审计报告，下发整改清单，整改要求有关部门予以纠正，扎实做好审计整改“后半篇文章”。多次召开专题会听取汇报、研究部署整改落实。将各级审计发现问题的整改落实情况纳入领导班子半年述职报告内容，在金凤区党委2021年上半年述责述职述廉述法述审会议上听取有关单位审计整改情况汇报，进一步加大了审计整改工作的领导和统筹推进力度。人大常委会专题听取审计整改工作汇报，督促推动重点、难点问题的整改落实，有效增强了审计监督的权威性。将整改工作前移，在审计结果反馈会上，由审计组组长传达学习国家、自治区和银川市关于加强审计整改工作的相关要求，并就审计发现问题的整改落实积极对被审计单位进行指导，提出具体整改要求和建议，方便被审计单位逐项落实整改，有效提高审计整改效果。按照自治区审计厅的统一要求，分年度、分类别建立完善2018年以来各级审计机关查出问题整改台账，由具体承担审计任务的审计人员和整改督办人员全过程跟踪审计整改情况，及时跟踪督促被审计单位落实问题整改，督办整改进度和质量，动态管理审计发现问题整改台账，及时汇总和报告审计整改状态。对未整改到位的问题，以审计委员会办公室督办函的形式，督促被审计单位加快整改落实。对自治区本级财政预算执行审计查出涉及金凤区的问题、金凤区党委政府主要负责人领导干部经济责任审计查出的问题，持续跟进整改进度，每月定期形成整改进度报告上报自治区审计厅。将审计局纳入金凤区绩效考评领导小组，将审计整改作为减分项纳入各单位绩效考评。由金凤区审计局结合实际情况制定考核打分细则，进行细化量化，以评分机制推动被审计单位增强整改的自觉性和主动性，加强各单位对审计整改工作的重要性和必要性认识。积极推动建立与纪检监察、巡察办、政府督查室等部门的联动督查机制，加大整改督办常态化检查力度，有效增强了审计监督的权威性，提升了整改成效。2021年以来，金凤区审计局联合金凤区纪委监委，对涉及部分完成整改和未完成整改问题的5个责任单位5名主要负责人进行约谈；金凤区审计局和金凤区政策研究室共同组成督查组，先后2次对已到整改期尚未完成整改的问题进行督办检查，并形成审计整改落实情况督查通报2篇。

【党的建设】 2021年，金凤区审计局党支部严格

2021年6月22日，金凤区审计局围绕“更加自觉地把主责主业抓起来”开展了党史学习教育专题研讨

落实组织生活制度，以党史学习教育为契机，深化“不忘初心、牢记使命”主题教育常态化机制，严格落实组织生活制度，规范“三会一课”，每月召开一次支部会议，每季度进行一次党课教育，每月按时开展支部主题党日活动，扎实开展机关党员到社区报到参与社区志愿服务等活动。邀请审计厅法规审理处党支部、办公室党支部和资环处党支部分别于5月和6月联合开展了“不忘初心学党史，传承精神勇担当”“学习百年党史，践行初心使命，奋进新时代”主题党日活动，组织党员参观了自治区博物馆红色教育基地，丰登镇润丰村村史馆和金凤区区史馆，邀请审计厅办公室杨奉宇和金凤区党史学习教育宣讲团成员马小忠作《传承党的百年光辉史基因 铸牢中华民族共同体意识》辅导报告，开展支部书记和班子成员讲党课微党课宣讲等教育活动，进一步深化革命理想信念教育，加强机关党支部建设，全面提升党员、干部政治素养。加强和规范党费收缴管理工作。认真组织、督促党员按期足额交纳党费，及时汇总上缴。按照“坚持标准，保证质量，改善结构，慎重发展”的方针，计划发展党员2名，每季度进行考察并听取思想汇报。通过培养考察，支部目前有预备党员1名于8月19日召开支部党员大会按照相关程序转正并报机关工委审批，高标准推进模范机关建设工作，被金凤党委命名为金凤区第一批“让党中央放心、让人民群众满意”的模范机

关，获得金凤区党委授予的“先进基层”党组织称号。

【文明创建】 2021年，金凤区审计局广泛开展了道德讲堂、学雷锋、爱国卫生日、疫情防控和文明交通劝导等志愿者服务。相继组织党员开展文明交通劝导、学雷锋志愿服务、文明城市清洁、爱国卫生日和助力抗疫等志愿服务活动60余次。金凤区审计局继续获评银川市“市级文明单位”。

【党风廉政建设】 2021年，金凤区审计局党组共计召开党组会议研究部署党风廉政建设工作4次，听取班子成员汇报党风廉政建设责任制落实情况。按照“谁主管，谁负责”的原则，明确责任主体，签订《2021年党风廉政建设责任书》，制定了党风廉政建设工作计划、党风廉政建设和反腐败任务分工、“从严治党”三个清单，从严执行个人重大事项申报制度和谈心谈话制度，把党风廉政建设任务和责任落实到每个业务人员和各个环节，严格责任追究，上下联动，层层落实，形成反腐倡廉工作的整体合力，主要领导切实履行党风廉政建设第一责任人职责，进一步明确分管领导和审计组的责任，将党风廉政建设工作融入审计监督当中。坚定执行党的组织纪律，按照民主集中制的要求，认真贯彻落实民主集中制原则。严格执行“三重一大”议事制度，坚持党内情况通报制度和群众监督制度，凡涉及大额财务支出、评先评优等重要事项由党组会议集体研究决定，并邀请纪检组长参加。审计局班子成员牢固树立“四个意识”，坚决执行中央八项规定，反对“四风”，以上率下、率先垂范。严格厉行勤俭节约，转变文风会风，严格执行党员干部操办婚丧喜庆事宜有关规定。

（王　峤）

2021年秋，金凤区审计局下沉社区做好疫情防控值守小区解封工作

农业和农村经济

综　述

【休闲农业】 2021年，金凤区重点打造了润丰村利思·田园蜜语扶贫产业园、植物园村“草莓小镇”、泾龙村“百果园”、园子村三产融合园等12家乡村休闲旅游产业园，初步形成以果品采摘、农事体验等为主的南部观光农业旅游带和以周末观光、休闲民宿等为主的北部休闲旅游产业带，实现乡村休闲旅游产业收入1800余万元，带动周边群众809户，户均增收4000多元。

【智慧农业】 2021年，金凤区深入实施“互联网+现代农业”，打造泾龙村智慧农业示范园和金星村现代农业科技扶贫产业园，建成智慧农业服务管理平台和良田镇电商销售平台，着力构建集农业物联网管理、农产品质量安全检测、农产品质量安全追溯、农产品线上线下交易、农业信息化服务等为一体的智慧农业体系，通过网络渠道实现年销售农产品1200万元以上。

【品牌农业】 2021年，金凤区实施新型农业经营主体培育工程，出台品牌农业扶持政策16条，培育农业龙头企业15家、农民专业合作社66家、家庭农场33家，认证绿色农产品面积2408公顷，绿色农产品6548吨，认证“两品一标”农产品35个，绿色食品企业8家，“良田沙地”等优势特色农产品品牌市场认可度和经济效益逐步提升。拓展延伸产业链条、打造光明村高标准智能化育苗基地，年育苗量可达1800万株，实现利润500余万元。

黄皮西瓜

【农产品品牌建设】 截至2021年底，金凤区认证“两品一标”农产品32个，认证绿色农产品6548吨，绿色农产品认证面积2408.01公顷；培育了全国50强的“塞白雪”面粉和全国10强的“塞白雪”挂面，“沃福百瑞”枸杞产品获评国家十大中国出口农产品品牌、自治区枸杞知名品牌，培育了“广玉面粉”和“潘杨锦旺”瓜菜，新培育“良田沙地”“川上鲜”“良田亿菇园”等优势特色农产品品牌；正在培育“利思·尚果”“田园·密语”等农产品品牌。

【农村承包地确权登记】 截至2021年底，完成确权面积31924.54亩，确权农户5102户，签订土地承包合同5027份，合同签订率98.5%，颁发土地经营权证书4288份，颁证率85%（因和顺新村土地行政权属隶属永宁县，农户只签订了土地承包合同，证书未能颁发）。通过人工核查、农户申报共变更农户确权信息1697户，其中涉及承包方或地块信息变更的有757户，全部重新签订合同，重新颁证。因遗失申请补办的9户，补发了8户。对1697户农户变更内容逐户进行了农村土地承包经营权登记簿记载补充登记，完成了5102户确权登记簿打印工作。

【土地流转管理】 2021年，金凤区印发《关于做好2021年土地流转管理工作的通知》《关于做好土地承包档案移交工作的通知》等文件，举办了《中华人民共和国农村土地承包法》暨土地流转培训班，对新修正的《中华人民共和国农村土地承包法》和新修订的《农村土地经营权流转管理办法》内容进行了解读，全面加强土地流转管理。2021年，土地流转面积32489亩，涉及农户4961户。

【村集体经济】 2021年，金凤区完成2019年、2020年7个壮大村集体经济项目自评工作，并通过区市验收。实施2个自治区级壮大村集体经济项目，润丰村、和丰村利思·田园蜜语扶贫产业园酒桶民宿建设项目和金星村建设现代化种苗培育扶贫车间扶持壮大村级集体经济项目。通过盘活存量资产，挖掘资源性收入，提高经营性收入，把农村集体产权用活，进一步发展壮大村级集体经济。有14个村通过银川市产权交易中心对集体营业房、温棚、市场等经营性资产进行挂牌招租。

【新型经营主体建设培育】 2021年，金凤区农业农村和水务局在市场监督管理局注册备案的合作社61家，其中上半年新增8家，清理空壳合作社13家。登记备案的家庭农场33家。组织合作社、家庭农场负责人参加区内外培训及观摩4期。积极开展新型经营主体高质量发展培育工作，培育扶持农民专业合作社9家、家庭农场2家。推荐上报银川王虎成蔬菜种植农民专业合作社、银川金发养殖农民专业合作社申报评选银川市（三级）示范合作社，推荐上报宁夏益民果蔬种植农民专业合作社、宁夏乐嘉欢农民专业合作社申报评选自治区（四星级）示范合作社。完成6家国家级示范社2019年、2020年运行状况系统监测填报工作，经农业农村部监测审定，6家国家级示范社被继续保留认定资格。为助推破解新型农业经营主体“融资难、资难融”的难题，开展新型农业经营主体信贷直通车活动。

【人居环境整治】 2021年，金凤区农业农村和水务局实施和丰村、金星村1—4队村庄整治项目，打造示范村2个。累计发动农民群众投工投劳7000余人次，拆除残垣断壁、危旧房屋268处，清理农村“六边”“六堆”问题72处，集中整治养殖区、公共三角地2.5万平方米，清理转运生产生活垃圾1万吨，打造小微公园2处，植树3.7万株。全面排查整改2013年以来农村厕所改造存在的问题，按户建立整改台账，逐一进行销号整改。新建公共厕所3座，新改造厕所100户，农村卫生厕所覆盖率达97%以上。全面推行农村网格化服务管理，持续推动“门前三包”责任制落实，良性运行清洁长制、义务工制、志愿者服务制、挂牌公示制等制度，建成运行10个积分超

美丽庭院

市，累计评比积分16万分，兑换积分12万分，评选村级“美丽庭院”746户，充分调动群众参与庭院整治积极性。

【农技推广】 2021年，自治区农业农村厅安排金凤区基层推广服务体系改革与建设补助资金50万元，建设3个集示范展示、指导培训、科普教育等多功能一体化的农业科技示范展示基地，推广一批优质安全、节本增效、生态环保的主推技术，主推技术到位率超过95%。85%以上农技人员应用中国农技推广信息平台开展在线指导和服务效果展示。培育农业科技示范主体30个，农技人员和科技示范主体人员普遍接受业务培训，培育一批业务精通、服务优良的农技推广骨干人才，实现金凤区农技服务精准全覆盖。完成3个农业科技示范展示基地建设，培育农业科技示范主体30个，发放科技示范主体物化补贴30户。

2021年，金凤区小麦收后复种

种植业

【概况】 2021年，金凤区农业种植面积6.59万亩，其中粮食种植面积3.19万亩，拱棚种植面积2.63万亩，露地瓜菜种植面积0.77万亩。建成设施农业园区27个，各类温棚4400余栋，总面积达到1.33万亩，年产蔬果14.7万吨，产值达4.38亿元。精心打造了润丰村利思·田园蜜语扶贫产业园、植物园村“草莓小镇”、园子村三产融合园等12家乡村休闲旅游产业园，初步形成以果品采摘、农事体验等为主的南部观光农业旅游带和以周末观光、休闲民宿等为主的北部休闲旅游产业带。培育农业龙头企业15家、农民专业合作社61家、家庭农场33家，认证“两品一标”农产品35个，“良田沙地”等优势特色农产品品牌市场认可度和经济效益逐步提升。

利思·田园蜜语蓝宝石葡萄

【粮食生产】 2021年，金凤区完成粮食播种面积共3.09万亩。其中，小麦播种面积0.12万亩（种植品种全部为宁春4号），玉米播种面积2.52万亩（其中鲜食玉米200亩，套种200亩。种植品种超过20个，以先玉2335、1235等系列和正大12、西蒙6号为多。除套种、鲜食玉米采用人工播种，其他全部实行机械播种），水稻播种面积0.45万亩（品种以富源4号、宁粳50号为主）。全年粮食产量1.74万吨，其中小麦0.04万吨、玉米1.47万吨、水稻0.23万吨。

【瓜果蔬菜生产】 2021年，金凤区完成瓜果蔬菜种植面积共计34003亩。设施瓜果共计26271亩，其中设施蔬菜种植面积20759亩、设施瓜果4441亩、草莓732亩、育苗339亩。露地种植面积7732亩，其中蔬菜6912亩、西瓜820亩，主要种植番茄、吊瓜、甘蓝、西兰花、西瓜、草莓和葡萄等瓜果蔬菜，全年产量10.16万吨。

【设施温棚建设】 2021年，金凤区新建农业设施面积685亩182栋，其中新建三代日光温室143栋

535亩、大拱棚39栋150亩。丰登镇和丰村建设三代日光温室40栋150亩；润丰村建设日光温室13栋50亩；良田镇兴源村7队建设节能日光温室35栋125亩；良田镇光明村建设大拱棚11栋50亩；良田镇泾龙村6队建设节能日光温室30栋110亩；良田镇金星村2队建设节能日光温室25栋100亩；园林村新建大拱棚28栋100亩。

【农业病虫害】 2021年，金凤区三大农作物病虫害发生面积3.82万亩次，防治面积4.05万亩次。小麦蚜虫、水稻稻瘟病发生程度1级，玉米黏虫发生程度2级，其他病虫害无发生或轻度发生。金凤区瓜菜病虫害发生面积19.48万亩次，化学防治面积47.24万亩次。具体病虫害发生情况：番茄早疫病、晚疫病和病毒病、瓜类霜霉病发生程度2级。番茄灰霉病、叶霉病、白粉病，瓜类白粉病、枯萎病发生程度1级；除甘蓝菜青虫发生程度2级，其他菜蚜、白粉虱、棉铃虫、斑潜蝇、叶螨发生程度1级；地下害虫蛴螬、地老虎发生程度1级。其他病虫害无发生或轻度发生。

【绿色防控】 2021年，金凤区绿色防控覆盖率58.77%。其中：粮食作物绿色防控面积2.6万亩，绿色防控覆盖率84.14%；瓜菜绿色防控面积1.21万亩，绿色防控覆盖率35.58%。建立统防统治与绿色防控融合示范区7个，核心示范面积0.2万亩，辐射带动面积1.25万亩，其中玉米种植面积3600亩，瓜菜种植面积8900亩。参与共建的新型农业经营主体数量7个，其中专业化服务组织数量6个。示范区减少化学农药用量有效成分0.12吨，粮食作物节本增效8.6元/亩；瓜菜节本增效32.4元/亩。

养殖业

【概况】 2021年，金凤区畜牧业生产保持平稳发展态势，肉牛存栏、肉羊存栏、肉类总产量同比有所增长。年末奶牛存栏5200头，与上年同期持平，年产鲜奶2.56万吨；肉牛存栏1.4万头，同比增长25.7%；肉羊存栏4.1万只，同比增长24.8%；肉类总产量435.8万吨，同比增长28.6%。生猪存栏1480头，同比下降45.3%。年末各类养殖户数1440户，其中规模养殖户（存栏100头/只以上）103户。

【畜牧养殖项目】 2021年，金凤区农业农村和水务局争取奶牛产业性控冻精补贴项目20万元，着力推进奶牛扩繁改良，采购优质进口奶牛性控冻精2045枚，完成指标任务的102%。争取农机新技术推广项目资金28万元，以奶牛养殖全程机械化、智能化为载体，进一步完善智能牧场管理、精准饲喂、奶质检测等方面的引进、应用和示范推广，全面推进翔达牧业农业机械化向智能农机化转型升级。实施全株青贮玉米饲喂技术，2021年制作全株青贮玉米6.8万吨。宁夏中牧亿林畜产股份有限公司争取项目资金60万元，完成1500只种羊不同生长阶段体重、体高、体长、胸围等指标的生产性能测定工作。

奶牛

【动物疫情防控】 2021年，金凤区农业农村和水务局完成口蹄疫、小反刍兽疫、禽流感、鸡新城疫等重大疫病强制免疫，全年免疫密度保持在100%，抗体合格率达70%以上。完成小反刍兽疫4.08万只、肉牛结节病疫苗1.2万头、羊布氏杆菌性4.08万只的免疫任务，指导奶牛养殖企业完成牛结核病6000头的自行免疫接种工作。严格产地检疫出证，出具动物检疫合格证明（动物B）109张；出具动物检疫合格证明（动物A）174张。

小牛犊圈舍

【动物卫生监督案件办理】 2021年,金凤区农业农村和水务局结合动物诊疗机构"评星定级"活动,开展动物诊疗机构监督检查专项行动,严厉打击"无证开业""无证行医"和未按规定开展动物诊疗活动等违法违规行为,促进动物诊疗行业健康发展。对25家动物诊疗机构通过自查自评、专业评定、组织申报等程序开展动物诊疗机构"评星定级"。上报三星级诊疗机构2家、申报二星级诊疗机构3家,评定一星诊疗机构4家。联合公安、市场监管、工商等部门开展卫生监督综合执法,做好疫情排查、染疫产品查封、无害化处置、消毒等工作,协调处理动物诊疗医疗纠纷等案例6起。

【病死畜禽无害化处理】 2021年,金凤区农业农村和水务局在良田镇兴源村建立病死畜禽无害化处理掩埋场,制定畜禽死亡报告、定点收集、核实登记等监管制度;加大无害化处理的宣传和责任义务落实,监督养殖户和社会化服务组织按照国家规程进行无害化处理病死畜禽,认真审核无害化处理资料并按时上报。无害化处理病死畜禽。无害化处理染疫牛肉333.8公斤、羊肉28.2公斤、鸡肉87.1公斤。

【兽药监督管理】 截至2021年底,金凤区辖区内现有兽药经营企业5家,其中3家企业增营非强制免疫兽用疫苗。开展兽药经营和使用环节监督管理,2021年共出动兽药监管人员20人次,检查兽药经营企业4家、规模养殖场4家、生猪养殖场6家、动物诊所12家。强化兽药经营企业安全生产、合法经营监管,严格落实兽药管理规定,严格落实兽药经营许可制度,依法查处无证经营和超范围经营行为,严禁无证或非法经营兽药。加强食用动物休药期管理规定,对待出售动物,要求养殖户必须提供兽药使用记录以及休药期承诺书,方可开具动物检疫证明。

【畜禽粪污综合利用】 2021年,金凤区共有规模养殖场9个,年粪污产生量7.7万吨。粪污处理设施齐全的9个,实现了规模养殖场粪污处理设施装备配套率100%,辖区畜禽粪污资源化利用率达97%以上。实施了《2021年农业废弃物无害化资源化利用技术示范推广项目》,依托宁夏地丰生物科技有限公司,在原有的600立方米大型沼气池及有机肥加工厂的基础上,利用沼渣、沼液型有机肥替代化肥,实施减量增效技术。

【渔业生产管理】 2021年,金凤区渔业养殖面积3500亩,产量1720吨,养殖品种主要有鲤鱼、草鱼、鳙鱼、鲢鱼、鲫鱼等。渔业安全生产专项治理,全面排查整治渔业安全生产领域安全隐患,堵塞漏洞,补齐短板,强化措施,消除隐患,建立健全安全隐患排查治理长效机制。在水产养殖场点和池塘水面醒目位置制作警示牌和悬挂横幅11处,制定并下发《渔业安全生产管理制度》,有效防范和坚决遏制渔业安全生产重大事故,确保全区渔业安全生产形势持续保持稳定。

水利水务

【河湖水质】 2021年,金凤区农业农村和水务局强化不达标水体及入黄排水沟治理,全面消除了辖区地表水区控、市控断面劣五类水体(剔除地质本底因素)。典农河(小西湖亲水大街桥)为二类水质;宝湖、阅海湖为三类水质;交界断面:典农河(金凤区—兴庆区)、桑园沟(金凤区—永宁县)为三类水质,四二干沟(金凤区—贺兰县)为四类水质,典农河(金凤区—贺兰县交界)为四类水质。

宝湖的夏天

【河湖管养】 2021年,金凤区农业农村和水务局开展河湖环境整治,依据划定河湖管理范围,持续常态化开展河湖"清四乱"行动,组织对2018—2020年河湖"四乱"问题整治情况进行"回头看",整改完成水利部督查暗访河湖管理方面8个问题;整改销号本级自查典农河、阅海湖等河湖,乱建、乱堆、乱占问题23个。推进河湖管理范围成果复核及岸线保护利用规划编制,委托第三方完成了辖区31个河湖管理范围成果复核,完成埋设界桩741个。

【水污染水环境治理】 2021年,金凤区投资284.565万元,实施良田镇给排水一体化工程智慧信息化平台建设,城市污水处理率达98%以上,农村污水处理率达95%以上,农村生活垃圾得到治理的村庄比例达95%以上。持续推进城镇集中式饮用水水源地环境保护专项行动,完成兴源、园林水厂农村"千吨万人"水源地保护区规范化建设并进行验收。加强农业农村面源和畜禽养殖污染防治,化肥农药利用率达40.2%,畜禽粪污综合利用率达95%以上,规模养殖场粪污处理设施装备配套率100%。推进农村河湖面貌改善,深入开展农村人居环境整治,有序推进"两治理、一改造",农村卫生厕所普及率达97%以上。

【河湖长制】 2021年,金凤区组织召开2021年总河长工作会议,制定《金凤区河湖长履职细则(试行)》,为强化各河长制成员部门单位协调配合,制定了《金凤区河湖长制工作联席会议制度(试行)》。及时调整金凤区、镇街道、村社区"三级"河湖长名录,更新辖区"两级"河长制公示牌101块。实施编制解放沟、红旗沟等10个镇街道级河湖"一河一湖一策一档",实现辖区河湖策档编制全覆盖。同时,修订编制区级七子连湖、四二干沟河湖档策。

【巡河管理】 2021年,金凤区农业农村和水务局实行周、旬、月分级巡河通报制度,按季度开展"金凤区河湖长集体巡河活动"4次;发挥"云移动代理服务器平台"作用,发送温馨提示巡河短信2230条,开展河湖长制督导检查10次,下发河湖长制督查通报及巡河提示单10期。各级河湖长开展巡河133人次,巡河5677次,巡河7621.1公里,巡河2099.4小时,电子巡河率达90%以上;处置自治区、金凤区"两级"河湖长制信息平台案件15件,办结率100%。

【水权确权改革】 2021年,金凤区农业农村和水务局完成了辖区内工业企业(城市管网外网、内网)及规模化养殖用水权确权调查工作,确立了80家用水企业,其中年取水量达5万立方米以上重点用水企业8家,1万—5万立方米内工业企业15家,1万立方米以下用水企业57家。完成了15家规模化畜禽养殖调查,针对用水企业、规模化养殖户的生产种类、生产量、年度用水量、三年平均用水量数据等情况进行了台账建立。共颁发宁夏小巨人机床有限公司等用水企业用水权证3家,其他用水单位正在抓紧编制用水合理性分析及水资源论证报告,完成后将进行确权发证。初步完成了良田镇38064.31亩、丰登镇26925.05亩、黄河东路8303.74亩、满城北街3906.35亩17个行政村及阅海集团4685.02亩和银川林场33787.02亩共115672.1亩的农业灌溉面积的核定。

【水价综合改革】 2021年,金凤区农业农村和水务局积极与西干渠管理处、唐徕渠管理处进行对接,收集整理了19个干渠直开口的耕地面积、种植结构和灌溉水量数据,分析测算出了新的水价,编制完成了《银川市金凤区农业水价综合改革实施方案》,《银川市金凤区农业水价综合改革水价测算成果报告》,制定了《银川市金凤区农业水价综合改革执行方案》,现执行水价自流灌区为 0.067 元 / 立方米,扬水灌区 0.142 元 / 立方米。制定完成了《金凤区农业水价综合改革节水奖励实施办法》《金凤区农业水价综合改革精准补贴实施办法》,于 2022 年 1 月 1 日执行。

【水流确权】 2021 年，金凤区农业农村和水务局对唐徕渠、西干渠 2 条干渠的 19 个干渠直开口进行确权。经核查已取得地下水取水许可证的 7 家，其中:涉及农业用水 2 证取水量 73 万立方米,工业用水 1 证取水量 775.7 万立方米,生活用水 4 证取水量 22.8 万立方米。对全区 19 条干渠直开口的水量进行科学测算，核定用水主体的灌溉用水量,在保障合理灌溉用水的基础上，将水资源使用权在 2016 年确权的基础上确权到 20 个村组、4 家企业及其他特殊用户(个体、企业),并颁发水资源使用权证 24 本,签订协议 8 份。其中,农业灌溉用水确权 6933 万立方米,预留 760 万立方米。地下水确权 1007 万立方米。

（杨万明　金晓明）

商业贸易与经济技术合作

商贸服务

【经济指标完成情况】 2021 年 1—9 月，金凤区完成社会消费品零售总额 121.2 亿元，同比增长 9.4%，高于自治区增速 1.8 个百分点，高于银川市 1.4 个百分点，排名沿黄市辖区第一（沙坡头 6.4%、大武口 5.8%、兴庆区 8.4%、利通区 7.0%）、市辖三区第一。各大商业综合体销售额达 28.7 亿元，日均客流近 11.5 万人次，同比增长 33%。

【社区商业】 2021 年，金凤区共评选出“金凤特色小店”50 家、“金凤十佳商超”10 家。举办“6·18”全民电商节活动，营造“购物在金凤、消费在金凤、活力在金凤”的良好氛围。

老哈记羊杂碎

【场景化消费环境】 2021 年，金凤区优化完善商圈配套设施，建设场景化改造示范街区 4 条（建发大阅城中街、新华联购物中心场景化街区——“嗨森集巷”、中海生活汇社区服务型街区、银川城投文化城园区夜·行主题街区）。开展“红色文化进商圈”主题活动，以品牌文化吸引客流促消费，共举办专场演出 10 场次，启动 2021 年消费促进月暨第五届“金凤飞舞·城市乐活会”，开通“引客入金凤消费专线”，吸引周边游客 20 万人。联合开展“农民丰收节”活动，通过网红现场直播，线上销售方式，吸引城市居民参与到消费中来，增加农民收入，与农民共庆丰收节；推行“无接触”线上 + 线下模式。疫情期间，甄选新百多点、北京华联、金凤万达等七家电商平台开展同城配送市场保供工作；推行“移动超市”进小区。联合新百连超在辖区居民居住密集的小区设立 15 个商超便民移动服务点，满足居民日常生活的购物。

2021 年 12 月 24 日，“乐活金凤·云享购物”网上年货节在新华联正式启动

【政府消费券】 2021年，金凤区举办“金凤飞舞·城市乐活动会”冬季促消费系列活动，并发放政府消费券，通过“金凤消费套票”的发放，涵盖“购物＋美食＋旅游＋休闲”等促消费内容，整合各大商圈、滑雪场、游乐场、果蔬采摘农庄等资源，举办线下活动，商圈联动、以城促乡，促进消费市场加速回暖，释放居民消费潜力，撬动金凤区经济快速复苏。

【意识形态责任制】 2021年，金凤区商务经合局定期召开专题研究意识形态工作会议2次，每季度分析研判1次意识形态领域形势。牢牢掌控网络意识形态主导权，抓好网络意识形态安全。定期督查商圈超市重点场所电子屏宣传内容，发现问题，立查立改，未发生过错误言论。全年共收到网上诉求299件，其中微博16件，“智慧金凤”社会综合治理平台转办案件283件，均已结案。上报信息221篇，信息采用连续7个月位列金凤区各部门前3名。

招商引资

【顶层建设】 2021年，金凤区制订《金凤区2021年招商引资工作方案》《金凤区2021年招商工作计划》，建立县处级领导联系包抓重点特色产业工作机制，在项目推进、招商任务分配、考核奖励、安商服务等方面做好顶层设计，不断强化招商引资工作。

2021年4月23日，金凤区委书记赵会勇（左三）与中国房地产前50强融创集团对接了银川阅海湖城市文旅会客厅文旅项目

【招商引资成效】 2021年，金凤区共实施招商引资项目64个（新建40个，续建24个），完成到位资金108.89亿元，其中固定资产投资类项目完成投资62.26亿元，金融项目40.4亿元，注册资本金项目完成6.23亿元；九大产业中电子信息类完成1.58亿元。新签约招商引资项目131个，其中阅海湾商务区签约项目114个。

【项目储备与招商举措】 2021年，金凤区储备正威国际集团、浦发宁夏分行、永安保险、阿里集团智慧城市服务中心等企业及项目130个。组织小分队外出招商16次，对接华云数据集团、杭州安恒信息技术等10个企业及项目。组织召开“全民招商引资月”项目集中入园暨政府与银行战略合作协议签约仪式，积极参加苏浙沪、粤港澳产业招商推介活动、中阿博览会、国际智慧城市博览会等活动及项目签约活动。先后发布各类招商信息87篇，其中国家级媒体66篇，自治区媒体14篇，市级媒体7篇。

【外出招商】 2021年，金凤区深入开展“走出去、请进来”招商活动，先后赴北京、杭州、上海等地招商16次（党政“一把手”带队外出3次），对接华为公司、正威集团、华云数据集团、中融创集团、义乌小商品城等重点企业及项目；请进来对接意向企业483家、949余批次，组织参加各类招商推介活动共30场。持续举办不同主题座谈、路演、沙龙、论坛、培训等活动40次以上，全年“请进来”对接意向企业400余家。成功引进落地华为科技、北斗运营中心等项目。

（崔　静　马义飞）

供销合作

【概况】 2021年，金凤区供销合作社联合社实现商品销售总额38158.6万元，比上年同期增长

14%。其中:农业生产资料销售额 14157.69 万元;农产品类销售额 22995.51 万元;消费品类销售额(成品油类销售额)1005.4 万元。房屋租赁收入 172.67 万元;农贸市场摊位管理费收入 23.56 万元;冷库租赁收入 10.38 万元,营业外收入 70.86 万元(其中拆迁补偿款 39.32 万元,政府补贴资金 15.26 万元,税金减免 16.28 万元),利润总额 16.05 万元。向自治区供销合作社报送信息材料 43 篇,被中华供销合作网采用 1 篇,自治区供销社网站采用 11 篇,被其他自媒体采用 2 篇。赴黄河东路新琇苑社区协助社区开展疫情防控志愿服务活动 120 人次。响应银川市关于应对新冠肺炎疫情,支持中小企业共渡难关的十条政策措施,对小企业、个体租户实行减免、缓交措施,对 18 户租房户进行了减免房屋租金 6 万余元。在年度全区供销系统综合业绩考核中荣获二等奖。

2021 年 11 月 16 日,金凤区丰登镇供销合作社成立

【党史学习教育】 2021 年,金凤区供销合作社联合社围绕“学党史、悟思想、办实事、开新局”主题,结合实际,制定了《金凤区供销合作社联合社党史学习教育实施工作方案》,组织开展为期 7 天的读书班活动,累计开展党史学习教育集中学习 60 次,召开党委理论学习中心组学习会,学习研讨 11 次,写心得体会 30 篇,学习习近平总书记“七一”重要讲话精神 6 次,开展党史学习教育主题党日活动 9 次,“三送三促进活动”4 次,“大走访大调研”活动 3 次,“民情体验日” 活动 2 次,组织党史学习教育知识竞赛 3 次,演讲比赛 2 次,党史知识测试 3 次,运用“学习强国”学习平台开展比学活动,各级党组织书记带头讲党课 10 场次,组织红色教育基地参观学习 6 场次,不断推进党史学习教育走深走实。

【庆祝中国共产党成立 100 周年系列活动】 2021 年,金凤区供销合作社联合社围绕做好“两优一先”表彰、“光荣在党 50 年”纪念章颁发等工作,对 3 名“优秀共产党员”、1 名“优秀党务工作者”、1 个“先进基层党组织”进行表彰;向 4 名老党员颁发“光荣在党 50 年”纪念章,送去鲜花、慰问金;支出 6000 元党建经费对 17 名党员开展走访慰问。

2021 年 4 月 23 日,金凤区供销合作社联合贺兰县供销合作社组织党员参观盐池革命烈士纪念馆

【全国“数字供销”示范区建设】 2021 年,金凤区供销合作社联合社按照《宁夏建设全国“数字供销”示范区实施方案(2021—2025)》和自治区供销社对全国“数字供销”示范区建设工作的总体部署安排,金凤区政府领导深入基层调研供销社工作,作出批示指示;政府 83 次党组会议听取了供销社近年工作汇报,成立了金凤区“数字供销”示范区建设领导小组,由供销社、发改局等十几个部门组成,负责“数字供销”示范区建设相关工作,印发《金凤区“数字供销”示范区建设实施方案》。方案明确了建设目标和任务,计划到 2025 年,建成 1 个运营中心、2 个乡级综合服务站、20 个村级服务网点的“1+2+20”的“数字供销”综合服务体系。建设运营中心、农产品展销交易平台、智慧社会化服务平台等数字化为农服务体系。

【深化改革】 2021年,金凤区供销合作社联合社把金凤区丰登镇、良田镇作为“三位一体”综合合作试点区域,在丰登镇建设金凤区丰登镇供销合作社1个、建设金凤区供销合作社联合社丰登镇利思现代农业综合服务中心1个,新增基层社社员2000人,创建“村社共建”示范点1个,新建三星级综合服务社1个,打造四星级综合服务社1个。依托专业合作社提供农资销售、生产服务、信贷担保等业务,不断拓宽为农服务内容。

【电商助农平台】 2021年,金凤区供销合作社联合社以金凤区供销社电子商务公司为中心,充分发挥供销合作社的信息和渠道优势,依托“供销e家”线上运营,引进宁夏丁香管家社区服务有限公司电子商务运营团队,签订入社协议,建立合作关系,强化“互联网+”电商销售模式,年销售额1600万元,以果蔬生鲜销售为主,销售农产品种类500余种,为辖区提供快销平台,解决农民生产生活资料供应、农产品销售难等问题。组织辖区企业宁夏利思葡萄酒庄有限公司参加2021年中国(海南)国际热带农产品冬季交易会,通过直播推介、微信扫码等“线上线下”融合方式,展示辖区特色优势农产品及供销社发展农产品流通,促进产销对接和贸易合作,宣传推广地方特色农产品,促进农产品产销对接,服务“三农”,助力乡村振兴工作上取得新突破。

【农业社会化服务】 2021年,金凤区供销合作社联合社以基层社、农民合作社、社有农资企业、庄稼医院等为实施主体,与农户签订“保姆式”全托管、“菜单式”半托管等多种形式的土地托管服务协议。开展农业生产托管1万亩,社会化服务3万亩次,有效开展测土配方2000亩。采取大田托管、代耕代种等多种方式,为农户和各类经营主体提供耕、种、管、收、贮、加、销等专业化、系列化、规模化“一条龙”服务,实现集中管理、连片种植、全程机械化作业,促进规模化经营、集约化生产,降低生产成本,为种植水稻农户每亩节约成本38元,每亩增产约25公斤,对促进农业增效、农民增收起到积极的作用。

【资产核实】 截至2021年6月30日,金凤区供销社系统账面固定资产原值3283.66万元。其中,不动产原值2760.22万元,主要包括房屋、土地;其他资产原值475.76万元,主要包括房屋维修、道路、围墙、办公设施设备等。经实地盘点:房屋15808.39平方米,土地31920.45平方米(47.88亩),其中政府划拨建设用地25603.74平方米(38.41亩)。其他资产主要包括房屋维修、道路、办公设施设备等,按资产账面价值计算净值475.76万元。实有资产价值:按照现行市场价值进行预估价,实有资产总额估价为9941.97万元。其中,房屋15808.39平方米,预估市场价值7256.21万元;出让用地5668平方米(8.5亩),预估市场价值2210万元;其他资产账面净值475.76万元。

【立项争资】 2021年,金凤区供销合作社联合社大力实施项目立社、项目兴社、项目强社战略,成功申报了《2021年度宁夏银川市金凤区掌政供销社现代农业综合服务中心改造提升项目》,获得自治区供销合作社发展资金60万元,通过项目落地,增强了基层社发展动能,带动了162户农民参与到该产业中来,实现基层社+基地+农户和收购、加工、销售一体化的经营模式,助农增收,具有较好的经济和社会效益。

【为民办事实】 2021年,金凤区供销合作社联合社到包抓联系点为黄河东路新琇苑社区购置1辆价值3990元电动三轮车,配合社区疫情防控工作和“创建全国文明城市”活动的开展;在辖区农贸市场设置“爱心摊位”5个,给困难群众免费使用;为在疫情防控一线的工作人员送上2000元慰问物资;帮助基层供销合作社积极筹措资金,偿还了2017年申请的基层组织发展专项资金贷款和因项目建设拖欠企业的工程款130万元,解决了基层社历史遗留问题。

【工会规范化建设】 2021年,金凤区供销合作社联合社充分发挥工会组织联系职工的桥梁纽带作用,深化改革、创新发展、服务职工、主动作为,进一步完善工会的各项制度，单位职工入会率、会员卡办理率、活动参与率都为100%，通过工会组织的规范化建设工作，用心关爱职工，强化工会服务，增强了广大职工的凝聚力和归属感，激发了工作热情。进一步推动了供销合作社工会在全面履行工会职能、协调劳动关系、维护职工合法权益等工作中发挥更加积极的作用。

【人才队伍培训】 2021年，金凤区供销合作社联合社组织干部职工先后参加全国总社举办的“短视频＆直播电商线上训练营”和自治区供销合作社举办的2021年宁夏农村领军人才培训班、农业社会化服务与产业链金融发展专题培训班、农产品品牌建设与普惠金融专题培训、全国供销合作社系统统计工作视频培训班、供销合作社培育壮大工程推进实施专题培训班。开办科学养殖培训班4期，培育各类经营管理人员和技能型人才，全面提升能力水平和工作方法，强化企业经营，提高收益水平，大幅度提高全体职工福利和待遇，机关2人走上中层领导岗位，积极鼓励青年人才守初心、担责任、多历练，为供销事业长远发展提供人才支撑。

（马　凡）

园区建设

银川阅海湾中央商务区

【概况】 2021年，银川阅海湾中央商务区全面推动园区招商引资增效、项目建设加速、营商环境优化、园区治理提升，持续推进园区高质量发展，各项工作成效显著；总部经济取得新进展，吸引力持续增强，新入驻12家跨区域经营企业在宁区域型总部；数字经济产业取得新突破，阅海湾跨境电商产业园正式揭牌运营，入驻跨境电商企业31家，园区跨境电商实现跨越式发展；金凤区知识产权保护中心落户园区；“四争工作”取得新成效，顺利通过自治区发改委现代服务业集聚区评估验收。

2021年3月16日，阅海湾中央商务区召开2020年度总结表彰暨2021年工作部署会议

【主要经济指标】 2021年，银川阅海湾中央商务区完成全口径税收24.42亿元，同比增长15%；主营业务收入360亿元，同比增长20%；招商引资到位资金35.6亿元；全年已开工项目11个，完成固定资产投资4.25亿元；新注册企业共2110家，年初任务为500家，完成率达420%；新入驻企业73家。

【重点项目建设】 2021年，银川阅海湾中央商务区采取点对点项目推进及招商对接等方式，加大对银川丝路经济园基础设施项目（一期）、顺亿资产、水利设计院等重点项目的建设推进力度；全年已开工重点项目11个，其中轻资产项目5个，重资产项目6个，已完成固定资产投资为4.25亿元。积极按照市级规划建设要求，优化调整阅海湾商务区建设规划，完成了《银川市阅海湾中央商务区核心区控制性详细规划》初步编制工作。

【总部经济】 2021年，银川阅海湾中央商务区对标自治区九大产业部署，不断放大区位优势，发挥园区平台作用，优化营商环境、完善配套设施、提升城市品质，使园区总部经济不断发展壮大，全年对接蚂蚁集团、永安保险、旅划算、信达资产等40个总部企业。持续跟进世贸侨商中心、浦发银行、力德新科广场等8个储备总部项目，成功引进落地华为宁夏总部、阿里跨境电商中心、中外运敦豪国际航空等项目。储备中国能源建设、中国国际工程咨询等一批优质企业。

【互联网数字经济产业园建设】 2021年，银川阅海湾中央商务区注册入驻数字经济类企业达1278家，入驻169家，完成线上交易额200亿元以上，企业税收2000万元以上，占比企业总税收2.87%，直接带动就业2000余人。阅海湾跨境电商产业园入驻跨境电商企业31家，开展跨境电商活动13次。积极推进银川科技服务产业园建设，全力打造西部首个专业科技服务特色产业集聚区，自开园以来，为银川市科技企业提供了科技咨询、知识产权等20多项线上线下专业服务；累计引入科技企业和服务机构33家，包括12家科技服务机构，21家科技型企业。推进人力资本产业园建设，已累计吸引注册入驻猎头咨询、劳务派遣等25家人力资源机构；先后举办了“一带一路”2021年春季校企大型公益招聘会、2021年人才金街夏季专场招聘会线下人才服务活动等大型人才招聘活动，提供用工岗位400多个，助推了大学生创业就业。积极推进金融产业集聚区建设，园区聚集了人民银行、顺亿资产、通联资本、建信财险等金融类机构与企业619家，完成营收125亿元，完成税收3.2亿元。

【招商引资】 2021年，银川阅海湾中央商务区招商质量和规模不断提升，坚持以商招商，成功引进中国民营企业500强东方雨虹、中国500强企业山东路桥、中国电力建设集团等龙头企业投资；借助平台招商，依托中电光谷、猪八戒网、五八科创、商协会等平台资源新引进721家企业。开展活动招商，组建小分队赴苏浙沪、粤港澳等地开展招商推介活动11次；组织参加各类招商推介活动共30场，在自治区级活动签约项目3个，银川市及金凤区级签约项目39个。先后举办跨境电商峰会等大型活动20场次，有效推动了园区的招商引资工作。

2021年4月17日，阅海湾商务区管委会副主任张涛在宁夏特色产业推介会暨深圳宁商大会上讲话

【现代服务业】 2021年，银川阅海湾中央商务区全力推动现代服务业集聚发展，园区入驻数字经济类1278家，金融类619家，商贸服务类1987家，建设工程类342家；现代服务业集聚优势日益凸显，顺利通过自治区发改委现代服务业集聚区评估验收，并获得优秀等次及500万元集聚区发展奖励资金。

【营商环境】 2021年，银川阅海湾中央商务区持续提升园区服务质量，建设企业智慧服务中心，集

2021年5月26日，银川阅海湾中央商务区举办“迎七一鼓干劲、促发展、开新局”系列活动

中办理涉企行政审批、政策解读兑现、招商洽谈、园区服务等八大功能，实现了惠企政策落地的“最后一公里”；聘请阅海湾企业家联合会负责政策解读兑现窗口，由企业向窗口申请后，窗口根据情况协助各类政策兑现，解决企业对各类政策“不知道、不会申报、流程不清楚”等问题，打通了企业政策申请、资金兑现的“最后一公里”。全年政策解读团队对接走访企业300家以上，提供咨询服务达500次以上，落实资金2000万元以上。

【智慧园区建设】 2021年，银川阅海湾中央商务区启动建设“智慧阅海湾”三期改造提升工程，实现智慧交通、智慧物业管控、智慧旅游分析系统上线运营；已搭建完成智慧物业软件系统。中国移动数据存储中心项目投资额2.87亿元，已建成投入使用，城市数据湖项目展厅正在统筹推进建设，为园区企业数据存储提供有力支撑。

（刘文婷）

宁夏阅海实业集团有限公司

【概况】 宁夏阅海实业集团有限公司（以下简称“阅海集团”）注册资金5010.47万元。公司组织机构设党委会、董事会、纪检委、工会，下属3个子公司，即阅海旅游开发公司、阅海滑雪服务公司、阅海信德物业公司，集团公司内设机构6个，即办公室、财务资产运营部、企业发展规划项目部、市场营销部、土地湿地资源部、监察审计部（与纪委合署办公），现有参保职工86人，长期季节性用工24人，高层管理人员（市管处级领导干部）2人，中层管理人员22人。公司党委下设4个党支部，即集团公司机关支部、阅海旅游公司支部、阅海滑雪服务公司支部、阅海信德物业公司支部，现有党员54名。阅海集团公司主营业务以旅游业为主。2021年，阅海集团占地面积18508亩，其中耕地4635亩、大湖水面8178亩（其中岛屿15个计46.9亩）、旅游用地1094亩、北环高速以北湿地3152亩、居民点1449亩，同时经营管理览山西侧水域面积4700亩。2021年底，资产总额30861万元，负债总额21720万元，国有资本9141万元。

【党的建设】 2021年，阅海集团深入学习贯彻习近平新时代中国特色社会主义思想，落实集团公司党委理论学习中心组学习制度、支部“三会一课”和主题党日活动。2021年，组织开展党委理论学习中心组学习12次，研讨8次，交流发言37人次，召开党员大会16次，落实党课11次，开展主题党日活动48次。完善企业法人治理结构，完善企业党委“三重一大”决策事项前置程序，规范董事会依法决策职能，落实经理层执行决策职责，实现党的领导与企业治理有机统一，促进企业党建与经营管理融合发展。认真履行全面从严治党主体责任，签订党风廉政建设目标责任书，梳理企业党风廉政建设责任清单，查找岗位风险点，制定防范措施，开展党性党风党规党纪教育，落实“一岗双责”。2021年，阅海集团公司纪委办理案件5件，初核了结5件，党委、纪委通报批评1人、诫勉谈话3人，组织处理1人。

2021年6月29日，阅海集团召开2021年度“七一“表彰大会

【党史学习教育】 2021年，阅海集团深入学习习近平总书记在党史学习教育动员大会上的重要讲话精神，贯彻落实“学党史、悟思想、办实事、开新局”的总要求，扎实开展党史学习教育。根据上级部

门关于党史学习教育活动的安排部署，组织召开了阅海集团党史学习教育动员会，制订《阅海集团党史学习教育实施工作方案》，将党史学习融入“三会一课”，通过开展主题党日、读书班、专题组织生活会、红色教育基地参观学习等多种形式将党史学习教育抓在日常。围绕党史学习教育主题和要求，筹措资金 17 万元，解决阅海东西两个小区 500 多户居民饮水问题。协调市政管理局解决阅海西小区排污问题，为企业职工解决住房公积金问题，组织参加金凤区、银川市、自治区党史知识竞赛，取得两个第一名的好成绩。

2021 年 7 月 9 日，阅海集团组织党员在银川美术馆开展红色教育活动

【经营情况】 阅海集团公司经营范围：湿地保护开发、旅游开发、水产品、水生植物、种植、物业管理、劳务服务等。主营业务以旅游业为主，春夏季以“欢乐岛”游乐项目、水上游船、垂钓、滑草场等旅游项目为主；冬季冰雪旅游项目有滑雪、滑冰、雪圈、儿童嬉雪项目、冬钓等。农业收入以土地承包费为主。2021 年，阅海景区接待游客 52 万人次，企业经营收入 2057 万元，同比上年增长 38.9%；上缴税金 146 万元，比 2019 年增加 95.5 万元；实现利润 408 万元，同比上年增长 268.4%；职工年均工资达 5.63 万元，同比上年增长 15.4%；净资产收益率 2%，同比上年增长 0.3%。

【制度建设】 2021 年，阅海集团修订完善制度 20 项，《阅海集团公司住房公积金实施办法》《阅海集团公司备用金管理制度》《宁夏阅海国家湿地公园湿地保护修复制度工作方案》《宁夏阅海实业集团有限公司招投标管理制度（试行）》《阅海国家湿地公园环境卫生考核细则》《宁夏阅海实业集团有限公司经理层执行规则》《阅海集团绩效考核办法》《宁夏阅海实业集团有限公司董事会决策事项规则》《宁夏阅海实业集团有限公司党委前置事项决策规则》《宁夏阅海实业集团有限公司财务管理制度》《宁夏阅海实业集团有限公司安全风险评估制度（试行）》《宁夏阅海实业集团有限公司安全生产风险管控制度（试行）》《宁夏阅海实业集团有限公司法律风险防范与管控措施》《宁夏阅海实业集团有限公司诉讼法律风险防控措施》《宁夏阅海实业集团有限公司债务风险防范暂行规定》《宁夏阅海实业集团有限公司投资管理暂行办法》《宁夏阅海实业集团有限公司工程项目风险管控措施》《阅海集团文件印发流程规范》《阅海集团“三会一课”记录要求及范例》《阅海集团意识形态领域舆情分析研判制度》。

【组建“掌上阅海”网络销售平台】 2021 年，阅海集团创新组建“掌上阅海”网络销售平台，通过平台推介销售阅海旅游产品，增加宣传渠道的同时拓宽了收入来源，2021 年，“掌上阅海”平台关注量达到 1.2 万人次，网络售票 68620 单，实现平台收入 16.69 万元。

【组织建设】 2021 年，阅海集团根据人员构成及企业发展需要，组织成立了阅海集团妇联、共青团、科协等 3 个群团组织，切实加强组织建设，增强企业发展活力。12 月，根据企业运转及各部门职能运行情况，阅海集团撤销企业发展规划与市场营销部、总工办公室，组建企业发展规划项目部，分离出市场营销部。取消土地湿地资源部安全生产监督检查职能，由监察审计部承担。

【企业改革】 2021 年，阅海集团根据企业发展和社会福利水平，及时调整完善职工薪酬方案，上调职工绩效工资及学历补助，对各子公司落实经营绩效，并将职工每月绩效发放比例由40%提高至70%，提高职工收入，使职工与企业共享发展成果，确保职工收入水平符合经济社会发展实际。改进和完善绩效考核办法，管理部门设置年度考核激励加分项目，实行突破性、创新性工作任务认领方式，各部门认领并完成后给予考核相应加分激励，充分调动了各部门积极性、激发了干事创业新活力。同时探索子公司经营绩效考核机制，确定劳动生产率、经营收入，实现利润指标体系。推行资源市场化运作，先后将合同到期的土地资源、滑雪场停车场、鲁能陶然水岸码头、欢乐岛游客中心商铺等资源收回，按市场配置资源的原则，委托第三方公开竞拍，提高资产资源使用效益，增加企业经营收入。改革企业内部人事制度，实现市场选聘化，公开招聘企业职工，合理控制用工总量，优化人员结构，构建职工正常流动机制，实现职工能进能出。2021年，阅海集团通过公开招聘的方式招聘8人，均为全日制大学学历，为企业发展注入了新鲜血液，改善了企业职工队伍的年龄结构和文化结构。同时，为在公司内部建立公平、优质、高效的竞争机制，做好公司内部人才的选拔与培养，12月，阅海集团开展内部岗位竞聘工作，设岗26个，定员28人，报岗31人，竞岗成功24人。

【疫情防控】 2021年，阅海集团坚持疫情防控常态化，扎实落实游客入园实名登记、测温验码、佩戴口罩、经营场所消毒等防控措施，执行入园人数上限控制，落实防疫物资储备、全员接种新冠疫苗，机关外来人员办事实行测温登记。10月17日，宁夏疫情发生后，阅海集团执行上级关于新冠疫情防控工作部署。10月22日，对景区实行临时闭园，党员干部积极响应银川市委和金凤区委号召，集团党委和各支部成立“党员先锋队”，带头到社区抗击疫情的第一线报到，配合长城中路街道、上海西路街道、满春园社区及集中隔离点做好疫情防控服务。其余党员干部、职工群众利用周末时间自发组织到所在社区报到，参加防疫志愿服务。2021年，阅海集团全体党员参加社区防疫志愿服务活动601人次。机关党支部开展为抗疫一线人员送温暖活动，为社区捐赠防疫物资，滑雪服务公司联合欢乐岛给支援金凤区核酸检测医护人员发放暖心卡。

【旅游基础设施】 2021年，阅海集团根据景区经营情况，完善旅游基础设施，升级接待服务硬件设施设备。改造滑雪场票房，增设售票窗口，增加滑雪设备（单板50套、双板300套、雪圈200个、子母圈250个、滑雪服200套、雪板架10组、鞋架10组和寄存柜20组），更新欢乐岛电瓶船16条、电瓶44块，淘汰8条旧游船，满足节假日及游客高峰期设备需求，确保运转平稳有序；更换滑雪场停车场门禁及道闸设备，增加监控设备，实现经营区域监控全覆盖。2021年，阅海景区发挥资源优势，利用阅海鱼资源，制作手工鱼拓画、团扇等鱼拓文创产品，填补阅海文创产品的空白。

阅海环湖游船

【湿地生态环境治理】 2021年，阅海集团探索实行环境卫生按区域分级管理，制定了《阅海国家湿地公园环境卫生考核细则（试行）》，加强湖岸线环境卫生巡查监督；实施阅海环湖景观桥西马路两侧人行步道维修，铺设方砖474平方米，铺设大理石道牙822平方米；落实水保方案，实施雪场绿化，种植红柳1000多平方米；提升欢乐岛绿化景观，种植紫叶矮樱2100株，金叶榆17000株；改善西小区绿化环境，在闲置土地种植林带，栽植柳树647棵。

【安全生产】 2021年,阅海集团全面贯彻落实"安全第一、预防为主、综合治理"的安全生产工作方针,切实强化安全生产责任落实,层层签订安全生产目标责任书,健全完善制度体系,编制《宁夏阅海实业集团公司安全生产风险评估制度(试行)》《宁夏阅海实业集团安全生产风险管控制度(试行)》,修订《阅海实业集团公司安全生产应急预案》和各专项安全生产预案,组织开展企业职工"新安法"培训、春季安全检查、防汛安全检查、"全国安全生产月"活动及"安全生产百日大检查""小火亡人"安全生产专项行动等行之有效的安全生产基础管理工作,全面落实各项反事故措施,加大对老旧设备的更新改造力度,加强安全隐患经常性排查机制,对经营场所不定期地进行隐患排查,发现隐患就地整改,将安全隐患消灭在萌芽状态,有效避免了安全事故的发生。通过这些基础管理工作,有效提高了安全生产管理水平,夯实了安全基础,防止各类事故发生,保障了公司安全生产局面稳定。2021年,阅海集团无重大安全事故发生。

(陈　倩)

住房城乡建设与交通管理

城乡建设

【概况】 2021年，金凤区住房城乡建设和交通局抓好20个老旧小区改造；积极争取人大议案、政协提案办理资金500万元推进民生实事项目建设；推进团结路项目复工；投资521.71万元实施尹家渠街（北京路—祥安巷）715米特色街区改造；完成34个小区业主委员会组建、在245个示范小区推进城市生活垃圾回收和资源化利用；争取住建厅专项资金400万元实施美丽村庄及传统村落项目建设；持续推进"互联网＋城乡供水"系统建设，投资284.565万元完成良田镇给排水一体化工程智慧信息化平台建设；政府安排1000万元专项资金圆满完成国家卫生城市复审等重点任务。组织两个镇、五个街道办事处开展爱国卫生运动；运用"互联网＋"环卫模式加大城乡道路环卫清扫保洁力度；对辖区内145条市政道路加大日常管理养护力度；加强渣土运输管理，强化建筑工地管理，加强交通海事整治，强化物业管理；开展老旧小区危房鉴定排查，实施抗震宜居农宅改造；开展农村道路交通专项整治，加强50条农村公路安全保障和33座桥梁管护，推进快递进村便民服务等常态化工作。

【老旧小区危房鉴定排查】 2021年，金凤区住房城乡建设和交通局组织对辖区2000年底前建成的老旧小区进行了排查鉴定，共排查609栋房屋，其中563栋暂未发现安全隐患，对存在隐患的46栋进行了鉴定，其中：C级18栋，D级7栋。为防止辖区内危房出现险情，确保居民生命财产安全，第一时间以工作提示函的形式向各街道办事处发布预警，并按照高亮副区长专题会议精神要求，拟定了辖区C、D级危房隐患告知牌，并反馈给各街道制作张贴，建立了辖区危房工作群，在发生极端天气和地震等自然灾害时及时发布信息，并统计核实辖区危房情况。

【抗震宜居农宅改造】 2021年，金凤区住房城乡建设和交通局为推进金凤区抗震宜居农宅改造建设，提高农民住房质量，改善农村住房条件，委托第三方鉴定机构累计完成抗震宜居农宅评估认定3000户（A级173户、B级169户、C级2491户、D级167户），已完成260户抗震宜居农房改造。

【老旧小区改造工程】 2021年，金凤区住房城乡建设和交通局主要对金凤区中强小区、绿园小区、电大家属院等20个老旧小区实施综合整治改造，涉及77栋、20.32万平方米，惠及居民2853户，总投资约1.59亿元。改造内容除外墙保温、屋面防水、路面硬化、各类管线改造外，还增加了人车分流门禁系统、信息发布牌、自行车充电桩、智能快递柜、小区内停车位、社区用房等配套设施，进一步改善老旧小区居民生活环境；已完成外墙保温、屋面防水及部分小区供水、排水、通信管线施工，正在进行道路恢复及清扫工作，累计完成投资1.3亿元。探索通过对老旧小区聚集区实施“拆小并大”的改造模式，将零散老旧小区整合为“大社区”，引入“红色物业”，以基层党建为引领，强化老旧小区基层党组织建设，解决长期以来部分老旧小区存在的无人管理的管理难题，实现基层治理能力的提升。金凤区老旧小区改造工作先后被新华社、《中国建设报》、“学习强国”及自治区、银川市及媒体报道30余次。并经自治区住建厅筛选，将我区老旧小区工作经验上报住建部。

【尹家渠街特色街区改造】 2021年6月，金凤区住房城乡建设和交通局启动实施尹家渠街特色街区改造项目，7月完成项目立项，批复概算投资521.71万元，主要对尹家渠街（北京路—祥安巷）段约715米道路交通环境进行改造，对机动车道罩面处理，车行道外侧增加绿化侧分带，增加非机动车道，更换路缘石、树框及灯光亮化等附属设施，工程于9月27日开工，11月30日全部完工。通过拓宽道路缓解了交通拥堵情况，消除交通安全隐患。同时，对人行道上的187棵树木进行亮化，打造简洁美观的城市夜景照明体系。

改造后的尹家渠街特色街区

【美丽村庄及传统村落项目】 2021年，金凤区住房城乡建设和交通局结合高质量美丽宜居村庄规划，争取自治区住建厅将良田镇金星村和园子村分别列入高质量美丽宜居村庄建设和传统村落保护建设项目，自治区每个项目补助200万元。金星村高质量美丽宜居村庄项目，已完成投资1426万元，新建和改造道路13.3千米，村道两旁路肩铺装没4500平方米，绿化面积800平方米，植树2000棵，安装路灯86盏，整治沟渠1000米，历史建筑传统民居保护8座，新建改造住房8套，闲置房屋整治利用1座，改造停车场泊位400个，庭院整治14户。园子村传统村落保护项目，已完成前期手续，正在组织实施。

【国家卫生城市复审】 2021年，金凤区住房城乡建设和交通局先后召开迎接国家卫生城市复审推进大会6次，对复审工作进行了全面详细的安排部署，每月召开专题会议听取工作进展情况，研究解决工作推进过程中存在的各类问题，并安排1100万元专项资金用于国家卫生城市复审工作。按照《金凤区迎接国家卫生城市复审工作重点任务分解表》，各牵头部门、责任单位根据职责分工，对照复审指标，逐项逐条开展自查。针对沿街商铺占道经营、门前“三包”责任落实不到位、背街小巷地面裸露、环境卫生等问题开展了专项整治，下发督查通报38期，整改各类问题568项。6月初启动了金凤区共享单车集中整治专项行动，有效规范了共享单车秩序。结合全国文明城市常态化建设工作，贯穿全年、逐月开展“完善基础设施，提升公共服务水平”“农贸市场环境提升，展现诚信整洁形象”“规范建筑工地环境，提升精细化管理水平”“规范公益广告，营造良好氛围”等12个专项行动，为国家卫生城市复审打下夯实基础。以814.1分完成国家卫生城市复审。

【爱国卫生活动】 2021年1月30日由银川市主办、金凤区协办在金凤区大联动的“爱国卫生日活动”启动，各街道负责人参加，全年共开展11次，爱卫办根据《银川市2021年“爱国卫生日”活动实施方案》（银爱卫会发〔2021〕6号）文件要求，按照每月一主题每月一开展，金凤区住房城乡建设和交通局（爱卫办）组织自治区48家机关单位、银川市18家机关单位、金凤区36家机关单位及街道（镇）和社区（村）、企事业单位及学校等参加指定地点的环境卫生整治行动。4月是全国第33个爱国卫生月，4月7日在良田镇广场召开“爱国卫生月”启动会，通过开展“文明健康始于心”科普活动，以《文明健康绿色环保生活方式手册》为主要内容，进行全方位的主题科普宣传；通过策划“低碳环保践于行”群众实践活动，通过体验式活动，进一步强化文明、健康绿色环保理念，推动广大群众自觉践行文明健康、绿色环保生活方式；通过组织“绿色家园齐守护”共建活动，通过广泛动员群众，组织一次环境卫生集中整治活动，形成人人动手、人人参与的良好氛围。主要集中开展居民小区、公共场所、停车场、街道、背街小巷、城乡接合部卫生清洁活动，清理责任区域内街边护栏、电杆、广告灯箱、公交站牌、绿化带、公路铁路两侧乱贴乱画现象，并做好划定责任区域的卫生清洁和秩序维护工作及单位绿化、亮化工作。

2021年3月31日早上，环卫工人冒雨在枕水巷清理积水

【健康细胞工程建设专项行动】 2021年，金凤区住房城乡建设和交通局开展“全民齐参与，共创健康城”“健康细胞工程”建设行动，以创建健康社区（村）、健康单位、健康家庭等为重点，通过普及健康知识，倡导健康生活方式，推动健康理念进家庭、进单位、进村社、进镇街，大力提升居民健康素养水平，全年积极开展健康“细胞”工程建设，被评为自治区级健康社区2个、健康村4个、健康家庭1个；被评为银川市级健康社区17个、健康单位2个、健康家庭6个、健康学校20个、健康单位1个、健康机关1个、健康主题公园3个，共56个健康“细胞”示范点。

【农村生活垃圾分类】 2021年，金凤区住房城乡建设和交通局以精细化管理为抓手，助推生活垃圾分类工作，金凤区下辖2个镇、20个行政村，结合两镇实际，将原5座中转站打造为垃圾分类分拣站，通过市场化外包公司上门收集拉运，采取“两次六分、四级联动”模式，开展农村垃圾分类宣传和示范带动，荣获自治区农村生活垃圾分类和资源化利用三级示范县，奖补资金200万元。已完成一级示范村1个、二级示范村5个、三级示范村6个，农村生活垃圾无害化处理率达到100%。

【病媒生物防制】 2021年，金凤区住房城乡建设和交通局根据金凤区疾控中心“四害”密度监测和效果评估，对辖区750栋老旧及无物业小区、公共水域、养殖场等病媒孳生地进行集中消杀。爱卫办聘请具有A级资质消杀服务公司前期对辖区五个街道办事处及两镇机关大院、火车站、炭疽病农贸市场、公园、中阿博览会驻地及周边等44个场所进行室内外消杀，极大地减少了辖区病媒的侵害。

【环卫工作】 2021年2月4日，金凤区住房城乡建设和交通局（爱卫办、环卫站）组织各环卫服务外包公司、第三方考核阳光公司联合在广场东街与贺兰山路交叉口地质博物馆西门开展“节前深度保洁，清尘净城迎新春”环境卫生大整治活动仪式。银川市环卫处、金凤区爱卫办、环卫站、各环卫服务外包公司、公交公司、金凤交警设施科、志愿者等200余人参加。活动中2辆雾炮车对常青树上的灰尘进行喷雾清洗；4辆洒水车对广场东街两侧的绿化带进行清洗作业；3辆小养护车对地质博物馆西侧的城市家具进行冲洗；6辆洗扫车对因清洗路面造成的积水

2021年4月8日上午，雾炮车在路面进行洒水、喷雾、降尘作业

进行收集，以免造成安全隐患；200余名环卫工人、志愿者对沿街果皮箱、公交站台、雨篷、街头雕塑、道路指示牌进行清洗擦拭。环卫站在3月15日、3月28日沙尘天气中，启动应急预案，出动一线环卫工人992名配合机械作业，雾炮车5辆，洒水车34辆，洗扫车27辆，养护车6辆，对辖区内主次干道利用水车开展全面冲洗、喷洒降尘，利用洗扫车对道边积尘进行全面洗扫。

【推进业主委员会组建】 2021年，金凤区住房城乡建设和交通局制定并以政府文件印发《金凤区业主大会业主委员会组织管理办法（试行）》和《住宅小区业主委员会组建工作实施方案》，下发业主大会召开过程中相关示范性文本，规范各街道指导业主大会成立和运行；组织开展业主委员会业务专题培训7场，相关法律问题培训6场，组织银川市德恒和谐社区促进中心与各街道、社区签订《社区共建共治合作协议》，建立多方协同推动社区治理法治化进程；联合街道、社区召开业主大会、业主委员会成立过程中相关问题联席会50余次。金凤区成立业主委员会34个，处于组建阶段35个，处于换届选举15个。

【垃圾分类】 2021年，金凤区住房城乡建设和交通局制定印发《金凤区生活垃圾分类提质增效实施方案》和《城市生活垃圾分类考核办法》，并与各部门签订责任书。共投入60万元用于生活垃圾分类示范片区建设和宣传，新增满城北街和北京中路2个示范片区。组织专题宣传467场，专题培训会7场，“绿色回收”志愿服务30场，入户宣传4521次，发放宣传品3万余份，印制宣传册15万张、宣传包1万个，购置垃圾桶2000个，发动8000余人学习垃圾分类知识；牵头建立区、街道、社区、物业四级督导制度，每个街道安排2名人员逐级督导，现有督导员377人。已建立垃圾分类兑换超市24个，2021年新增垃圾分类房88个并逐步撤桶，小黄狗垃圾分类智能机柜已在61个居民小区安装120套并投入使用，245个示范小区已与银川市保绿特生物技术有限公司签订收运协议，采取“桶车对接”的方式密闭运输。

【物业行业文明城市建设】 2021年，金凤区住房城乡建设和交通局为深入全面推进文明城市建设工作，坚持属地管理、分级负责、层层推进的工作原则，以文明城市建设为契机，以强化物业管理为手段，以日常巡查为抓手，围绕物业服务过程中的各个环节，将工作人员按照街道分成5组，督促物业服务企业全面落实物业管理区域文明城市建设工作，确保达到城市文明程度指数测评标准。文明城市建设期间（3—9月），金凤区住房城乡建设和交通局（物业管理服务中心）共对辖区310个物业小区监督检查1796次，下发《物业巡查整改通知书》636份，27家物业服务企业因文明城市建设工作落实不到位而扣减企业及项目经理信用信息记分。

【投诉处理及备案】 2021年，金凤区住房城乡建设和交通局（物业管理服务中心）建立物业管理分级投诉处理机制，并协同综合执法、市场监管等部门建立复杂问题联合处置机制。共受理各类物业投诉2941件，其中电话投诉1280件、现场协调72件、人民网案件141件、各级督办案件90件、信访案件14件、来访案件4件，微博投诉413件、12345投诉911件，受理人大议案4件、政协提案12件，对14家物业服务企业、8家房地产经纪机构违法行为移交综合执法局。为有效促进物业服务行业健康发展，以标准化建设为抓手，严格审核维修资金使用、合同文本、业主委员会建设、房屋租赁及房地产经纪管理这五个方面的合同备案资料。其中审核通过专项维修资金申报项目52个，审核物业服务合同备案457次，物业服务合同备案145个，下发关于物业服务合同备案相关指导意见2个；审核物业企业撤出备案14个，下发关于撤出备案指导意见3个；项目经理人备案121个；物业项目承接查验项目40个；业主委员会备案并录入物业行业监管平台6个，下发业主委员会指导意见13篇；房产经纪机构信息录入银川市房屋租赁平台250家。

【市政基础设施维修】 2021年，金凤区住房城乡建设和交通局完成145条市政街巷需维修路面的摸底调查工作；全面排查路灯、路名牌、垃圾箱、无障碍设施等公共设施损毁情况，规范临街商户门前台阶设置，针对主次干道、背街小巷路面不平整、不连续，路面破损、坑洼不平，道牙树框道砖井盖损坏、隔离设施缺损、地桩道钉影响通行等问题，及时进行整修，完成了9500平方米沥青路面维修、11000平方米人行道砖维修、600延米道牙维修、850套树框维修，535套检查井雨水井维修。及时、高效完成银川智慧城市管运营中心（“12345”一号通平台）及智慧金凤综治平台移交的市政道路维修案件1250件，较好的完成了辖区市政道路维修任务。对辖区内市政道路硬性隔离桩进行拆除，提升街巷品质，完成在尹家渠街等25条市政街巷拆除U形管9067个，拆除单柱管1591个，安装矮护栏50套。改造长城路等12条共享单车通道255个。在黄河路、尹家渠街等5条街巷摆放花箱500个，摆花1万株，入冬后又对花箱鲜花更换假花4000株，绿叶4000株，共计8000株。为268个树池铺石子。5月，投资35万元，完成对该铁路南侧大约250米路段进行硬化和美化。

【公益广告宣传】 2021年，金凤区住房城乡建设和交通局制订《金凤区路灯灯杆广告设置方案》，并引进一家有相应资质的广告公司进行日常运营。该公司在长城路、北京路、康平路、福州街、满城街、尹家渠街、贸易巷、正源街发布创建全国文明城市公益广告2600份，文明健康有你有我公益广告3000副；为喜迎中国共产党成立100周年，悬挂11060面庆祝中国共产党成立100周年道旗及悬挂1300面红旗。悬挂学习中共十九届六中全会精神道旗260面，灯杆安装红旗150面。

【自然灾害综合风险承载体普查】 2021年，金凤区住房城乡建设和交通局编制印发《银川市金凤区自然灾害综合风险公路承灾体普查工作实施方案》，建立《金凤区公路灾害风险调查制度》，结合宁夏农村公路养护管理中心道路桥梁信息牌和限载标志设置工作要求、相关技术规范和2020年农村公路年报数据，借鉴其他单位的经验和上级反馈的意见，完善和修正了工作流程、方法和类型，实施全过程质量控制，全面完成自然灾害综合风险公路承灾体普查工作。金凤区公路任务里程共50条146.514公里，已完成里程50条146.514公里。其中：公路设施属性采集路线数量应完成50条共101段，已完成50条共101段，路线完成数量占比100%；公路设施属性采集桥梁应完成33座，已完成33座，路线完成数量占比100%。重点对地质灾害和洪水灾害风险影响点（段）进行了调查，结合地震灾害、气象灾害、森林草原火灾等风险影响点（段）等专项调查结果，尚未发现坍塌、高边坡、水毁、滑坡、泥石流、沉陷与塌陷等自然灾害风险点。按照《银川市第一次全国自然灾害综合风险普查市政设施承灾体调查实施方案》的要求，认真落实普查质量管理责任，结合市政道路养护实际，以政府购买服务的方式，委托第三方机构自2021年12月开始，通过数据共享、市政设施承灾体的实地调查工作，全面获得金凤区市政设施的分布、数量和设防水平等信息，调查市政道路204条351.86公里，其中市政道路已完成调查188条，不需要调查16条（包括公路、未建成通车、内部道路），并对已完成调查的所有路段的沿线设施及承载体完成了普查，全面完成市政道路、市政桥梁数据集，形成市政设施承载体调查系列成果。

【抗震救灾演练】 完成《金凤区抗震救灾专项应急预案》修订，在社区、学校组织12场地震应急救援“第一响应人”培训；建立宏观观测员检测动态汇报制度，组织5名观测员做好日常监管；7月29日组织公安、消防、综合执法、卫生健康及相关单位组成应急救援队伍，完成2021年抗震救灾实战演练；9月15日“警报试鸣日”组织5个街道、各中小学及居民开展防控应急疏散演练，并通过发放宣传品和宣传资料等普及防灾知识。

【渣土运输管理】 2021年4月中旬，将渣土管理由综合执法局划转至住建局，成立了渣土管理办公室，设置人员3名。依据《银川市建筑垃圾管理条例》及流程，开展建筑垃圾及渣土处置。截至年底，共受理建筑工地、道路修建、电缆工程等渣土业务28件，收取渣土处置费194.78万元。

【建筑工地安全生产和扬尘治理】 2021年，金凤区住房城乡建设和交通局建立建筑工地台账，摸排出辖区内共有建筑工地105家；开展常规和专项安全检查。金凤区住房城乡建设和交通局联合应急管理局、综合执法局、卫健局、环保局、污防办等部门开展常规安全检查和扬尘治理专项检查，累计下发责令整改通知书300余份；严查工地扬尘，确保冬防攻坚，成立专项工作组开展建筑工地大气污染防治攻坚工作，对建筑工地裸露土地覆盖、材料堆放、违规烧火、生活区用电安全等问题进行重点巡查，共检查工地100余家130余次，下发责令整改通知单80份，对整改措施不到位的建筑工地，上报银川市建筑行业管理处、金凤区综合执法局申请处罚，整改率100%；加大创城督办案件和智慧金凤平台转办案件办理力度，共收到创城督办案件及投诉和智慧金凤平台转办件200余件，已全部办结。

2021年8月31日下午，金凤区住房城乡建设和交通局联合金凤区应急管理局安全生产专家对辖区在建工地揽秀苑和花语轩项目建筑工地进行安全检查

【安全饮水及污水改造】 2021年，金凤区住房城乡建设和交通局受政府委托启动实施了良田镇给排水一体化工程，实现金凤区安全饮水全覆盖，有效解决了9390户3.6万人安全饮水和生活污水处理。针对金凤区良田镇安全饮水未全部入户的现状，金凤区住房城乡建设和交通局组织实施了良田镇给排水一体化工程，项目总投资2.112亿元，给水工程包括金星村、光明村、园林村、植物园新二村、泾龙村、兴源村、银川林场、良田镇辖区3个水厂（兴源、光明、园林）主管网铺设，以及村内巷道和每户入户支管管网共计343.3公里。实现了户户通水；在实施给水工程的同时，将良田镇村庄道路硬化全部列入良田镇给排水一体化工程，最终硬化巷道30万平方米，实现金凤区所有村庄巷道100%硬化；对良田镇污水未入管网的全部列入良田镇给排水一体化工程，排水工程:包括金星村、光明村、园林村、和顺村、泾龙村等5个村庄127公里排水管网铺设；新建一体化提升泵站22座；新建金星村污水处理站1座（占地约3.2亩），收集金星1队到10队农村生活污水，已投入运营，日处理污水500立方米。

【疫情防控】 2021年，金凤区住房城乡建设和交通局聘请四家具有A级资质消杀服务公司对金凤区两镇、五街道各封控小区、酒店、商户门店等4000多个封控点位进行消毒消杀，对重点封控点位森林半岛小区进行常态化每日两次消杀。共消杀4494个解封的封控点位，同时积极对接教育局对辖区138所学校进行全面消毒消杀工作，为复课做好准备；对接金凤区机关事务服务中心，对金凤区人民政府公共场所进行消毒消杀工作。另按照网格形式设置8个片区56名工作人员分工作业，共出动车辆27辆，根据金凤区辖区疫情防控点位实际情况实时调配运力。严格按照疫情防控规范管理的相关要求，对辖区两镇、五街道所有封控点位63个社区所有封控点位生活垃圾4000余吨进行了清运。住房城乡建设和交通局（物业管理服务中心）采取建立疫情防控问题台账、现场检查等措施，分片区对辖区310个物业小区疫情防控工作监督检查1325次，下发《物业巡查限期整改通知书》51份、《关于对物业小区疫情防控工作检查情况的通报》6期，约谈企业负责人或项目经理90余次，3家物业服务企业因疫情防控工作落实不到位而在金凤区物业行业通报批评，并上报市物业办扣减企业及项目经理信用信息记分。

【获得荣誉】 2021年，金凤区住房城乡建设和交通局物业管理服务中心在银川市物业管理考核中排名全市第一；金凤区生活垃圾分类领导小组办公室在

2021年度银川市垃圾分类考核中排名三区第一名；金凤区爱国卫生运动委员会办公室获得2021年度全区爱国卫生工作成绩突出单位称号；道路养护所在脱贫攻坚工作中做出重大贡献，获银川市事业单位脱贫攻坚专项奖励记功；金凤区住房城乡建设和交通局荣获金凤区2021年黄河流域生态保护和高质量发展先行区建设推进乡村振兴年度贡献奖。

道路管理

【银兴公路与永宁县广夏路打通工程】 2021年，金凤区住房城乡建设和交通局打通了金凤区银兴公路和永宁广夏路的连接路段，该断头路全长300米，道路宽度6米，道路铺设了20厘米的砂砾垫层和30厘米的水泥稳定层，8厘米沥青混凝土，总投资30万元。

【校园周边交通环境安全整治工程】 2021年，金凤区住房城乡建设和交通局对良田镇所有学校安装了爆闪灯、减速带、学校区域减速慢行校园提示牌，并在良田中学门口施画了斑马线和黄网格线。

【农村公路安保工程】 2021年，金凤区住房城乡建设和交通局在公路交通隐患排查中发现典农河东侧路2个急转弯道没有安全防护措施存在安全隐患，经实地勘察需要在2个急转弯道安装500米波形梁

2021年，为杜绝和减少交通事故，提高群众安全感，金凤区住房城乡建设和交通局在金凤区良田镇部分农村学校门口安装了爆闪灯、减速带、学校区域减速慢行校园提示牌，并在良田中学门口施画了斑马线和黄网格线

钢护栏，以及对其他农村公路缺失标牌及减速带缺失进行了维修，共安装标牌35块，减速带140延米，总投资约为20万元。

【农村公路日常养护】 2021年，金凤区住房城乡建设和交通局积极推进养护市场化改革，通过公开招投标，引进专业化企业，结合日常巡查，对发现管养的农村公路中度以上的龟裂、坑槽、松散、裂缝的路面破损共计1200余平方米，完成了专业化养护。

（苏　燕　盛婉婷）

城管综合执法

【概况】 2021年3月，金凤区城市综合执法局向镇、街道下放41项赋权清单，现有572项行政执法事项。6月，金凤区城市综合执法智慧监管被自治区党委全面依法治区委员会评为“自治区法治政府建设示范项目”；9月，银川市金凤区获评国家智能社会治理实验基地项目。该项目是中央网信办等八部门按照相关程序，在全国范围内联合确定的10家综合基地和82家特色基地，银川市金凤区位列10家综合基地其中。11月，金凤区综合执法局被自治区党委、自治区人民政府评为自治区“七五”普法工作先进集体。

【综合执法】 2021年，金凤区综合执法局共处理涉及房地产、市政、园林绿化、水务、农业等方面的各类处罚案件788起，罚没款共计4164930.24元。其中，城市管理类案件628起，罚款343900元；农业农村类案件9起，罚没收入138095元，没收违法所得16735元；渣土运输类案件47起，罚没收入273200元；房地产城乡建设类案件26起，罚款2930600.24元；园林绿化类案件4起，罚没收入3300元；环保类案件57起，罚没收入232000元；市政类案件16起，罚款189600元；规划类案件1起，罚没收入37500元。

【综合行政执法体制改革】 2021年3月，综合执法

局按照“下沉人员力量不少于总量85%”的要求，将81名事业在编人员下沉到各镇、街道，局机关（含直属中队）留16人（含2名副大队长），实行双重管理模式运行。将镇（街道）承担的41项执法权责及时给镇（街道）予以转移，明确各级执法事项。4月开始，各镇（街道）执法中队综合执法工作均以镇人民政府、街道办事处名义执法。研究出台《金凤区综合执法局干部轮岗交流制度》《金凤区综合执法局镇街执法队员绩效考核管理办法》等32项相关配套制度。按照镇、街道考核占70%，综合执法局考核占30%的比例，建立实施智能系统督查考核机制，采取日常、专项、年度考核的方式，结合智能化综合执法平台投诉案件办结率，综合评定各镇（街道）执法中队工作完成情况研究出台《金凤区综合执法局干部轮岗交流制度》，规定了科室主任、各中队长每2年、副中队长每3年、执法队员每5年轮岗交流一次，新录用人员和调入人员必须在边远中队工作2年后纳入轮岗交流范围，执法人员在晋级、晋职、提拔过程中，必须具备边远中队工作的经历；研究出台《金凤区综合执法局双向互派学习机制》，明确了执法人员定期派驻直属中队、市综合执法监督局案审科参与执法办案；研究出台《金凤区综合执法局镇街执法队员绩效考核管理办法》，按照镇街考核占70%，综合执法局考核占30%的比例，采取日常、季度、年度考核以及专项考核的方式，结合智能化综合执法平台投诉案件办结率，综合评定各镇街中队工作完成情况；与金凤区农业农村和水务局、住房城乡建设和交通局、自然资源局、民政局共同制定《关于推进金凤区综合执法局金凤区农业农村和水务局配合协作机制的实施意见（试行）》《关于推进金凤区综合执法局金凤区住房城乡建设和交通局配合协作机制的实施意见（试行）》《关于推进金凤区综合执法局　金凤区自然资源局配合协作机制的实施意见（试行）》《关于推进金凤区综合执法局　金凤区民政局配合协作机制的实施意见（试行）》。与各镇、街联合印发《关于建立镇政府与金凤区综合执法局行政执法案件移送及协调机制的实施意见（试行）》《关于建立街道办事处与金凤区综合执法局行政执法案件移送及协调机制的实施意见（试行）》等相关协作配合机制，明确了综合执法局与农、林、水、住建、民政等部门在跨领域执法办案过程中的相互配合、信息共享、联席会议等机制，健全镇街与相关部门及行业领域综合执法部门行政执法案件移送机制及协调机制，对超出镇街权限的执法事项，镇街承担日常巡查、接受投诉举报、协助调查取证等工作，并及时通报相关部门及行业领域综合执法部门联合执法，形成了“配合干”的协调机制；强化专业领域执法力度。按照要求开展了房地产、市政、园林、规划、民政、水务、农业农村等领域的专项执法检查。联合金凤区农业农村和水务局，共同制定印发《推进金凤区综合执法局与水务部门配合协作机制的实施意见》，有效推进水行政执法工作。

【基层党建工作】 2021年，金凤区综合执法局党组坚持以深入学习贯彻中共十九大和十九届历次全会精神、习近平总书记视察宁夏重要讲话精神、自治区党委十二届十四次全会精神、银川市第十五次党代会精神和金凤区第四次党代会及“两会”精神。进一步提高综合执法人员政治站位，紧扣“学史明理、学史增信、学史崇德、学史力行”的目标要求和“学党史、悟思想、办实事、开新局”四个环节，结合工作实际，科学谋划、严密组织，局党组把组织领导、宣传引导、典型引路、学思见悟、为民办事作为加强基层组织建设的重要抓手和工作落脚点，将传统阵地建设与信息化多媒体技术相结合，打造了以“‘三重温、学模范’‘学四史、守初心’，‘学先进、赶先进’‘办实事、解民忧’”为主题的“家门口”学习教育阵地，并被列为银川市金凤区党史学习教育“点亮红色地标　照

2021年7月1日，金凤区综合执法局开展主题党日活动

耀幸福之城”体验教学线路之一，先后接待自治区、银川市等多家单位党组织观摩学习。

【执法队伍建设】 2021年8—11月，金凤区综合执法系统开展了以“强素质、转作风、树形象”为主要内容的百日行动。制定《金凤区综合执法局执法人员教育培训方案》《金凤区综合执法系统加强作风建设提升执法质效“百日行动”实施方案》，建立执法人员“周半日学法”制度，每周一上午定期组织全体人员进行相关法律法规学习，开展学法心得交流20次。依托局直属中队建立跨领域执法办案人才孵化模式，落实“轮岗交流”机制，各镇（街道）执法中队借助“以案代培”的方式，定期到直属中队进行执法办案轮训150人次，从8月开始持续对全体执法队员开展军事素质提升轮训，每周一至周三上午集中进行军事体能、军事素养强化训练，将准军事化融入综合队伍建设和执法工作当中，确保了作风建设“百日行动”取得实效。修订《金凤区综合执法局考勤及请销假制度》等多项制度，所有执法车辆安装GPS监控系统，实行执法队员每日早操列队点名，实行巡查轨迹实时定位，做到用制度管人、管事。建立《金凤区综合执法局案件办理进度台账》，对行政案件办理做到事前指导、事中监督、事后评比。

2021年4月12日，在全系统开展“加强作风建设提升执法质效”百日行动，提升军事素养

【执法规范化建设】 2021年，金凤区综合执法局对84名行政执法人员，在进行日常执法活动时，要求按照规定统一着执法服装、佩戴执法标识，主动出示执法证件向当事人和相关人员表明身份，主动告知当事人执法理由和依据。在执法决定作出之日起20个工作日内，通过宁夏“十公示”信息报送系统、金凤区人民政府政务公开栏及“两法衔接”系统及时向社会公示行政执法信息，接受群众监督，2021年先后公示案件755起；在镇（街道）执法中队建立“办案专区”，实现案件询问现场实时视频回传、语音对讲，重大案件专案组可以远程对执法办案过程实时监督和即时指导，既有效监督执法人员的执法行为，又确保执法过程公平公正，依法依规；加强执法全过程记录，投入98.24万元购买10台执法车辆；投入149.88万元购买246部执法记录仪3年流量及使用权，要求执法人员切实做到“出勤必携带、工作必使用”，夯实证据基础；所有执法案件都由法规室严格把关审核，实行执法案件“五人”审核把关制，所有行政执法案件都要由办案人员、承办中队负责人、法规科、分管副局长、局长五人审核把关。建立实施《重大执法决定法制审核目录清单》《金凤区综合执法局案件审议委员会工作制度》，对重大行政执法决定法制审核的执法案件全部填写“金凤区综合执法局案件审核表”；凡是1万元以上案件必须经局案审会议集体审议做出具体行政处罚决定，确保每一个案件适用法律依据正确、证据充分、程序合法、处罚适当。2021年，先后办理重大行政处罚案件36起，召开案审会22次；制定印发《金凤区综合执法局行政执法文书立卷归档制度（试行）》，统一规范执法文书，按照“谁执法、谁管理”的原则，严格执法案卷管理，明确执法过程现场拍照记录入卷规范、执法记录仪及录音录像等音频视频资料记录入卷责任，并要求专人对执法影像资料进行妥善地存储、整理、调阅、复制，确保每件行政执法案件有案卷、执法文书规范、

案卷评查

案卷完整齐全。

【专项执法行动】 2021年4—10月，综合执法局先后组织开展了春季农资市场、春耕农机安全、建筑领域、房地产领域、水生态环境保护、市容市貌整治等“六项”专项执法行动，累计出动执法人员2215人次，立案处罚1268起。

【共享单车乱停乱放集中整治】 2021年5月，综合执法局在全区率先开展了共享单车乱停乱放集中整治，先后制定出台《金凤区共享单车“集中整治月”专项行动实施方案》《金凤区共享单车专项整治推进表》，对青桔、美团、哈啰三家运营企业采取统一管理标准、优化电子围栏、改造停车泊位、建立约谈制度、实施联管机制、健全考核体系、加大执法检查“七项”举措，开展共享单车乱停乱放专项整治工作。督促共享单车运营企业建立“摆放巡查网格员联合管理机制”，增加配备摆放巡查网格员85名，形成各自经营、联合管理的格局。共投入资金294万元，共优化整合电子围栏982处，完成改造共享单车停车泊位932个，施划社会非机动车辆停放点636处，开展执法检查2300余人次。

【夜市及乱设摊点集中整治】 2021年6月下旬开始，综合执法局组织开展对夜市及乱设摊点的整治工作。制定印发《金凤区夜市暨占道经营管理办法》，对味福记98辆早餐外卖摊点实施一个月停业整改。对凡是使用液化气瓶、审批手续不全的夜市全部依法责令停业整顿，先后依法强制取缔了万阅农贸市场、天成市场夜市。坚决杜绝新增夜市摊位出现，实施局执法人员每天从7点到24点全天候街面巡查制，基本上制止了24点前乱摆摊位行为。

【停车场集中整治】 2021年7月，研究制定《金凤区停车场整顿专项行动实施方案》。已经完成对辖区所有停车场情况摸排工作，先后投入资金80余万元，组织拆除了主干道两侧停车场U形钢管986处、拆除隔离墩65个、增加座椅25个、摆放花箱1200余箱、依法取缔停车场12家。

【文明养犬集中整治】 2021年6月，综合执法局通过对接银川市养犬信息平台，结合综合执法人员排查数据和物业上报数据建立金凤区养犬信息数据库，依托GIS地理空间信息平台，形成犬类及犬主信息分布数字地图，建立犬类管理数据指标体系，先后在94个居民小区打造文明养犬示范社区创建工作，共发放各类宣传品15500份，发放犬链12000条，劝导不文明养犬行为780余起，办理犬只准养证5807张，规范居民依法养犬。对156起遛犬不牵绳、不清理粪便、违规饲养禁养犬等不文明养犬行为进行了行政处罚，罚款7800元，处理不文明养犬投诉案件350余起，抓捕流浪犬642只，从源头上规范养犬行为。

【市容市貌】 2021年，综合执法局成立突击小组，配合各执法中队对辖区重点路段、校园、居民小区周边及背街小巷集中开展市容市貌专项整治。清理整治店外经营2482起，乱堆放1581处。清理占道经营1785起，暂扣经营车辆291辆、工具142个，罚款49550元。清理拆除各类违规广告牌428处、破损门头76起，规范门头牌匾施工围挡173起，清理乱张贴小广告789处；规范门头牌匾审核。加大对户外广告及门头牌匾的执法力度，共审核规范门头牌匾449处，审核大型户外活动108处，清理户外广告、门头牌匾2560余处。

【疫情防控】 2021年，综合执法局成立了以局长为组长，班子成员为副组长，各室、中队负责人为成员的疫情防控工作领导小组，先后15次召开疫情防控工作推进会，严格按照疫情防控工作的安排部署，动员全局干部职工下沉疫情防控一线积极配合各镇、街道开展疫情防控工作，对居民小区、宾馆酒店、亲水宴会中心、市第二人民医院以及良田镇核酸检测采集点等近千个疫情防控点进行24小时值守和核酸检测秩序维护工作。组织出动执法队员11300人次，执法车辆1440车次，在疫情防控点负责维持现场秩序、疏通聚集人群、宣传采集要求等工作，充分发挥“主力军”作用，涌现众多先进典型，先后有20人被各类媒体进行了宣传报道。共配备防护服188套、隔离衣20件、饮用矿泉水576件、酒精消毒液222

瓶、84消毒泡腾片39瓶、一次性医用口罩6297只。

【为民服务】 2021年6月,综合执法局党组班子成员通过对接审批服务局、丰登镇政府等相关部门,并进行实地调研,为润丰村的27户贫困户瓜农临时设置了27个临时销售摊点,统一为贫困户瓜农制作了销售柜台、遮阳伞及“政府精准扶贫直销点公示牌”,与瓜农签订了“经营承诺书”,切实解决了贫困户瓜农销售难的问题;12月,针对草莓种植果农占道经营违规行为的问题,金凤区综合执法局经过认真研究,安排执法队员进行仔细摸排,积极与相关部门沟通协调,在不影响交通、市容秩序的基础上,在通达南街一处空闲场地合理规划设置了临时销售摊点,解决了草莓种植果农销售难的问题,也方便市民购买,以实事映初心,用服务暖民心。

加大执法保障,配备新装备

【爱国卫生】 2021年,综合执法局在主干道、人流密集处悬挂横幅181条,发放宣传单8000余份,并通过各街道LED大屏、宣传栏、橱窗等进行宣传,促进市民自觉遵守爱国卫生相关规定;共计拆除“烟”字广告门头牌匾150家,发现并整改取缔张贴“烟”字广告101家,清理占道摆放“烟”字广告牌25家,清理酒水广告牌100余处,清理LED侧屏18个,开展禁烟宣传5次,发放宣传彩页3100份。集中整治废品收购站378家,现场责令56家不符合规定的废品收购站按照要求进行整改。出动执法人员800人次,先后28次对餐饮商户油烟排放进行检查。不定期对辖区散煤使用情况进行巡查,共开展巡查35次,出动执法人员520人次,执法车辆40车次,共办理银川市综合执法监督局大气污染防治督办件3件,金凤区政府大气污染防治督办件45件,共取缔10家,没收散煤3.6吨。

(沈海利)

智慧城市运营

【概况】 金凤区智慧城市运营中心共有工作人员35人,下设6个工作小组:案件派遣组、考核督查组、视频巡查组、综合事务组、信息营运组和数据分析组。其中,事业编制人员6名,高层次人才1名,技术工程师1名,中心自聘工作人员6名,综合执法局派驻21名。智慧金凤社会治理综合平台打造了社会治理、油烟监测、智慧监管、智慧环卫、群众参与等丰富的基层治理智慧应用场景,在金凤区基层治理中有效发挥了数据中心、联动指挥中心和数字治理枢纽的作用。2021年,智慧城市运营中心按照区委、区政府各项工作安排部署,以提高金凤区社会治理现代化水平、建设金凤区城市大脑为目标,运用各类信息化手段,完成了疫情防控、整改创建全国文明城市、数字社区建设等重点工作任务,代表金凤区申报并成功入选为国家智能社会治理实验基地(城市管理领域)。

养犬信息管理平台

【居民诉求办理】 2021年，智慧金凤社会治理综合平台共受理各来源案件477258件，已办结475861件，办结率为99.73%。其中，网格员主动上报411743件，占总案件量的86.29%，群众诉求39327件，占比为8.24%。网格员上报高发类型为机动车、非机动车乱停放、疫情防控、环境卫生、楼道堆物、大件废弃家具垃圾。群众诉求热点问题为物业管理问题、劳动争议、咨询服务、占道无照经营、教育培训。

【油烟智能监测治理】 2021年，智慧城市运营中心为规范餐饮业经营行为，解决餐饮业油烟污染问题，进一步扩大油烟智能监测治理范围，在金凤区10条街区84家商户安装100套监测设备，实时监测油烟指数，共发现油烟超标12347次，严重超标10448次。通过“123递进式管理工作法”，推送短信10037条，平台推送案件459件。

【视频巡查】 2021年，智慧城市运营中心为了充分发挥视频监控资源作用，确保视频巡查工作实效。对雪亮工程、视频智能分析平台现有的视频监控，按照市容环卫、街面秩序、居民小区等18种类型进行分类，根据监控角度、画面清晰程度、覆盖面积等将监控划分级整理。中心根据各项重点工作任务，及时调整巡查重点，开展大气污染防治、林带缺株、商户门前台阶破损、九大专项行动、创建全国文明城市等专项巡查工作11次，共发现问题12742件，已办结12705件，结案率为99.71%。在社会视频共享平台叠加店外经营、游摊小贩、占道经营等18种智能抓拍算法，支持400路并发自动分析、智能抓拍，提高问题发现能力。智能发现问题1946件，已办结1923件，办结率为98.82%。

【“平台+”部门协作】 2021年，智慧城市运营中心依托智慧金凤社会治理综合平台，常态化开展人大、政协“互联网+监督”、检察院公益诉讼线索推送以及非警务警情案件流转工作，共有64名人大代表、政协委员进驻中心值班22次，共对20件民生类案件提出办理建议。向金凤区检察院推送公益诉讼案件17720件，发现公益诉讼线索6条，立案9件，下发执法检查意见9份，已办结9件。接收办理非警务警情案件162件，已全部办结。

【疫情防控】 2021年，智慧城市运营中心对接火车站、机场风险区入银人员数据，筛查目的地为金凤区的人员信息，对照高中风险地区名单，重点关注途经风险区来银人员，以电话询问、网格员核查等方式跟踪查询人员近况，共筛选数据9725条，发现疑似疫情隐患线索925条，平台录入案件901件，共涉及954人，居家隔离207人。自2021年1月11日起，中心实行疫情防控工作日汇报制度，每日汇总卡口数据分析、视频巡查、数字社区督查、疫情防控案件办理等工作开展情况，报送至金凤区党办、人大、政办、政协、纪委、宣传部等部门，共报送日报50期。协调接入中国移动、中国电信居家隔离人员监控359路，结合雪亮工程、社会视频共享平台开展视频巡查工作，对封控单元人员进出、大规模核酸检测现场秩序进行常态化巡查，确保防控工作有序进行。疫情期间群众诉求激增，为了做好群众诉求解决及突发事件处置工作，中心安排6名工作人员24小时值守，全天候办理群众诉求，共办理疫情类诉求2718件，包括暖气爆管、急病就医等紧急诉求。

【创建全国文明城市】 2021年2月25日起，智慧城市运营中心督查小组对金凤区各镇、街道共425个小区、13个村居、9个农贸市场及辖区236条主次干道、背街小巷的环境、秩序、安全等问题进行实地督查，共发现各类问题3319件，已结案3221件，起草下发督查通报36期，督促各责任单位及时整改存在问题，并回复整改情况。

【数字社区建设】 2021年，智慧城市运营中心积极开展银川市智慧小区申报工作，经评审评定智慧小区94个，其中A级小区5个、B级小区57个、C级小区32个，获得奖励资金69.99万元。银川市智慧小区根据《银川市智慧小区评价标准》对金凤区170个改造小区逐个自测自评，实地查看小区安防监控、智能门禁系统、智能照明、网络覆盖等建设情况，经测评，符合申报标准的小区共120个，其中符合A级标准的小区36个、B级60个、C级24个。

（刘子瞳）

自然资源与生态环境

国土资源管理

【村庄规划编制】 2021年，金凤区政府印发实施《银川市金凤区成建制移民村“多规合一”实用性村庄规划编制工作实施方案》，成立规划编制工作领导小组，分工协作，密切配合，共同推动银川市金凤区成建制移民村“多规合一”的实用性村庄规划编制工作取得实效。扎实开展规划编制团队组建、资料收集、驻村调研等工作任务，已形成计划内8个村“多规合一”实用性村庄规划成果，经村民代表大会、乡镇政府专题会议讨论通过，已书面征求专家及金凤区相关部门意见。辖区内除搬迁撤并的村庄外，基本实现了村庄规划全覆盖。

2021年，金凤区开展“多规合一”实用性村庄规划编制工作

【季度卫片外业核查举证及2020年度变更调查】 2021年，金凤区自然资源局完成系统上报卫片图斑28个，并通过核查，涉及1个违法图斑已移交国土资源执法大队处理。配合技术单位开展2020年度国土变更调查工作，已完成641个国家监测图斑、121个自治区疑问图斑、119个自主提取疑问图斑及国情监测内业疑问图斑的对接核查。

【耕地保护】 2021年，金凤区自然资源局按照落实地块、落实责任、落实基本农田保护标志维护、落实健全表册和落实完善图库五项要求，确保耕地保护目标责任耕地保有量不低于11.76万亩，永久基本农田保护面积不低于6.25万亩的目标任务。

【生态保护红线划定】 2021年，金凤区自然资源局配合自治区对金凤区自然保护地布局进行整合优化，生态保护红线进行调整划定。自然保护地整合优化工作初步成果已通过自治区政府专题会议研究，正在按程序报国家批复，优化后，金凤区共涉及自然保护地2处，总面积1781.2公顷，生态保护红线划定工作已完成阶段性成果，已将南郊水源地整体调出，贺兰县水源地调出矛盾图斑621.97公顷。

【项目选址和土地报批】 2021年，金凤区自然资源局先后参与了良田镇农业产业园、良田镇配煤中心、良田镇现代化农业扶贫产业园、润丰村精准扶贫田园综合体农业和暖源公司换热站等项目的选址报批工作，保证项目选址符合土地利用总体规划。

【专项整治】 2021年，金凤区自然资源局完成2019年西安局耕地保护督察反馈问题7处，完成2020年西安局耕地保护督察反馈问题53处，整改率100%。完成自然资源部2020年卫星遥感监测发现金凤区违法占用耕地图斑整改工作。金凤区2020年度违法占地图斑67个，总面积488.85亩，其中耕地346.378亩，基本农田5.04亩。截至年底，已整改完成图斑57个，总面积205.46亩，其中耕地140.52亩，基本农田5.04亩。正在整改图斑10个，总面积283.39亩，其中耕地205.85亩。

【宅基地使用权和房屋所有权确权颁证】 2021年，金凤区政府印发实施《金凤区推进农村宅基地和房屋统一确权登记颁证工作实施方案》，成立分管副区长任组长，相关部门、乡镇主要负责人为成员的确权颁证工作领导小组，压实工作责任，强化督查考核，确保发证工作顺利完成。金凤区宅基地权籍调查已全部完成，共计4860宗（涉及5513户，其中607户非丰登镇、良田镇户口），累计调查面积为355.106公顷。符合初始发证条件3049宗，面积61.55公顷，不符合发证条件1811宗（其中丰登镇174户、良田镇1637户），已发证1061户，面积23.5493公顷（金凤区“十三五”异地扶贫搬迁村润丰村不动产登记确权发证率100%）。

【集体建设用地使用权确权登记颁证】 2021年，金凤区初步形成了集体建设用地使用权确权登记资料名录，根据最新摸排，金凤区纳入本次集体建设用地使用权确权登记的宗地25宗，其中不确权15宗（占耕地11宗，占水源地2宗，已征为国有2宗）。外业测绘及权籍调查工作已全部完成，已对确权颁证前期资料进行了收集整合确认，已颁证1宗（丰登镇润丰村宁夏利思农业科技发展有限公司）。

【集体经营性建设用地入市】 2021年，金凤区将丰登镇润丰村纳入土地权改革示范点，申请先行先试推进润丰村集体经营性建设用地入市工作。政府分管领导多次召开专题会议安排部署，合力推进入市工作。结合《银川市农村集体经营性建设用地入市实施意见（试行）》（讨论稿），初步草拟《金凤区集体经营性建设用地入市试点管理办法（讨论稿）》，梳理形成《金凤区丰登镇润丰村集体经营性建设用地入市工作方案》，已开展地块确权、勘测定界、规划经济技术指标提取、地价预评估工作、村民会议、项目备案等多项工作，12月底发布交易公告。

【土地权改革家底调查】 2021年，银川市辖三区全民所有自然资源资产清查工作由银川市牵头开展，已形成自然资源资产平衡表等初步成果，待审查审议，金凤区配合形成《金凤区2020年度国有自然资源资产管理情况报告》已报送自治区自然资源厅及金凤区人大常委会办公室。

【国土空间总体规划（2020—2035年）】 2021年，金凤区配合银川市划准划实生态保护红线、永久基本农田、城镇开发边界三条控制线。现阶段已完成生态保护红线划定成果待审批，已初步划定永久基本农田保护红线及城镇开发边界线待进一步按照国家及自治区相关工作要求，完善上报，已配合银川市完成《银川市国土空间规划（2020—2035年）文本（初稿）》。

【农村承包地确权颁证】 2021年，金凤区已完成确权面积31924.54亩，确权农户5102户，签订土地承包合同5027份，合同签订率98.5%，颁发土地经营权证书4288份，颁证率85%（因和顺新村土地行政权属隶属永宁县，农户只签订了土地承包合同，证书未能颁发），可颁证农户已全部颁证。

【低效闲置土地盘活利用】 2021年，金凤区已确定城镇低效用地总面积1046.27公顷，主要类别为住宅用地、工矿仓储用地，主要分布于金凤区中南部。积极申报实施低效用地再开发项目，将龙马边角地开发项目、宁夏丰源面制品有限公司开发项目、新平巷西侧地块开发项目、银川经济技术开发区商业商务片区开发项目四个项目共计14.43公顷低效用地被纳入《银川市市辖区 2020—2022 年城镇低效用地再开发实施方案》，通过旧城区开发，完成居住、商业、文化娱乐、城市道路及市政基础设施等的建设工作，改善居(村)民居住条件和城市面貌，促进中心城区功能调整完善，提升城市服务水平，增强城市活力；通过旧厂房改造，将工业和仓储功能用地逐步向外疏解，进行空间腾挪，原项目区逐步实现功能调整，实现中心城区用地布局优化。通过实施 2020—2022 年城镇低效用地再开发项目，充分挖掘城区内现有分散、低效利用的土地，改变以前粗放经营的土地使用模式，优化城区用地布局，进一步提高城市综合竞争力和资源承载力。

【国有农用地确权】 2021 年，金凤区完成自治区国营银川林场、宁夏阅海实业集团两个国有农场管理工作历史沿革、国有农用地资产管理体制机制建设情况、生态移民迁入区农民集体使用的国有农用地基本情况、国有农用地有偿使用情况、国有农用地有偿使用激励机制建设情况、国有农用地收回相关情况、国有农用地涉及纠纷解决方式、历史遗留问题等相关信息的收集工作，已上报自治区自然资源厅。

【国土空间用途管制】 2021 年，金凤区耕地保有量和基本农田保护面积指标尚未下达，按照金凤区土地利用总体规划中 2021 年全区耕地保有量不低于 11.76 万亩，永久基本农田保护面积不低于 6.25 万亩，开展辖区耕地保护工作。按照落实地块、落实责任、落实基本农田保护标志维护、落实健全表册和落实完善图库五项工作，确保耕地保护目标责任有效落实；按照自然资源部 农业农村部《关于设施农业用地管理有关问题的通知》，下放设施农业备案权责至各镇和街道办事处，并在自治区相关配套管理细则出台前，结合原国土资源厅《关于进一步加强和规范设施农业用地管理的通知》(宁国土资发〔2017〕79 号)，指导两镇和街道办在过渡期内做好设施农业备案工作。

【湿地资源保护修复】 2021 年，金凤区自然资源局结合湿地公园、湿地保护区建设等生态修复工程，投入 397 万元对元宝湖进行环境修复和整治。委托宁夏小玉米农林科技有限公司开展疫源疫病监测工作，重点对七子连湖、宝湖公园、阅海北湿地、典农河等湿地开展野生鸟类疫源疫病监测，监测面积 1100 公顷。

【执法工作】 2021 年，金凤区自然资源局共进行动态巡查 45 次，出动巡查人员 150 人次，协助市自然资源局立案查处土地违法案件 7 宗，涉及面积 280 亩，调查闲置土地 12 宗；受理林业采伐申请 8 件，处理绿地投诉 20 起、涉野生动物投诉 1 起，受理占用绿地 14 件，现场勘查 50 余次，安全巡查 30 余次。

(陆宏翔)

林草管理

【植树造林】 2021 年，金凤区完成造林任务 2678 亩，其中北部绿色发展区防护林建设 317 亩，未成林抚育及退化林改造 1520 亩，村庄绿化及庭院经济林 399 亩，生态经济林 442 亩，辖区森林覆盖率达 8.66%。

2021 年 3 月 12 日，金凤区四套班子共 28 名领导干部参加义务植树活动

【绿化工程建设】 2021 年，金凤区投入 2000 余万元，重点实施了金凤区良田渠(黄河路—长城路)水生态安全防护工程、金凤区典农河小微公园建设项目等 5 个绿化工程，辖区新增小微公园 5 处，新增绿化面积 4.7 万平方米。

【森林防火工作】 2021 年，金凤区自然资源局与辖区各有林单位签订《防火目标责任书》，划分防火区域，及时督促各有林单位及时清理林带内可燃物，对辖区的典农河沿线、公园、玫瑰园、植物园、南绕城绿化等重点地段，紧盯春节、清明、“五一”、端午等假日时间节点加大巡查力度和频次，全年开展森林防火宣传 5 次，防火巡查 40 余次，清理排查隐患 4 处。

森林防火警示牌

【森林城市创建】 2021 年，金凤区自然资源局实施良田渠景观提升续建工程和典农河等 5 处小微公园的建设，建设林荫停车场 1 个，增加建成区绿化覆盖面积，三绿指标分别达到 42.23%、43.46%、20.57 平方米；制订金凤区山林权改革、土地权改革方案，土地权方面已完成 8 个村的村庄规划编制、宅基地使用权和房屋所有权“两证合一”确权权籍调查、农村承包地确权登记颁证工作三项年度重点工作任务。山林权改革方面已明确金凤区有 4252 亩林地纳入“山林权”改革范围，继续配合银川市自然资源局做好林地确权、登记和发证工作。

【绿化养护管理】 2021 年，金凤区自然资源局对辖区 7 个公园广场、87 条街巷等 5750 亩绿地加强养护管理，整治裸露空地 19100 平方米，补植、补造乔灌木 9050 株、地被 2200 平方米，修剪乔灌木 4120 平方米、地被植物 6700 平方米，有害生物防治面积达 11348 亩，打孔注药 1 万余株。

（任思扬）

生态环境保护

【概况】 金凤区生态环境分局、金凤区生态环境综合执法大队分别是银川市生态环境局、银川市生态环境综合执法支队下属派出机构，内设 4 个科室：大气环境监察科、水环境监察科、土壤环境监察科和综合办公室。人员编制 15 人，其中正式编制职工 5 名，其余为聘用人员。主要职责是贯彻执行国家、自治区、银川市生态环境保护工作的方针、政策、法律法规和技术标准，全面监督管理辖区内污染物的排放。2021 年，统筹推进疫情防控、经济社会发展和生态环境保护工作。全力做好中央环保督察转办件整改办理、自治区党委第一生态环境保护督察组反馈问题及意见办理，持续改善大气、水、土壤环境质量。

【环境质量】 2021 年，金凤区扣除沙尘天气影响后，细颗粒物（PM2.5）、可吸入颗粒物（PM10）平均浓度分别为 27 微克 / 立方米、62 微克 / 立方米，分别同比下降 20.6%、11.4%，均达到考核要求。环境空气质量指数（AQI）优良率为 84.7%，位列银川市各县（市、区）第一。水环境质量稳中有升。辖区阅海湖、典农河两个断面水质均达到考核要求，其他各水域水质全部达标，黑臭水体全面消除。土壤环境质量保持优良。未发生因耕地土壤污染导致农产品出现质量问题或污染地块再开发利用不当造成不良社会影响的事件。

【组织领导】 2021 年，金凤区坚持把学习贯彻中央、自治区和银川市关于生态环境保护的决策部署当成一项重要政治任务，制定印发了《金凤区 2021 年生态环境工作要点》《金凤区贯彻落实自治区党委第一生态环境保护督察组督察反馈意见整改方案》等文件，进一步明确细化了生态环境职责分工，强化定期督查通报，确保各项任务保质保量完成。区委常委会共听取中央、自治区督察反馈问题整改、排污权改革等生态环境专题汇报4次，政府常务会议专题研究生态环境各类方案、各重点项目5次，党政主要领导、分管领导督查调研生态环境工作十余次，在应对污染天气过程期间，采取“日巡查、周调度”方式，加大压力传导、落实工作措施，全力以赴扭转应对气候变化不利局面。

2021年5月21日，金凤区委书记赵会勇带队调研重点项目实施情况，严控“两高”项目上马，坚持绿色可持续发展

【“蓝天”保卫战】 2021年，金凤区生态环境分局加大对重点企业监管力度，对餐饮门店油烟净化器的安装使用以及清洗维护情况进行重点督查。天然气锅炉低氮燃烧改造工作取得实质性进展，完成整改54台，辖区内符合改造要求的企业（部门）已实现应改尽改。贺兰山东路空气质量监测站点周边银川市消防支队、金凤区第十二幼儿园2家单位接入华电集中供暖，替代了本单位自用燃气锅炉，有效降低了辖区氮氧化物排放量。自治区下达10个重点任务（良田镇煤改气、煤改电）在六县（市、区）率先完成，良田镇建成区外12台燃煤锅炉完成拆除，金凤区燃煤锅炉已经清零。持续推进“散乱污”企业等排查整治工作，共出动执法人员138人次，“散乱污”企业实现动态清零。全面落实建筑工地扬尘管控“6个100%”，实行“红黄绿”三色动态管理，对辖区排查出的裸露空地、堆土采取措施有效降尘。创新推行“互联网+”环卫一体化管理模式，加密机械化清扫作业频次，提高垃圾清运效率，有效降低道路扬尘污染。全面排查辖区内涉挥发性有机物（VOCs）企业，《2020年银川市挥发性有机物整治清单》中涉金凤区共11家汽修业均安装挥发性有机物治理设施并正常运行。

【“碧水”攻坚战】 2021年，金凤区生态环境分局高度重视对医疗机构的日常监察工作，193家医疗卫生机构均已完成污水处理设施安装，并与有资质的医疗废物处置单位签订了医疗废物转移合同。疫情防控期间，及时清运医疗废物垃圾，阻断疫情扩散“最后一公里”。共出动执法人员170余人次，全面检查金凤区涉水企业、农村污水处理站及城镇（工业）污水处理厂、重点监管企业150余家次。督促重点城镇污水处理厂做好自行监测，加大废水出水卫生学指标检测频次。加强对辖区饮用水源地巡查力度，均未发现环境违法行为。认真履行河长制工作职责，及时提供河流断面监测结果，建成投用典农河、阅海湖水质自动站，实现了金凤区大气、地表水监测全部实现信息化。3处千吨万人水源地保护区规范化建设工作如期完工，辖区水源地与取水无关的设施应拆尽拆，同时全部完成规范化建设。

【“净土”防御战】 2021年，金凤区生态环境分局强化固废及危险废物全过程监管，持续开展固废专项整治及“清废”行动，从“产生、转运、处置”环节对金凤区涉危险固体企业实行全方位监管，督促企业依法依规处理固体废物，重点企业一般工业固体废物处置利用率达100%。结合固废来源，重点加强对易产生固废类项目落实“环评”及“三同时”制度管理，确保新、改、扩建项目固体废物污染防治措施落实率100%，实现固废的增产不增污和增产减排。深化农业面源污染治理，辖区实施有机肥替代化肥减量增效示范点3处7300亩，推广测土配方施肥面积3.15万亩，配备农业生产包装废弃物回收桶48个，农药利用率、秸秆综合利用率、残膜回收率、粪污资源化利用率分别达到40%、88%、86%、96%。

【绿色发展】 2021年，金凤区生态环境分局严格落实“三线一单”刚性约束要求，对不符合环保准入要求的建设项目不予环评审批，从源头上把牢产业的绿色空间和门槛，完成区市下达万元地区生产总值能耗和主要污染物排放任务。切实加强环境突发事件应急管理，加强辖区企业环境突发事件应急预案备案工作，定期开展应急检查和宣传督促。辖区重点监管企业宁夏绿铅废铅蓄电池回收有限公司已于6月与辖区政府签订土壤污染防治责任书并备案。常态化推动“双随机、一公开”，利用无人机等手段推行非现场监管，组织开展涉水企业、建筑噪声污染、餐饮油烟扰民整治行动，共出动执法人员420余人次，检查企业400家次，对5家企业（机构）的违法行为作出行政处罚37万余元，坚决制止和惩处破坏环境行为。2021年金凤区共受理各类投诉1906件，均有效办理答复，查处办结率为100%。

【环境督察反馈案件办理】 2021年，金凤区生态环境分局合理运用排查、交办、核查、专项督查“四步工作法”持续推进问题整改，2016年、2018年中央环保督察反馈问题涉及金凤区共计23项均已整改完成，督察期间转交办理投诉转办件共计207件，均已全部办结销号。“回头看”均未发现反弹回潮现象。2020年自治区党委第一生态环境保护督察组进驻期间反馈13件信访投诉件均已按期办结回复。督察组现场核查反馈问题27项，目前已整改完成26项，1项正在整改。督察组督察反馈意见中金凤区牵头整改13项，已整改完成4项，动态完成并长期坚持8项，1项正在整改。2021年，第二轮中央生态环境保护督察转办件涉金凤区125件均已整改办结。2021年，共受理各类投诉1906件，均有效办理答复，查处办结率为100%。

【排污权改革】 2021年，金凤区成立金凤区四权改革专班，制订印发《金凤区排污权有偿使用和交易改革实施方案》，按照区市要求，核定金凤区初始排污权确权量为二氧化硫67.5吨/年，氮氧化物119.3957吨/年，化学需氧量4788.584吨/年，氨氮化物424.107吨/年。可交易排污权确权量为化学需氧量182.5吨/年，氨氮化物18.25吨/年。政府储备权确权量为二氧化硫260.737吨/年，氮氧化物142.262吨/年，化学需氧量8.414吨/年，氨氮化物0.788吨/年。辖区宁夏工人疗养院、亘元房地产有限公司与贺兰宁夏领航保温材料有限公司签订排污权交易协议，并在宁夏回族自治区公共资源交易服务中心进行公示，实现金凤区排污权有偿使用和交易“零”的突破。

（王　聪）

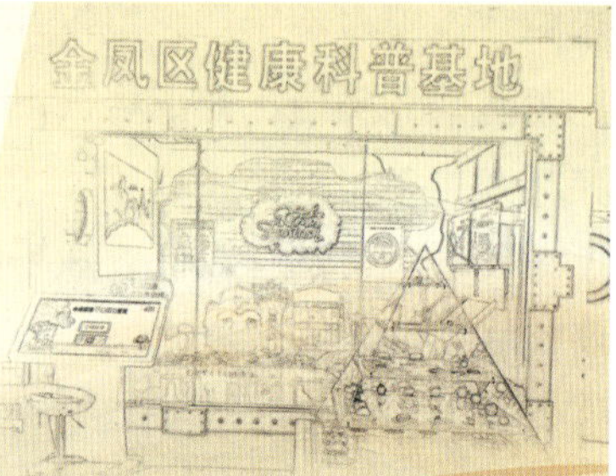

科技教育

科学技术

【概况】 2021年，金凤区本级财政R&D投入698.8万元，增长30.1%，年度财政预算安排科技部门资金282万元。以“争取区市项目为抓手”，推荐自治区、银川市各类科技项目118个，争取资金4346.34万元。给予新认定的3家国家高新技术企业45万元奖励。

【创新主体培育】 截至2021年底，金凤区辖区备案国家高新技术企业69家，科技型中小企业367家、科技小巨人企业29家，其中2021年认定高新技术企业14家，备案自治区科技型中小企业109家，认定自治区科技小巨人企业18家。辖区规模以上工业企业44家，有研发活动的规上工业企业24家，占规上工业企业54.5%。

2021年10月15日，由银川市金凤区科技局主办、宁夏技术市场银川生产力促进中心承办的“金凤区企业家创新精神培训会”在银川先进技术融合创新中心举办

【创新环境】 截至2021年底，金凤区辖区有国家级众创空间4家、自治区级众创空间13家，国家级科技企业孵化器2家、自治区级科技企业孵化器2家，国家级重点实验室1个、自治区级重点实验室8个，国家级工程技术研究中心2个、自治区级工程技术研究中心13个，自治区技术创新中心35家，2021年推荐自治区科技企业孵化器5家、自治区众创空间6家，建设农业科技示范展示区1家。

【科技服务】 2021年，银川科技服务产业园建成，新增科技型企业39家，引进中级职称或硕士研究生学历人才26人。实施人才项目4个。完成技术合同登记数729份，技术合同登记4.43亿。科技成果登记181个。金凤区有效发明专利量696件，万人有效发明量10.81件。新聘科技特派员27名，开展“三区”科技人才培训活动30场次。选派11名科技特派员对金凤区10个贫困村实现全覆盖精准帮扶。

【科技宣传】 2021年，金凤区开展“科技服务进百企”“三员联动”科技服务志愿活动，组织科技强企培训会17场次。组织145家企业参加创新创业大赛16家企业获奖，其中成长组二等奖4个、三等奖

2个、优胜奖5个；初创组一等奖1个、优胜奖4个，金凤区获得最佳组织奖。开展科普宣传活动，制作疫情防控宣传挂图1500份，科普宣传墙201.3平方米，获批自治区级科普基地2个，荣获全国科普活动周组委会颁发的荣誉证书。自治区级科普项目2项。

【科技服务产业园建设】 银川科技服务产业园入驻科技型企业25家，其中2021年新注册企业15家，拥有知识产权企业7家，引进中级职称或硕士以上学历人才共26名。园区入驻服务机构14家，其中引进区外服务机构3家，服务机构涵盖科技金融、科技服务、知识产权、检验检测、信息服务、软件开发等多个科技服务领域。

【科技特派员】 2021年，指导辖区8个法人科技特派员发挥各自优势，强强联合打造金凤区设施园艺全产业链智慧农业科技示范展示区。该展示区完成建设绿色生态设施园艺标准化生产技术示范展示500亩。签订了技术支持及合作协议3份，入园企业研发人员4名、科技特派员5名、技术推广及高校科研院所入驻科研人员2名。引进示范新品种9个，编制了《设施园艺智能生产技术要点》指导生产。主要瓜菜产品良种覆盖率达100%。年举办各级各类科技培训、技术讲座及实训指导4场，观摩考察、培训及咨询人次600人次/年。带动项目区及周边移民脱贫增收，2021年农户人均可支配收入增长10%。

2021年8月25日，金凤区科技局组织相关专家对2020年银川市科技特派员项目进行验收

【特色科普校园建设项目】 2021年，金凤区实施“互联网+教育”工程，打造银川市金凤区第十一小学智慧科普校园建设项目，实现信息技术与科学教育的充分融合。

【捐赠抗疫物资】 2021年10月29日，金凤区科技局为了支持帮助紫馨苑社区做好疫情防控工作，组织多家科技企业为紫馨苑社区捐赠抗疫物资。宁夏蓝图科技发展有限公司捐赠N95口罩900只、防护服60套、医用消毒酒精360瓶、医用手套200双、牛奶10箱；北京牧江（宁夏）科技有限公司捐赠N95口罩2000只；欣科（宁夏）信息科技有限公司捐赠医用消毒酒精90瓶、N95口罩200只、医用橡胶手套404只；宁夏新思科管理咨询有限公司捐赠消毒液4箱、N95口罩1箱；宁夏科创科技咨询有限公司捐赠消毒液10箱、N95口罩100只、防护手套100双；宁夏新阜特能源服务有限公司捐赠防疫物资价值1万元。

2021年11月7日，金凤区爱心科技型企业——中云天创（宁夏）科技有限公司、数云传智（宁夏）信息科技有限公司分别向金凤区紫馨苑社区捐赠了30张床、30套被褥及30条电热毯，助力于疫情防控，解决了金凤区紫馨苑社区防疫物资严重不足的难题

（陈 颖）

教　育

【概况】 2021年底，金凤区教育局内设机构有9个，即党政办公室、基础教育管理办公室、组织人事办公室、财务管理办公室、基础建设管理办公室、条件装备和信息化管理办公室、学前教育管理办公室、民办教育管理办公室、教育工会。直属事业单位1个即教育考试中心，具有独立法人资格事业单位1个即教育教学研究室。2021年，条件装备和信息化管理办公室分设为条件装备办公室和信息化管理办公室。至此，内设机构为10个，除条件装备和信息化管理办公室职责分解为条件装备办公室和信息化管理办公室外，其他内设机构和事业单位职责不变。辖区有中小学49所。其中，金凤区直属公办中小学33所（初中4所、九年一贯制学校1所、小学28所），在校学生37702人（其中小学33511人、中学4191人），在职教师1350名（含特岗教师25人）；区属、市属公办中小学12所（高中2所、完全中学1所、初中4所、小学5所），在校学生29124人（高中10074人、初中8466人、小学10584人）；民办中小学4所（12年制1所、完全中学2所、小学1所），在校学生8072人（高中2413人、初中3746人、小学1913人）；幼儿园118所（公办幼儿园64所、普惠性民办幼儿园40所、非普惠性民办幼儿园14所）；在园人数30073人（公办幼儿园15271人、民办普惠幼儿园12038人、民办非普惠幼园2764人）。截至2021年底，金凤区学前三年毛入园率超额112.60%、小学六年巩固率超额115.04%、初中三年巩固率超额0.93%。

基础建设项目一览表

表2

项目名称	位　置	建筑规模	开工及完成时间
新建金凤区第十五幼儿园	阅海万家E区以西、万寿路以东、阅福路以北	占地面积10651平方米，建筑面积9257平方米，24个教学班720个学位，概算投资4445万元	2021年3月开工建设，2021年9月建设完成
新建金凤区高桥家园幼儿园	位于高桥家园安置区一期内	规划用地面积约0.4公顷，建筑面积2869平方米，6个教学班180个学位，概算投资1830万元	2021年6月开工建设，计划2022年6月底建设完成
新建金凤区第二十七小学	六盘山路以南、香树花城以西、建发悠阅城以东	占地面积约3.27公顷，建筑面积18970平方米，36个教学班1620个学位，概算投资10462万元	2021年4月开工建设，计划2022年7月建设完成
续建金凤区金星村幼儿园	金凤区良田镇金星村内	占地面积约0.41公顷，建筑面积3573平方米，9个教学班270个学位，概算投资1908万元	2020年7月开工建设，2021年9月建设完成
续建金凤区光明村幼儿园	金凤区良田镇光明村内	占地面积约0.34公顷，建筑面积2006平方米，6个教学班180个学位，概算投资1106万元	2020年8月开工建设，2021年9月建设完成
续建金凤区第八幼儿园	金凤区长城中路以北、宁安大街以西	占地面积约0.55公顷，建筑面积5290平方米，12个教学班360个学位，投资概算3150万元	2020年6月开工建设，2021年9月建设完成
续建金凤区第九幼儿园	金凤区平湖巷以东，望海路以北	占地面积约0.67公顷，建筑面积4995平方米，12个教学班360个学位，概算投资2466万元	2020年5月开工建设，2021年9月建设完成

续表 2

项目名称	位　置	建筑规模	开工及完成时间
续建金凤区第十五小学（金凤九小南校区）	六盘山路以南、十五路以北、李银路以东、高桥家园以西	占地面积约 2.67 公顷，建筑面积 18575 平方米，36 个教学班 1620 个学位，概算投资 9296 万元	2020 年 5 月开工建设，2021 年 9 月建设完成
续建金凤区第十七小学	金凤区庆丰街以东、盈南巷以北	占地面积约 3.32 公顷，建筑面积 12690 平方米，36 个教学班 1620 个学位，概算投资 7154 万元	2020 年 4 月开工建设，2021 年 8 月建设完成
续建金凤区第二十四小学	贺兰山中路宝塔悦海加油站以北、第九中学以东、海珀兰轩三期以西	占地面积约 3.77 公顷，建筑面积 21609 平方米，36 个教学班 1620 个学位，概算投资 11601 万元	2020 年 4 月开工建设，2021 年 8 月底教学楼建设完成并交付使用，其余校舍进入装饰装修安装及室外配套工程施工阶段，计划 2022 年 7 月建成
续建湖畔中学	金凤区灵芝巷以东，黄河路以南、典农河以西	占地面积约 2.67 公顷，建筑面积 15140 平方米，24 个教学班 1200 个学位，概算投资 9229 万元	2020 年 9 月开工建设，2021 年 10 月建设完成
续建金凤区第三十小学	金凤区满城北街以西、培华路以南	占地面积约 2.96 公顷，建筑面积 12888 平方米，36 个教学班 1620 个学位，概算投资 6626 万元	2020 年 5 月开工建设，计划 2022 年 6 月建设完成
续建金凤区第三十六中学	金凤区平湖巷以西、培华路以南	占地面积约 7.17 公顷，建筑面积 33714 平方米，48 个教学班 2400 个学位，概算投资 19472 万元	2020 年 7 月开工建设，2021 年 8 月底 4 号教学楼、室外运动场建设完成并交付使用，其余校舍进入装饰装修安装及室外配套工程施工阶段，计划 2022 年 8 月底建设完成
扩建金凤区第九小学教学楼	金凤区宝湖路以南、金凤六街以西	占地面积 4.11 公顷，在该校北侧现状用地范围内新建教学楼一栋，建筑面积 3922 平方米，12 个班 540 个学位，概算投资 1459 万元	2021 年 5 月开工建设，2021 年 10 月建设完成
扩建金凤区良田回中综合楼	金凤区良田镇政府西侧，拆除学校两排平房，新建一栋 2 层综合楼（一楼为厨房和餐厅，二楼为多功能大厅和教职工宿舍）	建筑面积 2700 平方米，概算投资 1446 万元	2021 年 5 月开工建设，2021 年 11 月建设完成

说明：2021 年，新建、续建、扩建学校 15 所，其中中学 3 所、小学 6 所、幼儿园 6 所，新增教学班 264 个、学位 11970 个，有效扩充教育资源总量

【五育并举】 2021年,金凤区坚持文化治校、五育并举,形成了立体化、多面性、全程性的“五育”新模式。一方面,筑牢德育根基,深入实施中小学德育课程一体化改革,着力强化学科德育实施力度,围绕“扣好人生第一粒扣子” 加快推进未成年人思想道德建设。另一方面,促进体育美育劳动教育全面发展。深入实施“体育艺术2+1项目”工程,统筹安排中小学生运动会、青少年校园足球联赛、青少年校园篮球联赛等体育竞赛活动。参加银川市第五届艺术节和自治区第七届艺术节,金凤区选送的33件艺术作品和4个工作坊全部获奖。创新劳动教育内容,打造自治区级劳动教育示范校3所,推选自治区精品劳动教育课程18节。辖区共建成国家级足球特色学校12所、篮球特色学校6所、冰雪特色学校3所、中小学中华优秀文化艺术传承学校3所,各级各类文明校园24所,成功申报全国足球特色项目试点县。以文化治校和五育并举为抓手的育人格局已全面形成。

2021年9月,金凤区第十二小学二年级学生在创客空间教室进行小组讨论实践课程学习

【教师素养提升工程】 2021年,金凤区教育局制定《金凤区教师素养提升工程实施方案》,实施“政治引领,师德筑基,专业提升,科研助力,创新驱动”五大素养提升行动。紧抓师德师风建设,制订《金凤区加强师德师风建设实施方案》,举办师德师风专题教育会,建立师德失范“一票否决”清单,推动师德师风建设规范化、制度化、常态化。年内公开招聘事业编教师260名。深化“区管校聘”人事制度改革,完成第三轮校长教师轮岗交流,推动城乡、校级之间教师、干部资源的有效流动,125名轮岗教师全部到岗。完善教师收入分配机制,确保教师工资收入待遇不低于公务员水平。

【教师培训】 2021年,金凤区教育局探索教师培养新机制,促进教育人才梯次发展。依托“塞上名师”“凤城名师”“金凤名师”等教师培养机制,深入推进“三名工作室”和“1125”教师人才培养工程,新命名金凤名师20名,培育各级骨干教师284名。同时,加强教师培训,启动“COP”二期项目培训。实施校长、教师能力提升计划等“互联网+”培养模式,开展各级各类教师培训2000余人次,培养造就了一支以骨干教师为主导、优秀教师为支撑、大批合格教师为基础的梯次教师队伍。

【集团办学】 2021年,金凤区教育局借助区、市、本级中小学阶段教育集团,将新建学校全部纳入教育集团,实现中小学优质教育资源动态全覆盖。依托金凤区第一幼儿园、银川一幼、宁夏幼师附属幼儿园、宁大南校区幼儿园4个学前教育集团优势,推广集团化办园模式,成功吸纳幼儿园43所,覆盖率38%,基本形成了优质带动薄弱、城区带动农村、公办带动民办的集团化办园机制,构建学前教育集团化办园管理共进、课程共建、师资共育、资源共享的良好局面。

【“互联网+教育”】 2021年,金凤区教育局细化《金凤区“互联网+教育”示范区实施方案》,以17个名师网络工作室为抓手,发挥名师示范引领作用,常态化开展网络教研。以集团校为单元制定“在线互动课堂”的实施方案和授课表，建立健全联动机制，彰显“在线互动课堂”“互动”优势，打破空间壁垒，共建共享优质教育资源。教师运用信息技术常态化开展教育教学活动。“云平台”深度应用引领智慧教学、智慧管理、智慧教研、智慧服务云端发展。高标准推进“互联网＋教育”示范区建设，金凤区共有自治区级“互联网＋教育”示范校4所、标杆校8所，辖区学校全部实现在线互动课堂全覆盖。

2021年9月，金凤区第十二小学教师在“互联网＋教育”创客教室，进行“创客”课例教学研讨

【教学改革】 2021年，金凤区教育局围绕推进课堂变革，提高课堂效率，向课堂要质效，制定新的学科教学常规管理要求，不断加强学校教学常规管理和过程监督。金凤三小“说学教育”围绕多元评价，打造“说以明理、学而至善”的全新概念。出版《说学——一所学校成功的案例》。与银川市教科所、当

2021年9月，金凤区第十一小学二年级学生在老师的引导下使用“数字图书馆”护眼阅读系统进行课外阅读

代好课堂联合举办“2035现代教育进程中的课堂改革之走进金凤三小”专场活动。三小教师应邀前往长春、江西、杭州等地开展说学宣讲，高起点推进说学教育进一步发展。市教科所随机抽取169名教师参加银川市第四届“推进课堂变革”教学展示活动，获得一等奖57名，占33.7%；二等奖56名，占33.1%；总获奖数为113名，位列银川市各市县区第一名。2021年，全区基础教育课题结题，金凤区38项课题获一等奖4项、二等奖12项。

【校园治理】 2021年，金凤区教育局制订《金凤区关于完善校园治理体系提高治理能力的实施方案》，推进校园治理“五大行动”。以加强党的领导、坚持立德树人、坚持依法治校、深化风险防范为抓手，健全完善“两抓两定一跟进”（抓制度、抓培训，定标准、定时限，跟进督导考核）治理运行模式，扎实推进校园治理。深入开展控辍保学、D级危房、“三化”问题清零工作。一体推进党的创新理论“三进”体系、学校党组织“对标争先”“空中思政课”、校园治理大数据平台四项建设行动。攻坚集团化办学体制、中小学思政课一体化、学校医教协同、中小学教育评价、学校食堂管理五项改革。校园安防“四个百分百”（专兼职保安配备、封闭化管理、护学岗设置、一键式报警器及监控配备率四个100%目标）全部达标。聘请第三方评估机构对辖区各中小学、幼儿园进行校园治理工作考核评估，督促各中小学完善工作细节，促进校园治理水平不断提升。通过教育厅校园治理达标县验收，并获得好评。新冠肺炎疫情期间，教育系统勇担重责，机关工作人员下社区，冒着严寒，协助社区封控楼宇、单元；抽调人员下沉社区、卫健局，组成信息专班，协助开展“流调”工作；党员教师在值班值守、数据摸排中发挥先锋模范作用，录制“空中课堂”516节。同时，在学校设置核酸检测采样点29个，组织完成辖区近11万中小学、幼儿园教师、学生新冠疫苗接种工作。

【基础教育质量提升行动】 2021年，金凤区教育局全面贯彻党的教育方针，紧紧围绕“立德树人”根本任务，制订《金凤区基础教育质量提升行动实施方

案》，狠抓优质教育资源扩面提升、构建德智体美劳全面发展的培养体系、深化关键领域改革提高教育教学质量、加快智慧教育建设、推动教育人才高地建设、全面推进校园质量、全面保障教育公平七项任务，以点带面、全面提升，推进城乡学生由“有学上”向“上好学”转变。

【学前教育】 2021年，金凤区教育局制定《关于加快推进学前教育高质量发展的实施意见》《金凤区学前教育质量提升行动方案》，多措并举提高办园质量，落实幼儿园分类培训制度和全员轮训制度，夯实学前教育发展之基。截至年底，金凤区幼儿专任教师2690人，持证教师2684人，持证率为98%；区级示范幼儿园5所，市级示范幼儿园40所，示范园占比45%。

【义务教育】 2021年，金凤区教育局加快构建德智体美劳全面培养的教育体系，以教育教学、集团化办学、教师素养提升等多项改革为抓手，推进义务教育高质量发展。落实特殊教育提升计划，统筹做好残疾儿童随班就读和送教上门工作，残疾儿童入学率为98.08%。科学设计义务教育入学方案，借助“如愿入学”平台，实行“阳光招生”，推进教育公平而有质量发展。

【“双减”工作】 2021年，金凤区教育局研究制定《金凤区教育部门落实“双减”工作实施方案》。统筹推进学科类校外培训机构大幅压减，实现课后服务、“营转非”、预收费监管三个100%。强化落实课后服务，制订《金凤区义务教育阶段课后服务工作实施方案》，推行课后服务“5+2”模式，坚持“1+X”的课时分配方式。部分学校引进第三方专业人员参与课后服务工作，以形式多样、覆盖面广的综合实践课程满足不同年级不同学生的学习需求。辖区学校课后服务覆盖率100%。加强校外培训机构综合治理。金凤区2021年初共有校外培训机构398家，其中有学科类机构158家，非学科类240家。“双减”政策出台以来，金凤区克服疫情影响，开辟绿色通道，简化办理程序，建立校外培训机构台账，多措并举压减学科类培训机构。截至年底，校外培训机构244家，其中，学科类培训机构压减为22家，压减率为85.9%，“营转非”完成率100%。加强校外培训机构资金监管，艺术类培训机构资金监管覆盖率100%，针对学科类培训机构，全部选择资金监管银行。

2021年7月，金凤区第十二小学教师带领参观者体验VR智能教学

【五项管理】 2021年，金凤区成立以政府分管副区长为组长，教育、卫健、文旅体育、团委、妇联等部门（单位）为成员的“五项管理”工作领导小组，形成县处级分管领导包片、教育系统统筹协调、责任督学包校、校长为第一责任人、学校中层领导包年级组的“五项管理”工作格局。制定《金凤区“五项管理”工作实施方案》《“五项管理”责任督学督导工作制度》《“五项管理” 责任督学监督管理工作制度》《中小学校作业、手机、睡眠、读物、体质健康工作制度》《培训机构“五项管理”规定》，采取明察暗访的形式对辖区内中小学和校外培训机构落实“五项管理”进行督导。严格规范校内各项工作，广泛开展“五项管理”督查及“回头看”行动，对学生手机、体质、睡眠、读物、作业各方面严格规范管理，守护学生健康成长。

【教育精准扶贫】 2021年，金凤区教育局深入实施农村学校“改薄”工程、“教育扶贫济智”等教育扶贫专项行动。为554人次的幼儿发放资金补助54.58万元。按照春秋两季开展义务教育阶段学生资助工作：春季资助学生1631人，资助资金

2021 年 9 月，金凤区第十一小学人工智能课程教室

43.65625 万元；秋季资助学生 1689 人，资助资金 45.30 万元。为 688 名大学生发放生源地助学贷款 715.7764 万余元。

【控辍保学】 2021 年，金凤区教育局采取“1+5+N”的工作机制（“1”是常态化开展控辍保学工作，形成一项义务教育有保障长效机制；“5”是指健全联控联保责任机制、定期专项行动机制、应助尽助救助机制、依法控辍治理机制、办学条件保障机制；“N”是指通过多种渠道、多种做法，达到教育阻断贫困代际传递的目的），加强控辍保学动态监管，严格落实“三包三保制”（镇、街道干部包动员保入学率，学校包管理保巩固率，教师包教学保合格率），按照“一家一案”“一生一案”制定有针对性的帮扶措施，形成控辍保学长效机制，确保辖区适龄儿童一个都不少。辖区建档立卡学生无一人辍学。

（徐文博）

文化·体育·旅游

文 化

【概况】 2021年，金凤区委、区政府不断优化公共文化服务供给，提升悦书房数字化建设水平，持续推进“书香金凤”品牌建设，打造金凤悦书房8处，在农家书屋、悦书房等阵地安装有声听书设备，搭建“金凤文旅体育云”数字化综合服务平台，投放图书4万余册，年借阅量达10万人次。建设完成3处示范性基层公共综合文化服务中心。深入实施“文化惠民”工程，完成广场演出、送戏下乡300场次以上，开展了“三下乡”暨“同心抗疫·金牛送福”文化旅游体育迎新春“云”上系列活动及中国·银川黄河合唱节、“文化金凤·书香生活” 全民读书节等大型群众性文化活动，开展结对帮扶、文化辅导员下基层40余场次，系列活动受众达百万余人次，成功创建了银川市文明示范单位，文化工作连续3年考核名列全市第一。

1月29日，金凤区开展“三下乡”系列活动，图为其中的“送福到万家”活动

【文化金凤·四季欢歌】 2021年，金凤区文化旅游体育广电局开展“文化金凤·四季欢歌”广场惠民演出及送戏下乡活动，采取“菜单式、订单式、流动式”服务模式，深入推进广场、乡村、社区、校园、企业、军营“六类”文化品牌，安排了满春园文化广场、银新苑社区文化广场、宝湖观光夜市3个广场演出场地，大大提高了广场演出辐射区域及人群。全年完成广场演出200场，送戏下乡100场，积极营造了我区“天天有演出，月月有活动的浓厚文化氛围。

【2021年迎新春美丽乡村文化大集】 2021年，金凤区文化旅游体育广电局举办文化科技卫生 “三下乡”暨“同心抗疫·金牛送福”文化旅游体育迎新春“云”上系列活动、银川市金凤区庆祝中国共产党成立100周年群众性主题宣传教育暨2021年金凤区广场健身舞大赛等活动，受益群众93万人次(包含线上访问量)。

【群众文化活动】 2021年，金凤区文化旅游体育广电局先后开展了 “唱支山歌给党听·丝路银川·魅力金凤”2021年第三届中国·银川黄河合唱节、“唱支山歌给党听”2021年银川市金凤区庆祝中国共产党成立100周年专场音乐会、庆祝中国共产党成立100周年 “永远跟党走·幸福生活舞起来”2021年金凤区广场健身舞大赛等群众性文化活动 33 场次，系列活动辐射覆盖了辖区内六大商圈、各景区景点、村居（社区）、中小学校，直接参与群众达 45550 余人次，线上观看、点击数达 144 万人次，切实满足了多层次群众多元化的精神文化需求，营造了庆祝中国共产党成立 100 周年的浓厚氛围。

【乡村文化振兴工程】 2021 年，金凤区文化旅游体育广电局围绕乡村振兴战略，依托乡土文化资源，举办了美丽良田·五谷丰登 2021 年银川市金凤区第三届乡村文化旅游节大型群众性文体活动，活动主要围绕农民文化大集、乡村美食文化节、精品乡村文艺汇演、创意文化巡游、全民健身、亲子研学活动 6 大主题展开 13 项精彩纷呈的文体旅游活动，涵盖生态农产品展销、葡萄酒专场品鉴、盛装汉服秀、果蔬采摘乐、研学游写生、亲子趣味运动会、青少年户外拓展训练等内容。

【精品文艺创作】 2021 年，金凤区文化旅游体育广电局以良田镇和丰登镇建设新农村、乡村振兴为素材，组织多名文艺创作者开展 2021 年文化金凤艺术创作采风系列活动。采风团成员走进农户家，听故事，挖掘文化元素，构思村落故事，为打造美丽乡村添入文化内涵。采访 4 家村民生活，追寻创作灵感，通过文艺创作为助力乡村文化振兴。金凤区文化馆艺术团根据建党百年红色主题编创了原创舞蹈《在灿烂的阳光下》，并参加全区广场健身舞大赛获得三等奖。积极开展银川市金凤区 2021 年百场红色主题广场健身舞培训 200 人，将原创舞蹈推广到辖区内 23 个团队中。

【非物质文化遗产保护传承】 2021 年，金凤区文化旅游体育广电局对辖区内的非物质文化遗产项目进行筛选、申报，先后公布金凤区级第六批传承人 15 人，成功申报第五批银川市级项目 3 类 12 项，第六批银川市级传承人 22 人；第六批自治区级项目 13 项，第六批自治区级传承人 23 人。成功申报自治区先进保护责任单位 2 个，其中金凤区文化旅游体育广电局获评 2021 年度先进非遗保护责任单位，申报先进保护传承基地 1 个、非遗年度人物 1 个。

【优秀传统文化进校园】 2021 年，金凤区文化旅游体育广电局以“传承经典·筑梦未来”为主题，积极组织开展传统文化（戏曲）进良田镇曼新小学、金凤区第十小学等 12 所学校，组织“百校千人同唱‘没有共产党就没有新中国’”快闪活动，通过传唱革命歌曲、朗诵红色诗歌等形式，唱响共产党好、社会主义好、改革开放好、伟大祖国好、各族人民好的时代主旋律。邀请戏剧表演艺术家和 10 位非遗传承人作为金凤区非遗传承辅导员，进校园开展传统戏曲讲座和非遗知识讲座等活动。

【文化指导员走基层】 2021 年 6 月 4 日开始，金凤区文化旅游体育广电局聘请 10 位优秀的文化指导员，深入到辖区内的各村居、社区、机关工委、中小学、企事业单位，持续开展金凤区百场红歌辅导专场教学和“你教我学·面对面”文化指导员走基层等活动，主要就合唱表演、文艺节目编排、活动策划组织、声乐、舞蹈、器乐、戏曲等内容进行培训辅导，累计完成广场健身舞、非遗培训、合唱表演等培训 120 场次，受益群众预计达到 2600 余人次，切实提高了群众享受、参与基层公共文化服务的水平。

【民间文艺团队】 2021 年 4 月 6—11 日，金凤区文化旅游体育广电局开展创新节目评审展演活动，通过评分方式甄选出 30 个综合团队和 10 个戏曲团队，实行以奖代补的方式，参加金凤区 2021 年“文化

景湖社区英山红艺术团表演场景

金凤·四季欢歌”广场演出及送戏下乡活动。评审展演期间，吸引周边群众1800人次前往满春园文化广场观看。

【基层公共文化服务中心建设】 2021年，金凤区文化旅游体育广电局继续推进基层公共文化服务中心建设，提升改造了清水湾社区、通福家园社区、光明村3个示范性基层综合公共文化服务中心，加强乡镇、街道综合文化站和村、社区文化活动中心(室)的建设，全面建成覆盖城乡公共文化服务设施网络。已建成通福家园邻里社区非遗文化体验区，以实物展示为主，共计展示非遗作品近100件。为社区开展各类非遗互动体验和公益培训活动提供场所，积极发挥传统文化阵地宣传的作用。截至年底，辖区内有84个文化活动中心，7个乡镇(街道)综合文化站，均按照“公益性、免费性、开放性”原则，有序开放运营。充分发挥文化站服务基层群众文化生活和农村思想文化阵地的重要作用。

【“书香金凤”建设】 2021年，金凤区文化旅游体育广电局先后建设8处“金凤悦书房”：金凤一小、金凤三幼、金凤九小、金凤十五幼、金凤十七小、金凤区通福家园社区、金凤区临阅社区、金凤区银新苑北社区，并已全部向市民免费开放。8处金凤悦书房占地面积约为1740平方米，共藏有图书7.1万余册。总投资1500万元。为广大市民提供免费办证、免费借阅及自学自习服务。以深化全国文明城市建设为契机，图书馆、金凤悦书房积极拓展服务形式，设置志愿服务点，为市民提供便民服务；购置自动借阅设备，4个金凤悦书房实现“24小时”全自动智能化借阅服务。图书馆、金凤悦书房已办理借书证5893张，书籍流通101712册，人流量344652人。金凤区图书馆开展了“悦读月分享”优秀读者评比活动、青少年诵读大赛、线上红色经典知识竞答活动及主题征文大赛等各种活动22场次，参加人数达7万余人。依托“金凤文旅体育云”平台，有效提升了图书馆一站式数字公共文旅服务。整合了数字图书馆平台资源：图书130万册，期刊300种，报纸300种，学术视频5万多集。慕课不少于400门，2万多课时。电子书借阅机共享电子书3000册、期刊150种、视频400集。

【文化产业】 2021年，金凤区文化旅游体育广电局积极引导辖区内文化企业践行“文化创意+特色产业”的发展模式，采取一系列措施促进文化创意及文化旅游产业融合发展。配合自治区、银川市完成文化产业相关申报工作，成功申报自治区级文化产业示范基地5家。金凤区共有自治区级文化产业示范园区1个，自治区级文化产业示范基地14个，自治区级文化产业示范户9家。

银川供电长青艺术团演出场景

体　育

【概况】 2021年，金凤区不断完善全民健身公共服务体系，以突出活动特点，打造活动精品，形成活动特色为思路，积极组织开展具有传统性、趣味性和健身性群众体育活动，增强辖区居民参与体育健身的热情，着力打造“城市15分钟健身圈”和乡村农民健身工程，已完成为民办实事工程20套健身器材安装，新建3个多功能运动场、3个文体广场，阅海湾水上公园内安装1个拼装泳池，典农河(北京路至上海路段)文旅廊道建成并已投入使用，维修更换老旧破损健身器材200件，处理解决体育场地设施投诉案141件。开展了金凤区“百乡千村农民体育月”21天向上打卡运动活动、“健康金凤·舞动风采”城乡健身广场舞线上赛、2021年金凤区亲子运动线上PK

赛和等线上活动，此次线上活动直接参与者达7000人，阅览达3万人次，点击率高达7万人次；同时开展线上和线下社会体育指导员培训；举办宁夏2020—2021年冰雪健身季暨银川市金凤区冰雪健身旅游嘉年华活动、2021年活力金凤全民健身“超级联赛”金凤区八人制成人足球赛、第四届“中国体育彩票杯”2021年农民男子篮球争霸赛、青少年锦标赛，在良田镇园子村开展了以趣味性为主的“2021年金凤区庆祝中国农民丰收节活动”，活动的开展增加了金凤区居民体育锻炼时长，切实提高了居民身体素质，促进全民健身与全民健康深度融合。先后荣获“全国县域足球典型”示范区、“全国老年气排球之乡”称号。

【体育指导员下基层】 2021年，金凤区文化旅游体育广电局通过街道、体育组织、体育健身站点推荐的方式，选拔基层体育爱好者，举办体育健身舞、瑜伽等社会体育指导员培训班，培训优秀的社会体育指导员。截至2021年底，金凤区社会体育指导员（包括国家级、一级、二级、三级指导员）1500人；体育指导员对基层健身群众进行科学指导，已有健身气功、围棋、毽球进入街道社区，参与人数达2000余人，带动了广大群众积极参加体育锻炼的热情。

【体育后备人才培养】 2021年，金凤区文化旅游体育广电局加强体育后备人才培养力度，深入各学校、体育协会，校园竞赛场中深入挖掘优秀体育人才，建立从小学、初中到高中的全面体育人才发掘培养体系；在2021年青少年锦标赛游泳、田径、武术、乒乓球、篮球、轮滑、举重、排球、跆拳道等21个项目的各协会、俱乐部中发掘、挑选、训练303名运动员代表金凤区参赛，有200余名运动员取得第十六届运动会的参赛资格、37名运动员达到国家一、二级运动员标准并取得证书，为金凤区青少年竞技体育发展奠定了基础。

【全民健身活动】 2021年，金凤区文化旅游体育广电局组织开展金凤区体育志愿者线上健身教学活动、金凤区“百乡千村·农民体育月”21天向上打卡运动活动、“健康金凤·舞动风采”城乡健身广场舞线上赛、2021年金凤区亲子运动线上PK赛等线上活动，此次线上活动直接参与人数达7000人，阅览达3万人次，点击率高达7万人次。

【“助力冬奥·冬游银川”2021年金凤区冬季冰雪嘉年华活动】 2021年12月24日，由自治区文旅厅指导，银川市文化旅游广电局主办、金凤区文化旅游体育广电局承办的“助力冬奥·冬游银川”2021金凤区冰雪嘉年华启动仪式在银川市金凤区阅海滑雪场隆重举行，“助力冬奥·冬游银川”2021年金凤区冰雪嘉年华系列赛事活动将持续至2022年2月28日结束，共有12个景区参与，将推出“全家动员·玩转冰雪”家庭挑战赛、“全民竞技·献礼冬奥”大众滑雪赛、“流光溢彩·照亮冬夜”奇幻彩灯秀、“亲子出行·乐享童趣”儿童欢乐汇等9项主题活动。此次“助力冬奥·冬游银川”冰雪嘉年华活动在央视13套、央视5套、宁夏新闻联播、《宁夏日报》等各大媒体轮流播放。

2021年末，滑向2022全国大众速度滑冰马拉松系列赛（2020—2021）银川站暨2021—2022年银川市金凤区冰雪嘉年华启动仪式在银川阅海滑雪场拉开帷幕

【多功能足球场在丰登镇润丰村建成】 2021年，金凤区文化旅游体育广电局通过“体育+旅游+文化+农业”等多产业高质量融合发展思路，紧抓休闲健身、乡村旅游等重要元素，扮靓做足乡村旅游“特色”。主动谋划，积极协调，在利思田园综合体内建成3个5人制多功能足球场，总占地面积达4923平方

米（约 7.38 亩），在球场四周设有观众看台，已正式投入使用，可为广大足球运动爱好者提供环境优美的比赛、训练场地，7 月 10 日，2021 年宁夏休闲农业系列活动第五届银川农业嘉年华暨金凤区首届“乡村振兴杯”足球联赛在丰登镇利思润丰生态园举办，联赛有 32 支队伍、380 多名队员参赛。

【农民篮球争霸赛】 2021 年 7 月 3—8 日，“中国体育彩票杯”宁夏第四届农民篮球争霸赛在海原县举办，共有 22 支代表队，246 名运动员，经过 6 天 62 场紧张激烈角逐，取得圆满成功，金凤区代表队荣获体育道德风尚奖。

【全国“奔跑吧·少年”暨“六一”亲子足球嘉年华活动】 2021 年，金凤区足球协会承办的 2021 年全国“奔跑吧·少年”主题健身活动启动仪式（金凤站）暨银川市金凤区庆“六一”亲子足球嘉年华系列活动在金凤区阅海万家 G3 区足球场举行。活动邀请到了中国足协 C 级教练白骞、苏维嘉；中国足协 D 级教练黄锐、马克、王辉、马思毅、杨佳伟；亚足联 B 级教练邢乐等优秀教练员参加。现场设置了橄榄球游戏、4 门小比赛游戏、组合游戏、趣味保龄球、9~16 格连线游戏、踢球入门等 6 项足球体验式运动项目，有 200 余名少年儿童积极参与，活动中更有众多初次接触足球运动的少年儿童。

2021 年“奔跑吧·少年”场景

【青少年锦标赛】 2021 年 11 月 27 日至 12 月 7 日，宁夏 2021 年青少年锦标赛足球、篮球、排球 3 个项目分别在石嘴山市大武口区、灵武市、中卫市、中宁县、海原县相继开赛。由金凤区文化旅游体育广电局选拔的 9 支代表队，128 名运动员参赛。其中，有 8 支代表队取得第十六届运动会准入赛门票。在中宁县赛场上金凤区代表队男子甲组获得全区第 2 名，女子乙组获得全区第 3 名。在海原县青少年排球锦标赛的激烈角逐中，金凤区男子甲组获得全区第 1 名，男子乙组获得全区第 2 名，女子乙组获得全区第 2 名。

【国民体质监测】 2021 年，金凤区文化旅游体育广电局采用“多阶段分层随机抽样”的方法，在金凤区 2 个乡镇、5 个街道、46 个社区休闲集中的活动场地，采用现场填表的方式进行对 6 周岁及以上的城乡居民进行调查，共发放样本 1600 份，回收有效样本 1480 份，其中 6~19 岁儿童青少年 256 份，20 周岁及以上人群 1224 份。调查数据显示，在本次采集样本中，男性 660 份，占比 44.59%；女性 820 份，占比 55.41%。其中，儿童 256 份，占比 17.30%，青年 360 份，占比 24.32%；中年 461 份，占比 31.15%；老年 403 份，占比 27.23%；充分考虑到了不同年龄段人群。

【运动场地设施】 2021 年，金凤区文化旅游体育广电局在建发枫林湾小镇、中海国际社区、银丰社区建成 3 个多功能运动场。（在建发枫林湾小镇、砖渠新村小区、丰瑞景苑小区）建成 3 个文体广场。在典农河北京中路至上海西路两侧沿线新增健身步道 1.5 千米。完成为民办实事工程 20 套健身器材安装，维修更换老旧破损健身路径 200 件，处理解决体育场地设施投诉案件 141 件。阅海湾水上公园内 1 个拼装泳池和典农河（北京路至上海路段）方旅廊道建成并已投入使用。

【体育成绩】 2021 年，金凤区新注册青少年运动员 247 名，代表金凤区参加 2021 年自治区青少年锦标赛的运动员共计 303 名。2021 年宁夏第八届社会体育指导员交流展示大赛柔力球荣获三等奖；“我要上全运”全国第十四届运动会群众项目健身气功宁夏选拔赛荣获二等奖；“我要上全运”全国第十四届运动会群众项目健身气功宁夏选拔赛获得一等奖；银川市金凤区入选首批全国县域足球典型名单。

旅 游

【概况】 金凤区作为银川市政治经济文化核心区，依托区位优势，通过推动建发大阅城商业文旅综合体、宁夏观光夜市、典农河、花博园—览山、水上公园等文化旅游资源的联动发展，延伸拓展文化旅游产业触角，逐步形成夜间文旅消费集聚区，金凤区的都市休闲旅游核心吸引力正在逐步提升。截至2021年底，辖区共A级景区7家，其中AAA级5家、AA级2家。AAA景区分别是森淼生态旅游区、阅海国家湿地公园、宁夏地质博物馆、银川文化艺术博览中心、银川阅海湾中央商务区水上公园，AA级景区分别是伊百盛羊胎素馆和沃福百瑞枸杞博物馆。星级宾馆、高端品质酒店25家，旅游商品研发基地8家，5条旅游特色街区、旅游休闲街区和集散中心各1个，全年金凤区旅游景区累计接待游客316.39万人次，旅游总收入6358.5万元，同比分别增长22%和23%。

【文旅产业】 2021年，金凤区文化旅游体育广电局对辖区内的文旅企业进行了多次调研、全面普查，建立了金凤区文旅产业企业库、项目库、政策库，形成了《金凤区文化旅游产业发展调查分析报告》，起草了《文化旅游高质量发展实施方案（初稿）》，编制了《银川市金凤区文旅体育广电局“十四五”发展规划》《金凤区环阅海休闲旅游度假区总体发展规划（初稿）》，提出了金凤区文旅产业发展时间表、路线图，发展方向、发展重点，为下一步推动重点特色产业发展布局提供科学依据。

【文旅项目申报】 2021年，金凤区文化旅游体育广电局积极申报阅海湾省级旅游度假区、金凤区夜间旅游休闲度假集聚区、阅海湾休闲旅游度假集聚区等重点项目；积极指导良田镇园子村、丰登镇润丰村申报省级、全国乡村旅游重点村；指导利思·田园蜜语农业生态园申报AAAA星级乡村旅游示范点，已公示；指导银川阅海湾中央商务区水上公园、银川文化艺术博览中心被评为国家AAA级旅游景区，沃福百瑞枸杞博物馆评为国家AA级旅游景区；指导银川建发大阅城旅游休闲街区成功申报自治区级旅游休闲街区；指导伊百盛羊胎素馆滩羊文化馆洗手间申报成为二类旅游厕所。多彩典农河自然生态和文化旅游廊道建设项目，正在进行项目资金的申报。

大阅城喷泉

【“悦游银川”旅游品牌】 2021年，金凤区文化旅游体育广电局围绕六大商圈、景区景点、乡村阵地，择优培育六大商圈、景区景点、两镇旅游新业态，“唱支山歌给党听·丝路银川·魅力金凤”2021第三届中国·银川黄河合唱节、“唱支山歌给党听”2021年银川市金凤区庆祝中国共产党成立100周年专场音乐会等多场文旅活动；有效推动三产深度融合发展，带动了辖区内的住宿、购物、娱乐、餐饮等业态联动发展，进一步提升金凤旅游品牌的影响力。

【旅游精品路线】 2021年，金凤区文化旅游体育广电局制作发放《金凤区美丽乡村旅游攻略》《文化金凤　书香生活——公共文化场馆》《住在金凤——星级酒店》《畅游金凤——景区景点、公园绿地》等精美手绘地图8000余份；发布了金凤研学游、美丽乡村游等5条旅游特色精品线路。

【文体宣传】 2021年，金凤区文化旅游体育广电局联动六大商圈，通过举办银川市欢乐购物节、全

悦馨阁观景公寓酒店

国广场舞健身大赛线上全民健身定向活动及亲子运动会等系列活动，满足市民旅游、购物、休闲、娱乐、健身等多种需求，带动市民消费热情；金凤区文旅宣传片和文旅资源宣传短视频通过黄河云视APP、宁夏卫视官方微博、抖音号、视频号走进“宁夏有礼了”直播间，将金凤区得天独厚的生态水系、繁荣便捷的现代服务业体系、精彩纷呈的各类文化场馆、人气聚集的夜间经济、良田镇现代生态观光农业以及多种羊肚菌、良田果蔬、非遗剪纸等文化旅游资源进行了高度的浓缩呈现。形成对金凤区风光美景、好物优品更广泛、更深入、更持久的宣传推介。

【文旅行业专项检查】 2021年，金凤区文化旅游体育广电局以行业内疫情防控、安全生产和巩固全国文明城市创建成果为契机，联合消防大队和应急管理局等有关部门，对2个镇、5个街道内的网吧、游戏游艺厅、歌舞娱乐场所、体育健身场馆、景区景点等进行综合统筹、联动督查，开展文旅市场安全生产、灾害预防、疫情防控等大排查工作，累计开展了5轮全覆盖督导检查，发放疫情防控、安全生产等各类宣传海报、宣传册等2000余份，签订安全生产责任书150份，整改督导行业不规范行为18次，辖区内的文化旅游市场无重大安全事故发生。

（白娟红）

卫生健康

综　述

【概况】 2021年，金凤区卫生健康局全面推进健康金凤建设，大力实施全民健康水平提升行动，有序推进医药卫生体制改革，不断提升基层卫生和公共卫生服务能力，扎实开展常态化疫情防控工作，为促进金凤区经济社会发展创造了良好的医疗卫生环境。制定《金凤区卫生健康事业发展“十四五”专项规划》《关于印发〈金凤区卫生健康局2021年重点工作任务和责任分工〉的通知》，确保卫生健康重点工作目标要求落实落地；协调推进辖区深化医药卫生体制改革，构建医联体协作模式，推进“互联网＋医疗健康”县域医共体平台建设和基层医疗卫生机构基本药物制度及综合改革项目规范实施，稳步提高乡村医生待遇；组织实施辖区疾病预防控制、免疫规划以及严重危害人民健康公共卫生问题的干预措施，负责卫生应急工作，组织指导突发公共卫生事件的预防控制和各类突发公共事件的医疗卫生救援，负责金凤区重要会议与重大活动的医疗卫生保障工作；组织实施应对人口老龄化政策措施，负责推进老年健康服务体系建设和医养结合工作，印发《关于进一步做好医疗卫生机构与养老服务机构签约合作服务的实施方案》《关于深化医养结合建立完善老年健康服务体系的实施方案》，实现养老服务机构与医疗卫生机构的融合发展，提升医养签约服务质量和老年人健康养老服务质量；组织实施国家药物政策和国家基本药物制度，开展食品安全风险监测评估；贯彻执行职责范围内的放射卫生、学校卫生、公共场所卫生、饮用水卫生、医疗卫生等公共卫生的监督管理，负责传染病防治监督，制订《2021年金凤区卫生健康国家随机监督抽查工作实施方案》，开展辖区重点场所卫生监督执法工作，有效维护群众健康权益；落实国家、自治区、银川市关于医疗机构、医疗服务行业管理办法并监督实施；组织实施自治区、银川市中医药事业发展规划、政策，制订《金凤区中医药康复服务能力提升工程实施方案（2021—2025年）》《金凤区2021年中医药服务能力提升行动实施方案》，进一步加强金凤区中医药服务体系、队伍建设，提高中医药服务能力和水平；贯彻落实计划生育管理和服务工作，开展人口监测预警、提高出生人口素质、促进出生人口性别平衡；指导基层卫生健康、医疗卫生、妇幼健康服务体系建设，制订《金凤区2021年度基本公共卫生服务项目实施方案》，确保公共卫生服务项目经常抓、重点抓、全面抓；负责卫生健康宣传，健康教育、健康促进等工作，开展了“世界家庭医生日”“全国爱耳日”“世界卫生日”等宣传活动；制订《金凤区卫生健康局2021年人才工作计划》，采取“外派进修”“对口帮扶”等多种交流形式组织人才到上级医院专科化进修，医联体协议医院定期安排专家到基层医疗机构坐诊，积极参加继续医学教育，提升基层医务人员业务能力。

【医疗卫生机构】 2021年，金凤区辖区共有各级各类医疗卫生机构304家，其中三级公立医院4家(宁夏回族自治区人民医院、宁夏医科大学总医院心脑血管病医院、自治区人民医院眼科医院、银川市妇幼保健院阅海分院)；二级公立医院7家(宁夏回族自治区妇幼保健院、宁夏回族自治区工人疗养院、宁夏民康医院、宁夏安康医院、宁夏康复医院、银川市第二人民医院、银川市口腔医院)；二级民营医院6家(宁夏康元泽润医院、宁夏普赫肾病医院、宁夏祥安医院、宁夏思迈尔口腔医院、宁夏秦杨中医医院、宁夏康源肛肠医院)；一级民营医院4家(银川上医堂中医医院、银川爱康博大医院、银川华安医院、银川明慈眼科医院)；公共卫生服务机构7家，分别是银川市计划生育服务中心、银川市疾病预防控制中心、银川市卫生监督所、金凤区健康教育所、金凤区疾病预防控制中心、金凤区卫生监督所、金凤区妇幼保健计划生育服务中心；基层医疗机构273家，其中乡镇卫生院2家、社区卫生服务中心8家、社区卫生服务站24家、村卫生室15家、个体诊所192家、医务室10家、门诊部22家；医疗康复中心1家、体检中心1家、医学检验1家。

【新冠肺炎疫情防控】 2021年，金凤区卫生健康局妥善处置新冠肺炎疫情，切实发挥疫情防控主力军作用，做好密接、次密接人员的信息核实、闭环转运、隔离管控、居家健康监测、疫苗接种等工作。坚持分级分类管理制度，严格落实“五包一”工作机制，全年累计管理居家隔离人员5999人，居家健康监测19942人次，流行病学调查355人次，累计排查密接847人、次密接9129人，封控医院1家(市二医院)，封控自治区人民医院感染性疾病科楼栋；累计封控小区3个(鸣翠春天小区、森林半岛小区、碧桂园嘉誉里小区)，封控楼宇(公寓/宾馆)363个，封控单元4134个，管理风险人群199335人，累计核酸检测110万份。按照“外防输入、内防反弹”的原则，机场、火车站卡口24小时专班值守，2021年累计摸排管控境外返银1055人，中高风险区来(返)金凤区人员7981人。借助公共卫生体系建设项目，投入资金近300万元，加强实验室硬件设施建设，建立总面积103平方米的银川市县区级疾控系统首家新冠病毒核酸检测实验室，配置了全自动核酸扩增分析仪、核酸提取仪等高端进口检验检测设备，并取得了新冠病毒核酸检测资质；完成辖区6家社区卫生服务中心发热哨点诊室改造，完成两镇卫生院发热门诊建设，采购备齐发热门诊设施设备，投入使用后接诊735人次发热病人。广泛宣传新冠肺炎防控和疫苗接种知识，高危群众自我保护意识和能力，认真做好疫情信息发布和舆情引导。2021年辖区共设置接种点位20个(方舱接种点1家、常规门诊16家、临时接种点3家)和流动接种车2辆，日接种能力达15000人；培训接种医务人员300人，接种医务人员全部持证上岗。截至12月31日，累计接种新冠病毒疫苗1115058剂次。其中：第一剂次接种530553人(3~11岁儿童第一剂次累计接种71791人)；第二剂次507492人(3~11岁儿童第二剂次累计接种48526人)；第三剂次77013人。自“10·17”疫情发生以来，

宁夏回族自治区人民医院外景

2021年6月30日，金凤区医疗保障局组织党员干部参观闽宁镇

医疗救治保障组负责封控区、管控区外出就医人员的闭环转运工作，累计转运3500余人次，出车7000余次，其中重点人群1435人次（孕产妇650人次，儿童720人次，透析65人次）。

【家庭医生签约服务】 2021年，金凤区家庭医生团队通过家医线上签约平台，全面开展家庭医生线上签约工作，充分运用微信、手机App等信息化手段与老年人、慢性病患者或其家属建立有效的互动沟通渠道，开展慢病随访服务，提升基层医生工作效能，及时掌握老年人、慢性病患者健康状况，督促其加强血压、血糖自我监测。2021年，金凤区77支家庭医生团队线上签约18万余人。

【巩固脱贫攻坚成果】 2021年，金凤区切实巩固脱贫攻坚成果，杜绝出现建档立卡脱贫户和边缘易致贫户出现因病致贫、因病返贫等问题，保障脱贫户和边缘易致贫户健康安全。排查患病的贫困户、健康扶贫动态信息管理系统数据，全面掌握贫困人口的基本健康、患病诊疗及医疗服务需求。两镇卫生院门诊患者全部享受"先诊疗，后付费"政策，实行"一站式"报销结算制度，住院患者政策享受率达100%。落实常见病、慢性病能够在乡村医疗机构获得及时诊治，常用药配备足额到位。

【"家庭病床"试点】 2021年，金凤区作为自治区试点县区，探索适合辖区的家庭病床管理制度、服务模式、服务规范以及运行机制，以点带面，逐步推广，规范引导家庭病床工作发展。选择卫生健康工作基础较好的4家基层医疗机构作为试点单位，选派试点单位5名医务人员到上级医院进行培训，通过强化专业技能，提高对家庭病床中常见疾病的诊断治疗、危急重症病人急救、常见症状的鉴别诊断和处置等医疗服务能力。

【医养结合】 2021年，金凤区基本形成了以居家为基础、社区为依托、机构为补充、医养相结合的养老服务格局。积极开展全国示范性老年友好型社区创建工作，推选黄河东路街道通福家园社区参与创建全国示范性老年友好型社区，经过逐级审核，10月已通过国家评审，正式授予"2021年全国示范性老年友好型社区"称号。推进老年友善医疗机构创建工作，组织召开工作安排部署会，压实责任，以创促改，不断优化老年人就医流程，进一步提升老年人就医环境，2021年金凤区已有5家医疗机构通过县区初评。积极推进碧水蓝天社区卫生服务中心"三中心合一"建设工作，以碧水蓝天社区卫生服务中心社区医院建设为依托，整合医疗机构、安宁疗护、康复等服务功能，打造成集医疗、养老、康复护理于一体的综合性医养结合服务机构。

【医疗卫生人才队伍建设】 2021年，金凤区落实多点执业，以"凡晋必下、千名医师下基层"等活动为依托，促进医务人员钻研业务，提升医疗技术水平。通过业务培训、转岗培训等形式，及时为基层人才队伍更新知识技能，提升自身能力素质。2021年度派驻到金凤区"千名医师"共计53名，通过"传、帮、带"的形式进一步规范基层医疗机构业务管理，不断带入新鲜技术与优质服务理念，提升基层服务水平。选派6名医务人员至银川市中医院进行培训，持续提升基层医疗卫生服务能力。

【获得荣誉】 2021年，金凤区卫生健康局获得2020年健康宁夏建设考核一等奖、2020年健康银川建设考核一等奖，重新被确认为国家慢性病综合防控示范区、银川市无烟党政机关（周期为2021—2023年），黄河东路街道通福家园社区通过2021年全国示范性老年友好型社区审核，金凤区疾病预防控制中心被评为心血管病高危人群早期筛查与综合干预项目2020年度先进单位、2019/2020年结直肠癌早诊早治项目优秀项目点、金凤区先进基层党组织，金凤区卫生监督所被评为文明单位，金凤区良田镇卫生院被授予2021年银川市家庭医生岗位练兵团体一等奖、文明单位称号；汪生平获得二等功奖励，陈瑞琴、丁雪松获评全市优秀共产党员，王海霞获评第六届"万步有约"健走激励大赛宁夏赛区先进个人，马吉宁获评全国红十字志愿服务先进典型。

医药卫生体制改革

【医联体建设】 2021年,金凤区按照自治区、银川市综合医改会议精神和文件要求,紧紧围绕改革重点工作目标,以解决广大人民群众基本医疗服务为出发点,积极创新工作模式,扎实开展工作。良田镇卫生院、丰登镇卫生院分别与银川市第一人民医院、银川市第二人民医院签订医联体协议,良田镇卫生院同时与秦杨中医医院、自治区妇幼保健院签订中医、妇幼单科室协作协议,29家社区卫生服务机构分别与5家二级以上医疗机构签订医联体协作协议,推动"人员、技术"向基层下沉。上级医疗机构派遣内科、儿科、中医等专家到基层医疗机构坐诊,通过专家基层帮教、坐诊、健康教育及家医服务等联动方式,构建基层首诊、双向转诊、急慢分治、上下联动的分级诊疗制度。2021年,累计上转转诊7068人次,下转转诊859人次。

【"互联网+医疗健康"】 2021年,金凤区推进"互联网+医疗健康"县域医共体平台建设,作为银川市医共体平台首家试点单位,积极推进项目上线运行,为该系统在全市推广应用打下坚实的基础。在自治区、银川市的统一安排部署下,与安徽科大讯飞医疗信息技术有限公司签订合同,在辖区46家基层医疗机构推广安装"人工智能辅助诊疗系统""智能语音随访系统"。借助上级医疗平台,大力推进远程门诊、远程心电、远程影像及远程教学等工作。

【乡村医生管理】 2021年,金凤区给在岗乡村医生每月给予1000元基本生活补贴;对全日制医学本科生从事乡村医生工作的和取得执业(助理)医师、执业护士资格的乡村医务人员每月另外增加1000元的生活补助,同时享受国家、自治区、银川市大学生创业就业相关优惠政策;村卫生室负责人每月另外增加200元生活补助。将所有在岗乡村医生纳入职工养老保险管理,每月按照年度职工养老保险的最低标准和居民医疗保险的最高标准给予补贴,用于缴纳养老保险和医疗保险。村医在退出时,养老保险缴费不足15年的,由政府一次性补缴满15年。2021年度为辖区45名乡村医生拨付生活补助110余万元。

【中医药服务】 2021年,金凤区良田镇卫生院、丰登镇卫生院充分利用中医诊疗区,不断拓宽中医适宜技术服务项目,将"治未病"在基本公共卫生服务项目中全面开展,并依托二级医疗机构"协作办医专家团队"中的中医专家资源优势,打造特色中医诊疗专科,突出"名医"效应,让群众足不出镇就能得到专家的诊疗服务。两镇卫生院、7家社区卫生服务中心规范开展6类以上中医适宜技术,配备中药饮片305种,中成药品种80种以上;社区卫生服务站、村卫生室规范开展4类以上中医适宜技术,配备足量中成药和中药饮片,能够运用中医药方法防治常见病、多发病、推广中医药适宜技术以及中医健康指导服务等工作,提供中医药服务37.2余万人次。

【药品改革】 2021年,金凤区制定《2021年金凤区落实基本药物制度暨推进基层卫生综合改革项目实施方案》,预拨2021年基本药物补助资金230万元,其中,村卫生专项补助30万元主要用于弥补乡村医生开展基本医疗的收入补助。基层医疗机构落实国家基本药物制度,申购率、使用率、回款率均达到100%。持续落实药品流通配送"两票制"验收,继续实行"零差率"销售,切实减轻群众就医负担。同时制定《2021年金凤区落实基层医疗卫生机构基本药物制度暨推进基层卫生综合改革项目绩效考核实施方案》,通过公平、公正、综合的绩效考核,建立奖优罚劣、多劳多得的分配机制和民主监督机制,客观、真实地反映基层医疗卫生机构基本药物制度及综合改革项目实施情况,推动基层医疗卫生机构基本药物制度及综合改革项目任务全面、规范实施。

【医政管理】 2021年,金凤区先后制订并印发《关于落实国家医疗卫生行业综合监管实地督查反馈问题整改方案》《金凤区医疗废弃物和医疗污水处置专项整治工作方案》《金凤区医疗卫生机构生活垃圾分类工作实施方案》《金凤区卫生健康局关于开展“合理检查、合理用药、合理治疗”专项整治行动实施方案》《开展不合理医疗检查专项治理行动工作实施方案》等文件,督促各级各类医疗机构加强内部管理,完善各项制度,履行主体责任,提高依法执业意识,确保各项工作严格按照要求落实到位,对提高医疗服务质量起到了良好促进作用。组织开展新冠病毒疫苗接种医疗救治保障实践技能操作、预检分诊、鼠疫知识、医疗废弃物管理、生活垃圾分类等各类培训班,累计参加3245人次,通过培训增强了医务人员的院感知识,规范了疫苗接种流程、医疗废弃物、生活垃圾的分类、收集、存放及临床诊疗行为。将科研诚信教育纳入职工入职第一课,组织局属单位、基层医疗机构对照《医疗机构科研诚信管理体系建设对照检查样表》全面梳理自查,所有干部职工发表论文均符合规定,不存在违反科研诚信和相关行为规范的论文;开展继续医学教育培训班,累计举办21期;完成执业(助理)医师、中医专长、护士资格考试现场审核及相关执业人员资格证发放工作,累计审核405人次,发放资格证97张;组织开展年度校验工作,2021年共校验210家,其中暂缓校验5家;组织169家医疗机构安装视频监控,254家医疗机构安装污水处理设施;规范收集各医疗机构产生的生活垃圾,共计340吨,其中厨余垃圾45吨,其他垃圾240吨,有害垃圾1吨,可回收垃圾54吨。

公共卫生

【重大传染病综合防控】 2021年,金凤区卫生健康局不断完善与教育局、农业农村和水务局、市场监督管理局金凤分局、自然资源局等部门的联防联控机制,密切监测新冠肺炎疫情、艾滋病、结核病、禽流感等重大传染病疫情,2021年度无突发公共卫生事件。扎实开展结核病防治工作,开展“3·24”结核病宣传进校园活动1期,完成辖区内3所寄宿制高中秋季入学新生的结核病筛查工作;组织开展禁毒宣传月工作及禁毒流动课堂进校园活动;对辖区内37所学校、102所托幼机构在春秋季开学前后进行传染病督导检查2次。

2021年11月25日,金凤区疾控中心举办3~11岁儿童新冠疫苗接种培训班

【巩固国家级慢性病综合防控示范区成果】 2021年,金凤区卫生健康局积极做好迎接国家慢性病综合防控示范区复审工作,3月底组织各成员单位完成国家慢性病综合防控示范区系统上报及纸质资料收集整理工作,12月顺利通过复审,被重新确认为国家慢性病综合防控示范区。利用全民健康生活方式月及卫生健康日,开展“全国肿瘤防治宣传周”及全民营养周宣传活动,普及癌症早诊早治及合理膳食等健康知识;印发《金凤区2021年度脑卒中高危人群筛查和干预项目实施方案》《金凤区2021年度大肠癌早诊早治项目实施方案》《金凤区2021年度心血管病高危人群早期筛查与综合干预项目实施方案》,扎实推进脑卒中高危人群筛查和干预项目、大肠癌早诊早治项目、心血管病高危人群筛查干预工作开展;积极推进慢性病机会性筛查工作,制定《金凤区重大慢性非传染性疾病医疗机构机会性筛查干预管理工作方案》,将工作任务分解到辖区自治区人民医院、银川市第二人民医院两家二级以上综合医疗机构,疾病预防控制中心做好辖区重大慢性病机会性筛查干预工作相关信息的收集、整理和分析,基层医疗卫生机构规范做好高血压和糖尿病管理随访工作,圆满完成了心血管病和脑卒中机会性筛查工作任务。

【社会心理服务体系建设试点】 2021年，金凤区卫生健康局投入资金75.4万元建成示范性心理咨询室13个，普通心理咨询室52个。通过政府购买服务、邀请专科大夫开展多部门师资培训4期260余人，提高相关工作人员工作能力和水平。开展心理健康进学校、进社区、进企业、进军营等活动，进行心理健康讲座101期3000余人。各部门创新开展心理健康工作，团委开展"阳光课堂"未成年人心理健康辅导活动、新时代文明实践"扣好人生第一粒扣子"系列活动，促进辖区青少年身心健康。司法局针对社区矫正对象个体情况制定个性化矫正方案，帮助社区矫正对象克服负面情绪。卫生健康局联合政法委、民政局、残联、医疗保障局印发《关于开展严重精神障碍患者排查工作的通知》，新摸排严重精神障碍患者100余人。

【卫生应急能力建设】 2021年，金凤区卫生健康局修订完善了《金凤区突发重大传染病疫情防控应急预案》《金凤区突发公共卫生应急预案》《金凤区突发公共卫生事件医疗卫生救援应急预案》等，并提交金凤区应急管理局进行审议。组织做好各类考试及大型活动医疗保障及疫情防控共38次，参与保障人数86人次。充分利用自治区公共卫生体系建设和重大疫情防控救治体系建设补助资金，对原有实验室按照最新标准及相关规范要求进行能力提升改造，包括以新冠肺炎为主的病毒性传染病监测及能力提升、理化实验室水质检测能力提升等。先后举办金凤区新冠疫情应急演练1次，承办全市新冠肺炎疫情防控实战演练，通过多部门联动，从病例发现与报告、流行病学调查与处置、社区管控、全员检测等环节的应急处置，全方位、多角度、真实展现应急处置全过程，为有效应对突发疫情，多部门联防联控、群防群控奠定坚实的基础。

妇幼保健

【妇儿保健】 2021年，金凤区卫生健康局共管理孕产妇6074人，活产数6128人，早孕建册率98.96%。孕产妇产前筛查5701人，产前筛查率93.86%。产妇产后访视6058人，产后访视率98.86%。产妇系统管理人数5983人，系统管理率97.63%。管理高危孕产妇2710人，孕产妇高危管理率100%。全年孕产妇死亡0例，孕产妇死亡率为0/10万。全年新生儿访视6123人，新生儿访视率99.92%，0~6岁儿童46818人，管理0~6岁儿童45257人，健康管理率96.67%。3岁以下儿童22197人，管理3岁以下儿童21083人，3岁以下儿童系统管理率94.98%。0~6岁儿童眼保健及视力检查45257人，眼保健覆盖率96.67%。2021年，婴儿死亡率1.96‰，5岁以下儿童死亡率3.26‰。较上年，孕产妇死亡率有所下降，婴幼儿死亡率和5岁以下儿童死亡率有所上升。

【妇幼健康行动计划项目】 2021年，金凤区卫生健康局制定《金凤区妇幼健康项目实施方案》《金凤区妇幼健康民生实事项目实施方案》，明确工作要求，规范服务流程和技术标准，保证项目顺利开展。委托3家母婴保健机构开展婚前医学检查，分别是宁夏回族自治区妇幼保健院、银川市妇幼保健院阅海分院和银川市第二人民医院。全年免费婚前医学检查1683人，婚前医学检查率68.24%。委托5家医疗机构开展免费孕前优生健康检查，分别是宁夏回族自治区妇幼保健院、银川市妇幼保健院阅海分院、上海西路碧水蓝天社区卫生服务中心、良田镇卫生院、丰登镇卫生院，全年检查2203对4406人，超额0.1%完成任务。辖区5家助产机构开展新生儿疾病筛查项目，分别是宁夏回族自治区妇幼保健院、宁夏回族自治区人民医院、银川市妇幼保健院阅海分院、银川市第二人民医院和银川市国龙医院（金凤产科病区），新生儿活产数14157人，新生儿代谢疾病筛查14084人，筛查率99.48%；新生儿听力筛查14140人，筛查率99.88%，较上年明显上升。免费为农村准备怀孕妇女孕前孕早期服用叶酸791人，叶酸服用率99.87%，服用依从率91%，知识知晓率100%。开展35~64岁农村妇女宫颈癌筛查初筛1622人，其中HPV阳性检测人数94人，低级别病变（原CIN1）8人，宫颈癌前病变2、3级(CIN2、3)3人,原位腺癌1人,浸润癌1人,农村适龄妇女宫颈癌覆盖率超出预期人数12.6%。开展乳腺癌筛查初筛1400人,乳腺X线检查22人,其他乳腺良性疾病36人,不典型增生1人,浸润癌3人,乳腺癌筛查覆盖率97.15%。开展预防艾滋病、梅毒和乙肝母婴传播项目。全年孕产妇免费艾滋病、梅毒、乙肝检测10073人,孕产妇艾滋病、梅毒、乙肝检测率100%,孕产妇孕期艾滋病、梅毒、乙肝检测率100%。新增免费产前筛查项目,制订《金凤区免费产前筛查项目实施方案》,举办免费产前筛查项目启动会,邀请自治区妇幼保健院专家对新项目开展进行现场指导,2021年完成免费产前筛查4014人,自费筛查1460人,筛查率95.06%,产前筛查孕妇妊娠结局追访率达到90%。新增为建档立卡脱贫户新生儿进行免费耳聋基因筛查,金凤区耳聋基因筛查81人,筛查率100%。

【出生医学管理】 2021年,金凤区有出生医学证明管理机构1家,为金凤区妇幼保健计划生育服务中心,有4家助产机构为出生医学证明签发机构,分别是宁夏回族自治区人民医院、宁夏回族自治区妇幼保健院、银川市第二人民医院、银川市妇幼保健院阅海分院。全年共发放出生证12292张,其中4家接产医院发放12284张,机构外分娩发放8张。

【避孕药具管理与服务】 2021年,金凤区设立免费药具设立发放点共201个,社区卫生服务机构发放点33家,其中自助机发放10家,人工发放23家;尚未并入医疗机构168家,其中自助发放13家,人工发放155家。全年,基层医疗卫生服务机构共为6500多名产妇发放避孕药具,避孕药具共发放12199人次。

【0~3岁婴幼儿照护服务】 截至2021年12月底,金凤区完成国家备案托育机构12家,备案托位562个,每千人托位数达到0.87个超额完成目标任务,托位数排名全区第一。开展卫生评价16次,通过13家;先后对10余家不符合规范的机构进行了检查并下发停业整改通知书;卫生健康局、市场监督管理局金凤分局等多部门联合对已经备案的托育机构开展了托育机构疫情评估和督导。积极配合发改部门做好国家普惠性托育项目的申报,争取普惠托育中央预算内投资358万元,支持托位358个。争取自治区计划生育协会项目资金5万元,开展“闹元宵”“包粽子”等公益活动10余次,建立“快乐阅悦号”图书站和“健康宣传角”各1个。争取自治区计划生育协会价值3.33万元,“动物对对碰”玩具配发给已备案机构用于开展各类宣传活动,各托育机构开展公益活动50余次,受益群众2000余人。组织辖区已经备案和待备案的托育机构负责人和保健人员80余人,积极参加银川市组织的托育机构卫生保健管理培训班并通过考试,提高了托育机构人员管理水平和服务质量。

人口发展

【人口状况】 2021年,金凤区总人口65.2万人,出生人口9100人,人口出生率为14.04‰;死亡2000人,死亡率为3.09‰;自然增长率为10.95‰。

【计划生育管理】 2021年,金凤区特别扶助对象512人(伤残家庭291人、死亡家庭221人),发放特别扶助金421.68万元;“少生快富”工程项目户提前奖扶对象累计122人,发放提前奖励扶助金共计14.64万元;独生子女2673户3379人,发放独生子女保健费95.46万元;农村计划生育家庭奖励扶助41人,发放资金4.92万元;计生失独家庭一次性抚慰金22户37人,发放38万元。资金发放率均为100%。计划生育特殊家庭就医“绿色通道”正常开通,银川市第二人民医院为金凤区计划生育特殊家庭成员提供优先便利医疗服务的协议医院,计划生育特殊家庭均享受优先挂号、优先就诊、优先化验、优先检查、优先取药、优先住院等便利医疗服务。

【计划生育协会】 2021年,计划生育协会继续发挥桥梁和纽带作用,紧紧围绕人口与计划生育工作中的新形势、新任务,顺应计划生育工作和计生协会工作的规律,开拓了协会发展思路,进一步提高工作质量和服务水平。充分利用"5·29"会员日、"世界人口日"等重要纪念日,深入基层多角度全方位普及避孕节育、优生优育、生殖健康等科学知识,积极倡导科学、文明、进步的婚育观念,切实提高辖区群众人口素质,促进金凤区人口与经济、社会、资源、环境协调可持续发展。

健康金凤建设

【健康金凤建设】 2021年,金凤区卫生健康局持续推进政府主导、部门共建、全民共享的工作机制,形成了领导小组统筹组织、26个专项行动工作组牵头协调、责任单位共同落实的工作运行体系。年初结合区市重点任务制定印发了《金凤区2021年健康金凤行动任务分解和责任分工》,将任务细化分解到各成员单位,明确年度目标任务、牵头单位和责任人,组织召开领导小组会议2次、联络员会议2次,对重点任务进行安排部署,层层传导压力。建立2020年健康宁夏、健康银川考核中问题整改台账,组织各相关部门全面分析查找问题存在的原因,研究制定具体整改措施,紧盯每项问题的薄弱工作环节,指定专人推进落实。成立了由重点部门相关领导、行业专家、专业技术骨干等40余名人员组成的健康专家委员会,对政府出台的健康相关政策进行审查。设立健康金凤建设专项经费,本年度本级财政投入专项经费91.9万元,较上一年度提升了45%。将健康金凤建设纳入政府绩效考核,由健康办牵头实行"线上+线下""季度+年度"模式对各成员单位进行考核,根据考核结果兑现奖励资金,激发各部门协同推进各项工作任务。年初完成了对上一年度全年的考核,并根据考核结果由本级政府配套31.9万元健康金凤建设专项资金对考核较好的乡镇、街道及部门给予资金奖励。经过金凤区各部门的努力,大部分重点指标达到或高于区市平均水平,在2021年健康宁夏和健康银川建设考核中,金凤区均被授予一等奖。

【全民健康水平提升行动】 2021年,金凤区卫生健康局按照四大提升行动工作要求,制定印发《金凤区全民健康水平提升行动的实施方案》,在辖区启动实施全民健康水平提升行动"十二大工程",建立了区委政府领导、科级干部、具体责任人三级共同包抓机制,将提升行动与健康金凤建设工作同安排、同部署、同考核,统筹推进33项重点措施全面落实。根据区市督查反馈问题建立了全民健康水平提升行动工作整改清单,按照"一个问题、一套方案、一名责任人、一抓到底"的要求,细化措施、压实责任、倒排工期、压茬推进。打造具有金凤特色的健康文化品牌,依托金凤"悦"文化品牌,建设"悦邻里中心"5家;依托传统媒体及微信、微博等新媒体平台强化宣传,累计在各类媒体登载卫生健康宣传报道33期,发布健康知识2000余条,制作健康动画视频53部、音乐MV1部。结合健康素养项目和"健康城市"创建工作,持续推进"健康细胞"工程,已累计评选健康家庭575户,培育建设健康场所175个,创建区级健康细胞示范点7个、市级7个。持续深化医改,进一步加强城市紧密型医联体建设,强化基层医疗机构基础建设,依托区市优势资源完善"互联网+"平台,实现基层医疗机构远程门诊平台全覆盖;持续完善绩效考核方案和人事薪酬制度,多措提升基层服务能力。

【健康素养促进行动】 2021年,金凤区卫生健康局完善队伍保障,建立了以健康教育所为龙头,各单位为网点、社区及基层医疗机构为网底,横向到边、纵向到底的健康促进工作体系,工作网络覆盖率100%;制订《金凤区2021年健康素养促进项目工作实施方案》《新冠肺炎疫情防控常态化下健康教育实施方案》等指导文件,将其纳入基本公共卫生绩效考核和镇、街道健康金凤建设考核中,定期督导;强化重点疾病和重点领域健康教育,进一步完善公共卫生服务管理机制,不断夯实保障基础,强化人员培训,持续提升艾滋病、结核病、碘缺乏病、包虫病等重点疾病的健康教育宣传,提高居民自我防病意识和能力;以新冠肺炎防控知识为主线,通过微博、微信等新媒体传播渠道多角度、全方位宣传普及健康素养知识;强化多部门统筹协作,持续巩固“国家慢性病综合防控示范区”“全国健康促进区”建设成果，按照打造典型、示范推动的工作思路，由卫健牵头，联合文体、教育、爱卫、妇联等多部门，深入推进“健康细胞”巩固及创建活动，引导机关、社区、行政村、学校、医院、企业、家庭及广大居民齐抓共建，促进辖区群众关注健康、重视健康、宣传健康，逐步提升群众健康水平和幸福感。截至年底，辖区累计评选健康家庭 695 户，培育建设健康场所 175 个，其中健康村 7 个、健康社区 26 个、健康机关 70 个、健康学校 20 个、健康医院 17 个、健康企业 5 个、健康食堂 / 餐厅 20 个、健康主题公园 3 个、健康步道 4 条、健康一条街 3 条；开展城乡居民健康素养监测，制订《金凤区 2021 年健康素养监测工作方案》，通过监测点抽样、绘制详细地图、家庭户列表和家庭户的抽样，确定了 1120 份样本量，引进第三方开展监测调查，经数据分析得出，金凤区 2020 年居民健康素养水平达到 22.1%，其中农村地区居民健康素养水平为 19%，贫困地区居民健康素养水平为 17.4%。

【健康科普】 2021 年，金凤区卫生健康局建立并完善了金凤区健康科普专家库和资源库，规范健康科普知识发布机制，组织健康科普专家库成员开展健康巡讲 30 场次；将健康教育与健康促进纳入辖区基层医疗机构绩效考核，发挥医务人员权威作用，进一步激励医务人员主动为就诊患者普及健康知识，推进医疗服务模式从以治病为中心向以人民健康为中心转变；以普及新冠肺炎疫情防控知识为主线，采取“传统 + 网络 + 阵地 + 个人”的方式，全方位、多层次开展健康科普工作，全面普及传染病防控、卫生应急、合理膳食、心理健康、新冠肺炎疫情防控知识及健康生活方式。年内辖区各级制作张贴疫情防控宣传海报 3500 张，好大夫在线等新媒体平台发布疫情相关健康信息 6000 余条，更换新冠肺炎疫情防控宣传栏 300 次，电子屏滚动播放疫情防控标语 500 条，更换健康教育宣传栏 580 余块次，各级组织开展健康讲座 660 余场次、重要卫生日宣传活动 300 余场次，在健康金凤微信公众号、金凤电子快报等新媒体平台累计推送健康知识 12168 余条；运用声光电的现代技术，投入 37.845 万元在金凤区阅海万家 F 区社区卫生服务中心打造人机互动健康科普基地，该基地在原悦海新天地健康科普基地基础上系统升级，除原有的四个功能区外，还设有沉浸式健康科普体验室，配备控烟宣传模型展柜、全息激光投影等设备，居民通过平台互动、模拟展示、健康知识问答、健康自测、沉浸式体验等多种方式，不仅可以获取烟草危害等健康知识，提高健康技能，还能获得健康体检服务，累计受众 5000 人次。

【基本公共卫生服务健康教育】 2021 年，金凤区卫生健康局利用基层医疗机构、社区 / 村委会的健康教育咨询室，为城乡居民传播健康知识。在乡镇卫生院、村卫生室、社区卫生服务中心（站）的候诊区、诊室、咨询台等设置资料取阅架，方便群众阅读健康知识。在候诊区设置 DVD 机等，定期播放健康教育宣传影像资料，大力宣传健康知识。以“健康素养 66 条”为主要内容，通过健康巡讲、集中咨询、重要卫生日宣传等多种形式普及健康知识，传播健康理念倡导健康行为。累计向城乡居民提供健康教育资料 794 种 110592 份，音像资料播放 667 种 7092 次 45981 小时，设置健康教育宣传栏 43 个，更换 204 次，举办健康知识讲座 243 场次、受众 10174 人，开展公众健康咨询服务 381 场次、受众 37411 人。

【农村地区和贫困地区健康教育】 2021 年，金凤区卫生健康局依托农民健康讲习所，对乡村医生、村干部、村民小组长等健康教育骨干开展培训 15 场次，培训覆盖率 100%；鼓励民间文艺团队编排形式多样、群众喜闻乐见的健康题材的文艺作品，评选优秀民间文艺团队参加文化惠民演出，借助电影“三下乡”平台，在农村数字化电影播放健康教育公益广告，宣传普及健康知识及理念，共完成农村电影放映 2093 场次，其中播放健康教育科教片及公益广告片 1808 场次；进一步发挥乡镇卫生院、村卫生室健康教育咨询点作用，通过“四个一”的全面落实，依托家庭医生签约服务、小手拉大手、健康知识讲座、帮扶责任人入户宣教等方式，指导并帮助贫困户家庭成员掌握基本卫生知识，养成良好的健康生活习惯。累计开展健康教育讲座57场次，健康咨询活动70场次，更换健康教育专栏46次，发放健康教育宣传资料及干预物品25种近1万份，创建健康促进学校6所、健康促进医院2家；深入开展健康扶贫工程，为患有脑血管病、冠心病、慢阻肺、类风湿等慢性病及患有碘缺乏病等地方病的贫困人口制定个性化健康教育处方。

【控烟行动】 2021年，金凤区卫生健康局通过传播烟草危害知识、张贴海报和禁烟标识、禁止烟草广告、强化控烟督导等多种方式，大力倡导全民控烟禁烟。联合自治区健康教育所在毓秀体育健康主题公园开展了以"承诺戒烟，共享无烟环境"为主题的宣传活动。持续巩固无烟医疗机构、无烟学校创建成果，辖区无烟学校、无烟医院创建率100%，二级及以上医疗机构均设置戒烟门诊，15岁以上成人吸烟率下降至17.9%；按照属地化原则，继续委托第三方专业机构开展无烟党政机关督查评估工作，对辖区251家各级党政机关（含直属事业单位）开展了三轮无烟党政机关督查和评估验收工作，辖区各级无烟党政机关达标率达到100%。

疾病预防与控制

【免疫规划】 2021年，金凤区疾控中心为满1月龄儿童建卡、建证率达100%。适龄儿童国家免疫规划疫苗报告接种率均在98%，乙肝疫苗24小时及时接种率达94.7%。学校和托幼机构入学、入托儿童预防接种查验覆盖率为100%，补种率为93.95%。脊髓灰质炎等国家免疫规划疫苗查漏补种接种率97.8%。疫苗针对疾病监测急性弛缓性麻痹（AFP）报告发病率1.08/10万；麻疹、风疹、乙脑和流脑未报告病例。疑似预防接种异常反应报告率和处置率均为99.28%。重点人群流感疫苗免费应接种782人，实接种684人，接种率87.47%。

【传染病防控】 2021年，金凤区无甲类传染病报告。共报告乙、丙类传染病20种2761例，报告发病率为747.63/10万，较上年（2383例）上升15.86%，死亡3例。调查处置1起新冠肺炎聚集性疫情，按现住址共报告新冠肺炎13例，报告发病率为3.52/10万，较上年同期（8例）上升62.5%。其中，男性5例、女性8例，职业以干部职工、家务待业、餐饮食品业、散居儿童为主。在治276人，艾滋病抗病毒治疗随访管理率为90.78%；单阳配偶共37对，开展检测34对，单阳配偶检测率为91.89%。400名性病门诊就诊者哨点医院监测梅毒阳性检出率0.25%。结核病定点医院宁夏第四人民医院结核病门诊接诊金凤区疑似肺结核患者285例，胸片检查率100%，痰检率98.9%，发现并登记治疗管理活动性肺结核116例，其中病原学阳性患者74例，病原学阳性率63.79%。病原学阴性患者41例，仅病理学阳性1例。通知基层医疗机构应管理114例，基层医疗机构已管理113例，基层医疗机构肺结核患者管理率为99.12%。2021年，发现登记的活动性肺结核患者118例，系统管理112例，系统管理率95%。2021年，基层医疗机构治疗管理患者105例，规律服药患者101例，规律服药率96.19%。完成银川开元学校、北师大银川学院、银川市六中、银川市九中、六盘山高级中学、银川市外国语中学、宁夏大学金凤校区、宁夏伊斯兰教经学院等8所寄宿制学校入校新生肺结核筛查工作。8所学校应筛查5417人，实际筛查5417人。接受PPD试验5318人，强阳性218人。

【公共卫生监测】 2021年，金凤区40家哨点医院累计报告食源性疾病805例，食源性疾病暴发事件4起，发病人数9人，住院4人，无死亡病例。生活饮用水枯水期、丰水期共监测水样74份，必检项目31项，监测覆盖率100%，单项指标监测2412项次，合格2410项次，整体合格率99.92%，不合格项主要是氟化物。8家职业病健康体检机构报告职业病1例，疑似职业病74例，职业性有害因素监测管理383家，职业健康检查档案41338人。

【地方病防治】 2021年，金凤区疾控中心监测的

300 份盐碘中非碘盐 3 份，不合格碘盐 26 份，碘盐覆盖率 99%，碘盐合格率 90.33%，200 名 8~10 岁学生和 100 名孕妇尿碘检测结果分析得出学生尿碘中位数为 229.4 微克 / 升、孕妇尿碘中位数为 208.20 微克 / 升。B 超筛查包虫病居民 1 万名，学生 1570 人，均未发现包虫病人，累计管理包虫病人 7 例，其中服药病人 5 例，手术申报救助病人 0 例。布鲁氏菌病高危人群筛查 1500 人，未发现新发病例，累计报告病例 106 例。

【病媒生物防制】 2021 年，金凤区疾控中心按照《2021 年宁夏病媒生物监测实施方案》的要求，开展鼠类、蚊虫、蝇类、蟑螂、臭虫、蜱虫监测共 33 次。其中，鼠密度监测 6 次，捕鼠 0 只；蟑螂密度监测 6 次，侵害率为 10.93%，密度为 1.23 只 / 张·夜，种群为德国小蠊；5—9 月监测蚊虫密度 10 次，密度为 9.27 只 / 灯·夜，较上年同期下降 9.3 只 / 灯·夜，7 月、8 月为全年蚊密度高峰期；5—9 月，监测苍蝇密度 5 次，密度为 1.75 只 / 笼，较上年同期下降 0.05 只 / 笼，8 月是全年蝇密度高峰期；2 次臭虫监测未发现臭虫或其卵；2 次蜱虫监测未发现蜱虫。6 个乙脑疫情蚊媒密度应急监测点，蚊虫密度最高 17.67 只 / 灯·夜，最低 5.67 只 / 灯·夜，区疾控中心根据监测结果为爱卫办消杀蚊虫提出建议。

【空气污染对人群健康影响监测】 2021 年，金凤区疾控中心按照《2021 年宁夏空气污染对人群健康影响监测工作方案》要求，选择 5 家医疗机构收集门诊及住院患者资料，并按病种进行统计上报，选择金凤五小开展小学生健康影响调查及雾霾特征污染物（$PM_{2.5}$）监测，完成问卷调查 869 份，$PM_{2.5}$ 采样 93 天，监测数据均已录入“空气污染健康影响监测信息系统”。

【疾病干预】 2021 年，金凤区居民电子健康档案建档 329773 人，建档率为 89.30%，健康档案使用率为 52.25%。65 岁及以上老年人健康管理率为 87.99%，体检率为 98.19%。高血压患者规范管理率为 92.64%，管理人群血压控制率 84.1%。2 型糖尿病患者规范管理率为 92.69%，管理人群血糖控制率 81.27%。严重精神障碍患者数登记在册 1627 人，在管患者 1537 人，报告患病率为 4.35‰，管理率为 97.8%，规范管理率 90.66%，服药率 84.33%，规律服药率 73.51%。精神分裂症患者规律服药率 78.2%。累计筛查癫痫患者 579 人，诊断复核 458 人，确诊患者 355 例，随访治疗管理 210 例。

【疾病监测】 2021 年，金凤区 45 家死因监测点报告死亡病例 1658 例，粗死亡率为 448.96/10 万，网络报告及时率 99.16%，身份证号填写完整率 99.88%，多死因链接填写完整率 75.33%，审核率 99.76%，死因诊断不明原因比例为 2.30%，伤害意图不明比例为 0.73%，心血管缺乏诊断意义比例为 0.79%。45 家肿瘤监测点共上报恶性肿瘤病例 1956 例，其中 2021 年新发病例 1364 例；往年发病 592 例，报告恶性肿瘤死亡病例 412 例。完成大肠癌项目初筛 10228 人，筛查出高危人群 2434 人，肠镜检查 1002 例，检出率 5.20%，早诊率 100%。完成脑卒中高危人群筛查 1062 人，干预 3317 人，共计 4379 人，超额完成任务，干预率为 75.75%。筛查 / 干预高危及以上人群 801 人（脑卒中 115 人，脑缺血 15 人，高危人群 671 人），高危人群检出率为 18.29%，中危人群 1189 人，低危人群 2377 人。完成心血管高危人群早期筛查与早期干预项目初筛调查 2040 人，调查高危对象 540 人，干预 540 人，干预率 100%，长期随访管理 1508 人，随访完成率 100%。

【实验室能力建设】 2021 年，金凤区疾控中心借助公共卫生体系建设项目，投入资金近 300 万元，加强实验室硬件设施建设，建立总面积 103 平方米的银川市县区级疾控系统首家新冠病毒核酸检测实验室，配置了全自动核酸扩增分析仪、核酸提取仪等高端进口检验检测设备，并取得了新冠病毒核酸检测资质，2021 年检测各类新冠病毒核酸样本 85862 份，检出阳性样本 9 份。实验室满负荷运行每日可单检 360 人份，旨在满足辖区群众新冠病毒核酸检测需求，筑牢常态化疫情防控防线。参加国家临检中心、自治区疾控中心和临检中心新型冠状病毒核酸检测室间质评 9 次，结果均为优秀。参加自治区疾控中心盐碘、尿碘、氟化物、砷、硫酸盐、阴离子合成洗涤剂项目室间质评各 1 次，结果均为优秀。参加自治区疾控中心梅毒检测项目室间质评 1 次，结果为优秀。

【脊柱侧弯项目】 2021 年，金凤区卫生健康局制定《金凤区儿童青少年脊柱侧弯流行病学调查工作方案》，以小学四、五、六年级及初中一、二、三年级在校学生为调查对象，采用多阶段分层整群抽样方法，共调查 1153 名学生，发现阳性学生 27 名，其中男生 15 名，女生 12 名，并组织阳性学生到定点医院进行全脊柱 X 线检查和核磁共振检查，进行进一步确诊和干预工作。

【近视等学生常见病和健康影响因素监测与干预】 2021 年，金凤区卫生健康局、金凤区教育局联合下发《关于印发 2021 年金凤区近视等学生常见病和健康影响因素监测与干预工作实施方案的通知》，共监测学校 8 所（小学 2 所、初中 2 所、高中 2 所、幼儿园 2 所），方案要求 2160 人，实际监测学生 2285 人，数据库录入 2285 人，监测率超额 5.79%，数据录入率超额 5.79%；监测教室 36 间，监测率 100%。全区抽样调查总体近视率为 47.9%，较上年同期下降 2%；学生总龋患率为 41.1%（乳龋 18.2%、恒龋 19.3%），较上年同期下降 39.9%；监测营养不良和超重肥胖，学生有效样本量为 2285 人。结果显示，学生超重、肥胖总检出率分别为 9.5%、5.3%，均低于 2020 年的 18.81% 和 16.37%；脊柱侧弯胸段异常检出率为 0.5%、腰段 0.5%，脊柱前后弯曲为 0.2%。

卫生监督

【宣传培训】 2021 年，金凤区卫生监督所举办公共场所住宿行业卫生法律培训暨卫生城市复审工作推进会，对辖区 120 余家住宿行业负责人完成了培训，规范公共场所单位的卫生经营行为；开展了“世界无烟日”“职业病防治法”集中宣传活动，发放各类宣传资料 150 余份，累计接受群众各类咨询 350 余人次；利用网络媒体等平台加强卫生监督工作信息宣传报道，撰写各类卫生监督信息 14 篇。

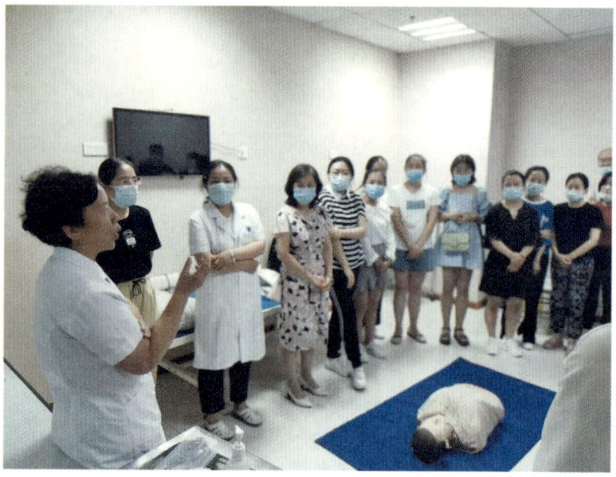

2021 年 7 月 22 日下午，金凤区卫健局联合自治区人民医院举办新冠病毒疫苗接种医疗救治保障实践技能操作培训班

【经常性卫生监督】 2021 年，金凤区卫生监督所对辖区 1369 家公共场所经营单位开展监督检查，监督覆盖率 100%。对 8 家违反《公共场所卫生管理条列》的经营单位立案查处，其中一般程序案件 8 起，简易程序案件 0 起，罚款金额 6500 元。对辖区 362 家二次供水设施进行了监督检查，建立了统一的卫生管理档案，对 1 家二次供水单位立案查处，罚款金额 500 元；对 279 家医疗机构医疗卫生、传染病防治及不良执业行为积分进行了监督检查，监督覆盖率 100%，对 169 家医疗机构、2 名医务人员做了不良执业行为记分，对 29 家次医疗机构、7 名卫生专业技术人员进行了行政处罚，罚款 90050 元，没收违法所得 0 元。从事放射诊疗活动的医疗机构有 44 家，全年监督覆盖率 100%。对 2 家从事计划生育母婴保健技术服务工作的单位进行了检查，监督覆盖率为 100%，辖区开展计划生育技术服务的机构执业资质均合法，计划生育技术服务项目及业务范围均能依法开展。对 38 家医疗机构预防接种工作进行了监督检查，监督覆盖率 84.2%，均未发现私自采购疫苗进行接种。对实行药品网上集中采购的 48 家基层医疗机构进行了监督检查，监督覆盖率为 100%，除

中药饮片外,均为网上集中采购,未发现私自线下采购;检查各级各类学校 42 所,其中小学 30 所,中学 12 所,监督检查覆盖率 100%。

【重点监督检查】 2021 年,金凤区卫生监督所制定《2021 年金凤区卫生健康国家随机监督抽查工作实施方案》,国家下达的“双随机”监督抽检任务共计 201 家,自 2021 年 5 月开始全面组织实施,10 月初完成检测任务并上报总结。对公共场所“双随机”工作开展监督检查,公共场所 121 家,监督完成 120 家,任务完成 118 家,关闭单位 3 家,完成率 97.52%,完结率 100%。生活饮用水抽查任务下达 1 家,监督完成率 100%;对医疗机构“双随机”工作开展监督检查,医疗卫生 38 家,完成率 92.11%;传染病防治 19 家,完成率 100%;放射卫生 10 家,完成率 100%,行政处罚 0 家;对学校、托幼机构“双随机”工作开展监督检查,完成了 2021 年学校卫生国家随机监督抽查工作,监督监测学校 8 所,将相关信息在国家卫生健康监督信息报告系统里进行了填报,按时上报了工作总结。

【国家卫生城市复审】 2021 年,金凤区卫生监督所对辖区内公共场所、医疗机构等积极开展卫生监督检查,并强化整改落实,督促各场所经营者按照整改要求落实到位,共检查公共场所 1358 家,理发店 528 家,美容院 466 家,住宿场所 358 家,商超 6 家,生产涉水产品企业 1 家。对辖区 279 家次医疗机构的国家卫生城市整改创建氛围营造、控烟、医疗废物收集、生活垃圾分类等工作落实情况进行监督检查,统一印制创建卫生城市宣传画,要求张贴于医疗机构,共发放 80 张,医疗机构按照要求进行张贴;并加大卫生监督行政处罚力度,确保辖区公共场所卫生安全,保障消费者健康权益。

【公共场所和医疗机构新冠肺炎疫情防控】 2021 年,金凤区卫生监督所对金凤区医疗卫生机构常态化疫情防控工作进行了督导检查,要求各医疗机构按照上级要求做好各项疫情防控措施,主要对辖区医疗机构和民营医院的发热门诊、医务人员防护、管理转运机制、院感消毒、医疗废物处置、医院污水处理、发热病人应急处理、工作人员疫情防控培训等工作是否落实到位进行检查,共督查医疗机构 162 家;开展重点场所新冠肺炎疫情防控监督检查工作,共召开疫情防控工作部署会议 5 次。通过金凤区公共场所管理微信群、医疗机构监管微信群推送各类场所消毒操作规范和疫情防控知识,做好消毒知识宣传培训,引导经营单位科学防范新冠肺炎疫情。疫情发生后,监督所分成两个工作小组对辖区被隔离管控的小区单元疫情防控工作开展重点场所监督检查。重点督导检查防控点消毒设施配备、消毒液配制、消毒操作、消毒记录登记、医疗废物处置工作开展情况,10 月 19—22 日共对辖区 78 个封控单元进行了监督检查,督促封控小区规范落实疫情防控各项措施。

【居民小区现制现售饮用水卫生监管】 2021 年,金凤区卫生监督所在日常监督检查中,加大对《宁夏回族自治区生活饮用水卫生监督管理条例》的宣传力度,加强对辖区现制现售饮用水卫生安全的监管,对 11 家公司 105 个小区安装的现制现售饮水机进行了备案。

【打击非法行医工作】 金凤区卫生监督所开展打击非法行医专项工作,主要针对无证行医行为、医疗机构违法违规执业行为,整治微整形行业监管不到位的问题开展监督检查,重点查处利用宾馆酒店、会所、居民住宅等场所违法开展医疗美容的行为,逐场所、逐行为对照、拉网式开展线索摸排,进一步整顿了金凤区医疗美容秩序。金凤区辖区共有各级各类医疗机构 279 家(其中医疗美容机构共 26 家),监督覆盖率 100%;监督所对 169 家医疗机构、2 名医务人员进行了不良执业行为积分;对 29 家次医疗机构、7 名卫生专业技术人员进行了行政处罚,罚款 90050 元。金凤区辖区共有生活美容机构 374 家,监督覆盖率 100%。金凤区通过专项集中监督检查积极带动了日常工作的开展,形成了“回头看”的工作机制,有效规范了医疗机构和生活美容机构的执业行为,切实维护人民群众健康权益和生命安全。

【职业卫生监督执法】 2021年，金凤区共有企业63家，严格按照国家卫生健康委《全国重点行业职业病危害现状调查方案》要求，联合疾控中心开展本辖区内粉尘危害基本情况在内的职业病危害现状调查工作，建立粉尘危害基础台账；积极配合第三方检测机构对金凤区辖区的5家企业的工作场所进行了现场检测；加强职业健康宣传，监督所联合金凤区疾病控制中心、健康教育所在银川市宁丰制氧厂开展“共创健康中国，共享职业健康”宣传活动；并在辖区企业开展心理健康咨询活动和“职业健康达人”活动，提升劳动者职业健康意识和健康的工作、生活方式，涌现出了宁夏“小巨人”机床有限公司员工王乐、王力两位“职业健康达人”。强化职业健康执法检查，在国家职业健康监督网录入43家企业信息并进行日常监督检查，对1家企业未进行工作场所职业病危害因素违法行为进行了警告，督促用人单位依法开展职业病项目危害申报，共有18家企业进行了用人单位职业病危害项目申报情况。

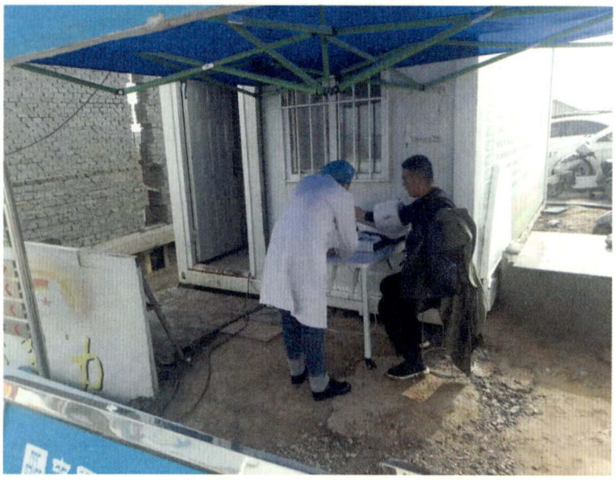

2021年5月21日，丰登镇丰阅社区卫生服务站组织医护人员16人次为中建六局228名务工人员提供免费基础体检服务

【投诉举报和案件查处】 2021年，金凤区卫生监督所受理群众举报、上级部门批转的各类投诉共计90起，其中涉嫌非法行医13起，均及时调查并回复；立案查处各类违法案件44起，其中一般程序案件35起，简易程序案件9起，罚款金额共计10.255万元。无行政复议、行政诉讼案件。

【“线上＋线下”监管】 2021年，金凤区卫生监督所为全面引导金凤区“三小”行业规范有序经营，努力营造安全、卫生、文明的市场环境，建立“三小”行业整治长效管理机制，金凤区卫生监督所积极利用新媒体平台打造“线上＋线下”监管，以整改创建全国文明城市为契机，打造卫生监督执法服务新模式。积极采取疏导教育与处罚相结合，进一步加强源头控制、加强监督严格执法。

（许　琳）

社会管理

人力资源和社会保障

【事业单位管理】 2021年，金凤区人力资源和社会保障局认真组织自主公开招聘和事业单位公开招聘工作，为区人才工作服务中心自主公开招聘4名硕士研究生；为事业单位公开招聘24名工作人员；从全区内选调优秀教师以及优秀工作人员180人。推荐上报享受国务院政府特殊津贴4人；推荐上报自治区青年拔尖人才培养工程人选5人；推荐上报宁夏回族自治区高层次人才认定1人。走访调研引进全日制博士硕士日常工作及表现情况，落实引进硕士人员补助费安家费及引进博士硕士补助费用26人共计109万元。

【劳动监察】 2021年，金凤区人力资源和社会保障局共受理各类欠薪投诉案件3300件，办结率为95%，有力维护了农民工劳动报酬权益。严格落实农民工工资保证金的收缴工作，对2021年底农民工集中讨薪期间动用农民工工资保证金的建筑企业进行催缴，共下发农民工工资保证金催缴限期整改指令文书20余份，已开工项目农民工工资保证金均已缴纳到位。镇、街道基层劳动争议调解中心受理劳动纠纷投诉529起，涉及1500余人。其中，调解成功435起，涉及1016人，涉及金额1000余万元。

【劳动仲裁】 2021年，金凤区人力资源和社会保障局受理劳动争议案件1200余件，涉及劳动者885人，涉及金额824.7万元，调解成功率达68%，时效内结案率达93%。通过“互联网+”网上受理投诉案件28起，均通过基层调解组织成功调解完毕。建立企业劳动争议调解组织273家，成立北京中路街道办事处劳动人事争议调解中心，切实发挥调解在促进劳动人事关系和和谐社会稳定中的重要作用，被人力资源和社会保障部授予“全国乡镇（街道）劳动人事争议调解工作综合示范单位”称号。疫情期间，利用“互联网+调解”，有效化解劳动人事争议案件确保政治安全和社会稳定。

【社会保障】 2021年，金凤区城乡居民基本养老保险应参保人18968人，实际参保人数19651人，任务完成率103.6%，其中领取待遇4037人；被征地农民养老保险稳步实施，参加被征地农民养老保险15074人，其中领取待遇5964人。为辖区居民办理城乡居民社会保障卡13226张，实现了所需材料齐全，3分钟内办结。在新冠肺炎疫情防控期间，大力推广应用“我的宁夏”“12333”、电子社保卡等掌上业务办理途径，通过“网上办、掌上办、预约办”等方式，引导群众办理参保、交费、养老待遇资格认证、养老待遇申报等各类社会保险业务，保障群众的合法权益不受影响，2021年被评为全国人力资源社会保障优质服务窗口。

【城乡居民收入】 2021年前三季度，金凤区实现城镇居民人均可支配收入33287元,同比增长10.8%,增速分别高于国家、区、市平均水平1.3个、1.8个、1.3个百分点,较上年同期提高5.7个百分点,高于全年目标3.8个百分点,两年平均增长6.7%,绝对值保持全区第一,增速保持沿黄市辖区第一。实现农村居民人均可支配收入13123元,同比增长11.9%,增速分别高于国家、全市平均水平0.3个、1.9个百分点,与自治区持平,较上年同期提高9.6个百分点,高于全年目标3.9个百分点,两年平均增长7.0%,高于地区生产总值和城镇居民收入增速,居沿黄市辖区第二。

(沈　辉)

就业创业

【概况】 2021年,金凤区新增就业7295人,完成目标任务6300人的115.8%;城镇失业人员再就业5464人,完成目标任务3700人的147.7%;城镇就业困难人员就业957人,完成目标任务520人的184%;农村劳动力转移就业7690人,完成目标任务5500人的139.8%,工资性收入1.22亿元,完成目标任务1亿元的122%;重点群体技能培训1528人,完成目标任务500人的305.6%;企业职工岗位技能培训、以工代训培训4319人,完成目标任务2000人的216%;"两后生"技能培训23人,完成目标任务20人的115%;创业培训300人,完成目标任务270人的111%;培育创业实体762个,完成目标任务560个的136%;创造新岗位1488个,完成目标任务1150个的129%;创业带动就业2429人,完成目标任务2350人的103%;发放创业担保贷款82人1702万元,完成目标任务1500万元的113.5%;铁杆庄稼保投保4952人,完成目标任务4400人的112.5%;离校未就业高校毕业生就业率达91.6%,城镇登记失业率为3.79%。安置公益性岗位219人。城镇失业人员实名制管理100%,城镇新增就业实名制管理100%,高校毕业生就业实名制管理100%。

【专项招聘】 2021年,金凤区创业就业和人才服务中心通过组织开展线下专项招聘会,持续开展线上直播待岗系列活动,多渠道为劳动者和用工企业搭建公共就业服务平台,有针对性推荐贫困劳动力就业,拓宽贫困户求职渠道,帮助贫困劳动力实现就业。举办2021年"春风行动""就业援助月""高校毕业生"等线上招聘会19期,235家企业提供就业岗位3267个;举办"春风行动""民营企业招聘月"等线下专场招聘会5场,524家企业提供就业岗位7214个,初步达成就业意向385人。

2021年3月3日,金凤区2021年春风行动现场招聘会良田专场

【高校毕业生服务】 2021年,金凤区创业就业和人才服务中心积极落实青年就业见习政策,结合本地区优势产业,根据企业发展和吸纳青年就业情况,鼓励辖区生产经营正常、劳动关系健全、生产安全有保障的企业、社会组织积极申报青年就业见习基地,申报见习基地25家,到岗见习65人。

【就业援助】 2021年,金凤区创业就业和人才服务中心发挥基层公共就业服务平台作用,建立失业人员再就业、培训、创业等基本信息台账,针对不同就业困难群体实际情况,为1128名就业困难人员进行了就业援助认定。办理就业创业证3640本。充分发挥公益性岗位安置促进就业困难群体就业再就业作用,落实自治区、银川市购买的219人的公益性岗位指标,对家庭困难、就业困难的高校毕业生以及"零就业家庭"成员实行托底就业帮扶。在做好政策解读的前提下,积极受理辖区内符合条件的失业人员申领失业补助金工作。线下共受理上报失业补助金290人。

【创业服务管理】 2021年，金凤区创业就业和人才服务中心健全完善"创业培训＋创业担保贷款＋创新服务"创业帮扶机制，鼓励符合贷款条件的个体工商户、种养殖户积极申请创业担保贷款，享受国家的优惠政策，创业担保贷款目前发放84人1741万元，进一步营造支持创业就业的氛围。做好自主创业补贴审核上报工作。自主创业补贴申报人员共29人，已发放29人26.6万元（其中，高校毕业生19人16.6万元、农村转移就业人员5人5万元、因疫情防控在家滞留的农民工1人1万元、脱贫劳动力4人4万元）。积极发挥"创业创新孵化示范平台"带动就业作用，银川科楠众创创业孵化基地被自治区就业工作领导小组评定为第六批自治区级创业孵化示范基地，并给予奖补资金100万元。金凤区政府拿出50万元补贴资金，对在2020年度全民创业、统筹城乡就业、家庭服务业促进就业创业工作中表现突出的14个先进集体和30家企业及个人给予就业创业补贴。

【社会保险补贴】 2021年，金凤区发放2020年度就业困难人员灵活就业社保补贴3956人1618.9万元。发放中小微企业、民办非企业单位和社会团体招用普通高等学校全日制专科（高职）以上毕业年度（应届）毕业生社保补贴28家87人51.2万元。

【家庭服务业】 2021年，金凤区创业就业和人才服务中心及时掌握家庭服务业发展及带动就业创业情况，举办家庭服务调查培训会，在疫情期间，采用线上、电话、发放调查问卷等不见面方式进行数据采集。经自治区就业工作领导小组评定宁夏尊享珍月母婴健康产业有限责任公司（一档）、银川市益尔安母婴护理服务有限公司（二挡）、宁夏韵味妈咪健康管理有限公司（二挡）3家企业为"自治区家庭服务业百户十强企业"，并给予奖补资金一档为30万元、二档为20万元。

【职业技能培训】 2021年，金凤区创业就业和人才服务中心面向农村转移劳动力、就业困难人员、失业人员等就业重点群体开展职业技能培训31期1528人；针对企业职工，开展企业职工岗位技能提升培训2941人，以工代训培训2401人；"两后生"技能培训23人。针对农村劳动者、高校毕业生、退役军人等群体举办创业培训，进一步提高特殊群体就业创业能力，举办创业培训班10期300人，培育创业实体771家，带动就业2450人。

【助力乡村振兴】 2021年，金凤区创业就业和人才服务中心成立金凤区移民就业服务专班，通过专班推进、专人负责，在15个移民村（社区）建立劳务服务工作站，深入开展移民群众劳动力摸底调查，建立健全就失业信息台账，并定期进行动态更新，金凤区移民群众劳动力台账24755人，农村劳动力台账3448人，失地农民劳动力台账14684人。面向农村转移劳动力、就业困难人员等就业重点群体举办装载机驾驶员、保育员等职业技能培训班7期350人次（其中，装载机驾驶员2期100人、挖掘机操作4期200人、保育员初级工1期50人），移民群众"两后生"技能培训9人。培育移民群众创业实体30家，带动就业34人。实施"百千万"行动计划，2021年经自治区就业与创业服务局评定就业帮扶基地2家、优秀劳务经济人3人，开展劳务中介组织法人及劳务经纪人培训班1期33人。农村劳动力转移就业7719人，实现工资性收入1.42亿元。向银川市就业与创业服务中心上报脱贫劳动力自主创业补贴4人4万元；上报脱贫劳动力转移就业交通补贴1人800元；发放企业吸纳脱贫劳动力社保补贴1人11060元；为良田镇移民群众发放创业担保贷款36人456万元。

【就业宣传】 2021年，金凤区创业就业和人才服务中心开拓新媒体宣传渠道，强化稳就业等积极就业政策宣传，扩大各类企业和职工等服务对象知晓率和受惠面。采用下基层、小街宣传等多种手段大力宣传担保贷款政策8场，受众240余人，鼓励符合贴息贷款条件的个体工商户、种养殖户积极申请创业担保贷款。印制就业困难人员灵活就业社保补贴宣传彩页3000份，分发给两镇五街道进行宣传。

【完善城乡就业保障体系】 2021年，金凤区创业就业和人才服务中心起草了《金凤区城乡就业保障体系实施意见》政策文件，制定了16条具体措施。其中有5条措施降低申报补贴门槛，鼓励劳务中介组织、劳务经纪人及经自治区就业与创业服务局或银川市就业与创业服务中心遴选审定的就业帮扶示范基地、就业帮扶优秀劳务经纪人或劳务中介组织法人做好农村劳动力有组织转移就业工作；其中有2条措施鼓励鼓励辖区商业综合体、建筑业吸纳就业，给予一次性就业补贴；其中有1条措施支持辖区内创办小规模经济实体，促进创业带动就业工作，给予补贴。

【培育创新创业载体】 2021年7月，金凤区创业就业和人才服务中心采取“政府引导、企业主体、市场运作”的方式，依托宁夏家政龙头企业——宁夏东耀服务有限公司，通过市场化运作在丰登镇丰登嘉苑建成总面积3500多平方米的金凤区首个“产、学、研”一体化家庭服务业孵化产业园。产业园定位六大核心功能，即家政创业孵化基地、家政技能培训标准化基地、家政服务技能等级认定中心、家政培训讲师培训基地、家政职业经理人培训基地、家政服务标准化示范基地。设置家政创业孵化区、各类家政实训室、家政服务业务大厅、线上培训直播中心等为一体的家庭服务综合产业园。完成培训家政讲师25人，家政职业经理人200人，家政服务技能人员1975人，入园在孵企业4家，带动就业2000余人次。

2021年3月18日，信息第22期金凤区2021年第一期创业(网络创业)培训班结业

【大众创业】 2021年，金凤区创业就业和人才服务中心为树立青年创业典型，展示青年创新创业成果。成功举办金凤区第二届“引凤创梦”青年创新创业博览会，活动现场为10名创新创业专家智库导师颁发聘书，率先建立了金凤区数字化青年创新创业共享服务平台和创新创业专家智库。针对金凤区中小微企业开展创业沙龙10场次，营造浓厚创新创业氛围。

【宣传报道】 2021年1月，《宁夏人力资源和和社会保障信息》(第3期)刊登了《牢固树立以人为本理念　解决好群众烦心事》信息；3月，《人民日报》刊登了《搬得出、稳得住、能致富，银川市金凤区润丰村创建移民搬迁安置样板村》信息；3月，宁夏广电新闻中心对《宁夏“春风行动”暖民心》进行了报道；3月，宁夏电视台经济频道对《就业培训　提升劳动者技能水平与就业能力》进行了报道；3月，宁夏新闻网刊登了《宁夏银川市金凤区举办春风行动专场招聘会194家企业参加》信息；4月，《宁夏日报》刊登了《金凤区一季度新增就业千余人》信息；6月，中国新闻网刊登《宁夏金凤区：“引凤创梦”助力人才创新发展》信息、宁夏新闻网刊登《银川市金凤区第二届“引凤创梦”青年创新创业博览会闭幕》信息、宁夏电视台经济频道对《宁夏金凤区：“引凤创梦”助力人才创新发展》进行了报道；7月，《宁夏日报》刊登了《金凤区交出上半年经济亮眼“成绩单”信息》；7月，宁夏新闻网刊登了《银川市金凤区：“织密”就业创业网让退役军人的红色印记更加闪亮》信息；7月，《宁夏乡村振兴要情》(第8期)刊登了《金凤区“三抓四动”打造乡村善治新典型》信息；7月，《人民日报》刊登了《信息台账助认定　扶持就业保障足》信息；8月，宁夏新闻网刊登了《银川市金凤区：百万移民致富提升行动　谱写乡村振兴新华章》信息；8月，《宁夏日报》刊登了《聚焦“四大提升行动”搬出大山，搬出一个新天地》信息；8月，《宁夏就业创业》刊登了《金凤区：“主食厨房”促进重点群体稳增收》信息。

【奖项和荣誉】 2021年，宁夏就业创业工作考评中金凤区排名靠前被自治区就业工作领导小组考核为C类，并给予100万元的绩效奖补资金；金凤区创业就业和人才服务中心被自治区就业工作领导小组授予“自治区就业创业工作先进集体”称号，被金凤区委、区政府评为金凤区2021年黄河流域生态保护和高质量发展先行区建设年度“四争”工作优秀奖“先进集体”。

（王　萌）

医疗保障

【概况】 2021年，金凤区医疗保障局认真贯彻执行医疗保障法律法规、政策规定，对城乡居民医疗保险定点机构进行监管，重点对2个镇卫生院、15个村卫生室的药品、医用耗材、医疗服务项目等医保目录和支付标准进行检查，依法依规查处医疗保障领域违法违规行为。组织落实城乡居民基本医疗保险和大病保险等制度，推进医疗、医保、医药“三医联动”改革，保障人民群众就医需求、减轻医药费用负担。

2021年2月10日，金凤区医保局向辖区50名患重大疾病的参保居民发放春节慰问金，每人600元，共计发放慰问金3万元

【参保缴费】 2021年，金凤区城乡居民基本医保参保达18.77万人，缴费任务完成率111.07%，居区（市）第一。其中，建档立卡户人员4503人，缴费任务完成率100%；核定零缴费3637人；办理新生儿参保缴费6954人；特殊人群和困难群体14396人。

【信息维护】 2021年，金凤区医疗保障局完成193条医疗机构信息维护，2645条医师信息维护，3243条护士信息维护，461条药店信息维护，531条药师信息维护。全年共完成参保居民人员基本信息变更4800人次，信息查询15000余人次；办理区外异地备案86人次；办理门诊大病限额审批42人次；参保人员医保关系转移1615人次。

【财政预算收支】 2021年，金凤区医疗保障局部门预算收入648.71万元，决算支出648.17万元。财政拨款收入597.30万元，支出597.29万元。其中基本支出140.62万元，项目支出456.66万元。2020年末结转资金0.01万元。

【基金收支】 2021年，金凤区医疗保障局收入医疗救助资金453万元，城乡医疗救助总支出723.33万元（银川市财政社保专户统筹）。其中，医疗救助住院支出556.5万元，救助1644人次（其中重特大疾病支出74.71万元，救助254人次）；门诊救助支出20.88万元，救助4674人次，深度医疗救助支出54.92万元。上级拨入居民医保基金支出540万元，居民住院统筹支出265.75万元，门诊统筹支出235.29万元，门诊大病支出1万元，医保退费1万元。

【医保基金监管】 2021年，金凤区印发《金凤区2021年度医保基金监管宣传月活动实施方案》，成立金凤区2021年度打击欺诈骗保集中宣传月活动

2021年8月31日至9月1日，金凤区医保局分别进入自治区妇幼保健院、银川市口腔医院等12家定点医疗机构开展异地结算系统和医保网络联通情况的测试工作

领导小组，召开金凤区2021年度打击欺诈骗保启动会。对辖区内定点医疗机构开展稽核3次，发放打击欺诈骗保宣传资料13万份，专项检查覆盖丰登镇卫生院、良田镇卫生院、协议药店266家以及15个村卫生室。追回定点医疗机构违规费用5545.06元。

【异地结算】 2021年，金凤区异地就医手工结算住院医疗费用共报销477人次，医保统筹基金支付231.82万元；门诊大病异地就医结算报销18人次，医保统筹基金支付5.11万元，向人寿提交异地大病报销材料118份。

2021年，金凤区医疗保障局通过“金凤医保”微信公众号开通异地备案网上办

【医保扶贫】 2021年，金凤区将基本医保、大病保险、商业保险、医疗救助、政府兜底等“四保障一兜底”政策有效捆绑，落实建档立卡贫困人口动态医保待遇。全年金凤区建档立卡贫困户住院333人次，总费用361.66万元，基本医保167.18万元，大病保险30.37万元，大病财政26.11万元，医疗救助63.67万元，扶贫保2.03万元，政府兜底42.95万元，个人自付比例8.11%。

【政策宣传】 2021年，金凤区医疗保障局印制发放医保政策宣传折页4万余份、缴费通告1万余份、《致家长的一封信》10万份，悬挂宣传条幅200余条，制作“缴费流程”小视频7部、“参保缴费”情景剧2部，通过微博、“金凤医保”微信公众号推送各类医保政策文章250条，发送参保缴费提醒短信20万余条。开展政策宣传、政策解读培训10余场。

（王　艳）

民　政

【概况】 2021年，金凤区民政局有行政编制6名，机关事业编制6名。争取实施了自治区民政厅“服务类社会救助”创新试点项目，基本形成了服务类社会救助的“物质＋服务”的“金凤模式”；制订印发《金凤区关于进一步加强城乡低收入群体救助保障方案》，在有效解决相对贫困问题方面进行了有效探索；打造“金凤悦邻里”品牌，推动更多优质资源向社区聚集，营造“互助式”邻里关系；制订《金凤区基层治理常态化网格管理工作方案》，以提升社区治理能力和应急联动水平为重点，建立完善常态化的“大网格—社区（村）—小区—楼栋网格”四级网格化工作体系，探索形成基层治理常态化网格管理机制；深入开展“我为群众办实事”实践活动，完成“困难老年人居家养老服务”“新建社区邻里中心”等17件办实事项目，涉及到民政业务各个领域。2021年，金凤区民政局荣获“全国优秀健走组织单位奖”“金凤区2021年黄河流域生态保护和高质量发展先行区建设推进乡村振兴年度贡献奖”。

【社会救助】 截至2021年底，金凤区有城市低保1394户1897人，农村低保820户1303人。通过扎实开展"全面排查，主动救助"，累计发放各类社会救助资金3644.84万元。2021年11月1日，城市低保标准由每月620元提高到660元，农村低保标准由每年4560元提高到4660元。围绕困境儿童关爱，引入2家社会组织，为7名农村留守儿童、447名困境儿童，利用儿童之家开展专业化服务，使儿童之家成为留守儿童健康成长的阵地。将共同生活家庭成员人均收入低于低保标准1.8倍，且家庭财产符合相应规定条件的金凤区户籍居民家庭，按照个人申请、镇(街道)审核审批的程序，认定为较低收入家庭，并采集数据，建立较低收入家庭数据库；制定专项救助政策，将现行民政高等教育助学、冬季取暖补贴、节日慰问等专项救助政策从低保对象扩大到较低收入家庭。开展金凤区服务类社会救助试点项目，分别在长城中路街道办宁安社区和满城北街街道办居安社区开展了为期一年的非物质类社会救助服务，发挥"三社联动"作用，为辖区具有服务类社会救助需求的困难救助对象提供了社会融入服务、能力提升服务、心理疏导服务、资源链接服务以及宣传倡导服务，实现更加及时、高效、精准的社会救助。强化低保动态管理，切实做到"应保尽保、应退尽退"，对金凤区已纳入城乡居民最低生活保障和低收入家庭的保障对象共计2190户进行动态复核，停发不再符合低保、低收入家庭条件的家庭134户，"漏保""错保""关系保""人情保"等问题得到有效遏制。

2021年3月13日上午，金凤区服务类社会救助改革试点项目启动仪式在宁安社区五里宜居小区广场举行

【养老服务】 截至2021年底，金凤区有60岁以上老年人8.1万人，占总人口的12.58%。中、重度失能老人85人，特困老人35人。有社区老年活动中心36个、日间照料中心22个，城乡老饭桌42个、居家养老服务站39个、农村幸福院13个。现有养老机构7家，公建民营养老机构5个[宁夏阅海养老服务中心，养老床位数902张；宁夏孝慈园养老服务有限公司，养老床位数1336张；宁夏德合养老服务有限公司，养老床位数675张；银川市光大汇晨康养中心，养老床位数840张；金凤区综合福利中心(敬老院)，养老床位数368张]。民办养老机构2个(宁夏新协和老年关爱护理中心，养老床位数15张；银川市怡居养老服务中心，养老床位数106张)，合计4242张床位。达到每千名老年人拥有养老床位数52张。2021年，围绕养老服务，争取区、市资金支持，新建社区老年人日间照料中心4个、老年人助餐点5个。为253名经济困难失能老人购买居家养老服务，为金凤区户籍355名80周岁以上高龄老人和4987名60岁以上特困供养人员、低保、低收入和残疾老年人购买了意外伤害综合保险。积极探索多元化的运营模式，形成了社区自管、社区牵头社会组织参与、公建民营3种差异化的运营模式，充分发挥社区日间照料中心在社区居家养

2021年，区委书记赵会勇入户调研政府购买居家养老服务工作

老服务中的积极作用，积极引入5家社会组织参与居家养老服务。每月按时为34名经济困难家庭重度失能老年人发放护理补贴、为51名经济困难失能老年人发放生活补贴和7名百岁老人发放长寿老人保健费。为辖区38家养老服务机构安装了烟感器。

2021年新增城乡老年人助餐点一览表

表3

街　道	名　称	就餐人数(人)	建设性质	地　　址
黄河东路街道	通福家园社区	20	改扩建	福州南街和长城路交叉路口以南1公里处
黄河东路街道	恒大名都社区	50	改扩建	良田渠南段恒大名都东区
长城中路街道	金域蓝湾社区	10	改扩建	六盘山路以北金域蓝湾小区2-1号楼1—2层
长城中路街道	五里水乡社区	15	改扩建	湖畔路五里水乡小区31号楼北侧
满城北街街道	临阅家园社区	15	改扩建	满城北街平湖巷临阅家园小区西门32号营业房

2021年新增社区日间照料中心一览表

表4

街　道	名　称	面积(平方米)	建设性质	地　　址
黄河东路街道	通福家园社区	1900	改扩建	福州南街和长城路交叉路口以南1公里处
黄河东路街道	恒大名都社区	851	改扩建	良田渠南段恒大名都东区
长城中路街道	金域蓝湾社区	750	改扩建	六盘山路以北金域蓝湾小区2-1号楼1—2层
满城北街街道	临阅家园社区	800	改扩建	满城北街平湖巷临阅家园小区西门32号营业房
黄河东路街道	通福家园社区	1900	改扩建	福州南街和长城路交叉路口以南1公里处

【社区治理】 截至2021年底，金凤区辖2个镇、6个街道办事处（其中贺兰山中路街道办事处为新成立），共有20个行政村、63个社区。构建了“54个社区党委+296个小区（网格）党支部+1225个楼栋联合党小组+1340个党员中心户”的四级社区治理纵向链条。全年共开展社区协商议事会280余场次，协商解决老旧小区改造、解决邻里纠纷及积极探索社区治理等方面的问题150余件。银啤苑社区“板凳会”、宝湖社区“五邻”服务等11个社区工作法入选自治区社区治理优秀案例。社区民主协商“板凳会”样板课程被银川市党组织书记社区治理专题培训班列为特色课程。9月7日，经自治区人民政府批准设立了贺兰山中路街道办事处，贺兰山中路街道管辖范围为唐徕渠以西、满城北街以东、贺兰山路以北、沈阳路以南区域，总面积23.3平方公里，12月7日举行了银川市金凤区贺兰山中路街道办事处成立揭牌仪式；根据社区实际，指导社区划分调整社区网格，社区网格由366个持续增加到738个，社区治理单元更趋精细化；共组织公开招聘社区工作者1次，补充社区工作者15名。选优配强新一届社区“两委”成员590名，党组织成员和居委会成员平均年龄分别为39岁、35岁，下降了5.5岁，大专以上学历100%，提高了11.9个百分点，实现了村（居）委会干部年龄学历“一降一升”，同步推选产生了村（居）务监督委员会，村（居）民小组长，建立健全了各项规章制度。开展村（社区）“两委”班子成员、村务监督委员会委员能力

提升培训，集中分批举办了2期6天的培训班；指导村监会依法依规做好村务监督，有效提升了基层社会治理法治化水平。按照银川市《关于推进社区工作者队伍职业化建设的实施意见（试行）》，足额保障社区工作者薪酬待遇。增加了专职网格（小区）党支部书记及专职委员工作补助，提高了社区党建经费及为民服务和发展专项资金配套标准。启动了创新数字社区治理体系试点改革，2个社区被全区观摩。金凤区入选自治区首批社区治理试验区，正在利用5G网络，搭建金凤区数字社区治理平台；创新“金凤悦邻里”便民服务品牌，出台《“金凤悦邻里”社区邻里中心建设方案》，建成金凤区悦邻里（驿站）6个，被中央、区、市多家媒体报道；探索形成基层治理常态化网格管理机制。制订《金凤区基层治理常态化网格管理工作方案》，建立完善了常态化的“大网格—社区（村）—小区—楼栋网格”四级网格化工作体系。

2021年金凤区各街道居民委员会一览表

表5

序号	乡镇(街道)名称	社区名称	社区户数(户)	社区人数(人)
1	长城中路街道	金宇名庭	7871	15496
2		宁安社区	5755	14139
3		林湖左岸	8411	13080
4		长城花园社区	7029	17326
5		保伏桥社区	6432	13619
6		南苑社区	3759	10600
7		花样年华社区	6642	14832
8		宝湖社区	7862	15358
9		香溪美地社区	5026	10022
10		紫园社区	3102	7303
11		鲁银社区	6008	17630
12		香溪美地社区	5026	10022
13		枫林湾社区	5798	10312
14		五里水乡社区	5651	12550
15		五里湖畔社区	4978	14365
16		金域蓝湾社区	1840	5755
17		七子连湖社区	6867	16634
18		五里台社区	4465	12368
19		高桥社区	6952	15500

续表 5

序号	乡镇(街道)名称	社区名称	社区户数(户)	社区人数(人)
20	北京中路街道	森林公园社区	8037	13369
21		锦绣苑社区	4267	12088
22		清馨苑社区	3165	6695
23		安居苑社区	2455	6760
24		蓝山名邸社区	2117	4470
25		民生花园社区	2425	5506
26	黄河东路街道	盈南家园社区	4114	7403
27		荣锦苑社区	2596	5450
28		颐和城府社区	4055	10101
29		湖畔嘉苑社区	10084	19904
30		工业集中区社区	4550	11375
31		新苑社区	3600	8280
32		金家巷社区	4285	7044
33		新琇苑社区	5794	14485
34		银啤苑社区	4508	9210
35		福通社区	3710	9174
36		恒大名都社区	2796	6700
37		金地花园社区	5102	11224
38		通福家园社区	3985	7373
39	满城北街街道	彩虹湾社区	6635	10285
40		阅海社区	720	1940
41		满春园社区	3937	9621
42		紫馨苑社区	6450	12530
43		临阅家园社区	2502	4497
44		紫阳社区	3184	7200
45		立交桥社区	2345	5562
46		居安家园社区	5417	8212
47		中强巷社区	3987	9392
48	上海西路街道	清水湾社区	7242	16553
49		区建一分公司社区	3981	5010
50		悦海新天地社区	1995	3425
51		逸馨苑社区	5552	12000

续表 5

序号	乡镇(街道)名称	社区名称	社区户数(户)	社区人数(人)
52	上海西路街道	银新苑北社区	3411	7845
53		银新苑南社区	7428	14153
54		馨和苑社区	6604	16510
55	贺兰山中路街道	双福社区	5916	12650
56		阅海湾社区	2102	3615
57		唐徕社区	4764	9076
58		景湖社区	3200	7540
59		西湖社区	7052	14499
60		银丰社区	8966	15058
61		世悦社区	9039	6034
62		阅海万家社区	6378	17137
63		海珀兰轩社区	8854	21905
64	良田镇	银川林场社区	854	2379

2021 年金凤区各镇村情况一览表

表 6

序号	乡镇(街道)名称	行政村名称	总户数(户)	总人数(人)
1	丰登镇	西新村	1307	2908
2		润丰村	327	1457
3		永丰村	1369	3042
4		新联村	1159	2609
5		和丰村	332	1575
6		联丰村	1456	2860
7		新丰村	821	1717
8	良田镇	金星村	1299	5429
9		园子村	746	2907
10		光明村	561	2449
11		兴源村	1715	7047
12		泾龙村	1302	5036
13		园林村	1073	4621
14		和顺村	750	3548
15		植物园村	1285	4820

续表6

序号	乡镇(街道)名称	行政村名称	总户数(户)	总人数(人)
16	黄河东路街道	双渠口村	2700	6134
17		砖渠村	1500	3700
18		魏家桥村	1594	4247
19		盈南村	2824	5860
20	满城北街街道	平伏桥村	2546	5279

【婚姻登记】 2021年，金凤区民政局办理结婚登记3367对、补办结婚证686对、离婚登记1106对、补办离婚证94对。7月23日起实施婚姻登记“全市通办”试点，2021年“全市通办”办理结婚登记198对，办理离婚申请33对，离婚登记13对。

【殡葬管理】 2021年，金凤区制订并下发《关于进一步推动殡葬领域突出问题整治的工作方案》，在清明节前，中元节、冬至等特殊节气采取多种形式加大宣传倡导绿色低碳祭扫，引导群众采用敬献鲜花，网络祭扫等文明祭奠、低碳祭扫方式，保护环境，减少火灾隐患和环境污染祭扫，为广大群众营造一个文明和谐的祭祀环境。按照民政部等八部门要求，金凤区公安分局、金凤区自然资源局、金凤区住房城乡建设和交通局、金凤区卫生健康局、市场监管局金凤分局、金凤区综合执法局、金凤区审批服务管理局联发了《金凤区殡葬业价格秩序、公益性安葬设施建设经营专项整治工作实施方案》，对金凤区殡葬业价格秩序、公益性安葬设施建设经营开展了专项检查整治。

【社会组织管理】 2021年，金凤区共登记注册类社会组织223家，其中民办非企业单位178家；社会团体45家，共培育发展出备案类社区社会组织566家。业务范围涵盖诸多领域，业务主管单位涉及14个委办局。先后培育发展“抱抱团爱心互助社”、公益创客等品牌社区社会组织18家，为辖区热心公益的中老年人和青年创业者提供了发展平台。

【志愿服务管理】 2021年，金凤区民政局组织开展全国志愿服务信息系统推广应用，注册志愿者96238人，实名注册志愿者占辖区常住人口比例15%，注册志愿服务队伍738支，志愿服务活动项目累计发布总数9902个，累计服务总时长3127541.85小时，有时长记录的志愿者占实名注册志愿者的51%。推行“政府＋社会组织＋公益团体”的共建模式，通过政府购买服务，形成了志愿服务扶持、培育、孵化机制。

【地名区划】 2021年，金凤区民政局共完成二维码门牌安装2816块，户室牌2341条；商铺牌475条。收录至国家地名信息库中11个大类32个小类地名词条5500余条，采集点状地名坐标3400条，线状地名坐标300条，采集多媒体照片近8000张，初步建成基于国家地名数据库的本级地名基础数据库。完成金凤区第二次全国地名普查地名成果表3600张，完成金凤区第二次全国地名普查地名标志登记表400余张。建立金凤区第二次全国地名普查国家数据库，完成数据库入库3600条，地名标志200余条，并完成整理等工作。

（郜灵珠）

退役军人事务管理

【保障体系建设】 2021年，金凤区8个镇(街道)、83个村(社区)退役军人服务站全部挂牌成立。登记在册退役军人14099人，其中党员9982人。金凤区退役军人事务局先后制定完善《金凤区退役军人事务工作首问责任制度》《金凤区优抚申报审核制度》等49项工作制度，全面促进金凤区退役军人服务中心(站)规范化建设，切实提升做好退役军人服务管理工作能力和水平。完成8家退役军人服务中心站创建工作。

【思想政治教育】 2021年，金凤区退役军人事务局探索实施“1+3+N”退役军人思想政治教育模式，建立社区(村)、镇(街道)、单位三方退役军人思想政治教育责任机制。结合党史学习教育，组织退役军人集中参加清明祭奠英烈、老班长谈心交流、邀请抗美援朝老兵开展先进典型事迹宣讲等活动10余场；全面强化退役军人党员管理，严格落实《退役军人党员教育管理工作实施办法》，将退役军人党员管理全部纳入基层党组织有效管理之中，突出强化退役军人党员教育管理，于8月中旬成立了金凤区2021年退役士兵临时党支部，并安排专人指导临时党支部开展党内各项组织生活，进一步强化了退役士兵党员教育管理。全面强化退役军人志愿队伍建设，积极打造退役军人志愿服务品牌，引导退役军人在服务金凤区经济社会发展中发挥作用；建立困难退役军人帮扶援助机制，建立完善困难退役军人信息数据库，持续做好退役军人走访关爱工作。

【双拥共建】 2021年，金凤区严格落实党委议军会议制度及军地双拥联席会议制度，全年召开党委议军会、双拥工作领导小组会议4次，党委政府主要领导专门批示7件次，军地主要领导抓双拥的合力进一步增强。结合党史学习教育，组织开展“老兵讲堂”、“红色基因传承教育四进”、社区国防讲堂等爱国主义教育活动5次。严格落实《立功受奖军人家庭送喜报工作办法》，积极开展爱心献功臣工作，慰问驻区部队，联合人武部送二等功、三等功喜报，发放慰问金，协调现役军人子女入学；发放优抚对象优抚金，发放各类补贴、慰问金。深入开展双拥宣传氛围营造提升工程，在政府政务网、金凤电子快报等平台设立国防教育和双拥专栏，在尹家渠街、泰康街和庆丰街打造了双拥宣传街，在公共法律服务中心设立了军人军属及退役军人法律服务窗口，在基层服务站设立接待室和调解室，着力营造全民参与的双拥氛围。大力开展双拥模范单位创建和先进个人评选活动，编撰了《金凤区退役军人功勋志》，着力宣传拥军爱民模范事迹、先进经验。构建了以中小学生、机关事业单位干部职工、党员领导干部为主的全方位国防教育格局，国防教育的力度和广度全面加强。做好辖区服务单位设立“军人及退役军人优先”窗口工作，将银川市第二人民医院定为金凤区拥军优抚定点医院，开通绿色通道，切实将“优先”工作落到实处。武警银川支队和武警总队训练基地积极参与脱贫攻坚、支援乡村振兴战略实施，帮扶良田镇、顺新村和泾龙村，帮扶产业、教育、医疗发展，援建基础设施，改善办学条件，以党(团)组织名义结对资助贫困学生，积极支持开展全民国防教育，广泛开展“学雷锋”等志愿服务，为群众送温暖、献爱心。金凤区人武部积极协调辖区驻军开展双拥工作，收集了辖区驻军拥政爱民及需要地方协调解决的有关事项，开展拥政爱民教育，邀请国防大学教授开展国防教育讲座，科级以上干部200余人聆听；“八一”开展军事日活动，金凤区四套班子领导等130余名党政干部参加；助力丰登镇润丰村乡村振兴工作；组织动员民兵参加疫情防控；组织辖区中小学学生开展军训，协调团委等部门开展军地相亲联谊。驻地各部队模范遵守国家法律法规和党的民族宗教政策，做好民族团结进步工

2021年8月1日，金凤区举行为立功受奖军人家庭集体送喜报仪式

作，严格执行军队群众纪律，以“四有”新时代革命军人为标准，积极宣传教育团结影响群众，积极践行社会主义核心价值观，为驻地各族群众办实事好事，在驻地群众中形象好，驻区部队拥政爱民工作先后被《人民日报》、新华社、中国民兵、宁夏电视台公共频道等媒体宣传报道。

【退役军人就业创业】 2021年，金凤区退役军人事务局及时掌握各商圈的用工需求，建立信息共享机制，帮助退役军人实现就业。利用高新技术开发区规模企业的优势，助推退役军人就业。摸排梳理企业用工需求，利用退役军人提供就业创业智慧服务平台，向有需求的退役军人精准匹配推送就业信息，及时推荐退役军人就业。利用农业创业园的优势，助推退役军人就业创业。依托辖区现代农业产业优势，着力激发农村籍退役军人创业热情，解决周边退役军人的就业问题。以公益性岗位的形式和劳务派遣方式为辖区退役军人及家属提供就业岗位。利用辖区退役军人创办的企业，助推退役军人就业创业，退役军人就业创业水平不断提升。2021年，先后组织开展退役军人点对点职业介绍会3场次，参加线下职业技能培训45人次，发布招聘公告150余次，提供就业岗位300余个，为退役军人及家属协调解决了就业岗位，报销自主就业士兵职业技能培训，审核退役士兵学历提升，发放退役士兵自主就业一次经济补助。

【移交安置】 2021年，金凤区接收符合政府安排工作条件退役士兵，分别安置在金凤区政府事业单位，国企、央企等企业。

【信访工作】 2021年，金凤区退役军人事务局实施“六步化解法”（排查登记、责任化解、帮扶救助、走访谈心、政策解释、跟踪关爱）全力做好退役军人权益维护工作。严格落实“六包一”工作机制，将新时代“枫桥经验”践行在了做好退役军人工作实际行动中，用一点一滴的平凡工作，切实拉近了退役军人与党和政府的距离，提升退役军人的获得感、荣誉感、尊崇感和责任感。全年，受理各类政策咨询568人次。

【党史学习教育】 2021年，金凤区退役军人事务局认真贯彻落实习近平总书记关于党史学习教育重要讲话内容，定期定量学习《中国共产党简史》《论中国共产党历史》《习近平新时代中国特色社会主义思想学习问答》《毛泽东邓小平江泽民胡锦涛关于中国共产党历史论述摘编》等书籍，坚持每日开展党史学习答题，每周开展党史学习读书会，每月撰写学习心得体会，落实党史学习教育的长效机制。开展集中学习40余次；围绕“进一步感悟思想伟力、更加自觉地把政治责任扛起来”“习近平总书记在庆祝中国共产党成立100周年大会上的重要讲话”等9个主题开展专题研讨；党支部书记讲党课3次，领导班子成员讲党课1次；组织党员干部赴贺兰县人民检察院党员教育警示基地参观学习；集中观看《榜样5》《初心铸就辉煌》等专题节目；组织参战老兵、退役军人开展“守护·2021清明祭英烈活动”；参观了革命烈士纪念馆、贺兰县雷锋纪念馆，重温中国共产党成立的历史等学习实践活动。

2021年春节期间，金凤区开展“情倾退伍老兵 关爱困难群众”春节慰问活动

乡村振兴

【移民就业】 2021年，金凤区制定《金凤区城乡居民收入提升行动实施方案》《金凤区城乡就业保障

体系实施意见》《关于进一步做好2021年劳务移民就业创业工作实施意见》《2021—2023年金凤区移民群众务工就业推进方案》等政策文件，建立完善15个移民村（社区）劳动力台账和就业信息台账，根据劳动力结构分类制订技能培训和务工就业服务计划。成立移民就业服务专班，通过专班推进、专人负责，4个劳务移民安置社区和11个移民村（社区）均建立劳务服务工作站。开展订单、定岗式技能培训，举办装载机驾驶员、保育员等技能培训班7期350人次，劳务中介组织法人及劳务经纪人培训班1期33人，培训移民家庭"两后生"9人，认定就业帮扶基地21家（其中新培育银川市级就业帮扶基地2家），就近解决农村劳动力就业上万人次。培育移民创业实体30家带动就业34人，发放创业补贴2万元，对脱贫人口及监测对象稳定就业半年以上、务工收入2万元以上的每户给予2000元稳岗就业补贴，购买107个公益性岗位进行兜底保障，实现零就业家庭动态清零。开展各类线上线下招聘会10期，提供岗位9182个，达成就业意向385人。脱贫劳动力务工人数1978人，是上年同期务工人数的108.5%。

利思田园密语产业园

【公共服务保障】 2021年，金凤区强化医疗卫生服务，镇级卫生院和村卫生室全部达标建设，基层卫生机构远程会诊实现全覆盖，开展远程心电21274人次，上传远程放射片965例。继续统筹基本医疗保险，2021年已脱贫人口及"三类人员"监测对象参保缴费率达到100%，严格落实"先诊疗、后付费"和"一站式"报销结算制度，脱贫人口住院个人自付费比例8.13%。保障农村基础教育，农村地区2所中学、9所小学、10所幼儿园均按城乡一体标准建设，新建5所农村幼儿园年内投入使用。累计开展教师轮岗交流248人，完成了第三轮校长教师轮岗交流。2021年，受理助学贷款学生866人，资助金额715.7764万元，核实享受"雨露计划"158人，发放补贴23.7万元。农民群众出行保障，进一步完善和顺新村路网配套，积极争取自治区交通厅将305省道金凤区段列入省道改扩建项目范畴，协调银川市公交公司开通良田镇农贸市场至市民大厅专线，为群众出行、农产品流通提供保障。

【自主迁徙农村居民】 2021年，金凤区自主迁徙居民共计857户3006人，其中银川林场367户1117人，良田镇8个村427户1630人，丰登镇和丰村63户259人。按籍贯分区内外县籍自主迁徙居民700户2515人，外省籍自主迁徙居民157户491人。

【动态监测】 2021年，金凤区印发《金凤区关于健全防止返贫动态监测和帮扶机制实施方案》《关于建立巩固拓展脱贫攻坚成果有效衔接乡村振兴"四查四补"常态化机制的通知》等文件，推行网格化监测管理，建立防止返贫监测预警、"四查四补"常态化联席会议机制。截至年底，金凤区共有"三类人员"监测对象126户489人，其中2021年之前纳入的"两类人员"82户315人已全部消除风险。2021年新识别纳入"三类人员"监测帮扶对象44户174人（脱贫不稳定户13户61人，边缘易致贫户19户67人，突发严重困难户12户46人），全部制定"一户一策"帮扶方案，结对建立帮扶联系人，44户174人全部落实帮扶措施，做好风险动态监测的同时不断强化帮扶举措，确保能稳定消除风险，坚决筑牢致贫返贫防线。积极深入开展"四查四补"大排查，共排查梳理整改各类问题112条。

【扶贫项目资产管理】 2021年，金凤区梳理2013年以来扶贫资金5.85209亿元，登记扶贫资产987项，资产原值4.16833亿元，全部按照初步确权意见录入国家防返贫监测信息系统。其中，2013—

2015年梳理资金1380.1万元，形成扶贫资产268.931742万元;“十三五”期间异地扶贫搬迁梳理资金37423.97万元，形成扶贫资产28736.0903万元;2016—2020年梳理扶贫资金19716.83万元(含金凤区本级资金2685.67万元)，形成扶贫资产12678.29万元。按照国家、自治区关于扶贫资产登记确权工作要求，正在开展已登记录入扶贫资产“回头看”核实修正工作。

（马丽娟）

应急管理

【政治建设】 2021年,金凤区制订印发《金凤区学习宣传贯彻习近平总书记关于安全生产重要论述专题实施方案》,进一步细化任务分工,将学习贯彻习近平总书记关于安全生产重要论述纳入各级党委(党组)理论学习中心组学习内容,采取中心组学习、专题会议等形式组织各级、各部门、各企业观看《生命重于泰山》电视专题片200余次。汇编印发《习近平总书记关于安全生产重要论述摘编》等2500余份宣传资料,收录习近平总书记自2013年以来关于安全生产重要论述、指示批示精神40条,印发至各镇、街道、部门、单位和各企业。以短信推送形式,面向社会、企业宣传习近平总书记关于安全生产重要论述摘编10万余条。将学习习近平总书记关于安全生产重要论述作为企业的三级培训教育的重要内容，利用加油站、公园、广场、商场、校园等电子屏24小时滚动播放安全生产宣传标语及宣传片。通过培训班、网络、微信、应急管理干部培训平台等方式,组织各镇、街道、部门及企业安全监管人员开展各类培训120余场次,培训人数达3000余人,在职人员全部取得安全生产执法资格,参学率达到100%。

2021年1月29日，金凤区召开安全生产委员会2021年第一次全体(扩大)会议暨消防工作会议

【工作机制】 2021年,金凤区委、区政府主要领导多次召开常委会、常务会、专题会等会议,传达学习习近平总书记关于安全生产重要论述和习近平总书记关于应急管理工作指示批示精神,以及习近平总书记对湖北十堰市张湾区艳湖社区集贸市场燃气爆炸事故作出的重要指示精神和区市党委主要领导提出的关于安全生产工作要求,对金凤区的安全生产、森林防火、防灾减灾救灾和防汛抗旱等工作进行安排部署,签订了安全生产、消防安全目标责任书,层层传导压力,压实安全生产责任。印发《金凤区“安全百日会战喜迎百年华诞”安全生产和灾害防御百日专项整治行动实施方案》《关于进一步加强近期安全防范工作的通知》《关于开展城镇燃气相关领域安全专项整治的通知》等多个文件,成立了建筑施工、校园、道路交通、商贸服务和农业农村等领域5个工作组,对重点行业领域及企业进行安全生产专项整治三年行动工作进行督查,切实压实了安全生产专项整治工作。严格落实各成员单位“半年小结、年终总结”制度。累计开展督导检查12次，下发通报8期、安全预警和督办通知单10余期,全面找准工作重点,打通工作堵点,破解工作难点,完善安全生产防范工作机制。

【综合执法改革】 2021年，金凤区应急管理局起草《银川市金凤区深化应急管理综合行政执法改革实施方案(征求意见稿)》,并征求各相关部门意见,现提交政府专题会议研究。在14家已完成三级标准化创建的基础上，督促其余11家未达标的企业继续开展创建工作。金凤区党委政府制订印发《金凤区推进基层整合审批服务执法力量改革实施方案》,整合现有站所、分局执法力量和资源,组建综合执法办公室加挂应急管理办公室牌子。按照有关法律规定相对集中行使行政处罚权，以镇街名义开展执法工作，并接受有关区级主管部门的业务指导和监督，逐步实现基层一支队伍管执法。制定《金凤区镇（街道）行政执法事项清单》《金凤区行政执法流程图》《金凤区行政执法文书汇编》，明确执法事项，厘清镇街行政执法权力边界和责任。

【安全生产专项整治】 2021年，金凤区应急管理局组织各企业开展交叉互查、自查等多种方式，深入排查安全隐患，企业自查、互查隐患523条，已整改502条，整改率96%。针对未整改隐患，落实闭环管理，坚决消除安全隐患。聘请专家138人次，深入危化、建筑工地、工贸等企业，找漏洞、开良方，查找各类安全漏洞，找准问题隐患，指导制定整改措施，不断提升安全生产工作能力水平。抓实安全生产问题隐患和制度措施“两个清单”制度，各镇、街道、行业监管部门和各企业逐一建立台账，做到整改一条、销号一条，动态管理，切实从根本上消除事故隐患。共累计排查企业4784家次，排查问题隐患2414条，下发责令整改指令书665余份，整改隐患2285条，整改率95%，罚款189.6752万元，制定制度措施9项。

【安全生产执法监察】 2021年，金凤区应急管理局运用“互联网+执法”平台执法检查，加大安全生产行政执法力度，对存在较大安全生产隐患的塞北雪面粉厂、万科大都会和相关企业行政处罚35.59万元，对存在消防重大安全隐患的自治区妇幼保健院挂牌督办。查获1起未取得危化品经营许可证，非法储存销售汽油案件，已将该起案件移交公安部门，以涉嫌非法经营罪立案查处。此案为宁夏首例安全生产行政执法与刑事衔接案例，被应急管理部通报为“行刑衔接”典型案例。查获1起非法生产经营乙炔案件，已将生产出的乙炔气瓶和制作原料、工具予以没收，并向公安部门移交违法线索，及时消除了重大隐患。应急管理局等负有安全监管执法部门联合金凤区融媒体中心，对危险化学品、工贸、商业综合体、人员密集场所以及建筑施工等重点行业领域，发现的突出问题和严重违法行为进行集中曝光，已集中曝光3期，倒逼各类企业和行业监管部门树牢安全发展理念，增强抓好安全生产的自觉性主动性。

【应急演练】 2021年，金凤区各行业主管部门加大对各监管企业检查力度，重点指导监督各企业应急预案制定情况，切实做到一事一方案、一企一专案。应急管理局组织银川煤气灌装检修厂、恒大名都小区等开展了液化气泄漏、高层住宅火灾应急演练等各类应急演练120余次，极大地提升了辖区各企业和从业人员及广大市民安全防范意识。

【自然灾害风险普查】 2021年，金凤区应急管理局印发《银川市金凤区自然灾害综合风险普查领导小组办公室关于印发〈银川市金凤区第一次全国自然灾害综合风险普查落实方案〉的通知》（金灾险普办发〔2021〕1号），已完成第一阶段清查工作，上报数据455条。开展第二阶段的调查工作，已完成调查数据455条，还有6条数据提请自治区、银川市普查协调相关单位配合提供。

【事故调查】 2021年，金凤区应急管理局按照《生产安全事故报告和调查处理条例》规定的程序牵头调查处理一般事故，从事故报告、调查组的成立、事故的调查和处理，每起事故的调查均做到事实清楚，程序合法，处理得当，适用法律、法规正确。共牵头调查处理一般生产安全事故5起，已调查生产安全事故5起，结案3起，剩余2起事故调查报告正在审议过程中。

2021年10月27日，银川市奶业协会向一线人员捐赠牛奶812提，折合人民币5.278万元

（余小红）

消防救援

【概况】 2021 年，金凤区消防救援大队共接出警 967 起，成功处置火灾扑救 354 起，抢险救援 319 起，社会救助 95 起，公务执勤 157 起，抢救被困人员 134 人，疏散被困人员 324 人，抢救财产价值 309 万元。

多部门联合开展消防志愿服务

【消防能力建设】 2021 年，金凤区消防救援大队下辖铁东、宁安 2 个消防救援站，共有行政车 3 辆、应急车 3 辆、消防车 12 辆、消防摩托车 1 辆、全地形消防车 1 辆、橡皮艇 2 艘。其中，铁东救援站设有泡沫消防车 1 辆、高喷消防车 1 辆、抢险救援车 1 辆、水罐消防车 1 辆；宁安南街救援站设有抢险救援车 1 辆、城市多功能主战消防车 1 辆、水罐消防车 2 辆、21 吨水罐消防车 1 辆、25 米举高喷射消防车 1 辆、高层供液消防车 1 辆、水域救援轻卡车 1 辆、消防摩托车 1 辆、全地形消防车 1 辆、橡皮艇 2 艘，担负着 2 个乡镇、6 个街道、83 个社区（村）、5 个大型商业综合体、239 家消防重点单位、30 家火灾高危单位和其他一般单位的防火、灭火和抢险救援任务。

【技能训练】 2021 年，金凤区消防救援大队本级及两站重点开展夏训 9 项技能训练（包括快速初战控火、枪炮协同灭火、楼层火灾内攻、楼层火灾救人、纵深灭火救人、百米障碍救助、车辆事故救援、两车三枪、攀登 15 米金属拉梯等科目）以及冬训 9 项体能训练（包括背负空气呼吸器 5000 米跑、400 米救人疏散物资、100 米负重跑、60 米肩梯跑、负重上 10 楼、单杠卷身上、双杠臂屈伸、搬运重物折返、绳索攀爬等科目），实现“精准、高效、安全”救援，不断提升综合应急救援能力。围绕水域救援、高层公建、地下建筑等 9 类典型场所事故特点，开展专业培训 80 次，深入辖区各领域开展“六熟悉”演练 237 次，制定完善辖区重点单位预案 202 份。

老李家面馆救援现场

【基层防控体系建设】 2021 年，金凤区消防救援大队协调辖区 352 个居民小区安装 1097 组电动自行车充电桩，鼓励有条件的物业服务企业安装电动车入户、入电梯自动识别报警系统，实现电动车入梯停运，从根源清除消防安全隐患。积极对接金凤区财政、民政、教育等部门，在老旧小区、部分失能失智人员以及孤寡老人家庭、福利机构等场所安装独立式烟感火灾探测报警器 500 个、简易喷淋 20 套，将辖区 20 家设有自动消防设施的中小学校全部接入“智慧消防”物联网远程监控系统，并纳入金凤区智慧城市综合指挥中心监管。开展优化消防执法营商环境专项行动，特别是在疫情期间，主动对接卫健部门，及时掌握辖区定点医院、隔离点信息，开展消防技术指导服务活动 300 余次，检查指导单位企业 727 家，帮助解决问题 472 处。

【专项整治】 2021 年，金凤区消防救援大队以消防安全整治三年行动、冬春火灾防控为主线，聚焦重大节日、活动消防安保任务，积极推动行业部门深入开展打通“生命通道”、易地扶贫搬迁、人员密集、易燃易爆、学校、仓储物流、住宅小区、农村火灾防控等14项专项整治行动，全年共检查单位4112家，发现火灾隐患2035处，督促整改火灾隐患2097处，下发责令改正通知书1312份，行政处罚62家，临时查封12家，责令“三停”11家，罚款68.59万元，处理举报投诉422起，办理公众聚集场所投入使用营业前检查290次，“信用银川”公示行政处罚单位70家、行政许可单位173家，将38家消防失信单位纳入全国公共信用信息基础目录。

云上博览会现场值勤

【重大活动安保】 2021年，金凤区消防救援大队圆满完成全国人大消防法执法考核、中国（宁夏）国际葡萄酒文化旅游博览会、全国“两会”、中国共产党成立100周年系列活动、中国农民丰收节、2021国际肉类产业博览会暨牛羊肉产销对接大会、AFN2021“一带一路”（宁夏）动漫节等重大活动及“五一”“十一”等重要节日安保任务72项，并配合相关部门积极做好安保工作的部署落实，认真履行监督检查职责，全力确保所负责社会单位的安全。

【消防宣传】 2021年，金凤区消防救援大队结合消防宣传“五进”活动，以“防灾减灾周”、“安全生产宣传月”、“携手参与除火患　建设美丽新宁夏”消防志愿服务、“119消防宣传月”等工作为契机，组建20支宣传服务分队，发动3801名消防志愿者深入辖区各行业部门、企事业单位开展系列消防志愿活动100余次，累计发放宣传资料3.5万份、培训2.4万人，张贴“小火亡人”、钟南山代言海报等5万余份，利用LED屏、户外电子屏、楼宇电视开机画面滚动播放消防提示2万余次，发送消防安全提示信息3万条，群众消防安全意识不断提升。

（徐　柳）

镇·街道

丰登镇

【概况】 丰登镇东至唐徕渠，西至小达子渠，南至沈阳中路，北至第二唐徕渠与贺兰县相接。全镇东西宽约6.5公里，南北长约9.3公里，总面积34.3平方公里。辖西新、新联、新丰、联丰、永丰、和丰、润丰7个行政村，常住人口6176户15192人，共计65个村民小组，镇党委下设10个党支部，共有党员643人。2021年，丰登镇完成村“两委”换届，先后召开丰登镇第五次党代会、第四届人代会，“村两委”班子实现学历年龄一升一降。在党史学习教育中，开展民情体验活动23次、“我为群众办实事”志愿服务活动260余场。全镇粮食种植面积8375亩，露地经济作物种植面积900亩，设施温棚面积505亩，利思观光农业采摘园种植面积563亩。清理北双渠、烈马渠等斗渠16.8公里，支渠59.7公里，完成永丰一斗渠改造砌护工作，有效保证全镇18276亩农田灌溉。全年完成招商引资92329万元，完成固定资产投资97494万元，扎实推进润丰村设施农业产业园、利思田园蜜语生态产业园，和丰村设施农业产业园（西区）、和丰村设施农业产业园（北区）、肉牛养殖园扩容提升、“博柿后”精品番茄种植基地等产业项目。完成户厕改造提升200余户，出户入园率超60%。

丰登镇辖区的银川览山剧场（丰登）

【机构改革】 2021年，丰登镇设党政机构和事业单位9个，其中，党政机构5个，事业单位4个。核定行政编制22名、事业编制23名，实行编制实名制管理。镇领导班子科级领导职数维持现状，事业单位各核定主任1名（副科级），实现综合设置和扁平化管理。改革后，扩大了乡镇在城镇管理、安全生产、市场监管、社会治安、民生保障等方面的行政审批、行政处罚及相关行政强制和监督检查权。加强了民生服务中心规范化建设，深入推进审批服务便民化，将具体面向企业群众办事服务的岗位集中到民生服务中心（退役军人服务站）办公，民政、就业、卫健、社保、医保、残联等行业便民服务事项，实现“一个入口、一窗受理、一网通办”。强化了镇级统一指挥和统筹协调职责，将镇综合执法办公室作为综合执法平台，逐步实现一支队伍管执法，按照行政执法事项清单，明确了执法事项的范围、内容。认真落实市委《关于推行“四优四提”城市基层党建引领社区治理现代化的实施意见》，统筹基层治理网格和党建网格设置，提高网格管理规范化精细化水平。设置党建工作办公室,强化党组织统筹协调功能,加强和改进党员队伍教育管理。

【丰登镇第五次党代表大会】 2021年7月16日,中国共产党银川市金凤区丰登镇第五次代表大会召开,82名党员代表及23名列席人员参加了会议。会议审议了周坤代表中国共产党银川市金凤区丰登镇第四届委员会所作的题为《勇立潮头 奋楫扬帆 奋力谱写丰登镇高质量发展新篇章》的工作报告,审查了纪律检查委员会工作报告和党费收缴使用和管理情况的报告。大会选举产生中国共产党金凤区丰登镇第五届委员会委员9名、纪律检查委员会委员5名和出席中国共产党金凤区第四次代表大会的代表18名。选举周坤为新一届丰登镇党委书记,黎康宁、苏建红为新一届丰登镇党委副书记,余灏当选为新一届丰登镇纪委书记。

【丰登镇第四届人民代表大会】 2021年9月15日,丰登镇第四届人民代表大会第一次会议在镇政府四楼会议室召开。来自全镇31个选区的57名人大代表出席大会,辖区驻镇派出机构及镇机关各办(中心)的50名负责人及工作人员列席大会。金凤区人大常委会副主任陈飚到会指导。会议审议了《丰登镇政府工作报告》和《丰登镇人大主席团工作报告》。以无记名投票的方式选举产生了丰登镇新一届人大、政府领导班子。其中,刘涛当选为丰登镇第四届人大主席,黎康宁当选为丰登镇镇长,张晓华、马小龙分别当选为丰登镇副镇长。

【党史学习教育】 2021年,丰登镇紧扣“学党史、悟思想、办实事、开新局”主题,采取定期定档领学、实地体验深学、办好实事践学等方式,扎实开展各项主题活动。丰登镇党史学习教育办公室提供充足的党史经典书籍资源,每周开展党史教育集中学习。丰登镇、村共组建了以丰登镇领导班子为成员的宣讲团、以青年干部为主要力量的“青年宣讲团”、女性干部组成的“巾帼宣讲团”以及各村党史学习教育宣讲团共计24支。持续培育新丰村“阳光下的微课堂”系列教育学习活动等特色品牌,营造全员学党史的浓厚学习氛围,开展民情体验活动23次、“我为群众办实事”志愿服务活动260余场,促进党史学习教育走深走实。以新时代文明实践、主题党日、民族团结月及农村书香文化建设“五个结合”聚力系列主题活动,镇村新时代文明所(站)结合党史学习教育开展理论宣讲78场、市民教育35场、文化活动45场、科普宣传44场、健身活动23场,惠及辖区群众8000人次。

【庆祝中国共产党成立100周年大会】 2021年,丰登镇为庆祝中国共产党成立100周年,回顾党的百年光辉历程,进一步激发党员群众新时代新担当新作为,表彰“两优一先”先进典型,展示新时代丰登人的精神面貌,“七一”建党节期间,在政府广场开展“两优一先”表彰大会暨庆祝中国共产党成立100周年文艺汇演。金凤区区委常委、丰登镇党委书记周坤致辞。大会上,全体参会人员重温入党誓词,丰登镇党委副书记、镇长黎康宁宣读了《关于表彰优秀共产党员和优秀党务工作者的决定》,表彰奖励了李楠等20名“优秀共产党员”,陈晨等5名“优秀党务工作者”,新联村党支部等两个“先进基层党组织”。

2021年6月30日,丰登镇举行“两优一先”表彰大会暨庆祝中国共产党成立100周年文艺汇演,图为丰登镇党委班子成员诗朗诵

【导师帮带制】 2021年,丰登镇紧抓导师帮带制试点工作,依托丰登镇润丰村利思·田园蜜语生态产业园区、和丰村“导师帮带”温棚种植实训基地、金凤区

家政服务孵化产业园，着力培育农业生产经营人才、特色产业种植人才、专业技术服务人才。通过大力实施“导师帮带制”，充分发挥先进典型引领作用，确立帮带导师22人、帮带对象21人，成立党员志愿服务、巾帼志愿服务等队伍33支，逐渐形成了“头雁领飞、群雁齐飞”的乡村振兴致富新模式。安排6名农业专业技术特派员驻村工作，培育村级后备力量25名，培育和发展“致富带头人”15名。通过企业（合作社）靶向培训和引进人才教培机构培育，组织开展“人才金街”“春风送岗位 就业暖民心”等招聘会2场次，培育提升劳务经纪人12人，培育提升劳务中介机构1个，培育创业实体50个。

【网格化治理】 2021年，丰登镇坚持党建引领，结合丰登实际，通过“四建双联三精准”模式，精准落实网格服务管理工作。“四建”，即以小区楼栋、村民小组为单位，因地制宜建网格；按照一格一长两员要求建强网格服务团队；在各村统一建立网格化服务站；以人口基础信息为支撑，统一标准建立基础信息、特殊人员、困难家庭等网格台账。“双联”，即干部联站，党员联户，按照每人2—5户的标准，建立村直管党员联系群众台账，提升服务效能。“三精准”，即责任划分精准、任务安排精准、制度制定精准。以“小网格”推动“大治理”，实现以党建引领，统筹推进乡村振兴、扫黑除恶、疫情防控、农村人居环境整治等重点工作的基层治理新格局。

【疫情防控】 2021年“10·17”疫情防控期间，丰登镇党委、政府牵头抓总，组建“包村领导＋镇干部＋村两委＋党员＋志愿者”为主要力量的工作专班，按照“点对点”指导、“面对面”协调的工作方法，在7个行政村划分8个采样点，共成立8个临时党支部，4个临时党小组，设立34个党员先锋岗，动员280余名党员、200余名志愿者参与疫情防控工作。依托农村网格化服务管理平台，结合各村实际情况，将辖区划分为7个网格单元，根据封控点位情况，下设42个点位长，189余名网格员、网格公益员，对风险地区返乡人员进行拉网式排查，登记信息、建立台账，每日进行健康监测。在网格内启用22辆乡村大喇叭移动宣传车，深入村庄巷道宣传疫情防控常识，逐户通知村民开展核酸检测。建立电话回访人员台账，组建信息回访专班，累计对镇8800余人进行电话回访，确保核查不漏一人。全面摸清底数，结合辖区户籍信息。设立绿色通道，对行动不便的残疾人、孕妇、婴幼儿、老年人等特殊群体，组织医护人员主动服务，上门采样。并第一时间成立后勤保障专班，立即组织盘点物资，迅速联系卫健、应急等部门申请调拨抗疫物资，保障医疗、食品、取暖等物资储备充足。截至11月13日，丰登镇无一确诊病例。12月6日，丰登镇举办了“10·17”疫情防控总结大会。会上，全体参会人员共同观看了丰登镇疫情防控工作纪实纪录片《丰登守护者》。抗疫先进基层党组织负责人、抗疫优秀共产党员、抗疫先进个人代表先后发言。“10·17”疫情期间，丰登镇400余名医护人员、志愿者、镇村干部、公安民警、下沉干部坚守一线，高效完成5.9万人次3轮大规模核酸检测，守护丰登群众生命健康安全。

【和丰村设施农业产业园（东区）】 丰登镇和丰村设施农业产业园（东区）原名和丰村田园经济综合体，于2019年9月由宁夏银润科技有限公司整体流转土地203亩，原规划建设三代日光温室88栋，单棚建设面积700平方米，均采用钢架及新材料建设。截至2021年5月，该园区开工建设温棚60栋，其中钢架工程完成18栋，混凝土基础完成26个，部分保温板搭建完成16个。后因银润公司自身原

丰登镇润丰村五月景色

因造成园区无人经营,土地闲置撂荒。丰登镇争取2021年10月引进宁夏鸿昇农业有限公司建成温棚18栋,并于同年11月下旬定植羊肚菌,2022年2月下旬已上市销售。

【和丰村人居环境综合整治】 2021年,丰登镇和丰村广泛开展以"整治村子、清理园子、护好林子、打扫院子、收拾屋子"为重点的"五子"专项整治行动,集中对全村332户大门门头进行统一改造,完成63户院落花池、储物间砌筑,集中对巷道围墙进行改造,对巷道下水及村庄南侧三角地带进行集中改造,先后硬化巷道13条,铺设人行道面砖近4万平方米,实施小微公园绿化1.6万余平方米,完成党建文化广场及主巷道墙体彩绘1000余平方米。出台优惠政策,鼓励引导村民入园养殖,截至2021年底,全村已有23户养殖户157头肉牛入园养殖。

【润丰宿集建设项目】 2021年,丰登镇积极引进宁夏老庄稼农业科技有限公司,对润丰村内22套闲置住房进行扩建装修和庭院改造景观提升,完成基础设施配套提升及"润丰宿集"功能区规划建设。"润丰宿集"休闲农业与乡村旅游项目是一个以百万移民致富提升工程、脱贫攻坚与乡村振兴有效衔接为宗旨,集高端民宿、西北特色美食小吃村落、休闲农业、乡村旅游、农副产品生态作坊、动物萌宠亲子乐园、休闲康养、移民民俗馆、农村电商农特产品体验馆、乡村振兴宣传为一体的"润丰宿集"休闲农业乡村旅游综合开发项目。

【巩固脱贫攻坚成果】 2021年,丰登镇打造兜底保障服务中心1个,确保30户125名保障对象全部兜底。采取"政府全额投资、村集体集中经营"和"政府补贴+企业自筹"等方式,建成润丰村设施农业产业园等产业项目,全力向现代农业迈进。农村劳动力转移就业持续增加;农村义务教育实现均衡发展,累计完成"雨露计划"资助学生136人次,完成新考入中高职或大学本科的学生生活补贴64人次9.6万元,适龄儿童少年无因贫失学、辍学;建成标准化镇卫生院、村卫生室,镇村医疗机构全面达标,贫困人口100%参保城乡居民基本医疗保险,基本医疗得到保障;符合养老保险参保条件的贫困人口全部参保;完成27户贫困人口危房改造,20户抗震宜居农房修缮,农村安全住房得到解决。丧失劳动能力的贫困人口全部纳入低保兜底保障,救助体系更加健全。实现道路、饮水、网络宽带等全覆盖,村村具有功能齐全的文化活动场所,村集体经济收入全部达标。润丰村2021年被评为"自治区脱贫攻坚先进集体"。

【金凤区第三届乡村文化旅游节】 2021年5月1日上午,"美丽良田·五谷丰登"2021年银川市金凤区第三届乡村文化旅游节活动(第一站)"在丰登镇润丰村利思·田园蜜语农业生态产业园启幕。活动现场发布了金凤研学游、美丽乡村游等5条旅游特色精品线路,进行了农产品购销签约仪式,宁夏小任果业菜篮子连锁超市有限公司、银川新华百货连锁超市有限公司、宁夏天天鲜菜篮子冷链物流有限公司3家大型实体零售企业分别与宁夏和顺康源农民专业合作社、宁夏洋洋种植合作社、润丰村经济合作社3家合作社签订购销协议,吸引游客旅游超1.5万人次,带动就业超1000人次。

【政务服务】 2021年,丰登镇依托"银川市政务服务事项综合窗口受理平台",普及"综合窗口",统一民生服务中心和各民生服务代办点名称。实现"一网通办""一窗受理",提升便利化水平。规范服务事项,推进落实审批制度改革,明确镇村政务服务事项清单49项,各村民生服务代办点政务服务事项27项,制定下发镇村两级政务服务办事指南,逐项明确办事流程、办理时限、申请材料等事项。下沉政务服务,建立"窗口+网格员"代办服务模式,推进保姆式服务。2021年,累计办件2258件。同时加强运行管理,落实评价机制。窗口工作人员每月评价率不低于80%,好评率不低于60%。

【民生保障】 2021年,丰登镇入户核实低保、特困、高龄、重症精神障碍患者等困难人群1398人,累计发放津贴及慰问金358.3313万元。为496名残疾人发放两项补贴693万余元,为117名困难残疾人发放慰问金7.02万元，为2户残疾人家庭发放“阳光助残小康计划”补助金8000元，为3名符合自主创业灵活就业残疾人发放补贴金6000元。为465人符合条件的残疾人购买了意外保险。申请残疾人辅具130件，办理残疾人居家托养服务79人。筛查申报2021年自主创业养老保险补贴人员4人。完成6名残疾“三类人员”监测对象摸排登记。配合完成脱贫攻坚后评估工作，摸底上报丰登镇74名残疾人脱贫户享受政策情况。办理就业失业登记150余人次，办理灵活就业登记100余人次，电话回访失业人员700余人次。申报办理社会灵活就业“4050”人员养老保险社保补贴295人，上报灵活就业养老保险、医疗保险补贴共计106.3202万元。完成社会养老保险待遇认证634人。全镇13369人参与城乡居民医疗保险，已脱贫人员和三类人员参保率100%。健全本辖区内退役军人及现役军人家属档案，建立信息档案，悬挂光荣牌，为新增符合条件的优待对象发放双拥卡。

【农贸市场整治】 2021年，丰登镇结合深化推进文明城市建设工作，联合环保、交警、综合执法、电信、物业及各村对丰登镇农贸市场进行综合整治。对市场周边餐饮企业油烟管道老旧造成的地面油污问题，丰登镇以改善环境质量为核心，联合污防办、金凤区环保分局开展集贸市场餐饮服务场所油烟污染专项整治，强化经营者环境治理主体责任，将原有后排烟道改为上排，有效改善了市场内部卫生环境。并针对市场外墙飞线问题，由镇沟通相关责任部门协同电信运营单位，全面排查农贸市场飞线，将飞线贴墙绑扎，确保安全美观。为满足周边群众赶集需求，丰登镇利用市场东侧100米处近10亩的裸露空地，改造成为便民停车场，新增停车泊位350个。设立文明经营“红蓝榜”，对经营秩序良好、环境卫生整洁、门前三包责任到位的商户进行优秀展示，对出店经营、乱拉电线、店前卫生不洁的进行定期曝光，有效规范市场文明经营。

【移风易俗】 2021年，丰登镇运用多种方式加强移风易俗宣传工作。建强新时代文明实践巾帼志愿服务队，充分发挥广大妇女在联系联络、家庭教育、奉献社会等方面的积极作用，大力开展“美丽庭院”、移风易俗等各类志愿服务活动61场。6月，永丰村组织志愿者对辖区居民走访宣传移风易俗工作；7月，联丰村组织党员干部群众开展“推动移风易俗 弘扬文明新风”主题活动，通过观看一段宣传片、听一堂微宣讲、开展一次讨论“三个一”活动，将移风易俗“移”入人心；12月31日，西新村开展了移风易俗主题“定格亲情美好、凝结时光永恒”最美全家福拍摄活动。2021年开展移风易俗各类宣传活动20余场，发放致党员群众的一封信2000余份，移风易俗宣传主题宣传挂历2000余张。持续推进各村红白理事会建设，举办专项培训1次，巡查督导2次。

【市容市貌管理】 2021年，丰登镇开展门前三包专项整治行动，严格落实“五步”工作法，签订“门前三包”目标责任230余份。依法规范做好占道经营管理和流动商贩疏导经营工作，加强校园周边市容市貌整治专项行动，清理流动摊点895起，清理规范校园周边游商共计24起。清理城市“牛皮癣”，开展门头牌匾专项整治行动，清理散发小广告行为23起。取缔违规宣传点7处，清理规范户外广告、门头牌匾等共计562余处、清理店外经营654起、清理乱张贴985起、清理餐厨垃圾桶外置68起。

【农村生活垃圾分类处理】 2021年，丰登镇联合康洁公司在建立网格化保洁队伍和环卫原有清运模式的基础上，壮大垃圾分类员队伍，进一步加大农村生活垃圾分类设施设备投入，完善分类投放、分类收集、分类运输、分类处理体系。结合村规民约、“门前三包”，开展垃圾源头分类、定时定点投运、终端无害处理的“两次六分、四级联动”垃圾治理模式。建立区、乡(镇)、村、户四级联动处置和积分兑换奖励机制。建设润丰村垃圾分拣中心，改造和丰村垃圾分类回收分拣中心。加大推广垃圾分类试点，在公共场所公开分类指引。建立乡镇、行政村、农户三级宣传机制，形成良好的舆论氛围。完善生活垃圾配套设施，对辖区各小区、卫生院、派出所、文化站等区域配备新型分类垃圾箱500余个，康洁公司负责区域内农村生活垃圾，治理率达98%以上，农村生活垃圾分类覆盖率达60%以上，集中无害化处置量减量30%、资源化利用率达60%、垃圾分类的参与率达80%、知晓率达95%以上。

【平安村镇建设】 2021年，丰登镇完善各类调解组织及人员队伍建设，累计建成人民调解委员会8个，有人民调解员50余人，举办人民调解员培训班2次，培训调解员60余人次。坚持每月矛盾纠纷排查制度，严格落实“六包一”包案化解措施，及时化解群众诉求。制定《丰登镇领导班子成员及干部包抓基层联系点工作方案》，建立健全领导班子成员及干部“一包到底”长效机制。充分发挥镇、村综治中心的排查、调处机制，推动村综治中心和警务室（站）建设，加强基层矛盾纠纷调处化解工作。核实受理12345转办件120件，排查各类矛盾纠纷132起，化解126起，化解率达95.45%。

（袁　旭）

良田镇

【概况】 良田镇位于金凤区南部，南与永宁县接壤，辖“八村一居”，即园子、金星、光明、兴源、泾龙、园林、植物园、和顺新村等8个行政村54个村民小组，银川林场居委会。总面积93.3平方公里，耕地4.3万亩，截至2021年12月底，全镇共有户籍人口9504户

良田园子村风光

37397人，其中回族人口32782人，占总人口87.66%。2021年，良田镇社会固定资产投资4950万元，村集体经济收入达到503.97万元（不包含2021年壮大村集体经济收入400万元），其中经营性收入156.68万元。2021年，良田镇获评国家级农业产业强镇，获银川市人力资源和社会保障局给予的全市事业单位脱贫攻坚先进个人和先进集体记功奖励，金星村、植物园村获评银川市移民致富提升行动先进村，和顺新村获评自治区移风易俗工作“先进红白理事会”，和顺新村党支部获评银川市先进基层党组织。

【党史学习教育】 2021年，良田镇成立了以镇党委书记为组长，班子成员为副组长的领导小组，建立了9个由班子成员、镇机关党员组成的村（社区）党史学习教育指导组，保障了学习教育活动的顺利开展。结合村（社区）实际，开展大棚党课、田间一刻钟、板凳会等学习形式。针对年老体弱、行动不便党员，开展送资料促进理论素养提升、送党课促进党性锻炼升华、送服务促进党内关爱的“三送三促进”活动，全镇观看红色电影累计20余次，瞻仰革命旧址累计10余次，开展讲党课活动累计43次，开展主题党日活动累计70余次；在传达学习十九届六中全会精神期间，悬挂宣传条幅42条，利用大喇叭宣讲十九届六中全会精神累计457小时，线上学习累计17次。全镇成立了党史学习教育专班，由村（社区）党支部副书记担任联络员，及时报告党史学习教育进度，报备党史学习教育相关活动，始终确保党史学习教育工作在镇党委领导下开展推进。全镇开展党史学习教育宣讲43余次，受众2500余人；“传承党的百年光辉史基因，铸牢中华民族共同体意识”宣讲10余次，受众2100余人；“七一”讲话精神专题宣讲20余次，受众900余人；开展十九届六中全会精神集中学习38场次，共1236人次；累计组织宣讲12次，受众541人次；书写心得体会100余篇，受众500余人。良田镇组织镇村两级人大代表、村（社区）书记主任、机关支部党员等40余人赴吴忠市利通区进行观摩，以史为镜、以学促干，为乡村振兴发展再谋新思路。全镇观看红色电影20余次，瞻仰革命旧址10余次，开展讲党课活动

43 次，开展主题党日活动 70 余次。

2021 年 7 月 16 日，中国共产党金凤区良田镇第五次代表大会召开

【村(社区)“两委”换届】 2020 年 9 月，良田镇村(社区)“两委”换届选举工作开始，按照“双好双强”要求，做深做实做细换届选举工作，截至 2021 年 1 月 31 日，顺利完成全镇 8 村 1 个社区的换届选举工作。党支部通过换届选举，8 个村选举出党支部委员 36 名，平均年龄 38 岁，大专及以上学历 13 人，占比 34%；女性党支部委员 9 名，其中 1 名为村党支部书记，占比 25%。相比上一届全镇党支部成员平均年龄 43 岁，降低 5 岁，大专及以上学历由 5 人上升为 13 人，年龄和学历实现“一降一升”。村委会经过换届选举，良田镇选举出 40 名村民委员会成员，8 名主任，7 名副主任。其中女性成员 15 名，占比 37.5%，女性主任 1 名。党员 32 名，占比 80%。大专以上学历 19 名，占比 47%。35 岁及以下成员 22 名，占比 55%。在新当选的村(社区)“两委”班子组织主持下，推选产生 24 名村监委会成员、51 个村组队长，及时建立健全了妇联、民兵组织和村级集体经济组织、合作经济组织以及红白理事会等村级群众组织机构。1 月 8—10 日，举办为期三天的新任党组织班子成员培训班。2 月 2 日，举行卸任村干部荣退暨新一届村干部履新仪式，为各村离任村干部颁发荣誉证书、赠送纪念章。2 月 8 日，对新任职村(社区)“两委”班子成员进行培训。

【抗击新冠肺炎疫情】 2021 年，面对“10·17”银川市突发新冠疫情，按照金凤区部署，制订《良田镇全员新冠病毒核酸检测工作方案》，加强应急物资储备，实行动态管理，及时补充更新。开展三轮大规模核酸检测，检测 98401 人次。执行网格化管控，严格落实“五包一”工作机制，累计落实封控点位 38 个，封控人数 289 人，辖区内未出现新冠疫情确诊病例。全面落实常态化防控工作机制，印发《疫情防控告知书》，流动车循环播放防疫政策，营造防疫氛围。抓实抓细境外及外省市人员摸排管控劝返工作，多渠道告知疫情防控政策，做好就地过年劝导，严格执行《拟返银人员信息登记台账》等 5 类防疫工作调查表，各村(居)每日更新外来人员台账，累计摸排良田籍境外人员 10 人，外省拟返银人员 462 人，劝返 72 人，落实返银人员居家健康监测 187 人。全镇完成新冠疫苗两剂次接种 33084 人，其中 18 岁以上人群 22706 人，完成比例 96.3%；15—17 岁 2531 人，3—14 岁 8823 人。

【巩固脱贫攻坚成果】 2021 年，良田镇严格落实各级党委政府决策部署，将“四大提升行动”中的百万移民致富提升行动作为巩固拓展脱贫攻坚成果和全面推进乡村振兴的关键举措。建立防止返贫监测预警、“四查四补”常态化联席会议机制，新识别纳入“三类人员”监测帮扶对象 23 户 88 人，逐户制订“一户一策”帮扶方案，全镇种植经营设施温棚建档立卡户 400 余户、利益联结带动 338 户，实现入园贫困户年均增收 2 万元。

【“春季大会战”动员会暨 2021 年度党风廉政建设大会】 2021 年 3 月，良田镇召开乡村振兴重点工作“春季大会战”动员会暨 2021 年度党风廉政建设大会，镇村两级联动发力，依靠农民群众，抓实党政领导干部这“两个群体”，紧扣脱贫攻坚与乡村振兴这条主线，压紧压实责任；以“六项工程”为载体，促进全镇农业高质高效、乡村宜居宜业、农民富裕富足。会上，良田镇镇长南峰安排部署《良田镇 2021 年实施乡村振兴战略工作方案》，各村(社区)“两委”干部领取《民心日志》和 2021 年重点工作任务书，镇纪委书记传达了金凤区纪委会议主要精神，镇党委与各村(社区)党支部书记签订党风廉政建设责任书。

【中国共产党成立 100 周年庆祝活动】 2021 年 6 月 30 日，良田镇领导班子成员、镇干部职工、村(社区)党员干部、驻村工作队、“光荣在党 50 年”老党员等人齐聚良田小学中心礼堂，隆重庆祝中国共产党百年华诞，参加庆祝中国共产党成立 100 周年“两优一先”表彰大会暨“唱支山歌给党听”大合唱比赛活动。金凤区副区长韩廷锋出席并致辞。会上表彰奖励了马玉成等 10 名“优秀共产党员”、杨亮等 4 名“优秀党务工作者”、植物园村党支部等 3 个“先进基层党组织”。

【农民丰收节】 2021 年 9 月 23 日，金凤区庆祝中国农民丰收节活动(主会场)在金凤区良田镇园子村举行，金星村设立分会场，本次活动以“丰收”为主基调，通过“庆丰收”“晒丰收”“话丰收”“享丰收”“促丰收”5 个主题 11 项活动，全面展示金凤区农业发展的新成就、乡村振兴的新面貌和农民群众的新形象。活动现场 20 家农业企业、合作社携带各家特色农产品进行展示展销，主要有优质蔬菜、果品、肉、蛋、奶等优质特色农产品。10 位网红主播到现场直播，向观众介绍精心挑选出来的农产品，通过线上销售的方式，吸引城市居民参与到消费中来，与农民共庆丰收节，为乡村振兴贡献力量。活动现场为广大农民进行《中华人民共和国乡村振兴促进法》、农业面源污染、防范金融诈骗等普法教育，发放普法宣传手册。在分会场金星村举办了健步走、拔河、剥玉米、巧媳妇农家美食大比拼等有寓意、有内涵、有参与感的趣味活动，吸引广大农民朋友积极参与。良田镇巧媳妇农家美食大比拼，为观众送上了荤素搭配的乡村地道风味美食。

【积分制管理】 2021 年，良田镇将积分制覆盖到所有村民，促进群众向好向上，不断弘扬和践行社会主义核心价值观，良田镇积分超市已在脱贫攻坚、疫情防控、人居环境整治、示范带动等方面发挥了积极作用，攒积分带来的成就感，提振了群众的精气神，越来越多的人愿意遵守、乐意去做。比如在“10·17”银川突发疫情期间，光明村 30 余名村民自愿加入疫情防控志愿服务中，累计积分 3700 分，激发了村民参与志愿服务的热情。

【人居环境整治】 2021 年，良田镇巩固脱贫成果，聚焦长期存在的土坯房、空壳房、违章建筑等问题，在金星村 1—4 队累计拆除危房违建 1.7 万余平方米，人居环境示范点打造验收顺利通过。完成禽畜养殖出户入园 400 余头(只)，新建小微公园 4 处，植物园新二村环境改造提升工程、园林村文化广场建设等项目实施启动，辖区群众人居幸福指数显著提高。充分发挥新时代文明实践所载体作用，开展妇女手工制作技能培训、少儿暑期公益课堂等培训活动近百场，累计评选最美庭院 585 户，星级文明户 38 户，移风易俗示范户 22 户，展现乡村文明新气象。

【环境治理】 2021 年 7 月 11 日及 9 月 9 日，良田镇组织 8 村 1 社区书记、副书记、主任，开展两轮人居环境互观互点互评活动，通过互观互学、互查互评，找亮点、找差距，学习好做法，加强经验交流，鼓舞工作劲头。观摩组深入 8 个村 1 个社区，听取主要负责人情况汇报，对银兴路沿线两侧所有脏点、差点、不足点逐项巡查。将人居环境观摩活动制度化、常态化、固定化，凝聚共识、形成合力，塑造领导干部带头、村(居)狠抓落实的良好工作氛围，形成人人有责任、层层抓落实的整治格局。观摩中发现道路两侧乱停车，群众院内乱堆放、院外私自种植、私自悬挂衣物影响村容村貌的个性问题，要求各村(居)因地制宜、及时整改。针对共性问题，比如沿路绿化树木未进行树干画红涂白，枯死树木未进行及时补种，空壳房、空壳棚未拆除、沿路绿化带杂草丛生等，要求先易后难实施整改，对“老大难”问题力所能及处理。观摩巡查结束后，由镇综治中心牵头，第一时间拟写《督查通报》，再次明确整改问题，要求 3 日内实施完成整改，由综治中心牵头督办整改，效果十分明显。

【美丽庭院评选】 2021 年，良田镇妇联组织各村居巾帼志愿服务队，通过督导验收、宣传推广与突击打造等措施，美丽庭院排查整改日新月异，“美丽庭院”创建提质增效。利用红蓝榜、积分超市及积分笑脸牌等措施，积极开展家庭环境集中整治行动。2021 年，累计评选出最美庭院585户，星级文明户38户，移风易俗示范户22户。为表扬先进，树立榜样，12月22日上午，在良田镇新时代文明实践所开展了金凤区“美丽庭院”授牌活动，500户农户成为金凤区“美丽庭院”示范。

【金星村人居环境示范点】 2021年8月底，良田镇在金星村启动人居环境综合整治提升工程，坚持政府引导、村民主体原则，围绕“完善基础设施、改善人居环境、调整产业结构”定位，按照“整体推进、分类打造”的理念，实施主路、通组路、住房外立面统一改造、三类庭院创建（共享庭院、示范庭院、标准庭院）、金兴路、银兴路拓宽等整体提升工程，全面拆除违建危建。减少一户多宅、一户独大院落局面。据统计，良田镇主导打造48户，其中共享庭院15户、标准户25户，示范户8户，村主导打造76户，村民自发打造35户，已拆除违建房屋、空壳房、土坯房、养殖圈舍52户，拆除面积6650平方米，初步建成开放式共享庭院。同时，建设农产品展示厅、烧烤广场、商业网点、共享集装箱、休闲凉亭等功能性场所。

【信访工作】 2021年，良田镇成立由镇党委书记任组长，镇长、镇党委委员任副组长，相关站办（中心）负责人、村党支部书记任成员的维稳工作领导小组；设立三级联席会议，集中处理信访疑难问题及重大群体性事件，实行责任倒查追究机制；成立各村居信访代办站，配备专职调解员。各村代办站协助综治中心及时对群众信访问题进行调处，确保将矛盾纠纷化解在基层。镇领导小组及中心信访接待室协调处理重大疑难信访问题2件，主要领导处理3件，落实领导包案处理信访问题3件，集中专项整治处理信访问题6件，智慧金凤平台处理案件3082件。综治中心成功受理调处各类信访案件106件，信访件受理率100%，按期答复率95%，满意率83%。全年镇领导班子成员下访85余人次，解决群众生产生活和信访问题900余件。

【妇女组织帮扶行动】 2021年1—2月，良田镇新时代文明实践所开办“小手拉大手”网上家庭学堂扫盲班，为学员们配发看图识字的课本及生字本、铅笔、橡皮等学习用具，邀请有学前教学经验的志愿者老师每天通过微信群给妇女们教文化、学简单的生活标识，寒假期间在家的学生们作为“小老师”一对一、手把手地教妇女识字。开通了“文明实践”公益课堂微信群，招募返乡大学生志愿者，利用他们各自特长，为少年儿童提供课业辅导、兴趣培养、安全自护、心理关爱等志愿服务项目。通过简单、直接、及时、管用和一对一辅导的培训方式，让农村的妇女们在农忙、防疫期间学知识、强技能，实现战“疫”、学习、生产、发展四不误。镇妇联带领良田回民中学116名学生代表及4名家长代表在宁夏职业技术学院开展了半天的参观、体验活动，学校与三级妇联达成承诺，为部分农村初中毕业女孩提供继续教育的机会，帮助她们解决部分在校期间的食宿费用，提供定向就业的机会，营造良好广阔的就业创业前景。镇妇联联合金凤区妇联等部门举办了保育员（初级）职业技能培训班、移民妇女技能培训班，让未就业妇女掌握一定的职业技能。镇妇联联合良田镇各大爱心企业在良田镇新时代文明实践所开展为辖区贫困妇女献爱心购买“爱妮保”健康保险活动，辖区爱心企业为良田镇贫困妇女、享受低保及建档立卡户妇女178人购买了价值17800元的“爱妮保”健康保险。

【公益大课堂】 2021年寒暑假期间，良田镇为孩子们举办综合素质提高班，让他们度过一个安全、健康、愉快的假期。7月，良田镇新时代文明实践所开办了暑期少儿公益艺术培训班。面向全镇招募8名返乡大学生志愿者在实践所免费为孩子们进行电子琴、书法、绘画、舞蹈及文化课辅导。8月初，招募30名志愿者在八村一居开展假期少儿公益大课堂项目，为本村（居）少年儿童提供课业辅导、兴趣培养、素质拓展、安全自护、心理关爱等志愿服务项目。

【“田间育苗”学校】 2021年，良田镇申报实施良田镇光明村蔬菜育苗基地扩建及嫁接苗生产“田间学校”项目，结合良田镇设施温棚种植，培育一批当地蔬菜嫁接育苗能手。利用30万元项目资金，与银川鸿盛果蔬种植专业合作社合作，分别从种子消毒—播种—嫁接前准备—嫁接—嫁接苗伤口愈合管理—拣苗分苗六个阶段进行培训，更有针对性地讲述春季番茄嫁接和冬季西瓜嫁接技术。每季培训分为3个班5个阶段，采用小班制即每个班20人；按照种苗生长时间，每班培训35—40天，确保培训的时效性。“田间学校”培育了一批熟练蔬菜嫁接能手，优先培训有劳动能力的贫困户，培训蔬菜嫁接种苗技术管理人员。

【植物园村数字乡村建设】 2021年，良田镇结合“四大提升行动”，以数字化乡村建设为契机，推进打造植物园林“草莓小镇”数字化示范园区，发展数字农旅产业。与村辖区龙头企业银川市锦旺农业发展股份有限公司联合共建成立产业联合体，推动产业结构调整，共同打造绿色蔬菜物流园区，打通科研、农产品加工车间、冷链、物流交易中心、田间学校、科普研学、农村电子商务、休闲农业一体化建设，促进一、二、三产业融合发展。以村村联动、村企共建为举措，促进农民增收，发展壮大村集体经济，夯实村级发展基础，推动农业产业提质增效。

【网格化管理】 2021年，良田镇构建“支部＋网格员＋党员＋志愿者＋群众”的“链条式”服务机制，落实“一站二卡四亮”工作模式，创新“互联网＋”服务模式，将全镇8个村划分129个网格，吸纳341名网格员，其中党员178名，占比52.2%，形成“党员带头、党群共治”基层治理新格局。“10·17”新冠肺炎疫情期间，设立23个党员先锋岗，成立12个党员先锋队，吸纳306名志愿者，动员197名党员亮明身份服务群众，圆满完成三轮大规模核酸检测工作，检测近10万人次，全镇无确诊病例。

【巾帼志愿服务队】 2021年，良田镇各村(居)巾帼志愿服务队组织队员到年老体弱和无自理能力的贫困户家中，整理房间、打扫庭院卫生，发挥全镇巾帼志愿力量。良田镇妇联组织各村(居)巾帼志愿服务队，通过督导验收、宣传推广与突击打造等措施，全力推进“美丽庭院”创建工作提质增效。

【妇联换届选举】 2021年8月，良田镇组织召开第三次妇女代表大会，圆满完成换届选举工作。海睿当选为良田镇妇联第三届主席，张望梅当选为专职副主席，杜红秀、惠菊花、张琳、王静、于彩霞当选为良田镇妇联兼职副主席。

【关爱青少年活动】 2021年，良田镇有未成年人11621人，其中困境儿童113人，事实无人抚养儿童19人(其中14人享受社会救助政策)。为从源头上消除困扰未成年人保护和关爱的重点、难点问题，建立了镇、村、队三级响应机制，9个村(居)“儿童之家”全覆盖，整合原有基层公共服务阵地资源，打造了“1+9”推进平台(“1”即良田镇新时代文明实践所，“9”即良田镇8村1居新时代文明实践站)。2021年，联合爱心企业为全镇困难家庭学生发放约5万余元慰问品，发放助学救助金7人3.4万元，落实低保政策8户，发放低保金4万余元。新时代文明实践所每年寒暑假举办“少儿公益艺术培训班”，惠及辖区1400余名未成年人，招募返乡大学生志愿者，寒暑假期间在全镇8村1居开展“公益大课堂”活动，每期受益儿童达600多人。开展“我是小小朗读者”朗读比赛，组织“童心向党，红色经典大家诵”亲子朗诵大赛、在银川幻太奇海洋公园开展“把爱带回家”关爱困境儿童活动，让孩子们近距离接触海洋生物，“我为群众办实事”关爱女孩行动，组织各村(居)观看“新时代好少年”，开展《中华人民共和国未成年人保护法》《中华人民共和国家庭教育法》等系列宣讲活动，多措并举组织各类活动，不断丰富未成年人的课外生活。

【移风易俗】 2021年7月16日，在金星村共享庭院举行的良田镇第五届“美丽乡村新风尚”移风易俗集体婚礼上，10对新人在现场嘉宾的见证下喜结连理，整场婚礼简约大方而不失浪漫温馨，在乡亲们的见证下，新郎新娘们进行了集体宣誓，拒绝高额彩礼、带头简办婚嫁喜事、带头抵制攀比之风，努力做新风正气的倡导者、传播者和实践者。“移风易俗集体婚礼”已经成为良田镇深入推进移风易俗工作的品牌活动。

【乡村振兴补助资金项目】 2021年，良田镇争取乡村振兴项目衔接资金3161.238万元，主要用于扩大产业发展规模，实施光明村工厂化育苗中心二期、金星村设施温棚园区、和顺新村1队果蔬分拣交易中心等13个建设类项目和8个其他项目，项目实施后，新增设施农业面积350亩，增加农民收入。

2022年7月25日，良田镇园林村大棚葡萄成熟了

【金凤区第五届人大代表选举】 2021年5月，良田镇启动金凤区人大代表换届选举工作，历经四个半月，制定各类方案、预案4个，划定区级代表选区9个，选民登记2.4万余人，酝酿提出代表候选人31人，9月1日各选区依法选举产生了金凤区第五届人民代表大会代表23人。

【良田镇第四届第一次人民代表会议】 2021年5月，良田镇人大代表换届选举工作启动，历经四个半月，制定各类方案、预案4个，划定镇级代表选区27个，酝酿提出代表候选人97人，选民登记2.4万余人，确定良田镇第四届人民代表大会代表69人。9月1日，选举镇人大代表69人，9月15日上午，召开良田镇第四届人民代表大会第一次会议，选举徐隽芳为新一届人大主席，张庆轩为镇长，詹静、潘多晨、张文俊为副镇长。会议审议并通过了镇政府工作报告、镇人大主席团工作报告、代表意见建议办理情况等报告，会议期间，共收到人大代表意见建议23件，已经镇人大主席团转良田镇政府办理。换届选举全过程风清气正、程序合法，选举工作圆满完成。

【良田镇第五次党代会】 2021年7月16日，中国共产党金凤区良田镇第五次代表大会在良田镇四楼会议室召开，全镇76名党代表和11名列席代表参加了会议。会议听取和审议了镇党委书记李波作的《中共良田镇第四届委员会工作报告》、镇纪委书记杨立军作《中共良田镇纪律检查委员会工作报告》。会议选举李波等9名同志为新一届党委委员，杨利军等5名同志为新一届纪委委员；选举张才等20名同志为出席中共金凤区第四次代表大会代表。

【光明村育苗基地】 良田镇高标准智能化育苗中心（扶贫车间）位于良田镇光明村二队。2021年，新建日光节能拱棚18栋，其中10栋为育苗棚、8栋为新品种新装备示范展示棚。在育苗拱棚中安装移动育苗床架、自动喷淋设施、物联网控制系统，购置了速冻果蔬脆片加工设备等，提升农副产品附加值。围绕乡村振兴战略目标，高标准智能化育苗中心推进高标准、高质量发展农业产业，实现育苗、种植、加工、冷链、销售、配送、农游等一体化发展，不断延长产业链，推动一、二、三产业融合发展，推动建设“农业+”多业态的融合发展模式。

【和顺新村村史馆】 良田镇和顺新村村史馆于2018年建成，占地26平方米，由组织部门投资20万元建成。村史馆一共分为三大部分，第一部分是党

良田镇和顺新村移民文化展示

团史展示，第二部分是移民搬迁史和村情史，第三部分是初心长廊。其中，党史篇，建立党史板块，保留志愿者捐赠的如《毛泽东文选》等书籍。移民篇，展示和顺新村生态移民搬迁过程，包括一些历史资料和重要文件。开垦篇，展示的是近十年和顺新村变化的过程，是和顺新村生产生活和建设新家园的一个缩影。展柜里陈列志愿捐赠的黄土高原劳作农具，如厨具和针织品以及村民们收藏的一些传统老式物件；发展篇，展示和顺新村近10年发展成果。

（王　荣）

长城中路街道

【概况】　长城中路街道位于金凤区城市建成区东南部，东起唐徕渠、西至亲水南大街、南起南环高速公路、北至黄河东路，辖区面积27.56平方公里，人口约22.7万人。辖高桥社区、五里台社区、五里水乡社区、花样年华社区、长城花园社区、紫园社区、南苑社区、宝湖社区、宁安社区、五里湖畔社区、保伏桥社区、鲁银社区、临湖左岸社区、金宇名庭社区、枫林湾社区、金域蓝湾社区、七子连湖、香溪美地社区等18个社区。长城中路街道依托社区临街和辖区企事业单位资源优势，共建党群活动服务平台，推出“居民点单、社区接单”“联合党委”点单式组团服务。在满足片区党员群众需求的同时，面向快递小哥、环卫工人等八大群体提供便民爱心餐服务，达成“社区党委＋企事业单位＋居民市民”的良性社会互动服务，推动党的组织体系与基层治理体系有机融合。长城中路街道获全区“爱国卫生工作先进集体”、全区“民族团结进步示范集体”、第八批全区“民族团结进步创建活动示范单位”、银川市文明单位、银川市环境综合治理工作先进集体等多项荣誉称号。

长城中路街道宝湖公园

【党史学习教育】　2021年，长城中路街道党工委直管党员5400余名，按照金凤区党史学习教育领导小组统一安排，街道利用“三微课堂”以及干部理论学习班，以“5+”模式（学党史＋专题研讨、学党史＋专题讲座、学党史＋知识测评、学党史＋志愿服务、学党史＋文化活动）开展党史学习教育，通过“党史知识微测评”巩固学习效果。组织党员到盐池纪念馆、永宁县烈士纪念基地等参观学习，缅怀革命先烈；组织社区积极开展好“童心向党，致敬百年”系列主题活动，开展国旗下的故事会、绘百米长卷、党史故事小演讲、红色电影日等活动累计30余次，覆盖青少年800余人，引导学生厚植爱党、爱国、爱社会主义的情感。围绕“我为群众办实事”，开展环境卫生整治、文明城市创建、文明安全宣传、无偿献血、义诊等志愿服务活动，切实把党史学习教育与为民服务相结合，让党史学习教育入脑入心。

2021年10月14日，金凤区五里水乡社区邻里驿站启动

【中国共产党成立100周年活动】　2021年，长城中路街道为259名党员发放“光荣在党50年”纪念章。举办“奋斗百年路　启航新征程”中国共产党成立100周年合唱比赛活动，表达对党的感恩和祝福，激发党员干部以崭新的风貌、饱满的热情、昂扬的斗志立足本职岗位作贡献，把爱国奋斗精神转化为实际行动。组织开展街道党工委“两优一先”表彰活动，

对18个社区的评选出的40名优秀共产党员、17名优秀党务工作者和8个先进基层党组织进行了表彰。开展困难党员慰问活动，先后为8名党员发放党内关爱资金25889.7元；为12名党员发放临终关爱金1.2万元;为49名困难党员发放“七一”慰问金49000元。

【社区“两委”换届】 2021年,长城中路街道撤销原有的“七站八所”,设置“四办四中心”,五里台新村、五里台村、高桥村完成“村改居”任务,新成立香溪美地、七子连湖、金域蓝湾、枫林湾社区,实现综合设置和扁平化管理。按时高质量完成社区“两委”换届任务,书记、主任一肩挑实现100%,交叉任职委员73人,新当选社区“两委”成员平均年龄30岁,年龄学历实现“一降一增”,年龄层次和知识结构更趋合理。选举产生金凤区新一届党代会、人代会代表,其中党代表21名,参加金凤区第四次党代会会议,选举人大代表49名,参加金凤区第五届人民代表大会第一次会议,履行政治职责。继续完善“共治协同、自治强基、法治先行、德治教化、智治支撑”的基层社会治理新路径,健全网格化管理服务机制,按照“一格一人”原则设置网格员,93名网格员优中选优，以联动平台为依托,不断加强社区综合治理。

【人居环境整治】 2021年，长城中路街道以常态化创建全国文明城市为抓手,推进辖区环境卫生整治。强力推进庆丰街130号小区进行整改，并将其作为文明城市建设、老旧小区改造案例,组织街道、社区全体干部职工进行观摩。组织辖区物业企业、机关单位及居民群众3270人次开展环境整治,整治环境卫生548处,清理小广告2024份,清运垃圾229.7吨,制作发放国家卫生城市宣传彩页18000份、宣传海报3000份。在中央环保督察期间，共接收转办件45.5件,全部按时办结。全年共处置卫生督查通报94期、金凤区创建全国文明城市督办单285期,重点对五里台小康村、银凤简易楼、原三所等城中村环境卫生进行清理整治,改善了重点区域“脏乱差”的人居环境。

【新时代文明实践站】 2021年,长城中路街道坚持“党建引领+多方联动+志愿服务”的工作模式,以街道、社区两级为单位,成立了街道新时代文明实践所、18个社区新时代文明实践站。各社区新时代文明实践站通过党员志愿服务队伍带领团员志愿服务队、群众志愿服务队等开展各类文明实践活动,突出党建引领,发挥党员先锋作用,统筹整合资源,加强多方联动,与综合执法、物业、公安、市场监管、学校、社会治理等多个部门和单位,形成合力,互促互进。在完善、优化、提升志愿服务工作水平的基础上,把志愿服务作为培育践行社会主义核心价值观的重要平台和载体,用实际行动诠释奉献、友爱、互助、进步的志愿服务精神,打通宣传群众、教育群众、服务群众的“最后一公里”。

2021年6月10日，金凤区长城中路街道举行“光荣在党50年”纪念章颁发仪式

【民生服务】 2021年,长城中路街道续建了领世湖城日间照料中心、金宇名庭社区职工之家、五里水乡党群服务站等项目建成运营;枫林湾、七子连湖、金域蓝湾等社区新阵地投入使用，为民服务基础设施进一步补强。对辖区105户539名劳务移民实行动态监管,顺利完成自治区巩固脱贫攻坚成果后评估。街道民生服务中心全面推行“马上办、网上办、就近办、一次办”,全年累计办结政务服务事项41237件,办结率达100%。积极推进就业创业工作,街道城镇新增就业2084人，安置失业人员再就业787人,零就业家庭动态消零100%，完成目标任务100%,城镇登记失业率4%以下;培育创业实体142家,创造新岗位495个,创业带动就业580人。新增创业实体

208 户，完成目标任务 208%；创造新岗位 392 个，完成目标任务的 218%；全民创业带动就业 442 人，完成目标任务 126%；组织城乡职业技能培训 350 人，办理就业创业登记证 2300 本。

【疫情防控】 2021 年，长城中路街道在“7·30”“10·17”防疫工作中，全面落实区市及金凤区关于做好新冠肺炎疫情防控工作的安排部署，第一时间成立工作专班，召开动员部署会，排查省外来银川人员。在 10 月防疫工作中，累计接收管控密接、次密接人员 2216 人，累计封控密接楼宇 139 栋、单元 1659 个，单元管控 74400 人。100 余个各级党组织、400 余个党小组、千余名党员迅速集结奔赴抗疫一线，居家隔离人员“五包一”全面落实，入户排查全面铺开，形成了党建引领、全民参与的防疫局面。扎实推进疫苗接种工作，累计接种疫苗第一剂次近 15 万人、第二剂次近 14 万人。

【信访工作】 2021 年，长城中路街道不断完善阳光信访、法治信访建设，注重法治思维和法治方式在信访工作中的运用，信访案件受理率、办结率、参评率达 100%，排查出群体性信访问题 13 起，化解 11 起，接待缠访 18 起，化解 16 起，成功化解自治区级赵某某信访积案。

【老旧小区改造】 2021 年，纳入金凤区老旧小区改造项目共 10 小区，分别为银凤小区、绿园小区、西桥小区、白云小区、金穗苑、兴宇公寓、南苑社区、电大家属院、紫园小区和南苑小区。为广泛听取民意，把老百姓的好事办好，针对居民提出的“拆小并大”、小区管道老化、供暖、停车等问题，街道组织社区多次入户走访征求居民意见，就老旧小区改造问题与业主面对面召开居民议事会，邀请相关部门现场办公，议事会采取实名制投票唱票，相关部门领导逐一解释答复，街道从中做好参与、沟通、协调，以“一家人”身份推动“家”的改造。实施地下管道更新、小区外墙保温及楼顶防水等项目，因地制宜地补充绿化及停车位，小区环境整体提升，改造任务当年全部完成。

【社区数字化建设平台】 2021 年，长城中路街道枫林湾社区作为金凤区数字社区试点，在枫林湾小区推行“数字化社区治理平台”，通过建立完善的人口信息系统，安装智能人脸识别装置，实时掌握人口信息动态。通过自治区云平台将各部门信息数据进行整合，打通各部门之间的信息通道，实现数据共享，解决了社区长期疲于应对各种数据报表的现状和对人口信息更新不及时、不掌握的问题。同时积极拓展“线上阵地”，培育枫味美食群、枫趣教育群、枫雅妈妈群、左邻右舍枫跑团、毛孩子星球等 8 个群众线上社团，并将之打造成延伸社区工作的手臂和了解民情民意民愿的窗口，满足群众对美好生活的期盼，实现社区服务智慧化和精准化，提高社区治理的能力。

【“乐活”社区服务品牌】 2021 年，长城中路街道鲁银社区围绕“乐活”社区服务品牌，依托党群活动服务站，打造了文化长廊。文化长廊分为 4 个篇章，即“红色教育”“志愿服务”“党建引领”“道德风尚”，将党建“红色”基因与群众生活联系在一起，让居民在休闲娱乐的同时，倾听党的声音、学习领会党的政策，致力形成“抓党建促文化，育文化强党建”的联动效应。还设立党员先锋、夕阳红、青年筑梦志、健康守护、阳光扶老、巾帼风采、平安 E 家、环保卫士 8 支志愿服务小分队，以“我们的节日”和重要节点为契机，积极开展以公益集市项目为主线的扶老助残、困难慰问、健康义诊、环境整治、义务巡逻、矛盾调解、法律援助等贴近实际、贴近群众的志愿服务活动，让家门口的“乐活汇”成为紧系党群的“红纽带”。

【长城花园日间照料中心】 项目位于领世湖城小区物业办公楼内，2020 年 10 月正式启动内装修，住房面积 718 平方米，2021 年续建，至 4 月建成投入使用。日间照料中心的建成为辖区老年人提供了午餐、休闲娱乐、医疗康养、写字画画等综合服务，打通为民服务最后一公里。社区积极探索“党建 + 养老”模式，以红色物业为引领，发挥三社联动作用，积极与物业公司沟通，共同营造日间照料中心温馨的生活家园，并面向不同类型老年群体，提供人性化、多样化和精准化养老服务。

【长城花园社区邻里驿站】 2021年，长城花园社区建立的“邻里驿站”。项目是融合银凤小区老旧小区改造项目中，拆除银凤小区西侧原停车棚，建设二层小楼，建筑面积360平方米，分上下两层楼，2021年4月1日开工，8月31日正式启动运行。服务半径为3平方公里，服务人口1.5万人左右。银凤小区“邻里驿站”坚持“党建+邻里”的理念，以“一站多点”模式打造15分钟便民生活圈，设置阅览室、棋牌室、理发室、便民服务站、爱心缝洗店、书画室、医养康养室、儿童活动室，将“邻里驿站”打造成为户外劳动者驿站，构建邻里之间互知、互敬、互帮、互助的和谐氛围。

【五里水乡邻里驿站】 项目位于五里水乡小区院内31号楼北侧，建筑面积380平方米，2020年9月2日开工，2021年10月14日正式启动运行。服务半径为0.6平方公里，服务人口3500余人。五里水乡社区邻里驿站设有“悦客厅”“悦康养”“悦童趣”“悦文娱”四大板块，为居民提供老年助餐、居家健康医疗保健、惠民便民服务、自主互助服务、文化娱乐服务等贴近日常生活的各项服务。依托“邻里驿站”，社区举办了小区邻里节，开展了“美好楼栋”和“美好家庭”评比活动，打通服务联系群众“最后一公里”。

【雷锋志愿服务站】 2021年，长城中路街道新增雷锋志愿服务站点10处，创建志愿服务品牌9个，志愿服务队98个，志愿者1999人，开展志愿服务2648次。各社区加强志愿服务站点建设，招募组建专业素养高、奉献意识强的志愿服务队伍，如：长城花园社区“爱老团”志愿服务队，宁安社区环保志愿服务队，紫园社区幸福之家志愿服务队共有6支队伍，786名志愿者，开展“幸福来敲门”和“靓丽紫园”大型志愿服务活动。

（何　丽　秦亚杰）

黄河东路街道

【概况】 黄河东路街道办事处驻福州街银啤巷内，辖区西邻包兰铁路，东至亲水大街，南起南环高速，北至北京中路，总面积33.36平方公里，现有常住人口13.24万人。下辖工业集中区、颐和城府、荣锦苑、新苑、福通、银啤苑、新琇苑、金家巷、湖畔嘉苑、盈南家园、金地花园、通福家园、恒大名都13个社区和魏家桥、盈南、砖渠、双渠口4个整建制行政村。2021年，街道党工委建立完善制度机制8项，组织召开廉政谈话会4次，约谈批评教育干部14人，清退违规资金5.622万元。坚决守牢意识形态主阵地，与17个村居基层党组织签订意识形态工作目标责任书，每季度召开意识形态专题会议1次，妥善处置各类网络舆情145件，处置率达100%。贯彻落实民主集中制决策原则，坚持每周例会和“三重一大”决策制度，召开党工委会议25次，研究决策“三重一大”事项105余项。调整优化社区党组织设置，“四级链条”一纵到底，成立社区党委10个、村党（总）支部4个、社区党支部3个、小区党支部55个、楼栋（院落）党小组120个，构建起“街道党工委—社区党委—小区党支部—楼栋党小组”四级组织体系。推行“1+2+X”的网格治理模式，调整划分网格127个，3032名共产党员在所辖小区亮身份。成立非公企业党（总）支部20个、社会组

2021年6月17日，金凤区开展“洁美家园　你我同行”暨社区小区改造美化专项行动

织党支部2个。扎实开展“导师帮带”试点工作，主推“金牌书记”培养工程，先后储备培养村社区后备干部57人，选树“金牌书记”3人。持续深化“一社一品”党建品牌建设，申报银川市、金凤区党建项目6个，打造银啤苑社区“板凳会”、新绣苑社区“社会组织党群活动服务中心”、通福家园社区“邻里中心”。确定为民发展专项资金项目8个，项目资金322.93万元，惠及群众近5.4万人，项目完工后使得榕园等9个老旧小区居住环境“焕然一新”。湖畔嘉苑社区建成宁夏首家家校社共育家庭建设指导服务站；9月，黄河东路街道湖畔嘉苑社区被评为全国依法治理创建活动先进单位；10月，黄河东路街道通福家园社区被评为全国老年友好型社区。

【党史学习教育】 2021年，黄河东路街道印发《黄河东路街道党史学习教育实施工作方案》，党工委班子带头深入学习。针对辖区老党员多、在职党员多、年轻党员多的情况，开展“送学上门、送书到手、送教入心”行动，让党史学习教育不漏一课、不掉一人。灵活学习方式，对党忠诚悟思想。把落实“六项教育”和“三新”实践活动作为深入推进党史学习教育的重要内容，以线上线下、机关社区、课堂媒体相结合学习的方式，组织辖区党员干部全面系统学习，开展读书班研讨学、红色基地观摩学等23期，开展街头巷尾学党史，快板学党史等活动21场次，受众党员及干部群众1万余人。强化成果转化，真诚为民办实事。党工委班子把“我为群众办实事”作为党史学习教育

黄河东路街道通福社区文化长廊

落脚点，带头开展“大走访大调研”活动，通过集中座谈、入户走访、问卷调查等方式，征集到老旧小区改造、就业培训、助老爱老、便民服务等领域26个问题，建立台账、制定措施逐项解决。街道党史学习教育新举措、新做法得到各大主流媒体宣传，共报送学党史教育工作信息62期，在“学习强国”刊发5篇、在《宁夏日报》客户端刊发31篇、在“银川发布”刊发12篇，真正做到学党史、悟思想、办实事、开新局。

【疫情防控】 2021年，“10·17”银川市新冠肺炎疫情发生以来，黄河东路街道党工委第一时间组建疫情防控指挥部，下设总体协调、物资保障、秩序维护、数据报送、服务保障5个联动小组，将17个村、社区划分为9个网格，9名县处级领导任网格长，形成疫情防控强大合力。成立17个疫情防控临时党支部，设立32个党员先锋岗，近600名党员干部亮身份、作表率，街道社区327名干部，782名志愿者，204名医护人员，128名公安民警等共2000余人投入防控工作，封控1074个单元，20212户，48584人，三轮核酸检测35万余人，为打赢疫情防控阻击战奠定坚实基础。

2021年10月20日，金凤区辖区爱心企业——银川市诺燕恒包装有限公司为黄河东路街道捐赠了方便面、牛奶等价值1.2万元的防疫及生活物资

【文明城市建设】 2021年，黄河东路街道对烟村墩灵、芝巷周边、盈南3队养殖场、南郊水源地等重点区域乱堆物料，乱倒垃圾，乱排污水等问题进行彻底整治。全面排查辖区内堆土、裸露空地、建筑垃圾等各类堆场，对辖区899亩裸露空地、23万立方米裸

露堆土采取绿网覆盖、洒水、设置围挡等措施进行清理整治。严格落实“河湖长”制工作，在河湖岸边显著位置竖立河长公示牌5个，河湖长警示牌8个，在河长公示牌标明河长职责、河湖概况、管护目标、监督电话等内容，接受社会监督。针对南绕城典农河占用河道、垂钓问题进行督查，责令经营户对养殖鱼类进行处理，拆除养殖围栏，恢复河道顺畅。更换破损公益广告477块，在17个村、社区92个小区门岗设立新时代文明实践志愿服务点，为居民提供充气筒、老花镜、雨伞、急救箱等便捷服务。

【精神文明建设】 2021年，黄河东路街道在17个村、社区优化91支志愿服务队，累计注册志愿者1.3万余人，开展学雷锋志愿服务活动2000多次，各类志愿服务工作被《人民日报》《宁夏日报》《银川晚报》《银川日报》及银川发布、金凤电子快报等多家媒体宣传报道150多次。深入开展“我们的节日”系列主题活动，进一步加强未成年人思想道德建设，选树一批身边好人，其中四位道德模范获得“最美金凤人”称号。在广大村民中广泛开展抵制高价彩礼、丧事简办、婚事缓办、宴会不办、崇尚科学、反对迷信等宣传活动，积极倡导厚养薄葬，孝老爱亲、尊重科学、有力推进了农村精神文明建设工作。

【巩固脱贫成果】 2021年，黄河东路街道有4个行政村全部脱贫，“十三五”期间易地搬迁已脱贫人口共31户165人，安置在金凤花园小区居住。及时兑现就业扶贫政策，第一批业务工补助16人32000元，第二批补助6人12000元，第三批补助2人4000元，共计发放24人5万元。为移民群众安排扶贫公益性岗位8名，为摸排移民中现有劳动力82人提供就业机会，已有62人已就业。教育扶贫政策落实，移民子女中现有24人处于义务教育阶段且均上学，其中8人就读中高职业技术学校，2人就读大学。共为7名中高职学院学生申请春季雨露计划补贴10500元；为1名本科生申请教育补助2000元。健康扶贫政策均享受，城乡居民医疗保险补贴210元，每人自费120元，为165人办理防贫保，社区医疗服务站对建档立卡户实行签约医生，做到应签尽签和签约一人、履约一人，医疗费一站式结算服务。兜底资金保障，为4人发放教育、医疗兜底保障资金8600元。7月底，建成劳务工作站，配备扶贫网格员1名。发挥第一书记和网格员的优势，每月开展入户调查工作，全面掌握帮扶户的情况。

【拆迁安置】 2021年，黄河东路街道为各村棚户区拆迁改造货币化回购临阅家园安置分房154套，储藏室36套。协助金凤区土地整理中心审核砖渠村商业网点拆迁安置协议，办理金凤花园不动产登记。多次召开协调会，与住建局、开发商、银啤苑社区部分住户就银啤苑安置户办理房产证问题进行协商。协调相关部门及时拨付盈南村、魏家桥村、砖渠村近8年期间租房费用，协调汇总上报85套政府调剂房源物业费、采暖费、电梯维保年检费。

【低保困难户救助】 2021年，黄河东路街道重点救助城乡五保户、低保户、贫困户，对因病、因残、因灾等各种特殊原因造成基本生活出现暂时困难的家庭给予，非定期、非定量的临时救助。关注老龄人群生活，对辖区60岁以上老年人基本情况进行全面摸排，核查出符合政策要求的失能老年人数149人，经济困难老人数24人，留守老人数10人，统一汇总建档，给予适当补助。

【退役军人服务】 2021年，黄河东路街道成立街道双拥工作领导小组及退役军人服务站，17个村（社区）成立由各村（社区）书记兼任站长的基层退役军人服务站，实现人员到位、职能到位、保障到位、责任到人。以各村（社区）退役军人服务站为单位建立退役军人和现役军人家属一人一档资料和八大类一类一档整理，完成双拥卡、光荣牌、118名重点优抚对象、2029名党员、信访、就业等八类一类一档的建立及3名村（居）退役军人“两委”成员的系统录入工作，摸清退役、现役军人底数。共计发放双拥卡70张，开展为26名现役军人送立功喜报活动，悬挂光荣牌56块，推荐2人参加金凤区“最美退役军人”评选。在春节和“八一”期间，分别对优抚对象、退休军转干部、复员干部、2021年入伍新兵和退伍军人进行慰问，发放慰问金，入户慰问抗美援朝老兵及参战人员。组织退役军人参与创建文明城市建设志愿服务300多次，疫情期间组织退役军人参与志愿服务，发挥退役军人的先锋模范作用。

【平安社区建设】 广泛宣传法治建设，各村居开展国家安全教育日宣传活动17场次，发放安全防范手册、禁毒宣传知识手册、法律知识宣传册、国家安全知识手册等9000余份，累计入户注册“国家反诈中心”App21663人。街道领导干部职工包村（社区），包信访重点人、社区矫正人员等，做好帮教、转化工作，及时了解掌握这些人思想动向。坚持领导信访接待日制度，熟悉掌握辖区实际状况，协调解决存在的问题，及时处理矛盾纠纷，建立矛盾纠纷排查处理工作档案，把各类不稳定因素消除在萌芽状态，有效杜绝影响社会稳定的事件发生。在网上录入矛盾纠纷60起，成功化解60起，化解率100%。

【卫生健康】 2021年，黄河东路街道落实惠民生育政策，及时办理一孩服务证506人、二孩服务证398个、三孩生育审批上报办理18人，网上办证922人。上报摸底2021年独生子女家庭特别扶助94人，上报新增特扶人数8人。发放计划生育特别扶助金94人75.84万元、特别扶助家庭幸福工程补贴92人22.08万元。全年登记独生子女保健费722户，发放保健费25.56万元。为17名重症精神病患者监护人发放了2020年全年看护费4.08万元。慰问辖区计生困难家庭5户，慰问流动人口6人，发放慰问金1800元。卫生健康宣传进村入社区，联合村（社区）开展公共卫生健康宣传活动15余场，制作宣传展板36块，发放宣传资料17800余份，在社区打造社会心理服务体系建设心理咨询服务室。

【民族团结进步】 2021年，黄河东路街道将民族团结进步创建与党建、脱贫攻坚有机结合，实施“创建工作+N”行动，构建“社区党委+居民小区党支部+网格楼栋党小组”的三级社区党组织体系，延伸党的工作触角到社区，实现多元共治，民族团结。巩固新琇苑社区、砖渠村、银啤苑社区自治区级民族团结进步村（社区）成果，组织金家巷等社区创建银川市级民族团结进步社区。开展马克思主义民族宗教观宣讲系列活动100余场次，受众人数累计达3万余人。

【司法行政】 2021年，黄河东路街道开展“法律进机关”“法律进校园”“法律进社区”等“八进”活动，发放宣传资料2万余份，举办各类普法讲座565场次。全面开启“八五”普法工作，制定印发《黄河东路街道2021年普法依法治理工作安排》，明确工作目标、任务，确保“八五”普法工作顺利开局，做到专人负责，责任到人，并将普法责任制落实情况纳入对村（社区）的年度考核，有序推进普法依法治理工作开展。开展矛盾纠纷排查748次，受理矛盾纠纷16件，其中婚姻家庭纠纷3件，赔偿纠纷13件，制作简易调解卷15件，疑难复杂卷1件，口头和电话调解约3件。联合黄河东路街道派出所，开展“警司联调”2起，邀请律师、法律服务工作者参与调解5余次，无因民间纠纷调解不及时或调出不当而引发的民转刑案件和群体性事件的发生。开展社区矫正适用前评估55人，给予训诫处分7人次，为社区矫正对象提供就业培训信息3次。

【民生服务】 2021年，黄河东路街道完成“综合窗口”改革实施方案，完善基层审批服务工作改革。全年新增就业1600人，失业人员再就业880人，完成城乡居民养老保险参保80人、医保缴费31643人。受理智慧金凤治理平台转发群众投诉案件3664余件，办结率达99.06%。开展各类安全生产、环保督察检查活动上千次，下发《责令整改意见书》《限期整改告知书》500余份。发展壮大农村集体经济，4个村2021年村集体经济收入1032万元，双渠口村产权制度改革工作在自治区产权改革工作会上做经验交流，并在全区范围内予以推广。

【社区管理】 2021年，黄河东路街道转变社区管理和服务理念，建立以社区党组织、小区党支部、物业公司、业主委员会、街道办事处和相关职能部门为主体的“六方联动”机制，推进多元主体共同参与社区治理。黄河东路辖区已有34个小区安装数字门禁、测温系统、人脸识别系统，居民信息、党员信息正在逐步录入。黄河东路新琇苑小区、颐和城府安置区、湖畔嘉苑小区已成立业主委员会；城市春天、福通二期 A 区成立业主委员会基本结束；颐和城府商住区业主委员会正在换届选举。利用沿街闲置空地，施划机动车临时停车泊位和非机动车点位，提高停车位利用率。

【政务公开】 2021 年，黄河东路街道主动公开政府信息 219 条，其中街道动态 152 条，信息公开指南 1 条，信息公开年报 1 条，部门文件 2 条，部门预算 2 条，部门决算 1 条，专项资金 3 条，工作计划与年度总结 1 条，扶贫工作 44 条，河长制工作 1 条，社会救助 11 条。微博投诉 124 条，办结 124 条，办结率 100%。

（虎　宁）

上海西路街道

【概况】 金凤区上海西路街道东至唐徕渠，西至满城街，南至北京路，北至贺兰山路，所辖面积 9.86 平方千米，辖区有建一分公司、清水湾、银新苑南、银新苑北、逸馨苑、馨和苑、悦海新天地 7 个社区。街道党工委下设 7 个社区党委，46 个小区党支部，1 个机关党支部，32 个非公党（总）支部，党员 2440 名。辖区

2021 年 6 月 26 日，金凤区“红心向党守初心　无毒奋进新时代”庆祝中国共产党成立 100 周年暨“6·26”国际禁毒日主题文艺会演在悦海新天地举办

常住人口 6.9 万人，其中回族、满族、维吾尔族等少数民族人口 13474 人。2021 年，上海西路街道办事处综治中心被评为国家青少年维权岗，上海西路街道工会户外劳动者服务（法律援助）站被评为全国最美工会户外劳动者服务站点，上海西路街道司法所被评为全区标准化司法所，上海西路街道办事处被评为银川市无烟党政机关。

【政治建设】 2021 年，上海西路街道办事处将每周一固定为党史学习教育日，通过“讲”“领”“督”“帮”“送”“带”增强学习教育实效，开展党工委中心组理论学习 28 次，专题研讨 9 次。推出红色主题党课、红色知识竞赛、红色主题朗诵、红色电影、红色之声、红色展览等六大“红色学习套餐”，开设党史直播课、“党史百年天天读”党课、打造“有声图书馆”，成立宣讲团 16 个，开展宣讲 94 场次，受众达 5000 余人次。党史学习教育进商圈、进企业、进学校等各类活动 43 场次。认真贯彻落实网络意识形态责任，在网络平台发布内容严格履行“三审三校”制度，把好稿件信息投诉回复的导向关、质量关，全年共发布信息 786 条，处理微博平台投诉 100 余件，政民互动平台投诉 30 余件，人民网投诉 20 件，转发各类正能量报道 240 条。对发现网络谣言、虚假信息和低俗信息，及时加强网络评论引导，推动互联网健康有序发展。聚焦民生领域，从群众“急难愁盼”出发，真正把“我为群众办实事”落到实处，高质量完成亲水苑小区路灯安装、悦邻里阵地打造等实事 23 件。

【组织建设】 2021 年，上海西路街道办事处构建区、市、县退役军人事务局“三位一体”同向发力的领导工作格局。着力在跟踪督查、问题反馈、推动落实、成果巩固上下功用力。围绕大力开展政策宣传、深入搞好调查研究、认真做好思想工作、末端推动政策落实、真心实意帮难解困 5 个方面主要内容，将常态化联系退役军人工作与“基层基础基本建设年”活动、与解决形式主义突出问题为基层减负工作、与助力脱贫攻坚决胜全面小康社会、与退役军人党员教育管理、与化解突出信访矛盾问题、与深入一线调查研究相结合。把党建工作列入重要议事日程，党工委书

记切实履行党建工作第一责任人职责，带头贯彻党的基本路线和各项方针政策，党工委其他成员带头实行“一岗双责”，做到业务工作和党建工作同部署、同落实、同督查。严格遵守“三会一课”、组织生活会、民主评议党员和党员领导干部民主生活会等基本制度，推动党内组织生活落细落实。持续深化“四优四提”城市党建引领社区治理，调整优化小区党支部96个、组建楼栋党小组438个，形成“街道党工委—社区党委—小区党支部—楼栋党小组”四级组织。首次引入第三方社会组织，联合物业办、银川市德恒和谐社区促进中心签订社区“共建共治”合作协议，推进社区治理法治化。聚焦完善社区服务功能，实施馨和苑老年服务中心等为民服务发展专项资金项目11个，打造小区党支部阵地6个，启动发布银新苑北社区邻里中心“时光里·邻里聚”系列主题活动。深入贯彻落实“五强五促”行动，积极探索“楼宇+社区”“商圈+社区”服务模式，成立非公企业党组织5个，撤销“空壳”党支部4个，打造非公示范点3个。积极组织辖区各非公企业党组织积极参与文明城市创建、疫情防控等工作，激发非公企业参与基层治理活力，努力提升共建共治共享的基层治理成效。严格执行发展党员程序，切实把握好发展党员工作的起始节点，确保流程整体性。同时严把党员发展质量关，提高发展党员质量，始终确保党的生机与活力。培养发展新党员34名，预备党员转正13名。

2021年10月17日，上海西路街道召开事业单位工作人员第三季度考核会

【党风廉政建设】 2021年，上海西路街道办事处召开党风廉政专题会议4次，巡察反馈整改专题会5次。聚焦市委第十二轮第四巡察组巡察反馈问题，召开巡察反馈整改专题会5次，对各社区抽查督导4次，研究制定措施10条，完善制度3项，整改问题10个。重新制定《上海西路街道党工委议事规则》《上海西路街道保密工作制度》《上海西路干部职工考勤暂行办法》等制度，“使制度成为硬约束而不是橡皮筋”，增强干部职工的行动自觉。组织开展纪律作风集中整顿月活动，进一步加强街道班子成员及全体干部职工纪律作风建设，严格干部教育监督管理，不断巩固扩展落实中央八项规定精神成果，坚决防止“四风”问题反弹回潮。组织开展反面典型警示教育活动20余次，观看专题片40余场，充分发挥案件警示作用。坚持民主集中制和请示报告制度，认真落实“三重一大”决策事项，充分发扬民主，对重大事项坚持班子集体研究决策。

【民生服务】 2021年，上海西路街道民生服务大厅实行一窗综合受理，为群众提供49项涵盖民政、卫计、社保、残联、就业的便民服务，街道总办件量15301件。办理就业创业证846本，新增就业1644人；新增低保22户35人、低收入家庭2户5人。新增优抚对象10人，办理双拥卡85个，慰问烈士遗属1名。打造银新苑北社区、南社区、阅海万家社区示范型退役军人服务阵地，做好让退役军人暖心、现役军人安心的娘家人。

【社会治理】 2021年，上海西路街道办事处积极发挥智慧金凤社会治理综合平台作用，广泛发动居民通过金凤e家APP平台抓拍举报各类不文明行为，共处置案件141882件，已结案134926件，结案率95%。推进智慧小区建设，已安装人脸识别和测温设备的有37个小区，录入人员信息5万余条、党员信息近4000条。通过信息平台可快速查询辖区人口信息、住房信息等，也可开具介绍信。

【文明城市建设】 2021年，上海西路街道办事处强化基础设施补短板，加大环卫设施修护力度，对脏污、老旧、破损环卫设施进行清洗或更换。坚决打赢蓝天、碧水、净土三大保卫战，积极排查面污染防治。

落实河湖长制、街巷长制，积极开展集中清理卫生脏点，辖区综合环境得到有效改善。大力推进垃圾分类工作，共建设垃圾分类房24个，垃圾分类积分兑换超市8个。强化点位打造树标准，持续对辖区新时代文明实践站进行点位打造，严格对标实地测评标准，持续完善配套设施，健全服务体系，全力打造为群众服务的优质点位。强化志愿服务促文明，成立志愿服务组织27个，形成“社工引领志愿者、志愿者带动各方”的良性循环服务链。不断强化文明城市建设，着力提升城市环境面貌和广大市民的精神面貌，教育和引导市民崇尚文明、传承美德、弘扬正气，不断提升城市品质。

【新冠肺炎疫情防控】 2021年，上海西路街道成立疫情防控工作专班，下设6个工作组，强化网格化管理，严管严查严巡，通过“一格、三班、三级、五册”的工作体系，着力形成“党政牵头、全体动员、群防群控”工作格局，确保常态化疫情各项防控措施落到实处。迅速反应处置疫情防控工作，累计上报大数据核查人员信息37726条，发动志愿者800余人，为24038户56162人提供精细化服务，全力打赢疫情防控持久战。全年共接种疫苗120721人，接种率达95.94%，有力保证了社区群众的生命健康安全。

【矛盾纠纷排查化解】 2021年，上海西路街道办事处严格实行领导包案责任制，建立人员、重点群体稳控档案，逐人落实稳控措施，把矛盾苗头消灭在萌芽状态。通过联合打造规范化人民调解会13个，建立“一站式”矛盾纠纷多元化调解中心3个，2021年累计进行矛盾纠纷排查1574次，上报矛盾案件105件，成功化解105件，化解率100%，调处可防性群体性矛盾纠纷1件。

【守住安全生产底线】 2021年，上海西路街道办事处精心组织“安全生产月”各项活动，累计开展集中学习20场次，观看专题片16场次；开展安全宣传咨询日活动10场次；开展安全隐患大排查260次，检查企业620家；开展应急消防安全演练活动26场次，受众860余人。

【民族团结进步教育】 2021年，上海西路街道办事处紧紧围绕“中华民族一家亲 同心共筑中国梦”的主题，通过微信公众号、宣传栏、电子屏、口袋书等多种宣传渠道，开展社区相互观摩学习、知识竞赛、文艺表演、演讲征文等系列活动，广泛宣传党的统一战线和民族宗教工作的方针、政策。2021年，共举办各类讲座、培训班100余场次，受教育群众达3万人次，形成了民族团结进步的良好局面。

悦海新天地外景

（李 喆）

北京中路街道

【概况】 北京中路街道位于金凤区核心地带，东起唐徕渠，南以黄河东路为界，西至满城南街，北至北京路。辖区正源南街、宁安大街、亲水大街、满城南街等主干道路横贯南北，北京中路、黄河东路横贯东西，唐徕公园和森林公园分别位于东、西两头，银川高新技术开发区、中国电信宁夏分公司、自治区统计局、神华宁煤集团总部等56家大中型行政、企事业单位分布其中。2021年，辖区总面积5.38平方千米，20487户49388人，辖锦绣苑、安居苑、民生花园、蓝山名邸、清馨苑和森林公园6个社区，57个居民小区，下设6个社区党委、34个小区党支部，直管党员1652人，流动党员46人。街道办事处内设四办三中心，即综合办公室、党建办公室、社会事务管理办公室、综合执法办公室、民生服务中心、公用事业服务中心、综治中心。承担辖区内地区性、群众性、公益性、社会性工作，主要有辖区党建、精神文明建设、社会治安综合治理、普法教育、民族宗教与统战、人口和计划生育、工会、共青团、妇联、市容卫生、群众文化体育、社会管理、劳动保障和就业等工作职能。清馨苑社区、蓝山名邸社区被命名为银川市“一级无毒示范社区”，锦绣苑社区、民生花园社区、安居苑社区、森林公园社区继续保留“二级无毒示范社区”称号，清馨苑社区荣获“第三批全国扫黄打非进基层示范点”、全国综合减灾示范社区、银川市“二级无毒示范社区”、银川市民族团结进步示范社区、金凤区精神文明单位、金凤区平安社区等称号。

金凤区北京中路街道辖区的银川行政中心外景

【党建引领】 2021年，北京中路街道党工委高质量完成党组织换届选举任务，全覆盖开展党史学习教育，着力推进党建重点项目建设，成效显著。发展党员10名，确定21名同志为积极分子，党费收缴291029.5元，完善34个小区党支部和65个楼栋(院落)党小组建设，成立红色业委会7个、红色物业5个。优化街道党建联席会议制度，吸纳辖区各行业各领域45个党组织进驻社区党委，成立社区联合党委6个。命名2020年星级基层党组织，其中二星级党组织9个，一星级党组织13个，零星级党组织1个，不定级党组织4个。以服务型党组织为抓手，打造清馨苑“四方联动”、安居苑“安居大妈”、森林公园“五吧同诚”等党建品牌，实施锦绣苑社区老年活动中心修缮、锦绣苑社区“四史”教育广场建设、清馨苑社区“四方联动”党群活动服务站建设、清馨苑“清馨萌芽·助力童行”学龄儿童4个为民服务和发展专项资金项目。以支部为单位每月开展高质量“主题党日+”活动，开展“奋斗百年路　启航新征程”红歌比赛、“光荣在党50年”纪念章颁发仪式暨“两优一先”表彰等活动200余场次。结合“七一”等节日，慰问中华人民共和国成立前、高龄及困难党员172名，发放慰问金65950元。

【党风廉政】 2021年，北京中路街道党工委召开党工委会议部署研究党风廉政工作7次，召开党风廉政专题工作会议2次，坚持把党风廉政建设和业务工作结合起来，做到同部署、同落实、同检查、同考核。签订党风廉政建设责任书10份，建立完善党风廉政建设“责任链”，形成一级抓一级、层层抓落实的工作格局。做实廉政宣传教育，开展常态化学习、采取学习研讨、廉政党课、视频警示教育、业务培训、参观宁夏党委廉政警示教育基地等形式开展学习。推进作风建设专项整治工作，组织学习《宁夏回族自治区加强作风建设八条禁令》《正风反腐就在身边》等，教育引导干部职工树牢政治规矩，并结合重要节假日时间节点，实行廉政提醒，加强干部队伍作风建设。组织编印《北京中路街道纪检监察业务知识资料汇编》，加大岗位大练兵，切实提高纪检监察干部综合素质和履职能力。抓好基层监督执纪。用好监督执纪“四种形态”，发挥用制度管权管事管人的约束作用，2021年下发关于禁止燃放烟花爆竹、疫情防控、巡察整改、工作纪律等方面的通报9期，进行提醒约谈15人。加大纪律审查力度，持续正风肃纪。年度累计办理党风廉政案件3件，给予开除党籍1人、留党察看1人、责令书面检查1人，持续不断敲响遵纪守法的警钟。

【精神文明建设】 2021年，北京中路街道党工委先后召开会议研究部署宣传工作8次，指导完善整体思路和目标任务，研究意识形态工作10次，分析研判意识形态领域问题4次。按照学习要求及时更新学习内容，坚持每月开展1次党组中心组理论学习，每季度交流研讨1次。紧密结合文明城市创建、疫情防控等重点工作，全年开展各类理论宣讲活动89次，报送信息742条，其中，《金凤电子快报》推送信息76条，《宁夏日报》《银川晚报》等报刊、网站推送信息 123 条。做强做大主流舆论宣传，设置核心价值观等宣传展板 150 块。发挥新时代文明实践站（所）作用，组建“安居大妈”“小巷管家”志愿者队伍 34 支，推出“小喇叭”“弯腰一秒”等文明实践志愿服务项目 70 余项，开展“疫情防控　志愿同行”“文明城市创建你我行”等各种主题志愿服务行动 300 余次，结合“我们的节日”，广泛开展文艺演出、“送对联”、文明祭扫、非遗彩绘、敬老爱老等活动，进一步扩大“日行一善 +”“爱心义剪”等志愿服务品牌。

【党史学习教育】 2021 年，北京中路街道党工委将自学和集中学结合起来，利用读书班、专题学习会、庭院会，系统学习了《中国共产党简史》《毛泽东、邓小平、江泽民、胡锦涛关于中国共产党历史论述摘编》《论中国共产党历史》《习近平新时代中国特色社会主义思想学习问答》4 本指定书籍，重点学习习近平总书记在庆祝中国共产党成立 100 周年大会上的重要讲话精神，不断用党的理论武装头脑，坚定正确的政治方向、政治立场、政治观点。上半年，专题集体学习 11 次，开展研讨交流 15 次，邀请讲师团成员宣讲 2 次，组织班子成员赴社区包抓点开展宣讲辅导 5 次，组织职工干部赴金凤区区史馆、永宁县党史馆、彩虹湾社区学习 3 次。同时，结合“我为群众办实事”活动，梳理实践活动项目有天威里小区、建材小区、安居苑等老旧小区改造项目，文明城市建设工作等 14 项，已全面落实。

2021 年 7 月 12 日，北京中路街道机关党支部党史学习教育专题组织生活会

【社区“两委”班子换届选举】 北京中路街道社区“两委”换届选举工作自 2020 年 11 月全面启动，至 2021 年 2 月 6 日，社区“两委”换届选举程序规范、发扬民主，换届选举工作圆满成功。通过“两推一选”的方式，产生新一届社区党委委员 31 人，其中书记 6 人、副书记 6 人。通过依法选举，产生新一届社区居委会成员 46 人，其中主任 6 人、副主任 6 人。

【新冠疫情防控】 2021 年 10 月 17 日，北京中路街道突出党建引领作用，成立临时党支部 7 个，组建党员先锋队 7 支，设立党员先锋岗 14 个，积极开展新冠疫情防控工作。建立“机关干部 + 公安民警 + 综合执法 + 医护人员 + 社区网格员 + 物业公司 + 志愿者”防控体系，明确“一格、三班、三级、五册”工作体系，采取“一人一户一专班”模式，全面承担楼栋管控、核酸检测、后勤保障等重点工作。针对境外及中高风险区来返银人员，严格落实居家隔离人员、居家健康监测人员“五包一”管控机制。历时 31 天，圆满完成了“10·17”疫情防控工作三次大规模核酸检测及森林半岛中风险解封任务。

【老旧小区改造】 2021 年，北京中路街道协助金凤区住建局对辖区内 2000 年以前建成的老旧小区进行改造，已完成天威里小区、安全厅家属院、经学院家属院改造工程。安居苑社区改造被列入人民代表大会议案，使用人大议案资金 100 万元，为 28#、5#、6#、7#、14#、15#、16#、17# 等 8 栋楼维修，对楼房屋面防水进行改造，均已完工。

【推进垃圾分类】 2021 年，北京中路街道落实垃圾分类工作，明确垃圾分类模式，按照垃圾分类工作目标任务压实各社区责任，积极构建垃圾分类工作长效机制；积极组织街道物业专干和社区专干参加垃圾分类知识培训，邀请专业人员对居民进行现场指导培训，切实提高垃圾分类工作成效；广泛开展宣传，全年累计宣传 90 余次，召开垃圾分类工作推进会、培训会 20 余次，利用网络宣传垃圾分类知识

180余次，设置垃圾分类知识宣传栏23处，发放宣传资料1800余册，辖区内55个小区四分类垃圾亭覆盖率达98%，全部完成撤桶设点；新建四分类垃圾收集房12个；各小区与保绿特公司签订厨余垃圾清运协议，小区内的厨余垃圾全部分类运输处理。

【推进组建业委会】 2021年，北京中路街道辖区有55个住宅小区（其中，有物业管理服务的小区38个、无物业小区17个），成立业主委员会的有17个小区。秉承“条件成熟一个、成立一个”的原则，坚持“5+2”的人员选举模式，规范业委会组建的程序，做好业委会候选人的人选把关工作。年内，时代之星、美林湾、元光花园3个小区新成立了业委会。

【社区事务管理】 2021年，北京中路街道坚持落实推广“街道吹哨部门报到”的街道社区事务管理模式，指导规范各社区开展街道公用事业服务中心、社区党支部、业主委员会、物业公司、派出所、城管执法队、卫生局协商议事制度，共召开协商议事会议3次，解决物业疑难问题25件。锦绣苑社区老旧小区较多且规模不大，一个小区只有一两栋楼，没有物业公司不利于日常管理，给疫情防控、防涝防震等突发事件的处置带来难度和安全隐患。街道居委会将残联家属院与安全厅家属院合并，土畜产、国土局家属院并入工行家属院统一管理，统一规划提升，共享配套设施，为日常小区管理和疫情防控提供安全保障。

【人居环境质量提升】 2021年，北京中路街道开展周末大扫除行动25次，参加行动2366人次，清除小广告1300余处，清除卫生脏点522处，清运垃圾74.4吨，纠正辖区沿街摆放乱停放共享单车9800余辆，清理整治私占绿地种菜76多处，还绿2335平方米。针对辖区环境卫生薄弱环节进行全方位集中整治，由所属社区对老旧小区、无物业小区进行监督管理，安排专人定期巡查，发现问题及时整改，有效改善人居环境质量。同时，按照银川市《城市容貌标准》要求全力做好各项工作，确保城市主次干道和街巷路面平整，主要街道无乱张贴、乱涂写、乱设摊点、车辆乱停放情况，无乱扔、乱吐、乱倒现象，垃圾收集容器配置齐全，城区无卫生死角。

【做好国家卫生城市复审】 2021年，北京中路街道先后召开国家卫生城市复审工作会议4次，对辖区做好国家卫生城市复审各项工作进行全面安排部署，明确街道各业务口、各社区具体工作职责和工作任务。压紧压实工作责任，建立问题反馈整改工作机制，对自查发现和上级反馈的各类问题，建立问题整改清单，明确责任人、整改时限，确保问题当日销号，绝“不过夜”。及时与辖区商户、银行网点、营业厅对接，签订“门前三包”责任书，组织社区网格员不定期进行环境卫生监督，保证门前无杂物堆放、墙面清洁、无飞线充电等。

【全国文明城市创建】 2021年，北京中路街道将《全国文明城市测评体系(2021年版)》任务指标细化分解，严格对照创建测评体系要求整体推进，以高标准推进社区境整治工作，重点抓好背街小巷、人员密集场所等薄弱环境治理，全力打造干净整洁的城市环境。充分利用各社区、辖区单位LED显示屏循环播放文明城市建设标语；依托社区展板、宣传栏等制作文明城市建设公益广告，悬挂、张贴宣传标语、横幅；通过微信、美篇等公共平台大力宣传文明建设精神。2021年，新增公益广告212余处，悬挂、张贴宣传横幅385条，设置各类文明城市创建活动展板120块。组织社区工作人员、机关下沉干部开展“访千楼进万家”入户走访活动，发放调查问卷，征求群众对文明建设工作的意见和建议，提高居民对文明城市建设工作的知晓率和支持率。在社区图书阅览室设置专栏添置有关文明城市建设资料供群众阅览。定时组织社区干部、志愿者在辖区内开展志愿服务活动，通过自身文明的言行举止向过往居民做好文明示范，同时对不文明行为进行现场劝导，努力营造全年参与文明城市建设的良好局面。根据创建全国文明城市的测评分值比例，网上资料申报的分值占比达40%，网上申报是创建工作的重点，是文明城市测评的主要方法。

【环境保护】 2021年，北京中路街道狠抓烟花爆竹，通过横幅、微信群、电子屏等宣传途径，全方位宣传工作。重大节日燃放烟花爆竹行为明显减少，禁燃禁放工作得到了广大居民的一致好评。共安装充电桩 153 个。污染天气过程期间，重点查处露天焚烧垃圾秸秆树叶、露天烧烤、重型柴油车超标排放、工地扬尘、工业企业偷排漏排，随意“环境污染”等违法行为。针对辖区商户爱康卓悦综合门诊部和台北纯 K 噪声扰民行为，联合综合执法中队、银川市生态环境局金凤分局迅速展开现场调查，聘请第三方环境检测机构选取点位开展日间、夜间噪声监测。确认噪声符合社会生活噪声排放限值，不达标，召开联席会议，制订整改方案，采取各种措施，达到降音效果，保护居民生活环境，保障群众环境权益。

【河长制】 2021 年，北京中路街道认真履行河长制相关职责，不定期对唐徕渠河道、森林公园河湖开展集中清理，利用各类卫生整治活动安排工作人员对河道内的生活垃圾、杂草、枯枝落叶及其他漂浮物进行清理，确保河道干净整洁。营造宣传氛围，对居民进行教育宣传，倡导大家一起保护河湖流域，杜绝向河道乱扔垃圾；动员广大群众积极参与河道保护，切实提高社会公众对水生态环境保护的责任意识和参与意识，营造人人参与保护水流域的良好氛围。加强监督管理，认真落实河长制工作要求，建立健全河道管理长效机制，河长每周巡查至少 2 次，对辖区河段进行全方位巡查，做好日常监管、卫生保洁等各项工作。今年以来，更换制作河长牌 6 个，安装严禁钓鱼牌子 32 个；河长巡河 110 余次；清理河道 7.3 千米，清理垃圾 10 余吨；拆除非法搭建钓鱼台 17 个，处理非法钓鱼人员 140 余人次。

【民生服务】 2021 年，北京中路街道社区服务窗口推行马上办、网上办、就近办、一次办。各办事窗口工作人员都认真负责，努力做到全心全意为人民服务。一年来，服务窗口累计办件 5749 件。办结率 100%。其中，城市居民最低生活保障救助资金申请办理 8 件，重度残疾人护理补贴 9 件，困难残疾人生活补贴申请 9 件。残疾人证核发 27 件。生育登记服务（一、二孩生育登记）47 件，就业创业证申领 178 件，就业困难人员认定 178 件，“4050”灵活就业社保补贴核定 174 人。公益性岗位申请 9 件，失业登记 87 件，参加养老保险人员定期领取待遇资格申报办理 78 件，参加社会保险人员领取死亡待遇申报 36 件，参加社会保险人员待遇资格认证 4426 件，城乡居民基本医疗保险参保登记 526 件。新生儿参保登记 57 件。城乡居民基本医疗保险参保信息变更 78 件。窗口接待群众咨询 223 次，发放宣传资料 2300 余份。悬挂退役军人光荣牌 1331 块，发放双拥卡 1340 张。完成 42 本换证工作（对行动不便伤残军人、因公伤残人员、伤残人民警察三类人员上门入户完成换证工作）。完成 42 人优抚认证工作。开展退役军人政策宣传 10 次、解决退役军人家属工作 1 人（社区招为公益性岗位）。为 42 位重点优抚对象在“八一”等重大节日发放慰问金和粮油等物品。

【法治政府建设】 2021 年，北京中路街道办事处设立 7 个调委会，其中街道调委会 1 个，社区调委会共 6 个，专职、兼职人民调解员共 59 人，共开展矛盾纠纷排查 480 次，调处各类矛盾纠纷共计 30 件，调解成功 30 件，其中疑难、复杂纠纷 3 个，一般简易纠纷 27 个；北京中路司法所按月组织社区调委会成员学习相关法律法规，共开展学习 12 次；北京中路司法所定期举办人民调解员、普法骨干培训班活动，以会代培，每月一次，共开展 12 次。年初制定了《2021 年普法依法治理工作安排》，强化责任、细化任务，将司法行政工作纳入社会治安综合治理。街道司法所广泛开展“法律八进”活动，开展了学雷锋日“志愿者 +”活动、“4·15” 全民国家安全教育送法进社区活动、“美好生活·民法典相伴” 主题宣传活动、《中华人民共和国老年人权益保护法》宣传活动、暑期青少年法治宣传活动、防范电信诈骗法治宣传活动、《中华人民共和国法律援助法》宣传活动等专题法治宣传活动，以安全生产和森林草原防火宣传周、“三八国际劳动妇女节”、“3·15”消费者权益保护日、政法综治宣传月、民族团结进步宣传月、宪法宣传周等节日为契机开展一系列法治宣传活动，共计开展法治宣传活动 70 余场，发放宣传材料 2 万余份，接受宣传人数达2.2万余人，解答法律咨询200余人次。此外，北京中路司法所开展反诈法与国家反诈中心APP宣传发放宣传册两千余份，组织相关法律宣传活动共12场。推进“法律进机关”活动，加强街道领导干部职工学法用法能力、提高法律领悟力。

【综治维稳】 2021年，北京中路街道党工委、办事处与辖区各单位签订年度平安建设目标责任书，与年度奖励、精神文明创建等创建活动直接挂钩。按“六个一”标准建立了街道综治中心，健全街道、社区两级综治工作制度。全覆盖推行网格化管理，经过精心挑选，组建了一支业务精、素质好的社会治理工作网格员队伍。构筑了社区民警、社区网格员、社会治理信息员、社会治理工作志愿者组成的社会治理队伍，切实发挥社会治理队伍在网格中履行民情调查员、社会稳定隐患化解员、困难帮扶员的“三大员”作用。结合加强基层综治中心建设，积极整合各种资源力量，以金凤区综合治理智慧平台为依托建立在各社区建立智慧网格，强化信息沟通，做到矛盾纠纷联调、社会治安联防、重点工作联动、治安突出问题联治、服务管理联抓、警情民情渠道共建，治安信息资源共享、基层平安联创。积极参与排查调处民间矛盾纠纷，共开展矛盾纠纷排查62次，调处一般矛盾纠纷62件，调解成功62件，矛盾纠纷化解率100%。大力推进禁毒工作打防管控一体化建设。蓝山名邸社区、清馨苑社区创建为银川市“一级无毒示范社区”。共检查各类场所单位1600余家，下发整改通知书70余份，办理消防案件25起，及时消除了各种安全隐患，预防了各类安全生产事故的发生。共受理信访案件25件，按期结案率与好评率均达100%。

【社会保障】 2021年，北京中路街道共有低保19户20人，全年累计发放资金158200元；2021年停发低保8户11人，全年新增4户4人。发放残疾津贴13人，全年累计发放资金34760元；新增2人，停发6人，有1人享受集中供养，全年发放13750元。有9人领取高龄津贴（其中90岁5人，80~89岁4人），全年累计发放资金51200元。临时救助2人，救助3800元。9月，北京中路街道首家邻里中心在锦绣苑社区正式揭牌启动，集社区康养、托幼、修理、缝补、理发等项目于一体的，有12间功能室具备文化展示、对外交流、健身娱乐等功能。

【残联服务】 2021年，北京中路街道辖区共有336名残疾人。新办残疾证30人。其中，一级残疾40人，二级101人，三级740人，四级121人，视力障碍41人，听力障碍57人，言语障碍4人，肢体障碍158人，智力障碍23人，精神障碍33人，多重20人。全年享受生活补贴74人，发放补贴161820元。享受护理补贴156人，发放补贴217200元。其中，全年新增生活补贴9人，停发生活补贴5人；全年新增护理补贴15人，停发护理补贴7人。其中，享受困难残疾人生活补贴标准一级每人每月200元，二级每人每月180元；享受重度残疾人护理补贴标准每人每月120元。

【工会工作】 2021年，北京中路街道工会共有工会组织100家，其中单独建会企业91家、行业工会2家、联合工会2家、街道行政工会2家、社区工会3家，共有会员9356人。2021年，北京中路街道工会新建会企业8家，新增会员800人；新增农民工会员239人；新增新就业形态劳动者102人，指导基层工会组织按期换届31家，转出企业2家，注销企业1家，协助完成13家企业工会关系变更。

【民族团结进步】 2021年，北京中路街道党工委组织各社区及辖区各基层党组织、非公企业党组织认真学习自治区党委书记陈润儿“传承党的百年光辉史基因，铸牢中华民族共同体意识”专题党课报告，学习银川市委书记张柱“从百年党史中汲取智慧力量，谱写建设先行区和美丽新宁夏的银川篇章”党课报告，学习金凤区区委书记赵会勇“从党的百年光辉历史中汲取先行区建设的磅礴力量”党课报告，学习宣传贯彻中共十九届六中全会精神，组织社区“两委”班子成员和辖区宗教界人士学习《中国共产党统一战线工作条例》6场次，开展马克思“三观”教育宣讲9场次，参加各类学习累计3600人次。街道实行包居领导联系宗教场所制度，经常性深入宗教场所，与宗教界人士谈心交朋友,全面掌握宗教活动情况。

【卫生健康】 截至2021年底,统计在册常住人口20487户,49388人,其中已婚育龄妇女8667人,采取各种节育措施的8493人,综合节育率为97.99%。落实2020年度独生子女保健费371户494人,共计133475元资金发放到位;完成2021年度独生子女保健费317户411人,共计112575元的登记、审核上报工作。审核、报批新增特扶对象2户2人,落实2020年度26户48人特扶金38.88万元资金发放到位;完成2021年度28户50人特扶资金40.32万元的审核、上报工作。认真落实计划生育特扶家庭"多对一帮扶联系制度"。扎实做好残疾人工作,目前登记精神障碍患者45人,其中三级以上严重精神病患者2人。落实2020年下半年精神病患者看护费8640元和2021年上半年精神病患者看护费7200元。已完成150对夫妇孕前检查任务。以"3·24"结核病日、"5·15"碘缺乏病日、"中国计生协5·29"会员活动日、"5·31"世界控烟日、"6·6"爱眼日等宣传日为节点,利用电子屏、网格群、悬挂横幅等形式,扩大宣传覆盖面,更新卫生健康教育宣传栏112块,在街头或社区内开展健康教育活动,传播卫生保健知识,累计发放各种宣传资料3000余份,解答咨询600余人次。创建健康家庭20户,健康单位1个,健康社区1个。举办3场心理健康讲座,利用社区心理咨询室组织开展心理咨询活动23场,受益群众1000余人;组织开展糖尿病、高血压、"三减三健"等卫生健康宣传服务活动56场次,受众3000余人。

【锦绣苑社区为民服务项目】 2021年,北京中路街道争取到为民服务和发展专项资金项目2个。一个是锦绣苑社区文化广场改造项目。建造文化广场南北两侧休闲凉亭供居民娱乐活动和休息纳凉,设置党的光辉历程文化墙、景观小品、新时代文明实践宣传展板。另一个是锦绣苑社区邻里中心。在老年活动中心基础上,打造社区邻里中心。邻里中心涵盖1、2、3层楼益康养、益青春等12间功能室;入驻了"国粹课堂"、有美容美发时光、非遗传承三个项目,邀请书法名人、老手艺人、社区达人担任"国粹课堂"教师,开设有书法、舞蹈、绘画等公益课程,课堂内容也不断拓展,受到了群众的一致好评。

(禹　霞)

为民办实事项目

满城北街街道

【概况】 满城北街街道办事处驻贺兰山中路居安家园南巷139号,满城北街街道东至满城北街、南至北京中路、西至包兰铁路、北与南梁农场接壤,辖区总面积83.92平方公里。辖中强巷、紫阳、立交桥、紫馨苑、满春园、彩虹湾、居安家园、阅海、临阅家园9个社区和平伏桥村1个行政村,服务总人数73410人。街道认真落实强化"街道党工委—社区党委—小区党支部—楼栋党小组"四级组织职能。强化"社区吹哨　部门报到"机制,在疫情防控、文明城市建设等重点工作中体现党建引领的核心作用,切实提高基层治理体系和治理能力现代化水平。圆满完成辖区1个村、8个社区的"两委"班子换届选举工作,2个新成立社区同期完成了"两委"选举工作。严格落实意识形态工作责任制和网络意识形态工作责任制,修订了《街道党工委议事规则》等制度9项,选举出席金凤区第四次党代会代表和出席金凤区第五届第一次人民代表大会代表。强化意识形态阵地管理,及时妥善处置网络舆情,确保辖区网络意识形态安全。坚持稳中求进,实干争先,聚精会神抓党建,一心一意谋发展,全力以赴抗疫情,不断提升基层治理体系和治理能力现代化水平,荣获全区"先进基层党组织”、自治区“七五”普法工作先进集体、“先进基层武装部”等称号。

【党史学习教育】 2021年，满城北街街道办事处认真学习习近平总书记“七一”重要讲话精神、党的十九届六中全会精神，落实银川市十五次党代会精神及金凤区第四次党代会精神和张雨浦调研金凤区讲话精神，依托街道党校，设置“党史开讲”平台，组织开展理论讲座10期，党史知识测试1期，知识竞赛1期，演讲比赛2次，外出观摩4次，参与党员人数2600余人。扎实开展调研走访、民情体验日及“我为群众办实事”实践活动，办理群众急、难、愁、盼实事4类552件。扎实推进邻里中心建设、老旧小区改造等重点项目，切实提升辖区群众幸福指数。

坐落在满城北街街道辖区的银川火车站

【“七五”普法宣传】 2021年，满城北街街道继续推进普法宣传教育社会资源整合工作，组建普法骨干、法治文艺宣传队、学校法治副校长等兼职队伍；对现有的法治宣传栏进行更换；建立了普法在线微信群，每周发布普法内容，利用各社区公众号每周三定时发布以案释法案例；传统宣传媒介（如宣传橱窗、宣传栏、报纸、广播、电视栏目、法治文化大院、法治文化长廊）与新媒体（如微博、微信、手机、QQ）相结合，全方位、多渠道提供法律服务。组织普法骨干、律师等法治宣传力量深入基层，通过设点宣传、法治讲座、法律咨询等方式宣传相关法律法规，做好服务保障。充分利用学生寒假、“三八节”妇女维权周、“3·15”消费者权益日、公共安全防范警示教育宣传月、禁毒宣传月等时机，联合有关部门和村委会开展了“法律阳光进社区”法治文艺元旦演出，庆“三八节”妇女维权及《中华人民共和国反家庭暴力法》主题宣传、“3·15”消费者权益保护主题宣传、送法进乡村、进商铺主题宣传、“送法进企业”主题宣传，“学习法律、关注心灵、增强自信、健康成长”法律进学校主题活动，禁毒月主题宣传，防电诈等主题宣传活动322场次，组织街道干部开展干部学法用法考试2场次，举办各类法治讲座44期、法治文艺演出17场次，解答法律咨询83人次。

【审批服务】 2021年3月，满城北街街道将审批、管理、服务、执法等职能进行横向分割；在机构设置上，注重建立健全“一对多、多对一”制度机制，由按条为主转为“条块结合”，设置“四办四中心”，其中，党政机构4个，为综合办公室、党建工作办公室、社会事务管理办公室、综合执法办公室（应急管理办公室）；事业单位4个，为民生服务中心（退役军人服务站）、公用事业服务中心、综治中心、农业综合服务中心。推行扁平化管理，建立管事与管机构、管人员的有机统一，提高机构职能运行效率。改革后，优化服务流程，统一服务事项，努力实现“一窗受理、集成服务、一次办好”；持续推进“综合受理”窗口改革，树立“小窗口、大舞台”工作理念，推行“网上办”；建立岗位责任制度、首问责任制度、“好差评”服务制度等工作制度，实行一人多岗、多能综合办理，提升工作效能。民生服务中心承接金凤区审批服务管理局下放的49项政务服务事项，涉及社保、医保、就业服务、大病救助、生育服务、住房保障等多领域，中心结合实际将梳理出的29项政务服务事项下放到11个村、社区，进一步深化集中审批服务，落实落细各项工作。综治中心按照规范、有序、高效运作的要求，整合了司法、禁毒、智慧金凤社会治理分中心三个部门，配备了专职副主任。建立健全了纠纷联调、治安联防、工作联勤、问题联治、平安联创的“五联”工作机制。

【国家卫生城市复审】 2021年，满城北街街道组建复审工作督查和整改两个工作组，在做好上级反馈问题督促整改落实的同时，每周至少开展两次自查整治工作，对自查发现的问题整改落实。无论是自查发现问题还是上级反馈的各类问题，必须限时整改。坚持目标导向，狠抓反馈问题整改。对上级督查反馈问题全盘接受全面整改，如对中强巷社区、西门巷早市、天成市场等重点区域，联合辖区市场监督所、综合执法中队进行全面排查，逐项落实整改，圆满完成了国家卫生城市复审工作。

【疫情防控】 2021年，满城北街街道严格落实金凤区疫情防控“五包一”工作责任制，积极开展“10·17”新冠肺炎疫情防控，做好辖区单元、楼宇、宾馆两万余群众的封控及解封工作，压实网格长、小区长、点位长、公安民警、医护人员“五方责任”。顺利实现辖区7万余人三轮大规模核酸检测。以“固定接种点＋临时方舱接种点＋流动车辆接种”的方式，利用“网格化”管理模式，登门入户、精准到户、落实到户，保证了辖区新冠疫苗的接种进度。对境外返银人员、跨省来银人员，即将离银人员建立动态台账，已建立起常态化疫情防控工作网。

【金凤区五届人大代表选举】 2021年，满城北街街道研究制定了街道人大代表换届选举工作实施方案和选举工作组组成人员，加强对选举工作的组织领导和协调督促。召开人大代表换届选举工作动员部署会2次，选举业务工作培训会2次，统一思想认识，明确各阶段的工作重点，注意事项、时间节点等，要求按法定程序做好各阶段工作。加强宣传发动，运用横幅、宣传栏及微信工作群等平台，全方位宣传选民资格、登记时间和方法，发放宣传资料2800余份，悬挂宣传条幅226条。街道将11个村(居)划分为13个选区。辖区共投票39291张，参选率达98%，一次选举出金凤区第五届人民代表大会代表27名。

【巩固脱贫成果】 2021年，满城北街街道对辖区内已脱贫户125户714人是否有因家庭重大变故或重大事故影响家庭生活情况，逐一进行排查。举办“解决就业困难，情系移民生活”劳务移民专场招聘会，为移民们提供包括保安员、操作工、驾驶员、销售、物业服务等在内的150余个岗位，现场达成就业意向的劳务移民12人，登记求职人数12人。为32名中、高职学生发放春季“雨露”资金48000元；发放驾照补贴资金5人15000元；为718名劳务移民购买防贫保险，落实劳务移民就业创业补贴政策，审核发放补贴资金100户20万元。

【庆祝中国共产党成立100周年活动】 2021年，满城北街街道党工委为辖区224名“光荣在党50年”老党员发放纪念章。街道党工委召开表彰大会，对辖区28名优秀共产党员、8名优秀党务工作者和5个先进基层党组织进行表彰奖励。

满城北街特色美食街外景

【发挥新时代文明实践作用】 2021年，满城北街街道有新时代文明实践所1个，文明实践站10个，全面完成街道新时代文明实践“1所+10站+N点”建设，围绕“知民、育民、帮民、乐民、安民”，按照“点线面”立体化布局，整体化推进，以街道现有图书室、文体室、多功能文化站、“两代表一委员”活动室等为依托打造街道新时代文明实践所。各社区(村)结合“五室一站”基层阵地打造标准，把“初心之路”微展馆、综合文化服务中心、党群活动服务站等全面整合，形成辖区内新时代文明实践站和点的综合布局。依托新时代文明实践所、站，组织开展各类文化志愿服务活动，围绕讲传并重、公益帮扶、寓教于乐、典型带动、实践养成五种方式，共组织开展大型文化活动22次，受众2000余人；科学理论宣传活动90次，受众3000余人；宣传宣讲党的政策活动90次，受众3000余人；党史学习教育110次，受众3000余人。“我们的节日”主题活动22次，受众3000余人；关爱未成年人健康教育活动50次，受众5000余人；化解邻里纠纷20起，开展邻里互助、环境保护等志愿服务活动105次；组织志愿者为辖区高龄孤寡老人开展过生日送蛋糕活动11次；开展移风易俗宣传11次，受众2000余人。

【未来城多彩街区建设】 2021年，满城北街街道未来城小区多彩街区现有商户55家，其中餐饮行业35家，是集烧烤、中餐、火锅、串串香、烟酒商行等于一体的综合性商业街区。通过党建引领+自律监管模式，未来城小区党支部和街区自律小组在特色街区建设上发挥积极作用，未来城小区“四喜烧烤”带头执行街区自律协会相关规定，落实“门前三包”责任。街区遵循“一街区一特色”的原则，对街区进行多方面的改造，建立“四定、三防、一考核”机制，压紧压实“门前三包”责任制，街区自律协会发挥积极作用，这一经验被金凤区广泛推广，推动了街区夜经济。

【临阅家园社区“邻里中心”项目】 临阅家园社区“邻里中心”位于临阅家园小区西门平湖巷32号营业房的一楼、二楼，面积1193平方米。按照“就近就便，便民惠民”的原则，建立临阅家园社区“邻里中心”，对22间房科学规划，设置“悦客厅”“悦康养”“悦童趣”“悦文娱”“悦书房”“悦回忆”六大板块，为居民提供政务代办、生活便民、养老托幼等服务，设置劳务工作站，点对点为劳务移民、“4050”人员等就业困难群众介绍工作。“邻里中心”分为动、静两大分区。其中，动区主要分布在一楼，以老人休闲、儿童活动和便民服务为主，有康复训练室、乒乓球室、棋牌室、餐厅（老年饭桌）、儿童之家、理发室、便民服务大厅、警务室等功能室，为辖区老人、儿童及其他群众提供健身运动、四点半课堂、休闲娱乐、社会事务办理等服务。静区主要分布在二楼，以老人托养、儿童文化素养提升为主，有日间照料室、医疗保健室、医务室、心理咨询室、图书室、书画室、陈列室、沐浴室、洗衣房等功能室，为空巢老人、儿童及其他居民提供日间照料、阅读、绘画、心理健康等服务。便民惠民服务措施辐射周边3万余名居民，方便居民办事、会客、养老、托幼、娱乐、健身等一站式生活体验，营造“互助式”邻里关系，积极践行“我为群众办实事”。

【武装阵地建设】 2021年，满城北街街道党工委腾出5间(600平方米)办公室，用于打造民兵之家、民兵连部、战备器材室、民兵文体活动室和军事角等武装部活动阵地。其中，按照野战指挥所风格设计的民兵连部和党群国防兼容并蓄的民兵之家，受到宁夏军区和银川警备区相关首长的高度评价，荣获“先进基层武装部”称号。

【垃圾分类】 2021年，满城北街街道与辖区11个社区（村）签订垃圾分类责任书，明确责任分工，强化考核监督。主动作为靠前服务，开展志愿服务活动11场，邀请银川市、金凤区垃圾分类办讲师及时进行业务指导专题培训会2场，参加人员200余人次。狠抓宣传强氛围，与社区联动，充分利用电子屏幕、微信公众号、业主微信群等平台，滚动播报相关政策，普及垃圾分类知识。组织协调在辖区开展多种形式宣传活动87场，参与及指导入户宣传400余次，发放宣传册7900余份，礼品1150个，垃圾桶617个。辖区38个垃圾分类示范小区均已实现垃圾分类设施配置全覆盖，建成垃圾分类房7座，四分类亭31个；分类示范“集中分类投放+定时定点督导”生活垃圾分类模式正在稳步推进，街道辖区也被金凤区定为垃圾分类示范片区。

【物业管理】 2021年，满城北街街道实施规范化物业管理，规范首届业主大会成立程序、物业纠纷调解、日常投诉回复、网络舆情督办、日常巡查考核、物业小区交接等制度，明确各自岗位职责。组织指导已成立运行或正在组建的业主委员会有14个，其中任期内的3个（颐和苑、佳兴商业广场、新城商业广场），换届的7个（紫馨苑小区、青青花园、锦瑞园、新海家园二期、紫园小区、知春园、新新家园一期），组建中的4个（云凤花苑、海珀兰轩一期、平伏桥新村、满城熙园）。全年处理日常投诉案件148件，现场协商处理回复36件；召开物业工作例会10次，组织巡查物业管理项目47个，300余次。对住宅小区车棚、消防通道、电梯安全专项检查3次，督促清理私拉电线千余处，清理共享单车3000余辆。下发《物业巡查限期整改通知书》330份，均已督促整改。妥善解决满城怡园小区下水堵塞、平伏桥新村业委会成立的争议、满城熙园因欠电费拉闸停电等问题，把问题解决在萌芽状态，维护小区稳定。

【兜底保障】 2021年，满城北街街道共为32名临时救助人员发放救助金68300元；发放三级及以上严重精神障碍患者监护费12人14400元；慰问辖区低保、特困、孤儿8人3200元；为辖区29名75岁以上低保、高龄老人免费安装烟感器；为2名特困重残人员提供了集中养护场所；慰问复转军人和优抚对象30家，发放慰问品20余件，慰问金2万元。

【就业创业】 2021年，满城北街街道完成城镇新增就业1320人，失业人员再就业813人，安置就业困难人员234人，职业技能培训150人，创业能力培训60人，培育小企业小老板151家、新岗位313个，全民创业带动就业409人。

新华联购物中心已成满城北街街道辖区内重要的商业中心

（王　媛）

人物·荣誉

人物简介

【全国“最美税务人”马丽】 马丽，金凤区税务局纳税服务中心副主任、金凤区税务局第一税务分局党支部书记、银川市税务局“马丽工作室”负责人。2007年3月，被分配到办税服务厅工作。所在的办税厅是宁夏最大的办税服务厅，日均受理业务2000件，接待纳税人、缴费人1000余人，为了让纳税人、缴费人办税更便利，她对大厅采取半军事化管理，以她为总教官对全市7个办税服务厅进行统一的培训，规范业务受理流程、压缩办税时间、开创了办税厅“晨课夕会”“分层次”“新入职人员引导”培训等练兵模式。提升前台人员业务素质，推行“主副岗业务一窗通办”，与市场监管、银行等5部门联合设立企业开办“一日办结”“清税注销一站式”服务专窗，实现企业设立、注销业务全市通办，压缩了企业设立与注销的办结时限。2019年，银川市税务局成立了马丽工作室，2020年工作室由最初的4人小分队发展成为遍布银川市7个办税服务厅的“金字招牌”。以税务干部的名字来命名一个工作室，在宁夏税务系统还属首例。14年来，她所在的银川市金凤区税务局办税服务厅先后获得国家级青年文明号、巾帼文明岗、银川市政务服务系统标准化服务冠军团队等多项荣誉。她本人也先后获区、市级优秀共产党员，业务标兵、岗位能手，全国税务系统先进工作者、全国百佳办税服务厅主任、宁夏好税官、全国先进工作者等荣誉称号。2021年1月26日，她被中宣部和国家税务总局联合表彰为2021“最美税务人”。

【“中国好人”张望梅】 张望梅，金凤区良田镇妇联专职副主席。通过开办网上夜校扫盲班，不仅为农村妇女扫盲，而且通过网上家庭教育系列培训、法律法规讲解、农业科技培训、妇女健康知识讲座等的课程安排，提高了农村群众的整体素质，为共建美丽新农村增砖添瓦。连续6年寒暑假期间举办“少儿公益艺术培训班”，参与儿童1400人次，为全镇少年儿童尤其是留守困境儿童的寒暑假学习活动提供健康成长的良好环境。暑假期间面向全镇，招募了32名回乡大学生志愿者，在全镇8村1居开展了“公益大课堂”活动，受益儿童600多人。举办“农村孩子城市行”活动，组织移民儿童参观博物馆、科技馆等，增长孩子们的知识、开阔他们的视野。举办了“启明星”关爱女童行动，改变农村重男轻女思想。疫情期间，积极联系相关部门、企业等开展了“爱心助农”销售活动，为蔬菜种植农户和有需求的商户等300多人建立了蔬菜销售信息群，通过网络媒体等多种形式，助力农户销售蔬菜15万公斤，实现收益50余万元。为帮助农村妇女提高适应生产力发展和市场竞争的能力，实现再就业。成立良田共享直播间及妇女“云”销售技能培训实践基地，带动更多妇女及家庭创业发展、增收致富。在良田镇各村居成立了“移风易俗宣传队”，进村入户宣传抵制高价彩礼、厚养薄葬等内容。连续四年举办了移风易俗集体婚礼，此活动在良田镇引起了很大的反响，也使好多人改变了观念。她协调联系了数家职业技术学校及其他教授美容、茶艺等技术的培训机构，力争让更多女孩获得继续受教育、学技能的机会。在妇女创业就业政策的推动下，她帮助良田镇有创业想法的妇女申请妇女小额贷款，通过养牛、种植、开店等方式，先后有500多名妇女通过贷款增收致富。2021年5月，被自治区精神文明建设指导委员会评为自治区精神文明建设工作先进工作者。同年，张望梅获全国家庭工作先进个人及中国好人榜“中国好人”荣誉称号。

【全国十佳乡土科技人才张亚东】 张亚东，金凤区和顺康源食用菌种植协会会长。2012年，随着宁夏“十二五”生态移民工程的实施，张亚东一家从固原市彭阳县移民至银川市金凤区良田镇和顺新村，成为新时期贡献于农村经济建设，带领农民创业致富的杰出人物之一。他利用自己所长，免费为村民培训焊工、车工、铆工、电工、钳工、塔机、升降机操作工等多工种技能，真正成为把过去守一辈子土地的农民打造成符合现代社会发展需要和新农村建设需要的技术型新农民的孵化基地。2017年，他利用阳畦地帮助农户进行阴棚改造，有效利用农户闲置土地资源，带动村民共同创办了宁夏和顺康源农民专业合作社。引进了来自山东、内蒙古、陕西、广州等16家大型客商入驻和顺新村收购西红柿，在合作社的统一协调管理下，其间市场管理秩序较往年得到很大的提升，且收购价格一度达到历年最高水平2.25元/公斤，使老百姓真正实现了产业增收。为了打造和顺新村农耕文化及绿色蔬菜品牌，先后注册了“宁夏有机蘑菇”“宁夏传统农耕文化”“宁夏川上鲜菜篮子”三个品牌小程序，通过线上订购的方式，帮助老百姓外销蔬菜。依托良田有利地势进行草莓种植、蘑菇种植基地的基础上，逐步开展适宜采摘的特色农产品种植，发展休闲观光旅游、民俗婚礼、亲子采摘、农产品文化节等现代农业项目。积极打造特色品牌，以良田沙地吊瓜、葡萄、盆栽有机蔬菜、香菇等果蔬为主“良田沙地”优质品牌果蔬，进超市进市场，实现自产自销的模式。组建联合社，联合全镇产业能手，成立了网络开发公司，使用现代农业物联网互联网相结合技术做到从源头控制，让良田蔬菜的品牌立足银川走向全国。2017年，获自治区劳动局“先进就业扶贫示范基地”称号。2021年，在中国农村专业技术协会举办的“2021年选树农技协十佳行动”中被评为全国十佳乡土科技人才。

【全国十佳科技服务志愿者马伟林】 马伟林，良田畜牧兽医工作站站长、金凤区动物卫生监督分所所长，高级兽医师，自治区动物防疫专家，金凤区第四届党代表，良田镇科协副主席。他常年深入基层第一线，积极开展重大动物疫病防控工作，重点落实狠抓重大动物疫病口蹄疫、禽流感、小反刍兽疫和非洲猪瘟防控工作。参与修订了《金凤区防治重大动物疫病应急预案》和《金凤区动物免疫应激反应死亡、流产和布病、结核阳性畜扑杀补偿机制》。开展动物疫病防控应急演练工作。推广实施重大动物疫病免疫程序。建立了档案登记和消毒制度，开展疫病监测，完善兽用生物制品管理工作。实行疫情报告制度。他带领村级动物防疫员常年挨家逐户进行畜禽免疫注射工作，免疫项目由过去的“两瘟”增加为7类11种疫苗。通过动物免疫抗体水平监测督促检查动物防疫质量，共监测采样牛血样3500头份、羊血样4000头份、鸡血样5000头份，经过监测并将结果及时反馈给各村养殖户及规模养殖场，及时促进和提高动物防疫质量。从2015年以来辖区没有发生一起口蹄疫、禽流感等重大动物疫病，极大地保障了畜牧生产安全。2017年，他积极配合动物防疫机构改革，圆满完成政府购买服务动物防疫外包任务，积极主动指导监督动物防疫外包公司的工作，包括动物尸体无害化处理工作的监督落实，经过他的努力使动物防疫工作质量和效率不断提高。动物产地检疫工作是他独自完成的一项重要工作，自任职以来共检疫牛2万多头、羊1300多只、鸡300万只、兔子6000只，增加农民收入数亿元。任现职以来，辖区良田镇和银川林场养殖品种不断增加，服务面不断扩大，畜牧生产技术指导范围更广泛。实施畜禽标准化规范化养殖园区建设项目。深入基层举办畜禽养殖培训班。制定了金凤区畜牧业发展规划和畜牧兽医技术示范指导服务方案。建立了完善保证动物性食品质量安全的长效机制。实施肉牛良种繁育和品种改良项目，推广人工授精冷配技术，累计引进优质肉牛冻精2.6万支，冷配改良肉牛1.4万头(次)。建设移民地区肉牛养殖"整村推进"示范村4个，规范标准的家畜改良配种站4个。参加创建了宁夏翔达奶牛养殖场国家级奶牛创高产标准化养殖示范基地。实施国家奶牛良种改良和自治区奶牛性控胚胎移植项目。累计引进优质奶牛冻精17万支，冷配改良奶牛9.4万头次。推广奶牛高产综合养殖管理和全混合日粮(TMR)饲喂技术，开展生产性能测定(DHI)，奶牛最高单产11吨，头均单产8600公斤。良种率和良种补贴政策覆盖面达到100%。开展优良品种引进繁育工作，指导中牧亿林羊场从新西兰、澳大利亚引进纯种杜泊、萨福克祖代种羊，繁殖父母代种羊近千只面向全国销售。每年推广华琳源鸡场优良雏鸡100万只，经济效益逐年上升。2021年，在中国农村专业技术协会举办的"2021年选树农技协十佳行动"中被评为全国十佳科技服务志愿者。

个人名表(录)

2021年金凤区荣立二等功人员一览表

表7

姓　名	性　别	出生年月	服役单位	立功情况
殷　超	男	1985年2月	中国人民解放军某部	二等功1次
任仰南	男	1984年10月	中国人民解放军某部	二等功1次

2021年金凤区个人获奖一览表

表8

姓　名	单　位	授奖内容	颁奖单位
黄学忠	金凤区委常委、丰登镇党委书记	全区脱贫攻坚先进个人	自治区党委、自治区人民政府
陈小军	金凤区扶贫开发办公室	全区脱贫攻坚先进个人	自治区党委、自治区人民政府
李　波	金凤区良田镇党委	全区脱贫攻坚先进个人	自治区党委、自治区人民政府
罗　瑞	金凤区良田镇园子村	全区脱贫攻坚先进个人	自治区党委、自治区人民政府
魏增辉	银川建发物业服务有限责任公司	自治区劳动模范	自治区党委、自治区人民政府
刘　蕾	金凤区人民法院	全区"七五"普法工作先进个人	自治区党委、自治区人民政府
翟志强	金凤区人民法院	2020年度全区法院先进个人	自治区高级人民法院
王玲莉	良田回民中学	乡村优秀教师培养奖励	教育部教师工作司
陆银宁	金凤区应急管理局	2020年全区应急管理系统(安全生产)先进个人	自治区应急管理厅
刘晓霞	金凤区第十三中学	全区先进会计工作者	自治区财政厅
崔　茜	金凤区教育局	全区教育系统优秀共产党员	自治区教育工委 自治区教育厅党组

续表 8

姓　名	单　位	授奖内容	颁奖单位
李术萍	金凤区实验小学	全市优秀党务工作者	中共银川市委员会
李术萍	金凤区实验小学	2021 年基础教育教师年度人物	自治区教育厅
王　迪	金凤区曼新回民希望小学	优秀共产党员	中共银川市金凤区委员会
魏夏莲	金凤区曼新回民希望小学	优秀教师	银川市委、银川市人民政府
谭功勇	金凤区第九小学	银川市优秀教师	银川市人民政府
李利红	金凤区第十二小学	优秀教师	银川市委 \ 银川市人民政府
范晓燕	金凤区实验小学	银川市“优秀教师”	银川市人民政府
赵文明	金凤二十一小	银川市优秀教师	银川市人民政府
张丽萍	金凤区人民法院	全市法院 2020 年度优秀法官	银川市中级人民法院
常　朔	金凤区人民法院	全市法院 2020 年度办案标兵	银川市中级人民法院
马　昊	金凤区人民法院	全市法院 2020 年度办案标兵	银川市中级人民法院
张　玮	金凤区人民法院	个人三等功	银川市中级人民法院
张修镇	金凤区人民法院	全市法院执行攻坚先进个人	银川市中级人民法院
刘根祥	金凤区人民法院	全市法院“两个一站式”工作先进个人	银川市中级人民法院
陈　娟	金凤区人民法院	全市法院民事诉讼程序繁简分流改革试点工作先进个人	银川市中级人民法院
马君平	金凤区人民法院	全市法院宣传调研工作先进个人	银川市中级人民法院
马君平	金凤区人民法院	全市法院宣传调研工作先进个人	银川市中级人民法院
刘　洋	金凤区第十二小学	先进个人	银川市文联
王　倩	金凤十小	2020—2021 学年银川市互联网 + 教育“双优云桥”项目先进个人	银川市教育科学研究所
张文静	金凤区第十一小学	银川市互联网 + 教育“双优云桥”项目先进个人	银川市教育科学研究所
马玉辉	金凤区第十一小学	银川市互联网 + 教育“双优云桥”项目先进个人	银川市教育科学研究所
夏　静	金凤区委常委、丰登镇党委书记	银川市教研先进个人	银川市教育科学研究所
梁　超	金凤区扶贫开发办公室	金凤区普及普惠先进个人	金凤区委、区政府
黄学忠	金凤区良田镇党委	全区脱贫攻坚先进个人	自治区党委、自治区人民政府

【2020—2021 年度金凤区优秀教育工作者名录】

王建云　金凤区教育局机关
卢玉平　金凤区教育局机关
解　玲　金凤区教研室
马　郁　银川市湖畔中学
殷爱岑　银川市湖畔中学
王　林　银川市湖畔中学
杨　博　银川市第十三中学
穆桂琴　银川市第十三中学
苏捷玉　银川市第十三中学

任燕娥　银川市第十三中学
王雪红　银川市第十三中学
左　龙　银川市第十三中学
简　玲　银川市第十三中学
雷博文　银川市第十三中学
周巧奉　银川市第十三中学
张巨莉　银川市第十三中学
罗发林　银川市第十三中学
刘会芹　金凤区良田回民中学
李向荣　金凤区良田回民中学
牛莎莎　金凤区良田回民中学
王　政　金凤区良田回民中学
马世乐　金凤区良田回民中学
王新君　金凤区良田回民中学
张　典　金凤区良田回民中学
田孟洋　金凤区良田回民中学
林　汝　金凤区良田回民中学
丁金荣　金凤区良田回民中学
晁方坤　金凤区良田回民中学
丁永康　金凤区良田回民中学
苗海州　金凤区良田回民中学
贾　静　金凤区良田回民中学
袁　莉　金凤区丰登回民中学
李东方　金凤区丰登回民中学
周建忠　金凤区丰登回民中学
赵玉芹　金凤区丰登回民中学
步建华　金凤区丰登回民中学
白小燕　金凤区丰登回民中学
马　芳　金凤区丰登回民中学
于　倩　金凤区第一回民小学
李云杰　金凤区第一回民小学
展传智　金凤区第一回民小学
郑羽佳　金凤区第一回民小学
陈晓涛　金凤区第一回民小学
夏　颖　金凤区第一回民小学
房　龙　金凤区第一回民小学
蔡仲宁　金凤区第一回民小学
李晓鸽　金凤区第一回民小学
陈晶晶　金凤区第一回民小学
顾晓红　金凤区第一回民小学
靳　松　金凤区第一回民小学
游　筠　金凤区第一回民小学
孙晓梅　金凤区第一回民小学
王晓琴　金凤区第一回民小学
张　波　金凤区第一回民小学
吴莉娟　金凤区第一回民小学
石　儒　金凤区第二小学
李　娜　金凤区第二小学
赵盼羊　金凤区第二小学
王　静　金凤区第二小学
张小平　金凤区第二小学
张　涛　金凤区第二小学
李　爽　金凤区第二小学
张爱军　金凤区第二小学
马小红　金凤区第二小学
许艳蓉　金凤区第二小学
何雪丽　金凤区第二小学
乔美香　金凤区第二小学
王　娜　金凤区第三小学
徐吉花　金凤区第三小学
胥沅秀　金凤区第三小学
王淑红　金凤区第三小学
马　娟　金凤区第三小学
胡永兰　金凤区第三小学
王恩杰　金凤区第三小学
马晓明　金凤区第三小学
李　婷　金凤区第三小学
王丽静　金凤区第三小学
马　蓉　金凤区第三小学
李继荣　金凤区第三小学
王　桥　金凤区第三小学
荆　燕　金凤区第四回民小学
勉瑞玲　金凤区第四回民小学
马月仙　金凤区第四回民小学
杨春燕　金凤区第四回民小学
马飞鹏　金凤区第四回民小学
惠鹏运　金凤区第四回民小学
王　荣　金凤区第四回民小学

王丽娟　金凤区第四回民小学
姜克梅　金凤区第四回民小学
杜秦楠　金凤区第四回民小学
张　娟　金凤区第四回民小学
文　菊　金凤区第四回民小学
刘　静　金凤区第四回民小学
黄春燕　金凤区第四回民小学
胡　雯　金凤区第四回民小学
陈　红　金凤区第五小学
徐文忠　金凤区第五小学
郝晓华　金凤区第五小学
王香兰　金凤区第五小学
周春璟　金凤区第五小学
朱红梅　金凤区第五小学
张　琴　金凤区第五小学
任爱梅　金凤区第五小学
马　虹　金凤区第五小学
邓凤玲　金凤区第五小学
马秀敏　金凤区第六小学
许　剑　金凤区第六小学
张　丽　金凤区第六小学
马凤娟　金凤区第六小学
禄会荣　金凤区第六小学
王小芳　金凤区第六小学
马彩灵　金凤区第六小学
袁登浩　金凤区第六小学
白佳丽　金凤区第六小学
徐　丹　金凤区第七回民小学
禹小军　金凤区第七回民小学
李　保　金凤区第七回民小学
李瑞沛　金凤区第七回民小学
马有林　金凤区第七回民小学
董含瑞　金凤区第七回民小学
赵　晨　金凤区第七回民小学
杨永霞　金凤区第八小学
王笑蓉　金凤区第八小学
于晓梅　金凤区第八小学
李　静　金凤区第八小学
冯　瑞　金凤区第八小学
赵海瑞　金凤区第八小学
范玉艳　金凤区第八小学
刘　红　金凤区第八小学
柳文韬　金凤区第八小学
马嘉文　金凤区第九小学
冯钰琛　金凤区第九小学
阮李晨　金凤区第九小学
毛敏芝　金凤区第九小学
马佳媛　金凤区第九小学
郭毓瑶　金凤区第九小学
方嘉秀　金凤区第九小学
程玉楠　金凤区第九小学
孟俊俊　金凤区第九小学
刘　艳　金凤区第九小学
锁月花　金凤区第九小学
邓艳萍　金凤区第十小学
曹　华　金凤区第十小学
夏凤强　金凤区第十小学
芦月萍　金凤区第十小学
范淑红　金凤区第十小学
张芳琴　金凤区第十小学
杨春燕　金凤区第十小学
李永攀　金凤区第十小学
薛　晓　金凤区第十小学
闫　蕊　金凤区第十小学
张凤梅　金凤区第十一小学
冶晓琴　金凤区第十一小学
刘永凤　金凤区第十一小学
陈　丽　金凤区第十一小学
孙莉婷　金凤区第十一小学
李红霞　金凤区第十一小学
李　丹　金凤区第十一小学
刘婷婷　金凤区第十一小学
姚　佳　金凤区第十一小学
柳自豪　金凤区第十一小学
唐雅灵　金凤区第十一小学
刘立明　金凤区第十二小学
马海丽　金凤区第十二小学
黄明娜　金凤区第十二小学

李　夏　金凤区第十二小学
李昱坤　金凤区第十二小学
李　悦　金凤区第十二小学
白　玉　金凤区第十二小学
任姿伊　金凤区第十二小学
张　莹　金凤区第十二小学
舒　博　金凤区第十二小学
刘红梅　金凤实验小学
曹　茜　金凤实验小学
张　琪　金凤实验小学
李玉梅　金凤实验小学
王　颖　金凤实验小学
李晓红　金凤实验小学
高文静　金凤实验小学
许　毅　金凤实验小学
王　姣　金凤实验小学
陈金朋　金凤实验小学
张洁琼　金凤实验小学
陈　枫　金凤实验小学
马　芯　金凤实验小学
张　苗　金凤实验小学
李乐诗　金凤实验小学
吴玲玲　金凤实验小学
毛菊冬　金凤区第十五小学
马文娟　金凤区第十五小学
张彦江　金凤区第十五小学
王永杰　金凤区第十五小学
虎晓花　金凤区第十五小学
张　静　金凤区第十六小学
白　楠　金凤区第十六小学
牛苗苗　金凤区第十六小学
李　芊　金凤区第十六小学
任春兰　金凤区第十六小学
张怡凡　金凤区第十六小学
麦雅洁　金凤区第十八小学
李　娟　金凤区第十八小学
马　丽　金凤区第十八小学
冯　浩　金凤区第十八小学
杨雅蓉　金凤区第十八小学
刘梦颖　金凤区第十八小学
赵珍珍　金凤区第二十小学
马丽娟　金凤区第二十小学
潘慧珍　金凤区第二十一小学
朱　蕾　金凤区第二十一小学
杨　利　金凤区第二十一小学
常振丽　金凤区第二十一小学
哈自婷　金凤区第二十一小学
王剑英　金凤区第二十一小学
康　莉　金凤区第二十一小学
罗　洁　金凤区第二十一小学
姜　睿　金凤区第二十一小学
施　丽　金凤区第二十一小学
沈秀娟　金凤区第二十二小学
杨　帆　金凤区第二十二小学
沈慧艳　金凤润丰神华爱心希望小学
欧　阳　金凤润丰神华爱心希望小学
石晓宁　良田镇植物园回民小学
李　静　良田镇植物园回民小学
马　莉　金凤区回民光彩小学
房　莉　金凤区回民光彩小学
冯　伟　金凤区回民光彩小学
董小宁　金凤区回民光彩小学
丁　珊　金凤区回民光彩小学
马　亮　金凤区回民光彩小学
王玉萍　金凤区回民光彩小学
杨亚琴　金凤区良田小学
邓晓娟　金凤区良田小学
刘志娟　金凤区良田小学
张丽红　金凤区良田小学
白　瑛　金凤区良田小学
徐进忠　金凤区良田小学
于　晶　金凤区良田小学
方　莉　金凤区良田镇泾龙回民小学
吴　瑜　金凤区良田镇泾龙回民小学
王　琎　金凤区良田镇奕龙回民希望小学
何晓庆　金凤区良田镇奕龙回民希望小学
侯晓娟　金凤区良田镇奕龙回民希望小学
张丽霞　金凤区良田镇曼新回民希望小学

周文静　金凤区良田镇曼新回民希望小学
李玉萍　金凤区良田镇曼新回民希望小学
苏　勇　银川唐徕回中西校区
王　薇　银川唐徕回中西校区
马建军　银川唐徕回中西校区
刘永强　银川唐徕回中西校区
刘利娜　银川唐徕回中西校区
杨彦军　银川唐徕回中西校区
张红晶　银川唐徕回中西校区
于　玲　银川市第二十六中学
马婷婷　银川市第二十六中学
刘　佩　银川市第二十六中学
李小斌　银川市第二十六中学
王佩宁　银川市第二十六中学
方　妤　银川唐徕回民中学宝湖校区
牛春琳　银川唐徕回民中学宝湖校区
李梦娜　银川唐徕回民中学宝湖校区
朱文珍　银川唐徕回民中学宝湖校区
丁彩霞　银川市第六中学
潘　虹　银川市第六中学
金叶婷　银川市第六中学
王晓峰　银川市第六中学
沙树德　银川市第六中学
张　贞　银川市第六中学
田　瑾　银川市第六中学
刘　辉　银川阅海中学
张　娜　银川阅海中学
刘晓静　银川阅海中学
李　莉　银川阅海中学
马　莉　银川阅海中学
张　朦　银川市阅海第二中学
王凤兰　银川市阅海第二中学
夏春霞　银川阅海小学
刘清华　银川阅海小学
张　蕾　银川阅海小学
宋艳萍　银川阅海小学
梁文佳　银川阅海小学
赵莹莹　银川阅海小学
毋义财　银川市阅海第二小学
史姝迪　银川市阅海第二小学
杨　丽　银川市阅海第二小学
徐静娴　银川市阅海第二小学
马　丽　银川市阅海第二小学
康　阳　银川市阅海第三小学
张婷婷　银川市阅海第三小学
冯卓瑶　银川市阅海第四小学
李　榕　银川市阅海第四小学
胡　霞　银川市阅海第四小学
许亚辉　银川市第二十一小学湖畔分校
马　茹　银川市第二十一小学湖畔分校
纳新虎　银川市第二十一小学湖畔分校
解嘉星　银川市第二十一小学湖畔分校
李荣娟　银川市第二十一小学湖畔分校
于丽娟　银川市第二十一小学湖畔分校
叶蔚莉　银川市第一幼儿园
段晶晶　银川市第一幼儿园
解雯洁　银川市第一幼儿园
洪　艺　银川市第一幼儿园
曹　源　银川市第一幼儿园
张　蕊　银川市第一幼儿园
艾依古丽　银川市第一幼儿园
虎　伟　北师大学银川学校(初中部)
施嘉鹏　北师大学银川学校(初中部)
牛宇娟　北师大学银川学校(初中部)
刘庆楠　北师大学银川学校(小学部)
王　静　北师大学银川学校(小学部)
韩美娟　银川外国语实验学校
马　楠　银川外国语实验学校
田兴虎　银川外国语实验学校初中部
何　洁　银川外国语实验学校初中部
王丹丹　银川外国语实验学校初中部
顾晓辉　银川外国语实验学校初中部
曹　震　银川市金凤区外国语实验小学
田玉靖　银川市金凤区外国语实验小学
李　凤　金凤区回民幼儿园
齐巧丽　金凤区回民幼儿园
沈　洁　金凤区回民幼儿园
冯丽娟　金凤区第三幼儿园

扈亚楠　金凤区第四幼儿园
杨吉萍　金凤区第五幼儿园
黄会芳　金凤区第五幼儿园
邢爱华　金凤区第六幼儿园
谢翌娟　金凤区第七幼儿园
贾　莉　金凤区第七幼儿园
谢　娟　金凤区第十幼儿园
杨琼璐　金凤区第十二幼儿园
李文娟　金凤区第八幼儿园
李　佼　金凤区宁安幼儿园
鲁海婷　金凤区熙湖幼儿园
孙如月　宁夏幼儿师范高等专科学校第一附属幼儿园
王莉娜　宁夏幼儿师范高等专科学校第二附属幼儿园
张银蓉　银川市金凤区和顺幼儿园
李　丹　银川市金凤区西湖苑幼儿园
张跃影　金凤区园子幼儿园
何洪琳　丰登镇第二幼儿园
计永琴　金凤区丰登镇第三幼儿园
于园肖　金凤区润丰幼儿园
段　莉　金凤区福通幼儿园
童学全　金凤区良田镇第一幼儿园
于亚慧　金凤区良田镇第二幼儿园
王　娟　金凤区盈南幼儿园
李心愿　金凤区长城幼儿园
赵玉芳　金凤区悦湖幼儿园
王　艳　金凤区凤北幼儿园
乔　蕾　金凤区紫阳幼儿园
刘盼弟　金凤区植物园第一幼儿园
谢亚琦　金凤区丰盈幼儿园
马彩霞　金凤区景湖幼儿园
王　婷　国宾壹号幼儿园
刘　扬　翡翠公园幼儿园
李春艳　金凤区御景湖城幼儿园
任婷婷　北京师范大学银川幼儿园
赵丽娟　金凤区鲁银男孩女孩幼儿园
张　微　金凤区东晨第一幼儿园
张云丽　金凤区英迪贝尔幼儿园
甄　珊　银川市伊博幼儿园
陈红梅　金凤区乐童幼儿园
沈梦园　银川市金凤区卓一幼儿园
刘　璐　金凤区新琇民族幼儿园
李洋蓉　金凤区和誉艺术幼儿园
马　琴　金凤区爱德萌幼儿园
何青蕾　银川市金凤区香溪幼儿园
李　丹　银川市金凤区领世湖城幼儿园
马佳佳　金凤区蓝山名邸幼儿园
梁　超　银川市金凤区锦绣幼儿园
田晓红　银川市金凤区荣锦幼儿园
康秀文　银川市金凤区芳草源幼儿园
马　瑞　银川市金凤区快乐幼儿园
庞亚红　银川市金凤区保伏桥幼儿园
龙明霞　银川市金凤区银外幼儿园有限公司
刘玉琴　银川市金凤区第二幼儿园
杨月梅　银川市金凤区第二幼儿园
马艳娇　宁夏大学南校区幼儿园
黄　荣　银川市金凤区颐和幼儿园
闫佳敏　金凤区幼发拉底幼儿园
简淑爱　银川市金凤区蒙特梭利枫林湾幼儿园
毛海燕　金凤区锦宝幼儿园
哈　慧　银川市金凤区京学灵隆幼儿园
王惠婵　银川市金凤区西幼幼儿园
吉培培　金凤区金色童年尚德幼儿园
夏茹茹　金凤区阅欣幼儿园
李　贝　金凤区金色童年幼儿园
单丽萍　金凤区十一幼儿园
马荟荟　金凤区十一幼儿园
杜媛媛　金凤区民生艾依宝幼儿园
史晓燕　金凤区金色童年未来城幼儿园
柴欣琪　金凤区博苑花样年华幼儿园
王　莉　金凤区新起点大地幼儿园
马桂花　金凤区和丰幼儿园
张凌霄　金凤区宝湖晨曦幼儿园
于金凤　金凤区园林幼儿园
李　彦　金凤区银新苑幼儿园

【2021年度金凤区考核获优秀等次给予嘉奖科级领导干部名单】

一、优秀等次部门单位负责人(22人)

金凤区纪委监委　祁世荣
金凤区党委办公室　李　彬
金凤区人大常委会办公室　张学兵
金凤区政府办公室　杨　涛
金凤区委组织部　杨　晗
金凤区委宣传部　王韵迪
金凤区委统战部　伍　强
金凤区委编办　徐艳萍
金凤区委政研室　李　娟
金凤区财政局　张　军
金凤区民政局　杨丽娟
金凤区统计局　张肖飞
金凤区教育局　王永志
金凤区审计局　邵　磊
金凤区人力资源和社会保障局　韩　阳
金凤区应急管理局　鲍永祥
金凤区总工会　王　玫
金凤区良田镇　李　波　张庆轩
金凤区丰登镇　黎康宁
金凤区上海西路街道　王　芳
金凤区长城中路街道　李雪燕

二、优秀等次部门单位班子成员(27人)

金凤区巡察办　姚　睿
金凤区人大常委会办公室　章建军　谢　甜
金凤区党委办公室　李冬冬
金凤区政协办公室　李凤军
金凤区委组织部　苟家豪
金凤区编　办　马惠民
金凤区民政局　陈小军
金凤区农业农村和水务局　洪　涛
金凤区退役军人事务局　郭建伟
金凤区文化旅游体育广电局　杨春霞
金凤区综合执法局　范自忠
金凤区阅海湾中央商务区管理委员会　赵洋洋
金凤区网络安全和信息化委员会办公室　马玉桦
金凤区法　院　毛晓红
金凤区检察院　牛海玲
金凤区丰登镇　苏建红
金凤区良田镇　张文俊
金凤区北京中路街道　李亚彬
金凤区长城中路街道　李　阳
金凤区满城北街街道　马　明　包丽媛
金凤区上海西路街道　白文敏　鄢　艳
金凤区黄河东路街道　丁　娟　田学东

三、优秀等次其他科级领导干部(15人)

金凤区纪委监委　唐新鹏　毛瑞兴　王小英
金凤区委组织部　肖晨晨
金凤区司法局　宋　扬
金凤区自然资源局(火车站公园广场管理所)　袁　伟
金凤区政府办公室(机关事务服务中心)　王泽深
金凤区人力资源和社会保障局　陈子龙
金凤区卫生健康局　贺艳宁
金凤区良田镇　马　超
金凤区丰登镇　周　晶
金凤区上海西路街道　孙继峰
金凤区北京中路街道　马弋童
金凤区长城中路街道　王　娟
金凤区黄河东路街道　周小静

四、优秀等次挂职干部(1人)

金凤区良田镇　王　娟

除上述评定为优秀等次的65名科级领导干部外，其他科级领导干部2021年度考核等次均评定为称职(合格)等次。

【2019—2021年度金凤区连续三年考核获优秀等次给予记三等功人员名录】

金凤区人大常委会办公室　张学兵　章建军
金凤区纪委监委　王小英　毛瑞兴
金凤区统计局　张肖飞
金凤区良田镇　摆世萍　李奕媛
金凤区检察院　马冬华
金凤区法院　王　强　王有军　刘　珊　张　玮

集体名表(录)

2021 年金凤区先进集体名表

表 9

获奖单位	奖项名称	颁奖单位
金凤区卫健局	国家慢性病综合防控示范区	国家卫生健康委办公厅
金凤区自然资源局	全国自然资源系统“七五”普法先进集体	自然资源部
金凤区良田镇	2021 年国家农业产业强镇	农业农村部、财政部
金凤区社会保险事业管理中心	全国人力资源社会保障系统优质服务窗口	人社部
金凤区第七小学	全国中小学中华优秀传统文化传承学校	教育部
上海西路街道工会户外劳动者服务(法律援助)站	2021 年全国最美工会户外劳动者服务站点	中华全国总工会办公厅
金凤区网信办	国家智能社会治理实验基地	中共中央网信办等八部门
金凤区综合执法局	国家智能社会治理实验基地	中共中央网信办等八部门
北京中路街道清馨苑社区	2020 年度全国综合减灾示范社区	中国减灾委员会、应急管理部、气象局、地震局
银川市市场监督管理局金凤区分局	国家节约型机关	国家机关事务管理局、中直管理局、国家发改委、财政部
金凤区委宣传部	2020 年度舆情信息工作先进单位	中共中央宣传部
金凤区	2020 年全国村庄清洁行动先进县	中央农村工作领导小组、农业农村部
金凤区文化旅游体育广电局	全国县域足球典型单位	国家体育总局办公厅
金凤区工商联	2020—2021 年度全国“五好”县级工商联	中华全国工商业联合会
《金凤年鉴(2020)》	全国县级综合年鉴	中国地方志指导小组、中国地方志学会
上海西路街道办事处综治中心	被命名“国家青少年维权岗”	全国创建“青少年维权岗”活动领导小组
黄河东路街道通福家园社区	全国示范性老年友好型社区	国家卫生健康委老龄司
金凤区疾病预防控制中心	心血管病高危人群早期筛查与综合干预项目 2020 年度先进单位	国家心血管病中心心血管病高危人群早期筛查与综合干预项目管理办公室
金凤区党委	2021 年度人民网网上群众工作民心汇聚单位	人民网
金凤区第三小学	当代好课堂示范学校	《中国教育学杂志》
上海浦东当代好课堂教育发展中心		
金凤区第三小学	优秀艺术实践基地	中华儿童文化艺术促进会
金凤区政府教育督导室	2021 年国家义务教育质量监测县级优秀组织单位	教育部基础教育质量监测中心
长城中路街道宝湖社区	2017—2020 年度全国群众体育先进单位	体育总局群体司
金凤区科学技术局	在 2021 年全国科技活动周及重大示范活动中表现优异	科学技术部科技人才与科学普及司
金凤区爱国卫生运动委员会办公室	2021 年度全区爱国卫生工作成绩突出单位	自治区爱国卫生运动委员会办公室委员会

续表 9

获奖单位	奖项名称	颁奖单位
黄河东路街道湖畔嘉苑社区	全面依法治理创建活动先进单位	自治区党委全面依法治区委员会办公室
金凤区扶贫开发办公室	自治区扶贫系统先进单位	自治区党委、自治区人民政府
金凤区综合执法局	自治区“七五”普法工作先进集体	自治区党委、自治区人民政府
满城北街街道办事处	自治区“七五”普法工作先进集体	自治区党委、自治区人民政府
金凤区扶贫开发办公室	自治区脱贫攻坚先进集体	自治区党委、自治区人民政府
金凤区丰登镇润丰村	自治区脱贫攻坚先进集体	自治区党委、自治区人民政府
满城北街街道党工委	自治区先进基层党组织	自治区党委
长城中路街道党工委	自治区先进基层党组织	自治区党委
金凤区人民法院执行局	2020 年度全区法院先进集体	自治区高级人民法院
银川市湖畔中学	优秀组织奖	自治区党委宣传部、自治区教育厅
农工党银川市金凤区总支(统战部)	2020 年度先进基层组织	农工党宁夏区委员会
银川市公安局金凤区分局刑侦大队	自治区公安机关扫黑除恶专项斗争有功集体和个人	自治区公安厅
金凤区公安分局良田镇派出所	自治区优秀公安基层单位	自治区公安厅
金凤区委统战部	2020 年度自治区统战系统优秀信息工作先进单位	自治区党委统战部
金凤区文化旅游体育广电局	庆祝中国共产党成立 100 周年“永远跟党走幸福生活舞起来”全区广场舞大赛三等奖	自治区党委宣传部、自治区文化和旅游厅
金凤区应急管理局	自治区应急管理(安全生产)先进集体	自治区安全生产委员会办公室、自治区应急管理指挥部办公室
金凤区上海西路街道景湖社区	自治区 2020 年度健康促进社区	自治区卫健委
金凤区上海西路街道司法所	自治区标准化司法所	自治区司法厅
金凤区商务和经济技术合作局	全区招商引资工作第一名	自治区商务厅
金凤区审计局	申报经济责任审计项目二等奖和三等奖	自治区审计厅
金凤区住建局	农村生活垃圾分类和资源化利用三级示范县(区)	自治区住房城乡建设厅
金凤区人民法院	自治区法院集体二等功	自治区高级人民法院
金凤区第一回民小学	先进基层党组织	自治区教育工委、自治区教育厅党组
金凤区第五小学	先进基层党组织	自治区教育工委、自治区教育厅党组
银川市第十三中学	“没有共产党就没有新中国” 庆祝中国共产党成立 100 周年全区百人集体舞类节目中学组一等奖	自治区教育工委、自治区教育厅
金凤区第七小学	自治区劳动教育示范校	自治区教育厅
金凤区第三小学	全国中小学中华优秀传统文化传承学校	自治区教育厅

续表 9

获奖单位	奖项名称	颁奖单位
金凤区第一小学	先进基层党组织	自治区教育工委、自治区教育厅党委
金凤区第一小学	自治区劳动教育示范校	自治区教育厅
金凤区科学技术局	宁夏创新创业大赛最佳组织单位奖	自治区高新技术创业服务中心
金凤区文化旅游体育广电局	“我要上全运”全国第十四届运动会群众项目健身气功宁夏选拔赛一等奖	自治区体育局
金凤区文化旅游体育广电局	2021 年宁夏第八届社会体育指导员交流展示大赛柔力球三等奖	自治区体育局
金凤区文化旅游体育广电局	“我要上全运”全国第十四届运动会群众项目健身气功宁夏选拔赛二等奖	自治区体育局
金凤区文化旅游体育广电局	“我要上全运”全国第十四届运动会群众项目健身气功宁夏选拔赛一等奖	自治区体育局
金凤区文化旅游体育广电局	2021 年全区青少年篮球锦标赛女子乙组荣获第三名	自治区体育局
金凤区文化旅游体育广电局	2021 年全区青少年篮球锦标赛男子乙组荣获第八名	自治区体育局
金凤区文化旅游体育广电局	2021 年全区青少年篮球锦标赛男子甲组荣获第二名	自治区体育局
金凤区教育局、总工会	颂歌献给党—自治区劳动者之歌合唱大赛二等奖	自治区总工会
金凤区教育局	颂歌献给党—全区劳动者之歌合唱大赛二等奖	自治区总工会
金凤区科协	基层科协组织力“3+1”工作典型组织案例县级科协	自治区科学技术协会
金凤区科技局	第十届中国创新创业大赛（宁夏赛区）暨第六届“中国银行杯”宁夏创新创业大赛最佳组织奖	宁夏高新技术创业服务中心
农业农村局	自治区农村人居环境整治示范单位	自治区改善农村人居环境工作领导小组
金凤区发展和改革局（金凤区工业和信息化局）	2020 年度自治区工业稳增长和技术改造工作突出贡献单位	宁夏制造强区建设领导小组
金凤区委政法委	自治区铁路护路联防工作先进集体	自治区铁路护路联防工作领导小组
黄河东路街道	自治区铁路护路联防工作先进集体	自治区铁路护路联防工作领导小组
金凤区卫生健康局	自治区 2020 年度健康宁夏建设考核一等奖	自治区健康宁夏建设领导小组
金凤区统计局	自治区第七次人口普查先进集体	自治区第七次全国人口普查领导小组
黄河东路街道办事处	自治区第七次人口普查先进集体	自治区第七次全国人口普查领导小组
北京中路街道办事处	自治区第七次人口普查先进集体	自治区第七次全国人口普查领导小组
金凤区就业创业和人才服务中心	自治区就业创业工作先进集体	自治区就业工作领导小组

续表 9

获奖单位	奖项名称	颁奖单位
金凤区分局扫黑除恶专项斗争工作专班	自治区扫黑除恶专项斗争先进集体	自治区扫黑除恶专项斗争领导小组
银川市公安局金凤区分局刑侦大队	全区公安机关扫黑除恶专项斗争有功集体	自治区扫黑除恶专项斗争领导小组
良田镇派出所	2019—2020 年度全区优秀公安局	自治区公安厅
金凤区委宣传部	自治区未成年人思想道德建设工作先进单位	自治区精神文明建设指导委员会
金凤区良田镇和顺新村红白理事会	自治区移风易俗工作先进红白理事会	自治区精神文明建设指导委员会
金凤区第三小学	自治区文明校园	自治区精神文明建设指导委员会
黄河东路街道颐和城府社区	2021 年第一批自治区健康细胞示范点	自治区爱国卫生运动委员会
长城中路街道长城花园社区	银川市五星级基层党组织	中共银川市委员会
上海西路街道清水湾社区党委	银川市先进基层党组织	中共银川市委员会
金凤区第一回民小学	全市先进基层党组织(党支部)	中共银川市委员会
金凤区第一回民小学	全市先进基层党组织	中共银川市委员会
金凤区教育局	2020-2021 年度特色教育创新发展先进集体	中共银川市委、市人民政府
金凤区教育局	金凤区"学党史 知党情 跟党走"党史知识竞赛暨第二届"学习强国"达人挑战赛优秀组织奖	中共银川市委、市人民政府
金凤区凤登回民中学	2020-2021 年校园治理先进集体	中共银川市委、市人民政府
金凤区第一小学	全市先进基层党组织	中共银川市委员会
金凤区第十二小学	校园治理先进集体	银川市人民政府
金凤区实验小学	2020—2021 年度德育工作先进集体	中共银川市委、市人民政府
金凤区教育局	2020—2021 年度特色教育创新发展先进集体	中共银川市委、市人民政府
金凤区教育局	金凤区"学党史 知党情 跟党走"党史知识竞赛暨第二届"学习强国"达人挑战赛优秀组织奖	中共银川市委、市人民政府
金凤区人民法院执行局	全市法院执行攻坚先进集体	银川市中级人民法院
金凤区人民法院法警队	集体三等功	银川市中级人民法院
金凤区人民法院速裁庭	全市法院民事诉讼程序繁简分流改革试点工作先进集体	银川市中级人民法院
金凤区公安分局	2020 年度全市公安机关绩效考评优秀单位	银川市公安局党委
金凤区文化旅游体育广电局	"永远跟党走 幸福生活舞起来" 全区广场舞大赛银川市赛区(复赛)暨 2021 年银川市广场民族健身舞创作与推广工程示范性展演活动优秀组织奖	银川市文化旅游广电局
金凤区文化旅游体育广电局	银川市文化服务示范项目·银川黄河合唱节	银川市文化旅游广电局

续表 9

获奖单位	奖项名称	颁奖单位
金凤区文化旅游体育广电局	银川市优秀文化服务站点	银川市文化旅游广电局
金凤区文化旅游体育广电局	2021 年银川市传统戏曲联赛联展优秀组织单位	银川市文化旅游广电局
金凤区文化旅游体育广电局	2021 银川市庆祝中国共产党成立 100 周年群众大合唱优秀组织单位	银川市委宣传部、银川市文化旅游广电局
金凤区第十六小学	银川市“互联网 + 教育”应用优秀团队	银川市教育局
金凤区第十一小学	银川市互联网 + 教育“双优云桥”项目先进集体	银川市教育科学研究所
金凤区教育局	2020—2021 学年银川市互联网 + 教育 “双优云桥”项目集体一等奖	银川市教育科学研究所
金凤区良田镇第一幼儿园	学前教育发展奖	金凤区委、金凤区人民政府

【金凤区 2021 年度绩效考评结果名录】

一、党群部门组

优秀等次：组织部、党委办公室、宣传部、人大常委会办公室、纪委(监委)、团委、统战部、政协办公室、政策研究室

良好等次：政法委、总工会、科协、妇联、网信办、编办、红十字会、残联

二、政府职能组

优秀等次：卫生健康局、政府办公室、综合执法局、民政局、人力资源和社会保障局(就业创业和人才服务中心)

良好等次：司法局、应急管理局、退役军人事务局、信访局、医疗保障局、教育局

三、经济保障组

优秀等次：审批服务管理局、阅海湾中央商务区管委会、财政局、商务经济技术合作局、统计局

良好等次：文化旅游体育广电局、农业农村和水务局、科技局、发展和改革局、自然资源局、住房城乡建设和交通局、审计局、土地整理中心

四、乡镇组

优秀等次：良田镇

良好等次：丰登镇

五、街道组

优秀等次：上海西路街道、满城北街街道

良好等次：黄河东路街道、长城中路街道、北京中路街道

六、企业组

优秀等次：阅海集团

良好等次：海阅资本运营公司(含国控公司)、供销合作联合社

七、垂直管理及派出机构组

优秀等次：公安分局、市场监督管理分局、税务分局

良好等次：法院、检察院、生态环境分局、消防救援大队

【金凤区 2021 年度“星级基层党组织”名录】

一、党(工)委(17 个)

四星级(3 个)

长城中路街道党工委

黄河东路街道党工委

银川阅海湾中央商务区党工委

三星级(8 个)

北京中路街道党工委

上海西路街道党工委

满城北街街道党工委

区直机关工委

公安分局党委

丰登镇党委

良田镇党委

税务局党委
二星级(5个)
阅海实业集团党委
供销合作社联合社党委
离退休干部党工委
非公经济组织和社会组织党工委
教育党工委
不确定等级(1个)
贺兰山中路街道党工委

二、农村党组织(14个)

拟申报五星级(1个)
黄河东路街道魏家桥村党支部
四星级(6个)
丰登镇联丰村党支部
良田镇园林村党支部
良田镇植物园村党支部
良田镇和顺新村党支部
良田镇光明村党支部
满城北街街道平伏桥村党支部
三星级(7个)
丰登镇新联村党支部
丰登镇西新村党支部
丰登镇新丰村党支部
丰登镇和丰村党支部
良田镇园子村党支部
黄河东路街道双渠口村党支部
黄河东路街道盈南村党总支部

三、社区党组织(41个)

五星级(2个)
长城中路街道长城花园社区党委
黄河东路街道福通社区党委
拟申报五星级(3个)
上海西路街道银新苑南社区党委
长城中路街道宝湖社区党委
黄河东路街道银啤苑社区党委
四星级(12个)
上海西路街道银新苑北社区党委
上海西路街道清水湾社区党委
上海西路街道区建一分公司社区党委
北京中路街道森林公园社区党委
北京中路街道清馨苑社区党委
长城中路街道鲁银社区党委
长城中路街道宁安社区党委
长城中路街道金宇名庭社区党委
黄河东路街道新琇苑社区党委
满城北街街道居安家园社区党委
满城北街街道彩虹湾社区党委
贺兰山中路街道银丰社区党委
三星级(24个)
上海西路街道馨和苑社区党委
上海西路街道逸馨苑社区党委
上海西路街道悦海新天地社区党委
北京中路街道锦绣苑社区党委
长城中路街道林湖左岸社区党委
长城中路街道紫园社区党委
长城中路街道五里水乡社区党委
长城中路街道花样年华社区党委
长城中路街道南苑社区党委
长城中路街道枫林湾社区党委
黄河东路街道金家巷社区党委
黄河东路街道湖畔嘉苑社区党委
黄河东路街道荣锦苑社区党委
黄河东路街道新苑社区党委
黄河东路街道颐和城府社区党委
黄河东路街道工业集中区社区党委
满城北街街道阅海社区党委
满城北街街道紫阳社区党委
满城北街街道满春园社区党委
满城北街街道中强巷社区党委
满城北街街道立交桥社区党委
贺兰山中路街道西湖社区党委
贺兰山中路街道景湖社区党委
贺兰山中路街道阅海万家社区党委

四、小区党组织(10个)

三星级(10个)
上海西路街道区建一分公司社区区建小区第二党支部
上海西路街道银新苑南社区公安小区党支部
上海西路街道银新苑北社区银新苑三区第一党支部

上海西路街道清水湾社区亲水苑小区第一党支部
上海西路街道逸馨苑社区碧水蓝天小区第一党支部
上海西路街道馨和苑社区馨和苑小区第三党支部
上海西路街道悦海新天地社区楼宇联合党支部
长城中路街道长城花园社区领世湖城小区党支部
长城中路街道宝湖社区凤凰花园西区党支部
贺兰山中路街道银丰社区新区医院住宅小区党支部

五、机关党组织(31个)

五星级(1个)
综合执法局党总支部
拟申报五星级(2个)
卫生健康局党总支部
党委组织部党支部
四星级(6个)
党委办公室党支部
纪委监委党支部
党委宣传部党支部
总工会党支部
人大常委会办公室党支部
人民检察院党支部
三星级(22个)
党委统战部党支部
党委政法委党支部
政府办公室党支部
政协机关党支部
司法局党支部
审计局党支部
审批服务管理局党支部
黄河东路街道机关党支部
满城北街街道机关党支部
银川阅海湾中央商务区机关党支部
公安分局机关党支部
政研室党支部
网信办党支部
编办党支部
民政局党支部
财政局党支部
人力资源社会保障局党支部
住房城乡建设和交通局党支部
统计局党支部
信访局党支部
上海西路街道机关党支部
长城中路街道机关党支部

六、学校党组织(21个)

拟申报五星级(2个)
金凤区第五小学党支部
金凤区第一回民小学党支部
四星级(9个)
金凤区回民幼儿园党支部
金凤区良田小学党支部
金凤区第七小学党支部
金凤区第十小学党支部
金凤区第二小学党支部
金凤区第十一小学党支部
金凤区实验小学党支部
金凤区二十一小学党支部
金凤区丰登回民中学党支部
三星级(10个)
金凤区良田回民中学党支部
金凤区第六小学党支部
金凤区泾龙回民小学党支部
金凤区奕龙回民小学党支部
金凤区曼新回民小学党支部
金凤区光彩小学党支部
金凤区第十八小学党支部
金凤区第四小学党支部
金凤区第三小学党支部
鲁银男孩女孩幼儿园党支部

七、公安系统党组织(7个)

四星级(2个)
金凤区公安分局满城北街派出所党支部
金凤区公安分局长城中路派出所党支部
三星级(5个)
金凤区公安分局上海西路派出所党支部
金凤区公安分局北京中路派出所党支部
金凤区公安分局黄河东路派出所党支部
金凤区公安分局刑侦大队党支部
金凤区公安分局经侦(缉毒网安)大队党支部

八、税务系统党组织(3个)

三星级(3个)

银川市金凤区税务局第一税务分局党支部

银川市金凤区税务局良田分局党支部

银川市金凤区税务局办公室党支部

九、国有、非公企业和社会组织党组织(24个)

拟申报五星级(1个)

宁夏阅海老年服务中心党支部

四星级(9个)

银川金色童年摄影城党支部

宁夏众业工程造价咨询有限公司党支部

中海宏洋地产(银川)有限公司党支部

宁夏康元泽润医院党支部

宁夏源众人力资源服务有限公司党支部

宁夏东阳商会党支部

北京悦豪物业宁夏分公司党支部

宁夏东恒福德餐饮管理有限公司党支部

宁夏广聚融汇投资咨询服务有限公司党支部

三星级(14个)

富德生命人寿保险股份有限公司宁夏分公司党总支部

宁夏悦海国际投资建设集团物业服务有限公司党支部

宁夏三和晨光物业服务有限公司党支部

宁夏宝能实业有限公司党总支

宁夏海合资产管理集团党支部

宁夏思源控股集团党支部

宁夏恒正不动产评估咨询有限公司党支部

银川爱康博大医院(有限公司)党支部

宁夏博尚健康体检院党支部

宁夏浩海房地产开发集团有限公司党支部

宁夏庆华小额贷款有限公司党支部

银川阅海湾中央商务区管委会所属公司联合党支部

阅海旅游开发有限公司党支部

宁夏裕陇石油有限公司党支部

【金凤区2021年度“一抓两整”示范村名录】

金凤区“一抓两整”示范村(14个)

黄河东路街道魏家桥村党支部

丰登镇联丰村党支部

良田镇园林村党支部

良田镇植物园村党支部

良田镇和顺新村党支部

良田镇光明村党支部

满城北街街道平伏桥村党支部

丰登镇新联村党支部

丰登镇西新村党支部

丰登镇新丰村党支部

丰登镇和丰村党支部

良田镇园子村党支部

黄河东路街道双渠口村党支部

黄河东路街道盈南村党总支部

【金凤区2021年度“让党中央放心、让人民群众满意”模范机关命名名录】

一、机关工委所属党组织(10个)

政研室党支部

网信办党支部

编办党支部

民政局党支部

财政局党支部

人力资源社会保障局党支部

住房城乡建设和交通局党支部

综合执法局党总支部

统计局党支部

信访局党支部

二、其他党(工)委所属党组织(2个)

上海西路街道机关党支部

长城中路街道机关党支部

附　录

组织机构及负责人

中国共产党金凤区委员会

书　记　李全才(2016 年 8 月任,2021 年 2 月免)
　　　　赵会勇(2021 年 2 月任)
副书记　于　哲(2017 年 2 月任,2021 年 4 月免)
　　　　张　涛(2021 年 4 月任)
　　　　邵中宏(2021 年 6 月任)
常　委　王晓涛(2021 年 6 月任)
　　　　刘学礼(2019 年 9 月任)
　　　　陈伟龙(2016 年 8 月任,2021 年 7 月免)
　　　　李银海(2019 年 5 月任,2021 年 6 月免)
　　　　段树东(2019 年 5 月任,2021 年 8 月免)
　　　　邵中宏(2019 年 9 月任,2021 年 6 月免)
　　　　王　芳(2020 年 4 月任,2021 年 12 月免)
　　　　周　坤(2021 年 6 月任)
　　　　黄学忠(2021 年 7 月任)
　　　　张　才(2021 年 6 月任)
　　　　高　亮(2021 年 7 月任)
　　　　马小龙(2021 年 7 月任)
　　　　任元启(2021 年 8 月任)

金凤区人大常委会

党组书记、主任　陈邢妍(2016 年 8 月任)
党组副书记　范　军(2017年4月任,2021年12月免)
副主任　陈　飚(2012 年 11 月任,2021 年 12 月免)
　　　　宋敏达(2012 年 11 月任,2021 年 12 月免)
　　　　杨惠军(2017 年 3 月任,2021 年 10 月免)
　　　　王　辉(2020 年 1 月任,2021 年 6 月免)
　　　　李文陈(2021 年 11 月任)
　　　　唐晓棠(2021 年 11 月任)
　　　　潘太升(2021 年 11 月任)
　　　　张艺博(2021 年 11 月任)

金凤区人民政府

区　长　赵会勇(2016 年 8 月任,2021 年 1 月免)
　　　　张　涛(2021 年 4 月任)
副区长　刘学礼(2019 年 9 月任)
　　　　章玉明(2019 年 9 月任,2021 年 6 月免)
　　　　李　智(2018 年 6 月任,2021 年 7 月免)
　　　　高　亮(2019 年 5 月任)
　　　　韩廷锋(2019 年 12 月任)
　　　　马小龙(2021 年 8 月任)
　　　　王占东(2021 年 7 月任)
　　　　余　磊(2021 年 8 月任)
　　　　杨成凤(2021 年 8 月任)

中国人民政治协商会议金凤区委员会

党组书记、主席
张学东(2016 年 8 月任,2021 年 11 月免)
胡志刚(2021 年 11 月任)
副书记 李文陈(2019 年 2 月任,2021 年 8 月免)
王 玫(2021 年 10 月任)
副主席 丁桂荣(2012 年 11 月任,2021 年 11 月免)
李 岐(2021 年 11 月任)
王洪俊(2012 年 12 月任,2021 年 11 月免)
杨永清(2021 年 11 月任)
熊建丽(2012 年 11 月任,2021 年 7 月免)
贺 佩(2021 年 11 月任)

中国共产党金凤区纪检监察委员会

书记、监委主任
段树东(2019 年 5 月任,2021 年 8 月免)
任元启(2021 年 8 月任)
副书记、监委副主任
闫 广(2017 年 12 月任,2021 年 10 月免)
袁 旭(2019 年 3 月任,2021 年 7 月免)
祁世荣(2021 年 10 月任)
保学琴(2021 年 6 月任)
纪委常委
白文敏(2016 年 9 月任,2021 年 10 月免)
田学东(2019 年 9 月任,2021 年 10 月免)
李颖第(2021 年 8 月任)
杨泽中(2021 年 10 月任)
监察委员会委员
白文敏(2016 年 9 月任,2021 年 10 月免)
田学东(2019 年 9 月任,2021 年 10 月免)
保学琴(2021 年 6 月任,2021 年 10 月免)
万小平(2021 年 10 月任)
杨泽中(2021 年 10 月任)

金凤区人民法院

院 长 田贵东(2017 年 10 月任,2021 年 8 月免)
黑晓虎(2021 年 8 月任)
副院长 黑晓虎(2020 年 7 月任,2021 年 8 月免)
毛晓红(2020 年 7 月任)
杜成军(2017 年 5 月任)
政治部主任
陈荣武(2019 年 9 月任)

金凤区人民检察院

检察长 马俊峰(2020 年 7 月任,2021 年 8 月免)
王建勇(2021 年 8 月任)
副检察长 史文鹏(2016 年 10 月任)
冯海燕(2020 年 8 月任)
政治部主任
牛海玲(2019 年 9 月任)

金凤区人民武装部

部 长 王晓涛(2015 年 2 月任,2021 年 12 月免)
刘加亮(2021 年 12 月任)
政 委 杨 勇(2019 年 8 月任,2021 年 9 月免)
拓守升(2021 年 9 月任)

银川市公安局金凤区分局

局 长 李 智(2018 年 6 月任,2021 年 7 月免)
王占东(2021 年 7 月任)
政 委 孙 林(2019 年 11 月任)

金凤区委工作部门及直属事业单位

金凤区委办公室
主 任 毕建军(2015 年 1 月任,2021 年 6 月免)
李 彬(2021 年 6 月任)
区委外事工作委员会办公室
主 任 杨 亮(2020 年 11 月任)
督查室
保密委员会办公室(区国家保密局)
主任、局长
虎啸林(2020 年 3 月任,2021 年 6 月免)

李静洋（2021年6月任）

区档案局

局 长 赵 艳（2020年5月任，2021年6月免）

李冬冬（2021年6月任）

馆 长 赵东霞（2020年3月任）

金凤区委组织部

部 长 邵中宏（2019年12月任，2021年6月免）

张 才（2021年6月任）

直属机关工委

书 记 邵中宏（2020年3月任，2021年6月免）

张 才（2021年6月任）

老干部局

局 长 王 芳（2019年11月任，2021年7月免）

杨 晗（2021年7月任）

公务员局

局 长 荀家豪（2019年12月任）

非公经济组织和社会组织工委

书 记 王韵迪（2020年5月任，2021年10月免）

肖晨晨（2021年11月任）

离退休干部工作委员会

书 记 王 芳（2019年11月任，2021年7月免）

杨 晗（2021年7月任）

金凤区委宣传部（文明办）

部 长 李银海（2019年5月任，2021年6月免）

王 芳（2021年6月任，2021年12月免）

文明办主任

李昕洋（2019年3月任，2021年10月免）

王韵迪（2021年10月任）

新闻出版局

局 长 于经纬（2020年6月任，2021年10月免）

保杉杉（2021年10月任）

金凤区委政法委员会

书 记 陈伟龙（2020年8月任，2021年7月免）

邵中宏（2020年7月任，2021年12月免）

秘书长 徐艳萍（2019年2月任，2021年8月免）

高 慧（2021年8月任）

国家安全委员会办公室

主 任 徐艳萍（2019年2月任，2021年8月免）

高 慧（2021年8月任）

金凤区委统战部（宗教局）

部 长 王 芳（2021年1月任，2021年6月免）

黄学忠（2021年6月任）

民族宗教事务局

局 长 马小忠（2021年1月任，2021年8月免）

伍 强（2021年8月任）

政府侨务办公室

主 任 马小忠（2021年1月任，2021年8月免）

伍 强（2021年8月任）

港澳台工作办公室

主 任 马小忠（2021年1月任，2021年8月免）

伍 强（2021年8月任）

金凤区委政策研究室

主 任 王 辉（2019年3月任，2021年9月免）

李 娟（2021年9月任）

全面深化改革委员会办公室

主 任 王 辉（2019年3月任，2021年9月免）

李 娟（2021年9月任）

金凤区委网络安全和信息化委员会办公室

主 任 韩 阳（2019年3月任，2021年10月免）

何成坤（2021年10月任）

网络信息化局

局 长 韩 阳（2019年3月任，2021年10月免）

何成坤（2021年10月任）

金凤区委机构编制委员会办公室

主 任 高 慧（2012年11月任，2019年4月免）

徐艳萍（2021年8月任）

金凤区人大常委会工作部门

金凤区人大常委会办公室

主 任 张学兵（2019年3月任）

金凤区人大常委会各专门委员会

财政经济委员会

主 任 陈立东（2019年12月任）

内务司法委员会

主 任 孙岩龙（2014年12月任，2021年8月免）

马泉林（2021年9月任）

代表联络委员会

主　任　李兴华(2019年12月任)

教科文卫委员会

主　任　孙建华(2008年10月任,2021年8月免)
　　　　章建军(2021年9月任)

金凤区人民政府工作部门及直属事业单位

金凤区政府办公室

主　任　陈警保(2020年3月任,2021年6月免)
　　　　杨　涛(2021年9月任)

金凤区发展和改革局

局　长　潘太升(2019年3月任,2021年10月免)
　　　　徐方远(2021年10月任)

工业和信息化局

局　长　潘太升(2019年3月任,2021年10月免)
　　　　徐方远(2021年10月任)

粮食和物资储备局

局　长　潘太升(2019年3月任,2021年10月免)
　　　　徐方远(2021年10月任)

金凤区教育局

局　长　王永志(2019年3月任)

教育工作领导小组办公室

主　任　王永志(2019年3月任)

教育工作委员会

书　记　王永志(2019年3月任)

金凤区科学技术局

局　长　何　鹏(2019年3月任)

金凤区民政局

局　长　杨丽娟(2019年5月任)

金凤区司法局

局　长　闫　江(2019年3月任,2021年10月免)
　　　　贺兴瑜(2021年10月任)

全国依法治区委员会办公室

副主任　闫　江(2019年3月任,2021年10月免)
　　　　贺兴瑜(2021年10月任)

金凤区财政局

局　长　于建华(2019年9月任,2021年6月免)
　　　　张　军(2021年6月任)

金融工作局

局　长　于建华(2019年9月任,2021年6月免)
　　　　张　军(2021年6月任)

财经委员会办公室

主　任　于建华(2019年9月任,2021年6月免)
　　　　张　军(2021年6月任)

金凤区人力资源和社会保障局

局　长　杨国林(2017年9月任,2021年10月免)
　　　　韩　阳(2021年10月任)

就业创业和人才服务中心

主　任　张　荣(2017年3月任)

金凤区自然资源局

局　长　张艺博(2019年4月任,2021年11月免)
　　　　郭　震(2021年11月任)

林业和草原局、园林管理局、银川火车站广场公园管理所

主　任　袁　伟(2019年10月任,2021年12月免)
　　　　王绍龙(2021年12月任)

金凤区住房城乡建设和交通局

局　长　李季平(2019年11月任)

城市管理局

局　长　李季平(2019年11月任)

人民防空办公室

主　任　李季平(2019年11月任)

地震局

局　长　李季平(2019年11月任)

金凤区农业农村和水务局

局　长　贺兴瑜(2016年11月任,2021年10月免)
　　　　王小梅(2021年10月任)

乡村振兴局

局　长　陈小军(2019年3月任,2021年3月免)
　　　　郭东川(2021年8月任)

金凤区商务和经济技术合作局

局　长　王小梅(2019年3月任,2021年10月免)
　　　　李昕洋(2021年10月任)

金凤区文化旅游体育广电局

局　长　章建军(2016年3月任,2021年8月免)
　　　　马小忠(2021年8月任)

文物局　章建军(2016年3月任,2021年8月免)
　　　　马小忠(2021年8月任)

金凤区卫生健康局

党组书记　汪生平(2018 年 3 月任)
局　长　汪生平(2018 年 3 月任,2021 年 9 月免)
　　谢韶华(2021 年 9 月任)

金凤区退役军人事务局

局　长　祁世荣(2018 年 12 月任,2021 年 6 月免)
　　南　峰(2021 年 6 月任)

金凤区应急管理局

局　长　鲍永祥(2020 年 3 月任)

金凤区审计局

局　长　邵　磊(2019 年 9 月任)

审计委员会办公室

主　任　邵　磊(2019 年 9 月任)

金凤区统计局

局　长　王子军(2017 年 4 月任,2021 年 6 月免)
　　张肖飞(2021 年 6 月任)

金凤区综合执法局

局　长　王　玫(2016 年 3 月任,2021 年 6 月免)
　　祁世荣(2021 年 6 月任,2021 年 10 月免)
　　刘　钰(2021 年 10 月任)

综合执法大队

　　王　玫(2016 年 3 月任,2021 年 6 月免)
　　祁世荣(2021 年 6 月任,2021 年 10 月免)
　　刘　钰(2021 年 10 月任)

金凤区信访局

局　长　胡金华(2019 年 3 月任,2021 年 7 月免)
　　曹燕红(2021 年 7 月任)

金凤区审批服务管理局

局　长　徐方远(2019 年 3 月任,2021 年 9 月免)
　　胡雅文(2021 年 9 月任)

金凤区医疗保障局

党组书记　李西陶(2019 年 3 月任,2021 年 6 月免)
　　伍　强(2021 年 6 月任,2021 年 8 月免)
　　于晓勇(2021 年 8 月任)
局　长　谢韶华(2019 年 3 月任,2021 年 9 月免)
　　李淑娟(2021 年 9 月任)

金凤区国有资产投资控股有限公司

董事长　孙　刚(2016 年 3 月任,2021 年 8 月免)
　　胡彦文(2021 年 8 月任)

金凤区土地整理中心

主　任　王绍龙(2020 年 5 月任,2021 年 12 月免)
　　袁　伟(2021 年 12 月任)

金凤区智慧城市运营中心

主　任　王　媛(2019 年 9 月任,2021 年 12 月免)
　　王泽深(2021 年 12 月任)

银川阅海湾中央商务区管委会

党工委书记　李全才(2013年10月任,2021年2月免)
副书记、主任　刘学礼(2019 年 8 月任)
副书记　安茂连(2019 年 8 月任)
纪工委书记　王晓森(2019 年 8 月任)
副主任　张　涛(2019 年 8 月任)
　　刘鲜兰(2019 年 8 月任)
　　窦丽英(2019 年 9 月任)

党政办公室主任

　　李　娟(2019 年 4 月份任,2021 年 8 月免)
　　赵洋洋(2021 年 8 月任)

国土和规划建设部部长
　　王　军(2020 年 5 月任)

科技创新服务部部长
　　赵洋洋(2020 年 1 月任,2021 年 8 月免)
　　林　叶(2021 年 8 月任)

宁夏阅海实业集团有限公司

党委书记、董事长
　　罗志刚(2017 年 3 月任)
副总经理　胡文启(2008 年 12 月任)
　　张学林(2017 年 3 月任,2021 年 9 月免)

金凤区供销联社

书　记　田涌福(2019 年 5 月任,2021 年 12 月免)

中国人民政治协商会议金凤区委员会

工作部门

政协金凤区委员会办公室

主　任　郭　震(2019 年 3 月任,2021 年 11 月免)
　　鲍永祥(2022 年 1 月任)

金凤区政协各专门委员会

经济科技委员会
主　任　李凤军(2018年1月任)
提案委员会
主　任　王建国(2016年12月任,2021年8月免)
　　　　王　辉(2021年8月任)
教文卫体委员会
主　任　徐　怀(2016年11月任,2021年6月免)
　　　　王子军(2021年6月任)

金凤区群众团体

金凤区总工会
主　席　李文陈(2019年5月任,2021年9月免)
　　　　王　玫(2021年9月任)
共青团金凤区委员会
书　记　王　莉(2020年5月任,2021年10月免)
　　　　刘　超(2021年10月任)
金凤区妇女联合会
主　席　关丽荣(2019年3月任)
金凤区科学技术协会
主　席　何　鹏(2019年5月任)
金凤区残疾人联合会
理事长　胡　娟(2020年3月任)
金凤区工商业联合会
党组书记、副主席
　　　　林　叶(2019年3月任,2021年8月免)
　　　　田涌福(2021年8月任)

金凤区镇、街道

金凤区良田镇
书　　记　李　波(2020年7月任)
人大主席　徐隽芳(2019年3月任,2022年1月免)
　　　　　杨利军(2022年1月任)
镇　　长　南　峰(2020年7月任,2021年6月免)
　　　　　张庆轩(2021年6月任)
金凤区丰登镇
书　　记　黄学忠(2020年8月任,2021年6月免)
　　　　　周　坤(2021年6月任)
人大主席　刘　涛(2019年3月任)
镇　　长　伍　强(2019年3月任,2021年6月
　　　　　黎康宁(2021年6月任)
金凤区上海西路街道办事处
书　记　李　彬(2020年6月任,2021年7月免)
　　　　王　芳(2021年7月任)
主　任　杨　晗(2020年5月任,2021年7月免)
　　　　张　程(2021年7月任)
金凤区北京中路街道办事处
书　记　孔淑侠(2019年5月任,2021年8月免)
　　　　曹俊仁(2021年8月任)
主　任　曹俊仁(2019年3月任,2021年7月免)
　　　　夏　天(2021年7月任)
金凤区长城中路街道办事处
书　记　李石珍(2019年5月任,2021年7月免)
　　　　袁　旭(2021年7月任)
主　任　李荣利(2019年2月任,2021年10月免)
　　　　李雪燕(2021年10月任)
金凤区黄河东路街道办事处
书　记　王　娟(2018年1月任,2021年7月免)
　　　　孔淑侠(2021年7月任)
主　任　张　军(2020年7月任,2021年7月免)
　　　　胡金华(2021年7月任)
金凤区满城北街街道办事处
书　记　李　岐(2016年12月任,2021年12月免
　　　　闫　广(2021年12月任)
主　任　刘　钰(2018年1月任-2021年10月免)
　　　　闫　广(2021年10月任-2021年12任免)
　　　　马辉琴(2021年12月任)
　　　　(张文娟)

担当赶考重任　书写时代答卷
在美丽新宁夏建设的火热实践中笃定前进

——在中国共产党银川市金凤区第四次代表大会上的报告

区委书记　赵会勇

（2021 年 9 月 24 日）

中国共产党银川市金凤区第四次代表大会，是在中国共产党成立 100 周年的里程碑时刻，在“两个一百年”奋斗目标交汇的历史性节点，召开的一次继往开来的重要会议。

大会的主题是：坚持以习近平新时代中国特色社会主义思想为指导，统筹推进“五位一体”总体布局，协调推进“四个全面”战略布局，立足新发展阶段，贯彻新发展理念，融入新发展格局，弘扬伟大建党精神，全面落实“守好三条生命线，走出一条高质量发展新路子”的要求，在践行“一高三化”目标任务中走在前列、勇立潮头、作好表率，在建设先行区中体现首府核心区责任担当！

一、工作回顾

过去五年，在习近平总书记视察宁夏重要讲话精神鼓舞下，我们砥砺奋进、攻坚克难，“三大攻坚战”取得决定性成就，与全国同步全面建成小康社会；全力打赢了疫情防控人民战争总体战阻击战，统筹新冠疫情常态化防控和经济社会高质量发展，地区生产总值、地方一般公共预算收入、社会消费品零售总额、城镇居民人均可支配收入四项主要经济指标实现赶超进位；“五城五区”建设取得重要成果，先后获“全国民族团结进步示范区”“全国健康促进区”“全国村庄清洁行动先进县”等 21 项国家级荣誉。

五年来，我们深入推进产业转型升级示范区建设，打造融合发展、科技驱动的“创新之城”。产业发展积厚成势。三次产业结构调整为 0.7∶16.8∶82.5，第三产业贡献率提高 33.5 个百分点，服务业成为带动区域经济发展的主要引擎。全面打造商圈购物游、乡村休闲游、冰雪主题游等特色旅游线路，累计接待游客 1686 万人次、实现收入 4.52 亿元。大阅城等“六大商圈”开门迎客，引领首府商贸服务业迭代升级。创新组建商业联盟，推动商圈抱团发展，商圈消费由“新华街”迈向“正源街”时代，“时尚消费在金凤”品牌深入人心。顺利完成工业园区整合，制造业质量竞争力指数保持全区首位。阅海湾中央商务区累计入驻企业 3924 家，实现主营业务收入 1396 亿元、税收 34.5 亿元，吸引建信财险等 60 家企业总部落户，成功创建自治区现代服务业集聚区。现代农业初具规模，建成设施农业园区 27 个、设施温棚 4300 栋，培育农业龙头企业 15 家、农民专业合作社 66 家，丰登镇利思·田园蜜语农业综合体开园运营，良田镇获批国家级产业强镇。创新动能显著增强。阅海湾中央商务区“三园一区”建设取得新成效，吸纳 656 家金融企业入园，“三新经济”加速聚集。累计培育国家和自治区级高新技术企业 59 家、重点实验室 9 家、工程技术研究中心 15 家、科技型中小企业 279 家。全社会 R&D 经费投入强度达到 2.33%，每万人发明专利拥有量 15.87 件，保持全区领先水平。综合实力实现跃升。经济总量接连迈过两个百亿大关，预计今年将实现地区生产总值323亿元、地方一般公共预算收入8亿元、社会消费品零售总额175亿元、城镇和农村居民人均可支配收入46640元、16800元，分别是“十二五”末的1.86倍、1.51倍、1.5倍、1.54倍和1.7倍。

五年来，我们深入推进新型城镇化样板区建设，打造城乡协调、管理精细的“品质之城”。基础设施全面改善。改造提升棚户区15个、老旧小区60个，建成安置面积222万平方米，惠及群众近3.2万户，园子村荣获“中国美丽休闲乡村”。城市功能更加完备。建成区面积突破100平方公里，常住人口增至64.4万人，户籍人口城镇化率达到82%。银西高铁建成通车，沈阳路快速通道全线贯通，辖区“八横四纵”南部路网和“三横三纵”北部路网全面建成，银兴公路获评“自治区最美农村路”。德丰大厦、力德财富重塑城市天际线，文化园、花博园成为市民打卡地，万豪酒店、喜来登酒店丰富消费新体验，“首府客厅”地位凸显。社会治理更趋精细。在全区率先建成智慧金凤社会治理综合平台，累计办结案件173万件，建成数字小区163个，入选国家智能社会治理实验基地。党建引领基层治理焕发生机活力，探索完善“一核三联五治五化”社区治理模式，助力银川市蝉联全国文明城市，润丰村荣获“全国乡村治理示范村”。

五年来，我们深入推进人居环境最优区建设，打造环境优美、绿色低碳的“生态之城”。污染防治成效突出。持续推进蓝天、碧水、净土“三大保卫战”，159件中央环保督察“回头看”转办件在全市率先办结销号。空气质量显著改善，优良天数比例由71.6%提高至81.4%。严格落实能耗总量和强度“双控”目标责任，342家“散乱污”企业动态清零。认真落实“河湖长制”，全面消除建成区内黑臭水体，典农河等30条重点河湖水清岸绿。生态金凤成色更足。新建小微公园35处，新增造林绿化面积4049亩，北郊元宝湖湿地公园一期建成，湖泊湿地面积达到5.58万亩，城市“三绿”指标居全市首位。人居环境改善明显。深化农村人居环境整治“五子”专项行动，建成生活垃圾转运站7个、污水处理厂4个，实现城乡环卫一体化管理。建设农村自来水厂7个，新建给水管网462公里，农村自来水入户率达97%。推进生活垃圾分类和资源化利用，48个小区实现分类处置。完成18.3万平方米“大棚房”整治，农村卫生厕所普及率达到97%，荣获“自治区农村人居环境整治示范县”。

五年来，我们深入推进改革开放先行区建设，打造互联互通、活力迸发的“开放之城”。重点改革纵深推进。机构改革、综合执法改革全面完成。国资国企改革扎实推进，组建海阅资本盘活金融资产，阅海集团实现扭亏为盈。人才体制改革深入推进，引进“高精尖缺”等各类人才230余名。“放管服”改革持续深化，高频事项实现“最多跑一次”，五年新增市场主体40597户，占全市增量超三成。打造全区首个企业智慧服务中心，160项涉企事项实现“不出园区、即来即办”。开放平台加速集聚。依托阅海湾中央商务区，搭建信息共享、资金融通、人才引进平台。建成数字经济产业园、科技服务产业园、人力资本产业园，打造金融和信息服务业集聚区。支持丝路通、外贸牛等企业发展新型服务贸易，创新跨境电商合作方式。主动融入“一带一路”建设，中阿博览会、全国工商联常委会、智慧城市峰会、中国商务区联盟年会等重大节会成功举办。累计实施招商引资项目324个，实际到位资金493亿元。

五年来，我们深入推进民生共建共享区建设，打造文明和谐、宜居宜业的“幸福之城”。民生保障坚实有力。始终坚持公共财政支出向民生领域倾斜，民生投入累计达到75亿元，占财政支出的82%。建成城市社区老年活动中心36个、日间照料中心21个、居家养老服务站39个，推出“金凤悦邻里”社区服务体系，弱势群体得到强势保障。新增城镇就业39788人，农村劳动力转移就业54024人，荣获“自治区转移就业示范区”称号。高标准完成“十三五”易地扶贫搬迁任务，10个贫困村脱贫出列，1369户5685名建档立卡贫困人口全部脱贫退出，润丰村易地扶贫搬迁成为全国移民工作典范。社会事业全面发展。新(改、扩)建学校和幼儿园35所，新增学位24030个，高质量完成城镇小区配套幼儿园治理和“5080”学前教育发展目标，引入银川一中等优质教育资源联合办学，实现义务教育阶段集团化办学全覆盖，成功创建自治区“互联网+教育”示范区。自主建成全区首个市辖区疾控中心核酸检测 PCR 实验室，医疗机构增至 298 家，家庭医生累计签约 17 万人，“互联网 + 医疗健康” 远程门诊实现全覆盖。文体事业繁荣发展。建成“金凤悦书房”11 座、基层综合文化服务中心 79 个，环阅海健身旅游休闲圈荣获中国体育旅游精品线路，“农民丰收节”“黄河合唱节”添彩“魅力金凤·幸福之城”。新增全民健身场地 44 处、健身路径 600 套，毓秀公园填补全区运动主题公园空白，连续承办 4 届全区“体育大集”。社会大局和谐稳定。扫黑除恶专项斗争赢得重要战果，政法队伍教育整顿取得阶段性成效，人民群众安全感显著提升。深化平安金凤建设，“七五”普法高质量通过验收，实现村居（社区）公共法律服务全覆盖，安全生产形势持续好转，荣获全区社会治安综合治理平安区、安全生产工作先进集体称号。大力发展民族团结进步事业，25 家单位成功创建民族团结进步示范单位，荣获自治区民族团结进步模范集体。

打铁必须自身硬！五年来，我们坚决扛起政治责任，全面从严治党成效显著。召开党委常委会 147 次，全委会 10 次，科学民主决策了一大批事关改革发展稳定的大事要事。加强和改进党对人大、政协工作的领导，建立街道人大工委，政协联络小组经验在全国交流。支持政府依法行政，各级政府履职能力和水平不断提升。围绕“强三性、去四化”全面推进群团组织改革，爱国统一战线巩固壮大，各民主党派踊跃参政议政，乡镇和村（社区）“两委”换届工作圆满完成。党管武装不断加强，双拥共建持续深化，退役军人服务扎实有效。“两学一做” 学习教育成效显著，“不忘初心、牢记使命”主题教育被确定为中央第五巡回督导组在宁夏唯一联系指导的县（区）。媒体融合纵深发展，成功入选全国新时代文明实践中心建设试点县（区）。领导班子和干部队伍建设不断加强，旗帜鲜明鼓励干事创业，累计调整提拔科级干部 43 批 472 人次，干部队伍平均年龄下降 5 岁、大学本科及以上学历占比提高 5 个百分点。严格执行中央八项规定及其实施细则精神，“基层减负年” 活动走深走实，巡视巡察反馈问题高效整改。坚持厚爱与严管相结合，累计问责干部 90 人，党纪政务处分 335 人，移交司法机关 5 人，营造了崇廉向善、风清气正的良好政治生态。

各位代表！五年励精图治，五年砥砺拼搏，五年耕耘收获，金凤区综合实力和人民生活迈上了新台阶，步入了全面建设社会主义现代化的新阶段。这些成绩的取得，是习近平新时代中国特色社会主义思想实践伟力的生动体现，是区市党委坚强领导的结果，是历届区委接续奋斗的成果，更是辖区广大党员干部群众共同努力的硕果。在此，我代表区委，向为金凤区经济社会发展付出巨大心血、作出重要贡献的党员干部群众和社会各界朋友，向长期以来关心支持金凤区发展的各级领导、人大代表、政协委员、各民主党派、无党派人士、各人民团体、驻区各单位及部队官兵、离退休老领导和老同志、民营企业家们，致以崇高的敬意和衷心的感谢！

在回顾成绩的同时，我们更加清醒地看到，金凤发展仍然需要正视和面对不少困难挑战：一是对标高质量发展的要求，我区产业结构不优、内生动力不强、自主创新不足的难题仍未得到根本破解，主导产业优势不够突出，市场主体缺乏核心竞争力，实体经济发展亟须突破；二是对标实现共同富裕的要求，辖区教育、医疗、养老、停车等公共服务资源供给短板突出，城乡差距、收入差距依然较大，新市民融入城市成本高、不稳定现象明显，城乡联动发展机制仍需完善；三是对标治理现代化的要求，对突发公共事件的防范、研判、处置能力较为薄弱，对城市运行管理的长效制度安排仍不健全，对互联网条件下基层治理模式、手段、技术创新应用不足；四是对标忠诚干净担当的要求，干部队伍理想信念弱化、专业能力退化、服务意识淡化问题仍然存在，市场意识、法治思维、数字理念、前沿科技、金融知识等仍然欠缺，全面从严治党需要持续加强。对此，必须高度重视，切实加以解决。

二、经验启示

志之所趋，无远弗届。经过五年的不懈奋斗，势头强劲的“金凤速度”让发展更有活力，开放包容的“金凤底蕴”让城市更添温情，创新实干的“金凤气质”让民心更加汇聚。今日金凤，城镇居民人均可支配收入跃居全区首位；固定资产投资规模稳居全区第一；社会消费品零售总额跨过百亿大关，跃居全区第二；人口总数跃居全区次席，增速保持全区首位；经济总量跨入全区四强，领先优势扩至百亿量级。在金凤区成立20周年之际，我们可以自豪地宣布，金凤区已昂首迈入宁夏县域经济第一梯队。五载风雨路，正道是沧桑。新征程上，我们必须一如既往保持战略定力，看齐“高”的、对标“快”的、坚持“对”的，传好接力棒、跑出加速度。要始终把党的领导作为根本保证，坚决拥戴核心、维护核心、追随核心，增强“四个意识”、坚定“四个自信”、做到“两个维护”。办好金凤的事，最根本的就是向党中央对标看齐，推动各级党委决策部署落地见效。要严格落实管党治党政治责任，把对党绝对忠诚体现到一言一行、落实到每时每处、贯穿到方方面面，在守正创新中不断提高各级党组织的创造力、凝聚力、战斗力。要始终把改革创新作为关键一招，准确理解、全面贯彻新发展理念，坚持高质量发展方向。要持续解放思想，深刻认识金凤区在区市发展全局中的功能定位和重要责任，善于运用国际视野和战略思维把握发展趋势、探索发展路径，大胆试、放手干、坚决改，全力加快县域经济、城区经济、园区经济发展。要始终把厚植民心作为力量源泉，站稳人民立场，增进民生福祉，满足人民群众对美好生活的向往。始终坚持以人民为中心的发展思想，和群众想在一起、站在一起、干在一起，千方百计解决群众的操心事、烦心事、揪心事。牢记“城市的核心是人”，积极改善人的全生命周期民生服务，在富民惠民中凝聚党心民心。要始终把苦干实干作为成事法宝，牢固树立正确政绩观，不慕虚荣、不务虚功、不图虚名，致力为金凤发展贡献实绩。要切实增强履薄临深的危机感、逆水行舟的紧迫感、舍我其谁的使命感，让务实求实扎实、细致精致极致成为辖区广大党员干部的共同追求。

三、形势任务

未来五年，是金凤区格局重塑、优势再造、潜力释放的机遇期，也是破解难题、补齐短板、转换动能的关键期，更是加快建设黄河流域生态保护和高质量发展先行区的决胜期。只要我们找准方位、把握机遇、顺应大势，就一定能够赢得主动、赢得优势、赢得未来。一是把握好重大历史进程的辐射效应。我们党正在带领全国各族人民向着第二个百年奋斗目标迈进，为新时代金凤区各项事业发展指明了前进方向。突发疫情给世界百年未有之大变局按下“快进键”，新一轮科技革命也为我们加快产业转型升级、加速新旧动能转换带来了重大机遇。二是把握好国家发展战略的叠加效应。深入实施“一带一路”、国内国际“双循环”、新一轮西部大开发等重大战略，大力推进向西开放、全面实现“双碳”目标、深入实施乡村振兴，都为金凤区高质量发展提供了有力支撑。三是把握好各类利好政策的杠杆效应。习近平总书记视察宁夏时指出，要“继续建设经济繁荣民族团结环境优美人民富裕的美丽新宁夏，努力建设黄河流域生态保护和高质量发展先行区”。自治区党委提出，“要坚决守好三条生命线、走出一条高质量发展新路子”，对银川提出了“发展高质量、治理现代化、城市国际化和生态园林化”的目标任务。银川市委提出，“要全力推动民族工作水平和民族地区发展水平实现‘双提升’”。据此区市出台了一系列含金量高、操作性强的政策措施，必将为我们加快发展创造良好环境和有利条件。四是把握好自身积累优势的同频效应。经过全区上下多年来的共同奋斗，我们历史性地实现了全面建成小康社会目标，构建了“一极、两带、双引擎、六大商圈”的空间格局。战略机遇、政策红利、区位优势、自身基础等要素叠加，已经形成高质量发展的强大势能。只要我们乘势而上、积极作为，就一定能够把机遇转化为胜势、把潜能转化为动能，五年后的金凤必将飞得更远更高！

今后五年的指导思想是：高举习近平新时代中国特色社会主义思想伟大旗帜，深入贯彻党的十九大和十九届二中、三中、四中、五中全会精神，全面落实习近平总书记“七一”重要讲话和视察宁夏重要讲话精神，始终坚持以建设黄河流域生态保护和高质量发展先行区为统领，全力抓好现代服务引领区、数字变革先行区、产城融合样板区、城乡品质示范区“四区建设”，着力增强首府核心区产业、人文、生态、服务“四大功能”，深入实施党的建设“七大工程”，坚持稳中求进，坚持改革创新，坚持求真务实，坚持苦干实干，大力倡导“严细深实勤俭廉”良好作风，团结带领辖区广大党员干部群众在美丽新宁夏建设的火热实践中再谱金凤新篇！

经济社会发展预期目标是：经济结构进一步优化，发展质量和效益显著提高，地区生产总值年均增速高于国家、区市平均水平，在区市经济比重继续提高，全区县域经济第一梯队优势持续放大；有效投资保持稳定，重大项目接续推进，实体经济不断壮大；社会消费品零售总额、城乡居民人均可支配收入年均增速高于地区生产总值增速，农村居民人均可支配收入增速高于城镇居民，推动共同富裕取得更为明显进展；综合实力和地方财力显著增强，数量性、规模性指标实现进位，福利性、结构性指标更趋优化；环境质量实现跃升，碳达峰、碳中和有序推进；社会主义核心价值观深入人心，人民群众思想道德素质、科学文化素质和身心健康素质明显提升；就业、教育、文化、社保、医疗等公共服务均等化水平跨上新台阶；全面落实从严治党责任，持续加强干部队伍建设，执政能力和领导水平不断提高。

笃志而行，虽远必达。过去五年，在新发展理念的引领下，"五城五区"目标发挥了把方向、谋全局的重要作用，既为我们转变发展方式、转换增长动能提供了基本路径，也为打好"三大攻坚战"、决胜全面建成小康社会提供了关键支撑。站在新的发展起点，面对新形势、新任务和新要求，我们将在"五城五区"建设取得重要成果的基础上，赓续初心又启航，重整行装再出发，聚焦"一高三化"，加快"四区建设"，续写金凤高质量发展的崭新篇章！

——立足发展高质量，建设现代服务引领区。顺应产业发展新趋势，以五大优势主导产业为抓手，深化供给侧结构性改革，重点推动服务业融合化、数字化、协同化发展，力争到"十四五"末，社会消费品零售总额突破200亿元，现代服务业占比超过40%。实现科技金融、文化旅游、健康医养等现代服务业聚合发展，持续放大高端商业、时尚消费、体验场景、创新业态的集聚效应，培育多层次市场主体，引导"三新经济"加快发展，营造活跃有序市场环境，构建以金凤为核心、商圈园区为支点、路铁交通为延展、全域全区共享的多层次服务业发展格局，增强对黄河"几"字弯都市圈的辐射服务功能。

——立足治理现代化，建设数字变革先行区。优化生产方式、生活方式和运行机制，突出数字经济、数字社区和数字政府，完善数字基础设施，构建数字产业体系，探索数字消费模式，提升数字治理水平，实现整体智治高效协同。打造"智慧金凤"城市大脑，打破信息孤岛和数据分割，建设综合性城市管理数据库，促进业务流程优化再造，推动数字社区全域普及，实现"科技让生活更美好"的目标。坚持数字产业化、产业数字化，通过变革调整数字生产关系，激活数据生产要素，提高阅海湾中央商务区数字经济产业园竞争力，力争到2025年数字经济贡献度提高50%以上。

——立足城市国际化，建设产城融合样板区。树立"紧凑城市、精明增长"理念，统筹城市生产、生活、生态空间开发，优化重点产业和重大项目布局，使住宅、商业、办公、文化等不同功能有机结合，让城市街区和道路更有"烟火气"、更富"人情味"，形成"百湖映城、产业荣城、建筑识城"的空间形象。加快实施阅海经济区规划，提速环阅海片区综合开发，充分挖掘中阿博览会平台优势，加速阅海湾中央商务区产城文旅融合，打造国际交流合作中心。加快城市中部更新步伐，围绕"五道两区"实施微更新，实现城市布局疏密有致，居住环境舒适有序。优化城南中央居住区空间布局，加快推进商业、教育、景观、道路等重点项目建设，完善公共服务配套，逐步实现职住平衡，构建环七子连湖生态型生活圈。

——立足生态园林化，建设城乡品质示范区。深入推进美丽街区、美丽家园、美丽乡村建设，紧密结合生态元素和人文景观，以绿道为脉络、以湿地为景观，将公共服务与公园体系有机融合，承载生态景观、健身休闲、商业服务、慢行交通、应急避难等复合功能。在产业园区、居民小区和近郊镇区的缓冲地带建设生态连廊，通过公共空间改善、建筑改造修复、公共活动植入等手段，盘活生态资源。实施区域性空间生态精细修护，配合实施主干道路工程，畅通背街小巷"毛细血管"，从底线管控转向生态引领，实现城市行走"见山、见水、见绿、见园"。深入实施节能减排全民行动，推动既有建筑和城乡照明节能改造，加快电动汽车充电桩基础等新能源设施建设，推广分布式光伏发电应用和城乡生活垃圾分类处置，建设资源节约型、环境友好型社会。

四、实现路径

（一）突出城市产业功能，推动经济繁荣实现新跨越

实施产业升级行动。提档升级现代服务业。深化实施“服务业发展六大行动”，促进服务业做大规模、做优结构、做高层次。培育更新地标商圈，规范提升特色街区，支持发展“小店经济”，鼓励连锁便利门店，合理布局便民市场，打造新型消费热点。扩大服务消费，引进更多“首店”“首发”“首秀”品牌和商品，加快发展全域旅游、文体休闲、“夜间经济”等新兴业态，培育家政服务、养老育幼、医养康养等新兴消费，增强个性化、多样化、柔性化服务能力。改善消费环境，重视商业人才培养引进，提高“金凤飞舞·城市乐活会”举办水平，培育特色餐饮、会展经济等服务业细分品牌，加强消费者权益保护。加快建发悠阅城等重点项目建设，强化环阅海旅游度假区等重大项目招商。发展壮大先进制造业。依托银川经开区联动发展，着力推动制造业向高端化、绿色化、智能化、融合化方向转型。支持小牛等骨干龙头企业增强自主创新能力，保持市场竞争优势，培育“专精特新”隐形冠军。支持威力传动、康亚药业等企业扩大市场份额，加快上市步伐。促进综合建材园绿色转型，培育节能环保产业竞争新优势。鼓励规上工业企业加大技改投入，改进经营管理，提升企业效益和财税贡献。坚持打造品牌化农业。以特色发展为目标，以市场需求为导向，着力优品类、提品质、打品牌。以标准化设施园区建设为抓手，深化农业一、二、三产融合，大力发展农村电商，多点布局田园综合体等特色园区，集中力量支持“利思”“春天然”“博柿后”“潘杨锦旺”等优质产品品牌，“良田沙地”等优势产地品牌，“塞北雪”面粉、翔达牧业等优秀企业品牌，促进特色农产品从田间到餐桌、从产品到名品，实现现代农业规模化、绿色化、集群化发展。

实施数字赋能行动。以阅海湾中央商务区数字经济产业园为主要平台，筹办数字经济学院，深化“5G+”应用，培育壮大人工智能、大数据、区块链、云计算、网络安全等新兴数字产业，重点在智慧城市、智慧工厂、智慧消费等领域塑造应用场景。支持猪八戒网、58科创等数字企业发展，促进共享经济、平台经济规范发展。推动新一代信息技术在服务业、工业、农业领域深度应用，支持农业物联网、农村电商、农产品质量安全追溯等平台建设，发展智慧教育、远程医疗、智能体育、在线文娱，鼓励大阅城、新百连超等实体商业发展电商平台。深入推进五大优势主导产业数字化改造，加速研发设计、科创服务、人力资源等生产性服务业数字化转型。加快中国义乌西北数字商贸城落地布局，探索发展智慧超市、智慧商店、智慧餐厅等新零售，推进产业智能化升级、数字化赋能。

实施园区增效行动。加快阅海湾中央商务区企业化改革，健全园区管理、运行、考评机制，全面完善园区基础设施，优化涉企政务服务供给，配套补充生活服务功能，提高投资强度和产出效率，让园区成为壮大县域经济的主要抓手。做大做优园区经济，强化“以亩产论英雄”，更新出台扶持发展总部经济的政策措施，规范完善园区企业招引、服务、评价、扶持、退出机制，培育一批种子企业和纳税大户，打造一批专业楼宇和亿元集群。建设全区招商展示窗口，探索设立先行区产业园区合作联盟。强化“三园一区”招商运营，推动跨境电商发展，建设专业高效招商团队，招引创新能力强、产业层次高、带动潜力足的产业项目，大力发展创新型、服务型、开放型、流量型经济，全力打造高质量发展的园区样板，力争到2025年园区企业年营业收入突破400亿元、实现税收13亿元，累计招引入驻企业8000家以上。

实施创新引领行动。支持头部企业和科研平台组建创新联合体，推动产学研用深度融合。支持园区企业与院校、科研机构等创新主体建立协同创新共同体，共建创新平台、培养创新人才，开展科研代工、委托研发等合作。力争“十四五”末R&D经费投入强度继续保持领先水平，每万人发明专利拥有量达到18件。以阅海湾科技服务产业园为载体，加快政府由科研管理向创新服务转变，改进项目组织管理模式，推动各类创新要素向企业集聚。完善常态化人才柔性引进机制，围绕数字经济、商贸服务等重点产业，加强创新型、应用型、技能型人才培养，健全以创新能力、质量、实效、服务、贡献为导向的人才评价体制，及时全面兑现政策承诺，营造尊重劳动、尊重知

识、尊重人才、尊重创造的浓厚氛围。“十四五”期间，新培育引进科技型企业500家，科技创新孵化器10个，辖区E类以上“高精尖缺”人才总量突破50名。

（二）突出城市人文功能，推动民族团结实现新进步

推动基层治理现代化。深化数字治理。积极探索未来城市形态，持续推进场景开放、数据赋能、制度供给，全面推动城市数字化变革。依托大联动平台打造智慧城市的数字底座、感知体系和智能中枢，实现城市数字社区、农村网格治理全覆盖。尊重市民对城市发展决策的知情权、参与权、监督权，真正实现文明城市共治共管、共建共享。落实基层治理“1+6”政策体系，深化“网格吹哨、部门报到”响应机制和闭环管理，实现“小事不出村居、大事不出镇街、难事不出县区”。深化平安建设。贯彻习近平法治思想，高标准开展“八五”普法教育，创建全国法治政府建设示范区。常态化推进扫黑除恶专项斗争，弘扬新时代“枫桥经验”，推动群防群治队伍全面覆盖城乡，建设更高水平的平安金凤。提升食品药品安全保障水平，规范“五小”行业经营，创建国家食品安全示范区。常态化抓好疫情防控，加强韧性城市建设，全面提升城市功能韧性、过程韧性、系统韧性，强化风险防控和应急处置能力。深化民族团结。全面贯彻中央民族工作会议精神，依法管理宗教事务，持续增进“五个认同”，守好促进民族团结生命线，铸牢中华民族共同体意识，推动民族工作水平和民族地区发展水平实现“双提升”。深入开展民族团结进步示范创建活动，“十四五”时期新增示范单位25家以上。健全推动民族团结进步事业发展的体制机制，促进各民族共同团结奋斗、共同繁荣发展。提升营商环境便利度。加大“放”的力度。持续简政放权，公共服务事项实现“应下尽下”。推进企业开办全程网上办理，纵深推进招投标全流程电子化，清理取消企业在资质资格获取、招投标、权益保护等方面的差别化待遇，维护公平竞争的市场秩序。着力推动规则、规制、管理、标准等制度型开放，更好发挥首府开放门户作用。健全“管”的机制。深化综合执法力量下沉改革，提高基层管理规范化、法治化、专业化水平。强化合同执行，完善司法救济，保护中小投资者权益，对新产业、新业态、新模式探索推行包容审慎监管。提升“服”的质效。建立重点企业审批服务绿色通道，制定出台优秀企业家优待政策。实现更多事项“马上办、网上办、就近办、一次办”，确保50%便民惠企服务事项不出社区、不出园区，扩大政务服务跨省通办覆盖面，努力实现政务服务“金凤更快、金凤最优”。力争年均实现招商引资到位资金90亿元以上、新增市场主体1.2万户，“十四五”末市场主体总数突破10万户。

增强金凤文化软实力。繁荣文化事业。加强公共文化基础设施建设，用好各级各类文化场馆站点，深入实施建筑可阅读、街区可漫步、滨水可休憩的文化新空间打造工程，力争人均公共文化设施用地面积达到25平方米。以“金凤悦书房”公共文化品牌为载体，健全覆盖城乡的阅读推广体系，增加城市“书卷气”和“内涵美”。广泛开展文化惠民活动，持续办好“文化金凤·四季欢歌”文化惠民演出，继续办好“黄河合唱节”等品牌活动。发展文化产业。推进城市记忆工程，传承发展民间艺术、手工技艺、地方戏曲等非物质文化遗产，广泛调动各类文化创新主体积极性，不断满足群众多层次多样化精神文化需求。促进创意资源集聚发展，布局动漫网游、数字内容、创意设计等业态，加强文化产业营销策划和推广，力争文化及相关产业增加值占GDP比重达到6%。升级文化消费。加速线下内容向线上转移，引导培育市民文化消费观念和消费习惯，促进传统消费升级为文化消费。扩充线上数字文化供给类型，加快文创元素向科技、商务、旅游、体育等关联性较高的产业融合渗透，实现社会效益和经济效益相统一。

（三）突出城市生态功能，推动环境优美实现新改善

树立长远发展观。深化“四权”改革成果，推动低碳园区、绿色商圈建设，促进健康生活与绿色生产相融互促。实施重点行业减排降碳行动，提升建筑领域节能标准，加快形成低碳生产方式。加强城市规划和设计引领，使“城市家具”兼备功能必需品和耐看艺术品的双重属性，让设计感、时尚潮、文艺范带动城市环境更优美。发掘农业农村的生态价值和美学价

值，把乡村打造为都市后花园，通过实施村居改造、园区升级项目，让原生态、自然美、乡土气带动乡村建设高颜值。

树立科学生态观。处理好生态建设“潜绩”与经济发展“显绩”关系，加快实现全时全域生态环境监管，推进生态环境全方位修复、全域化保护、全过程治理。落实“四水四定”要求，深化“河湖长＋检察长＋警长”联动机制，健全完善辖区排污口管理台账，抓好河湖岸线砌护清淤，促进水域环境长治久清。均衡布局城市公园绿地，打造环城湿地景观带、中央公园休闲带。开展镇村绿化美化，建设环村林带、乡村公园，提升农村环境品位。

树立全域治理观。围绕环湖生活带、沿河生态带以及河湖保护带，谋划实施一批滨水亲水、园林绿化、节能环保项目。启动两镇农村水系综合整治试点工程，开展桑园沟等流域治理，促进地表水环境整体改善，确保重点入黄排水沟水质保持稳定并持续好转。继续实施土壤污染防治行动，大力推进“无废城市”建设。以细颗粒物与臭氧协同控制为主线，加强清洁低碳能源体系建设，促进空气质量持续改善，空气质量优良天数稳步提升。对标建设项目环境准入标准，从源头控制污染物总量，实现“散乱污”企业动态清零。

（四）突出城市服务功能，推动人民富裕实现新提升

推动实现共同富裕。围绕消费需求升级和新型城镇化，大力扶持现代物流、健康养老、家政服务等劳动密集型行业，着力解决好经济转型进程中出现的结构性就业矛盾。每年实现城镇新增就业6000人以上，城镇调查失业率控制在5.5%以内。深入实施民生“四大提升行动”，加强低收入家庭和生活困难群众住房、医疗、就业等基本生活救助，让群众的获得感成色更足、幸福感更可持续、安全感更有保障。以“金凤悦邻里”社区服务体系建设为抓手，做强居民家门口服务功能。正确处理效率和公平的关系，发展慈善等社会公益事业，主动解决城乡差距、收入差距等问题，推动形成中间大、两头小的橄榄型收入分配结构。

加快实施有机更新。打造城市品质标杆。立足功能完善、品质提升、精细治理，坚持留改拆并举，统筹推进城市更新、旧区改造，进一步细分改造类型，实现城市从“点状更新”到“整体提升”。以小微公园、小型多功能运动场“两小建设”为抓手，完善公共活动空间配套，创建新商住、新生态集聚区。着力提升城市常态化管理和精准化服务水平，完善老旧小区居住功能和服务体系，使之成为新市民低成本融入城市的首选地。打造乡村振兴样板。重视运用乡村文化资源，“一村一品”挖掘农村智慧，激活乡村振兴内生动力。纵深推进农村人居环境综合整治，持续深化农村移风易俗，推广文明积分制、红白理事会等典型经验，推动形成文明乡风、良好家风、淳朴民风。打造城乡融合典范。围绕农业旅游、配套商业等资源打造农商旅融合产业链，推行农业基建领域以工代赈，让农民分享更多产业增值收益。完善区镇村三级农村物流体系，借助电子商务推动工业产品下乡进村、农副产品出村进城。

持续优化公共服务。办好素质教育。创建教育高质量发展示范区，全力以赴保障学位供给，落实“双减行动”和“五项管理”等改革措施，深化“互联网＋教育”示范区建设，大力培育新时代“四有”好老师，巩固基础教育集团化办学成效，提升学前教育办园水平，建立民办教育管理协会，推动学前教育普惠发展、义务教育优质发展、民办教育特色发展。拓展价值医疗。扩大“互联网＋医疗”覆盖面，实现区域内诊疗信息互联互通，组建城乡紧密型医联体。深化“健康金凤”建设，提升两镇卫生院诊疗水平和服务能力。规范发展民营医疗机构，做强特色专科医院。加快传统医疗模式向“价值医疗”转型，促进人均预期寿命提高至77岁。健全保障体系。全面开放公共机构体育设施资源，积极申报国家体育消费试点城市，力争人均体育场地面积达7.5平方米以上。建立完善“县区管理、镇街经办、村居代办”三级经办服务平台，推动社保城乡公共服务均等化。加快构建生育支持体系，推动设立普惠托育服务试点，进一步保障妇女儿童合法权益。大力构建“老年友好型”“儿童友好型”社会，完善多层次养老保障体系，实现人口长期均衡发展。

五、弘扬伟大建党精神

担当赶考重任、书写时代答卷,关键在党,关键在人。要坚决响应党中央伟大号召,不断增强全面从严治党永远在路上的政治自觉,严字当头、实字托底,纵深推进新时代党的建设新的伟大工程。

实施政治建设“领航工程”,锤炼绝对忠诚的政治品格。把党的政治建设摆在首位,坚定执行党的政治路线,胸怀“两个大局”、牢记“国之大者”,始终树牢“四个意识”、坚定“四个自信”、做到“两个维护”。自觉尊崇党章、模范践行党章,严格执行新形势下党内政治生活若干准则,坚决做到“五个必须”,坚决反对“七个有之”。完善党委研究重大政策措施工作机制,充分发挥党委议事协调机构职能作用,把党的领导贯穿辖区工作的各领域各环节。

实施思想建设“铸魂工程”,汇聚立心促学的思想动力。用习近平新时代中国特色社会主义思想武装头脑,广泛开展“四史”和形势政策宣传教育,落实“不忘初心、牢记使命”主题教育制度化、常态化,推动党史学习融入日常,自觉做习近平新时代中国特色社会主义思想的坚定信仰者、忠实实践者。全面落实意识形态工作责任制,深化拓展“一核四化四型”新时代文明实践工作载体,加快“两个中心”融合进程,完善网络综合治理体系,营造清朗网络空间。

实施队伍建设“培优工程”,锻造政治过硬的攻坚团队。坚持党管干部原则,严把好干部标准,加快建立整体智治的选人用人工作体系。强化事业单位管理岗、技术岗干部培养,构建多元化培训模式,打造一支与现代化建设相适应的高素质专业化干部队伍。加强日常监督,将年度考核结果与干部提拔任用、职级晋升、问责追责结合起来,树立看实绩、重担当的鲜明导向。完善人才“引、用、留、育”体制机制,鼓励引导各类优秀人才建功金凤。

实施组织建设“赋能工程”,建强引领发展的战斗堡垒。树立大抓基层导向,以提升组织力为重点,全面强化党组织政治功能。坚持党建引领乡村振兴,不断壮大村集体经济,深化拓展“四联四化”“三强九严”等工作抓手,创新楼宇商圈、互联网企业等新领域工作模式,探索灵活就业、自由职业等新阶层覆盖方式,促进党建资源向发展一线聚集。加强党员教育管理,重视基层青年党员和党务工作者选拔培育,坚持“三会一课”等基本制度,切实让基层党员干部“动”起来,主题党日“活”起来,支部建设“亮”起来。

实施作风建设“培元工程”,塑造党员干部的良好形象。把落实中央八项规定及其实施细则精神作为政治纪律长期坚持,从变异盯起、从细节管起、从苗头抓起、从领导严起,始终压实“一岗双责”,毫不松懈纠治“四风”,健全完善基层减负长效机制。倡导“严细深实勤俭廉”工作作风,深化“民情体验日”“庭院议事会”等载体,坚守人民立场,永葆公仆情怀,持续整治群众身边的腐败,真正做到感情上贴近群众、工作上凝聚群众、行动上服务群众。

实施纪律建设“清风工程”,涵养风清气正的政治生态。充分发挥纪检监察机关专责监督作用,不断完善权力监督制度和执纪执法体系,加强对各级“一把手”和领导班子的监督,推动纪律监督、监察监督、派驻监督、巡察监督衔接贯通。综合运用“四种形态”,严查重点领域关键环节腐败问题。加强党性党风党纪教育,弘扬廉政文化,注重家风教育,强化震慑效应,深化“以案促改”工作,一体推进不敢腐、不能腐、不想腐。

实施制度建设“筑基工程”,强化行稳致远的坚强保证。坚持制度治党、依规治党,注重党内规范性文件及政策措施的系统集成、协同高效,推进构建更加成熟、更加定型的基层制度体系。严格执行重大事项请示报告制度,落实党风廉政建设责任制,确保一届任期内巡察全覆盖。建立全方位监督体系,形成用制度管权、用制度管事、用制度管人的工作格局。健全干部担当作为激励保护机制,严格落实“三个区分开来”,为担当者担当,为负责者负责。

奋进新征程,需要充分发挥党委总揽全局、协调各方的领导核心作用,努力发展全过程人民民主,团结一切可以团结的社会力量、调动一切可以调动的积极因素。支持和保证人大及其常委会依法行使职权,坚持和完善中国共产党领导的多党合作和政治协商制度,坚持大统战工作格局,巩固和发展最广泛的爱国统一战线,发挥群团组织和各类社会组织的桥梁纽带作用，把广大人民群众更紧密地团结在党的周围。

各位代表、同志们，风雨百年、青史可鉴，崭新征程、前景无限。让我们更加紧密地团结在以习近平同志为核心的党中央周围，积极践行“社会主义是干出来的”伟大号召，激扬“一心向党、不负韶华”的朝气，拿出“一往无前、敢于亮剑”的勇气，保持“一马当先、追求卓越”的志气，落实“1447”总体发展思路，在继续建设美丽新宁夏的火热实践中笃定前行，为实现中华民族伟大复兴的中国梦作出金凤贡献！

相关词语注解

守好三条生命线，走出一条高质量发展的新路子：守好促进民族团结、维护政治安全、改善生态环境“三条生命线”，走出一条高质量发展的新路子。

一高三化：发展高质量、治理现代化、城市国际化、生态园林化。

三大攻坚战：防范化解重大风险、精准脱贫、污染防治攻坚战。

五城五区：建设创新、品质、生态、开放、幸福之城，打造产业转型升级示范区、新型城镇化样板区、人居环境最优区、改革开放先行区和民生共建共享区。

三新经济：新产业、新业态、新模式。

三园一区：阅海湾中央商务区数字经济产业园、科技服务产业园、人力资本产业园、金融和信息服务业集聚区。

R&D经费投入强度：全社会研究与试验发展(R&D)经费支出与国内生产总值之比。

一核三联五治五化：以党建为核心引领，以基层组织、物业公司、业主委员会三方联管居民小区为抓手，完善社区共治、自治、法治、德治、智治“五治”并举的治理体系，实现治理主体社会化、治理单元精细化、治理流程规范化、治理模式人性化、治理载体数字化“五化驱动”的治理共同体。

三绿指标：绿地率、绿化覆盖率、人均公共绿地面积。

“五子”专项整治行动：整治村子、清理园子、护好林子、打扫院子、收拾屋子。

一极、两带、双引擎、六大商圈：阅海经济区黄金增长极；典农河生态休闲旅游产业带、沿正源街现代服务业聚集带；产业转型升级发展引擎、城乡统筹融合发展引擎；正源街与北京路区域商圈、银川火车站商圈、阅海万家商圈、环阅海湖商圈、森林公园商圈、环七子连湖商圈。

五大优势主导产业：金凤区现代服务业、数字经济、品牌农业、总部经济、文化旅游五大优势主导产业。

五道两区：主次干道、骑行通道、慢行步道、亲水绿道、文化廊道和老旧小区、特色街区。

服务业发展六大行动：平台经济引领行动、数字企业培育行动、商务区产城融合行动、文旅消费转化行动、创新商业升级行动、商圈布局优化行动。

基层治理“1+6”政策体系：金凤区配套出台的《关于完善基层治理体系提高基层治理能力的若干意见》和乡村、社区、宗教、校园、企业、社团6个领域《实施意见》的“1+6”政策文件。

“五小”行业：小食品经营及加工单位、小理发美容店、小旅店、小浴室、小歌舞厅。

五个认同：对伟大祖国、中华民族、中华文化、中国共产党、中国特色社会主义的认同。

“四权”改革：用水权、土地权、排污权、山林权改革。

民生“四大提升行动”：百万移民致富提升行动、城乡居民收入提升行动、基础教育质量提升行动、全民健康水平提升行动。

“四有”好老师：有理想信念、有道德情操、有扎实学识、有仁爱之心。

五个必须：必须维护党中央权威、必须维护党的团结、必须遵循组织程序、必须服从组织决定、必须管好亲属和身边工作人员。

七个有之：搞任人唯亲、排斥异己的有之，搞团团伙伙、拉帮结派的有之，搞匿名诬告、制造谣言的有之，搞收买人心、拉动选票的有之，搞封官许愿、弹冠相庆的有之，搞自行其是、阳奉阴违的有之，搞尾大不掉、妄议中央的有之。

一核四化四型：以理论宣讲为核心，推动文明实践数字化，资源平台共享化，志愿服务常态化，组织设置规范化，打造智慧型、便利型、服务型、制度型新时代文明实践中心。

两个中心：新时代文明实践中心、融媒体中心。

四联四化：联动责任，推进领导体制一体化；联建组织，推进城市党建区域化；联创和谐，推进治理服务精细化；联享资源，推进基础保障规范化。

三强九严：强化党组（党委）书记领导责任，机关党委书记直接责任，党支部书记主体责任。严格落实党组织设置规定，“三会一课”制度，组织生活会制度，民主评议党员制度，谈心谈话制度，“支部主题党日”制度，党员组织关系和党费管理规定，党组织星级评定办法，落实换届规定。

四种形态：让咬耳扯袖、红脸出汗成为常态；党纪轻处分和组织处理成为大多数；对严重违纪的重处分、作出重大职务调整是少数；严重违纪涉嫌违法立案审查的是极少数。

三个区分开来：把干部在推进改革中因缺乏经验、先行先试出现的失误和错误，同明知故犯的违纪违法行为区分开来；把上级尚无明确限制的探索性试验中的失误和错误，同上级明令禁止后依然我行我素的违纪违法行为区分开来；把为推动发展的无意过失，同为谋取私利的违纪违法行为区分开来。

“1447”总体发展思路：以建设黄河流域生态保护和高质量发展先行区为统领，抓好现代服务引领区、数字变革先行区、产城融合样板区、城乡品质示范区“四区建设”，增强首府核心区产业、人文、生态、服务“四大功能”，深入实施党的建设“七大工程”。

银川市金凤区人民代表大会常务委员会工作报告

——在金凤区第五届人民代表大会第一次会议上

金凤区四届人大常委会主任　陈邢妍

（2021 年 11 月 21 日）

过去五年的主要工作

过去五年，是金凤区发展阶段中极不平凡的五年。这五年，金凤区上下砥砺奋进、攻坚克难，高标准打赢了脱贫攻坚战，与全国同步全面建成小康社会，昂首迈入了宁夏县域经济第一梯队，步入了建设社会主义现代化的新阶段。这五年，金凤区四届人大常委会坚持以习近平新时代中国特色社会主义思想为指导，在金凤区委的坚强领导下，深入贯彻党的十九大及十九届历次全会精神，全面落实习近平总书记视察宁夏重要讲话精神，按照金凤区委的部署，认真履行宪法法律赋予的职责，主动担当作为，开创了人大工作新局面，为推动金凤区经济社会高质量发展和民主法治建设、实现“五城五区”建设目标作出了积极贡献。五年来，人大常委会共召开主任会议 99 次、常委会会议 39 次，听取和审议“一府一委两院”专项工作报告 72 项；开展视察 29 次、执法检查 11 次、专项检查 13 次、专题调研 18 次；提出审议意见 55 项，作出决议、决定 64 项，全面完成了四届人大历次会议确定的各项目标任务。

一、旗帜鲜明讲政治，坚持在党的领导下依法履行职责

五年来，常委会毫不动摇坚持党的领导，旗帜鲜明讲政治，把增强“四个意识”、坚定“四个自信”、做到“两个维护”落实到行动上，坚决扛起责任、展现担当、发挥作用。

明确方向强站位。以习近平新时代中国特色社会主义思想武装头脑，把学习贯彻党的十九大及十九届历次全会精神、习近平法治思想、习近平总书记关于坚持和完善人民代表大会制度的重要思想作为首要政治任务，深刻领会习近平总书记视察宁夏重要讲话精神，系统学习人大制度理论，专题开展研讨交流，进一步把准人大工作方向。开展国家宪法日、宪法周宣传活动，全面落实宪法宣誓制度，切实维护宪法权威。组织纪念地方人大设立常委会 40 周年系列宣传活动，探索发展人民代表大会制度的金凤实践，推动人民代表大会制度深入人心。

强化责任勇担当。自觉接受区委领导，重大事项及时请示报告、重要指示及时传达学习、重要部署及时跟进落实，切实做到与区委政治同向、思想同心、行动同步、发展同力。发挥人大常委会党组领导核心作用，落实“三重一大”事项集体决策制度，常委会重要议题党组先行研究，确保党的主张和意图通过法定程序全面贯彻执行。紧紧围绕区市党委和金凤区委的统一部署，把坚持党的领导、充分发扬民主、严格依法办事贯穿于人大换届选举全过程，科学谋划、周密部署、精心组织，依法选举产生新一届区、镇两级人大代表和两镇人大、政府领导班子。

落实决策显成效。依法行使重大事项决定权，按照法定程序审查批准政府本级年度决算和预算调整方案，作出设立贺兰山中路街道办事处等决议，切实将区委决策部署转化为辖区人民的共同意志。依法行使人事任免权，完善任免流程，履行法定程序，落

实任前审查、投票表决、颁发任命书、宪法宣誓、表态发言等制度，任免国家机关工作人员341人次，实现区委人事意图和人大依法任免的高度统一。紧贴区委中心工作，落实河湖长和项目首席服务官制度，牵头开展重点项目、重点工作督查，聚力脱贫攻坚、疫情防控、换届选举、创建文明城市等重点工作，深入一线发力，下沉基层服务，不折不扣抓好落实，力促区委决策部署条条落实、件件落地、事事见效。

二、维护大局善作为，坚持在改革发展中增强监督成效

五年来，常委会始终坚持把围绕中心、服务大局作为工作主线，实行正确监督、有效监督、依法监督，为推动金凤区“五城五区”建设贡献智慧和力量。

围绕落实重大决策部署开展监督。助力打好疫情防控阻击战，动员各级人大代表和人大工作者积极投身疫情防控，宣传贯彻自治区人大常委会《关于依法防控新型冠状病毒肺炎疫情坚决打赢疫情防控阻击战的决定》，开展《突发公共卫生事件应急条例》《宁夏回族自治区志愿服务条例》执法检查，督促政府及相关部门落实责任，统筹推进常态化疫情防控和经济社会发展。助力决胜脱贫攻坚，视察调研精准扶贫、精准脱贫工作，紧盯问题、认真研究，提出意见建议27条，推进巩固脱贫攻坚成果同乡村振兴有效衔接。助力有效防控风险，加大对财政预决算和政府债务的监督力度，跟踪监督审计整改问题，规范财经工作运行，促进防范和化解风险。助力环境持续向好，连续三年审议政府年度环境状况和环境保护目标完成情况报告，专题检查生态环境保护工作，督查人居环境整治、大气污染防治、“散乱污”企业清理、“大棚房”违建整治等80余次，为建设“生态之城”提效增力。

围绕经济高质量发展开展监督。致力经济持续健康发展，审议政府“十三五”规划实施情况中期评估报告，立足实际批准调整相关指标，提前介入调研“十四五”规划编制工作，督促政府全面贯彻新发展理念，科学研判发展形势，确保“十三五”目标任务顺利完成，绘好“十四五”发展蓝图。致力实现财政平稳运行，听取审议政府计划、财政预决算和审计工作等报告，审查批准计划草案、预决算草案，支持和促进政府更加有力有效落实政策要求，提高财政资金使用绩效。致力管好用好国有资产，落实政府向人大常委会报告国有资产管理情况制度，全面摸清金凤区各类国有资产“家底”，认真梳理分析问题，切实提出对策建议，促进了国有资产规范管理。致力推进经济转型升级，视察调研现代服务业、现代旅游业发展情况，锲而不舍紧盯重点项目建设，支持政府加大创新驱动力度，将产业发展与城市建设相结合，推动产业转型升级，促进经济结构优化，催生发展新动能，为建设“创新之城”凝心聚力。

围绕提升社会治理水平开展监督。聚焦构建规范治理体系，调研综合行政执法体制改革工作，建议政府从队伍建设、制度完善、资源整合、执法协作上持续发力，不断提升综合执法水平。聚焦夯实基层治理根基，视察社区治理工作情况，监督社会组织培育情况，建议政府完善共治、自治、法治、德治、智治体系建设，提升社区治理能力和服务水平。聚焦培育现代文明新风，开展《银川市文明行为促进条例》执法检查，建议政府把抓好条例的贯彻落实作为创建全国文明城市的重要途径，用法治力量守护城市文明。聚焦提升精细治理水平，视察政府“城市环卫市场化服务外包”工作，检查《银川市城市绿化管理条例》落实情况，建议政府高起点规划、高标准建设、精细化管理，不断改善环境质量、提高城市品位，为建设“品质之城”献智出力。

围绕法治平安建设开展监督。助推依法治区，以“一府一委两院”工作监督为重点，视察法治政府建设情况，调研监察委员会运行情况，监督法院审判、执行、“两个一站式”建设等工作，监督检察院认罪认罚从宽制度落实、“检务公开”、公益诉讼等工作，确保行政权、监察权、审判权、检察权依法正确行使。对政府规范性文件进行备案审查，对预算法、统计法、审计法等10余部法律法规进行执法检查，切实维护法制的尊严和权威。助推平安建设，调研法院扫黑除恶专项斗争刑事审判工作、涉黑涉恶案件“打财断血”工作，推动扫黑除恶深入开展；持续监督“七五”普法开展情况，依法作出“八五”普法决议，促进全社会尊法学法守法用法；检查《安全生产法》《食品安全法》落实情况，回应社会关切，守护公共安全；做好人

大信访工作，受理群众信访55件（次），积极化解矛盾，努力营造良好的法治环境，维护社会和谐稳定，为建设“开放之城”护航蓄力。

围绕改善民生福祉开展监督。把促进社会事业全面发展抓在手上，围绕教育优质均衡示范区创建、中小学集团化办学、中小学学校建设、劳动者权益保障、基层医疗机构建设、全民健身计划落实、公共文化服务体系建设等重点领域、重点工作强化监督问效，寓支持于监督之中，力促教育、医疗、社保、文体事业蓬勃发展。把保障特殊群体权益挂在心上，扎实推进老年活动中心、老年日间照料中心、儿童之家、公办幼儿园建设；开展《残疾人保障法》执法检查，调研未成年人检察工作，保护弱势群体的权利，推动实现老有颐养、幼有善育、弱有众扶。把提升群众“幸福指数”落在行动上，视察老旧小区及棚户区改造情况，紧盯政府承诺的惠民实事完成情况，坚持不懈抓好民生实事工程，推动改革发展成果惠及全体人民，为建设“幸福之城”协心戮力。

守正创新提高人大监督质效。提升监督精度，精选监督议题，认真制定年度监督计划，坚持监督前集中学习制度，确保监督有的放矢。推进监督深度，充分发挥财经、法制两个专委会作用，聘任22名经济、法律、民生等领域的专家学者组成人大常委会专家咨询委员会，邀请专家全程参与监督工作，为强化监督提供专业支持。拓展监督广度，在全区率先建设预算联网监督中心，运用智能化手段，创新监督内容，实现了对预决算的全口径审查和对预算执行全过程的实时在线监督，为强化监督提供信息支撑。加大监督强度，健全调研、视察、座谈、审议、督办、满意度测评为一体的监督链条，重大议题实行区、镇、街道人大联动监督，落实审议意见跟踪督办机制，实现了监督点面结合、上下联动、全员参与、持续发力。

三、服务代表激活力，坚持在履职为民中践行初心使命

五年来，常委会坚持尊重代表、联系代表、依靠代表、服务代表，不断提高代表履职的能力和水平，代表主体作用得到有效发挥。

完善工作体系、夯实履职基础。设立街道人大工作委员会，协调区委配强领导班子，配备专职工作人员，强化了基层人大工作的组织保障。规范化建设代表工作室7个、代表联络站65个、代表之窗30个，打通了代表联系服务群众的“最后一公里”。建立健全代表联系选民、履职管理、述职评议、学习培训等工作机制，代表工作更加规范有序。把代表活动经费纳入区财政预算，足额安排人大代表活动经费87.83万元。基层代表工作实现了“机构规范化、阵地标准化、工作制度化、人员专职化、经费专项化”，形成了“家站常在、窗口常开、代表常来、实事常办”的工作格局。

优化服务保障、提高履职水平。坚持线上线下培训相结合，先后举办代表培训班18期，组织代表参加各级各类学习培训50期，培训代表1200余人（次），代表能力素质、履职热情实现“双提升”。丰富代表活动，连续三年分别围绕环境保护、文明城市、基层治理开展“人大代表在行动”系列主题活动，提出了一大批接地气、有见地的高质量建议，充分发挥了代表模范带头、问政督政、桥梁纽带、疏导服务的作用。邀请代表列席人大常委会会议、参加人大“三查（察）”活动、参与电视问政、旁听案件庭审、参加检察开放日活动1440余人（次），为每位代表赠阅《人民代表报》《宁夏人大》《银川人大》《代表视角》等报刊，代表知情权、参与权、表达权、监督权得到充分保障。

创新工作思路、激发履职动力。在全区率先搭建“互联网＋代表履职”便捷平台，建立借助大数据收集社情民意、形成人大代表督办建议、转交相关单位办理的工作新途径。三级人大代表认真履职，一年来利用网络平台转交意见建议40余件，全部办结完毕，“互联网＋代表履职”工作得到区市人大充分肯定，在自治区代表工作会议上交流经验。注重因地制宜、发挥专业优势，组建农业科技代表专业小组，挂牌成立良田镇农业科技代表联络站，围绕良田镇农业产业发展和民生问题开展视察调研，提出意见建议，为服务农业产业发展、带动群众脱贫致富、助推乡村振兴发挥了积极作用。

加大督办力度、提升履职成效。认真办好代表议案和建议，落实人大、政府、承办单位三方联动机制，办理情况书面答复代表，接受代表评议，坚持常委会领导牵头督办、委室跟踪督办、代表参与督办，形成了沟通有序、转办及时、督办有力、答复规范、办理有

效的工作模式。经过各方努力，一批老旧小区住户圆梦电梯入户，农村饮水安全得到切实保障，金凤区史馆全面建成开放，良田渠改造段重现岸绿景美。四届人大历次会议40件议案、448件代表建议，办结408件，答复率100%，满意率90%，代表良言变良策，政府实干显实效，奏响民生幸福“最强音”。

四、从严从实强自身，坚持在锤炼自我中提升能力水平

五年来，常委会积极适应新形势新要求，全面落实新责任新担当，不断夯实履职基础，推动人大工作扩面提质。

机关党建纵深发展。深入贯彻全面从严治党的要求，认真开展“两学一做”学习教育，扎实推进“不忘初心、牢记使命”主题教育，坚定政治信念，践行使命担当。喜迎建党百年华诞，深刻领会习近平总书记“七一”重要讲话精神，持续深化党史学习教育，赓续红色血脉，汲取奋进力量。落实党建主体责任和党风廉政建设、意识形态工作责任制，不断提高政治判断力、政治领悟力、政治执行力。严格执行中央八项规定精神，认真完成区市巡视巡察反馈意见整改落实，涵养风清气正的良好政治生态，人大常委会机关政治、思想、能力、制度、作风建设全面加强。

履职能力不断提高。健全学习机制，统筹推进党组专题学、党员集体学、代表履职学、机关日常学、干部在线学，共召开党组理论学习中心组学习会50次，举办“金凤人大讲堂”12期、“周一九点课堂”79次，组织党课教育33次、交流研讨120余人(次)，扎实练好履职“基本功”。大兴调研之风，围绕事关经济社会发展的全局问题、人大工作的重要问题、群众关切的民生问题开展大调研大走访，形成各类调研报告41篇，推动相关工作落实见效、问题妥善解决。完善制度建设，制定、修订各项工作制度35项，形成内容全面、程序完善、运行有效的制度保障。强化宣传引导，优化信息报送流程，加强宣传队伍建设，办好内刊《代表视角》，与主流媒体建立常态化合作机制，推出了“小唐讲人大故事”“疫情防控中的人大力量”等一系列有温度、有特色、有影响的报道，被各级媒体刊发稿件400余篇。人大工作成果、代表先进事迹多次在《人民代表报》刊载、连续被《宁夏人大》《银川日报》刊登，金凤人大 “好声音”广泛传播。

整体水平全面提升。主动沟通联系，积极争取上级人大支持，配合做好区市人大视察、调研、执法检查、立法征求意见等工作。加强联络交流，组织代表及工作人员外出观摩学习17批，接待外地人大考察团36个，在交流互学中取长补短、共同提高。深化协同指导，连续四年专题调研基层人大工作，推动镇街人大工作规范化、制度化建设，上下联动组织代表活动，合力合拍开展监督工作，金凤人大“一盘棋”效应充分彰显。支持鼓励各镇、街道创新探索，长城中路街道“4422”代表工作法、荣锦苑社区“阳光说吧”等基层实践亮点纷呈。金凤区人大代表工作、良田镇人大工作分别在全国人大工作培训班、全国县乡人大工作交流会上作经验交流。

各位代表！五年奋斗历程步履铿锵，五年生动实践硕果累累，五年发展成绩鼓舞人心。我们与全区人民一道，风雨同行，携手奋进，共克时艰，共同见证了历史成就。五年来，金凤区人大常委会取得的成绩，是坚持习近平新时代中国特色社会主义思想科学指导的结果，是坚持和落实人民代表大会根本政治制度的结果，是金凤区委坚强领导的结果，是常委会组成人员和全体人大代表、人大工作者辛勤努力的结果，是“一府一委两院”及区直各部门、各镇、街道齐心协力、全区人民以及社会各界信任支持的结果，也是历届人大经验传承、接续奋斗的结果。在此，我谨代表金凤区四届人大常委会表示崇高敬意和衷心感谢！

在总结成绩的同时，我们清醒地看到，常委会的工作对标区委要求、人民期待、时代使命还存在一定差距，主要是：监督工作的方式较为单一、刚性不足，代表履职的主动性、积极性有待提高，自身建设仍需进一步加强。这些问题和不足，需要在今后工作中切实加以改进。

五年工作的主要体会

各位代表！成绩值得珍惜，经验更加宝贵。五年的履职实践，我们对做好人大工作有了更深的体会。

一是必须始终坚持党的全面领导，坚定正确的

政治方向。在人大工作中自觉接受党的领导,是人大履行职权、开展工作的前提和保证。五年来,我们自觉把坚持党的领导和依法行使人大职权统一起来,无论是监督、决定、任免,还是代表工作、自身建设,都紧紧围绕区委的决策部署来开展和推进。实践使我们认识到,只有在党的正确领导下做好人大各项工作,才能始终保持人大工作的正确政治方向。

二是必须坚持围绕中心促发展,把准履职要务。发展是我们党执政兴国的第一要务,也是人大工作的首要任务。五年来,我们把促进区委政府中心工作的落实,作为人大依法履职的切入点,开展执法检查、视察调研,听取审议"一府一委两院"专项报告,及时作出决议决定,对金凤区发展起到了积极的推动和促进作用。只有坚持发展第一要务,围绕中心、服务大局,人大工作才具有生命力和向心力。

三是必须坚持民生为本谋福祉,夯实履职根基。反映人民群众意愿,推动"一府一委两院"解决实际问题,是做好人大工作的坚实基础。五年来,我们围绕脱贫攻坚、生态环保、文教卫生、社会治理等民生问题开展监督工作,"一府一委两院" 和相关部门给予我们全力支持和配合,在全社会营造合心合力关注民生福祉的良好氛围,努力使发展成果更多更好地普惠人民群众,实现了监督与支持的有机统一。实践证明,只有坚持以人民为中心,不断提升人民群众的生活质量和"幸福指数",人大工作才能得到群众的肯定和支持。

四是必须坚持保障发挥代表作用,增强履职活力。人大代表是人大工作的主力,也是代表人民行使国家权力的主体。五年来,我们通过积极开展代表履职培训、代表主题实践活动、提出意见建议等方式,为代表履职尽责搭建平台,促进人大代表建良言、献良策,助推金凤区经济社会高质量发展。也正是我们加强对代表的服务与保障,规范代表的履职行为,密切与代表的沟通联系,才使得代表反映民意、集中民智、凝聚民心的巨大作用充分发挥。

对新一届人大常委会工作的建议

各位代表,天道酬勤,万象更新。今后五年是金凤区加快建设黄河流域生态保护和高质量发展先行区的决胜期。前不久召开的金凤区第四次党代会描绘了"四区建设"新蓝图,开启了金凤区现代化建设新征程。展望未来,人大工作使命光荣、责任重大。建议新一届人大常委会在金凤区委的坚强领导下,高举习近平新时代中国特色社会主义思想伟大旗帜,深入贯彻党的十九大及十九届历次全会精神和中央人大工作会议精神,全面落实习近平总书记"七一"重要讲话和视察宁夏重要讲话精神,围绕市委关于金凤区加快打造高质量发展先行区要求,紧扣区委"1447"总体发展思路,忠实履行法定职权,更好发挥代表作用,主动担当,奋发有为,服务大局,苦干实干,全力推进全过程人民民主,推动人大工作不断取得新进展,努力在谱写美丽新宁夏建设的金凤新篇中贡献人大力量!

一、坚持党的领导,以更高的站位落实区委决策部署

把加强政治建设摆在更加突出的位置,不断增强用习近平新时代中国特色社会主义思想统领人大工作的自觉性和坚定性。始终不渝坚持党的领导,旗帜鲜明站稳人民立场,坚定不移肩负起法定职责,做到党有所指、我有所向,民有所呼、我有所应,法有所赋、我有所为,更好地实现党的领导、人民当家作主和依法治国有机统一。紧盯群众所思所盼所愿、对标区委大事要事谋划人大工作,聚力区委决策部署依法行使重大事项决定权,聚焦区委意图依法行使人事任免权,全面贯彻区委指示要求,切实体现政治担当。

二、坚持依法监督,以更好的成效推动金凤改革发展

锚定区委"四区建设"战略部署,紧扣突出"四大功能"目标任务,立足人大职能,扎实开展工作监督和法律监督,改进监督方式方法,在服务改革发展上精准发力、在推动法治建设中果断出力,切实做到区委工作重心在哪里,人大工作就跟进到哪里,力量就汇聚到哪里,作用就发挥到哪里。围绕突出城市产业功能,加强对现代服务业提升、园区经济发展、商业街改造、重点项目建设等工作开展监督,深化计划执行、财政预决算、政府债务、国有资产管理、审计查出问题及其整改情况的审查监督,推动加快产业升级

步伐、实现经济高质量发展。围绕突出城市人文功能，视察调研数字治理、城市更新、平安建设、乡村振兴、公共文化建设、优化营商环境等工作，加强对民族团结进步示范创建工作的调研，依法保障和推动民族团结进步事业，筑牢民族团结法治基石。围绕突出城市生态功能，监督政府环境状况和环境保护目标完成情况，聚焦“四权”改革、村居改造、城市公园建设、农村综合整治等工作开展监督，大力推进生态文明，建设美丽金凤。围绕突出城市服务功能，瞄准基层治理、公共安全、社会保障、公共服务、文明创建等基础性领域深入开展监督，紧盯教育、医疗、交通、住房、养老、就业等群众急难愁盼问题持续监督，就民生热点问题开展专题询问，推动人民富裕实现新提升。围绕推动法治建设，落实宪法宣誓制度，加大“八五”普法监督力度，强化依法行政和公正司法监督举措，稳步推进监察工作监督，增强人大执法检查刚性，完善规范性文件备案审查机制，落实涉法涉诉信访事项办理，深化依法治区实践，推进法治金凤建设。

三、坚持服务代表，以更实的举措保障代表履行职责

突出代表主体作用，深化代表工作的方式方法，进一步增进常委会组成人员联系人大代表、人大代表联系群众“两个联系”，更好地接地气、察民情、聚民智、惠民生。注重加强服务保障，加大代表培训力度，保障代表活动经费落实，畅通代表知情知政渠道，邀请代表广泛参与常委会各项工作，支持“一府一委两院”加强与代表联系。持续推进站点深度融合标准化建设，管好用活“家、站、窗”平台，加强“互联网 + 代表履职”平台建设，注重创新活动载体，有主题、有计划、有成效地组织开展闭会期间代表活动。完善代表议案建议督办落实机制，提高办理质量和代表满意度，用好人大代表议案专项资金，重点督办、长效推动，确保实事办实、好事办好。

四、坚持自我锤炼，以更严的作风展现人大责任担当

持之以恒加强自身建设，坚持用党的创新理论成果武装头脑，深入推进“两学一做”“不忘初心、牢记使命”主题教育常态化、制度化，推动党史学习教育继续走深走实，弘扬伟大建党精神，凝聚磅礴的前进动力。落实全面从严治党主体责任，发挥党组重要作用，深化党风廉政建设，高度重视意识形态工作，确保人大工作始终沿着正确轨道运行。加强学习调研，认真学习宪法法律和业务知识，带头走基层、摸实情、办实事、连民心，做到学用结合，推动成果转化。严格执行中央八项规定精神，健全完善制度，狠抓工作落实，抓实舆论宣传，锤炼过硬作风，着力打造高素质人大干部队伍。支持专门委员会全面参与常委会监督、决议工作，更好发挥常委会工作机构参谋助手作用，指导和推进两镇人大建设，增强各级人大工作协同联动，有效凝聚工作合力，努力打造让党中央放心、人民群众满意的政治机关、国家权力机关、工作机关、代表机关。

各位代表，新时代需要新担当，新征程呼唤新作为。让我们紧密团结在以习近平同志为核心的党中央周围，把中央人大工作会议精神贯彻落实到人大工作各方面各环节全过程，笃定目标再出发，凝心聚力再拼搏，在区委的坚强领导下，锐意进取，持续用力，砥砺前行，以高质量工作成效担当起新时代赋予我们的历史使命，为建设美丽新宁夏再谱金凤新篇努力奋斗！

政府工作报告

——在金凤区第五届人民代表大会第一次会议上

金凤区代区长　张　涛

（2021 年 11 月 20 日）

一、过去五年工作回顾

金凤区第四届人民代表大会以来，金凤区人民政府坚持以习近平新时代中国特色社会主义思想为指导，坚决贯彻习近平总书记视察宁夏重要讲话精神，深入落实党中央、国务院系列重大决策部署，在区市党委、政府和金凤区委的坚强领导下，在金凤区人大及其常委会、金凤区政协的监督支持下，坚持稳中求进工作总基调，立足新发展阶段，贯彻新发展理念，融入新发展格局，践行全心全意为人民服务的根本宗旨，团结带领全区各族人民凝心聚力推动高质量发展，全面完成了金凤区第四届人民代表大会确定的各项目标任务，取得了“五城五区”建设的显著成效，实现了“十三五”圆满收官和“十四五”良好开局。

五年来，我们一以贯之稳增长、促发展，综合实力积厚成势。地区生产总值连跨两个百亿大关，预计今年达到 323 亿元，每平方公里产出近亿元，经济密度稳居全区之首，综合实力迈入全区县域经济第一梯队。固定资产投资总量预计超过 1300 亿元，占全市投资总量 30%以上，在全区占比首次突破 10%，投资强度、投资规模保持领先。社会消费品零售总额年均增长 8.5%，增速持续领跑全区。地方公共财政一般预算收入 34.48 亿元，年均增长 7%。城镇居民人均可支配收入预计突破 4.6 万元，保持全区第一。农村居民人均可支配收入预计突破 1.6 万元，增速高于地区生产总值和城镇居民收入。完成招商引资到位资金 493 亿元，总量连续五年位居全区前列。落户十亿级产业项目 33 个，引进亿元以上项目 95 个，民间投资占固定资产投资比重保持在 80%以上，非公经济占地区生产总值比重超过 50%。建成大中型企业区域总部楼宇 25 栋，聚集总部企业近百家，营收总额超过 800 亿元。累计争取各级资金 63.8 亿元，争创国家试点示范工作 40 项，获得国家级荣誉 21 项。

五年来，我们一以贯之调结构、促转型，动能转换优化提速。完成第三产业增加值 260 亿元，总量跃升至全区第二，三次产业结构调整为 0.7：16.8：82.5，三产贡献率提高 33.5 个百分点，服务业成为经济增长核心动能。阅海湾中央商务区、丝路经济园整合运营，注册入驻企业 4000 余家，实现主营业务收入 1396 亿元，成功创建“自治区现代服务业集聚区”。在全区率先成立商业联盟，出台“服务业十一条”，品牌化运营“金凤飞舞·城市乐活会”，打造特色商业街区 12 条，引入首店 116 家，“六大商圈”完成营收超百亿。实现旅游收入 4.52 亿元，环阅海健身旅游休闲圈成功入选“中国旅游精品线路”。率先完成工业园区整合，发放工业技改奖补资金 2063 万元，小牛自动化、威力传动引领制造业转型升级，单位工业增加值能耗降幅居全区前列，制造业质量竞争力指数连续两年排名全区第一。建成设施农业园区 27 个、设施温棚 4300 栋，培育农业龙头企业 15 家、农民专业合作社 66 家、家庭农场 33 家。良田镇成功申报国家级产业强镇。

五年来，我们一以贯之挖潜力、优服务，发展活力竞相迸发。机构改革提升行政效能，基层执法力量改革顺利完成。国企国资改革扎实推进，阅海集团实现扭亏为盈。“放管服”改革持续深化，80%以上政务服务事项“网上办”，打造全区首个行政审批“零收费区”。新增市场主体4.1万户，占全市增量30%以上。设立全区首家企业智慧服务中心，出台“优化营商环境二十条”，常态化召开民营企业座谈会，累计减税降费17.2亿元。成立金凤区知识产权保护中心，万人发明专利拥有量15.87件，保持全区领先水平。培育国家和自治区级高新技术企业59家、重点实验室9家、工程技术研究中心15家、科技型中小企业279家，在2020年县域科技创新能力监测评价中排名全区第一。“本土人才回流”工程和“引凤创梦”行动深入推进，引进各类急需紧缺人才230名，建档入库人才近万人。

五年来，我们一以贯之打基础、谋长远，城市能级显著提高。深入落实“北拓、中优、南提”空间发展规划，建成区面积超过100平方公里，城镇化率达到82%。银西高铁建成通车，沈阳路快速通道全线贯通，“八横四纵”南部路网和“三横三纵”北部路网构建便捷城市框架，23公里新建农村路畅通两镇“致富快车道”，银兴公路获评“自治区最美农村路”。改造提升棚户区15个、老旧小区60个，建设安置区17个，实施危房改造231户，数十万群众安居圆梦。撤销村委会6个，增设居委会20个，城镇化进程加速推进。在全区率先打造智慧金凤社会治理综合平台，163个小区完成数字化改造，915座5G基站赋能智慧管理，率先实现建成区5G网络全覆盖，成为西北地区唯一入选首批国家智能社会治理城市管理特色实验基地的县区。136个新时代文明实践阵地贯通宣传教育矩阵，“1+50+N”志愿服务项目常态化开展，助力银川市蝉联全国文明城市荣誉称号。

五年来，我们一以贯之抓保护、强治理，生态环境切实改善。中央环保督察反馈问题全部整改，“大棚房”清理整治全面完成。农村人居环境整治深入推进，“五子”专项行动纵深开展，城乡环卫实现一体化运行。建成垃圾转运站7个，新建污水处理厂4个、自来水厂7个、给水管网462公里，农村自来水入户率达97%，农村生活污水处理率、卫生厕所普及率居全区之首，获评“全国村庄清洁行动先进县”，园子村获评“中国美丽休闲乡村”，润丰村获评“十三五”美丽搬迁安置区、全国乡村治理示范村。污染防治攻坚战取得阶段性成果，能耗总量和强度“双控”目标责任严格落实，全面淘汰城区燃煤锅炉，高标准建成清洁煤配送中心，完成清洁能源双替代1800余户，“散乱污”企业实现动态清零，PM2.5下降36.3%，优良天数比例由71.6%提高至83.2%。新增绿地300万平方米、造林4000亩，建成小微公园35处，湖泊湿地面积达到5.6万亩，城市“三绿”指标居全市首位。

五年来，我们一以贯之惠民生、增福祉，社会大局和谐稳定。民生投入75.4亿元，占财政支出82%以上。脱贫攻坚圆满收官，实施各类扶贫项目155个，10个贫困村全部脱贫出列，1369户5685人全部脱贫退出。教育布局持续优化，新改扩建中小学、幼儿园35所，新增学位24030个，争取教师编制507个，全面完成“5080”任务，教育资源供给更加充足。义务教育迈上新台阶，在全区率先启动教师、执行校长轮岗交流，集团化办学实现全覆盖。教学质量得到新提升，部级优课与教师比连续四年居全区第一，获评自治区“互联网+教育”示范区。“健康金凤”建设成效显著，人均预期寿命提高至77.45岁，在悦海新天地打造全市首家健康科普基地，毓秀公园成为全区首个标准化体育健康主题公园，获评“全国健康促进县”。两镇卫生院服务能力显著提升，农村传染病防控体系更加完善，“互联网+医疗健康”远程门诊实现全覆盖。建成全区首个市辖区级新冠病毒核酸检测实验室，接种新冠病毒疫苗91.3万剂次，构筑起坚实的群体性免疫屏障。就业形势稳定向好，“零就业”家庭动态清零，城镇登记失业率控制在4.5%以内，荣获“自治区转移就业示范县”。建成基层公共文化服务中心79个，16座“金凤悦书房”塑造全民阅读品牌。新增全民健身场地44处、健身路径600套，人均体育场地面积超过全国平均水平，入选“首批全国县域足球典型”名单。创新“一核三联五治五化”社区治理模式，建成社区邻里中心（驿站）6个，成功打造"金凤悦邻里"社区服务品牌。扫黑除恶专项斗争战果显著,政法队伍教育整顿取得实效,在全区率先实现基层法律服务全覆盖,群众安全感更有保障。安全生产形势持续稳定,食品药品监管体系更趋完善。民族团结进步事业繁荣发展,荣获"全国民族团结进步示范区"称号。"双拥"共建、优抚安置持续深化,妇女儿童、青少年、老年人、残疾人事业不断发展。

五年来,我们一以贯之强政风、转作风,自身建设全面加强。"两学一做"学习教育、"不忘初心、牢记使命"主题教育常态化制度化开展,党史学习教育见实见效。严格执行民主集中制,召开政府党组会议87次,常务会议82次,集体研究解决"三重一大"事项430件,提交党委常委会研究重大事项160件,办理人大代表议案40件、意见建议448件,政协委员提案233件,切实巩固了同心谋事、协力干事、团结共事的良好局面。全面贯彻法治政府建设要求,建立政府常务会议学法、法律顾问全程列席制度,成立政府法律顾问团和专家咨询库,行政首长出庭应诉率、重大行政决策风险评估率100%。行政权力运行和监督制约机制不断完善,国企国资、项目审批等重点领域监管持续强化。牢固树立"过紧日子"思想,出台进一步强化"三保"工作措施"二十条"。年均压减政府系统会议、文件15%以上,依法公开政务事项2.3万件。认真做好巡视、巡察、审计反馈问题整改,主动配合纪委监委查处违纪违法案件。驰而不息纠治"四风",严格执行自治区作风建设"八条禁令"精神,政府执行力、公信力进一步提升。

各位代表,五年砥砺奋进,五载春华秋实。这五年,是金凤区经济社会发展转型升级的关键五年,是各项工作取得突破性成就的辉煌五年。回顾五年历程,我们牢记了习近平总书记视察宁夏的殷殷嘱托,坚决响应"社会主义是干出来的"伟大号召,为积极投身黄河流域生态保护和高质量发展先行区建设注入了强劲动力。我们经历了在建党100周年这个伟大时间节点上,全面打赢脱贫攻坚战、与全国同步迈入小康社会的历史性时刻,为与全国一道开启第二个百年奋斗目标奠定了坚实基础。我们融入了"双循环"新发展格局,做好"六稳"工作,落实"六保"任务,辖区经济发展呈现出质效显著提升、增势显著上扬的良好态势。我们构建了基层信赖、群众肯定、社会认可的发展环境,经济发展蓬勃有力、民生实事落地有声、社会大局和谐有序,群众获得感幸福感安全感更足。我们激发了荣辱与共、干事创业的强大动力,"人人共建、人人共享"的城市文明内核引导我们合力致远,"生命至上、举国同心、舍生忘死、尊重科学、命运与共"的伟大抗疫精神激励我们握指成拳,64万金凤儿女必将在新征程上,书写新时代高质量发展的精彩篇章。

回顾五年奋斗路,艰难困苦,玉汝于成。取得这些成绩:得益于以习近平同志为核心的党中央领航定向,得益于习近平新时代中国特色社会主义思想的科学指引,得益于上级党委、政府和区委的正确领导;离不开人大、政协和社会各界的监督支持,离不开历届班子、历任领导的接续奋斗,更离不开辖区各族干部群众的同心同向同行。在此,我代表金凤区人民政府,向辛勤付出的干部群众,向给予我们理解支持的人大代表、政协委员、各民主党派、无党派人士、各人民团体、驻区部队官兵、离退休老领导和老同志、民营企业家们,向参与辖区建设的税务、电力、金融等各有关单位,向在打赢新冠肺炎疫情防控阻击战中给予我们支援的兄弟县(市)区、爱心企业、爱心人士,向给予金凤区发展无私帮助的社会各界人士,致以崇高的敬意和衷心的感谢!

成绩催人奋进,经验弥足珍贵。回顾五年成就,我们深切体会到,做好政府工作:必须对标看齐保持政治定力。党的全面领导是推动政府工作的根本依靠,必须深学笃行习近平总书记视察宁夏重要讲话精神,不断增强"四个意识"、坚定"四个自信"、做到"两个维护",始终保持绝对忠诚,自觉在思想上政治上行动上同以习近平同志为核心的党中央保持高度一致,确保各项工作沿着正确方向前进。必须理清思路保持发展定力。新发展理念是高质量发展的战略指引,必须始终坚持发展第一要务,以供给侧结构性改革为主线,优动能、调结构、转方式,构建符合金凤特征的高质量发展经济结构。必须担当求实保持为民定力。为人民服务是政府的宗旨,对人民负责是政府工作的基本原则,必须始终坚持人民至上,努力用政府的辛勤指数换取群众的幸福指数，真正让群众共享改革发展成果，不断创造经得起实践、人民和历史检验的业绩。必须依法行政保持廉洁定力。依法行政是政府工作的基本要求，必须坚持秉公用权、一心为民，始终依法依规办事、科学民主决策，以公道正派、风清气正的政治环境，凝聚起攻坚克难、一往无前的磅礴力量。

在肯定成绩的同时，我们也清醒认识到，经济社会发展中还存在不少困难和问题。主要表现在：一是经济发展动能与高质量发展要求不够匹配。疫情变化和外部环境带来的不确定性持续存在，还面临着扩大经济总量和加快转型升级的双重任务、发展要素趋紧和增长方式单一的双重压力，部分经济指标增速有所回落，经济下行压力依然较大，稳增长还需付出艰苦努力。二是城乡融合程度与新型城镇化建设不够协调。发展不平衡不充分问题仍然存在，产业布局、功能配套整体呈现“北热南冷”局面，城乡二元结构矛盾较为突出，乡村振兴任务艰巨，区域发展仍存在明显梯度特征，城乡耦合、产城融合还需进一步提升。三是公共服务供给与美好生活需求不够契合。在人口持续高速流入大趋势下，城市建设、公共服务“补欠账”和“满足新需求”矛盾凸显，停车难等问题尚未有效解决，城市功能需进一步完善，教育、医疗、养老等社会事业还有不少短板，优质公共服务与多种生产生活要素协同发展效率亟待提升。四是政府自身建设与新阶段行政效能不够同步。部分干部思想较为保守，改革创新、依法行政、驾驭风险的能力仍有不足，推进发展和服务群众的水平还需提高。对于这些问题，我们必须高度重视，下大力气予以解决，始终以民之所望作为施政所向，履职尽责，决不辜负人民重托。

二、今后五年目标任务

今后五年政府工作的指导思想是：高举习近平新时代中国特色社会主义思想伟大旗帜，深入贯彻党的十九大和十九届二中、三中、四中、五中、六中全会精神，全面落实习近平总书记“七一”重要讲话和视察宁夏重要讲话精神，始终坚持以建设黄河流域生态保护和高质量发展先行区为统领，紧扣区委“1447”总体发展思路，全力抓好现代服务引领区、数字变革先行区、产城融合样板区、城乡品质示范区“四区建设”，着力增强首府核心区产业、人文、生态、服务“四大功能”，努力在创新发展、现代服务业发展、品质城市建设、城市治理体系和治理能力现代化四个方面做出示范，深入实施党的建设“七大工程”，坚持稳中求进，坚持改革创新，坚持求真务实，坚持苦干实干，大力倡导“严细深实勤俭廉”良好作风，在美丽新宁夏建设的火热实践中再谱金凤新篇！

经济社会发展的主要目标是：聚焦“四区建设”、提升“四大功能”，实现综合实力迈上新台阶，创新能力得到新提升，城乡建设展现新面貌，改革开放呈现新活力，生态改善取得新成效，民生保障迈出新步伐，社会文明达到新高度。地区生产总值年均增长6%左右，全社会固定资产投资年均增长3%以上，社会消费品零售总额年均增长7%以上，地方公共财政预算收入年均增长5%以上，城乡居民人均可支配收入年均分别增长7%、7.5%左右，经济社会发展主要指标增速高于区市平均水平。

（一）全力打造现代服务引领区。坚持集聚发展、项目带动、品牌引领，主动服务自治区“九大产业”发展，推进服务业发展提速、比重提高、质效提升。到2025年，服务业增加值占地区生产总值比重达到85%，经济增长贡献率达到90%左右，科技、金融、商务等现代服务业占比达到40%，服务业规上限上企业突破100家，商圈布局拓展优化，自治区现代服务业集聚区作用持续放大，中心城区业态功能不断完善，基本形成商圈园区为支点、路铁交通为延展、全域全区共享的多层次服务业发展格局，为先行区建设提供有力支撑。

（二）全力打造数字变革先行区。加快数字政府、数字经济、数字社会发展进程，通过数字化变革、系统性重塑，赋能高质量发展、高效能治理、高品质生活。打造“智慧金凤”城市大脑，构建“数字孪生城市”，加快实现城市全要素数字化、全状态可视化、全管理智能化。深化数字经济产业园运营，推动现代物流、金融服务、农产品供应等行业数字化变革。到2025年，引培数字企业500家，数字经济贡献度达到50%以上，打造区域数字经济发展新高地。构建购物消费、交通出行等各类数字化场景，试点建设数字家庭，实现数字社区全覆盖，构筑美好数字生活新图景。

（三）全力打造产城融合样板区。用好中阿博览会等国际交流平台，促进城市开放包容，落地更多“首店”“首企”，在城市气质上凸显“大气”。加强顶层设计，统筹城市生产、生活、生态空间开发，提升城市形象和能级，在城市价值上彰显“品质”。健全育才机制，提升社会文明程度，汇聚各类优质资源，增强城市归属感和竞争力，在城市根脉上丰富“内涵”。启动实施阅海经济区规划，一体推进东西两岸开发，形成七子连湖生态型生活圈，中心城区实现城市有机更新，国际化城市形象更加鲜明，“首府客厅”新名片更加靓丽。

（四）全力打造城乡品质示范区。加快打破城乡结构壁垒，带动一二三产融合发展，构建中心城区培育都市圈、都市圈带动区域高质量发展的空间动力系统。坚持以城带乡，均衡配置资源，密切与周边县区联系，保持人口增量全区领先，民生幸福指数全区领跑。推进低碳生态城市建设，引导生产生活绿色转型，打造园林城市“升级版”。坚持乡村振兴和新型城镇化双轮驱动，充分发挥近郊区位优势，构建“中心城区—特色小城镇—美丽乡村”梯次发展格局，全方位提升城区综合承载力。

三、2022年主要工作

2022年是党的二十大召开之年，是新一届金凤区人民政府施政的起始年，也是承前启后、赶超跨越的关键年，做好全年工作意义重大、影响深远。

经济社会发展主要预期目标为：地区生产总值增长7%，全社会固定资产投资实现恢复性增长（辖区本级力争增长6%），地方公共财政预算收入增长5%，规上工业增加值增长6.5%，社会消费品零售总额增长7%，城乡居民人均可支配收入分别增长7%、8%，节能减排降碳等约束性指标完成国家、区市下达任务。重点抓好以下四方面工作：

（一）提升城市产业功能，引领高质量发展取得新突破。产业是构建现代化经济体系的坚实基础，是“四区建设”的硬核支撑。我们将深化实施“服务业发展六大行动”，更好发挥项目建设关键作用、消费基础作用，持续激发园区招引力、竞争力，迈出金凤发展新步伐。

以项目为核心带动产业提质。扎实推进年度101个总投资861亿元的项目建设，保持第一梯队规模优势。推动服务业项目高端化发展。实施“未来产业引领”计划，壮大现代服务业、生产性服务业、消费型服务业规模，推进中心城区产业和人口再集聚，持续扩大服务半径。促进楼宇项目有序发展，探索成立楼宇经济发展联盟，精准对接资源要素，形成特色商业楼宇核心区。加快建发悠阅城建设进度，推动大世界商务中心全面运营，启动培华路商业综合体谋划布局，接洽企业参与阅海湖西岸开发，打造沿黄城市群地标性商圈。统筹做好保障性、改善型、商业类房地产项目开发，稳定投资基本盘，强化“房住不炒”的社会共识。坚持连锁化、规范化、品牌化方向发展生活性服务业，加快形成一批名企、名品、名牌，带动新兴业态“大步快跑”。推动工业项目协同化发展。与经开区保持常态化产需对接、市场对接、平台对接，帮助辖区企业提品质、扩产能，推动企业纳规入库。鼓励企业加大技术改造和科技研发投入力度，支持企业设备换芯、机器换人、生产换线。严格落实工业节能目标责任，坚决遏制“两高”项目盲目发展，单位工业增加值能耗保持全市较低水平。推动农业项目品牌化发展。牢固树立标准化、基地化建设思路，新建高标准农田3600亩、设施温棚300亩。以良田镇打造国家级产业强镇为契机，接续实施农业观光长廊项目，推进聚百农集配中心生产线建成投产，落地汉白玉萝卜种植深加工项目，建成良田镇育苗中心、交易中心。启动利思·田园蜜语游客服务中心建设，实施“润丰宿集”乡村旅游开发项目，盘活和丰村设施农业产业园，着力发展休闲农业、精致农业。扎实开展特色优势农产品品牌培育提升行动，做优做精“博柿后”“潘杨锦旺”等特色品牌，推广连锁加盟、冷鲜直销、田园蔬菜直通社区等模式，聚力打造“良田沙地”产地品牌。

以消费为中心引领产业升级。实施消费场景再造行动。高标准改造提升传统商业街，完成康平路、民生商业街整体提升项目，启动新华西路改造，打造“慢行特色样板街区”。培育首店经济、首发经济，举办新品首发活动10场次以上，引进品牌首店20个以上。繁荣夜间经济，开展“夜宁夏·潮生活”主题活动，增设夜间体育消费项目，打造满城金街、隆基第八大街深夜食堂特色餐饮街。在适宜摆卖街区放宽管制条件，试点开设分时段步行街，增添小巷烟火气。实施消费模式创新行动。支持“六大商圈”构建“全场景引流 + 新消费体验 + 智慧化管理”新模式，促进线上线下消费深度融合。鼓励商圈分楼层、分区域打造沉浸式消费场景，创设品牌秀场、互动现场、社交主场。推广直播电商，引导商业主体与头部网红推出“现场探店”“美食直播”等活动，扩大消费品牌影响力。加快商贸企业线上产品研发，发展“社区团购 + 集中配送”“中央厨房 + 线下配送”新模式。支持闲置商业载体、老旧厂房改造为文化产业园区、消费体验中心，创造消费新需求。实施消费热点培植行动。主动适应个性化、定制化消费新趋势，加快打造文体休闲、“互联网 +”等消费新业态，培育节假日消费、高端时尚消费等消费热点，进一步提升消费供给品质。完善城市“一刻钟便民生活圈”，扩大24小时便利店覆盖面，建设一批综合型社区商业中心。加快发展全域旅游，整合生活休闲游、冰雪体验游等旅游线路，持续吸引周边县区及高铁沿线城市潜在客群。

以园区为轴心赋能产业发展。推动数字经济扩面增效。加快数据湖、双创中心等项目建设运营，全面构建“四化协同”数字发展生态。完善“三园一区”建设，深化大数据、人工智能等数字技术场景应用，做好“工业强市”服务保障。紧盯银川跨境电商综合试验区发展机遇，依托电商服务平台，吸引数字企业80家以上，带动数字经济增加值增长10%以上。推动总部经济扩规提质。启动世茂侨商园、建行大厦等8个新建总部项目，推进顺亿大厦、宁夏水利研发大厦等6个续建重资产项目。制定“一企一策”入园计划，新增总部企业10家。分类定位产品研发、成果转化、营销推介等楼宇功能，打造特色“亿元楼”5栋以上。优化完善园区体制机制。坚持市场化和去行政化改革方向，推动园区实现企业化管理、市场化运作。着力消化园区空置楼宇，积极对接盘活绿地中心北塔楼、银川新天地、庆华五星级酒店项目。加快园区商住项目建设，推动形成更有活力、更可持续、更加包容的发展模式。

以招商为重心促进产业扩规。拓宽招商渠道。建立骨干企业招商目录库，编制招商地图，定期赴北上广深等一线城市点对点招商。主动参加东博会、西洽会等大型节会，抓好营销推介，讲好“金凤故事”，提高辖区知名度、美誉度。提升引资质效。利用辖区既有优势，积极与区市做好对接争取，主动承接意向招商项目。高频次联系对接在谈项目，坚持领导包联、专班跟进，盯紧抓实、主动服务，力争全年落地招商项目90个、到位资金100亿元以上。

（二）放大城市人文功能，助力城市国际化迈上新台阶。人民城市人民建，人民城市为人民。我们将牢固树立全生命周期管理理念，坚持以家的情怀经营城市，致力于功能性完善、品质化提升、精细化治理，让群众生活更方便、更舒心、更美好。

提升城市品位。高质量完善城市功能。实施凤凰北街、尹家渠北街道路延伸工程，打通六盘山路等10条断头路，建设正源南街等立体过街设施，构建更加便捷安全的城市交通体系。高标准改造19个30万平方米老旧小区，加快阅海农一队、农二队、政府小区低效用地开发。全面开展“城市体检”，分批次启动道路、停车场、广场透水性改造，实施金凤区北部雨污分流及海绵化改造，建设安全韧性城市。加强静态交通管理，新增停车位1500个，着力破解停车难问题。巩固全国文明城市创建成果，有效治理城市顽疾，做到背街小巷与主次干道、夜晚与白天、平时与假日“三个一样”。高品质塑造城市特色。以“五道两区一巷”为基点，全面启动城市微更新微改造微提升行动。实施雪绒巷、祥安巷基础设施提升改造，完成正源街、宁安东巷等城市街角、建筑侧墙文化改造，配套主题雕塑、景观盒子，打造具有文化特色和历史记忆的“城市家具”。启动七子连湖生态廊道建设，因地制宜增加林荫活动场所，扮靓城市绿色生活。聚焦“塞上江南看阅海”，升级团结路、“夜游银川”项目，融合灯光、水雾、科技元素，点亮城北“夜生活”。高水平涵养城市底蕴。继续办好黄河合唱节、“文化金凤·四季欢歌”等品牌文化活动，坚持用优秀文化润泽城市气质。创新实施文化惠民工程，深度挖掘剪纸、刺绣等民间文化资源，加强非物质文化遗产传承。放大“金凤悦书房”文化效应，通过阅读小空间，打开城市文化大空间。以宁夏大剧院、银川文化园等公共文化设施群为核心，大力发展文化演艺事业，培育网游动漫、创意设计等新型文化业态。

释放城市活力。搭建开放平台。发挥现代服务业集聚区引领效应，打造区域级名优产品销售推介展示中心，助力自治区“九大产业”提名气、引人气、聚财气。聚焦“一带一路”建设，探索搭建企业“走出去”战略服务平台，鼓励辖区企业组团拓展西北区域市场。借力东西部合作，搭建科技成果转化平台，培育国家级、自治区级创新主体80家、创新平台12家，R&D经费投入强度达到2%。搭建人才互助平台，培养引进各类高层次人才100名，打造区域人才高地。主动承接高峰论坛、商贸会展、各类赛事，打造区域交往中心。优化营商环境。严格落实银川市“千人包千企”制度，坚持定期召开民企座谈会，建立常态化沟通对接机制。深化企业承诺制和容缺审批，建立统一完善、规范高效的企业服务体系。分批次解决涉企遗留问题，依法保护企业合法权益，让企业安心经营、放心发展。全面深化改革。纵深推进“放管服”改革，持续推动高频审批服务事项下沉镇街，实现更多事项“就近办、多点办”。做好执法力量下沉“后半篇文章”，切实解决“看得见的管不了、管得了的看不见”难题。推进“四权”改革取得实效，倒逼水资源集约利用，推动农村土地交易持续活跃，做实排污权交易改革，整合推进林权不动产确权登记。深化国企改革，提高经营管理水平，实现国有资产保值增值。建立国资管理清单，引导国有企业立足实际、多元经营、有所侧重，实现成本最小化、效益最大化。

加快城乡融合。一体化推动空间融合。严格执行两镇“多规合一”实用性村庄规划，实现城乡基础设施统一建设、统一管护。加强农村住房动态监管，抓好拆旧建新。积极争取城乡公交线路向两镇延伸，畅通乡村交通路网。启动实施两镇天然气入户工程。对接三大运营商，推动农村千兆光网、5G、物联网与市区同步规划建设。高标准推进农村人居环境整治，深入开展“四拆四平四清四治”，新打造示范样板村2个，争创自治区美丽宜居村庄。高效化推动产业融合。以构建都市型现代农业体系为主攻方向，加快发展以果蔬采摘、农事体验、研学教育、特色美食为重点的休闲农业。办好农民丰收节、乡村旅游节等活动，深化“农业+”发展模式，新培育农业龙头企业1家、专业合作社2家、家庭农场2家。市场化推动要素融合。推进城市公共服务向镇村延伸覆盖，支持社区商业向两镇辐射发展。加大技术下乡、人才下沉、金融下乡引导力度，健全科技成果入乡孵化转化机制，带动技术要素向农业农村汇聚。完善农村农产品仓储体系、物流体系，推动电商资源、快递服务下沉到村，拓宽农产品出村进城入市渠道。持续深化产销对接，大力发展订单农业，提高城市“菜篮子”服务保障水平。

（三）厚植城市生态功能，聚焦生态园林化展现新形象。良好的生态环境，是最大的民生福祉。我们将牢固树立“绿水青山就是金山银山”的理念，统筹生态与发展，不断提升生态环境质量，努力建设天蓝、水清、地绿、景美的宜居宜业家园。

切实保障生态安全。守好生态底线。持续巩固中央和自治区环保督察反馈问题、黄河流域生态环境警示片披露问题整改成果。严格落实“三线一单”生态环境分区管控，优化土地利用结构，提高土地资源利用效率。强化耕地用途管制，落实落细粮食安全责任制，坚决遏制粮田非粮化、农地非农化。加强生态修复。统筹山水林田湖草沙系统治理，启动胭川湖、元宝湖环境综合整治，完成四二干沟金凤段整治、良田渠二期生态景观提升，修复湿地200亩。加快城市增绿。持续推进“留白增绿、见缝插绿”，实施万安巷、灵芝巷等4个道路绿化项目，新增绿化3万平方米、造林800亩，城市“三绿”指标保持全市领先。

持续改善环境质量。共护碧水。严格落实河湖长制，启动招募民间河湖长，引导公众参与河湖管理。引入无人机、无人船等新型巡河设备，推动河湖巡查智能化、常态化、高效化。坚持流域上下联动治理，做好典农河等重点水域生态补水，实施陈家湖水环境治理项目，确保各流域水质稳定达标。守护蓝天。持续开展渣土扬尘、餐饮油烟等专项治理，健全大气污染防治常态化工作机制，提升大气环境管控科学化精细化水平，确保主要污染物排放指标控制在区市下达目标以内，全年空气质量优良天数比例稳定在

80%以上。保护净土。强化农业面源污染治理，测土配方施肥覆盖率、规模化畜禽养殖废弃物利用率达到98%以上。开展重点行业企业用地调查，加大排查整治力度，保持“散乱污”企业动态清零。

加快促进绿色转型。贯彻低碳理念。全面抓好“双碳”目标任务落实。扩大节能型建筑覆盖面，完成楼宇节能改造59栋，更新老旧供热管网5公里。推进节约型机关建设，创建低碳社区，鼓励快递、外卖包装“减塑”，倡导简约适度、绿色低碳的生活方式。抓实垃圾分类。打造垃圾分类示范小区240个，城市垃圾分类示范片区实现全覆盖，创建国家垃圾分类示范城区。推广智能化垃圾收储系统，加快垃圾回收站点规范化建设，居民小区、公共机构生活垃圾回收利用率达50%、70%。推广清洁能源。在两镇试点实施屋顶分布式光伏项目，积极推广空气源热泵等可再生能源利用技术，新增汽车充电桩80个，持续扩大新能源基础设施覆盖面。

（四）拓宽城市服务功能，推动治理现代化激发新活力。深入落实基层治理“1+6”政策体系要求，深化“一核三联五治五化”社区治理模式，扎实推进民生“四大提升行动”，防范化解各类风险，全面形成共建共治共享的社会治理格局。

提升基层治理能力。增强基层执行力。启动运行贺兰山中路街道，完成辖区街道区划调整。细化社区管理服务职责，提升网格员服务水平，完善网格长、小区长、楼栋长“三长”联动机制，打通基层治理“最后一米”。推进住宅小区业委会全覆盖，提高业主身份认同感，激发居民自治原动力。加强物业服务企业规范化管理，不断提高小区物业服务水平。严格执行“四议两公开”制度，巩固深化“城乡社区民主协商”“社区吹哨、部门报到”联动共治机制，实现“民有所呼、我有所应”。强化科技支撑力。高位推动国家智能社会治理城市管理实验基地建设，启动智慧城市运营中心三期改造，升级社会视频共享平台，建成城市大数据中心、应急物资管理系统、共享单车治理平台、“互联网＋督查”指挥平台。加快数字小区智能化发展，完善人、车、房大数据平台功能，提高基层智治能力。提升治理影响力。放大“金凤悦邻里”品牌效应，拓展邻里互动空间，打造和谐融洽邻里关系。巩固“全国民族团结进步示范区”创建成果，深入开展民族团结进步示范创建活动，为自治区创建铸牢中华民族共同体意识示范区作出应有贡献。建立完善制度化、规范化志愿服务体系，丰富志愿服务内容，提高志愿服务参与度。

提升公共服务能力。实现更加优质的教育供给。加快推进银川市三十六中、金凤区二十七小、三十小等教育项目进度，力争年内投入使用。巩固拓展集团化办学和课堂教学改革成果，深化区内外学校互助合作，形成优质教育资源集群。放大“互联网＋教育”成果，打造“一校一特”校园品牌。严格落实“双减”政策，做实做细“五项管理”，为学生健康成长、全面发展保驾护航。高标准通过国家学前教育普及普惠达标县验收。建设更高水平的健康金凤。加快推进紧密型医联体建设，两镇卫生院达到“优质服务基层行”国家推荐标准，基层就诊率稳定在65%以上。促进中医药传承创新发展，提升基层中医馆“治未病”服务能力。完善社会心理服务网络，新增社会心理服务咨询室9个，村（社区）心理咨询室覆盖率达到80%以上。提供更有温度的社会保障。聚焦孤寡老人、困境儿童和残疾人等特殊困难群体，坚持定期探访慰问，落实基本生活救助，优化救助服务供给。实施居家和社区养老服务提升行动，新建社区日间照料中心2个，新增社区老年大学4所。支持退役军人、下岗失业人员、残疾人多渠道就业，城镇新增就业6000人，城镇登记失业率控制在4.5%以内。

提升风险防范能力。常态化抓好疫情防控。做好长期应对疫情各项准备，因时因势调整防控举措，建立完善社区网格化防控机制，确保常态化防控和应急处置“一键切换”。坚持人、物、环境同防，做好重点人员监测，提升核酸检测能力，把好火车站等疫情防控关口，决不让来之不易的疫情防控形势发生逆转。进一步加强基层医疗卫生服务机构应急能力建设，全面提升应对突发公共卫生事件能力。全力化解政府债务。紧绷防范化解政府性债务风险这根弦，通过“向上争取、外部收回、协商展期、财政偿还”等方式，对政府债务、隐性债务分类施策，增强财政运行稳定性和风险防控有效性。坚持量力而行、尽力而为，充分考虑财政承受能力，区分轻重缓急，科学谋划政府投资项目。维护社会和谐稳定。高标准推进“八五”普法，争创国家级法治政府建设示范区。纵深推进平安金凤建设，加快完善立体化社会治安防控体系，健全矛盾纠纷多元化、一站式化解机制，打造“塞上枫桥”金凤品牌。常态化开展扫黑除恶专项斗争，持续巩固扩大禁毒成果。深入推进安全生产专项整治三年行动。扎实开展食品药品安全区创建。

各位代表，为政之要，贵在担当，重在力行。新一届政府使命崇高、责任重大，必须以崭新的面貌、全新的作风、创新的举措，全面推进自身建设，努力建设人民满意政府。坚定信念忠诚干事。把政治建设摆在首位，深刻领会“两个确立”，切实增强“四个意识”，坚定“四个自信”，做到“两个维护”，始终保持绝对忠诚，自觉在思想上政治上行动上同以习近平同志为核心的党中央保持高度一致，不断提高政治判断力、政治领悟力、政治执行力。严守政治纪律和政治规矩，把讲政治贯穿政府工作始终，体现在做决策、定措施、抓落实全过程，坚决落实中央和区市党委、政府以及区委的各项决策部署，确保政令畅通、令行禁止。依法行政规范干事。严格依照法定权限和法定程序履行职责，自觉运用法治思维和法治方式推进深化改革、促进发展、化解矛盾、维护稳定等各项工作。认真执行人大及其常委会决议决定，积极支持人民政协履行职责，广泛听取民主党派、工商联、无党派人士和社会各界意见建议。强化重大政策解读和政务舆情回应，大力推进政务公开，切实保障人民群众知情权、参与权、监督权。转变作风高效干事。按照国家治理体系和治理能力现代化的要求，着力增强工作领导力、政策执行力、任务落实力，对重点工作任务实行清单化调度管理、台账式督查反馈、常态化跟踪问效，确保决策部署高效落实。强化问题导向、目标导向、结果导向，重心下沉、服务下移，花更多时间、下更大力气，查实情、出实招、办实事，解决好群众的操心事、烦心事、揪心事。廉洁从政干净干事。严格落实全面从严治党各项要求，自觉履行“一岗双责”，扎实推进政府系统党风廉政建设和反腐败斗争。严格落实中央八项规定、自治区作风建设“八条禁令”精神，以政府“过紧日子”换取群众“过好日子”。深化廉政风险防控，强化党员领导干部家风建设，规范行政审批、工程建设等重点领域监管，持续整治和查处侵害群众利益的不正之风，严肃查处违纪违法案件，以清正廉洁的施政环境保障发展、取信于民。

各位代表、各位委员、各位同志，征程万里风正劲，重任千钧再出发。让我们紧密团结在以习近平同志为核心的党中央周围，乘着党的十九届六中全会胜利召开的东风，在区市党委、政府和区委的坚强领导下，与全区人民一道，立赶超之志、聚攻坚之力、鼓苦干之劲、兴务实之举，积蓄建区二十年蓬勃力量，为黄河流域生态保护和高质量发展先行区建设作出新的更大贡献！

2021 年金凤区政府承诺为民办十件实事完成情况

表 10

序号	承诺情况	完成情况
第一件 就业能力提升工程	免费职业技术技能培训 500 人，创业能力培训 300 人。为初创期及中早期小微企业提供 2000 万元创业担保贷款，为就业困难人员发放灵活就业社保补贴。实现城镇新增就业 6000 人、农村劳动力转移就业 6000 人，培育创业实体 300 家	免费职业技术技能培训 1283 人，完成任务的 257%，创业能力培训 300 人，完成任务的 100%；为初创期及中早期小微企业提供 2000 万元创业担保贷款，已为 75 人发放贷款 1307 万元；为 3956 名就业困难人员及高校毕业生发放灵活就业社会保险补贴资金 1618.9 万元；实现城镇新增就业 6266 人，完成任务的 104.4%；农村劳动力转移就业 7072 人，完成任务的 117.8%；培育创业实体 670 家，完成任务的 223%
第二件 教育均衡发展工程	新(续)建公办幼儿园 5 所，接收小区配套幼儿园 7 所，累计新增幼儿园学位 2790 个。新(改、扩)建中小学 5 所，续建中小学 6 所，累计新增中小学学位 15000 个	着眼于“构建优质均衡的基本公共教育服务体系”，累积投入资金 2.39 亿元实施教育均衡发展工程。八幼、九幼、十五幼、金星幼儿园、光明幼儿园 5 个公办幼儿园建成投用。接收阅海幼儿园、海珀兰轩幼儿园、翡翠湾幼儿园、中海悦府幼儿园、天汇理幼儿园、莲湖馨苑幼儿园、五里水乡幼儿园、熙湖幼儿园 8 所小区配套幼儿园，累计新增幼儿园学位 2880 个。新(改、扩)建中小学 5 所，第四回民小学综合楼扩建、第九小学教学楼扩建、良田中心小学扩建、良田中学综合楼扩建项目已交付使用，第二十七小学主体已封顶。续建中小学 6 所，第九小学南校区、第十七小学、第二十四小学、湖畔学校已交付使用，第三十六中学局部完工并招生入学，第三十小学主体完工正在装饰装修收尾。累计新增中小学学位 15000 个
第三件 助老助残爱心工程	为金凤区户籍 60 岁以上特困、重残、低保、低收入老人购买意外伤害综合保险，为其中经济困难、失能失智老人购买居家养老服务，为有需求的特困老人提供家庭适老化改造。为金凤区户籍低保家庭、建档立卡贫困户致贫返贫家庭中的重度残疾人提供集中照护服务。启动运行金凤区残疾人托养中心、辅具服务中心，免费发放残疾人辅具 500 件以上。完成 150 户困难重度残疾人家庭无障碍改造	投入资金 15.75 万元，为金凤区户籍 59 名特困人员及 4987 名 60 岁以上重残、低保、低收入老人购买意外伤害综合保险；投入资金 36 万元，为 150 名经济困难、失能失智等老人购买居家养老服务，开展保洁、维修、医疗、生活照料等服务。对符合条件的 2 户困难老人家庭提供居家适老化改造。投入资金 15.21 万元，为 11 名金凤区户籍低保家庭、脱贫监测户的重度残疾人提供集中托养。启动运行金凤区残疾人托养中心及辅具服务中心，金宇名庭社区、金家巷社区等 16 个“爱心接力 循环使用”辅具免费借用服务站投入使用，免费发放残疾人辅具 792 件。投入资金 50.5 万元，为 154 户困难重度残疾人家庭实施“个性化”无障碍改造
第四件 居住条件改善工程	改造老旧小区 20 个 19.95 万平方米，惠及群众 2812 户	投入资金 1.5 亿元，完成绿园小区等 20 个老旧小区改造，涉及 20.26 万平方米，惠及群众 2847 户，改造内容包括外墙保温，屋面防水，给排水、通信管线铺设，自行车棚修建，路灯安装，微型消防站设置等，改造后辖区居民的生活品质得到有效提升
第五件 便民服务扩面工程	改造社区服务阵地，打造邻里中心 5 个。新建社区养老服务中心 3 个、老年人助餐点 5 个。完善社区蔬菜直销体系，完成 20 家社区蔬菜直销店升级改造	建成并投入运营通福社区、银凤小区、锦绣苑社区、银新苑北社区、临阅家园社区 5 个邻里中心。建成通福社区、工业集中区社区、金域蓝湾社区 3 个社区养老服务中心，打造通福社区、工业集中区社区、五里水乡社区、金域蓝湾社区、临阅家园社区 5 个老年人助餐点。完善社区蔬菜直销体系，完成新百宝湖天下店、天天鲜菜篮子颐和城府店等 20 家社区蔬菜直销店升级改造

续表 10

序号	承诺情况	完成情况
第六件 安全隐患防范工程	在老旧小区、部分失能失智人员以及孤寡老人家庭、福利机构等场所安装独立式烟感火灾探测报警器 500 个、简易喷淋 20 套。将辖区 20 家设有自动消防设施的中小学校全部接入"智慧消防"物联网远程监控系统，并纳入金凤区智慧城市综合指挥中心监管	在紫馨苑社区、锦绣苑社区等老年活动中心、老年人助餐点安装独立式烟感火灾探测报警器 500 个、简易喷淋 20 套。将辖区设有自动消防设施的银川市第十三中学、金凤区第一回民小学等 20 家中小学校全部接入"智慧消防"物联网远程监控系统，并纳入金凤区智慧城市综合指挥中心监管
第七件 家庭幸福护航工程	继续实施免费孕前优生健康检查项目。对金凤区农村户籍适龄妇女免费开展宫颈癌、乳腺癌筛查，全年完成宫颈癌筛查 1500 人、乳腺癌筛查 1000 人。实现困境"两癌"妇女救助全覆盖	完成免费孕前优生健康检查 3412 人。完成农村户籍适龄妇女免费宫颈癌筛查 1604 人、乳腺癌筛查 1382 人。实现困境"两癌"妇女救助全覆盖，已发放救助金 60.78 万元，救助 41 人
第八件 文化惠民涵养工程	改造提升基层综合文化服务中心 3 个，投入运行金凤"悦书房"8 处。打造良田镇青少年活动中心。开展广场演出 200 场、送戏下乡 100 场	完成清水湾社区、通福社区、光明村 3 个基层综合文化服务中心改造提升，投入运行金凤区回民一小、第十七小学、第十五幼儿园、第三幼儿园、九中南校区、福通社区、临阅家园社区、银新苑北社区 8 处"悦书房"。投入资金 25.4 万元，打造良田镇青少年活动中心。开展广场演出 200 场、送戏下乡 100 场
第九件 全民健身保障工程	新建文体健身广场 3 个、社区多功能运动场 2 个，安装健身路径 20 套，新增健身步道 1.5 公里	新建建发枫林湾小镇、砖渠新村、丰瑞景苑 3 个文体健身广场，建成中海国际社区、建发枫林湾小镇 2 个社区多功能运动场，在良田渠小微公园、盈南家园小区等地安装健身路径 20 套，在典农河北京中路至上海西路两侧沿线新增健身步道 1.5 公里
第十件 宜居环境打造工程	实施元宝湖湿地一期环境整治项目、良田渠（长城路—北京路）生态环境治理项目、胭川湖湖泊湿地修复项目。新建小微公园 5 处，造林绿化 300 亩	投入资金 461 万元，完成元宝湖湿地一期环境整治项目。投入资金 1580 万元，完成良田渠（长城路—北京路）生态环境治理项目。投入资金 21.8 万元，在胭川湖湿地周边实施了胭川湖水域技防工程及良田镇中线排沟疏通工程，配套探头对整体水域进行监测，清挖疏通河道 4 公里。投入资金 735 万元，在高桥安置区、丰登安置区等地建设小微公园 5 个；实施造林绿化工程，完成绿化面积 2000 亩

中国人民政治协商会议
银川市金凤区第四届委员会常务委员会工作报告

——在政协金凤区第五届委员会第一次会议上

金凤区政协委员会党组书记、主席　张学东

（2021 年 11 月 19 日）

一、工作回顾

过去五年，是金凤区改革发展进程中取得重大成就的五年。我们喜迎中国共产党百年华诞，实现了第一个百年奋斗目标，"十三五"圆满收官，开启"十四五"新征程。在习近平总书记视察宁夏重要讲话精神鼓舞下，中共金凤区委团结带领辖区干部群众，拼搏实干，砥砺前行，"三大攻坚战"取得决定性成就，与全国同步全面建成小康社会，"五城五区"建设取得重要成果，统筹疫情常态化防控和经济社会高质量发展，辖区各项事业迈上新台阶。

过去五年，中共金凤区委高度重视政协工作，不断加强对政协的政治、思想和组织领导，召开了党委政协工作会议，出台了《关于新时代加强和改进人民政协工作的实施意见》等重要文件；金凤区人民政府大力支持政协履职；党委、政府领导经常参加政协会议活动，面对面与委员协商交流、听取意见建议，并在人力、物力上支持帮助政协解决实际问题，形成了党委重视、政府支持、政协主动、各方参与的良好格局，为政协更好发挥作用提供了坚强保证，创造了有利条件，营造了良好氛围。

过去五年，我们迎来了人民政协成立七十周年和中共中央政协工作会议召开，习近平总书记发表重要讲话，为推动新时代人民政协事业发展指明了前进的方向，提供了根本遵循。我们倍感振奋，深受鼓舞。在区市政协的大力指导下，在金凤区委的坚强领导下，常委会全面贯彻党的十九大及历届全会精神，深入学习贯彻习近平新时代中国特色社会主义思想，全面落实中共中央及各级党委政协工作会议精神，坚持团结、民主两大主题，自觉服从服务于党委政府中心大局，认真履行政治协商、民主监督、参政议政职能。开拓创新，奋发进取，做到建言资政和凝聚共识双向发力，推进政协制度更加成熟更加定型。不断拓展协商形式、增加协商密度、促进成果转化，有效发挥统一战线组织、协商民主重要渠道、专门协商机构作用，各项工作取得新进展、新成效，为推动金凤区经济社会发展作出了积极贡献，书写了金凤区人民政协事业的新篇章。

五年来，我们毫不动摇坚持党的领导，把牢政协事业发展正确政治方向。常委会始终把政协工作置于党的领导之下，努力把握新时代人民政协性质定位，使政协组织成为坚持和加强党对各项工作领导的重要阵地、用党的创新理论团结教育引导各族各界代表人士的重要平台、在共同思想政治基础上化解矛盾和凝聚共识的重要渠道。

始终坚持党对政协工作的全面领导。旗帜鲜明讲政治，坚持党委会同政府、政协制定年度协商计划，确定专题议政性常委会和专题协商会议题。坚持把区委重大决策部署贯彻落实到具体工作中，重要工作开展情况、重要协商成果及时向区委报告。政协党组认真履行"把方向、管大局、保落实"的政治责任，制定《金凤区政协党组工作规则》，完善党组成员联系民主党派、中共党员委员联系党外委员制度。健全党组织体系，在4个专委会成立功能型党支部，落实“两会一联系”工作机制，实现党的组织对党员委员的全覆盖、党的工作对政协委员的全覆盖，进一步发挥好党组“主心骨”作用、机关“主阵地”作用、党员委员“领头羊”作用。

着力巩固共同奋斗的思想政治基础。建立习近平新时代中国特色社会主义思想学习研讨制度，深入学习习近平总书记“七一”重要讲话和视察宁夏重要讲话精神。完善以党组理论学习中心组学习为引领，主席会议集体学习、常委会会议专题学习、委员培训集中学习相配套的学习体系，召开党组理论中心组学习会51次，主席会47次，常委会30次，切实用党的创新理论武装头脑、指导实践、推动工作。制定金凤区政协《关于加强和促进人民政协凝聚共识工作的实施意见》。积极开展“新时代新使命新样子”学习讨论活动，组织专题讨论7次，撰写理论研讨文章30余篇，进一步增强“四个意识”、坚定“四个自信”、做到“两个维护”。

准确把握新时代人民政协性质定位。深入学习领会习近平总书记关于加强和改进人民政协工作的重要思想，专题培训新修订的《中国人民政治协商会议章程》，召开理论研讨会，撰写理论文章20余篇，研究制定金凤区政协《协商工作规则》《全委会工作规则》等21项工作制度。在不断的学习讨论和实践中深刻领会和把握人民政协作为统一战线的组织、中国共产党领导的多党合作和政治协商的重要机构、人民民主的重要实现形式、社会主义协商民主的重要渠道和专门协商机构、国家治理体系的重要组成部分的性质定位，教育引导政协干部和政协委员从思想上认识到新时代人民政协职能作用的变化，在履职过程中不断增强责任感和使命感。

五年来，我们主动围绕中心服务大局，倾心助力金凤改革发展。常委会始终以服务党委政府中心工作为主旨，聚焦经济社会发展目标任务，运用政协协商民主优势，有效组织参加政协的各党派、团体和各族各界人士聚共识、建真言、做实功。

为产业转型升级献计。围绕打造都市经济圈、促进现代服务业发展，更好发挥商业联盟作用、打造“消费在金凤”品牌组织开展专题协商3次，提出制定商圈外摆促销柔性管理制度等建议；聚焦阅海湾中央商务区发展，邀请商务区企业参加座谈协商，共商“四新”经济、数字经济高质量发展之策；针对辖区营商环境优化、夜间经济发展、全域旅游建设等议题开展专题协商，助推区委、区政府配套政策制定出台。

为基层社会治理聚智。围绕基层社会治理，组织委员调研智慧社区建设、数字社区治理并开展专题协商活动，就治理观念转变、群众需求导向、数字技术支撑、政府购买服务等方面提出20余条意见建议；聚焦法治建设，深入社区、学校、政府部门了解“七五”普法工作开展以及执行国家法律法规情况；以规范行政执法工作为切口，发挥法律界委员专长，为行政执法部门规范执法行为和全面推进依法治区提供智力支持。

为人居环境改善谋策。围绕生态环境建设，先后13次视察辖区裸露空地整治、噪声扰民、水源地环境治理等工作；以三级委员联动形式，3次踏访四二干沟金凤段，实地调研污染治理情况；对农村生活垃圾生活污水专项整治、宝湖公园养护管理政府购买服务、农村饮水安全、垃圾分类等开展调研，召开环境综合治理专题协商座谈会，报送调研视察报告4篇，提出意见建议70余条，为构建生态治理长效机制、打造美丽宜居城乡环境出谋划策。

五年来，我们始终心系人民群众，把民生改善作为工作着力点。常委会始终把实现好、维护好、发展好最广大人民根本利益作为工作的出发点和落脚点，紧扣人民日益增长的美好生活需要，协助党和政府破解民生难题，增进人民福祉，切实做到人民政协为人民。

聚焦民生热点建言资政。将义务教育阶段师资力量配备、教育装备改善纳入协商重点，持续关注辖区学前教育发展及学前教育普及普惠落实情况，连续两年开展调研视察；围绕健康金凤建设，三级委员对社区医疗卫生服务机构运行、公共健身设施建设、基层医疗服务机构“互联网+医疗”工作、实施心脑血管疾病防治行动等议题开展专题协商；就如何发挥好金凤悦书房、乡镇综合文化站及文化馆、图书馆等基层文化阵地作用、服务群众文化生活探讨交流。针对群众关心的教育、医疗、文化体育等方面问题提出建议52条,有力推动了民生热点问题解决。

积极投身脱贫攻坚主战场。按照区委安排部署,对辖区脱贫攻坚和实施乡村振兴战略工作开展督查督导16次,及时反馈意见建议,跟踪了解问题整改情况。组织委员对良田镇食用菌产业化可行性及实施路径、发展产业扶贫及整村脱贫工作进行调研;对万亩瓜菜现代农业产业园一二三产业融合发展试点项目、良田镇培育劳务经纪人以及通过龙头企业打造农业品牌等进行视察,提出以产业发展促脱贫的53条建议。落实结对帮扶责任,定期走访建档立卡户,帮助解决就业、医疗、教育等方面存在的问题。

集智聚力共抗新冠疫情。新冠肺炎疫情发生后,政协党组坚决贯彻落实区委部署要求,积极行动、主动作为、发挥优势,第一时间发出倡议书,动员广大政协委员投身抗击疫情阻击战。政协领导班子深入疫情防控一线,认真检查各项防控措施落实情况,机关干部到包联社区开展防控工作。广大政协委员积极响应号召,勇于承担社会责任,主动参与社区志愿服务,带头捐款捐物,并针对疫情防控工作建言献策,提交社情民意信息20余条,其中3条被自治区政协采纳,为打赢疫情防控阻击战贡献智慧力量。

五年来,我们不断创新载体完善机制,积极推进专门协商机构建设。常委会始终积极探索、勇于创新,强化实践锻炼,丰富协商形式,推动协商广泛多层制度化发展,着力提升“建”的质量、体现“专”的水平、突出“商”的特色,当好新时代人民政协事业创新发展的参与者、实践者、推动者。

建立镇街政协三级委员联络小组。针对镇街没有政协组织、政协协商向基层延伸缺乏载体和平台的现状,在两镇五个街道建立政协三级委员联络小组工作机制,串起自治区、银川市和金凤区三级委员联动履职的责任链,搭建起政协委员联系基层、联系企业、联系群众的良好平台。联络小组建立以来共开展活动34次,第一时间收集反映社情民意,助推了大阅城商圈小微企业用工难、悦海新天地公交站点移位、中小学周边小饭桌治理等企业和群众关心关注的问题解决。随着老百姓关注的事情一件件在“家门口”协商办理,委员联系群众的渠道也越来越畅通。此项工作得到全国政协及区市政协领导的充分肯定,并作为创新工作在自治区推广。

打造“有事好商量”三方协商议事平台。建立政协委员入驻“智慧金凤”平台值班制度,依托平台大数据,分析捕捉群众关心的热点问题,先后有156名委员入驻,收集社情民意和提案线索190余件。对涉及部门较多、情况比较复杂的问题,以“政协搭台、委员议事、部门回应”的“有事好商量”三方协商议事形式,邀请相关部门、政协委员、群众代表进行协商,促使康银巷早晚高峰车辆拥堵、社区体育健身器材安装等13项问题得到解决。协商成果中,以社情民意反映的《关于尽快修建金凤区黄河东路街道金地花园规划巷道的建议》得到市领导批示,并纳入办理实施。

丰富界别委员协商活动载体。发挥政协界别联系广泛、智力密集优势,打造了经济、农林、教育界别工作室,就辖区企业复工复产、润丰小学教育扶贫等开展界别活动;依托阅海湾中央商务区,实行委员分组动态联系50家孵化成长的小微企业,先后开展4次调研、8次走访,征集意见建议22条,助力企业纾困解难。建立政协委员按界别联系社会组织工作机制,探索创建委员会客室,组织相关委员与所联系社会组织开展以“紧抓开局良好形势,促进发展献良策”和“金凤区农产品在农超对接中存在的问题及未来发展建议”为主题的协商活动,在活动中安排理论、政策、业务知识学习以及实地调研观摩和座谈交流,收集意见建议26条,进一步促进了企业交流和农超对接。

发挥协商式监督特色优势。组织全体政协委员参加金凤区重点项目观摩暨经济形势分析和提案办理情况通报会,支持委员参加部门“开放日”、听证会、座谈会、法院公开庭审等活动,为委员知情明政、更好履行监督职能创造条件。将党委、政府重点工作推进情况列入年度民主监督协商议题,助推党政重大决策部署落实落地。做好提案和反映社情民意工作,委员围绕辖区经济、文化、民生、环保、城市建设等方面提交提案631件,意见建议和社情民意398件;采取提案“清单式”管理方式,充分发挥政府600

万元重点提案办理资金作用，解决了一批涉及经济建设、农业发展、城市管理、科技创新以及民生领域的实际问题。

五年来，我们坚持加强引领凝聚共识，广泛汇聚发展合力。常委会始终坚持建言资政和凝聚共识双向发力，耐心做好求同存异、聚同化异工作，努力寻求最大公约数、画出最大同心圆，汇聚起奋进新征程的强大合力。

深化党外人士团结联系。每年全体会议安排各民主党派做大会发言，将其中好的意见建议列入政协提案。与民主党派、工商联开展“目标同向、工作同创、资源同享、监督同步、民心同聚”的“五同共建”活动。邀请民主党派、工商联和无党派人士参加政协常委会、集中培训会、务虚会、座谈会、政情通报会等51次；政协领导班子成员定期参加民主党派双月座谈会，注重听取意见建议。五年来采纳民主党派提案63件，积极引导民主党派、工商联在落实重大方针政策、重大改革措施、重要决策部署等方面形成共识、步调一致，不断增进对中国共产党和中国特色社会主义的政治认同、思想认同、理论认同、情感认同。

巩固民族团结大好局面。认真学习党的民族宗教政策，深入学习马克思主义“五观”、习近平总书记关于加强和改进民族工作的重要思想。围绕“传承党的百年光辉史基因　铸牢中华民族共同体意识”开展专题宣讲和交流研讨，深化委员对中华民族共同体意识的理解和认识。对辖区宗教场所开展走访调研24次，了解宗教场所“五进”活动开展以及完善矛盾纠纷调解、宗教活动管理等制度情况，宣传党和国家民族宗教政策，征集意见建议。积极发挥少数民族和宗教界政协委员在理顺情绪、化解矛盾方面的作用，为促进民族团结、宗教和顺、社会和谐贡献力量。

注重面向社会传播共识。将政协委员、民主党派、工商联中有高级职称的专业技术人员组织起来，建立富有特色的人才智库，为金凤区经济社会发展献计出力。借助金凤电子快报、金凤区融媒体中心、新时代文明实践中心等平台举办“委员大讲堂”，组织委员开展党的理论和路线方针政策、以及与群众生产生活密切相关的各类知识宣讲，先后有20余名政协委员深入村居或录制视频，围绕党史学习教育、家风家教传承、反金融诈骗、环境保护、医疗保健等方面开展60余次宣讲活动，充分发挥政协委员桥梁纽带作用，面向社会传播正能量、弘扬主旋律。

五年来，我们注重强化自身建设，不断提升履职科学化水平。常委会始终把提升整体素质和履职本领放在突出位置，在提高协商履职水平、引导委员强化责任担当上下功夫，着力解决推进政协事业前进中的难事、基层群众面临的难题、委员履职中存在的难点。

发扬重视学习优良传统。组织政协干部和委员深入学习党的理论和政协业务知识。举办5次覆盖全体政协委员的集中培训，邀请专家讲解习近平总书记关于加强和改进人民政协工作的重要思想、政协提案撰写知识等。认真开展“不忘初心、牢记使命”主题教育和党史学习教育，组织专题研讨17次，积极参加“我为群众办实事”和“民情体验日”活动。先后前往中共宁夏工委旧址和井冈山开展革命传统教育，传承红色精神，赓续红色血脉。按照全国政协关于“书香政协”建设要求，开展委员读书活动，在政协机关建立委员书站，在各镇街政协三级委员联络小组建立委员读书角，组织机关干部和政协委员开展以党史学习教育为主要内容的读书分享活动6次，促进委员增长知识水平、加强自我修养、提升履职能力。

抓好政协委员队伍建设。强化委员考核管理，建立健全委员履职评价及激励机制，制定了《关于强化政协委员责任担当的实施意见》和《金凤区政协委员履职考核办法》，依托“互联网＋政协”平台，使用信息化签到积分方式，量化考核委员全年参加会议活动、提交提案、反映社情民意等情况。建立完善委员履职档案和委员履职情况统计机制，加强委员履职管理。表彰了发挥作用明显、履职业绩突出的30名优秀委员和20名优秀提案委员，约谈履职不积极的委员16人，按照程序取消有违法违纪等行为的委员资格10人。集中走访委员110余人次，与委员开展谈心谈话150余人次，经常与委员沟通情况、交流思想、加强引导、增进共识。

强化机关服务保障能力。抓好机关党建，建立政协机关党员活动室，落实落细"三会一课""党员评星定级"等制度。党组落实全面从严治党主体责任和一岗双责要求，严格执行中央八项规定及其实施细则精神和区市、金凤区相关规定，持续改进工作作风。积极做好意识形态工作。制定6项机关内部管理措施，推进各项工作更加规范化、制度化、程序化。机关干部参加文明城市创建、"爱国卫生日"等志愿服务活动270余次。政协机关获"让党中央放心、让人民群众满意"模范机关。编印《委员参阅》16期，在《华兴时报》、银川电视台等媒体刊发宣传报道202篇次，金凤电子快报刊发信息134条。接待区内外兄弟政协交流考察23批次，在讲好"政协故事"的同时，讲好"金凤故事"。

各位委员，政协金凤区四届委员会所取得的成绩，是中共金凤区委坚强领导和区市政协有力指导的结果，是金凤区人大常委会和政府大力支持的结果，是区直各部门单位及社会各界热情帮助的结果，是全体委员、政协机关共同努力、团结奋斗的结果。在此，我代表政协金凤区四届委员会向大家表示衷心的感谢和崇高的敬意!

在总结五年工作的同时，我们也清醒地看到，要适应新时代新形势新任务新要求，我们的工作还有不少需要加强和改进的地方：协商议政质量还需进一步提高；民主监督力度还需进一步加大；界别特色还需进一步突出；履职能力建设还需进一步加强等。这些都需要在今后工作中高度重视、认真研究、切实改进。

二、收获体会

各位委员，五年来，政协金凤区四届委员会勠力同心、和衷共济，致力于助推经济社会高质量发展；忧乐同怀、休戚与共，致力于将发展成果更好惠及民生；风雨同舟、锐意进取，致力于人民政协事业不断开拓创新。五年生动而丰富的实践，使我们进一步深化了对做好新时代政协工作的规律性认识。

我们深切体会到，人民政协是党领导的政治组织和民主形式，坚持和落实党对政协领导的制度，是政协制度成熟定型的显著标志，也是根本保证。必须提高政治站位、严守政治规矩、确保政令畅通，始终在政治立场、政治方向、政治原则、政治道路上同以习近平同志为核心的党中央保持高度一致，严格落实各级党委决策部署，确保政协工作始终与党委同频共振、同轴运转、同向推进。

我们深切体会到，聚焦党政中心工作履职尽责、坚持以人民为中心的理念，是人民政协工作的基本要求。必须自觉把政协工作摆到全局中谋划推进，更好发挥政协在服务改革发展大局中的独特优势，把不断满足人民对美好生活的需要、促进民生改善作为政协工作的重要着力点，推动改革发展成果更多更公平惠及全体人民。

我们深切体会到，把握人民政协作为社会主义协商民主的重要渠道和专门协商机构性质定位，是人民政协开展各项履职活动的根本前提。必须将协商民主贯穿履职全过程，坚持发扬民主和增进团结相互贯通、建言资政和凝聚共识双向发力，更好地通过政协制度的有效运行和民主程序，把党的主张转化为社会各界的共识和行动，营造"有事多商量、遇事多商量、做事多商量"的良好氛围。

我们深切体会到，坚持守正创新，是人民政协事业不断发展进步的不竭源泉。必须推动政协各项工作在继承中发展、在发展中创新，做到紧扣时代脉搏，紧跟发展潮流，在理念思路上敢于破旧立新，在方式载体上敢于推陈出新，在制度机制上敢于革故鼎新，着力增强政治把握能力、调查研究能力、联系群众能力、合作共事能力，以永不停歇的创新精神使政协事业永葆蓬勃生机和旺盛活力。

我们深切体会到，发挥委员主体作用，是人民政协工作取得实效的重要保证。政协作用发挥在委员、活力展现看委员、事业发展靠委员。必须树立"委员强则政协强"的观念，充分激发委员主体意识、调动委员履职主动性，在履职实践中坚持委员多数原则，彰显委员主体地位，强化服务保障机制，切实担负起时代和人民赋予的崇高使命。

三、工作建议

各位委员，中共十九大开启了夺取新时代中国特色社会主义伟大胜利的崭新征程，站在实现第二个百年目标的起跑线上，新时代、新使命对政协工作提出了新要求。我们要深入学习贯彻中共十九大及历次全会精神、习近平总书记"七一"重要讲话和视察宁夏重要讲话精神，按照金凤区第四次党代会部署要求，把深入学习贯彻习近平新时代中国特色社会主义思想作为统揽政协工作的总纲、把坚持和发展中国特色社会主义作为巩固共同思想基础的主轴，把建设好黄河流域生态保护和高质量发展先行区作为工作主线，坚持新发展理念，不断增进思想共识，推进协商民主，推动工作创新，提高履职能力，以新时代新作为助力金凤区在建设先行区中体现首府核心区责任担当。为此，我们建议：

以更坚定的政治自觉坚持党对政协领导。要认真把握党的领导是人民政协最本质特征的重要论断，以高度的政治自觉坚持党对政协工作的领导。要坚决响应党委号召，认真贯彻新时代党的建设总要求，落实从严治党主体责任。要进一步发掘功能型党支部在激发履职活力方面的作用，推进党建和履职深度融合。要加强政治引领，筑牢意识形态工作主阵地，不断夯实团结奋斗的共同思想政治基础。

以更有效的履职形式助力党政中心工作。要紧紧围绕区委确定的“现代服务引领区、数字变革先行区、产城融合样板区、城乡品质示范区”建设目标，聚焦聚力高质量发展，紧扣深化服务业供给侧结构性改革、打造“智慧金凤”城市大脑、优化重点产业和重大项目布局等重要部署，以及广大人民群众关心关注的就业、教育、社保、医疗、住房、养老、环保、公共安全等涉及切身利益的实际问题开展专题调研和协商讨论，为党委政府科学决策和有效实施建真言、献良策、出实招，切实把政协协商民主实践转化为金凤区高质量发展的助力动能。

以更强烈的责任担当推进协商民主建设。要着力把握协商民主的原则、要义，不断完善协商制度体系，丰富协商方式方法，提高思想水平，强化实践锻炼，培育协商文化，提升协商能力；注重协商形式和协商内容相匹配、协商程序和协商效率相统一。进一步发挥政协三级委员联络小组、“有事好商量” 三方协商议事机制、界别工作室、政协委员按界别联系社会组织、委员会客室等创新平台作用，进一步探索“寓监督于协商之中”的方式方法，拓展不同意见互动交流、各种观点深入沟通的渠道，努力使专门协商机构“专”出特色、“专”出质量、“专”出水平。

以更广泛的团结联合凝聚金凤发展合力。要进一步加强思想政治引领，在各种履职活动中更加广泛凝聚共识，做到增进一致而不强求一律、尊重差异而不扩大分歧、包容多样而不弱化主导。要不断完善机制载体，加强与各民主党派、工商联和无党派人士合作共事。要落实中央民族工作会议精神，发挥少数民族委员和宗教界委员作用，促进民族团结宗教和顺。要进一步密切同党外知识分子、非公有制经济人士、新的社会阶层人士和社会组织联系，形成广集众智谋良策、万众一心开新局的磅礴力量。

以更严格的标准提升委员履职能力水平。要切实加强和改进学习培训，丰富学习形式，增强学习内容的政策性、时效性、知识性。要落实习近平总书记关于加强政协委员队伍建设重要指示，打造一支懂政协、会协商、善议政，守纪律、讲规矩、重品行的委员队伍。要着力改进联系服务委员机制，积极搭建平台载体，充分调动委员履职积极性主动性。要切实加强政协机关和干部队伍科学化建设，发扬为民服务孺子牛、创新发展拓荒牛、艰苦奋斗老黄牛的精神，为政协事业发展提供坚强保障。

各位委员，潮平岸阔催人进，风起扬帆正当时。今天的金凤区，正处于格局重塑、优势再造、潜力释放的机遇期，让我们高举中国特色社会主义伟大旗帜，紧密团结在以习近平同志为核心的党中央周围，在中共金凤区委的坚强领导下，只争朝夕、拼搏进取，全面落实区委“1447”总体发展思路，为推进人民政协事业创新发展，建设黄河流域生态保护和高质量发展先行区、在美丽新宁夏建设的火热实践中再谱金凤新篇凝心聚力！

相关词语注解

三大攻坚战：防范化解重大风险、精准脱贫、污染防治攻坚战。

五城五区：建设创新、品质、生态、开放、幸福之城，打造产业转型升级示范区、新型城镇化样板区、人居环境最优区、改革开放先行区和民生共建共享区。

“两会一联系”工作机制：在专委会建立习近平新时代中国特色社会主义思想学习座谈会，探索召开功能型党支部组织生活会的机制，建立党员委员联系党外委员制度。

“四新”经济：新技术、新产业、新业态、新商业模式。

提案“清单式”管理：包含清单式建议、清单式办理、清单式答复、清单式公开、清单式评价。要求按照规范格式，由提案人逐条填写提案意见建议，由办理单位对照“建议清单”逐项办理，由办理单位逐项填报“办理清单”，将“办理清单”与提案及其办理复文一并公开，将提案和提案办理情况逐一对应评价。

马克思主义“五观”：马克思主义祖国观、民族观、文化观、历史观、宗教观。

宗教场所“五进”活动：习近平新时代中国特色社会主义思想、中华人民共和国国旗、宪法和法律法规、社会主义核心价值观、中华优秀传统文化进宗教活动场所。

“1447”总体发展思路：以建设黄河流域生态保护和高质量发展先行区为统领，抓好现代服务引领区、数字变革先行区、产城融合样板区、城乡品质示范区“四区建设”，增强首府核心区产业、人文、生态、服务“四大功能”，深入实施党的建设“七大工程”。

银川市金凤区人民法院工作报告

——在金凤区第五届人民代表大会第一次会议上

金凤区人民法院代理院长　黑晓虎

（2021年11月21日）

过去五年，在金凤区党委的坚强领导和金凤区人大的有力监督下，在金凤区政府、金凤区政协和社会各界的关心支持下，在上级法院的大力指导下，金凤区人民法院坚持以习近平新时代中国特色社会主义思想为指导，深入贯彻党的十九大及十九届二中、三中、四中、五中、六中全会精神，全面践行习近平法治思想、习近平总书记"七一"重要讲话精神和视察宁夏重要讲话精神，切实增强"四个意识"、坚定"四个自信"、做到"两个维护"，紧紧围绕"努力让人民群众在每一个司法案件中感受到公平正义"目标，牢牢把握司法为民、公正司法工作主线，以"三首"职能定位扎实推进"三地"[1]法院建设，为我区决战决胜全面建成小康社会、圆满收官"十三五"、建设"五城五区"提供了坚强有力的司法服务和保障。五年来[2]，共受理各类案件110059件，审执结102841件，分别是上一个五年的2.99倍和2.94倍，结案率93.44%，法官年人均收案581件、年人均结案490件，连续五年位居宁夏法院之首。

一、坚持维护稳定筑牢底线，在平安建设上体现新担当

亮剑决胜扫黑除恶。坚持把扫黑除恶专项斗争作为重大政治任务来抓，依法审结涉黑涉恶案件11件154人，判处五年以上有期徒刑71人，判处没收个人全部财产6人，判处罚金1880.40万元，判决追缴、没收违法所得2371.03万元，责令退赔被害人经济损失842.29万元。段飞等一批长期为害一方的黑恶势力受到严惩，人民群众拍手称快。率先通过网络直播拍卖涉案财产，执行到位2777.87万元，完成查扣"黑财清底"。我院办理的涉黑涉恶案件全区最多、个案规模全区最大、打财断血效果全区最好，为宁夏打赢扫黑除恶专项斗争"民心战"做出了金凤贡献。

依法惩治刑事犯罪。受理刑事案件2679件，审结2503件，分别比上一个五年提高64.36%和62.99%，结案率97.16%。依法严惩故意伤害、抢劫、强奸等严重暴力犯罪301件390人，判处五年以上有期徒刑32人，切实增强人民群众安全感；依法严惩非法集资、组织领导传销活动等涉众型犯罪118件152人，切实保障经济秩序；依法严惩盗窃、抢夺等侵财类犯罪407件516人，全力保护人民群众"钱袋子"；依法严惩贪污受贿等职务犯罪53件77人，彰显惩治腐败决心；依法严惩危险驾驶等犯罪1096件1156人，确保社会公共安全；依法从重从快判处生产销售"毒咖啡""假茅台"等犯罪8件25人，守护群众"舌尖上的安全"；依法严惩敲诈勒索、重大责任事故、持有使用假币等其他犯罪682件1003人，全面助力平安金凤建设。

着力加强人权保障。深化以审判为中心的刑事诉讼制度改革，制定和完善相关配套制度5项[3]，筑牢人权司法保障的程序防线；召开庭前会议46次，排除影响庭审持续进行的相关问题，当庭宣判1164件，有效提高庭审效率；召开刑事审判专业法官会议239次，统一裁判尺度和法律适用；为1326名被告人指定辩护律师，确保刑事案件律师辩护全

覆盖；贯彻落实宽严相济刑事政策，从宽处置认罪认罚案件 860 件 1073 人，占同期刑事案件的 32.37%；依法适用非监禁刑 730 人，非监禁刑适用率 22.03%。

深度参与社会治理。以涉黑涉恶、职务犯罪、非法集资等典型案件为宣传重点，邀请党政机关及各界群众观摩庭审 35 案 2000 余人次，通过互联网直播刑事案件庭审 548 件，观看量累计超过 14.55 万人次。有针对性地发出司法建议 68 条，反馈率 100%，实现了审理一起案件、解决一类问题的效果。开展“两代表一委员”和“两委”换届、评先选优等联审 20 余批 600 余人次，助力巩固基层政权。

二、坚持围绕中心服务大局，在促进发展上展现新作为

助力优化营商环境。打造法治营商环境高地，平等保护市场主体合法权益。审结涉企纠纷案件 38790 件，结案率 94.37%，让企业家安心创业、放心经营。审结买卖、租赁合同纠纷等案件 9197 件，服务实体经济健康发展；审结涉金融借款、保险纠纷等案件 3566 件，引导市场主体规范融资行为；审结民间借贷类相关案件 8838 件，有效规制职业放贷；强化合同类案件执行力度，执结涉企案件 12042 件，实际到位标的额 34.77 亿元；深入企业调研讲座 15 场，为金凤区 14 家重点企业提供对口法律服务。

监督支持依法行政。受理行政案件 717 件，审结 708 件，分别比上一个五年提高 31.56%和 38.25%，结案率 99.30%。坚持监督行政机关依法行政与维护行政相对人合法权益并重，判决撤销具体行政行为 109 件，确认行政行为违法 11 件，判令依法履职 7 件。支持行政机关依法履职，审查行政非诉执行[4]案件 124 件，裁定准予执行 93 件，准予执行率 75%。行政机关负责人出庭应诉率达 95.48%，有效破解“告官不见官”的司法难题。力促行政争议实质性解决，灵活运用行政诉讼简易程序与协调工作机制，调撤行政案件 132 件。

服务保障疫情防控。第一时间响应党委政府号召，坚决扛起疫情防控政治责任，疫情防控阻击战阶段，全院 256 名干警奔赴抗疫一线，入户排查 45000 余户居民、600 余户商铺；常态化疫情防控以来，赴紫阳社区、紫园社区等小区站岗执勤累计 5000 余人次，为夺取战疫胜利贡献法院力量。从严从快打击危害疫情防控违法犯罪，审结涉疫刑事案件 7 件，判处有期徒刑 7 人，拘役 1 人，涉案金额 149.30 万元，挽回经济损失 113.30 万元。

三、坚持司法为民倾力而为，在服务群众上呈现新风貌

有效化解民事纠纷。受理民事案件 67292 件，审结 62239 件，分别比上一个五年提高 208.23%和 205.89%，结案率 92.49%。密切关注民生，审结涉教育、医疗、劳动争议等案件 4713 件；维护房地产市场平稳健康发展，审结商品房买卖、建设工程、房屋租赁、物业服务合同等案件 20324 件；稳妥处理家事纠纷，审结抚养、赡养、婚姻等案件 4118 件，调撤率达 65.20%；及时签发人身安全保护令 25 份，筑牢免遭家庭暴力的“隔离墙”；维护人民群众生命健康权益，审结人身损害赔偿、道路交通事故等案件 2482 件；服务乡村振兴战略，审结农村土地承包经营权、宅基地使用权、农村房屋买卖等案件 486 件。

全力攻坚执行难题。受理执行案件 39185 件，执结 37109 件，分别比上一个五年提高 199.44%和 199.36%，执结率 94.70%，执行到位金额 86.72 亿元。依托财产查控系统，实现对被执行人主要财产查控全覆盖，共查控案件 193395 件(次)，查控执行款项 13.32 亿元，查封车辆 5250 辆、不动产 3514 宗；开展网络司法拍卖，累计成交 4.41 亿元，为当事人节约佣金 360.41 万元；加大失信惩戒力度，纳入失信被执行人名单 32372 人，限制高消费 32588 人，发出律师调查令、执行悬赏令 66 份，向公安机关移送涉嫌拒执案件 10 件，判处拒执罪 4 件 4 人，拘传 3563 人，拘留 517 人；开展涉民生、涉金融等专项集中执行 135 次，执结相关案件 4738 件，执行到位标的额 5.65 亿元。

深入推进多元解纷。建成诉调对接工作站 3 处，建立人民调解、律师调解、公证调解等诉前调解工作室 21 个，注册调解员 156 名，打造了注册调解组织、注册调解员全区最多的诉前调解平台，构建起具有金凤特色的矛盾纠纷多元化解体系。共委托调解纠纷 30533 件，化解 16023 件，调解率 52.48%，稳居宁

夏法院前列。依申请对1520份调解协议进行司法确认，增强调解协议强制执行力。

加快完善诉服体系。运用“互联网+”思维，构建线上线下立体化“一站式”诉讼服务，累计登记立案[5]66476件，其中通过自助立案终端和网上立案系统登记立案6170件，跨域立案461件，让当事人感受到“指尖诉讼”的便利。设立在线调解室，推动在线音视频调解工作，在线调解案件5620件，2020年度连续十次位居全国法院周排行榜前十。为确有困难的当事人减缓免诉讼费60.01万元，发放司法救助金137.39万元。

四、坚持创新驱动全面发力，在司法改革上实现新突破

全面推进司法改革。落实以法官员额制[6]为核心的人员分类管理制度，三类人员[7]占比分别是49.61%、38.58%和11.81%，切实将司法资源投入到审执一线。强化院庭长办案刚性约束，院庭长办理案件50721件，占比49.32%，数量及占比均居宁夏法院第一。打通三类人员职业发展通道，累计遴选2批12名法官助理进入员额，选调员额法官14人。开展全区法院书记员统一招聘2批55人，在金凤区党委政府的大力支持下，自聘书记员41人，有效缓解人员不足的问题。

全面加强司法公开。除依法不公开审理的案件外，庭审公开率100%；在互联网公开裁判文书63422份；深入开展“我为群众办实事”“法律八进”等活动，走进学校、社区、企业举办法律讲座48场，举行“法院开放日”15次，开展法律宣传咨询活动102次，开展网络司法拍卖直播3次。在《人民法院报》《宁夏日报》《宁夏法治报》、中国长安网等媒体上刊登报道500余篇、发布宣传视频9部，通过法院自媒体发布各类信息2500余篇，司法宣传和司法公开工作受到最高人民法院通报表扬。

全面输出金凤经验。2017至2018年，作为宁夏法院行政案件集中管辖试点法院，跨域审理行政案件75件，为行政案件集中管辖积累了宝贵经验。2018年，作为内设机构改革试点法院，将12个内设机构精简为8个，改革经验为宁夏法院提供了重要参考。2018至2020年，推进执行警务化和执行“12345”工作机制[8]改革，形成“金凤带动银川、银川带动宁夏”的执行工作效应。2020年，作为宁夏唯一公证参与司法试点法院，引入公证机构参与调解、取证、保全、执行等环节，打造了金凤样板。

全面构建智慧法院。依托网上办公办案平台，对立案、审判、执行、信访等环节进行全程动态管控；建成宁夏法院首家虚拟化数据机房；升级改造28个数字法庭，全部实现同步录音录像、同步庭审直播；建成5个互联网法庭，用“云庭审”“云调解”实现疫情防控期间及异地当事人“不见面诉讼”；搭建刑事案件远程视频庭审系统，连线监管场所开展庭审；完成“六专四室”[9]规范化建设，构建全程监控、语音指挥、无线传输等功能一体的“智慧化警务”。

全面夯实基层基础。建成新诉讼服务中心，集诉讼服务与速裁审判于一体，补强了院机关基础设施短板。良田法庭建设已进入尾声，建成后将为良田镇群众提供更加便捷高效的司法服务。落实塞上枫桥“五小”法庭[10]建设要求，对西湖法庭进行改造，努力满足阅海湾中央商务区、大阅城商圈及丰登镇等辖区日益增长的司法需求。

五、坚持政治统领从严管理，在锻造队伍上呈现新气象

大力加强党的建设。扎实开展“两学一做”“不忘初心、牢记使命”、党史学习教育等主题教育及“两个坚持”[11]专题教育。认真贯彻《中国共产党政法工作条例》和《中国共产党重大事项请示报告条例》，先后向金凤区党委、上级法院党组请示、报告125次。在金凤区党委、人大及上级法院党组的关心支持下，新增政法编制20个，协调解决自聘人员经费保障、办案车辆不足等问题。落实机关党建“三强九严”要求，打造“公平正义铸法魂”党建品牌，共接待31批700余人次观摩；大力推进模范机关创建，被评为金凤区首批“让党中央放心、让人民群众满意”模范机关。认真接受自治区党委巡视和银川市委巡察，巡视巡察反馈问题在期限内全部整改完毕。

扎实开展政法队伍教育整顿。2017至2020年，接续推进“学查改”、法院机关作风集中整治、宁夏法院警示教育、全区政法队伍教育整顿“五大工程”和“三个以案”等活动。2021年，落实中央政法队伍教

育整顿决策部署，紧盯“三个环节”“四大任务”，转作风、扬正气、提素质，整治“6+4+2+2”顽瘴痼疾 169 条，建章立制 43 项，推动长效常治。健全监督执纪常态化工作机制，每周固定开展作风巡查，共发出纪检监察通报 56 期，对违纪干警运用监督执纪第一种形态处理 91 人次。

持续提升司法能力。开展分层分类覆盖全员的司法能力培训，组织干警参加上级法院、政法院校培训 160 余人次；召开审判委员会会议 150 次，讨论疑难复杂案件 761 件；召开各类专业法官会议 291 次，参与法官 1567 人次，提升法官整体办案水平；组织新进干警和司法辅助人员岗位技能培训 13 批 320 余人次，举办覆盖全员的岗位练兵 17 批 1000 余人次，激励年轻干警锤炼业务能力；15 篇调研文章被《中国法学》《宁夏法学》《宁夏审判》等刊载，3 篇裁判文书、2 个案例被评为全区全市法院优秀裁判文书、优秀案例。

六、坚持自觉主动畅通渠道，在接受监督上迈出新步伐

自觉接受人大及其常委会监督，先后向人大常委会专题汇报司法体制改革、民事审判执行、扫黑除恶专项斗争、“两个一站式建设”[12]等重点工作，办结人大督办转办信访案件 9 件，邀请代表参加座谈、旁听庭审、见证执行 14 场 120 余人。自觉接受民主监督，配合各级政协组织调研法院工作 10 场，主动邀请政协委员旁听庭审、观摩法院 12 次 100 余人。主动接受纪律监督，办结金凤区纪委监委、上级法院移送线索 41 件，办结率 100%。支持检察机关法律监督，办理检察建议 370 件。主动接受舆论监督，通过银川市民问政平台、大法官留言等，回应群众关切案事件 21 件，期限内回复率 100%。

各位代表，过去的五年，是金凤法院爬坡过坎攻坚克难的五年，是昂扬精神锻造铁军的五年。五年来，我院以宁夏法院百分之四的员额法官，审执结宁夏法院近十分之一的案件，司法供给力实现了翻番，开展了许多先行先试工作，为宁夏法院输出了金凤经验。我院先后荣立集体二等功两次，荣获全国优秀法院、全国法院一站式多元化解纷和诉讼服务体系建设先进单位、全国法院司法宣传与通联工作先进单位等自治区级以上表彰；6 个集体荣立三等功，11 个部门受到上级法院表彰；2 名干警荣立个人二等功、27 名干警荣立个人三等功、43 名干警受到市级及以上表彰。

各位代表，金凤法院的发展进步，根本在于坚持党的绝对领导，根本在于坚持中国特色社会主义法治道路，根本在于坚持司法为民、公正司法。这些成绩的取得是党委坚强领导和人大有力监督的结果，是政府大力支持和上级法院精心指导的结果，是政协、社会各界和广大人民群众关心支持的结果。在此，我代表金凤区人民法院对大家表示衷心的感谢。

在总结成绩的同时，我们也清醒地认识到，法院工作还存在一些问题和困难：一是司法理念、司法能力与新时代新要求还存在较大差距，审判质效离全区法院第一梯队还有一定距离，应对风险挑战、服务高质量发展的能力还需加强。二是宁夏法院最尖锐的人案矛盾还将持续存在，随着辖区经济社会快速发展，收案还将保持较高增长，人均办案数仍将长时间保持在宁夏法院人均数的 2 倍以上。三是队伍建设还有短板，尚未形成科学完备的司法人才培养体系，专业化审判人才短缺，招人难、留人难问题尚未得到很好解决。四是基层基础亟须改善，随着案件量增长，法院机关、西湖法庭软硬件设施不足的问题已经显现，难以应对辖区日益增长的司法需求。

对于这些问题和困难，我们将争取多方支持，采取有力措施，努力加以解决。今后五年工作思路

各位代表，波澜壮阔欣回首，敢为人先又续征。今后五年，是开启全面建设社会主义现代化国家新征程、向第二个百年奋斗目标进军的第一个五年，也是金凤区助推银川市“一高三化”发展，不断提升核心区贡献度的关键五年。我们的总体思路是：坚持以习近平新时代中国特色社会主义思想为指导，全面贯彻党的十九大及十九届二中、三中、四中、五中、六中全会精神，忠实践行习近平法治思想，全面落实习近平总书记“七一”重要讲话精神和视察宁夏重要讲话精神，以“努力让人民群众在每一个司法案件中感受到公平正义”为目标，坚持稳中求进工作总基调，坚持系统观念、法治思维、强基导向，坚持

"三地"法院目标、"三首"职能定位,加快推进审判体系和审判能力现代化,打造"全区有位置、银川走在前"的现代化核心强院,为金凤区"1447"发展战略提供更加坚强有力的司法服务和保障。

——全力打造思想政治过硬的现代化核心强院。忠实践行习近平法治思想,牢记政法机关的政治属性,与时俱进学习党的创新理论,坚持党对法院工作的绝对领导,坚持中国特色社会主义法治道路,确保"刀把子"始终掌握在党和人民手中。

——全力打造服务大局过硬的现代化核心强院。准确把握金凤区"三期"叠加[13]的新发展阶段特点,深入贯彻新发展理念,服务实体经济和数字经济,全力保障现代服务引领区、数字变革先行区、产城融合样板区、城乡品质示范区"四区建设"。

——全力打造业务能力过硬的现代化核心强院。构建内外联动、覆盖全员的素质能力提升平台,持续推进司法能力提升工程。推动主要业务指标再上新台阶,审判执行核心质效指标走在全区前列。

——全力打造创新能力过硬的现代化核心强院。围绕全面深化司法责任制综合配套改革和智慧法院建设两个重点,坚持系统观念和问题导向,推进现代科技与司法工作深度融合,强化数字赋能,创造更高水平的数字正义。

——全力打造基层基础过硬的现代化核心强院。准确把握辖区经济社会发展大势,及时研判案件增长态势及软硬件保障需求,科学谋划法院机关及西湖法庭软硬件扩容,深入推进"两个一站式"建设,配齐配强干警队伍,满足辖区日益增长的司法需求。

——全力打造司法作风过硬的现代化核心强院。坚持全面从严治党、从严治院、从严管理,坚持把两个责任扛在肩上,以零容忍态度严惩司法腐败。重点抓好"关键少数"的示范引领和"三个规定"[14]等重要制度的贯彻执行,树立"严细深实勤俭廉"的良好作风。

2022年工作安排

2022年是金凤区以建设黄河流域生态保护和高质量发展先行区为统领,全面开启"四区建设"的起步之年,也是金凤区法院建设现代化核心强院的关键之年。我们将认真落实本次大会决议,持续加强政治建设、持续深化为民司法、持续增强治理能力、持续提升工作质效、持续夯实基层基础、持续落实两个责任,为金凤区决胜建设黄河流域生态保护和高质量发展先行区提供更加有力的司法服务和保障。

一是持续加强政治建设。胸怀"两个大局",牢记"国之大者",不断提高政治判断力、政治领悟力、政治执行力,全面践行习近平法治思想,坚定不移走中国特色社会主义法治道路。牢固树立总体国家安全观,压实意识形态工作责任制,不断铸牢中华民族共同体意识,坚决维护国家政治安全。

二是持续深化为民司法。坚持高标准推动一站式诉讼服务中心建设,强化"互联网+"数字赋能,努力为人民群众提供高效便捷、职能精准的诉讼服务。深化民事诉讼程序繁简分流改革成果,实现公平与效率兼顾。以群众需求为导向,深入开展"八五"普法宣传,不断提升公民法治素养。

三是持续增强治理能力。主动融入金凤区基层治理现代化工作格局,加大矛盾纠纷诉源治理力度,协力实现"小事不出村居、大事不出镇街、难事不出县区"。以正确适用《民法典》为重点,以切实解决执行难为目标,精准对接"四区建设",助力提升"四大功能",全力服务保障金凤区高质量发展。

四是持续提升工作质效。以司法能力提升为支撑,部署推进质效提升攻坚,努力实现刑事审判结案率不低于95%,民事审判结案率不低于90%,一审服判息诉率不低于90%,平均结案天数缩短10天,保持执行"3+1"[15]核心指标全区领先,继续降低执行案件"终本率"。

五是持续夯实基层基础。准确研判案件增长态势,深入开展可行性调研,积极争取外部支持,最大限度内部挖掘,推动西湖法庭办公办案软硬件扩容,为阅海经济区黄金增长极、丰登镇等辖区提供更加优质的司法服务。坚持严管厚爱从优待警,切实营造干事创业、拴心留人的良好氛围。

六是持续落实两个责任。以忠诚干净担当为引领，以严格落实“三个规定”为抓手，以巩固政法队伍教育整顿成果为切入，自觉接受人大、政协、纪委监委、检察机关、媒体及社会各界监督，推动党风廉政建设和反腐败斗争不断向纵深开展。

各位代表，栉风沐雨见肝胆，砥砺奋进续华章！站在新起点，面对新形势、新任务和新要求，金凤区人民法院将在金凤区党委的坚强领导下，在人大的监督和政府政协及社会各界的关心支持下，认真贯彻本次会议决议，以更加有力的司法服务和保障践行对党、对国家、对人民、对法律的忠诚和担当，为金凤区经济社会高质量发展作出新的更大贡献！

工作报告名词解释

1.“三地”：自治区高级人民法院党组提出建设争端解决的“优选地”、公平正义的“标志地”、司法权威的“制高地”。

“三首”：银川法院“司法生态首善之区、司法职能首要之地、司法任务首重之院”的职能定位。

2.五年来的相关数据：2017 年 1 月至 2021 年 10 月底的数据。

3.5 项配套制度：《刑事案件侦查人员、鉴定人员、证人及有专门知识的人员出庭作证程序与保障机制的意见(试行)》《银川市金凤区人民法院刑事案件涉案物品管理及处理办法》《金凤区法院专业法官会议(刑事)工作规则》《金凤区人民法院暂予监外执行工作实施细则》《金凤区人民法院重大敏感案(事)件处置工作联席会议制度》。

4.行政非诉执行：指公民、法人或者其他组织既不向人民法院提起行政诉讼，又拒不履行已经发生法律效力的具体行政行为所确定的义务，行政机关或行政裁决确定的权利人向人民法院提出执行申请，由人民法院采取强制措施，使行政机关的具体行政行为得以实现的一种制度。

5.登记立案：人民法院对依法应该受理的一审民事起诉、行政起诉和刑事自诉，实行立案登记制。对起诉、自诉，人民法院应当一律接收诉状，出具书面凭证并注明收到日期。对符合法律规定的起诉、自诉，人民法院应当当场予以登记立案。

6.法官员额制：是法院人员分类管理制度改革的重点，指法院在编制内根据办案数量、辖区人口、经济发展水平等因素确定法院法官人员限额（占编制总数的百分比)，严格控制法官数量，确保法官集中在办案一线。

7.三类人员：员额法官、司法辅助人员(法官助理、书记员、执行员、司法警察)、司法行政人员。

8.“12345”工作机制：“1”即 1 个执行指挥中心，统筹指挥中心各项工作；“2”即执行指挥平台和执行事务平台两个平台；“3”即统一管理、统一协调、统一指挥三个职能；“4”即建立四个子中心，包括：案件管理中心、司法评估拍卖中心、指挥调度中心、质效监管中心；“5”即组建五个执行小组。

9.六专四室：专用囚车、专用囚车库、专用羁押通道、专用电梯、专用桌椅、专用卫生间、羁押室、监控室、警用装备室、枪弹室。

10.五小法庭：优化法庭布局，在法庭建设小党建活动室、小图书室、小健身房、小厨房、小菜园，确保法庭做到功能齐全、设施完善。

11.“两个坚持”：坚持党对司法工作的绝对领导、坚持中国特色社会主义法治道路。

12.“两个一站式”建设：一站式多元解纷机制和一站式诉讼服务中心建设。

13.“三期”叠加：《中国共产党银川市金凤区第四次代表大会上的报告》指出：“未来五年，是金凤区格局重塑、优势再造、潜力释放的机遇期，也是破解难题、补齐短板、转换动能的关键期，更是加快建设黄河流域生态保护和高质量发展先行区的决胜期。”

14.三个规定：《领导干部干预司法活动、插手具体案件处理的记录、通报和责任追究规定》《司法机关内部人员过问案件的记录和责任追究规定》《关于进一步规范司法人员与当事人、律师、特殊关系人、中介组织接触交往行为的若干规定》。

15.“3+1”核心指标：有财产可供执行案件法定审限内结案率、无财产可供执行案件终本合格率、执行信访办结率三项指标不低于 90%，执行案件执结率不低于 80%。

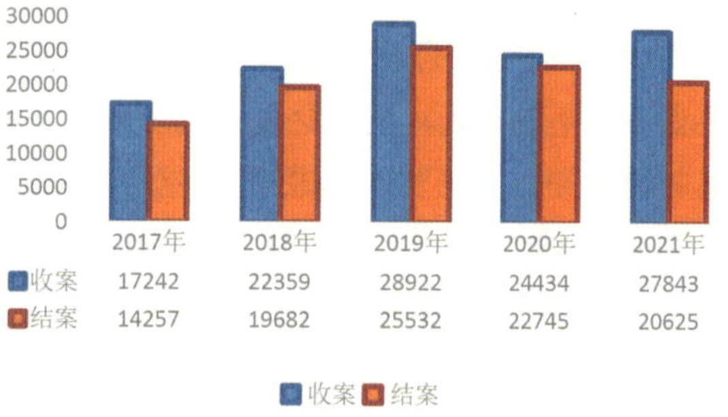

图 1　金凤区法院收结案态势图(2017—2021)

注:2021 年度收结案数据统计截至 10 月 31 日。

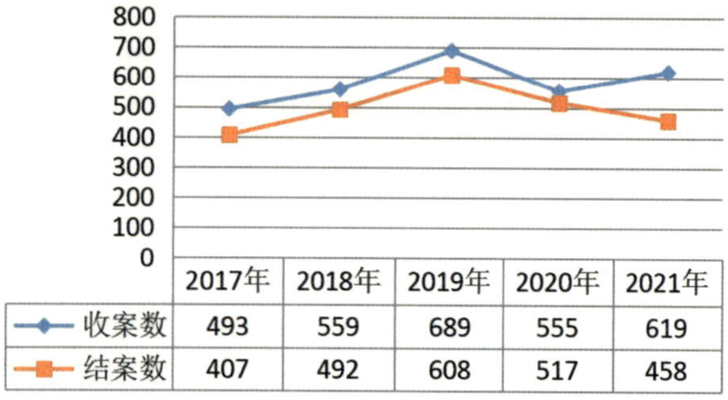

图 2　金凤区法院法官人均收结案态势图

注:2021 年度收结案数据统计截至 10 月 31 日。

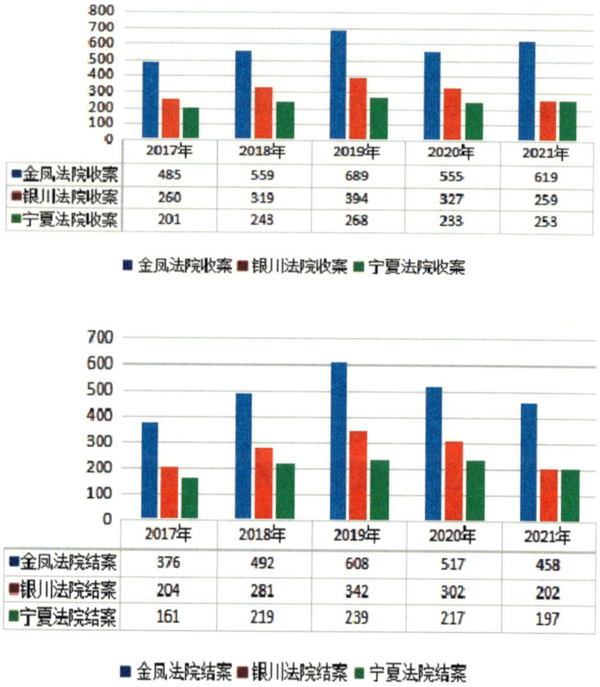

图 3　金凤区法院法官人均收结案压力对比图

备注:1.2017 年数据截至 12 月 15 日;2.2021 年度收结案数据统计截至 10 月 31 日。

银川市金凤区人民检察院工作报告

——在金凤区第五届人民代表大会第一次会议

金凤区人民检察院代理检察长 王建勇

（2021 年 11 月 21 日）

过去五年检察工作回顾

五年来，金凤区人民检察院坚持以习近平新时代中国特色社会主义思想为指导，深入贯彻党的十九大和十九届二中、三中、四中、五中、六中全会精神，在金凤区党委和上级检察机关的坚强领导下，在人大及其常委会的有力监督下，在政府、政协和社会各界的支持下，全面落实习近平法治思想和习近平总书记视察宁夏重要讲话精神，紧紧围绕“五城五区”建设，按照“讲政治、顾大局、谋发展、重自强”检察工作总要求，忠实履行宪法和法律赋予的职责，各项检察工作取得新进步。

一、坚持讲政治顾大局勇担当，为新时代金凤新发展提供优质司法保障

五年来，我们始终坚持以政治建设为统领，自觉把检察工作放在金凤区经济社会发展大局中谋划和推进，推动各项检察工作朝着正确方向前进。

始终坚持党的绝对领导。牢牢把握检察机关的政治属性，严格执行请示报告制度，把党的绝对领导贯穿到检察工作全过程，五年来请示报告工作 42 次。常态化制度化开展“两学一做”，扎实推进“不忘初心、牢记使命”主题教育、党史学习教育，引导检察干警进一步树牢“四个意识”、坚定“四个自信”、做到“两个维护”。

积极参与平安金凤建设。严厉打击各类刑事犯罪，推行捕诉一体办案机制，受理审查逮捕案件 1550 件 2282 人，审查起诉案件 2977 件 3786 人，法定期限结案率 100%。认真贯彻宽严相济刑事政策，不捕 592 人，不诉 370 人，最大限度减少社会对抗，促进社会和谐。五年来，两抢一盗等多发性犯罪总体下降，同比最大降幅 20.8%，社会治安持续向好。《检察机关提前介入工作办法（试行）》《刑事案件侦查人员、鉴定人员、证人及有专门知识的人员出庭作证程序与保障机制的意见（试行）》两项工作制度，作为创新经验在全区检察系统推广，办理的黄某某醉驾不起诉案入选最高人民检察院典型案例。严厉打击电信网络犯罪案件 65 件 130 人，全力保障人民群众“钱袋子”安全。坚持在办案中监督、在监督中办案，积极参与市域社会治理，制发社会综合治理类检察建议 52 件，采纳率 86.54%。妥善处理各类信访案件 1355 件，程序性回复率和办理结果答复率均达到 100%，无涉检访、越级访和大规模群体性事件发生。

主动助力打好三大攻坚战。强化底线思维，加强与金融监管部门协作配合，将重大金融风险防控与案件办理同步推进，依法办理非法吸收公众存款、组织领导传销等涉众型经济犯罪 111 件 176 人，起诉 49 件 82 人，为群众挽回经济损失 240 万元。找准检察与扶贫工作的结合点，立案查处了金凤区良田镇司法所原所长金某某、植物园村原书记禹某某等 6 人行贿、受贿、贪污案。推进司法救助和精准扶贫有效衔接，办理司法救助案件 32 件 36 人，救助金额 56.4 万元，丁某某司法救助案获评自治区检察院优秀司法救助案件。协同打赢“蓝天碧水净土”三大保

卫战，依法起诉破坏生态环境资源犯罪7人，督促治理污染土壤222.19亩、水源地45亩、水域408亩。严格落实“河湖长+检察长+警长”工作机制，制发检察建议14件，高效服务黄河流域生态保护和高质量发展先行区建设。办理的典农河水污染案入选宁夏检察机关公益诉讼十大典型案例。

依法平等保护民营经济发展。牢固树立平等保护、谦抑审慎、主动服务的理念，制定《关于依法保障和促进民营经济健康发展的意见》，依托12309检察服务中心开辟服务企业诉求“绿色通道”，积极服务“六稳”“六保”，办理各类涉民营企业案件112件，持续加强对民营企业诉讼案件的监督力度，制发检察建议61件。开展民营企业刑事案件“挂案”集中攻坚行动，对涉民营企业案件进行羁押必要性审查，督促清理涉民营企业刑事诉讼“挂案”4件。不定期召开检企座谈会、护航民企检察开放日，安排20名检察人员对接辖区10个企业，进行点对点法律服务，开展法治宣传16次，提供法律咨询21次，努力让法治成为民营企业家最大的“定心丸”。

决战决胜扫黑除恶专项斗争。办理黑恶案件11件201人，打掉“保护伞”2人，办理了段飞、张源等一批在全区有重大影响的黑恶案件，黑恶案件有罪判决率100%。移交涉黑恶犯罪线索37条，“保护伞”线索29条，线索核查率100%，督促公安机关依法扣押涉案车辆55辆，房产54套，查扣黑恶资金861.8万元。对办案中发现的行业监管漏洞、执法不规范等问题，加强源头治理，向有关单位制发检察建议21件，推动扫黑除恶长效常治。1名干警被授予全国检察机关扫黑除恶优秀个人、第一检察部荣记全区检察机关扫黑除恶专项斗争集体二等功、1件检察建议入选《宁夏检察机关优秀检察建议选编》。

全力保障疫情防控大局。联合金凤区公安机关、法院出台《关于严厉打击涉新冠肺炎疫情违法犯罪行为的通告》，依法从快从严办理涉疫案件7件。采用“非接触式”办案，完成远程提讯108人次，办理来信、网络信访17件，提供网上律师阅卷77次。深入街道社区参与一线联防联控，2020年入户排查信息3.3万户，2021年1–10月累计派警644人次，前往紫园社区、长城花园社区开展值守执勤工作84天。疫情防控信息多次被检察日报、宁夏政法等中央、区、市媒体采用转发。

二、坚持谋发展重业务求极致，强化法律监督维护公平正义

五年来，我们牢牢把握全面依法治国要求，坚守为民初心、践行检察使命，以求极致的精神，努力让人民群众在每一起案件中感受到公平正义。

刑事检察持续强化。依托派驻公安机关检察监督办公室，调阅公安机关行政处罚案件8100件，监督公安机关立案85件112人，撤案193件281人，对侦查机关取证不规范、办案程序违法等问题，制发纠正违法通知书41份，纠正漏捕100人，漏诉160人，监督立案、追捕、追诉后被法院判处有期徒刑以上刑罚136人；对认为确有错误的刑事裁判提出抗诉32件，上级法院改判或发回重审17件。充分利用“两法衔接”平台，监督行政机关移送涉刑案件35件53人。常态化对矫正人员监管教育情况进行监督检查，制发检察建议71件，发出纠正违法通知书17份。核查2017年至2020年刑事涉财产刑执行案卷1877件，制发检察建议及纠正违法通知书7份。开展“减刑、假释、暂予监外执行”专项监督，核查1990年至2020年暂予监外执行案件63件，制发检察建议4件，纠正违法通知书1份。

民事检察精准开展。坚持类案监督、精准监督，查阅法院审判及执行案件4216件，受理审查各类民事监督案件381件，制发检察建议330件，提请抗诉3件，制发再审检察建议15件。2件入选全区民事诉讼监督典型案例专刊，3件被评为全区检察机关民事诉讼监督典型案例。部署开展拖欠农民工工资支持起诉专项活动，受理支持起诉120件，法院支持起诉116件，让弱势群体会打官司、打赢官司。办理虚假诉讼案件11件，切实增强全社会对虚假诉讼的防范意识，维护法律尊严，保护群众合法权益。

行政检察深入推动。以穿透式监督为着力点，实现行政检察“一手托两家”的深层次监督功能，既监督法院行政审判活动、行政非诉执行活动，又监督行政机关作出的具体行政行为，制发检察建议75件，督促行政机关履职253件。积极参与金凤区政府行政争议化解工作，与法院、司法行政机关、仲裁机构

等建立完善多元化行政争议实质性化解机制，参与化解政府征用赔偿、住房保障、劳动争议等案件7件，对两家单位拖欠工资、欠缴社保金案件，主动参与化解，做好释法说理，促成和解，帮助105人讨回欠薪168.9万元。

公益诉讼检察稳步推进。积极落实金凤区人大常委会关于支持检察公益诉讼工作的决定，主动回应人民群众对美好生活的向往，开展“保护母亲河、携手清四乱”“四个最严”等专项行动，立案208件，对一起生产销售“毒咖啡”食品安全案提出十倍惩罚性赔偿金获法院判决支持，系全区首例。守护人民群众“头顶上”“舌尖上”“脚底下”的安全，打造维护群众生活安全的“金钟罩”，办理“美团外卖”等网络餐饮食品安全案，督促平台下线问题商家1717户；办理胭川湖湿地保护案，督促拆除违建1.8万平方米，入选最高人民检察院案例专刊；守护国有财产安全，督促收回国有财产2856.8万元，国有土地使用权出让金1.2亿元。

未成年人检察全面加强。秉承“教育、感化、挽救”工作方针，办理涉未成年人刑事案件85件99人，办理变更抚养权、撤销监护权、索要抚养费等涉未成年人民事支持起诉案件7件。以“一号检察建议”为牵引，围绕校园暴力、性侵害、强制报告等重点问题，制发社会综合治理类检察建议21件，构筑未成年健康成长的“防火墙”。制发公益诉讼检察建议7件，办理了全区首例向未成年人销售电子烟公益诉讼案件。成立未成年人检察“芬芳工作室”、未成年人观护帮教基地和“芬芳工作驿站”，开展分级预防观护帮教42人。开展法治进校园活动124场，受众师生近万人。办理的一起猥亵儿童案被评为宁夏维护妇女儿童权益优秀案例。

三、坚持深改革促发展提质效，持续推进检察工作创新发展

五年来，我们将改革创新作为推进检察工作科学发展的第一动力，认真贯彻落实上级总体部署，确保将司法责任制改革和检察改革创新要求落地落实。

深化司法体制改革。按照“谁办案谁负责、谁决定谁负责”的基本原则，减少案件集体决策权36项，检察官个人拥有的决策权较改革前上升39.6%。充实一线办案力量，检察官占全院人数40.8%。领导带头办案，入额院领导带头办理案件714件，检察长列席法院审判委员会65次。建立了以办案质量和效果的考评体系，科学评价检察官及辅助人员的办案成效。制定、完善检察委员会4项制度，切实发挥检察委员会业务领导核心作用，获评全国检察机关检察委员会规范化建设示范单位。全力配合支持国家监察体制改革，划转编制15名，严格执行监检衔接工作机制，起诉职务犯罪31件45人，办理司法人员涉嫌职务犯罪案件线索6件，协力推进党风廉政建设。

全面落实认罪认罚从宽制度。充分发挥检察机关在推进认罪认罚从宽工作中的主导作用，助推国家治理体系和治理能力现代化建设，制定完善《金凤区人民检察院认罪认罚工作实施办法（试行）》，多次召开公检法司专题联席会，规范办案流程，提升办案质效，适用认罪认罚从宽制度1539人，适用率、确定刑量刑建议提出率、确定刑量刑建议采纳率逐年提高，2021年分别达到88.74%、94.58%、97.66%。实现审查起诉阶段辩护律师全覆盖，被自治区司法体制改革领导小组确定为认罪认罚从宽制度审查起诉阶段律师全覆盖工作试点单位。认罪认罚从宽工作成效和经验获上级检察院高度肯定，被最高人民检察院确定为全区唯一一家普通犯罪检察工作联系点，在全区检察长会议上做专题交流。

严控刑事“案—件比”。实行危险驾驶、交通肇事和“两抢一盗”案件专人办理，实现简案快办，办案周期平均缩短7天，办案质效明显提升。从质量、效率、效果上综合考量检察办案实效，发挥“案—件比”指挥棒作用，通过采取提前介入、强化捕后引导侦查等举措，减少办案环节，截至10月底，刑事案件“案—件比”由2020年的1∶1.59下降至1∶1.15，78.47%的刑事案件未退侦、延期，在确保公正的同时，突出效率，群众诉累明显减少，人民群众的司法获得感不断增强。

四、坚持强素质转作风促公信，打造过硬检察队伍

五年来，我们坚持抓党建带队伍促业务，紧紧围绕“五个过硬”要求，努力建设信念坚定、执法为民、敢于担当、清正廉洁的新时代检察队伍。

严抓党的建设。持续通过党组中心组学习、专题

讲座、政治轮训等方式，强化对习近平新时代中国特色社会主义思想和习近平法治思想的学习，筑牢意识形态阵地。严格落实“三会一课”“主题党日”等党内生活制度，打造党建检察文化阵地，创新党建载体，将党建工作与检察业务工作深度融合，获评金凤区首批“让党中央放心、让人民群众满意”模范机关。

紧抓队伍建设。以科技化、信息化引领检察工作现代化，扎实开展“转变司法理念提升年”活动，持续加强基层检察院建设，分层分类开展专业技能全员轮训，通过实战练兵培训、疑难案情研讨、庭审观摩交流等形式提升办案能力和水平，干警学用能力进一步增强。积极组织业务调研和学术研讨，成功申报课题5项，撰写调研文章72篇，典型案例52篇。

狠抓纪律作风建设。认真落实全面从严治党、从严治检“两个责任”，健全完善从严治党“三个清单”，深化中央八项规定精神贯彻执行，深入开展“四个以案”和纪律作风专项整治活动，以身边案教育身边人，推进廉洁教育常态化。严格落实干预司法办案“三个规定”，填录上报重大事项70份，拍摄的“三个规定”讲解视频被中央政法委长安剑采用。持续强化案件流程监控和案件质量评查，定期预警通报司法办案中的不规范问题，不断加大对检察工作重点部位、重点环节的廉政风险防控，强化内部监督制约，制发检务督察通报90期。

深抓政法队伍教育整顿。统筹做好“五项教育”，通过开展政治学习“半小时课堂”“政治夜校”等方式，不断丰富学习形式，提高学习效果。政法队伍教育整顿线索核查率100%。围绕“6+4+2+N”，自查问题3类202个，深挖自身存在的执法司法监督能力不强、内部监督管理机制不规范两项顽瘴痼疾。成立11个专项整治工作专班，以专项法律监督活动为抓手，强化顽瘴痼疾整治，修订完善司法办案、内部监督管理制度10类18项。积极为群众排忧解难，开展“我为群众办实事”11类31项240件，受益群众近万人，工作亮点得到自治区教育整顿办书面表扬和肯定。

各位代表，五年来，我们牢固树立监督者更要自觉接受监督的理念，积极接受人大常委会专题监督5次。高度重视人大常委会、人大代表、政协委员对检察工作的审议意见和建议，认真落实，及时反馈。坚持以公开促公正赢公信，公开宣告检察建议76件，完成公开听证室建设，组织公开听证114件，依托12309中国检察网，公开案件信息4285条、法律文书2535份，发布重要案件信息143条，不断扩大检察工作群众知晓率和参与度。

各位代表，五年来，我们的工作硕果累累、精彩纷呈，2020年员额人均办案数位居全区基层检察院第一，是全区检察机关员额人均办案数的3倍。先后获得“全国文明接待室”“全国百佳门户网站”“自治区文明单位”等多项集体荣誉，54人次获得区市级以上表彰奖励。

回顾过去五年的检察工作，我们深深感到，习近平新时代中国特色社会主义思想是金凤检察事业砥砺前行的科学指引，金凤区党委的坚强领导是我们做好一切检察工作的根本保证，金凤区人大及其常委会的监督支持是我们不断加强和改进检察工作的不竭动力，金凤区政府、政协和社会各界的关心帮助是我们始终坚守初心使命的底气与力量。在此，我代表金凤区人民检察院，向大家致以崇高的敬意、表示衷心的感谢！

面对新形势、新任务，我们清醒地看到当前检察工作中还存在一些不足和薄弱之处。一是适应新时代新要求，立足职能服务保障高质量发展的切入点和着力点不够精准。二是司法为民的宗旨落实得还不够具体，司法办案质量、效率有待进一步提升。三是队伍建设存在薄弱环节，全面从严治检还不够严紧硬。对此，我们将高度重视，深入研究，下大力气加以解决。

今后五年工作的总体思路

今后五年，金凤区人民检察院的工作总体思路是：高举习近平新时代中国特色社会主义伟大旗帜，全面贯彻党的十九大、十九届二中、三中、四中、五中、六中全会精神，忠实践行习近平法治思想，认真学习习近平总书记“七一”重要讲话精神和视察宁夏重要讲话精神，贯彻落实《中共中央关于加强新时代检察机关法律监督工作的意见》，优化“四大检察”“十大业务”法律监督格局，以高质量发展为主题，以完善检察机关法律监督体系、提升法律监督能力为主线，忠实履行宪法和法律赋予的职责，为金凤区打造高质量发展示范城区，全面贯彻“1447”总体发展思路保驾护航。

一是坚定不移坚持党的绝对领导，以更优质的检察工作服务保障金凤区“十四五”时期经济社会高质量发展。深刻认识党的十九届六中全会的重大政治意义、理论意义和实践意义，始终坚持把检察工作置于党的绝对领导之下，更加积极主动地把党的各项方针政策落到实处，认真贯彻落实金凤区党委关于实施“十四五”规划的一系列决策部署，及时做好请示报告工作。贯彻落实关于全面推进市域治理体系和治理能力现代化的实施意见，充分发挥检察建议在促进依法行政、推动行业整治、助力市域治理中的积极作用。依法保护企业知识产权，积极参与互联网金融领域专项整治，确保金凤区经济安全。扎实做好“八五”普法工作，创新法治宣传教育方式，促进在全社会形成良好法治氛围和法治习惯。主动将国家司法救助融入社会治理格局，充分发挥检察机关司法扶贫的特色和优势。

二是坚定不移加强法律监督，致力践行司法为民彰显司法权威。把监督办案作为第一要务，践行“客观公正立场”“双赢多赢共赢”等新时代检察理念。全面深化以审判为中心的刑事诉讼制度改革，建立完善对公安机关立案、侦查信息定期查询、重点查询及信息互享的常态化机制。坚持法律监督与支持工作并重，认真学习宣传贯彻《民法典》，深化虚假诉讼监督专项活动，构建完善生效裁判监督、审判人员违法监督、执行活动监督等多元化监督格局。加强与行政机关的密切协作，健全完善常态化良性互动机制，持续关注人民群众对生态环境和食品药品安全领域反映强烈的公益问题，积极稳妥拓展公益诉讼案件范围。持续深化“一号检察建议”的监督落实，严格执行新修订的《未成年人保护法》《预防未成年人犯罪法》。坚持和发展新时代“枫桥经验”，巩固深化“群众来信件件有回复”制度，探索司法办案、信访风险评估、矛盾化解同步推进，强化检察环节诉源治理。

三是坚定不移深化司法体制改革，努力开创检察工作新局面。按照“谁办案谁负责、谁决定谁负责”的要求，全面落实司法责任制，完善检察官员额退出、动态调整机制，全面推行完善检察官权力清单制度，以“案－件比”为案件质量核心评价指标，提高办案质效，促进管理监督科学化、程序化、公开化。健全完善检察委员会制度体系和工作机制，加强检察委员会专业化建设，提高议事质量和决策水平。紧跟检察工作发展改革步伐，围绕检察改革中的热点、重点、难点问题，加强法律政策研究和检察调研。

四是坚定不移强化队伍建设，全面提高思想政治素质和业务能力。把党的建设作为检察队伍建设的灵魂工程，深入实施党的建设“七大工程”，积极开展检察特色主题教育，加强意识形态领域思想引导和阵地管理。认真贯彻执行“一把手”和领导班子监督细则及党内谈话实施细则，严格落实“两个责任”，切实发挥领导班子成员的表率作用。大力弘扬“严细深实勤俭廉＋快”的工作作风，坚持全面从严治检，以政法队伍教育整顿为契机，加大正风肃纪力度，深入落实中央八项规定及其实施细则精神，坚决惩治侵害群众利益的不正之风，以零容忍态度坚决查处司法腐败行为。

五是坚定不移加强基层建设增强检察公信，不断强化检察工作发展动力。深入实施科技强检战略，探索完善“互联网＋检察”工作模式，打造智慧检务，实现信息化在检察工作中全覆盖、全监控。主动接受人大及其常委会的监督，积极向人大常委会报告专项工作，接受人大常委会执法检查。坚持以公开为原则，不公开为例外，创新检务公开载体和平台，进一步加大检察宣传力度，自觉接受社会各界监督，实现检察工作与社会公众良性互动。

各位代表，中国特色的检察之路需要有梦想、有理想的检察人来铺就和坚守。进入新的发展阶段，站在新的历史方位，唯有接续奋斗才有高质量发展的美好未来。金凤区人民检察院将在金凤区党委和上级检察机关的坚强领导下，在人大及其常委会的有力监督下，担当赶考重任，以高度的检察自觉和检察担当，为金凤区黄河流域生态保护和高质量发展先行区建设提供坚强法治保障。

银川市金凤区统计局
关于2021年国民经济和社会发展的统计公报

2022年3月1日

2021年，在区委的坚强领导下，坚持以习近平新时代中国特色社会主义思想为指导，深入贯彻党的十九大和十九届二中、三中、四中、五中、六中全会精神以及自治区、银川市决策部署，完整、准确、全面贯彻新发展理念，构建新发展格局，紧紧围绕“一高三化”目标要求，紧扣黄河流域生态保护和高质量发展目标任务，扎实做好“六稳”工作，全面落实“六保”任务，统筹推进疫情防控和经济社会发展，统计局全面贯彻落实全区统计工作会议精神，经济呈现平稳运行韧性更强、增长动力后劲更足、结构优化亮点更多、提质增效态势更好，民生改善基础更实的积极变化，经济稳中向好的步伐更加稳健。实现了“十四五”良好开局。

一、综合

金凤区国民经济平衡较快发展，综合实力和发展水平迈上新台阶。初步核算，2021年，完成地区生产总值332亿元，同比增长4.3%；其中：实现第一产业增加值3.36亿元，同比增长3.1%；实现第二产业增加值65.28亿元，同比增长1.0%；实现第三产业增加值263.37亿元，同比增长5.3%，五年平均增长6.8%。

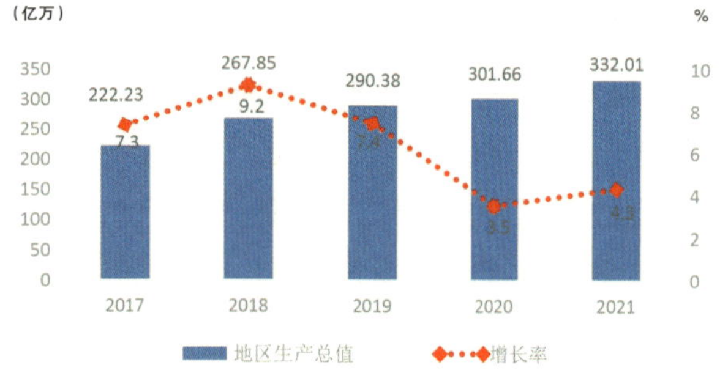

图1　2017—2021年金凤区地区生产总值及增速

三次产业的结构为1.0：19.7：79.3。

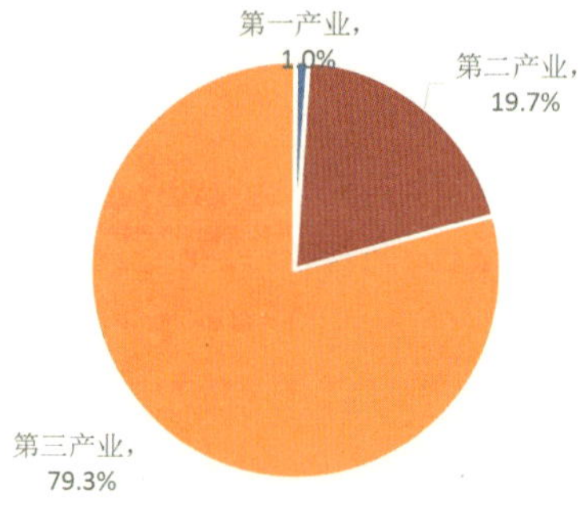

图2　2021年金凤区三次产业结构占比

二、农业

农业生产基本平稳。全年实现农林牧渔业总产值6.95亿元，同比增长3%。

根据国家统计局银川调查队反馈，金凤区2021年粮食播种面积23129亩，同比增长0.1%，占自治区的比重为0.23%；粮食总产量13043吨，同比增长2.4%，占自治区的比重为0.34%；蔬菜及食用菌播种面积2287公顷，同比增长4.3%；产量119655吨，同比增长4.1%，占自治区的比重为2.11%；猪牛羊禽肉总产量1460吨，占自治区的比重为0.44%；禽蛋产量1084吨，占自治区的比重为0.78%；奶产量23608吨，同比增长12.3%，占自治区的比重为14.57%。

2021 年金凤区农林牧渔业总产值

表 1　　　　单位:万元

指标名称	现行价	可比价	上年同期	增速(%)
一、农林牧渔业总产值	69517.8	71942.4	69879.8	3.0
(一)农业产值	40263.0	46207.3	43075.1	7.3
其中:粮食	3467.0	—	—	—
蔬　菜	22452.3	—	—	—
(二)林业产值	258.1	258.1	1053.1	-46.5
(三)牧业产值	17338.9	14815.3	15073.6	4.2
其中:猪	707.4	—	1248.8	—
家　禽	1379.6	—	797.4	—
牛	4494.6	—	2438.1	—
羊	1102.2	—	470.7	—
(四)渔业产值	2458.5	1537.7	1921.8	-15.0
其中:海 水		—	—	—
淡　水	2458.5	—	—	—
(五)农林牧渔服务业产值	9199.2	9124.0	8756.2	4.2

三、工业和建筑业

目前,我区规上工业企业 44 家,实现规模以上工业增加值 27.94 亿元,同比增长 13.4%,两年平均增长 18.8%;规上工业企业营收利润率达 13.3%,实现利润总额 13.6 亿元,同比增长 2.3%,比 2019 年同期大幅增长 115.3%,两年平均增长 48.7%。能耗增长势头有效遏制,单位工业增加值能耗同比下降 6.1%,保持全市较低水平。195 家资质内建筑业企业,完成建筑业总产值 177.9 亿元,同比增长 12.9%。

图 3　2017—2021 年金凤区规模以上工业增加值及增速

四、固定资产投资

投资规模保持全区第一,同比下降 12.0%,本级(含商务区)完成固定资产投资 161.12 亿元,同比增长 5.3%,占全口径投资比重达 89.2%;经开区累计完成投资 2.8 亿元,同比下降 85.0%;商务区累计完成投资 4.2 亿元,同比下降 67.8%;区市项目累计完成投资 16.7 亿元,同比下降 50.5%;房地产企完成投资 97.7 亿元,同比下降 3.7%,占全部投资比重为 54.1%,教育、环境改善等民生项目完成投资 5.8 亿元,同比大幅增长 65.7%。民间投资比重同比提高 9.9 个百分点,达到 83.7%。

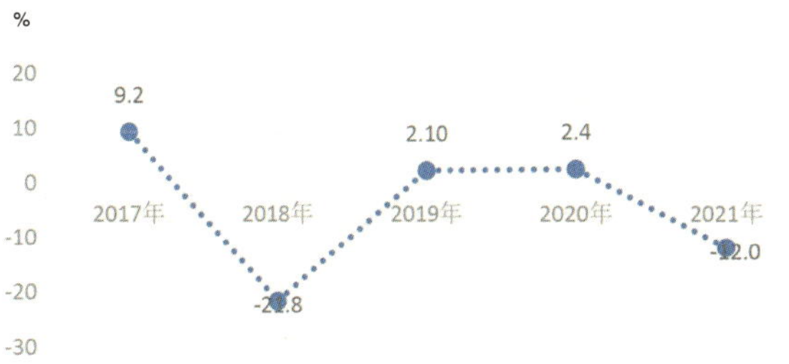

图 4　2017—2021 年固定资产投资增速

五、社会消费品零售总额

2021 年，金凤区实现社会消费品零售总额164.38 亿元，同比增长 1.5%，占自治区的比重为12.3%，总量居沿黄市辖区第二。

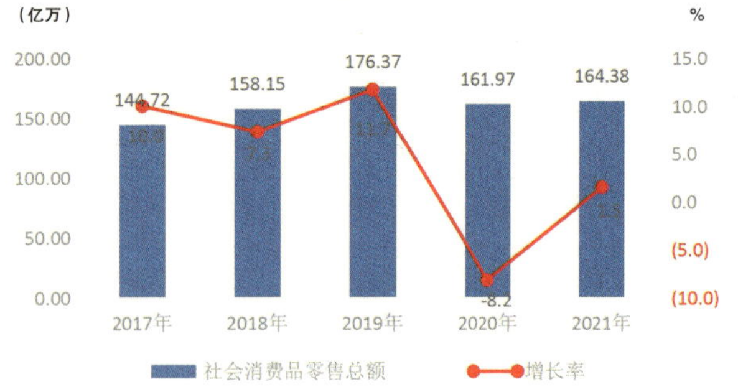

图 5　2017—2021 年金凤区社会消费品零售总额及增速

六、公共预算收入和支出

全年实现一般公共预算总收入 220451 万元，其中：地方一般公共预算收入完成 83327 万元，同比增长 8.4%（其中税收完成 64829 万元，占收入比重78%，同比增长 12.54%；非税完成 18498 万元，同比下降 4.12%；上级补助收入 133881 万元，上年结转672 万元，从政府性基金预算调入资金 2564 万元）。一般公共预算总支出完成 185190 万元，其中：一般公共预算支出完成 175269 万元（教育支出 39176 万元、民生保障支出 24937 万元，卫生健康事业支出12872 万元，农村事业支出 4298 万元），同比下降17.93%，民生投入占财政支出比例保持在 80%左右；全年社会消费品零售总额 161.97 亿元，同比下降 8.2%。

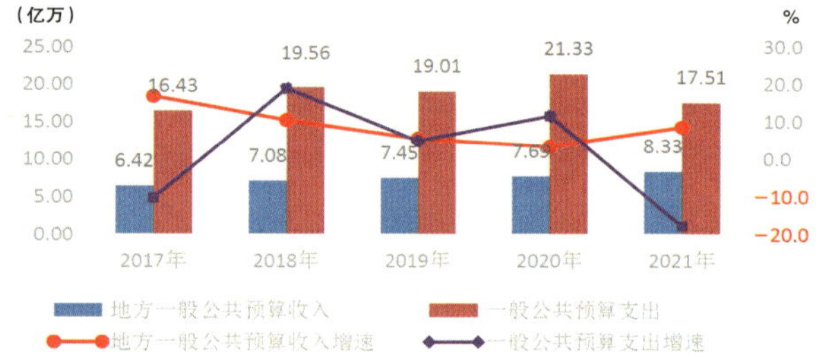

图 6　2017—2021 年金凤区一般公共预算收支情况及增速

七、城乡居民收入

完成城镇居民人均可支配收入 47208.2 元，同比增长 8.3%，居沿黄市辖区第一，绝对值保持全区第一，高于自治区 8917 元；完成农村居民人均可支配收入 16138.5 元，同比增长 10.5%，绝对值高于自治区 802 元。

2021 年金凤区城乡居民收支报表

表 2　　单位：元

指标名称		城镇居民			农村居民		
		2021 年	2020 年	增幅(%)	2021 年	2020 年	增幅(%)
金凤区	可支配收入	47208.2	43578.2	8.3	16138.5	14602.0	10.5
	工资性收入	32854.0	30433.6	8.0	9941.8	8977.4	10.7
	经营净收入	3308.1	3073.2	7.6	4143.4	3753.6	10.4
	财产净收入	2168.4	1949.0	11.3	562.8	502.3	12.0
	转移净收入	8877.8	8122.4	9.3	1490.5	1368.7	8.9

生态移民地区农村居民人均可支配收入 12984 元，比上年增长 1.6%。

八、文化和卫生和教育

2021 年，金凤区共有中小学 50 所。其中：九年制学校 1 所、初级中学 10 所、小学 34 所、高中 6 所。在校学生人数 62411 人。其中，中学学生 16403 人，小学学生 46008 人。小学毕业生升学率 100%，初学毕业生升学率 100%。

金凤区小学信息表

表 3　　单位：元

序号	指标内容	上年同期数值	增减情况	
			数值	增减（%）
1	小学校数	32	34	2
2	其中：独立设置的少数民族学校	10	10	0

续表 3

序号	指标内容	上年同期数值	增减情况	
			数值	增减(%)
3	小学在校生数	40085	46008	5923
4	其中:女	19215	22191	2976
5	少数民族学生数	12103	13959	1856
6	小学招生数	9258	9511	253
7	小学毕业生数	4570	4659	89
8	小学毕业班学生数	4653	5454	801
9	小学学龄人口入学率	102.14%	100%	-2.14%
10	其中:女	101.83%	100%	-1.83%
11	小学六年巩固率	114.80%	115.04%	0.24%
12	其中:女	114.97%	115.30%	0.33%
13	小学生重读率	0.00%	0.00%	0.00%
14	其中:女	0.00%	0.00%	0.00%
15	小学毕业生升学率	118.97%	100.00%	-18.97%
16	其中:女	117.18%	100.00%	-17.18%
17	小学专任教师学历合格率	99.93%	100.00%	0.07%
18	小学生师比	26.72:1	26.67:1	0.05
19	小学生机比	7.04:1	5.51	1.53
20	小学校均规模(人)	1145	1315	170
21	小学生均校舍面积(平方米)	9.12	9.55	0.42
22	小学生均占地面积(平方米)	31.31	28.31	3.00
23	小学生均图书(册)	17.96	20.73	2.75
24	普通中学校数	14	15	1
25	其中: 九年一贯制学校	1	1	0
26	初中	9	10	1
27	高中	6	6	0
28	完全中学	4	4	0
29	独立设置的少数民族学校	3	3	0
30	普通初中在校生数	15003	16403	1400
31	其中:女	7137	7852	715
32	少数民族学生数	4864	5137	273
33	普通初中招生数	5439	5693	254
34	普通初中毕业生数	4116	4382	266
35	普通初中毕业班学生数	4395	5192	797

续表 3

序号	指标内容	上年同期数值	增减情况	
			数值	增减(%)
36	普通高中在校生数	12026	12487	461
37	其中:女	6272	6466	194
38	少数民族学生数	4948	5019	71
39	普通高中招生数	4315	4342	27
40	普通高中毕业生数	3922	3816	106
41	普通高中毕业班学生数	3823	3846	23
42	初中生毛入学率	100.91%	107.55%	6.64%
43	其中:女	100.91%	106.92%	6.01%
44	初中学龄人口入学率	107.92%	100.00%	7.92%
45	其中:女	107.67%	100.00%	7.67%
46	初中三年巩固率	100.14%	100.93%	0.79%
47	其中:女	100.57%	101.60%	1.03%
48	普通初中生重读率	0.00%	0.00%	0.00%
49	其中:女	0.00%	0.00%	0.00%
50	初中毕业生升学率	104.83%	100.92%	-3.91%
51	其中:女	112.11%	92.87%	-19.24%
52	九年义务教育完成率			
53	普通初中专任教师学历合格率	100.00%	100.00%	0.00%
54	普通高中专任教师学历合格率	99.88%	99.89%	0.01%
55	普通初中生师比	16.76:1	13.09:1	3.67
56	普通高中生师比	14.18:1	13.57:1	0.61
57	普通初中校均规模(人)	1875.38	1640.30	235.08
58	普通高中校均规模(人)	2004.33	2081.17	-76.84
59	普通中学生均校舍面积(平方米)	18.79	19.56	-0.77
60	普通中学生均占地面积(平方米)	50.35	55.14	-4.79
61	普通中学生均图书(册)	35.40	41.68	-6.28
62	普通中学生机比	5.16:1	5.50:1	-0.34
63	幼儿园园数	114	115	1
64	其中:民办幼儿园	53	52	-1
65	其他部门办幼儿园	4	0	4
66	幼儿园(班)人数	26516	30073	3557
67	其中:女	12781	14411	1630
68	民办幼儿园人数	14056	14802	746

续表 3

序号	指标内容	上年同期数值	增减情况	
			数值	增减(%)
69	学前教育毛入园率	100.47%	112.60%	12.13%
70	特殊教育学校数	3	3	0
71	特殊教育学生数	496	504	8
72	其中:女	164	158	6
73	少数民族学生数	113	110	3
74	中职学校数	0	1	1
75	其中:职业高中	0	1	1
76	普通中专			0
77	成人中专			0
78	其他机构			0
79	中职在校生数	0	232	232
80	其中: 职业高中	0	232	232
81	普通中专			0
82	成人中专			0
83	其他机构			0

辖区共有自治区、银川市垂直管理的17所直属学校。(银川二十一小湖畔分校;阅海一小、阅海二小、阅海三小、阅海四小、阅海中学、银川十三中、银川二十六中、唐徕中学初中部、湖畔中学、宝湖中学;宁夏六盘山高级中学、银川六中、银川九中、银川外国语学校、宁夏开元学校、北京师范大学银川分校。)

在编在岗小学教师1981名，其中专任教师1942人;中学教师1830人;其中专任教师1572。初中毛入学率107.55%,巩固率100.93%,小学六年入学率100%,巩固率115.04%。

金凤区辖区内共有文化事业单位16个:分别是宁夏图书馆、宁夏博物馆、宁夏科技馆、宁夏京剧团、宁夏歌舞剧团、宁夏大剧院、银川文化艺术中心、银川电力科技馆、银川市艺术剧院、银川市美术馆、银川市文物管理处;另外还有街道文化站5个,乡镇文化站2个。

2021年，金凤区辖区共有各级各类卫生机构285家;三级公立医院4家;二级医院13家;一级医院4家。基层医疗机构有264家,其中乡镇卫生院、社区卫生服务中心9家,村卫生室、社区卫生服务站39家,个体诊所、门诊部216家。各级各类医疗机构实有床位5605张,每千人口拥有床位8.6张,共有执业医师(助理医师)2794人,每千人口拥有执业医师(助理医师)4.31人,共有护士3350人、每千人口拥有护士5.1人。基层医疗卫生机构共有执业医师(执业助理医师658人,护士710人。(三级公立医院4家:分别是自治区人民医院、宁夏医科大学总医院心脑血管病医院、自治区人民医院眼科医院、自治区妇幼保健院。二级公立医院13家:银川市第二人民医院、自治区工人疗养院、银川市口腔医院、银川市儿童医院宁夏民康医院和宁夏安康医院等。民营医院有4家;个体诊所及门诊部共计177家。)

九、人口、人民生活和社会保障

(1)年末常住人口

金凤区常住人口为65.2人。

(2)人口自然增长、死亡率

金凤区常住人口与上年相比，人口出生率14.04‰、人口死亡率3.09‰、自然增长率10.95‰。

(3)回族人口

金凤区常住人口中,汉族人口为50.62万人,占77.63%;回族人口为14.58万人,占22.36%。

金凤区人口变化情况

表 4

数据来源:统计局

项目 年度	总人口（常住人口)	农村人口	城镇人口	回族人口	性别比	出生人口	出生率（‰）	死亡人口	死亡率（‰）	自然增长率（‰）	七普修订总人口	七普修订农村人口	七普修订城镇人口	七普修订城镇化率(%)
2011 年	288509	55323	233186	73795	105.77	2773	9.61	1022	3.54	6.07	338520	73203	265317	78.38
2012 年	291360	52648	238712	74218	104.30	2996	10.28	1087	3.73	6.55	370089	81261	288828	78.04
2013 年	295364	51544	243820	74248	102.63	2995	10.14	1188	4.02	6.12	388845	84389	304456	78.30
2014 年	299157	45338	253819	83542	100.65	3070	10.26	958	3.20	7.06	425095	88989	336106	79.07
2015 年	302047	38964	263083	86192	100.73	3136	10.38	1387	4.59	7.79	437764	83430	354334	80.94
2016 年	307898	38888	269010	86236	101.80	5090	16.53	1389	4.51	12.02	475497	90712	384785	80.92
2017 年	323088	40807	282281	88342	95.63	5152	16.33	1199	3.80	12.53	523087	103032	420055	80.30
2018 年	338774	42787	295987	90893	94.82	5752	17.38	1436	4.34	13.04	549901	109409	440492	80.10
2019 年	369296	37744	331552	96497	94.06	8734	24.67	1993	5.63	19.04	607663	106436	501227	82.48
2020 年	644548	116087	528461	未公布							644548	116087	528461	81.99
2021 年（万人）	65.2	11.2	54	14.58	99.39	0.91	14.04	0.2	3.09	10.95	年平均人口:64.8			

（4）人口与社会

2021年年末参加城乡居民养老保险任务数达106.3%、参保率达到98.3%；参加基本医疗保险人数达107%；年末金凤区拥有养老机构7个、其中敬老院1个、共有养老床位数4570张。居民享受政府最低生活保障人数为3370人，其中城市低保2040人；农村低保1330人。全年发放城镇乡居民最低生活保障金2173万元；发放临时救助金115万元。

十、城市建设

2021年末建成区园林绿地面积3325公顷，其中，建成区公园绿地面积1571公顷。森林覆盖8.66%；林地面积2749公顷；湖泊湿地面积达到5.6万亩；城市“绿地率、绿化覆盖率、人均绿地面积”指标分别达到41.5%、42.3%、20.04平方米。

十一、环境与安全生产

全年城市空气质量优良天数（实况）309天，占总天数的84.7%。区域噪声平均值53.1分贝，交通干线噪声平均值65.9分贝。城市饮用水源水质达标率80%，黄河银川段水质达到二类。全年城市空气质量优良天数(实况)309天，占总天数的84.7%。区域噪声平均值53.1分贝，交通干线噪声平均值65.9分贝。城市饮用水源水质达标率80%，黄河银川段水质达到二类。全年发生各类生产安全事故11起，死亡10人。事故起数同比增加4起，死亡人数同比增加4人，亿元GDP生产安全事故死亡人数为0.0301人。其中：8起均为建筑施工事故，死亡7人，受伤1人，事故起数同比增加3起，死亡人数同比增加3人；生产经营性道路交通事故3起，死亡3人，受伤3人，事故起数同比增加1起。

银川市金凤区第七次全国人口普查公报[1]（第一号）

——金凤区人口情况

银川市金凤区统计局

银川市金凤区第七次全国人口普查领导小组办公室

2021年6月4日

根据第七次全国人口普查结果，现将2020年11月1日零时金凤区人口的基本情况公布如下：

一、常住人口

金凤区常住人口[2]为643952人。

二、人口增长

金凤区常住人口与2010年第六次全国人口普查的282554人相比，增加361398人，增长127.90%，年平均增长率为8.59%。

三、户别人口

金凤区共有家庭户[3]244007户，集体户11500户，家庭户人口为603272人，集体户人口为40680人。平均每个家庭户的人口为2.47人，比2010年第六次全国人口普查减少0.34人。

四、民族人口

金凤区常住人口中，汉族人口为487411人，占75.69%；各少数民族人口为156541人，占24.31%，其中回族人口为143992人，占22.36%。与2010年第六次全国人口普查相比，汉族人口增加280962人，增长136.09%；各少数民族人口增加80436人，增长105.69%，其中回族人口增加73164人，增长103.30%。

注释：

[1]本公报数据均为初步汇总数据。

[2]常住人口包括：居住在本乡镇街道且户口在本乡镇街道或户口待定的人；居住在本乡镇街道且离开户口登记地所在的乡镇街道半年以上的人；户口在本乡镇街道且外出不满半年或在境外工作学习的人。

[3]家庭户是指以家庭成员关系为主、居住一处共同生活的人组成的户。

银川市金凤区第七次全国人口普查公报[1]（第二号）

——各镇、街道人口情况

银川市金凤区统计局

银川市金凤区第七次全国人口普查领导小组办公室

2021年6月4日

根据第七次全国人口普查结果，现将2020年11月1日零时金凤区的常住人口[2]有关数据公布如下：

一、各镇、街道人口

分各镇、街道[3]看，满城北街街道人口为69365人，占金凤区常住人口的10.77%；黄河东路街道人口为127579人，占19.81%；长城中路街道人口为210878人，占32.75%；北京中路街道人口为40559人，占6.30%；上海西路街道人口为144670人，占22.47%；良田镇人口为33059人，占5.13%；丰登镇人口为17842人，占2.77%。

各镇、街道人口

表5 单位：%

地 区	人口数	比 重[4]（%）	
		2020年	2010年
金凤区	643952	100.00	100.00
满城北街街道	69365	10.77	15.15
黄河东路街道	127579	19.81	20.01
长城中路街道	210878	32.75	25.70
北京中路街道	40559	6.30	11.67
上海西路街道	144670	22.47	15.07
良田镇	33059	5.13	7.84
丰登镇	17842	2.77	4.57

二、各镇、街道人口变化

金凤区各镇、街道人口比重与2010年第六次全国人口普查相比，长城中路街道、上海西路街道人口所占比重上升7.05个、7.40个百分点，满城北街街道、黄河东路街道、北京中路街道、良田镇、丰登镇人口所占比重下降4.37个、0.19个、5.37个、2.71个、1.80个百分点。

与2010年第六次全国人口普查相比，各镇、街道人口增加依次为长城中路街道、上海西路街道、黄河东路街道、满城北街街道、良田镇、北京中路街道、丰登镇，分别增加138272人、102093人、71051人、26568人、10899人、7595人、4920人。

注释：

[1]本公报数据均为初步汇总数据。部分数据因四舍五入的原因，存在总计与分项合计不等的情况。

[2]常住人口包括：居住在本乡镇街道且户口在本乡镇街道或户口待定的人；居住在本乡镇街道且离开户口登记地所在的乡镇街道半年以上的人；户口在本乡镇街道且外出不满半年或在境外工作学习的人。

[3]金凤区各镇、街道包括：满城北街街道、黄河东路街道、长城中路街道、北京中路街道、上海西路街道、良田镇、丰登镇。

[4]指各镇、街道的常住人口占金凤区常住人口的比重。

银川市金凤区第七次全国人口普查公报[1]（第三号）

——人口性别构成情况

银川市金凤区统计局

银川市金凤区第七次全国人口普查领导小组办公室

2021 年 6 月 4 日

根据第七次全国人口普查结果，现将 2020 年 11 月 1 日零时金凤区的人口性别构成情况公布如下：

一、金凤区人口性别构成

金凤区常住人口[2]中，男性人口为 319862 人，占 49.67%；女性人口为 324090 人，占 50.33%。总人口性别比（以女性为 100，男性对女性的比例）为 98.70，与 2010 年第六次全国人口普查总人口性别比 106.84 相比，下降 8.14 个百分点。

二、各镇、街道人口性别构成

金凤区各镇、街道中，总人口性别比在 103[3]以下的镇、街道有 4 个，在 103—107 之间的镇、街道有 2 个，在 107 以上的镇、街道有 1 个。

各镇、街道人口性别构成

表 6

地 区	占常住人口比重（%）		性别比
	男	女	
金凤区	49.67	50.33	98.7
满城北街街道	50.94	49.06	103.82
黄河东路街道	50.19	49.81	100.75
长城中路街道	49.28	50.72	97.16
北京中路街道	48.79	51.21	95.26
上海西路街道	48.64	51.36	94.69
良田镇	51.40	48.60	105.74
丰登镇	52.91	47.09	112.35

注释：

[1]本公报数据均为初步汇总数据。

[2]金凤区常住人口包括七个镇、街道的常住人口。

[3]103—107 是国际公认的人口性别比正常水平。

银川市金凤区第七次全国人口普查公报[1]（第四号）

——人口年龄构成情况

银川市金凤区统计局
银川市金凤区第七次全国人口普查领导小组办公室

2021 年 6 月 4 日

根据第七次全国人口普查结果，现将 2020 年 11 月 1 日零时金凤区各镇、街道的人口年龄构成情况公布如下：

一、金凤区人口年龄构成

金凤区常住人口[2]中，0—14 岁[3]人口为 122584 人，占 19.04%；15—*59 岁人口为 440383 人，占 68.39%；60 岁及以上人口为 80985 人，占 12.58%，其中 65 岁及以上人口为 52294 人，占 8.12%。与 2010 年第六次全国人口普查相比，0—14 岁人口的比重上升 2.77 个百分点，15—59 岁人口的比重下降 6.68 个百分点，60 岁及以上人口的比重上升 3.91 个百分点，65 岁及以上人口的比重上升 2.31 个百分点。

金凤区人口年龄构成

表 7

年龄	人口数（人）	比重（%）
总 计	643952	100.00
0—14 岁	122584	19.04
15—59 岁	440383	68.39
60 岁及以上	80985	12.58
其中:65 岁及以上	52294	8.12

二、各镇、街道人口年龄构成

金凤区各镇、街道中，15—59 岁人口比重在 65%以上的镇、街道有 6 个，在 60%—65%之间的镇、街道有 1 个。

各镇、街道人口年龄构成

表 8

地 区	占常住人口比重			
	0—14 岁	15—59 岁	60 岁及以上	其中:65 岁及以上
金凤区	19.04	68.39	12.58	8.12
满城北街街道	16.04	69.96	14.01	9.43
黄河东路街道	19.83	67.57	12.61	8.06
长城中路街道	18.83	70.31	10.85	6.79
北京中路街道	16.22	68.59	15.20	10.21
上海西路街道	18.85	66.90	14.26	9.12
良田镇	27.93	63.21	8.86	6.15
丰登镇	18.89	66.65	14.46	10.05

注释：

[1]本公报数据均为初步汇总数据。

[2]金凤区常住人口包括七个乡镇、街道的常住人口。

[3]0—15 岁人口为 127646 人，16—59 岁人口为 435321 人。

银川市金凤区第七次全国人口普查公报[1]（第五号）

——人口受教育情况

银川市金凤区统计局
银川市金凤区第七次全国人口普查领导小组办公室
2021年6月4日

根据第七次全国人口普查结果，现将2020年11月1日零时金凤区的人口受教育基本情况公布如下：

一、受教育程度人口

金凤区常住人口[2]中，拥有大学（指大专及以上）文化程度的人口为240254人；拥有高中（含中专）文化程度的人口为94897人；拥有初中文化程度的人口为134985人；拥有小学文化程度的人口为97080人（以上各种受教育程度的人包括各类学校的毕业生、肄业生和在校生）。与2010年第六次全国人口普查相比，每10万人中拥有大学文化程度的由21530增至37309人；拥有高中文化程度的由18830人减少为14737人；拥有初中文化程度的由30250人减少为20962人；拥有小学文化程度的由18260人减少为15076人。

各镇、街道人口受教育情况

表9　　单位：人

地　区	大学（大专及以上）	高中（含中专）	初中	小学
金凤区	240254	94897	134985	97080
满城北街街道	20090	12209	19563	10657
黄河东路街道	43108	18916	29546	20463
长城中路街道	86238	34713	39863	25570
北京中路街道	19698	6293	6640	4557
上海西路街道	68148	19063	23920	17898
良田镇	1197	1683	8656	13333
丰登镇	1775	2020	6797	4602

二、平均受教育年限[3]

与2010年第六次全国人口普查相比，金凤区人口中，15岁及以上人口的平均受教育年限由10.73年提高至12.21年。

三、文盲人口

金凤区常住人口中，文盲人口（15岁及以上不识字的人）为12438人，与2010年第六次全国人口普查相比，文盲人口增加3082人，文盲率[4]由3.95%下降为1.93%，下降2.02个百分点。

注释：

[1]本公报数据均为初步汇总数据。

[2]金凤区常住人口包括七个乡镇、街道的常住人口。

[3]平均受教育年限是将各种受教育程度折算成受教育年限计算平均数得出的，具体的折算标准是：小学=6年，初中=9年，高中=12年，大专及以上=16年。

[4]文盲率是指常住人口中15岁及以上不识字人口所占常住人口比例。

银川市金凤区第七次全国人口普查公报[1]（第六号）

——城乡人口和流动人口情况

银川市金凤区统计局

银川市金凤区第七次全国人口普查领导小组办公室

2021年6月4日

根据第七次全国人口普查结果，现将2020年11月1日零时金凤区的人口城乡分布及流动情况公布如下：

一、城乡[2]人口

金凤区常住人口[3]中，居住在城镇的人口为527952人，占81.99%；居住在乡村的人口为116000人，占18.01%。与2010年第六次全国人口普查相比，居住在城镇人口增加302483人，居住在乡村人口增加58915人，城镇人口比重上升2.19个百分点。

二、流动人口[4]

金凤区常住人口中，人户分离人口[5]为316631人，其中，市辖区内人户分离[6]人口为115532人，流动人口为201099人。流动人口中，外省流入人口为77028人，区内流动人口为124071人。

与2010年第六次全国人口普查相比，人户分离人口增加194471人，增长159.19%，其中市辖区内人户分离人口增加71114人，增长160.10%；流动人口增加123357人，增长158.67%。

注释：

[1]本公报数据均为初步汇总数据。

[2]城镇、乡村是按国家统计局《统计上划分城乡的规定》划分的。

[3]金凤区常住人口包括七个乡镇、街道的常住人口。

[4]流动人口是指人户分离人口中扣除市辖区内人户分离的人口。

[5]人户分离人口是指居住地与户口登记地所在的乡镇街道不一致且离开户口登记地半年以上的人口。

[6]市辖区内人户分离人口是指一个直辖市或地级市所辖的区内和区与区之间，居住地和户口登记地不在同一乡镇街道的人口。

媒体中的金凤区

表 10

媒体名称	报道题目	刊播时间
《人民日报》	宁夏银川金凤区发放3万张电影券保障群众就地过大年	2021年2月8日
《人民日报》	宁夏银川金凤区、固原隆德县被评为全国村庄清洁行动先进县	2021年2月21日
《人民日报》	搬得出、住得稳、能致富，银川市金凤区润丰村创建移民搬迁安置样板村	2021年3月2日
《人民日报》	宁夏银川市金凤区举办春风行动专场招聘会194家企业参加	2021年3月6日
《人民日报》	银川市金凤区：把党史学习教育课堂设在“田间地头”	2021年3月25日
《人民日报》	小菌菇 大梦想 | 银川市金凤区壮大村集体经济	2021年4月14日
《人民日报》	银川市金凤区政协召开“停车难”问题三方协商议事会	2021年5月22日
《人民日报》	银川市金凤区发布党史学习教育体验教学线路	2021年5月27日
《人民日报》	讲解、直播、竞答，银川市金凤区反诈宣传进校园	2021年5月29日
《人民日报》	宁夏首家家校社共育家庭建设指导服务站落户银川市金凤区	2021年5月31日
《人民日报》	银川市金凤区5家托育机构通过国家备案	2021年5月31日
《人民日报》	让文明“归位”银川市金凤区出重拳整治共享单车	2021年6月16日
《人民日报》	银川市金凤区：军民携手 助力乡村振兴	2021年7月7日
《人民日报》	银川市金凤区：非遗文化金社区 文化传承润民心	2021年7月10日
《人民日报》	银川市金凤区：“织密”就业创业网 让退役军人的红色印记更加闪亮	2021年7月28日
《人民日报》	银川市金凤区：用心用情当好退役军人“娘家人”	2021年7月28日
《人民日报》	重温红色记忆 银川市举行庆“八一”主题活动	2021年7月28日
《人民日报》	美丽新宁夏 | 遇见金凤 遇见幸福	2021年7月30日
《人民日报》	银川金凤区：从土坯房到小楼房农房变迁勾勒乡村振兴好图景	2021年8月5日
《人民日报》	走访63万余户 银川市金凤区“千警进万家”提升群众安全感	2021年8月6日
《人民日报》	温棚里种出致富路	2021年8月8日
《人民日报》	每日可接种7000剂次疫苗！银川市金凤区新冠疫苗方舱接种点试运行	2021年8月10日
《人民日报》	人民巷头条 | 银川“疫”线哪些最可爱的人	2021年8月11日
《人民日报》	81项行政审批实现跨省通办 银川金凤区与全国16个省签订合作协议	2021年8月21日
《人民日报》	银川市金凤区：一张红蓝榜	2021年8月24日
《人民日报》	宁夏金凤区：特色引领、产业支撑 经济活力持续迸发	2021年8月25日
《人民日报》	高质量推进先行区建设 | 宁夏银川市：稳中加固 稳步提升	2021年8月26日
《人民日报》	宁夏建发悠阅城：在先行区建设中开启银川“城南时代”	2021年8月26日
《人民日报》	银川市金凤公安24小时内破获一起假冒注册商标案	2021年8月26日
《人民日报》	3明5优7示范 银川市金凤区给共享单车乱停乱放开“猛药良方”	2021年8月28日
《人民日报》	银川市北京中路派出所：“三道防线”捂紧群众“钱袋子”	2021年8月28日
《人民日报》	今年到2025年，银川市金凤区基础教育要做这些事	2021年9月10日

续表 10

媒体名称	报道题目	刊播时间
《人民日报》	“双减”之下的首个教师节，听一听老师们的心里话	2021 年 9 月 10 日
《人民日报》	爱的守护，警察叔叔和老人的故事	2021 年 9 月 11 日
《人民日报》	银川市金凤区：线上线下结合对校外培训机构复学复课进行评估	2021 年 9 月 13 日
《人民日报》	银川市金凤区：乡村里的变与不变	2021 年 9 月 16 日
《人民日报》	准备回家！	2021 年 9 月 16 日
《人民日报》	银川市金凤区：中秋将至，为异乡工人送上“娘家人”的关爱	2021 年 9 月 17 日
《人民日报》	银川市金凤区：奋战 100 天 冲刺四季度	2021 年 9 月 18 日
《人民日报》	银川市金凤区爱心餐饮企业为一线防疫人员免费送餐	2021 年 10 月 24 日
《人民日报》	银川市金凤区：智慧赋能助力疫情防控	2021 年 10 月 29 日
《人民日报》	宁夏：将社区划分为封控区、管控区和防范区，实施分类管理	2021 年 10 月 30 日
《人民日报》	银川市金凤区三季度实现社会消费品零售总额增速全区第一	2021 年 11 月 1 日
《人民日报》	银川市金凤区发出倡议：帮抗疫一线减压 换社区干部回家	201 年 11 月 13 日
《人民日报》	银川：产业兴旺绘就发展蓝图	2021 年 11 月 29 日
《人民日报》	银川市金凤区多措并举整治生态环境银川市金凤区：田间地头“传帮带”带出乡村振兴新力量	2021 年 12 月 5 日
《人民日报》	银川市金凤区：老旧小区换新颜“改”出美好新生活	2021 年 12 月 5 日
《人民日报》	银川市金凤区：让年轻干部“跑起来”	2021 年 12 月 5 日
《人民日报》	银川市金凤区：提质改造 尹家渠街刷出新“颜值”	2021 年 12 月 5 日
《人民日报》	银川：打造数字经济集聚地 培育数字经济发展生态圈	2021 年 12 月 10 日
《人民日报》	惠民促消费 银川市金凤区发放“乡村振兴券”	2021 年 12 月 18 日
《人民日报》	银川市金凤区：加快发展首店经济“新消费”促商业发展	2021 年 12 月 22 日
《人民日报》	银川市人大代表张涛：三产持续发力让人民群众生活更美好	2021 年 12 月 29 日
《人民日报》	银川市人大代表王宁君：大力发展首店经济 丰富银川消费业态	2021 年 12 月 30 日
《人民日报》	银川市金凤区：以优质政务服务释放经济高质量发展新动能	2021 年 12 月 30 日
人民网	2021 年上半年宁夏金凤区主要经济指标全线两位数增长	2021 年 7 月 21 日
人民网	宁夏金凤区：“点长制”保障核酸采样有序开展	2021 年 10 月 27 日
人民网	宁夏金凤区：“4 个 1”筑牢疫情防控堡垒	2021 年 10 月 27 日
人民网	银川市金凤区驻村第一书记、驻村工作队员和党务工作者奋战疫情防控一线	2021 年 10 月 28 日
人民网	银川金凤区：为打赢疫情防控阻击战提供坚强组织保障	2021 年 11 月 1 日
人民网	银川金凤区：党建引领打好疫情防控“组合拳”	2021 年 11 月 3 日
人民网	银川金凤区：7000 名党员带头坚守疫情防控一线	2021 年 11 月 3 日
人民网	银川市人大代表张涛：三产持续发力，让人民群众生活更美好	2021 年 12 月 29 日

续表 10

媒体名称	报道题目	刊播时间
新华社	银川市金凤区推进 5G 智能改造 助力企业转型升级	2021 年 3 月 4 日
新华社	宁夏基层社区助力老年人跨越“数字鸿沟”	2021 年 3 月 19 日
新华社	就业服务暖民心 银川市金凤区一季度城镇新增就业 1338 人	2021 年 4 月 15 日
新华社	金凤区“资源驿站”超市受欢迎	2021 年 4 月 15 日
新华社	以党建引领银川金凤区非公经济高质量发展	2021 年 4 月 16 日
新华社	宁夏银川 :“悦读”养文气 满城尽书香	2021 年 4 月 23 日
新华社	宁夏首家社区美好生活体在银川市金凤区落地	2021 年 4 月 24 日
新华社	金凤区良田渠(黄河路——长城路):旧貌换“新颜”	2021 年 4 月 29 日
新华社	宁夏重点监测零售企业实现销售总额 1.04 亿元	2021 年 5 月 3 日
新华社	“五一”假期繁荣银川假日经济	2021 年 5 月 6 日
新华社	山海起新潮——闽宁对口扶贫协作开启新征程	2021 年 5 月 18 日
新华社	从“移民乡镇”到“产业强镇”——宁夏银川良田镇获批创建 2021 年全国农业产业强镇	2021 年 5 月 19 日
新华社	金凤区:产业发展按下“提升键”乡村振兴跑出“加速度”	2021 年 5 月 25 日
新华社	金凤区发布六条党史学习教育体验教学线路	2021 年 5 月 28 日
新华社	银川市金凤区设立为民服务和发展专项资金办实事解民忧惠民生	2021 年 6 月 1 日
新华社	宁夏金凤区举办 6.18 全民电商节	2021 年 6 月 18 日
新华网	阅海湾中央商务区改革发展取得新成效	2021 年 2 月 3 日
新华网	阅海湾中央商务区多措并举助推冬季冰雪运动推广普及工作	2021 年 2 月 3 日
新华网	【禁毒人给您拜大年】金凤区禁毒专干给大家拜年啦!	2021 年 2 月 10 日
新华网	“蓝骑士”年节不“打烊”	2021 年 2 月 13 日
新华网	金凤区人武部助力帮扶贫困村实现乡村振兴	2021 年 7 月 6 日
新华网	金凤区:多部门合力共享单车专项整治	2021 年 7 月 8 日
新华网	两晒一促 | 遇见金凤 遇见幸福	2021 年 7 月 29 日
新华网	宁夏推进 15 至 17 岁人群新冠病毒疫苗接种工作	2021 年 8 月 15 日
新华网	两晒一促 | 遇见金凤 遇见幸福	2021 年 10 月 8 日
新华网	爱心企业捐赠物资助力抗击疫情	2021 年 10 月 23 日
新华网	银川金凤区:“移动超市”让居民家门口采购无忧	2021 年 10 月 30 日
新华网	银川金凤区划拨 304 万余元助力小区党支部防控疫情	2021 年 11 月 2 日
新华网	宁夏银川市金凤区多举措并举为生态环境“保蓝护绿”	2021 年 12 月 1 日
新华网	金凤区:社区戒烟综合干预为烟民开“处方”	2021 年 12 月 9 日
新华网	六中全会精神在基层 | 打造家政服务平台 带动就业创业促发展	2021 年 12 月 28 日
央广网	宁夏银川金凤区建成全区首家市辖区级新冠病毒核酸检测实验室	2021 年 1 月 2 日

续表 10

媒体名称	报道题目	刊播时间
央广网	宁夏银川金凤公安筑牢电诈“防火墙”止付资金 1600 多万	2021 年 5 月 12 日
央广网	宁夏银川金凤区推出 6 条党史学习教育体验线路	2021 年 5 月 27 日
《光明日报》	宁夏银川市金凤区:党史学习教育充满“泥土味”	2021 年 3 月 25 日
《光明日报》	宁夏银川金凤区:以“为民办实事”推动党史学习教育走深走心走实	2021 年 4 月 14 日
《光明日报》	宁夏银川金凤区:产业发展激活乡村振兴“一池春水”	2021 年 4 月 17 日
《光明日报》	宁夏金凤区:以党史学习教育推动办好民生实事	2021 年 4 月 25 日
《光明日报》	宁夏银川金凤区:产业融合助推乡村振兴	2021 年 4 月 30 日
《光明日报》	免费！免费！银川启动大规模新冠疫苗接种！	2021 年 5 月 8 日
《光明日报》	“永远跟党走”党史知识竞赛活动即日启动,速速来战！	2021 年 5 月 8 日
《光明日报》	“五一”假期宁夏消费市场暖意融融	2021 年 5 月 10 日
《光明日报》	宁夏银川金凤区:产业发展按下“提升键”乡村振兴跑出“加速度”	2021 年 5 月 24 日
《光明日报》	宁夏银川金凤区:改善人居环境 扮靓乡村“颜值”	2021 年 7 月 13 日
《光明日报》	宁夏银川金凤区:老旧小区改造圆居民“安居梦”	2021 年 7 月 29 日
《光明日报》	银川金凤区全力推进重点项目建设跑出高质量发展“加速度”	2021 年 7 月 30 日
《光明日报》	宁夏银川金凤区:产业发展促移民增收	2021 年 8 月 6 日
《光明日报》	宁夏金凤区:全力打造教育高质量发展示范区	2021 年 9 月 8 日
《光明日报》	宁夏银川市金凤区入选“国家智能社会治理实验基地”	2021 年 9 月 30 日
《光明日报》	宁夏银川金凤区:120 余名退役军人奋战疫情防控一线	2021 年 10 月 27 日
《光明日报》	宁夏银川金凤区:打通小区党组织“微末梢”	2021 年 11 月 2 日
《光明日报》	“疫”线笔记:疫路有你我,未来定可期	2021 年 11 月 4 日
《光明日报》	宁夏银川金凤区:延伸产业链 促农业融合发展	2021 年 12 月 21 日
《光明日报》	宁夏银川金凤区:首店经济为消费复苏注入新活力	2021 年 12 月 23 日
中新网	宁夏银川:红色教育进社区 争做时代好少年	2021 年 3 月 3 日
中新网	银川金凤区举办第四届“金凤飞舞 城市乐活会”总结会	2021 年 3 月 4 日
中新网	宁夏金凤区:把老旧小区改造到老板姓心坎儿上	2021 年 4 月 14 日
中新网	宁夏金凤区推动党史学习教育走深走心走实	2021 年 4 月 14 日
中新网	宁夏金凤区:就业服务暖民心惠民生	2021 年 4 月 16 日
中新网	第五届“金凤飞舞·城市乐活会”正式启动	2021 年 5 月 1 日
中新网	宁夏金凤区“七六五四”模式推进“导师帮带制”试点工作	2021 年 5 月 21 日
中新网	宁夏金凤区:发布六条党史学习教育体验教学线路	2021 年 5 月 28 日
中新网	宁夏金凤区荣获“全国老年气排球之乡”称号	2021 年 5 月 28 日
中新网	即日起至 6 月 30 日 金凤区集中整治共享单车打造 6 条示范街区	2021 年 6 月 1 日

续表 10

媒体名称	报道题目	刊播时间
中新网	银川市金凤区举办“非遗进万家 文旅展风采”	2021 年 6 月 11 日
中新网	2021 第三届中国·银川黄河合唱节将于 6 月 18 日启动	2021 年 6 月 18 日
中新网	宁夏金凤区：“引凤创梦”助力人才创新发展	2021 年 6 月 19 日
中新网	金凤区举办“魅力金凤·最美书记”风采展示总决赛	2021 年 6 月 22 日
中新网	宁夏金凤区举办“臻情起航 全球梦想”跨境电商峰会	2021 年 6 月 24 日
中新网	2021 第三届中国·银川黄河合唱节落幕	2021 年 6 月 24 日
中新网	宁夏金凤区举办离退休干部文艺汇演活动	2021 年 6 月 27 日
中新网	宁夏金凤区：快乐过暑假 安全不放假	2021 年 7 月 10 日
中新网	宁夏银川金凤公安：警务室为社区治理注入协同活力	2021 年 7 月 12 日
中新网	金凤区：用心用情当好退役军人娘家人	2021 年 7 月 25 日
中新网	银川金凤区全力推进重点项目建设 跑出高质量发展“加速度”	2021 年 7 月 30 日
中新网	银川金凤区：“导师帮带”为乡村振兴赋能	2021 年 8 月 10 日
中新网	银川市金凤区以产业发展带动移民增收	2021 年 8 月 10 日
中新网	银川金凤战“疫”记：“疫”去不返 时光如初	2021 年 8 月 20 日
中新网	银川金凤区：“内外兼修”建设美丽乡村	2021 年 9 月 1 日
中新网	金凤区：大力实施百年移民致富提升行动	2021 年 9 月 1 日
中新网	宁夏银川上海西路街道：突出“四个坚持”打造幸福活力区	2021 年 9 月 4 日
中新网	银川市金凤区实施人才工作“1+3”工程 推动人才工作提质增效	2021 年 9 月 10 日
中新网	银川市金凤区：在美丽新宁夏建设的火热实践中笃定前行	2021 年 9 月 25 日
中新网	银川市金凤区：“金凤悦邻里”为美好生活“赋能”	2021 年 10 月 18 日
中新网	银川涉疫情社区：全员核酸检测 物资有序供应	2021 年 10 月 21 日
中新网	银川市金凤区 120 余名退役军人奋战在疫情防控一线	2021 年 10 月 26 日
中新网	银川市金凤区“点长制”保障核酸采样有序开展	2021 年 10 月 27 日
中新网	银川市金凤区“三融合”模式 提升“疫”线治理效能	2021 年 10 月 31 日
中新网	银川市金凤区：“三个激励”提升一线工作人员“暖心指数”	2021 年 11 月 1 日
中新网	银川市金凤区：“荧光绿”筑牢抗“疫”防线	2021 年 11 月 3 日
中新网	银川市金凤区新时代文明实践助力筑牢疫情防控“红色堤坝”	2021 年 11 月 7 日
中新网	银川市金凤区扎紧织密疫情防控网格化责任网	2021 年 11 月 12 日
中新网	银川市金凤区：深入实施“四大提升行动”全面促进乡村振兴	2021 年 11 月 16 日
中新网	银川市金凤区 2021 年为民办实事全部办结	2021 年 11 月 20 日
中新网	银川市金凤区人大代表议案和意见、建议全部办复	2021 年 11 月 20 日
中新网	银川市金凤区 2021 年为民办十件实事出炉	2021 年 11 月 22 日

续表10

媒体名称	报道题目	刊播时间
中新网	银川市“金凤悦邻里”为美好生活“赋能”	2021年11月26日
中新网	银川市金凤区美丽乡村“点亮”移民幸福生活	2021年11月26日
中新网	宁夏银川市为3岁至11岁人群接种新冠病毒疫苗	2021年11月26日
中新网	银川市金凤区多措并举整治环境	2021年11月29日
中新网	银川市金凤区:创新形式推进六中全会精神落地落实	2021年11月30日
中新网	银川市金凤区:建设小微公园 提升城市品质	2021年12月3日
中新网	银川市金凤区:开展“礼遇”志愿者活动	2021年12月4日
中新网	银川市金凤区12月12日起发放2000万元消费券	2021年12月6日
中新网	银川市金凤区:干群齐努力 修通“连心桥”	2021年12月9日
中新网	银川市金凤区:社区戒烟综合干预为烟民开“处方”	2021年12月9日
中新网	银川市金凤区:努力打造移风易俗“金凤样板”	2021年12月10日
中新网	阅海湾中央商务区:倾力打造数字经济“矩阵”助推产业提质增效	2021年12月10日
中新网	银川市金凤区政府消费券正式发放	2021年12月13日
中新网	银川市金凤区聚百农果蔬集配加工交易中心投产运营	2021年12月13日
中新网	银川市金凤区:老年大学让“夕阳”生活更多彩	2021年12月13日
中新网	银川市金凤区:实事办在居民心坎上	2021年12月14日
中新网	银川市金凤区:老旧小区改造“升级”居民幸福感	2021年12月14日
中新网	银川市金凤区政府消费券引爆消费热潮	2021年12月15日
中新网	银川市金凤区:加快“警格网格”深度融合 为辖区发展“保驾护航”	2021年12月16日
中新网	银川市金凤区于18日首发“乡村振兴券”及“安心观影券”	2021年12月17日
中新网	银川市金凤区:搭建“家政+平台”带动就业创业促发展	2021年12月24日
中新网	宁夏银川城南“会客厅”主体封顶	2021年12月24日
中新网	银川市金凤区:办好民生实事 增进民生福祉	2021年12月26日
中新网	银川市金凤区第一批用水权证正式颁发	2021年12月27日
中新网	银川市金凤区:以高品质政务服务助力经济高质量发展	2021年12月28日
中国日报	宁夏金凤区:以“实战”状态全力抓好冬春季疫情防控工作	2021年1月4日
《中国日报》	《我在中国做志愿者——宁夏外籍疫情志愿者》	2021年1月21日
《中国日报》	宁夏银川市金凤区多重服务保障就地银川市金凤过年	2021年2月8日
《中国日报》	宁夏金凤区:以“实战”状态全力抓好冬春季疫情防控工作	2021年2月8日
《中国日报》	“留银就地过年购年货”宁夏银川启动消费券发放银川活动	2021年2月8日
《中国日报》	宁夏金凤区推进5G智能改造 助力企业转型升级	2021年3月3日
《中国日报》	宁夏金凤为什么飞舞 城市怎样乐活	2021年3月4日

续表 10

媒体名称	报道题目	刊播时间
《中国日报》	宁夏金凤区:推动党史学习教育走深走心走实	2021 年 4 月 14 日
《中国日报》	宁夏金凤区 产业发展 激活良田镇乡村振兴 “一池春水”	2021 年 4 月 17 日
《中国日报》	宁夏金凤区良田渠旧貌换“新颜”	2021 年 4 月 30 日
《中国日报》	宁夏金凤区 以产业融合发展助推乡村振兴	2021 年 4 月 30 日
《中国日报》	宁夏金凤蝶变:从“移民乡镇”到“产业强镇”	2021 年 5 月 8 日
《中国日报》	宁夏金凤区:“民情体验日”让为民办实事直抵民心	2021 年 5 月 19 日
《中国日报》	宁夏金凤区:产业发展按下“提升键”乡村振兴跑出“加速度”	2021 年 5 月 24 日
《中国日报》	来宁夏银川市金凤区,这里有六条党史学习教育体验教学线路	2021 年 5 月 27 日
《中国日报》	宁夏银川市金凤区,让共享单车更有序	2021 年 6 月 16 日
《中国日报》	宁夏金凤区:落实河湖长制 守护一泓清水	2021 年 6 月 25 日
《中国日报》	第二届宁夏夜绽生活节,享受美好夏夜	2021 年 6 月 26 日
《中国日报》	银川南大门城市会客厅今天亮相让银川更好玩	2021 年 6 月 28 日
《中国日报》	宁夏银川金凤区良田镇:以产业发展带动移民增收	2021 年 8 月 6 日
《中国日报》	宁夏银川市金凤区:“导师帮带”为乡村振兴“赋能”	2021 年 8 月 9 日
《中国日报》	宁夏银川:金凤驻村工作队 全员出动脱贫	2021 年 8 月 16 日
《中国日报》	银川金凤区:服务积分制吸引更多志愿者	2021 年 8 月 23 日
《中国日报》	宁夏银川:“红蓝榜”打造金凤美丽乡村	2021 年 8 月 26 日
《中国日报》	银川金凤区,促进高质量教育均衡发展	2021 年 9 月 8 日
《中国日报》	宁夏银川金凤区“1+3”工程助力人才强区	2021 年 9 月 9 日
《中国日报》	宁夏银川金凤区良田镇织密扎牢“一张网”服务群众“零距离”	2021 年 10 月 10 日
《中国日报》	“既有战,召必回”银川市金凤区 120 余名退役军人到一线参加抗疫	2021 年 10 月 26 日
《中国日报》	银川金凤区 打通小区党支部基层治理“微末梢”	2021 年 11 月 2 日
《中国日报》	宁夏银川市金凤区金星村,有机菜远销大湾区	2021 年 11 月 11 日
《中国日报》	银川金凤区 扎扎实实推进农民增收	2021 年 11 月 15 日
《中国日报》	在银川,小微公园让你推窗见绿	2021 年 12 月 2 日
《中国日报》	宁夏银川阅海湾中央商务区:倾力打造数字经济“矩阵”	2021 年 12 月 12 日
《中国日报》	银川市金凤区良田镇:聚百农果蔬集配加工交易中心投产运营	2021 年 12 月 13 日
中国日报网	宁夏金凤区,田间地头“板凳会”上的学习	2021 年 7 月 8 日
中国日报网	宁夏金凤区:改善人居环境 扮靓乡村“颜值”	2021 年 7 月 13 日
中国日报网	宁夏银川市金凤区人武部走出营区,助力地方乡村振兴	2021 年 7 月 21 日
中国日报网	宁夏银川金凤区,党建引领社区治理精细化、现代化	2021 年 7 月 22 日
中国日报网	宁夏金凤区:当好退役军人“娘家人”	2021 年 7 月 27 日

续表 10

媒体名称	报道题目	刊播时间
中国日报网	银川市金凤区:老旧小区改造 让居民乐享新生活	2021 年 7 月 29 日
学习强国	守护健康 需要你多一分理解	2021 年 2 月 5 日
学习强国	送话费、免门票、送影票!银川金凤区“大礼包”留你就地过年	2021 年 2 月 8 日
学习强国	故乡的烤馍故乡的年(李振娟)	2021 年 2 月 9 日
学习强国	新春走基层·街头巷尾话小康丨银川市金凤区:温暖迎新春 年味别样浓	2021 年 2 月 19 日
学习强国	新春走基层丨春节阅读“不打烊”,城市书房“闻书香”	2021 年 2 月 19 日
学习强国	银川市金凤区:从田间地头到社区菜店 农产品销售蹚出新路子	2021 年 2 月 22 日
学习强国	宁夏银川市金凤区:人勤春来早 春耕正当时	2021 年 2 月 3 日
学习强国	宁夏银川:社区开起“板凳会”街头巷角说党史	2021 年 3 月 5 日
学习强国	累计消费 156.66 亿元!“金凤飞舞 城市乐活会”助推金凤区消费升级	2021 年 3 月 5 日
学习强国	银川市金凤区举办春风行动专场招聘会	2021 年 3 月 6 日
学习强国	宁夏金凤区将改善 123 条背街小巷硬件设施	2021 年 3 月 10 日
学习强国	宁夏金凤区:加强农村妇女技能培训 助力实现创业就业梦想	2021 年 3 月 10 日
学习强国	银川市金凤区:整治农村人居环境	2021 年 3 月 11 日
学习强国	开局“十四五”奋进新征程丨宁夏银川市金凤区:村级集体经济多点开花	2021 年 3 月 17 日
学习强国	金凤区银新苑南社区“挂图作战”确保党史学习教育为民解难题	2021 年 3 月 18 日
学习强国	银川市金凤区:创新形式 助推党史学习教育走实走深	2021 年 3 月 18 日
学习强国	银川市金凤区:“三大课堂”让党史学习教育走深走实	2021 年 3 月 21 日
学习强国	银川:党史长廊激发党员干部群众学习热情	2021 年 3 月 23 日
学习强国	宁夏银川市金凤区:多措并举推动党史学习教育形式创新	2021 年 3 月 23 日
学习强国	银川市金凤区:“农业 + 旅游”融合发展 助力移民增收致富	2021 年 3 月 24 日
学习强国	宁夏银川市金凤区:巧引非遗文创 传承红船精神	2021 年 3 月 25 日
学习强国	银川市金凤区:将党课深耕于田间地头“开花结果”	2021 年 3 月 27 日
学习强国	银川市金凤区:把党史学习教育课堂设在“田间地头”	2021 年 3 月 30 日
学习强国	银川市金凤区打出“组合拳”推进中医药事业高质量发展	2021 年 3 月 31 日
学习强国	宁夏银川市金凤区厚植沃土让人才“如鱼得水”	2021 年 4 月 3 日
学习强国	清明假期宁夏金凤区商圈销售额 5010 万元,消费明显回暖	2021 年 4 月 7 日
学习强国	清明假期宁夏金凤区累计接待游客 3.2 万人	2021 年 4 月 7 日
学习强国	银川市金凤区劳动技能竞赛开赛	2021 年 4 月 11 日
学习强国	银川市金凤区:党史学习教育进企业 助推非公经济高质量发展	2021 年 4 月 13 日
学习强国	专心学 沉浸学 随时学 云上学!银川市金凤区让党史学习教育融入日常	2021 年 4 月 13 日
学习强国	银川市金凤区“资源驿站”超市受欢迎	2021 年 4 月 14 日

续表 10

媒体名称	报道题目	刊播时间
学习强国	银川市金凤区“职工之家”让辖区群众更温暖	2021 年 4 月 14 日
学习强国	银川市金凤区党史学习教育“我为群众办实事”第一批项目公示	2021 年 4 月 17 日
学习强国	金凤区多措并举提升群众文化获得感	2021 年 5 月 20 日
学习强国	建设先行区丨宁夏银川市阅海湾中央商务区累计完成主管业务收入 85.12 亿元	2021 年 5 月 24 日
学习强国	宁夏金凤区党史学习教育用“关键少数”引领“全员覆盖	2021 年 6 月 2 日
学习强国	宁夏金凤区获评首批全国县域足球典型	2021 年 6 月 4 日
学习强国	宁夏金凤区优化营商环境为企业发展“减负增能”	2021 年 6 月 4 日
学习强国	宁夏银川市金凤区：推动农业产业向高质量转型	2021 年 6 月 16 日
学习强国	银川金凤区：特色农产品助力乡村振兴	2021 年 6 月 18 日
学习强国	银川市金凤区：植物园村移风易俗有成效	2021 年 6 月 21 日
学习强国	银川金凤区：百景百屏 礼赞建党百年	2021 年 7 月 3 日
学习强国	超然！银川市金凤区红色歌曲“快闪”庆祝建党 100 周年	2021 年 7 月 4 日
学习强国	银川金凤区：社区“板凳会”宣讲零距离	2021 年 7 月 6 日
学习强国	银川市金凤区：田间地头学习忙 实干实帮促新章	2021 年 7 月 9 日
学习强国	银川市金凤区：新时代文明实践浸润百姓生活	2021 年 7 月 23 日
学习强国	银川市金凤区推进新时代文明实践中心建设 为幸福生活“加码”	2021 年 7 月 28 日
学习强国	宁夏银川市金凤区：创新，让禁毒示范创建充满活力	2021 年 7 月 28 日
学习强国	银川市金凤区青少年红色教育实践基地：传承红色基因，赓续红色血脉	2021 年 7 月 28 日
学习强国	银川市金凤区：老旧小区改造让居民乐享新生活	2021 年 7 月 29 日
学习强国	银川市金凤区以产业发展助力移民增收	2021 年 8 月 5 日
学习强国	银川市景湖社区“四色”志愿服务引领文明新风尚	2021 年 8 月 5 日
学习强国	“红蓝榜”晒出银川市金凤区美丽乡村	2021 年 8 月 24 日
学习强国	银川市金凤区：立足新阶段 开启新征程	2021 年 8 月 25 日
学习强国	银川市金凤区：“走出去”致富 “引进来”增收	2021 年 8 月 25 日
学习强国	走好新征程 释放新动能—访银川市金凤区委书记赵会勇	2021 年 10 月 4 日
学习强国	银川市金凤区重阳节系列活动精彩纷呈	2021 年 10 月 14 日
学习强国	宁夏银川市金凤区：“我来教您用手机”活动帮助老年人跨越“数字鸿沟”	2021 年 10 月 14 日
学习强国	银川市金凤区：“金凤悦邻里”便捷高效服务居民	2021 年 10 月 19 日
学习强国	银川市金凤区：智慧“赋能”助力疫情	2021 年 11 月 4 日
学习强国	疫情期间审批事项“不打烊”银川市金凤区审批服务管理局线上服务受好评	2021 年 11 月 16 日
学习强国	银川市金凤区：党建共享“家平台”为居民提供精准服务	2021 年 11 月 26 日
学习强国	机非不再混行 树木夜间璀璨 银川尹家渠南街“脱胎换骨”	2021 年 12 月 8 日

续表 10

媒体名称	报道题目	刊播时间
学习强国	自发筹资建桥修栈道！银川市金凤区这个社区的居民太“给力”	2021 年 12 月 10 日
学习强国	学党史 悟思想 办实事 开新局丨银川市金凤区老旧小区“改”出美好新生活	2021 年 12 月 30 日
学习强国	我为群众办实事丨银川市金凤区：让政务服务走进民生	2021 年 12 月 31 日
工人日报	打造“三优工会 四型之家”为职工办实事	2021 年 5 月 19 日
工人日报	银川金凤区职工服务站提升“八大群体”归属感	2021 年 7 月 9 日
经济日报	银川金凤区：“多点开花”推动党史学习教育走深走实	2021 年 4 月 26 日
《宁夏日报》	金凤区节日期间落实疫情防控实战化	2021 年 1 月 1 日
《宁夏日报》	新年首个节日，黄河东路街道的党员志愿者们“不放假	2021 年 1 月 3 日
《宁夏日报》	元旦小长假，金凤区消费品市场创新高	2021 年 1 月 4 日
《宁夏日报》	建天猫小镇！今天，阅海湾商务区有大动作！	2021 年 1 月 8 日
《宁夏日报》	天猫宁夏电商共享服务中心揭牌	2021 年 1 月 10 日
《宁夏日报》	让“青春”为抗“疫”保驾护航	2021 年 1 月 2 日
《宁夏日报》	构筑铜墙铁壁 守卫百姓家园	2021 年 2 月 3 日
《宁夏日报》	严把严防严控 守护舌尖安全	2021 年 2 月 3 日
《宁夏日报》	新班子“年轻”了五六岁！金凤区完成村(社区)“两委”换届	2021 年 2 月 9 日
《宁夏日报》	金凤区总工会 100 余万元送一线职工	2021 年 2 月 9 日
《宁夏日报》	宁夏春节消费市场火爆 52 家商超 7 天入账 4.79 亿元	2021 年 2 月 17 日
《宁夏日报》	金凤区春节消费市场活力十足，实现销售额 1.14 亿元	2021 年 2 月 18 日
《宁夏日报》	200 名“红马甲志愿者”坚守疫情防控一线	2021 年 2 月 20 日
《宁夏日报》	获评全国村庄清洁行动先进县，金凤区放了这些“大招”	2021 年 2 月 22 日
《宁夏日报》	金凤区开启“开学季”护航模式	2021 年 2 月 22 日
《宁夏日报》	金凤区：党建联席会“焦点式”破解基层治理难题	2021 年 3 月 2 日
《宁夏日报》	金凤区 5G 智能改造梯次行动助力企业转型升级	2021 年 3 月 3 日
《宁夏日报》	三月春暖花香溢 欢庆“三八”妇女节	2021 年 3 月 5 日
《宁夏日报》	吹响爱心哨 温暖邻里情 18 项志愿服务送到家！	2021 年 3 月 5 日
《宁夏日报》	银川市北京中路街道学雷锋活动丰富多彩	2021 年 3 月 5 日
《宁夏日报》	金凤区召开党史学习教育动员大会	2021 年 3 月 8 日
《宁夏日报》	要面子更要里子，金凤区打造“内外兼修”新农村 +	2021 年 3 月 10 日
《宁夏日报》	金凤区：全面打响农村人居环境整治“春季战役”	2021 年 3 月 11 日
《宁夏日报》	老旧小区怎么改造？“邻里和”民主议事会上“坐下谈”	2021 年 3 月 11 日
《宁夏日报》	让党史学习教育“打开模式”更生动	2021 年 3 月 12 日
《宁夏日报》	老旧小区咋改？“庭院”议事会来协商	2021 年 3 月 14 日

续表 10

媒体名称	报道题目	刊播时间
《宁夏日报》	金凤区:7 个村集体经济年收入突破百万	2021 年 3 月 16 日
《宁夏日报》	现场学、云上学、专题学! 金凤区“三大课堂”让党史学习走深走实走心	2021 年 3 月 17 日
《宁夏日报》	小小邮票述党史	2021 年 3 月 18 日
《宁夏日报》	赏精美邮票、“有声图书”、党建联建黄河东路街道多种形式学党史	2021 年 3 月 18 日
《宁夏日报》	国旗下的党史故事会	2021 年 3 月 20 日
《宁夏日报》	医生牵手小志愿者义诊 教您如何规律睡眠	2021 年 3 月 20 日
《宁夏日报》	体验射箭、感受中医……这个周末,新报小记者团收获满满!	2021 年 3 月 20 日
《宁夏日报》	世界睡眠日,恒大名都社区为居民普及健康睡眠	2021 年 3 月 22 日
《宁夏日报》	银啤巷社区“板凳会”议事受群众点赞	2021 年 3 月 22 日
《宁夏日报》	扫码就能“听党史”西湖社区“有声图书馆”开放了	2021 年 3 月 22 日
《宁夏日报》	观展览、学党史、守初心、担使命! 金凤区委网信办带党员走“初心之路”	2021 年 3 月 22 日
《宁夏日报》	广场舞大妈占用篮球场? 金凤区文旅体育广电局回应	2021 年 3 月 22 日
《宁夏日报》	学党史、拼党徽、写祝福! 银川这个社区百余名党员重温光辉历史	2021 年 3 月 22 日
《宁夏日报》	银川市拟新建两条道路	2021 年 3 月 23 日
《宁夏日报》	银川一工地食堂被取缔:建在垃圾堆旁,砖头支起操作台	2021 年 3 月 24 日
《宁夏日报》	金凤区将新建两条道路,具体位置在这里	2021 年 3 月 29 日
《宁夏日报》	金凤区为选调生成才引路架桥搭台	2021 年 3 月 29 日
《宁夏日报》	金凤区智慧化防让治典农河水清河净	2021 年 4 月 3 日
《宁夏日报》	金凤区创优环境让人才“如鱼得水”	2021 年 4 月 3 日
《宁夏日报》	消费回暖! 金凤区商圈清明假期销售额达 5010 万元	2021 年 4 月 6 日
《宁夏日报》	银川市老年大学湖畔嘉苑社区分校开班	2021 年 4 月 15 日
《宁夏日报》	金凤区一季度主要经济指标稳增向好	2021 年 4 月 20 日
《宁夏日报》	4 万人共享一站式服务! 金凤区建成首个社区邻里中心	2021 年 4 月 23 日
《宁夏日报》	金凤区一季度招商引资到位资金同比增长 259%	2021 年 4 月 23 日
《宁夏日报》	金凤区:脱贫致富有“钱景” 乡村振兴好风景	2021 年 4 月 25 日
《宁夏日报》	宁夏首家社区美好生活体落地金凤区	2021 年 4 月 26 日
《宁夏日报》	“五一”假期首日 金凤区消费市场繁荣活跃	2021 年 5 月 2 日
《宁夏日报》	金凤区五一假期游客较 2019 年同期增长 174%	2021 年 5 月 6 日
《宁夏日报》	老旧小区再改造 让幸福原地“升级”	2021 年 5 月 6 日
《宁夏日报》	金凤区:政府投资项目全程监管“黑名单”企业 5 年内不得参与投资项目	2021 年 5 月 10 日
《宁夏日报》	金凤区:精细化管理 多措优化政务服务	2021 年 5 月 10 日
《宁夏日报》	金凤区乡镇领导班子换届工作有序推进	2021 年 5 月 18 日

续表 10

媒体名称	报道题目	刊播时间
《宁夏日报》	金凤区“民情体验日”让为民办实事直抵民	2021 年 5 月 19 日
《宁夏日报》	金凤区“民情体验日”让为民办实事直抵民心	2021 年 5 月 19 日
《宁夏日报》	金凤区发布六条党史学习教育体验教学线路	2021 年 5 月 27 日
《宁夏日报》	金凤区家校社共育家庭建设试点工作启动	2021 年 5 月 28 日
《宁夏日报》	金凤区：今年以来，日均新增市场主体 60 多户	2021 年 6 月 3 日
《宁夏日报》	银川市金凤区喜获“全国县域足球典型”	2021 年 6 月 3 日
《宁夏日报》	金凤区开启指挥政务服务加速度 压缩办理时限 20%	2021 年 6 月 10 日
《宁夏日报》	金凤区：推动农业产业向高质量转型	2021 年 6 月 16 日
《宁夏日报》	购在金凤·云享生活，金凤区全民电商节邀你来打卡	2021 年 6 月 18 日
《宁夏日报》	第三届中国·银川黄河合唱节开幕	2021 年 6 月 19 日
《宁夏日报》	金凤区举行优秀共产党员、优秀党务工作者和先进基层党组织表彰大会	2021 年 6 月 23 日
《宁夏日报》	老旧小区改造，让旧貌换新颜	2021 年 7 月 15 日
《宁夏日报》	金凤区交出上半年经济亮眼“成绩单”	2021 年 7 月 20 日
《宁夏日报》	金凤区投入 1270 万元 让老旧小区堵心事变暖心事	2021 年 7 月 22 日
《宁夏日报》	金凤区推进新时代文明实践中心建设 为幸福生活“加码”	2021 年 7 月 28 日
《宁夏日报》	疫情防控，金凤区各大商圈积极行动！	2021 年 8 月 4 日
《宁夏日报》	金凤区：“导师帮带制”为乡村振兴“赋能”	2021 年 8 月 9 日
《宁夏日报》	圆梦小康丨金凤区：大力实施百万移民致富提升行动	2021 年 8 月 12 日
《宁夏日报》	金凤区：志愿服务“冒热气”	2021 年 8 月 16 日
《宁夏日报》	牢记初心使命 争取更大光荣丨金凤区：驻村工作队 “驻心”更驻情	2021 年 8 月 16 日
《宁夏日报》	金凤区：着眼“细微实”常态长效推进创城工作	2021 年 8 月 17 日
《宁夏日报》	金凤区与全国 16 个省 46 个市县签订“跨省通办”协议	2021 年 8 月 20 日
《宁夏日报》	金凤区：“走出去”“引进来”助力移民群众增收致富	2021 年 8 月 25 日
《宁夏日报》	金凤区：“内外兼修”扮靓美丽乡村	2021 年 9 月 1 日
《宁夏日报》	银川市金凤区举行第五届人大代表换届选举 陈润儿参加所在选区选举投票	2021 年 9 月 1 日
《宁夏日报》	金凤区：设施农业助农增收	2021 年 9 月 6 日
《宁夏日报》	金凤区：全力打造教育高质量发展示范区	2021 年 9 月 6 日
《宁夏日报》	金凤区：多措并举推动人才工作提质增效	2021 年 9 月 8 日
《宁夏日报》	“十四五”期间新增学位 3780 个 金凤区基础教育质量稳步提升	2021 年 9 月 9 日
《宁夏日报》	银川 739 个“护学岗”再次启动！ 实现中小学一校一警“全覆盖”	2021 年 9 月 14 日
《宁夏日报》	金凤区：让移民安置区学生乐享优质教育	2021 年 9 月 15 日
《宁夏日报》	金凤区吹响“奋战 100 天 冲刺四季度”集结号	2021 年 9 月 19 日

续表 10

媒体名称	报道题目	刊播时间
《宁夏日报》	金凤区庆祝中国农民丰收节活动开幕	2021 年 9 月 23 日
《宁夏日报》	金凤区开展“全民参与垃圾分类 共享环保低碳生活”活动	2021 年 9 月 29 日
《宁夏日报》	喜报！金凤区获评国家智能社会治理实验基地	2021 年 9 月 30 日
《宁夏日报》	金凤区:修好农村路 带百姓走上致富路	2021 年 10 月 1 日
《宁夏日报》	金凤区:“助残爱心驿站”筑梦工坊正式启用	2021 年 10 月 11 日
《宁夏日报》	银川市金凤区:“移动超市”进社区供应受居民欢迎	2021 年 10 月 27 日
《宁夏日报》	银川市国企向金凤区捐赠 30.6 万元抗疫物资	2021 年 10 月 27 日
《宁夏日报》	点赞！金凤区人才先锋队抗“疫”入社区	2021 年 10 月 29 日
《宁夏日报》	他把炉灶搬到社区,只为让一线防疫人员吃上热乎饭	2021 年 10 月 29 日
《宁夏日报》	金凤区“三融合”模式提升“疫”线治理效能	2021 年 10 月 31 日
《宁夏日报》	金凤区前三季度实现社会消费品零售总额增速全区第一	2021 年 11 月 1 日
《宁夏日报》	金凤区“三融合”模式提升“疫”线治理	2021 年 11 月 1 日
《宁夏日报》	金凤区:让党性在疫情防控一线锤炼	2021 年 11 月 1 日
《宁夏日报》	金凤区:融聚疫情防控“最强音”	2021 年 11 月 2 日
《宁夏日报》	金凤区签订第二批集中“跨省通办”协议	2021 年 11 月 10 日
《宁夏日报》	老旧小区有了“专业管家”	2021 年 11 月 16 日
《宁夏日报》	宁夏首批自治区级旅游休闲街区名单出炉 金凤区这条街区上榜	2021 年 11 月 17 日
《宁夏日报》	金凤区:开启高质量发展新征程	2021 年 11 月 20 日
《宁夏日报》	美丽乡村“点亮”移民幸福生活	2021 年 11 月 26 日
《宁夏日报》	金凤区:创新形式推进六中全会精神落地落实	2021 年 12 月 1 日
《宁夏日报》	金凤商圈的“调性”	2021 年 12 月 7 日
《宁夏日报》	金凤区:干群齐努力 修通便民桥	2021 年 12 月 9 日
《宁夏日报》	金凤区:突出“三新”建设 助力人才聚集	2021 年 12 月 9 日
《宁夏日报》	金凤区首发“乡村振兴券”及“安心观影券”！	2021 年 12 月 17 日
《宁夏日报》	“2021 年乐活金凤?云享购物”网上年货节启动	2021 年 12 月 24 日
《宁夏日报》	金凤区:以“准备之冬”迎接“开工之春”	2021 年 12 月 31 日
宁夏新闻网	李全才带队调研疫情常态化防控、实战化部署工作并主持召开指挥部第 62 次调度会	2021 年 1 月 2 日
宁夏新闻网	银川市金凤区:以“实战”状态全力抓好冬季疫情防控工作	2021 年 1 月 4 日
宁夏新闻网	中共银川市金凤区第三届委员会第七次全体会议召开	2021 年 1 月 8 日
宁夏新闻网	银川科技服务产业园、天猫宁夏电商共享服务中心揭牌开园	2021 年 1 月 8 日
宁夏新闻网	金凤区全力推进 2021 年项目开复工	2021 年 2 月 23 日
宁夏新闻网	银川市金凤区:群众办事更便捷 企业办证更快捷	2021 年 2 月 24 日

续表10

媒体名称	报道题目	刊播时间
宁夏新闻网	银川金凤区:培育壮大数字经济发展 推动现代服务行业扩规提质	2021年2月25日
宁夏新闻网	银川市金凤区:高质量打造服务业发展新样板	2021年3月1日
宁夏新闻网	金凤区“红色驿站”助推“四优四提”落实 让社区治理更有温度	2021年3月1日
宁夏新闻网	金凤区跑出“十四五”开局加速度	2021年3月2日
宁夏新闻网	金凤区委书记赵会勇到区纪委监委开展走访调研	2021年3月2日
宁夏新闻网	金凤区:为经济高质量发展插上“数字翅膀”	2021年3月2日
宁夏新闻网	金凤区推进5G智能改造梯次行动 助力企业转型升级	2021年3月3日
宁夏新闻网	金凤区发布“1+50+N”新时代文明实践志愿服务项目	2021年3月5日
宁夏新闻网	金凤区5条特色商业示范街区正式出炉!	2021年3月8日
宁夏新闻网	金凤区启动房屋群租专项整治行动	2021年4月1日
宁夏新闻网	银川市金凤区:我为群众办实事 植树添绿美家园	2021年4月20日
宁夏新闻网	金凤区数字经济产业异军突起	2021年4月27日
宁夏新闻网	银川市金凤区举办庆“五·一”劳模事迹宣讲暨慰问一线职工活动	2021年5月1日
宁夏新闻网	金凤区出台《细则》加强政府投资项目全过程监管	2021年5月10日
宁夏新闻网	银川市金凤区“学党史、知党情、跟党走”党史知识竞赛开赛	2021年5月19日
宁夏新闻网	宁夏银川市金凤区:大棚瓜果甜 村民致富忙	2021年5月20日
宁夏新闻网	金凤区:产业发展按下“提升键” 乡村振兴跑出“加速度”	2021年5月24日
宁夏新闻网	银川市金凤区:致敬红领巾 争做七彩好少年	2021年6月1日
宁夏新闻网	银川市金凤区党史学习教育用“关键少数”引领“全员覆盖”	2021年6月1日
宁夏新闻网	金凤区:培育团结之花 收获幸福之果	2021年6月7日
宁夏新闻网	银川市金凤区推出9项活动庆祝党的百年华诞	2021年6月9日
宁夏新闻网	金凤区首届“乡村振兴杯”足球联赛活力开赛	2021年7月11日
宁夏新闻网	银川市金凤区:非遗文化进社区 文化传承润民心	2021年7月9日
宁夏新闻网	建发悠阅城项目建设稳步推进	2021年7月9日
宁夏新闻网	金凤区:改善人居环境 扮靓乡村“颜值”	2021年7月13日
宁夏新闻网	金凤区“商事制度”改革改出市场主体新活力	2021年7月15日
宁夏新闻网	金凤区这个中心能为企业开办提供一站式服务	2021年7月15日
宁夏新闻网	金凤区全力做好常态化疫情防控工作	2021年7月15日
宁夏新闻网	赵耐香:社区居民的“主心骨”	2021年7月26日
宁夏新闻网	金凤区:重点项目引领经济高质量发展	2021年7月26日
宁夏新闻网	金凤区:全力推进重点项目建设 跑出高质量发展“加速度”	2021年8月2日
宁夏新闻网	助力文明城市建设 提升群众幸福感 金凤区创新举措让文明常驻身边	2021年9月1日

续表 10

媒体名称	报道题目	刊播时间
宁夏新闻网	银川市金凤区第五届人大代表初任培训班开班 164 位代表参与	2021 年 9 月 29 日
宁夏新闻网	金凤区:挖好人才“蓄水池”打造高质量发展“新引擎”	2021 年 10 月 9 日
宁夏新闻网	银川市金凤区:“四个一”模式筑牢疫情防控坚固防线	2021 年 11 月 6 日
宁夏新闻网	银川市金凤区人大代表议案和意见、建议全部办复	2021 年 11 月 21 日
宁夏新闻网	2000 万元! 金凤区政府消费券 12 月 12 日起发放	2021 年 12 月 9 日
宁夏新闻网	金凤区:社区老年大学描绘多彩“夕阳红”	2021 年 12 月 16 日
宁夏新闻网	银川市金凤区:延伸农业产业链 推进农业融合发展	2021 年 12 月 20 日
宁夏新闻网	银川市金凤区搭建“家政 + 平台”带动就业创业发展	2021 年 12 月 24 日
宁夏新闻网	银川市金凤区:办好民生实事 增进民生福祉	2021 年 12 月 24 日
宁夏新闻网	银川市金凤区福通社区:冬季轮训为基层党员充电赋能	2021 年 12 月 24 日
宁夏广电新闻	金凤区 64 个项目集中开工	2021 年 3 月 10 日
宁夏广电新闻	银川市金凤区劳动技能赛开赛	2021 年 4 月 10 日
宁夏广电新闻	金凤区“职工之家”让辖区群众更温暖	2021 年 4 月 10 日
宁夏广电新闻	银川市金凤区 10 项活动庆祝建党 100 周年	2021 年 4 月 12 日
宁夏广电新闻	银川黄河东路街道:“邻里互助站”为民办实事解难题	2021 年 4 月 14 日
宁夏广电新闻	自治区宣讲团在宁夏各地宣讲 把党史学习教育引向深入	2021 年 4 月 18 日
宁夏广电新闻	金凤区首个社区邻里中心投入使用	2021 年 5 月 3 日
宁夏广电新闻	金凤区举办第二届“引凤创梦”青年创新创业博览会	2021 年 6 月 24 日
宁夏广电新闻	银川市金凤区:以产业发展带动移民增收(黄河云视)	2021 年 8 月 5 日
宁夏广电新闻	银川市金凤区:“红蓝榜”晒出美丽乡村(黄河云视)	2021 年 8 月 24 日
宁夏广电新闻	银川市金凤区:改善人居环境 扮靓乡村“颜值”	2021 年 9 月 1 日
宁夏广电新闻网	金凤区:疫情防控不松懈 项目建设不降速	2021 年 11 月 4 日
新消息报	爱心涌动 金凤区收到百万战“疫”款物	2021 年 10 月 29 日
新消息报	金凤区 2021 年为民办实事全办结	2021 年 11 月 21 日
新消息报	金凤区建成 175 个健康场所,既有科普基地也有主题公园	2021 年 12 月 16 日
新消息报	金凤区五大商业综合体一周销售额超过 6900 万元	2021 年 12 月 23 日
新消息报	金凤区打造“家政 +”平台 带动就业创业约 2500 人	2021 年 12 月 25 日
华兴时报	春来农作气象新	2021 年 2 月 22 日
今日头条	金凤区将改造 20 个老旧小区,计划 4 月开工十月底完工	2021 年 3 月 17 日
今日头条	开局“十四五”奋进新征程丨宁夏银川市金凤区:村级集体经济多点开花	2021 年 3 月 18 日
今日头条	现场学、云上学、专题学! 金凤区“三大课堂”让党史学习走深走实走心	2021 年 3 月 18 日
今日头条	脱贫攻坚工作先进典型金凤区:发展农业 + 旅游助力移民增收致富	2021 年 3 月 22 日

续表 10

媒体名称	报道题目	刊播时间
今日头条	【阳光资讯】金凤区工业集中区有个“党史长廊”	2021 年 3 月 22 日
今日头条	一楼一策让老旧小区改造持续惠民	2021 年 3 月 29 日
今日头条	2021 年“文化金凤 四季欢歌”广场惠民演出正式启动	2021 年 4 月 12 日
今日头条	【阳光关注】小小羊肚菌 孕育乡村振兴	2021 年 4 月 13 日
今日头条	金凤区今年计划改造 20 个老旧小区 惠及居民 2812 户	2021 年 4 月 14 日
今日头条	【阳光关注】金凤区举办“全民招商引资月”项目集中入园仪式	2021 年 4 月 26 日
今日头条	【阳光关注】2021 年银川市金凤区将新建 8 处悦书房	2021 年 4 月 26 日
今日头条	【五中全会精神在基层】产业发展成为激活乡村振兴新功能	2021 年 4 月 27 日
今日头条	2021 年银川市金凤区第三届乡村文化旅游节(第一站)盛大开幕	2021 年 5 月 2 日
今日头条	人气旺 销量增 金凤区“五一”小长假首日消费市场繁荣活跃	2021 年 5 月 2 日
今日头条	1.27 亿！“五一”小长假金凤区六大商圈超“火”	2021 年 5 月 6 日
今日头条	银川 4 月最新房价出炉！金凤区以 9201 元 /㎡位居第一	2021 年 5 月 6 日
今日头条	金凤区党史学习教育“我为群众办实事”第二批项目公示啦！快来看看哪些与你有关!	2021 年 5 月 7 日
今日头条	金凤区妇联:办好实事 做妇女群众可依赖的“娘家人”	2021 年 5 月 10 日
今日头条	金凤区出台《细则》加强政府投资项目全过程监管	2021 年 5 月 10 日
今日头条	金凤区:架起政企“连心桥”当好服务企业“店小二”	2021 年 5 月 13 日
今日头条	小长假期间,金凤区六大商圈营业收入 4693.10 万元!	2021 年 5 月 17 日
今日头条	“唱支山歌给党听·丝路银川·魅力金凤”2021 第三届中国·银川黄河合唱节来啦!	2021 年 5 月 24 日
今日头条	金凤区 6 条党史学习教育体验教学线路正式发布	2021 年 5 月 26 日
今日头条	全区职工之家建设现场推进会观摩走进金凤区	2021 年 6 月 1 日
今日头条	【阳光关注】银川市金凤区“引凤创梦”助力人才创新发展	2021 年 6 月 21 日
今日头条	银川市共享单车有“身份证”啦	2021 年 8 月 10 日
今日头条	金凤区新时代文明实践心理疏导志愿服务上线	2021 年 10 月 21 日
今日头条	宁夏银川金凤区公安:近千警力全力保障 205 个检测点有序进行核酸检测	2021 年 10 月 23 日
今日头条	银川小学生做完核酸检测后,向最美医护者 敬礼致敬！辛苦了!	2021 年 10 月 24 日
今日头条	安全安心消费！金凤区 7 家商超开展线上下单、同城配送	2021 年 10 月 25 日
今日头条	六中全会精神在基层丨党建引领助推基层治理 着力提升群众获得感	2021 年 12 月 28 日
网易新闻	《金凤区经济指标持续向好 疫情大考交出亮眼答卷》	2021 年 1 月 23 日
网易新闻	金凤区春节消费活力十足	2021 年 2 月 18 日
网易新闻	2021 年银川市金凤区第三届乡村文化旅游节(第一站)盛大开幕	2021 年 5 月 2 日
搜狐新闻	金凤区工业转型发展取得明显成效 2020 年规上工业增加值增速 24.4%	2021 年 1 月 19 日
新浪宁夏	金凤区第三届乡村文化旅游节首站盛大启幕	2021 年 5 月 2 日

2021 年金凤区委发文目录

表 11

文件名称	发布文号
关于命名 2020 年度星级机关党组织暨“让党中央放心、让人民群众满意”模范机关的决定	银金党发〔2021〕1 号
关于对武装工作先进单位和优秀个人通报表扬的决定	银金党发〔2021〕2 号
关于印发《中共银川市金凤区委员会常务委员会工作规则》的通知	银金党发〔2021〕6 号
关于命名 2020 年度星级基层党组织的决定	银金党发〔2021〕8 号
关于印发《中共银川市金凤区委常委会开展党史学习教育实施方案》的通知	银金党发〔2021〕10 号
关于表彰金凤区优秀共产党员、优秀党务工作者和先进基层党组织的决定	银金党发〔2021〕12 号
关于金凤区领导班子换届人事安排的请示	银金党发〔2021〕16 号
关于印发《加强对“一把手”和领导班子监督实施细则(试行)》《“一把手”和领导班子开展党内谈话实施细则(试行)》《“一把手”述责述廉实施细则(试行)》的通知	银金党发〔2021〕19 号
关于印发《金凤区第 37 个教师节通报表扬决定》的通知	银金党发〔2021〕20 号
关于印发《金凤区落实教师素质提升工程补助经费决定》的通知	银金党发〔2021〕21 号
印发《关于加强新时代退役军人工作实施方案》的通知	银金党发〔2021〕27 号
关于印发《关于在全区公民中开展第八个五年法治宣传教育的实施意见(2021–2025 年)》的通知	银金党发〔2021〕28 号
关于对 2018—2020 年连续三年年度考核为优秀等次公务员记功的决定	银金党发〔2021〕31 号
2021 年金凤区委办公室发文	
文件名称	**文　号**
关于印发《中共银川市金凤区委员会 2021 年工作要点》及《责任分工》的通知	银金党办发〔2021〕1 号
关于印发《金凤区 2021 年春节慰问活动方案的》通知	银金党办发〔2021〕3 号
关于印发《金凤区推进基层整合审批服务执法力量改革实施方案》的通知	银金党办发〔2021〕6 号
关于印发《金凤区政协 2021 年协商计划》的通知	银金党办发〔2021〕8 号
关于印发《金凤区县处级领导及党员领导干部包抓基层联系点工作方案》的通知	银金党办发〔2021〕9 号
关于印发《金凤区春季大会战暨近期工作任务重点项目重要活动及责任清单》的通知	银金党办发〔2021〕13 号
关于印发《关于在金凤区党史学习教育中开展“奋进新时代、担当新使命、展现新作为”学习实践活动的方案》的通知	银金党办发〔2021〕14 号
关于印发《关于开展金凤区“廉洁从政警示教育月”活动方案》的通知	银金党办发〔2021〕15 号
金凤区 2021 年重点任务、重 点工作、重点项目清单(三个清单)	银金党办发〔2021〕16 号
关于印发《金凤区节假日及双休日带班值班制 度(试行)》的通知	银金党办发〔2021〕17 号
关于建立县处级领导同志联系包抓重点特色产业工作机制的通知	银金党办发〔2021〕18 号
关于建立金凤区县处级领导包联项目和企业责任机制的通知	银金党办发〔2021〕19 号
关于印发《金凤区会议管理办法》的通知	银金党办发〔2021〕20 号
关于印发《金凤区业主大会、业主委员会组织管理办法(试行)的通知	银金党办发〔2021〕21 号
关于印发《金凤区四套班子办公室主任联席会议制度》的通知	银金党办发〔2021〕24 号

续表 11

文件名称	文号
关于印发金凤区镇(街)机构改革方案的通知	银金党办发〔2021〕25 号
关于印发《关于巩固“不忘初心、牢记使命”主题教育成果的具体落实措施》的通知	银金党办发〔2021〕29 号
关于印发《金凤区全面推行证明事项告知承诺制实施方案》等 7 个改革方案的通知	银金党办发〔2021〕30 号
关于印发《2021 年金凤区党委理论学习中心组学习安排》的通知	银金党办发〔2021〕31 号
关于做好银川市“千名干部包千企”工作的通知	银金党办发〔2021〕32 号
关于印发《金凤区红十字会改革方案》的通知	银金党办发〔2021〕34 号
关于印发《金凤区 2021 年全面从严治党党风廉政建设和反腐败工作主要任务分工方案》的通知	银金党办发〔2021〕35 号
关于印发《金凤区政府投资项目建设管理细则(试行)》的通知	银金党办发〔2021〕36 号
关于印发《2021 年金凤区档案工作要点》的通知	银金党办发〔2021〕41 号
关于印发《金凤区深入实施干部政治能力和专业能力提升工程的具体措施》的通知	银金党办发〔2021〕43 号
关于金凤区党委书记 副书记 常委工作分工的通知	银金党办发〔2021〕44 号
关于印发《金凤区农村网格化服务管理工作实施方案》的通知	银金党办发〔2021〕49 号
关于印发《金凤区防范和惩治统计造假弄虚作假责任制办法》的通知	银金党办发〔2021〕50 号
关于印发《金凤区关于巩固拓展脱贫攻坚成果同乡村振兴有效衔接的实施意见》的通知	银金党办发〔2021〕51 号
关于印发《金凤区强化移民后续扶持实施移民致富提升行动实施方案》的通知	银金党办发〔2021〕52 号
关于印发《金凤区城乡居民收入提升行动实施方案》的通知	银金党办发〔2021〕56 号
关于印发《金凤区 2021 年“八一”建军节活动实施方案》的通知	银金党办发〔2021〕57 号
关于印发《金凤区“金凤悦邻里”社区邻里中心建设实施方案(试行)》的通知	银金党办发〔2021〕58 号
关于印发《金凤区关于加快推进学前教育高质量发展的实施意见》的通知	银金党办发〔2021〕59 号
关于印发《金凤区基础教育质量提升行动实施方案》的通知	银金党办发〔2021〕60 号
关于印发《金凤区全民健康水平提升行动实施方案》的通知	银金党办发〔2021〕62 号
关于印发用水权、土地权、排污权、山林权“四权”改革实施意见的通知	银金党办发〔2021〕63 号
关于印发《金凤区加强品牌农业建设实施方案(试行)》的通知	银金党办发〔2021〕64 号
关于印发《金凤区城乡就业保障体系实施意见》的通知	银金党办发〔2021〕65 号
关于成立金凤区推动黄河流域生态保护和高质量发展先行区建设领导小组及建立“四大提升行动”包抓工作机制的通知	银金党办发〔2021〕66 号
关于金凤区党委书记 副书记 常委工作分工的通知	银金党办发〔2021〕67 号
关于印发《金凤区 2021 年民族团结进步月活动实施方案》的通知	银金党办发〔2021〕68 号
关于进一步加强城乡低收入群众救助保障工作方案(试行)	银金党办发〔2021〕69 号
关于印发《金凤区“奋战 100 天 冲刺四季度”行动实施方案》的通知	银金党办发〔2021〕72 号
关于印发《2021 年金凤区庆祝中国农民丰收节活动实施方案》的通知	银金党办发〔2021〕73 号
关于印发《中国共产党银川市金凤区第四次代表大会精神宣传工作方案》的通知	银金党办发〔2021〕81 号

续表 11

文件名称	文号
关于印发《〈中共银川市金凤区委员会第四次代表大会工作报告〉任务分工》的通知	银金党办发〔2021〕82 号
关于印发《金凤区新冠肺炎疫情网格化防控工作方案》的通知	银金党办发〔2021〕83 号
关于印发《金凤区 2021–2025 年开展巩固脱贫攻坚成果同乡村振兴有效衔接帮扶工作实施方案》的通知	银金党办发〔2021〕84 号
关于印发《金凤区深入实施“四大提升行动”全面促进乡村振兴工作方案》的通知	银金党办发〔2021〕85 号
关于印发《2021 年度金凤区做好巩固脱贫成果后评估工作方案》的通知	银金党办发〔2021〕86 号
于印发《金凤区学习宣传党的十九届六中全会精神工作方案》的通知	银金党办发〔2021〕87 号
关于印发《植物园村 润丰村深入实施“四大提升行动”全面促进乡村振兴工作分工方案》的通知	银金党办发〔2021〕88 号
关于印发《金凤区学习贯彻党的十九届六中全会精神宣讲工作方案》的通知	银金党办发〔2021〕90 号
关于金凤区党委书记 副书记 常委工作分工的通知	银金党办发〔2021〕91 号
金凤区委办公室关于印发《金凤区学习贯彻银川市第十五次党代会精神宣传宣讲工作方案》的通知	银金党办发〔2021〕93 号
关于印发《金凤区全面推行林长制实施方案》的通知	银金党办发〔2021〕94 号
关于印发《金凤区基层治理常态化网格管理工作方案》的通知	银金党办发〔2021〕95 号
关于印发《2022 年元旦春节期间新冠肺炎疫情防控工作实施方案》的通知	银金党办发〔2021〕96 号
关于做好 2022 年元旦春节期间有关工作的通知	银金党办发〔2021〕97 号

2021 年金凤区人大发文目录

表 12

金凤区人大常委会党组发文	
文件名称	文　号
关于做好金凤区区镇人民代表大会换届选举工作意见的请示	银金人常党组发〔2021〕5 号
关于金凤区第五届人民代表大会换届选举选区划分方案的请示	银金人常党组发〔2021〕6 号
关于金凤区第五届人民代表大会代表名额分配方案的请示	银金人常党组发〔2021〕7 号
金凤区人大常委会发文	
文件名称	文　号
金凤区人大常委会关于区镇人民代表大会换届选举时间的决定	银金人常发〔2021〕17 号
金凤区人大常委会关于各镇人民代表大会代表名额的决定	银金人常发〔2021〕18 号
关于成立金凤区选举委员会及办公室的决定	银金人常发〔2021〕19 号
关于成立镇选举委员会街道选举工作领导小组的决定	银金人常发〔2021〕20 号
金凤区人民代表大会常务委员会关于各镇人民代表大会代表名额决定的备案报告	银金人常发〔2021〕26 号
关于金凤区第五届人民代表大会代表换届选举做好疫情防控工作的报告	银金人常办发〔2021〕39 号

续表 12

金凤区人大办发文	
文件名称	文　号
关于金凤区选举委员会办公室分设秘书组、组织组、宣传组、督查组的通知	银金人常办发〔2021〕29 号
关于印发《金凤区区、镇人民代表大会换届选举工作实施方案》的通知	银金人常办发〔2021〕30 号
关于抽调换届选举工作人员及编组的通知	银金人常办发〔2021〕31 号
关于拨付金凤区人大换届选举经费的通知	银金人常办发〔2021〕34 号
关于调整金凤区选举委员会组成人员的通知	银金人常办发〔2021〕38 号
银川市金凤区选举委员会发文	
文件名称	文　号
关于金凤区第五届人民代表大会代表名额分配通知	银金选委会发〔2021〕1 号
关于初步代表候选人的批复(丰登镇)	银金选委会发〔2021〕2 号
关于初步代表候选人的批复(良田镇)	银金选委会发〔2021〕3 号
关于初步代表候选人的批复(上海西路)	银金选委会发〔2021〕4 号
关于初步代表候选人的批复(北京中路)	银金选委会发〔2021〕5 号
关于初步代表候选人的批复(长城中路)	银金选委会发〔2021〕6 号
关于初步代表候选人的批复(黄河东路)	银金选委会发〔2021〕7 号
关于初步代表候选人的批复(满城北街)	银金选委会发〔2021〕8 号
关于正式代表候选人名单的批复(丰登镇)	银金选委会发〔2021〕9 号
关于正式代表候选人名单的批复(良田镇)	银金选委会发〔2021〕10 号
关于正式代表候选人名单的批复(上海西路)	银金选委会发〔2021〕11 号
关于正式代表候选人名单的批复(北京中路)	银金选委会发〔2021〕12 号
关于正式代表候选人名单的批复(长城中路)	银金选委会发〔2021〕13 号
关于正式代表候选人名单的批复(黄河东路)	银金选委会发〔2021〕14 号
关于正式代表候选人名单的批复(满城北路)	银金选委会发〔2021〕15 号
关于金凤区人民代表大会换届选举按疫情防控要求设置主会场的请示	银金选委会发〔2021〕16 号
关于当选代表名单的批复(丰登镇)	银金选委会发〔2021〕17 号
关于当选代表名单的批复(良田镇)	银金选委会发〔2021〕18 号
关于当选代表名单的批复(上海西路街道)	银金选委会发〔2021〕19 号
关于当选代表名单的批复(北京中路)	银金选委会发〔2021〕20 号
关于当选代表名单的批复(长城中路)	银金选委会发〔2021〕21 号
关于当选代表名单的批复(黄河东路)	银金选委会发〔2021〕22 号
关于当选代表名单的批复(满城北街)	银金选委会发〔2021〕23 号

续表 12

金凤区选举委员会办公室发文	
文件名称	文　号
关于印发区镇人大换届选举部分文书和表册示范文本的通知	银金选办发〔2021〕1 号
关于认真做好金凤区区镇人大换届选举选民登记工作的通知	银金选办发〔2021〕2 号
关于切实做好金凤区区镇人民代表大会换届选举宣传工作的通知	银金选办发〔2021〕3 号
关于金凤区区、镇人民代表大会换届选举工作督查情况的通报	银金选办发〔2021〕9 号
关于召开金凤区选举委员会会议的通知	银金选办发〔2021〕22 号
关于推荐和协商确定代表候选人操作规范的通知	银金选办发〔2021〕24 号
关于同意丰登镇调整本辖区金凤区人大代表名额分配的通知	银金选办发〔2021〕25 号
关于选民证填写发放等有关事宜的通知	银金选办发〔2021〕26 号
关于召开金凤区选举委员会会议的通知	银金选办发〔2021〕27 号
关于切实做好投票选举工作有关事项的通知	银金选办发〔2021〕28 号
关于金凤区区、镇人民代表大会换届选举工作督查情况的通报	银金选办发〔2021〕29 号
关于召开金凤区选举委员会会议的通知	银金选办发〔2021〕30 号
关于召开金凤区选举委员会会议的通知	银金选办发〔2021〕31 号
关于印发《金凤区人民代表大会代表选举日宣传工作方案》的通知	银金选办发〔2021〕32 号

2021 年金凤区政府发文目录

表 13

文件名称	文　号
关于宁夏第二建筑有限公司“10.30”高处坠落一般事故调查报告提交时限申请延期的批复	银金政发〔1〕号
关于金凤区 2021 年棚户区改造计划的报告	银金政发〔2〕号
关于北绕城以南贺兰县习岗镇黎明村片区土地整体移交事宜有关情况的报告	银金政发〔3〕号
关于报金凤区 2020 年《政府工作报告》的报告	银金政发〔5〕号
关于宁夏理工学院新建银川校区选址有关意见的报告	银金政发〔7〕号
关于确认刘启军见义勇为行为的批复	银金政发〔8〕号
关于处理金凤区融创文化体育传媒有限公司的批复	银金政发〔9〕号
关于原银川科技园项目且遗留马希祥等 3 户征收情况的报告	银金政发〔12〕号
关于《金凤区 2019 年度国有自然资源资产管理情况专项报告会议意见》办理情况的报告	银金政发〔16〕号
关于丰泽美居周边北侧规划路工程项目土地征收完成情况的报告	银金政发〔18〕号
关于表彰奖励国家税务总局银川市金凤区税务局的决定	银金政发〔20〕号
关于宁夏回族自治区妇幼保健院(宁夏回族自治区儿童医院)重大火灾隐患申请延期整改相关事宜的批复	银金政发〔24〕号

续表 13

文件名称	文　号
关于金凤区丰登镇润丰村 12 户单人户不予确权登记情况的报告	银金政发〔26〕号
关于拟推荐金凤区人民政府为自治区精神文明先进集体的报告	银金政发〔29〕号
关于 2019 年度本级财政预算执行和其他财政收支的审计工作报告及审计查出问题整改情况报告的审议意见落实情况的报告	银金政发〔30〕号
关于贯彻落实《宁夏回族自治区志愿服务条例》的报告	银金政发〔33〕号
关于申请农业产业强镇示范建设项目的报告	银金政发〔34〕号
关于解决银川老看守所周边区域棚户改造项目征地拆迁有关问题的请示	银金政发〔39〕号
关于解决金凤区团结巷至贺兰山路道路畅通工程及西侧老旧小区更新改造项目有关问题的请示	银金政发〔41〕号
关于解决“悦海新天地购物广场”项目人防易地建设费缴纳有关问题的请示	银金政发〔44〕号
关于解决金凤区存量房回购及安置项目有关问题的请示	银金政发〔47〕号
关于设立贺兰山中路街道办事处有关事项的报告	银金政发〔49〕号
关于调整金凤区五个旧城(棚户区)改造项目收回土地规划用途并挂牌的请示	银金政发〔51〕号
关于金凤区“互联网 + 城乡供水”项目工作推进情况的报告	银金政发〔52〕号
关于印发《金凤区国民经济和社会发展第十四个五年规划和 2035 年远景目标》的通知	银金政发〔53〕号
关于印发《2021 年金凤区基干民兵军事训练计划》的通知	银金政发〔56〕号
关于解决金凤区丰登镇暖源供热公司锅炉拆除并网资金的请示	银金政发〔57〕号
关于《宁夏第二建筑有限公司“10.30”高处坠落一般事故调查报告》的批复	银金政发〔60〕号
关于成立陕西景程电梯设备工程有限公司“5.5”高处坠落一般事故调查组的批复	银金政发〔63〕号
关于申请拨付金凤区元宅湖建筑垃圾堆放场整治费用的请示	银金政发〔66〕号
关于将宁夏电投热电有限公司区域纳入城镇低效用地的请示	银金政发〔68〕号
关于对《银川市唐徕回民中学北校区建设项目征收土地及地上附着物补偿测算报告》进行审核的请示	银金政发〔70〕号
关于金凤区委副书记、政府代区长张涛同志外出考察的请示	银金政发〔71〕号
关于凤凰北街、尹家渠北街、后海路道路工程建设有关事宜的请示	银金政发〔72〕号
关于奖励 2020 年度全民创业,城乡就业及家庭服务业促进创业就业先进集体,优秀企业的决定	银金政发〔73〕号
关于印发《银川市金凤区共享单车(电动车)“集中整治月”专项行动实施方案》的通知	银金政发〔74〕号
关于申请金凤区中小学、幼儿园校舍维修及设备采购资金的请示	银金政发〔77〕号
关于拨付凤凰北街、尹家渠北街道路工程建设资金的请示	银金政发〔79〕号
关于 2020 年度金凤区税务局考核情况的通报	银金政发〔80〕号
关于申请办理金凤区新城北门清真寺迁建项目用地手续的请示	银金政发〔84〕号
关于申请金凤区第五届“金凤飞舞·城市乐活会”活动补贴资金的请示	银金政发〔85〕号
关于市政府领导批示件办理情况的报告	银金政发〔86〕号
关于宁夏回族自治区妇幼保健院(宁夏回族自治区儿童医院)摘牌的批复	银金政发〔87〕号

续表 13

文件名称	文 号
关于成立北京城建亚泰金宇建筑劳务有限公司“6·10”物体打击一般事故调查组的批复	银金政发〔88〕号
关于成立江苏省建筑工程有些公司“6·29”触电一般事故调查组的批复	银金政发〔89〕号
关于拨付金凤区公厕管理运行经费的请示	银金政发〔93〕号
关于给予金凤区公安分局上海西路派出所和上海西路街道阅海湾社区杨少峰同志通报表扬的决定	银金政发〔95〕号
关于拨付银西高铁银吴客专建设项目征收、拆迁补偿资金的请示	银金政发〔96〕号
关于申请办理银川松鹤陵园建设项目用地手续的请示	银金政发〔97〕号
关于拨付银川阅海湾中央商务区土地出让金及税收补贴资金的请示	银金政发〔100〕号
关于万阅农贸市场相关问题办理情况的报告	银金政发〔101〕号
关于将金凤区“政府小区”纳入城镇低效用地再开发规划实施拆迁重建的请示	银金政发〔103〕号
关于协调解决金凤区天山观澜项目拖欠农民工工资相关事宜的请示	银金政发〔104〕号
关于确认王科见义勇为行为的决定	银金政发〔105〕号
关于银川市全民健身体育运动馆土地征收有关情况的报告	银金政发〔106〕号
关于研究解决金凤区第十八幼儿园项目建设移栽树木有关事宜的请示	银金政发〔111〕号
关于研究解决金凤区第十八幼儿园项目供暖管网连接有关事宜的请示	银金政发〔112〕号
关于将金凤区银兴公路交通信号灯等设备进行移交的请示	银金政发〔113〕号
关于办理金凤区五里湖畔幼儿园项目土地事宜的请示	银金政发〔114〕号
关于宁夏天成物业服务有限公司(天成大厦)重大火灾隐患单位摘牌销案的批复	银金政发〔119〕号
关于成立宁夏恒企劳务有限公司“8·6”高处坠落一般下放调查组的批复	银金政发〔120〕号
关于成立四川汉瑞翔科技有限公司“8·25”起重伤害一般事故调查的批复	银金政发〔121〕号
关于金凤区规范管理公务员工资津贴补贴自查情况的报告	银金政发〔122〕号
关于《金凤区人大常委会关于法治政府建设工作报告的审议意见》处理情况的报告	银金政发〔124〕号
关于金凤区宁安北街消防站建设有关事宜的请示	银金政发〔125〕号
关于审核《金凤区双渠口村集体土地和土地附着物征收补偿测算报告》的请示	银金政发〔127〕号
关于对市十五届人大五次会议第 45 号建议的答复	银金政发〔128〕号
关于对市十五届人大五次会议第 44 号建议的答复	银金政发〔129〕号
关于对市十五届人大五次会议第 21 号建议的答复	银金政发〔130〕号
关于对市十五届人大五次会议第 39 号建议的答复	银金政发〔131〕号
关于对市政协十三届五次会议第 128 号提案的答复	银金政发〔132〕号
关于对市十五届人大五次会议建议的答复	银金政发〔133〕号
关于对市十五届人大五次会议第 29 号建议协办意见的答复	银金政发〔134〕号
关于对市政协十三届五次会议第 001 号提案的答复	银金政发〔135〕号
关于自治区十二届人大四次会议第 012 号建议协办意见的函	银金政发〔136〕号

续表 13

文件名称	文 号
关于提请审议《关于深入基层第八个五年法制宣传教育的决议草案》的议案	银金政发〔138〕号
关于金凤区政府代区长张涛同志国庆节外出探亲的请示	银金政发〔139〕号
关于解决建发悠阅城项目施工手续办理有关问题的请示	银金政发〔141〕号
关于申请新建四个学前教育项目有关事宜的请示	银金政发〔143〕号
关于金凤区人大审议意见办理情况的报告	银金政发〔144〕号
关于高桥家园二期盈南保障住房安置区配套协调建设有关事宜的请示	银金政发〔145〕号
关于金凤区申请实施 2021 年农业项目资金的请示	银金政发〔147〕号
关于邀请银川市领导参加中国教育近现代化进程中的小学课堂专题培训暨 2021 年当代金凤峰会(小学)的请示	银金政发〔149〕号
关于银川市金凤区 2021 年生态环境状况和生态环境保护开展情况的报告	银金政发〔151〕号
关于自治区应对新冠肺炎疫情工作指挥部会议和银川市指挥部工作会议精神落实整改	银金政发〔152〕号
关于报送金凤区成立银川市第二人民医院疫情点封控保障专班有关事宜的报告	银金政发〔153〕号
关于变更金凤区五所学校(幼儿园)名额的请示	银金政发〔154〕号
金凤区关于开展大规模核酸检测工作情况的报告	银金政发〔155〕号
关于解决金凤区贺兰山中路街道办事处办公用房的请示	银金政发〔156〕号
关于成立银川市金凤区金星幼儿园第机构的批复	银金政发〔157〕号
关于拨付金凤区征收拆迁,旧城改造项目资金和园区封闭运行财政返还现金的请示	银金政发〔158〕号
关于推进浙江中国小商品城集团宁夏数字商贸项目有关事宜的请示	银金政发〔159〕号
关于请求协调解决建发悠悦城项目有关问题的请示	银金政发〔162〕号
关于金凤区政府区长张涛同志外出参会察的请示	银金政发〔163〕号
关于金凤区申请元宝湖建筑垃圾堆场问题整改项目资金的请示	银金政发〔164〕号
关于金凤区 2020 年度自治区本级预算执行和其他财政收支及其他审计事项查出问题整改年度报告	银金政发〔165〕号
关于成立宁夏瑾瑞胜工程机械租赁有限公司”11·5”高处坠落一般事故调查组的批复	银金政发〔168〕号
关于对 2021 年自治区生态环境保护督察反馈意见及移交问题的函	银金政发〔169〕号
关于对自治区党委第一生态环境保护督察组督察反馈意见及现场发现问题整改工作的报告	银金政发〔170〕号
关于张涛同志返银后执行居家健康监测措施的报告	银金政发〔172〕号
关于动用 2021 年区本级财政预备款的批复	银金政发〔177〕号
关于丰登镇润丰村农村集体建设用地入市的批复	银金政发〔179〕号
关于拨付银川市金凤区国有资产投资控股有限公司 2021 年财政补贴的决定	银金政发〔184〕号
金凤区政府办公室发文	
文件名称	**文 号**
关于成立金凤区永久基本农田核实清理工作领导小组的通知	金政办发〔1〕号

续表 13

金凤区政府办公室发文	
文件名称	文 号
关于印发《金凤区 2020 年度粮食安全省长责任制考核工作任务分工方案》的通知	金政办发〔2〕号
关于印发《2021 年政府工作报告任务分解和责任分工》的通知	金政办发〔5〕号
关于印发《金凤区农村房屋安全隐患及自然灾害风险排查整治实施方案》的通知	金政办发〔6〕号
关于印发《金凤区 2019 年耕地保护督察反馈问题的方案》	金政办发〔7〕号
关于金凤区政府办公室领导班子 2020 年度民主生活会开展情况的报告	金政办发〔8〕号
关于开展《金凤区征地拆迁安置房屋清查工作》的通知	金政办发〔9〕号
关于印发《金凤区防止耕地"非粮化"稳定粮食生产工作方案》的通知	金政办发〔14〕号
关于印发《金凤区 2021 年国民经济和社会发展计划》的通知	金政办发〔15〕号
关于印发《金凤区 2021 年清明祭扫工作方案》的通知	金政办发〔16〕号
关于成立金凤区项目建设协调服务工作组的通知	金政办发〔17〕号
关于印发《金凤区迎接国家卫生城市第三次复审工作实施方案》的通知	金政办发〔18〕号
关于印发《金凤区乡镇(街道)权力清单》,《金凤区乡镇(街道)政务服务事项清单》等清单的通知	金政办发〔19〕号
关于调整金凤区信访事项复查复核委员的通知	金政办发〔20〕号
关于印发《金凤区垃圾分类提质增效实施方案》的通知	金政办发〔26〕号
关于印发《第五届"金凤飞舞 城市乐活会"活动方案》的通知	金政办发〔28〕号
关于印发《金凤区深化消防执法改革实施意见》的通知	金政办发〔29〕号
关于印发《金凤区住宅小区业委员会组建工作实施方案》的通知	金政办发〔31〕号
关于印发《金凤区学前教育普及督导评估反馈意见整改方案》的通知	金政办发〔33〕号
关于印发《关于进一步强化作风建设优化营商环境的实施意见》的通知	金政办发〔35〕号
关于印发《金凤区镇街政府购买服务指导目录》的通知	金政办发〔37〕号
关于印发《金凤区财政资金支出审批的管理方法(试行)》的通知	金政办发〔38〕号
关于调整金凤区人民政府代区长,副区长分工的通知	金政办发〔42〕号
关于印发《金凤区"互联网 + 督察"建设方案》的通知	金政办发〔43〕号
关于启用银川市金凤区健康金凤建设领导小组及其办公室印章的通知	金政办发〔46〕号
关于印发金凤区 2021 年政务公开工作亮点的通知	金政办发〔47〕号
关于对安全生产隐患处理工作给予通报表扬的通知	金政办发〔49〕号
关于印发《金凤区城市防内涝隐患预案》的通知	金政办发〔50〕号
关于印发《金凤区深化全国文明城市建设工作方案》的通知	金政办发〔52〕号
关于调整金凤区人民政府代区长,副区长分工的通知	金政办发〔54〕号
关于印发《金凤区公共法律服务体系建设联席会议制度》的通知	金政办发〔65〕号
关于印发《金凤区公共法律服务体系建设联席会议制度》的通知	金政办发〔71〕号

续表 13

金凤区政府办公室发文	
文件名称	文　号
关于落实《金凤"政府开放日工作方案"》的通知	金政办发〔72〕号
关于印发《金凤区 2021 年老旧小区户内改造补贴方案》的通知	金政办发〔75〕号
关于进一步加强农用残膜回收利用的通知	金政办发〔76〕号
关于进一步加强农用残膜回收利用的通知	金政办发〔77〕号
关于印发《金凤区政务公开事项清单目录》的通知	金政办发〔84〕号
关于进一步做好机关疫情防控的紧急通知	金政办发〔86〕号
关于印发《金凤区 2021 年度农用水利基本建设实施方案》的通知	金政办发〔87〕号
关于 10.17 突发疫情处置相关经费的请示	金政办发〔88〕号
关于印发《金凤区残疾人托养中心运营方案》的通知	金政办发〔89〕号
关于做好 2021 到 2022 年春冬季污染防治工作的紧急通知	金政办发〔94〕号
关于印发《金凤区 2021 年耕地保护督察反馈问题整改方案》的通知	金政办发〔99〕号
关于印发《2021 年金凤区生活垃圾分类以奖代补实施方案试行》的通知	金政办发〔101〕号
关于启用新印章的通知	金政办发〔103〕号

2021 年金凤区政协发文目录

表 14

文件名称	文　号
关于表彰优秀政协委员和优秀提案委员的决定	政协金委发〔2021〕1 号
关于转交政协金凤区四届五次会议期间提案的函	政协金委发〔2021〕2 号
关于转交金凤区政协 2021 年重点提案及资金分配建议的函	政协金委发〔2021〕3 号
关于印发《关于强化政协委员责任担当的实施意见》的通知	政协金委发〔2021〕4 号
关于印发《关于加强和促进人民政协凝聚共识工作的实施意见》的通知	政协金委发〔2021〕5 号
关于提升金凤区数字社区治理水平的调研报告	政协金委发〔2021〕6 号
关于推进全面依法行政 强化严格执法的协商报告	政协金委发〔2021〕8 号
关于"对金凤区六大商圈商户外摆促销实行柔性化管理"进行协商议事情况的报告	政协金委发〔2021〕9 号
关于印发《政协金凤区委员会协商工作规则》的通知	政协金委发〔2021〕12 号
关于大力发展数字经济的调研报告	政协金委发〔2021〕13 号
关于召开中国人民政治协商会议银川市金凤区第五届委员会第一次会议的决定	政协金委发〔2021〕14 号
关于政协金凤区五届委员会班子成员工作分工的通知	政协金委发〔2021〕15 号
关于转办五届一次会议委员提案和建议的函	政协金委发〔2021〕16 号

续表 14

金凤区政协办公室发文	
文件名称	文　号
关于印发《金凤区政协办公室召开 2020 年度党员领导干部民主生活会的方案》的通知	政协金委办发〔2021〕1 号
关于印发《金凤区政协 2021 年需坚持完善、重点推开、探索创新的工作清单》的通知	政协金委办发〔2021〕3 号
关于印发《金凤区政协 2021 年工作要点》的通知	政协金委办发〔2021〕4 号
关于在金凤区政协党史学习教育中开展“奋进新时代、担当新使命、展现新作为”学习实践活动的方案》的通知	政协金委办发〔2021〕5 号
关于印发《关于政协委员按界别联系社会组织试点工作实施方案》的通知	政协金委办发〔2021〕7 号
关于印发《金凤区政协委员读书活动实施方案(试行)》的通知	政协金委办发〔2021〕8 号
关于做好金凤区政协委员疫情防范工作的通知	政协金委办发〔2021〕9 号
关于印发《关于开展金凤区“廉洁从政警示教育月”活动方案》的通知	银金党办发〔2021〕15 号
金凤区 2021 年重点任务、重 点工作、重点项目清单(三个清单)	银金党办发〔2021〕16 号
关于印发《金凤区节假日及双休日带班值班制 度(试行)》的通知	银金党办发〔2021〕17 号
关于建立县处级领导同志联系包抓重点特色产业工作机制的通知	银金党办发〔2021〕18 号
关于建立金凤区县处级领导包联项目和企业责任机制的通知	银金党办发〔2021〕19 号
关于印发《金凤区会议管理办法》的通知	银金党办发〔2021〕20 号
关于印发《金凤区业主大会、业主委员会组织管理办法(试行)的通知	银金党办发〔2021〕21 号
关于印发《金凤区四套班子办公室主任联席会议制度》的通知	银金党办发〔2021〕24 号
关于印发金凤区镇(街)机构改革方案的通知	银金党办发〔2021〕25 号
关于印发《关于巩固“不忘初心、牢记使命”主题教育成果的具体落实措施》的通知	银金党办发〔2021〕29 号
关于印发《金凤区全面推行证明事项告知承诺制实施方案》等 7 个改革方案的通知	银金党办发〔2021〕30 号
关于印发《2021 年金凤区党委理论学习中心组学习安排》的通知	银金党办发〔2021〕31 号
关于做好银川市“千名干部包千企”工作的通知	银金党办发〔2021〕32 号
关于印发《金凤区红十字会改革方案》的通知	银金党办发〔2021〕34 号
关于印发《金凤区 2021 年全面从严治党党风廉政建设和反腐败工作主要任务分工方案》的通知	银金党办发〔2021〕35 号
关于印发《金凤区政府投资项目建设管理细则(试行)》的通知	银金党办发〔2021〕36 号
关于印发《2021 年金凤区档案工作要点》的通知	银金党办发〔2021〕41 号
关于印发《金凤区深入实施干部政治能力和专业能力提升工程的具体措施》的通知	银金党办发〔2021〕43 号
关于金凤区党委书记副书记常委工作分工的通知	银金党办发〔2021〕44 号
关于印发《金凤区农村网格化服务管理工作实施方案》的通知	银金党办发〔2021〕49 号
关于印发《金凤区防范和惩治统计造假弄虚作假责任制办法》的通知	银金党办发〔2021〕50 号
关于印发《金凤区关于巩固拓展脱贫攻坚成果同乡村振兴有效衔接的实施意见》的通知	银金党办发〔2021〕51 号
关于印发《金凤区强化移民后续扶持实施移民致富提升行动实施方案》的通知	银金党办发〔2021〕52 号

续表 14

金凤区政协办公室发文	
文件名称	发布文号
关于印发《金凤区城乡居民收入提升行动实施方案》的通知	银金党办发〔2021〕56 号
关于印发《金凤区 2021 年“八一”建军节活动实施方案》的通知	银金党办发〔2021〕57 号
关于印发《金凤区“金凤悦邻里”社区邻里中心建设实施方案(试行)》的通知	银金党办发〔2021〕58 号
关于印发《金凤区关于加快推进学前教育高质量发展的实施意见》的通知	银金党办发〔2021〕59 号
关于印发《金凤区基础教育质量提升行动实施方案》的通知	银金党办发〔2021〕60 号
关于印发《金凤区全民健康水平提升行动实施方案》的通知	银金党办发〔2021〕62 号
关于印发用水权、土地权、排污权、山林权“四权”改革实施意见的通知	银金党办发〔2021〕63 号
关于印发《金凤区加强品牌农业建设实施方案(试行)》的通知	银金党办发〔2021〕64 号
关于印发《金凤区城乡就业保障体系实施意见》的通知	银金党办发〔2021〕65 号
关于成立金凤区推动黄河流域生态保护和高质量发展先行区建设领导小组及建立“四大提升行动”包抓工作机制的通知	银金党办发〔2021〕66 号
关于金凤区党委书记 副书记 常委工作分工的通知	银金党办发〔2021〕67 号
关于印发《金凤区 2021 年民族团结进步月活动实施方案》的通知	银金党办发〔2021〕68 号
关于进一步加强城乡低收入群众救助保障工作方案(试行)	银金党办发〔2021〕69 号
关于印发《金凤区“奋战 100 天 冲刺四季度”行动实施方案》的通知	银金党办发〔2021〕72 号
关于印发《2021 年金凤区庆祝中国农民丰收节活动实施方案》的通知	银金党办发〔2021〕73 号
关于印发《中国共产党银川市金凤区第四次代表大会精神宣传工作方案》的通知	银金党办发〔2021〕81 号
关于印发《〈中共银川市金凤区委员会第四次代表大会工作报告〉任务分工》的通知	银金党办发〔2021〕82 号
关于印发《金凤区新冠肺炎疫情网格化防控工作方案》的通知	银金党办发〔2021〕83 号
关于印发《金凤区 2021—2025 年开展巩固脱贫攻坚成果同乡村振兴有效衔接帮扶工作实施方案》的通知	银金党办发〔2021〕84 号
关于印发《金凤区深入实施“四大提升行动”全面促进乡村振兴工作方案》的通知	银金党办发〔2021〕85 号
关于印发《2021 年度金凤区做好巩固脱贫成果后评估工作方案》的通知	银金党办发〔2021〕86 号
于印发《金凤区学习宣传党的十九届六中全会精神工作方案》的通知	银金党办发〔2021〕87 号
关于印发《植物园村 润丰村深入实施“四大提升行动”全面促进乡村振兴工作分工方案》的通知	银金党办发〔2021〕88 号
关于印发《金凤区学习贯彻党的十九届六中全会精神宣讲工作方案》的通知	银金党办发〔2021〕90 号
关于金凤区党委书记 副书记 常委工作分工的通知	银金党办发〔2021〕91 号
金凤区委办公室关于印发《金凤区学习贯彻银川市第十五次党代会精神宣传宣讲工作方案》的通知	银金党办发〔2021〕93 号
关于印发《金凤区全面推行林长制实施方案》的通知	银金党办发〔2021〕94 号
关于印发《金凤区基层治理常态化网格管理工作方案》的通知	银金党办发〔2021〕95 号
关于印发《2022 年元旦春节期间新冠肺炎疫情防控工作实施方案》的通知	银金党办发〔2021〕96 号
关于做好 2022 年元旦春节期间有关工作的通知	银金党办发〔2021〕97 号

索 引

说 明

1.本索引以主题分析法为主，按主题词首字汉语拼音字母顺序排列。

2.主题词后的数字表示内容所在页码，数字后的 a、b 表示该页自左至右的栏别。

3.为便于读者检索，在金凤区的企事业单位和在金凤区发生的事件名称前的“金凤区”三字，除易产生歧义者外均予省略。

F

G

H

J